U0453258

国家社科基金项目一般项目
"认知视域下日本政治语篇的隐喻学分析"
（17BYY193）

认知视域下日本政治语篇的隐喻学分析

刘桂萍　著

中国社会科学出版社

图书在版编目（CIP）数据

认知视域下日本政治语篇的隐喻学分析／刘桂萍著.—北京：中国社会科学出版社，2024.2
ISBN 978-7-5227-3103-2

Ⅰ.①认⋯ Ⅱ.①刘⋯ Ⅲ.①政治—研究—日本②日语—语义—研究 Ⅳ.①D731.3②H364

中国国家版本馆CIP数据核字（2024）第037654号

出 版 人	赵剑英
责任编辑	张　浩
责任校对	姜志菊
责任印制	李寡寡

出　　版	中国社会科学出版社
社　　址	北京鼓楼西大街甲158号
邮　　编	100720
网　　址	http://www.csspw.cn
发 行 部	010-84083685
门 市 部	010-84029450
经　　销	新华书店及其他书店
印刷装订	三河市华骏印务包装有限公司
版　　次	2024年2月第1版
印　　次	2024年2月第1次印刷
开　　本	710×1000　1/16
印　　张	34.75
字　　数	531千字
定　　价	180.00元

凡购买中国社会科学出版社图书，如有质量问题请与本社营销中心联系调换
电话：010-84083683
版权所有　侵权必究

著者说明

1. 文稿中出现的学术用语同时在（ ）中标注英文。

例如：概念隐喻理论（Conceptual Metaphor Theory）

互动论（Interaction Theory）

格式塔心理学（Gestalt Psychology）等。

2. 文稿中引用的档案资料和参考文献采用下注方式，标注项为著者、著作（版次）/研究论文、译者、出版社/期刊（刊次）、出版年/发表年、引用页码。例如：

（1）マックス.ウェーバー，社会科学方法論（第27刷），恒藤恭検閲，冨永祐治，立野保男共訳，東京：岩波書店，1966，第106—107頁。

（2）鍋島弘治朗ら，MIP—理想のメタファー認定手順を求めて—，英米文學英語學論集，2016，第1—18頁。

3. 文稿后所列档案资料及参考文献，除了未标注页码，其他项与下注相同。例如：

（1）档案资料第一部分

伊藤内閣総理大臣（宮中）地方長官に対する訓示（1887/9/28），内閣制度百年史編纂委員会編集：歴代内閣総理大臣演説集，東京：大蔵省印刷局，1985。

（2）档案资料第二部分

田中内閣総理大臣第71回（特別会）施政方針演説，官報（号外），1973/1/27。

（3）参考文献

鍋島弘治朗ら，MIP—理想のメタファー認定手順を求めて—，英米

文學英語學論集，2016。

  4. 文稿中涉及的英文或日文资料均在下注附上原文，必要时加上中文大意。

  5. 文稿中出现的图表以章为单位进行排序。

  6. 文稿中出现的例句以节为单位进行排序。

  7. 文稿中的下注采用每页重新编号方式。

  8. 文稿中涉及的具体分析用实例均加下划线"＿＿"。

  例如：（1）私は、次の<u>三つの柱</u>から成る経済成長戦略を経済財政諮問会議において具体化し、直ちに実行します。（福田康夫.169次演讲）

摘　　要

本书以1947—2020年日本31位首相的政府施政报告为语料，从认知语言学视角，运用概念隐喻理论和架构理论，结合概念语法隐喻分析及批评隐喻分析，以国内外现有的相关研究成果为基础和参照，立足日本新宪法实行后的177篇施政报告，对所有相关资料的隐喻性表层架构及深层架构进行梳理统计、历时考察和对比分析，重点解读深层架构所体现的价值取向，阐释隐喻建构的目的及政治道德模式的演变特征，并前瞻和预测日本政治文化模型的未来发展走向。

研究的主要成果归纳为以下四点：

第一，对施政报告中相关经济、行政机构改革、教育、日美关系四个方面的隐喻性表层架构进行分别和历时梳理后发现：经济文本中主要出现十六类隐喻架构；行政机构改革文本中出现十五类隐喻架构；教育文本中出现十类隐喻架构；日美关系文本中出现七类隐喻架构。

第二，具体分析施政报告中四个方面语篇中的深层架构后发现：

经济方面：面对"二战"后的经济困局，历任内阁都将经济复兴视为重建一幢"大厦"、一场艰险的"旅程"、一个期盼独立的"人"、一次自由公平的"比赛"、一场系统性的"战争"。

行政机构改革方面：历届内阁均从不同角度提倡实现简约、透明、高效的行政机构运行机制。比如，清洁隐喻指整饬机构组织和机构运行中的庞杂和效率低下乱象；就医隐喻将"改革"视为根除行政机构中冗繁低效等弊端。

教育方面：战后日本将教育看作"百年大计""立国之本""对未来的先期投资"，发展教育、坚持教育变革、推行自主创新始终是日本的国

家教育理念。

日美关系方面：拟人隐喻将日美两国喻为基本价值观和战略利益相同的"人"；建筑隐喻和机器隐喻将日美同盟分别喻为日本外交的"支柱"和"基轴"，又将日美安保体制看作日美同盟的"核心"；旅行隐喻则将战后日美关系发展视为日本外交施策的最优路线。

第三，结合语法隐喻及批评隐喻分析对五个方面语篇中隐喻背后的动机和意图进行了深层阐释后发现：为了将抽象复杂的政治现象或施政理念明白易懂地传递给民众百姓，也为增强民族认同感以获得有力支持和顺利推行执政措施，首相会选择适切得当的词汇层隐喻与语法层隐喻使政治具体化或概念化。可以说，隐喻具有多重属性，不仅反映首相的情感和认识，而且以架构、凸显、评价、推理、暗示、国家形象建构等功能寻求听众的"理解"与"认同"，帮助其实现政治语篇的劝导与说服之目的。

第四，基于施政报告中隐喻架构使用的规律性和重复性，对日本内政外交的政治文化进行了追溯与前瞻推测：

经济方面：战后日本经济的发展经历了复兴、高度发展、平稳发展、泡沫经济、长期低迷阶段；1990—2020 年，日本逐步展开新自由主义经济政策时期，但 2020 年新型冠状病毒感染的大流行会使日本进一步强化政府的作用。

行政机构改革方面：日本将持续选择行政机构改革之路，以实现行政机构的简约化、合理化、高效化。

教育方面：战后日本重新崛起，成功的教育施策是重要支撑。日本将会延续"教育立国""教育变革""重视青少年教育""秉持民族传统文化"等国家教育理念。

日美关系方面：尽管每届内阁对日美关系的发展常有诸如"协力""协调""友好""伙伴""对等""同盟"等不同的表达，但日本始终惟美国马首是瞻，以"追随"美国为外交的主基调。日美关系的未来发展与走向取决于日本对全球力量均势的判断，也取决于日本对国际事态发展的基本趋势的研判。

目　　录

绪　论 ………………………………………………………………（1）
　　小结 ……………………………………………………………（15）

第一章　先行研究述要 ……………………………………………（17）
　　第一节　隐喻的相关研究概貌 …………………………………（17）
　　第二节　政治语篇的相关研究概貌 ……………………………（46）
　　本章小结 ………………………………………………………（74）

第二章　理论基础 …………………………………………………（75）
　　第一节　概念隐喻理论 …………………………………………（75）
　　第二节　架构理论 ………………………………………………（108）
　　第三节　概念语法隐喻 …………………………………………（115）
　　第四节　批评隐喻分析 …………………………………………（124）
　　本章小结 ………………………………………………………（130）

第三章　日本历届政府施政报告中的表层架构分别分析
　　　　　（1947—2020）……………………………………………（134）
　　第一节　经济方面的隐喻性表层架构分别分析 ………………（135）
　　第二节　行政机构改革方面的隐喻性表层架构分别分析 ……（154）
　　第三节　教育方面的隐喻性表层架构分别分析 ………………（177）
　　第四节　日美关系方面的隐喻性表层架构分别分析 …………（190）

本章小结 …………………………………………………………（205）

第四章　日本历届政府施政报告中的表层架构历时分析
（1947—2020）…………………………………………………（207）
 第一节　经济方面的隐喻性表层架构历时分析 ………………（207）
 第二节　行政机构改革方面的隐喻性表层架构历时分析 ……（226）
 第三节　教育方面的隐喻性表层架构历时分析 ………………（240）
 第四节　日美关系方面的隐喻性表层架构历时分析 …………（248）
 本章小结 …………………………………………………………（255）

第五章　日本历届政府施政报告中的深层架构分析
（1947—2020）…………………………………………………（257）
 第一节　经济方面的深层架构分别分析 ………………………（258）
 第二节　行政机构改革方面的深层架构分别分析 ……………（313）
 第三节　教育方面的深层架构分别分析 ………………………（343）
 第四节　日美关系方面的深层架构分别分析 …………………（376）
 本章小结 …………………………………………………………（429）

第六章　隐喻在政府施政报告中的意识形态功能分析 …………（430）
 第一节　架构功能分析 …………………………………………（431）
 第二节　凸显功能分析 …………………………………………（435）
 第三节　评价与认同功能分析 …………………………………（439）
 第四节　推理与暗示功能分析 …………………………………（450）
 第五节　国家形象建构功能分析 ………………………………（455）
 本章小结 …………………………………………………………（461）

第七章　结论：日本政治文化模型构建走向的前瞻分析 ………（462）
 第一节　战后日本经济施策追溯与未来走向的前瞻分析 ……（462）

第二节　战后日本行政机构改革追溯与未来走向的前瞻分析 ……（469）
第三节　战后日本教育施策追溯与未来走向的前瞻分析 …………（474）
第四节　战后日美关系发展追溯与未来走向的前瞻分析 …………（484）
本章小结 ………………………………………………………………（491）

档案资料 …………………………………………………………（493）

参考文献 …………………………………………………………（519）

附　录 ……………………………………………………………（543）

绪　　论

一　研究的目的与意义

全球化、世界大战和现代科学技术及其后果所引起的一些重大变化，促使20世纪西方思想中的新思潮不断涌现。①　于尔根·哈贝马斯（1988，曹卫东等译：2001）②总结为四大思想主题：后形而上学思想、语言学转向、理性的定位、理论优先实践的关系的颠倒或者对逻各斯主义的克服，四大思想主题标志着现代与传统的决裂。③　古代欧洲哲学关注的是"存在"，近代欧洲哲学关注的是"认识"，而20世纪现代欧洲哲学家的主题转向了"语言"问题。因为语言是我们认识世界和认识自我的前提条件，语言规定了我们的认识，我们在语言的支配下进行认识活动。这种对语言的关注来源于以维特根斯坦为代表的分析哲学家的研究。20世纪哲学完成了"语言学转向"，语言学转向隐含政治哲学的动机，也可以表述为哲学的政治兴趣使语言主题的凸显成为必然。语言的研究成为探寻语言与人、语言与世界间关系的突破口。④

政治语篇作为一种很重要的语篇形式，逐步引起学术界的关注。政治语篇中隐喻的使用很常见，政治语篇的隐喻学研究近年更是越来越受到重

---

① 孙周兴：《断裂时代的现代性追问——真正伟大的思想家是指向未来的》，载李鸿谷等《像他们一样思考》，三联中读（音频）2018年版，总序。
② 注：于尔根·哈贝马斯（1988，曹卫东等译：2001）中"1988"指于尔根·哈贝马斯的原著出版年；"2001"指曹卫东等译著出版年，以下同。
③ ［德］于尔根·哈贝马斯：《后形而上学思想》，曹卫东等译，译林出版社2001年版，第6页。
④ 孙周兴：《断裂时代的现代性追问——真正伟大的思想家是指向未来的》，载李鸿谷等《像他们一样思考》，三联中读（音频）2018年版，总序。

视。政治语篇中隐喻功能的传统研究以修辞论为主。修辞论认为,隐喻作为表达层面上的修辞手段,是一种非常有效的说服方式,具有"喻德""喻理""喻情"功能。20世纪70年代后,费尔克劳夫和布莱克等从批评语言学视角进行政治语篇分析开始受到关注,他们认为,解释语言、权势、意识形态三者间的关系非常紧迫,而隐喻作为构建思维和行动的方式能够概念化各种政治问题。20世纪90年代后,认知语言学创始人莱考夫[①]和约翰逊[②]将概念隐喻理论运用至政治语篇分析,他们从概念隐喻与道德模式的视角,围绕两种不同的家庭隐喻来说明美国共和党与民主党持有不同价值观,进而选择不同的国家政策。莱考夫的架构理论认为,人们利用架构和隐喻进行思考,架构是塑造人们看待世界方式的心理结构,架构塑造了我们追求的目标、我们制订的计划、我们行为的方式和我们行动结果好与坏的判定。[③] 隐喻的研究重点由修辞功能的研究逐渐转向认知功能的研究。

　　日本政府施政报告(以下简称为"施政报告")作为每届政府执政的施政纲领,主要针对国家未来一年的内政和外交表明观点和立场,明确日本国家利益及国家战略的一种政治演讲。施政报告是最具代表性的、最为典型的政治语篇。关于施政报告的研究,东照二从社会语言学视角分析自战前第40任首相至第89任首相小泉纯一郎的语言表达特点,关注语言及与政治的关系。中村秩祥子从系统功能语法角度将研究重点放在对明治时期、大正时期、昭和时期共计21位首相施政报告的文体分析方面。铃木崇史则将目光置于施政报告的文体变化及其与政治间的关系上。在我国国

[①] 莱考夫:(1941—),美国人,加州大学伯克利分校语言学教授,生成语义学和认知语言学创始人之一。代表作有 *Metaphors We Live By*, *Philosophy in the Flesh*: *The Embodied Mind and its Challenge to Western Thought*, *Women*, *fire*, *and dangerous things*: *what categories reveal about the mind*, *Moral Politics*: *How Liberals and Conservatives Think* 等。

[②] 约翰逊:(1949—),美国人,俄勒冈大学人文暨科学讲座教授,哲学家和认知科学家。代表作有 *Philosophical Perspectives on Metaphor*, *Morality for Humans*: *Ethical Understanding from the Perspective of Cognitive Science*, *Moral Imagination*: *Implications of Cognitive Science for Ethics*, *The Meaning of the Body*: *Aesthetics of Human Understanding*, *The Body in the Mind*: *The Bodily Basis of Meaning*。与 George·P. Lakoff 合著有,*Philosophy in the Flesh*: *The Embodied Mind and Its Challenge to Western Thought*, *Metaphors We Live By*。

[③] [美]乔治·莱考夫:《别想那只大象》,闫佳译,浙江人民出版社2013年版,第1页。

内,张建立以施政报告为研究文本,对战后七十年日本国家自我认知轨迹进行了历时性考察。刘桂萍的研究侧重施政报告中日本国家科教理念、汉文化以及施政报告的文体及修辞方面的研究。运用认知语言学的理论研究政治语篇以英语和汉语为主,日语的研究相对滞后一些。

本书选取的语料为1947—2020年日本31位首相的施政报告,主要从认知语言学视角运用莱考夫和约翰逊的概念隐喻理论和架构理论,结合概念语法隐喻分析及批评隐喻分析,对语料中经济、行政机构改革、教育、日美关系四个方面隐喻的使用以及隐喻建构的目的进行多角度理论维度的考察分析和多方位理据层面的梳理解读。

认知语言学是一门坚持体验哲学观,以身体经验和认知为出发点,以概念结构和意义研究为中心,着力寻求语言事实背后的认知方式,并通过认知方式和知识结构等对语言作出统一解释的、新兴的、跨领域的学科。[①] 概念隐喻理论是用具体事物(源域)来理解抽象难懂的概念(目标域),是从源域到目标域的结构映射,被广泛用于分析政治文本。架构理论认为,架构是理解事物的某种特定的场景,用来透视深层的社会伦理价值观,更适合分析政治语篇。[②] 语法隐喻分析关注语法与比喻性思维之间的相互作用的关系,即关注意义本身的概念化过程。比喻性思维为词汇和语法特征提供了认知理据。[③] 批评隐喻分析通过考察隐喻现象,识别和分析政治语篇中所操纵的语言和心理策略及其背后所代表的认知方式,揭示说话人的语用意图及其所代表的意识形态阶层。[④]

国内外关于日本政治语篇的隐喻学分析尚在起步阶段,同类型研究并不多见,还没有学者关注施政报告中隐喻分析这一领域,这也给本书留下了巨大的研究空间和方向。施政报告不仅体现了首相个人的政治抱负,也明确了政府在内政与外交等各领域的国家利益观,更能反映出日本的国家

[①] 王寅:《认知语言学探索》,重庆出版社2005年版,第8页。
[②] 汪少华:《美国政治语篇的隐喻学分析——以布什和奥巴马的演讲为例》,《外语与外语教学》2011年第4期。
[③] 杨波:《概念语法隐喻的认知视角》,《外国语》(上海外国语大学学报)2013年第5期。
[④] 汪徽、张辉:《批评认知语言学的研究路径——兼评van Dijk的〈话语与语境〉和〈社会与话语〉》,《外语研究》2014年第3期。

战略方针，可以说首相的行为和抉择左右着国家的发展命运。因此，若从概念隐喻架构来梳理和解析日本历届政府在经济、行政机构改革、教育、日美关系四个方面的政治道德模式，归纳总结日本政治哲学的演变体系，前瞻和预测日本政治文化模型的未来发展走向，具有现实意义。换言之，本书的研究益于为我国相关部门了解日本历届政府如何界定国家利益，如何制定国家战略以及日本的对外战略的历时变化，在对日施策方面，提供可参考和借鉴的素材，利于制定合适对策处理双边及多边关系中的相关问题。

二 研究对象

本书以日本新宪法实行后于第1次国会中片山哲发表的施政报告（1947年7月1日）至第201次国会中安倍晋三发表的施政报告（2020年1月20日）共计31位首相177篇政治语篇为研究文本，对经济、行政机构改革、教育、日美关系四个方面政治语篇中的隐喻使用进行梳理和解析。

根据日本宪法第72条规定，在任首相每年年初有义务就内政与外交向国会发表施政报告。① 到2021年止，日本共经历101届首相，由65人担任，② 共发表286篇施政报告（截至安倍第二次执政结束）。本书涉及的31位首相是片山哲、芦田均、吉田茂、鸠山一郎、石桥湛山、岸信介、池田勇人、佐藤荣作、田中角荣、三木武夫、福田赳夫、大平正芳、铃木善幸、中曾根康弘、竹下登、宇野宗佑、海部俊树、宫泽喜一、细川护熙、羽田孜、村山富市、桥本龙太郎、小渕惠三、森喜朗、小泉纯一郎、福田康夫、麻生太郎、鸠山由纪夫、菅直人、野田佳彦、安倍晋三。③

本书涉及的战后施政报告总篇数和总字数以及上述四个方面语料的字数如表1-1所示。

---

① 永井宪一ら，新六法，東京：三省堂，2003，第16頁。原文：〔内閣総理大臣の職務〕内閣総理大臣は内閣を代表して議案を国会に提出し、一般国務及び外交関係について国会に報告し、並びに行政各部を指揮監督する。

② 参见附录。

③ 本书不包括菅义伟和岸田文雄。

表1–1　施政报告的相关数据统计（1947.7.1—2020.1.20）

	首相	任期	施政报告总篇数	施政报告总字数	经济类字数	行政机构改革类字数	教育类字数	外交类字数
1	片山哲	46	2	16830	9759	4295	295	637
2	芦田均	47	1	6410	2653	2317	200	1030
3	吉田茂	48—51	16	49485	17347	9476	1092	19372
4	鸠山一郎	52—54	5	15521	6084	5180	479	4609
5	石桥湛山	55	1	5009	2667	937	78	1042
6	岸信介	56—57	9	33606	11268	5650	2475	12413
7	池田勇人	58—60	11	66455	26923	11437	5239	21102
8	佐藤荣作	61—63	22	112576	31694	21787	8773	44780
9	田中角荣	64—65	4	28008	7821	5974	1882	7900
10	三木武夫	66	5	33763	6676	9530	1616	10727
11	福田赳夫	67	5	31982	8331	7165	1665	10332
12	大平正芳	68—69	4	29622	5973	13542	2476	9144
13	铃木善幸	70	4	25495	5236	8821	1029	9135
14	中曾根康弘	71—73	10	87881	15949	26432	9202	28363
15	竹下登	74	4	34483	11772	11683	1665	10439
16	宇野宗佑	75	1	6788	2183	2391	567	1634
17	海部俊树	76—77	5	42713	8962	15149	2492	17162
18	宫泽喜一	78	4	36075	6448	12257	1265	13074
19	细川护熙	79	3	26783	6300	11857	1072	5259
20	羽田孜	80	1	7782	1063	3581	74	3040
21	村山富市	81	4	37845	7697	13958	2377	11049
22	桥本龙太郎	82—83	5	50261	14297	22252	3558	13109
23	小渊惠三	84	5	38912	15842	20247	4766	8385
24	森喜朗	85—86	4	37840	8049	22581	4933	6988
25	小泉纯一郎	87—89	11	86868	16368	42756	8281	18805

续表

	首相	任期	施政报告总篇数	施政报告总字数	经济类字数	行政机构改革类字数	教育类字数	外交类字数
26	福田康夫	91	2	18558	5586	12052	1624	2755
27	麻生太郎	92	2	14701	4270	9338	820	4281
28	鸠山由纪夫	93	2	26895	4445	16600	1744	6586
29	菅直人	94	3	27657	9937	15111	2157	5307
30	野田佳彦	95	4	36905	5968	16604	804	6326
31	安倍晋三	90,96—98	18	152645	76303	76804	16355	32770
	合　计		177	1226356	357000	457133	85800	345427

注：经济类和行政机构改革类内容有重复部分。

三　研究的主要目标

本书的主要目标有以下四点：

（1）对施政报告中经济、行政机构改革、教育、日美关系方面隐喻架构进行分别分析和历时分析，解读隐喻性表层架构在分布和疏密度上的特点与隐喻性表层架构的演变规律。

（2）对施政报告中经济、行政机构改革、教育、日美关系方面深层架构进行解读，梳理四个方面的道德观。

（3）对施政报告中经济、行政机构改革、教育、日美关系方面深层架构进行分析，揭示隐喻架构在政府施政报告中的解释与劝说等功能。

（4）对施政报告中经济、行政机构改革、教育、日美关系方面隐喻分析后，追溯和预测日本在经济、行政机构改革、教育、日美关系四个方面的政治理念趋势。

四　研究重点和难点

1. 研究重点

本书的研究重点有以下三点：

（1）通过对施政报告中表层架构的历时分析，梳理经济、行政机构改革、教育、日美关系方面语篇中的隐喻性表层架构发展和变化的脉络。

（2）通过对施政报告中深层架构分析，把握经济、行政机构改革、教育、日美关系方面语篇中的深层架构所体现出来的价值观抑或道德观，认知和阐释隐喻所隐藏的意识形态。

（3）通过对隐喻架构在政府施政报告中的意识形态功能分析，诠释隐喻不止为政治语篇的修辞策略，更是人类思维和认知模式的概念体系，施政报告中的隐喻既能概念化政治问题，也在构建世界观和道德观。

（4）基于对施政报告的隐喻学分析结果，前瞻日本未来在经济、行政机构改革、教育、日美关系四个方面的价值观和道德模式。

2. 研究难点

本书的研究难点有以下两点：

（1）对施政报告中的隐喻架构模式分析，探索有关经济、行政机构改革、教育、日美关系方面日本政治理念中的价值体系。

（2）对隐喻架构在施政报告中的说服功能分析，有机地把握和诠释关于经济、行政机构改革、教育、日美关系方面的道德模式及意识形态。

五　研究的创新之处

本书的研究有以下三点特色之处：

（1）本书通过对战后日本历届政府施政报告隐喻架构分析来解读日本政治语篇，将1947—2020年共计31位首相的177篇施政报告作为研究语料，时间跨度七十多年，涉及日本经济、行政机构改革、教育、日美关系四个方面的内容，国内尚无先例。

（2）本书主要从认知语言学的概念隐喻理论及架构理论、语法隐喻分析和批评隐喻分析视角对战后日本历届政府施政报告中隐喻进行研究。目前，运用认知语言学的理论研究政治语篇主要以英语和汉语两种语种为主，日语的研究相对落后一些，还是探索阶段。

（3）本书运用定量分析方法、比较法、预测法以及跨学科研究法对战后日本历届政府施政报告中隐喻架构进行多维度考察和分析，探寻日本在经济、行政机构改革、教育、日美关系四个方面的价值理念，解读其中的变化轨迹及规律，尚属尝试阶段。

六 研究框架

本书以国内外现有的相关研究成果为基础和参照，立足日本新宪法实行后的177篇政府施政报告，对所有相关资料的隐喻性表层架构及深层架构进行梳理统计、历时考察和对比分析，重点分析日本战后在内政与外交方面政治道德模式的演变特征和规律。如图1-1所示，主要由以下三个阶段构成：

1. 第一阶段

本书的第一阶段将按照以下两个方面推进研究。

（1）表层架构分别分析：利用对比分析法分别对经济、行政机构改革、教育、日美关系四个方面语篇中隐喻性表层架构进行考察和梳理。

（2）表层架构历时分析：利用历史比较法对经济、行政机构改革、教育、日美关系方面语篇中的隐喻性表层架构进行历时性解读，分析四个方面政治道德模式的演变历程和规律。

2. 第二阶段

本书的第二阶段为深层架构分析阶段：对经济、行政机构改革、教育、日美关系方面语篇中的深层架构进行具体解析，运用跨学科研究法分析深层架构中四个方面所体现出来的道德模式。

3. 第三阶段

本书的第三阶段将按照以下两个方面推进研究。

（1）意识形态功能分析：结合语法隐喻分析及批评隐喻分析，将对经济、行政机构改革、教育、日美关系方面语篇中隐喻架构背后的动机和意图进行深层的分析和阐释。

（2）前瞻分析：基于对1947—2020年施政报告的隐喻学分析结果，依据连贯和类推原则，运用预测法前瞻日本今后在经济、行政机构改革、教育、日美关系四个方面的价值观和道德模式。

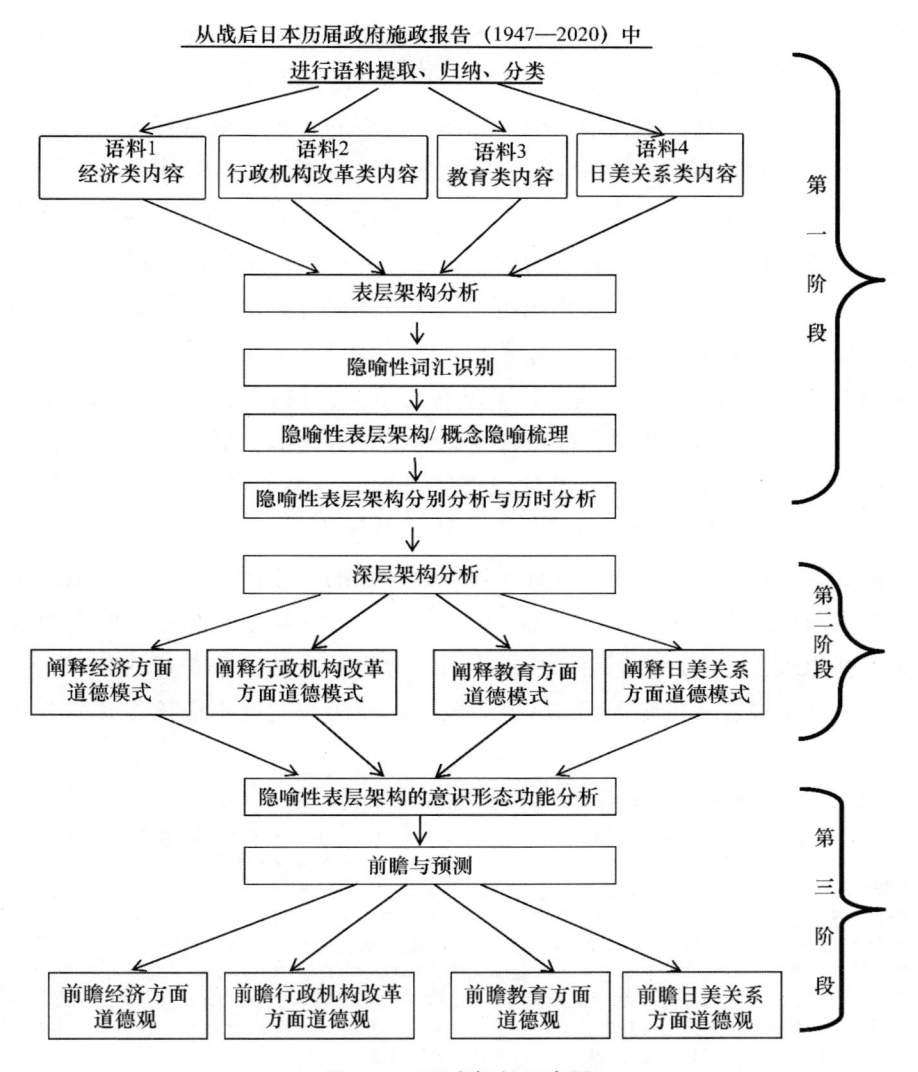

```
从战后日本历届政府施政报告（1947—2020）中
          进行语料提取、归纳、分类
   ↓          ↓          ↓          ↓
 语料1       语料2       语料3       语料4
经济类内容  行政机构改革  教育类内容  日美关系类内容
            类内容
                   ↓
              表层架构分析
                   ↓
             隐喻性词汇识别
                   ↓
        隐喻性表层架构/概念隐喻梳理
                   ↓
        隐喻性表层架构分别分析与历时分析
                   ↓
              深层架构分析
   ↓          ↓          ↓          ↓
 阐释经济方面  阐释行政机构改革  阐释教育方面  阐释日美关系
  道德模式    方面道德模式     道德模式    方面道德模式
                   ↓
        隐喻性表层架构的意识形态功能分析
                   ↓
               前瞻与预测
   ↓          ↓          ↓          ↓
 前瞻经济方面  前瞻行政机构改革  前瞻教育方面  前瞻日美关系
   道德观     方面道德观       道德观      方面道德观
```

第一阶段 / 第二阶段 / 第三阶段

图 1-1 研究框架示意图

七 研究方法

于根元（2010）提出，在语言人文性研究中应该坚持三方面的方法论思想，即辩证法思想、系统论思想、发展的思想。坚持辩证法思想是要避免在语言研究中将各要素相互割裂，如重视共时而忽视历时、重视静态而忽视动态、重视语言内部而忽视语言外部。系统论思想是指每个系统内绝

非混乱无序，而是具有不同的层级体系。层级体系因为人的思想和活动交织在一起，但我们可以从不同的立足点把握特定的研究对象，探求系统与子系统之间的相互作用关系和演化规律。发展的思想是指语言人文性研究中既要重视共时和稳态的研究，也要重视历时和动态的研究。①

韦伯（1904，富永祐治ら訳：1966，李秋零等译：2018；1913，林道義訳：1977）认为，社会科学的真正任务和终极目标是为认识那些"具体又富历史关联的文化意义"做出贡献，所有的研究方法，包括意义形成和意义批判的研究也要为这一目标服务。社会科学领域有"素材派"和"意义派"之分，前者是指那些一味追求客观事实，只管费力搜寻记录资料、各种统计资料和调查资料，而忽视新思想的精致之处；后者则是一味关心那些不断涌现的新思想并对其加以提炼，从而丧失了对客观事实的思考。他既反对把人类行为化约为可观察的外部表现的"实证主义"，也反对完全回到人的主观世界、进行没有任何验证标准的"思辨式"研究，他试图综合客观性的"说明"和主观性的"解释"。②③④ 从感官和特殊的东西引出一些原理，经由逐步而无间断的上升，直至最后达到最普遍的原理，这是钻求和发现真理的道路。⑤ 培根形象地解释为我们既不应该像蜘蛛，从

---

① 于根元：《应用语言学概论》，商务印书馆 2010 年版，第 137—140 页。

② マックス・ウェーバー，社会科学方法論（第 27 刷），恒藤恭検閲、富永祐治、立野保男共訳，東京：岩波書店，1966，第 106—107 頁。原文：社会科学本来の任務は絶えず新しい観点と概念構成とを追求することにあるべきだ、というような誤解を起こさないで欲しい。反対にここで何にもまして強調したいのは具体的歴史的諸連関の文化意義の認識に対して奉仕することこそは唯一の究極目標であって他の手段と並んで概念構成的及び概念批判の研究もかかる目標に役立とうとするものであるという命題である。エフ・ティ・フィッシャーに倣って言えば、我々の領域にも『素材探し』と『意味探し』とがある。前者の事実を渇望する食道は記録資料や統計書や調査票で詰め込まれさえすればよく、新しい思想の精緻には無感覚である。後者の美食欲は常に新しい思想の蒸留物によって事実への味覚を失ってしまう。

③ ［德］马克斯·韦伯：《社会科学方法论》，李秋零、田薇译，中国人民大学出版社 2018 年版，第 47—48 页。

④ マックス・ウェーバー，理解社会学のカテゴリー（第 11 刷），林道義訳，東京：岩波書店，1977，第 13—19 頁。原文：人間の（「外的」または「内的」）行動はあらゆる出来事がそうであるように、その成り行きのうちに、いろいろな関係やいろいろな規則性を持っている。しかし、少なくとも完全な意味で人間の行動にのみ固有なことはそうした諸関係や諸規則性の経過を理解可能な形で解明しうるということである。解明によって獲得される、人間の行動の「理解」の中には、さしあたって非常に様々な大きさと性質とを持った特殊な「明証性」が含まれている。「明証性」とは「論理的加工」を経て「直観的」に理解しうることを言う。

⑤ ［英］培根：《新工具》，许宝骙译，商务印书馆 2018 年版，第 12 页。

自己肚里抽丝结网，也不可像蚂蚁，单只采集，而必须像蜜蜂一样又采集又整理。①

章敏、吴世雄（2019）认为，在认知语言学理论框架下，语言的历史性显而易见。原因有二：一是语言的体验性基础决定语言的形成和发展受到历史经验的影响。这些体验不仅包括人类共有的身体经验，而且也包括不同语言种族各自的历史及文化经验。二是基于使用的语言本质上是动态的系统。只有从跨时间维度上考量动态的发展体系，才可能还原语言的发展轨迹和全貌。以研究语料的时间跨度为划分标准总结出"共时—历史隐喻研究"与"历史—历时隐喻研究"两种模式。"共时—历史隐喻研究"指选取某个时期的隐喻语料，或将某个历史时期的隐喻语料和现今的隐喻语料加以对比，通过追溯语料反映的隐喻模式和历史文化观念，探讨历史文化模型对当今语言形式与意义的影响。"共时—历史隐喻研究"可以展现不同历史时期隐喻和文化模型状态之间的关联，但其研究视角是共时与静态的，尚不能展现动态变化的过程。"历史—历时隐喻研究"指具有一定时间跨度的、着眼于反映概念隐喻和隐喻表达演变过程的研究。"历史—历时隐喻研究"超越内省式的直觉判断和理论假设，更偏向基于真实语料的实证研究，符合认知语言学向实证研究转向的趋势。历史—历时角度隐喻研究的目标就是以语言的产生和演变为观察对象，对隐喻性的语言进行历时描述和规律总结，从中揭示认知和语言的相互关系。②

本书将运用"共时—历史隐喻研究"与"历史—历时隐喻研究"两种模式，重视具体文本中隐喻用法的归纳、整理、分析，总结出隐喻在政治语篇中的意识形态引导价值。具体研究方法如下：

1. 定量研究和定性研究方法

定量研究指利用数量、频率和比例的统计等来说明各种事实；定性研究是对所研究的对象进行"质"的分析，对所研究的现象的本质、特征及其联系进行概括。定量方法是一种操纵和控制，定性方法是一种自然观察；定量方法是从逻辑实证主义观点出发，对社会现象事实和原因的了解

---

① ［英］罗素：《西方哲学史》（下），何兆武、李约瑟译，商务印书馆2018年版，第68页。
② 章敏、吴世雄：《国外历史/历时隐喻研究述评》，《外语学刊》2019年版第2期。

无需考虑个人的主观状态，而定性方法从观察学的观点出发，站在活动主体的角度去了解人类行为；定性方法是一种综合，而定量方法是一种分析；定量研究的最终目的是为了定性，定量研究是一种研究手段。① 本书运用定量分析方法，对1947—2020年日本31位首相的施政报告进行词频统计（数量、频率、比例的统计），识别常规隐喻，并结合具体的社会历史语境，对常规隐喻的特征及其相互联系、隐喻功能进行定性说明和阐释。

2. 比较法

知性的三种逻辑活动——比较、反思和抽象是产生任何一般概念的基本和普遍的条件。比较是指诸表象在相互关系中比较而达到意识的统一。② 比较可分为历史比较法和对比分析法为两大类，是科学研究中最为根本性的研究方法。历史比较法是一种历时的研究，用于有亲缘关系的语言之间，其作用是揭示语言之间的谱系关系；对比分析法是一种共时的研究，用于任何一种语言之间，其作用是揭示语言之间的异同关系。③ 本书通过数据比较、图表比较等手法，运用对比分析法分析解释31位首相各自使用隐喻架构之间的异同，同时运用历史比较法梳理归纳1947—2020年施政报告隐喻架构方面的谱系关系。

3. 预测法

定量研究与定性研究和比较法能够完成对过去和现状的说明及解释，而预测则是为了了解未来的发展趋势。预测有两个客观依据，即"规律性和重复性"与"连贯性和持续性"。预测理念适用于语言方面，因为语言发展变化和使用是有规律的，有规律就是可以预测的。因此，在语言研究中，可以根据所得到的结论进行预测。④ 本书基于对1947—2020年施政报告的隐喻学分析结果，遵循连贯原则和类推原则，运用预测法前瞻未来日本在经济、行政机构改革、教育、日美关系四个方面的政治文化模型。

---

① 于根元：《应用语言学概论》，商务印书馆2010年版，第69—70页。
② [德]康德：《逻辑学讲义》，许景行译，杨一之校，商务印书馆2018年版，第92页。
③ 于根元：《应用语言学概论》，商务印书馆2010年版，第67—69页。
④ 于根元：《应用语言学概论》，商务印书馆2010年版，第84—87页。

八　隐喻识别方法

本书进行隐喻识别时，采用 MIP（Metaphor Identification Procedure）来进行隐喻辨认。MIP 将隐喻识别总结为四点：

（1）テキスト全体を読む。
（2）語の区切りを決定する。
（3）a. それぞれの語に対して、文脈上の意味を決定する。
　　　b. それぞれの語に対して、基本義を決定する。
　　　c. もし文脈上の意味（a）と基本義（b）の間に乖離がある場合、その乖離が対照であり、かつ、比較によって理解できるか判定する。
（4）できる場合、メタファーと認定する。①

隐喻识别的四步骤分别为：

第一步：通读文本，总体理解文本意义；

第二步：确定文本的词汇单元；

第三步：确定每一个词汇单元的语境意义；确定词汇单位的基本意义。词汇的基本意义被定义为：①更加具体的、有形的：看得见、摸得到、听得见、嗅得到、尝得着，更容易唤起想象的；②与身体行为相关的；③更清晰的、与模糊相对的；④历时更久的；判断语境意义与基本意义之间是否能形成鲜明的对比，并可以通过比较理解语境意义。

第四步：如果对上述原则的回答是肯定的，该词汇的语境意义则为隐喻性的。②③

以 1979 年大平正芳访华期间于政协礼堂演讲的结尾句为例：

---

① 鍋島弘治朗、中野阿佐子，MIP—理想のメタファー認定手順を求めて—，英米文學英語學論集，2016，第 1—18 頁。
② 周运会、吴世雄：《国外语料库隐喻研究综述》，《外语学刊》2015 年第 1 期，第 72—78 页。
③ 钟兰凤、陈希卉：《隐喻识别研究现状述评》，《外语研究》2013 年第 5 期，第 40—44 页。

「21世紀にむかうこれからの時代にも、数々の荒波が襲うでありましよう。日中間においても、その荒波の中で、両國が時に意思を異にし、利害関係を異にする局面も出てくるかもしれません。しかしながら、両國間の2000年来の友好往來と文化交流の歷史をふりかえり、今日我々が抱いている相互の信賴の心を失わずに努力し続けるならば、我々の子孫は、永きにわたる両國の平和友好関係を世界に誇ることになるでありましよう。」①

依照 MIP 的四项流程，首先完成通读文本，再确定词汇单元如下：

「21世紀に//むかう//これからの//時代にも//、数々の//荒波が//襲うでありましよう//。日中間に//おいても、その//荒波の//中で//、両國が//時に//意思を//異にし//、利害関係を//異にする//局面も//出てくるかもしれません//。しかしながら//、両國間の//2000年来の//友好往來と//文化交流の//歷史を//ふりかえり//、今日//我々が//抱いている//相互の//信賴の//心を//失わずに//努力し続けるならば//、我々の//子孫は//、永きに//わたる//両國の//平和友好関係を//世界に//誇ることになるでありましよう//。」

接下来，从词汇群中选取"荒波"一词，对其语境意义和基本意义进行分析。先是依照第三步中的 a 项确定"荒波"的文本意义，从文本所唤起的语境看，"荒波"意为"在迈向21世纪之际中日两国间所存在的诸多'分歧''争端''考验'"。然后再进入第三步的 b 项，确定"荒波"的基本意义为"风涛巨浪、惊涛骇浪"。文本利用"荒波"表示危急形势之意以形容中日之间并非风平浪静之情势，可见"荒波"的文本意义与基本意义之间形成对比，并经过比较后能够理解文本意义。最后根据第四步判断和认定"荒波"为隐喻性表达。

---

① 外務省編，大平正芳內閣総理大臣の中国訪問の際の政協礼堂における公開演説，外交青書（24号），1980，第378—382頁。

再以中曽根康弘第97次就职演讲中的内容为例，

「私は、わが国が人類の平和と繁栄に積極的に貢献し、よき隣人として信頼され尊敬され、国際社会において名誉ある地位を占めることをひたすら念願するものであります。」①

先按照流程通读文本后确定词汇单元如下：

「私は∥、わが国が∥人類の∥平和と∥繁栄に∥積極的に∥貢献し∥、よき∥隣人として∥信頼され∥尊敬され∥、国際社会に∥おいて∥名誉∥ある∥地位を∥占めることを∥ひたすら∥念願するものであります∥。」

然后从词汇群里选取"わが国"，并解析其语境意义和基本意义。从文本看，"わが国"在例句中涉及的行为有"貢献し""信頼され尊敬され""占める"，涉及的评价有"積極的に""よき隣人""名誉ある地位"。话语主体借助人类的各种经历和性格特点等不同方面描述一个表示非人类实体——"国家"的行为，可见，文本中的"わが国"已经被拟人化，根据第四步可判定为隐喻性表达。

本书采用MIP对施政报告中经济、行政机构改革、教育、日美关系方面的文本进行了隐喻识别。之后，为了提高准确度和避免隐喻识别中过于主观性的问题，又进行了隐喻识别的一致性检验。课题组将研究文本中的隐喻表达梳理和归纳后委托其他研究隐喻的人员进行了识别和检验。

小　结

绪论介绍了本书的研究目的与意义、研究对象、研究的主要目标、研

---

① 中曽根内閣総理大臣第97回（臨時会）所信表明演説，官報（号外），東京：大蔵省印刷局，1982，第25頁。

究重点与难点、创新之处、研究框架和研究方法、隐喻识别方法。本书选取 1947—2020 年日本 31 位首相的施政报告为语料，采用 MIP 方法进行隐喻识别，运用莱考夫和约翰逊的概念隐喻理论和架构理论，结合概念语法隐喻分析及批评隐喻分析，对语料中隐喻的使用以及隐喻建构的目的进行梳理和解读。本书分三个阶段：第一阶段进行表层架构的分别分析和历时分析；第二阶段进行深层架构分析；第三阶段解析隐喻架构的功能和效果，并前瞻日本未来在内政及外交方面的价值观和道德模式。本书坚持辩证法思想、系统论思想和发展的思想，以实证研究为主，运用"共时—历史隐喻研究"与"历史—历时隐喻研究"两种模式，采用定量与定性研究方法、比较法和预测法为具体的研究方法。

第一章

先行研究述要

第一节 隐喻的相关研究概貌

20世纪后半期,"隐喻"研究成为众多学科热议的论题。隐喻的研究并非新兴领域,其研究在西方可追溯至古希腊的柏拉图和亚里士多德。经过古罗马时期、中世纪时期等阶段,至今已有两千多年。古今中外,哲学家和语言学家等对隐喻的解释亦不相同,各有侧重,形成了诸多隐喻理论。在这场悠远持久的论战与交融中,形成了两个不同的阵营,一方认为,隐喻的基本作用是组织我们的概念系统,以认知为中心;另一方认为,隐喻仅起变异的效应,在隐喻理解中起到修饰和情感作用。[①]本章将先对隐喻进行概念界定后,再分别评述西方和日本的相关隐喻研究。

一 隐喻的概念界定

隐喻是"metaphor"的狭义所指。"metaphor"一词广义与"修辞"相同,包含"明喻(simile)、隐喻(metaphor)、换喻(metonymy)和提喻(synecdoche)"等所有的比喻,是"非字面"之意。本书采用"metaphor"的狭义解释。

斯坦哈特(2001,兰忠平译:2019)认为:

在隐喻话语中,来自不同却可类比的概念簇的概念通过这一词汇被组合在一起,其结果就是来自一个概念场的概念和来自另一个概念场的概念

---

① 胡壮麟:《认知隐喻学》,北京大学出版社2004年版,第17页。

具有了等同关系或者述谓关系。①

　　隐喻不使用"～のごとし""～のようだ""～みたいだ"等比喻词，其表达方式为"AはBだ""AというB"等。比如，明喻句"人生は旅のようだ"通过"～のようだ"将两种事物"人生"和"旅"的相似性明示出来，而「人生は旅だ」句则为隐喻表达，是以暗示或隐晦方式表达事物间的相似性或关联性。小泉（1999）以"四季歌"（四季の歌）歌词为例分析了二者的不同。

「春を愛する人は　心清き人　すみれの花のような　ぼくの友だち
　夏を愛する人は　心強き人　岩を砕く波のような　ぼくの父親
　秋を愛する人は　心深き人　愛を語るハイネのような　ぼくの恋人
　冬を愛する人は　心広き人　根雪を融かす大地のような　ぼくの母親」

歌词中既包含由"ような"构成的明喻——「すみれの花のようなぼくの友だち」；「岩を砕く波のようなぼくの父親」；「愛を語るハイネのようなぼくの恋人」；「根雪を融かす大地のようなぼくの母親」，也包含"AはBだ"形式隐喻——「春を愛する人はぼくの友だち」；「夏を愛する人はぼくの父親」；「秋を愛する人はぼくの恋人」；「冬を愛する人はぼくの母親」。隐喻之产生根据分别为"心清き人""心強き人""心深き人""心広き人"。②

二　隐喻的相关研究

（一）西方的隐喻研究

学界一般认为，西方的隐喻研究按照时间和方法可分为三个时期：公元前300年（亚里斯多德）到20世纪30年代，以"修辞学研究"为

---

① ［美］埃里克·查尔斯·斯坦哈特：《隐喻的逻辑——可能世界之可类比部分》，兰忠平译，商务印书馆2019年版，第55页。

② 小泉保，言外の言語学—日本語語用論，東京：三省堂，1999，第187頁。

主；20世纪30年代到70年代，以"语义学研究"为主；20世纪70年代至今，以"认知研究"为主。但是，有学者认为，古希腊时期的亚里士多德和古罗马时期的西塞罗所持隐喻思想已经具有语义研究和认知研究的倾向。① 本书从隐喻研究的主要代表性人物亚里士多德、西塞罗、理查德、布莱克、福康涅、莱考夫及相关理论入手，对隐喻研究的发展谱系进行历时性的追溯和梳理。

1. 替代论（Substitution Theory）与比较论（Comparison Theory）

隐喻研究开端于古希腊哲学家亚里士多德，他在《诗学》和《修辞学》中用了很多篇幅论述隐喻问题。②《修辞学》开篇一句是"修辞术是论辩术的对应物"，③ 表明修辞术是一种语言艺术，并不同于论辩术。在《诗学》中，他将隐喻定义为，"隐喻字是属于别的事物的字，借来作隐喻"，即隐喻是一个词替代另一个词来表达同一意义的语言手段，或称为"语言艺术"，两者是对比关系。他所说的隐喻分为如下四类：④

1）借"属"作"种"
2）借"种"作"属"
3）借"种"作"种"
4）借用类同字⑤

亚里士多德认为，四类隐喻中以类比式隐喻最受欢迎。1）和2）涉及"属"与"种"的范畴错置，当下的研究中被称为"提喻"。亚里士多德

---

① 赵彦春：《隐喻的认知因素及隐喻本质——基于隐喻研究史的考察》，《天津外国语大学学报》2013年第2期。

② ポール・リクール，生きた隠喩，久米博訳，東京：岩波書店，1998，第7頁。原文：アリストテレスこそは以後の西洋思想史全体のために、語又は名を基本単位とする意味論を土台にして隠喩というものを定義したのである。しかも彼の分析は弁論術（レトリック）と詩学という二つの学科の交点に位置している。この二つはそれぞれはっきりした目標を持っている。弁論術（レトリック）は弁論における（説得）を目指し、詩学は悲劇詩における人間行動のミメーシスを目指す。

③［古希腊］亚理斯多德：《诗学/修辞学》，罗念生译，上海人民出版社2016年版，第141（1354a）页。

④［古希腊］亚理斯多德：《诗学/修辞学》，罗念生译，上海人民出版社2016年版，第87（1457b）页。

⑤ 借用类同字：借用有相似关系的的类同字作隐喻，可产生新的意义。（［古希腊］亚理斯多德：《诗学/修辞学》，罗念生译，上海人民出版社2016年版，第89页。）

认为，明喻去掉说明就是隐喻，二者差别很小。① 他关于隐喻和明喻的这一解释对后世的影响巨大。

　　亚里士多德非常重视隐喻的使用。他认为，隐喻具有令人惊喜和使文章不流于平凡的功能，"隐喻字最能使风格显得明白清晰，令人喜爱，而且最能使风格带上异乡情调，此种奥妙是无法向别人请教的"；②"适当地使用上面所说的各种字以及双字复合字和借用字是很重要的事，但尤其重要的是善于使用隐喻字，唯独此中奥妙无法向别人领教"。③ 亚理斯多德反复强调，使用隐喻时"必须求其适合"，④"应当从同种同类的事物中取得"，⑤"应当从有关系的事物中取来"，⑥"善于使用隐喻字表示有天才，因为想出一个好的隐喻字，须能看出事物的相似之点"。⑦ 也就是说，是否可以使用隐喻，要看事物间是否存在相似性，相差太远和对立显著的事物间使用隐喻则显得牵强，但特点太相似的事物间使用隐喻则又失之肤浅。⑧ 亚里士多德将隐喻的本质解释为：1）隐喻是一个词替代另一个词来表达同一意义的语言手段，隐喻是一种替代；2）隐喻是具有相似性事物间的类比。布莱克将1）视为"替代论"，将2）称为"比较论"。

　　西塞罗和昆体良等古罗马时期的修辞学家进一步发展了亚里士多德"替代论"和"比较论"。关于隐喻的产生和使用，西塞罗认为，人们之所以乐

---

① ［古希腊］亚理斯多德：《诗学/修辞学》，罗念生译，上海人民出版社 2016 年版，第 335（1410b）页。
② ［古希腊］亚理斯多德：《诗学/修辞学》，罗念生译，上海人民出版社 2016 年版，第 302（1405a）页。
③ ［古希腊］亚理斯多德：《诗学/修辞学》，罗念生译，上海人民出版社 2016 年版，第 93（1459a）页。
④ ［古希腊］亚理斯多德：《诗学/修辞学》，罗念生译，上海人民出版社 2016 年版，第 302（1405a）页。
⑤ ［古希腊］亚理斯多德：《诗学/修辞学》，罗念生译，上海人民出版社 2016 年版，第 342（1412a）页。
⑥ ［古希腊］亚理斯多德：《诗学/修辞学》，罗念生译，上海人民出版社 2016 年版，第 303（1405b）页。
⑦ ［古希腊］亚理斯多德：《诗学/修辞学》，罗念生译，上海人民出版社 2016 年版，第 93（1459a）页。
⑧ ［古希腊］亚理斯多德：《诗学/修辞学》，罗念生译，上海人民出版社 2016 年版，第 335（1410b）页。

于使用隐喻：1）因为人们都喜好跨过脚边的东西而取远处的东西，这是天性使然；2）因为用另一种思路把听众引开，又不使听众陷入迷误，能够产生极大怡悦感；3）因为使用一个词语能够描写或展现对象的整体；4）因为适当的隐喻都是直接来自人们的感觉体验，尤其是视觉，视觉是最敏锐的感觉。其他如，高雅的"芳香"、富有亲切感的"温柔"、大海的"低语"、语言的"甜美"分别来自嗅觉、触觉、听觉和味觉。① 1）的论述与亚理士多德的"异乡情调"有异曲同工之处，② 而 2）—4）则拓宽了隐喻的话语功能，用当代概念隐喻理论理解，分别是"概念间结构映射"，"经验的连贯图示化"，"具身性"，这是西塞罗的独特见解。

亚里士多德与西塞罗等先哲们大多都在论述隐喻是风格的修饰成分，认为构成隐喻的基础是"相似性"，隐喻的功能是词汇层面上的一种修辞现象，是一种附加功能，最终目的是提高语言表达的"修饰效果"。但是，也有学者认为，古希腊和古罗马的传统隐喻理论中也可窥见其认知维度，亚里士多德的隐喻观在各派隐喻理论和观点中都可以看到，如隐喻的替换论和对比论接受了隐喻相似性的特点，侧重于相似基础上的对比和替代；而概念隐喻则注重亚里士多德所讲的"属"与"种"的关系，并在此基础上作进一步的认知功能的研究。③

2. 互动论（Interaction Theory）

20世纪30年代，理查德在《修辞哲学》讲座中言及句子层面的隐喻功能和机制，他认为，「メタファーがなければ言語は死んだも同然」，没有隐喻，语言也将消亡。④，人们在日常生活、严谨的科学语言、抽象的哲学等不同交际形式中充满了隐喻。「思考はメタファーに基づい

---

① ［古罗马］西塞罗：《论演说家》，王焕生译，中国政法大学出版社2003年版，第623—625页。原文：即使存在非常丰富的原始领域的词语，人们却仍然远为喜欢其他领域的词，只要转义词语合适。我想这或许是因为人的天性喜好跨过放在脚边的东西，去取远处的东西；或许是由于用另一种思路把听众引开，同时又不使听众陷入迷误，这样可以产生极大的怡悦；或许是由于单个的词语便能一下子描写整个对象；或许是由于所有隐喻表达只要使用合适，都是直接作用于感觉本身，特别是视觉，那是最敏锐的感觉。此外，还有高雅的"芳香"、富有亲切感的"温柔"、大海的"低语"、语言的"甜美"这些转义都来自其他感觉。
② 陈四海：《分析哲学视野中的隐喻问题研究》，博士学位论文，南京大学，2013年。
③ 谢之君：《隐喻认知功能探索》，复旦大学出版社2007年版，第12—14页。
④ 鍋島弘治朗，メタファーと身体性，東京：ひつじ書房，2016，第44頁。

ており、メタファーは比較の過程でもあるという。言語のメタファー性は思考のメタファー性に由来すると述べる」①，我们借助隐喻进行思考，进行比较，特别是抽象思维时无法离开"隐喻"这一工具，它是人类语言的"无所不在的原理"。隐喻不仅仅是一种语言现象，它是人类思维的一种方式。

理查德基于他所创立的"意义的语境准则"使隐喻摆脱了"比较论"和"替代论"的束缚。意义的语境准则认为，意义不是一个固定的东西，而是由语境历史地、因果地加以决定的，意义的稳定性来源于语境的稳定性。理查德指出，人们使用隐喻时，有两样不同事物的思想在一个词或短语中活动。这一词对短语的意义即是该两种思想互相作用的结构，这就是著名的隐喻"互动理论"。理查德在"死喻"论述方面也具有启示性解释。「死喩—死んでいるが、いつでも生き返る」②，死喻尽管已死，但随时会复活。在分析隐喻的工作机制中，他将"两种互相作用的思想"分别用"本体（tenor）"和"喻体（vehicle）"来指称，隐喻的意义来自本体和喻体的互相作用。"本体"和"喻体"之间的相似性称为"喻底（ground）"。他认为，喻底不仅在于相似性，喻底具有多样性。本体和喻体是否具相似性，不在于两者本身，而在于说话主体的"主观态度"，「類似性のほかに、態度を加えている。…両者の共通性は両者自体ではなく、両者を観察する主体に求められる。つまり、共通性は話者の主観的態度にある」③。理查德的"隐喻无所不在"（Metaphor is the omnipresent）"和"思想是隐喻性的（Thought is Metaphoric）"两种论述对 20 世纪 80 年代后的认知语言学的隐喻研究有重要影响，被认为是认知隐喻理论的先驱性研究，「これは認知メタファー理論の先駆の位置づけになる」④。

理查德的隐喻研究尚在探索阶段，理论方面的展开和深入还不足，但他给后来的隐喻研究带来了重大突破。布莱克和其他学者以此为开端开始

---

① 鍋島弘治朗，*メタファーと身体性*，東京：ひつじ書房，2016，第 44 頁。
② 鍋島弘治朗，*メタファーと身体性*，東京：ひつじ書房，2016，第 45 頁。
③ 鍋島弘治朗，*メタファーと身体性*，東京：ひつじ書房，2016，第 45 頁。
④ 鍋島弘治朗，*メタファーと身体性*，東京：ひつじ書房，2016，第 44 頁。

专注隐喻领域的研究。①

布莱克继承和发展了理查德的隐喻理论，提出了"相互作用理论"或"意义转换理论"，使之成为解释隐喻意义产生的理论，是"替代论"和"比较论"后最具影响的隐喻理论。布莱克将古希腊的亚里士多德和古罗马的西塞罗等传统隐喻研究解释为"替代论"和"比较论"，他对两类观点进行了分析和批判。他认为，"替代论"主张"隐喻"是用一个词取代另一个词，以达到使人赏心悦目之功能，但仅起修饰作用而已；"比较论"主张中的"相似性概念"意味着"相似性"早已存在，有预设之嫌。布莱克继理查德后，又对"相似性"的研究投入了很多的精力。布莱克指出，我们使用隐喻后，在我们的大脑中，两个概念经过相互"照らし（interillumination）、協力する（co-operation）"作用，建立了一种"相似性"，给人以启发。他认为，有些隐喻并非是以两个事物间本就存在的"相似性"为基础的，而是隐喻使用中产生和创造了事物间的"相似性"。②③布莱克使用"焦点（focus）"和"框架（frame）"④解释隐喻的意义源于焦点语词和语义框架的相互作用。他将语词意义分为"词典意义"（标准意）体系和"联想意义（associated commonplaices）"（关联常识）体系，比如，"男人是狼"隐喻表达中"狼"的意义由两个部分构成，即"动物""肉食""野性"等为"词典意义"，"残暴""好斗"等特征则是"联想意义"，隐喻意义来自"联想意义"体系。⑤

理查德和布莱克将隐喻研究从"修饰"过渡到"语义"，不再从语词的偏离和替代层面研究隐喻，而是将隐喻置于句子之中，从整体进行思考和解释。⑥

3. 概念隐喻理论（Conceptual Metaphor Theory）

进入20世纪80年代后，认知语言学作为一种新的解释语言的路径开

---

① ポール・リクール，生きた隠喩，久米博訳，東京：岩波書店，1998，第183—190頁。
② 崔艳辉：《隐喻与认知——乔治・莱考夫语言哲学研究》，博士学位论文，吉林大学，2015年。
③ 陈四海：《分析哲学视野中的隐喻问题研究》，博士学位论文，南京大学，2013年。
④ ポール・リクール，生きた隠喩，久米博訳，東京：岩波書店，1998，第93頁。原文：「焦点（focus）」とは語であり、「枠（frame）」とは文である。
⑤ ポール・リクール，生きた隠喩，久米博訳，東京：岩波書店，1998，第183—190頁。
⑥ 鍋島弘治朗，メタファーと身体性，東京：ひつじ書房，2016，第46—48頁。

始蓬勃发展起来。认知语言学是广义认知科学的一个分支，其研究的基本前提是"在语言和客观世界之间存在一个中间层次认知"①。

认知语言学主要创始人莱考夫和约翰逊出版了 *Metaphors We Live By* 一书，将隐喻研究转向了"认知"维度，提出了"经验主义的语义观"。他们认为，感知器官及其运作环境直接影响到思维和语言；客观事物只有被大脑感知才能获得意义；推理受制于人的生理基础和认知能力、社会文化和经验等；人类的理性是富有想象力的和隐喻的，并与人体具有内在的联系。②

莱考夫指出，意向图式和隐喻结构是语言运用和理解的两种认知结构，是人的思维结构的重要部分，是人们进行新的联想和形成新的经验的基本方式，其物质基础源于人本身与外部世界相互作用的完形与动觉经验。③ 莱考夫和约翰逊对隐喻理解得很宽，他们将概念分作两类：一类是自己萌生的概念，如"上下"和"物体"这样的概念是原始的，是直接从经验萌生的概念；另一类是包含隐喻的概念，如"辩论""理论""时间"这些概念包含隐喻的概念。④ 隐喻是由经验结构激发而形成的，隐喻的本质就是通过另一种较为具体和熟悉的事物来理解和体验当前较为抽象难懂的事物，具体的事物称为"源域（source domain）"，抽象难懂的事物称为"目标域（target domain）"。⑤⑥ 莱考夫采用"源域"和"目标域"两个术语弥补了理查德与布莱克"互动论"中方向性模糊的不足，表明了两个领域互动关系的方向性，两个领域间这种具有方向性的互动称为"映射（mapping）"。因此，莱考夫等人的隐喻理论被称为"映射论（Mapping Theory）"，又称"概念隐喻理论"。源域与目标域两个不同认知域间能够实现结构映射，隐喻是从源域向目标域

---

① 蓝纯：《认知语言学与隐喻研究》，外语教学与研究出版社2005年版，第3页。
② 赵艳芳：《认知语言学概论》，上海外语教育出版社2006年版，第26页。
③ 赵艳芳：《认知语言学概论》，上海外语教育出版社2006年版，第26页。
④ 陈嘉映：《语言哲学》，北京大学出版社2008年版，第329页。
⑤ G・レイコフ，M・ジョンソン著，肉中の哲学—肉体を具有したマインドが西洋の思考に挑戦する—，計見一雄訳，東京：哲学書房，2004，第561页。
⑥ [美]乔治・莱考夫、马克・约翰逊：《肉身哲学：亲身心智及其向西方思想的挑战》（二），李葆嘉、孙晓霞、司联合、殷红伶、刘林译，世界图书出版公司2018年版，第525页。

进行系统的、部分的、不对称的结构映射。隐喻产生于我们明确和具体的经历或经验，隐喻让我们可以构建高度抽象和复杂的概念。概念隐喻理论将"隐喻"解释为我们日常生活中不可或缺的、由此及彼、由表及里、由熟悉及陌生的概念化机制，是一种认知外部客观世界和内部情感世界的利器和法宝。① 隐喻给人类提供洞察日常经验的能力，也是人类感知和体验这个世界有些事物的唯一途径。

莱考夫和约翰逊合著的 *Metaphors We Live By* 出版后获得了极大关注，开创了认知科学新领域的智慧冒险之作，在这一全新的隐喻研究中融入了语言学及哲学分析，也形象地解释了我们从未意识到的思维活动与行为方式之谜。从认知角度对隐喻的研究的确始于莱考夫与约翰逊合著的 *Metaphors We Live By*，但是，对隐喻认知功能的认识并非发端于二人，如前所述，有些哲学家和语言学家的论述也不同程度地涉及过隐喻的认知功能。②

4. 概念合成论（Theory of Conceptual Blending）

20世纪90年代后，基于莱考夫与约翰逊概念隐喻理论的研究成果，福康涅等提出了"合成空间理论（Blended Space Theory）"。心理空间是福康涅在 *Mental Spaces* 一书中提出的，「メンタル・スペースとは言語構造とは別の構成物であるが、言語表現が提供する指針に基づいて任意の談話において設定されるものであり…構造を持った増加可能集合として表される」③，是指人们在进行思考和交谈时为了达到局部理解与行动之目的而构建的小概念包，它可以建立起时间、信念等系列概念。福康涅在 *Mappings In Thought And Language* 中首次提出了"合成空间理论"。④

如图1-1，福康涅认为，心理空间由两个输入空间（cross-space mapping I_1, I_2）、一个类属空间（generic space）和一个合成空间（blend space）

---

① 孙毅：《当代隐喻学研究》，《浙江外国语学院学报》2019年第2期。
② 束定芳：《认知语义学》，上海外语教育出版社2008年版，第156页。
③ シル・フォコニエ，メンタル・スペース—自然言語理解の認知インターフェイス—，坂原茂、水光雅則、田窪行則、三藤博訳，東京：白水社，1996，第21—24頁。
④ シル・フォコニエ，思考と言語におけるマッピング，坂原茂、田窪行則、三藤博訳，東京：岩波書店，2000，第187—198頁。

构成，自然语言意义建构是由四个空间相互作用完成的。合成过程是在两个输入心理空间的基础之上进行运演后产生第三个空间，即合成空间。它又从两个输入空间中提取部分结构，形成了层创结构（emergent structure）。层创结构由组合（compositiong）、完善（completion）、扩展（elaboration）构成。① 福康涅指出，各空间域之间的映射是人类所独有的产生意义、迁移意义和处理意义等认知能力的核心，语言的结构和使用为潜在的空间域之相互映射提供了依据。②

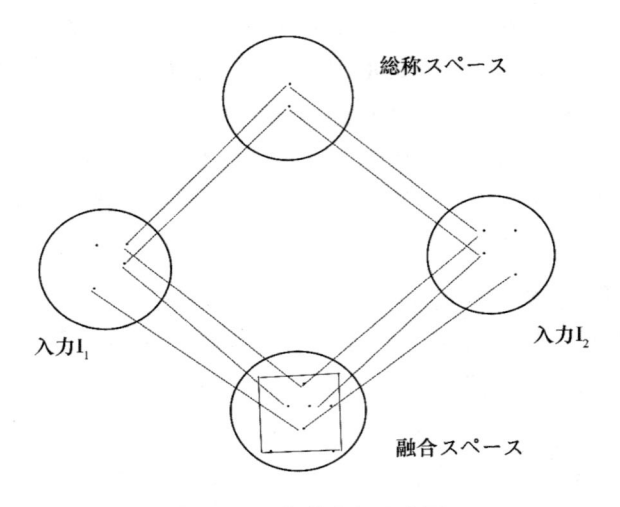

图 1-1　合成空间示意图

资料来源：シル・フォコニエ，1997；シル・フォコニエ，思考と言語におけるマッピング，坂原茂、田窪行則、三藤博訳，東京：岩波書店，2000，第187頁。

合成空间理论认为，「メタファーは、概念化と言語を結びつける、顕著で広く見られる認知プロセスで、基本的に2つの入力（ソースとターゲット）のスペース間マッピングにより決定されるが、メタファー

---

① シル・フォコニエ，思考と言語におけるマッピング，坂原茂、田窪行則、三藤博訳，東京：岩波書店，2000，第190頁。
② 崔艳辉：《隐喻与认知——乔治·莱考夫语言哲学研究》，博士学位论文，吉林大学，2015年。

のこの性質は、融合スペースを作るための最適の条件を提供する」①、隐喻是链接概念化与语言的一种普遍而又突出的认知过程，它主要依赖于源域和目标域这两个输入空间的跨空间映射。②"概念合成"是指心理空间的合成，是指人们在言语交际过程中建立起的临时性在线动态概念。概念合成论是对言语交际过程中各个心理空间相互映射，在此基础上产生互动作用的系统性解释，宗旨是试图阐释隐喻及一般言语意义在线构建背后的认知冰山。③

汪少华（2001）认为，概念合成论是隐喻研究理论的一种拓展和创新，但在运用其进行解释隐喻时应该灵活把握。概念隐喻合成论可用于阐释实时隐喻过程（on-line metaphorical processing）中的隐喻现象，比如，笑话、新词、幽默、卡通漫画和日常对话中的隐喻，因为心理空间是基于某一域之上建构的暂时和短时的表述结构，具有较强的实时性。④

隐喻的研究历史源远流长，研究领域涉及视角广博。除了上述四种理论，自古希腊的柏拉图至今，各种隐喻观林立。隐喻的本质由装饰本质转向概念性思维本质；隐喻的研究关注点从词汇转向语篇及语境；隐喻的研究范围从语言领域的单模态转向非语言领域的多模态。隐喻的研究趋势呈现从修辞层次到思维层次、从语言研究到多模态研究的演变图示。⑤

（二）日本的隐喻研究

日本的隐喻研究可从两个方面梳理：一是对西方隐喻理论的沿袭、继承和译介；二是以西方隐喻理论为基础的自作与创新。本书从日本隐喻研究的主要代表性人物——山梨正明、濑户贤一、楠见孝、锅岛弘次朗及相关学说和理论入手，对日本隐喻研究的发展进行考略。

---

① シル・フォコニエ，思考と言語におけるマッピング，坂原茂、田窪行則、三藤博訳，東京：岩波書店，2000，第211—215頁。
② 汪少华：《合成空间理论对隐喻的阐释力》，《外国语》2001年第3期。
③ 王文斌：《隐喻构架与解读的主体自洽》，博士学位论文，上海外国语大学，2005年。
④ 汪少华：《合成空间理论对隐喻的阐释力》，《外国语》2001年第3期。
⑤ 石琳：《从修辞到思维，从语言到多模态——隐喻研究的多维视角》，《外语教学》2017年第5期。

1. 山梨正明的隐喻研究

20世纪80年代，随着认知语言学的兴起，隐喻研究也发生了巨大变化。隐喻研究开始由以社会科学研究为主转向以认知科学与语言学相结合的研究为中心，隐喻研究逐渐走向了跨社会科学和自然科学两域的研究范式。山梨正明的『比喩と理解』一书正值隐喻研究范式转变之际出版，书中详细阐释了语言学、心理学、脑科学等多学科领域的隐喻研究。山梨的这部著作成为日本隐喻研究的新起点，在日本隐喻研究史上占有很重要的位置。

山梨认为，「比喩は能動的な認識のプロセスであり、開かれた世界に向けての発見的な認知の手段である。比喩を通しての経験は、新しい認識と想像的な象徴の世界への入口でもある。比喩によって喚起された新しい経験は、不可解でとらえどころのない存在にたいし、具体的で納得のいく理解を与えてくれる」①，比喻是能动的认识过程，是发现世界的认知手段；通过比喻获得的经验是我们开启新的认识和打开想象世界的入门之处；比喻所唤起的新的经验让我们对那些不可知世界有了具体清晰的理解。同时「斬新な言葉を工夫することにより新しい意外性に満ちた世界を楽しんでいる部分もある」②，通过这种新颖的表达方式，我们也感受到世界随处有惊喜。

1）この理論の基礎はしっかりしている。③

1）是将"理论"喻为"建筑物"，如图1-2所示，我们借助"建筑物"所涉及的"地基、框架、梁柱"等基本要素来理解"理论"这一抽象概念。

---

① 山梨正明，*比喩と理解*，東京：東京大学出版会，1988，第151頁。
② 山梨正明，*比喩と理解*，東京：東京大学出版会，1988，第33頁。
③ 山梨正明，*比喩と理解*，東京：東京大学出版会，1988，第141頁。

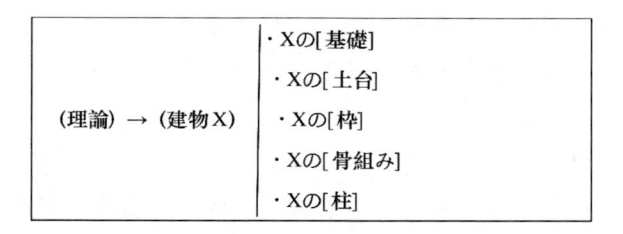

```
                    ・Xの[基礎]
                    ・Xの[土台]
(理論) → (建物 X)    ・Xの[枠]
                    ・Xの[骨組み]
                    ・Xの[柱]
```

图 1-2　「理論＝建物」模型示意图

资料来源：[日] 山梨正明，*比喩と理解*，東京：東京大学出版会，1988，第 141 頁。

　　山梨提出，隐喻和明喻是比喻的两种类型。明喻是指「あるもの（A）を表すのに、それと似ている別のもの（B）で表現する言語手段の一種である」①，以其他类似的事物 B 表达 A 的一种语言手法，如「君の瞳は宝石のようだ」句中利用"ようだ、みたいだ"（like，Similar to）等词语表明其相似关系。隐喻与明喻定义相同，但是，如「君の瞳は宝石だ」句，隐喻采用的是"A is B"的形式，没有明示相似关系。根据隐喻在文中的使用位置，可将其分为以下五种类型：

　　1）男はオオカミである。
　　2）オオカミが襲いかかってきた。
　　3）社長が湯気を立てている。
　　4）フランスのメス犬が鎖を断ち切った！
　　5）暖冬に背いて、鉄冷えの季節だという。鉄鋼大手五社は実に四万人もの人減らしを計画しているそうだ。

　　[1] 如例 1），以"AはBである"形式出现的隐喻可称为"连辞的隐喻"；
　　[2] 出现在主语部分的隐喻，即"主辞的隐喻"；
　　[3] 如例 2），既有隐喻意义，同时也可作为字面意义理解；
　　[4] 出现在谓语部分的隐喻，即"述辞的隐喻"。同时出现在主

---

① 山梨正明，*比喩と理解*，東京：東京大学出版会，1988，第 13 頁。

语和谓语部分的隐喻可称为"统合的比喻";

[5] 隐喻现象出现在篇章中,如前后句子或者言外之意中,被称为"文脉的隐喻"。①

基于布莱克等前人的研究,山梨认为,词义可分为"生物的、物理的特性"意义和"典型性としての特性"意义,如,

○政治家:
生物的、物理的特性:HUMAN,MALE,etc. + [LD]
典型性としての特性:RICH,FAT,DISHONEST,etc.

"生物的、物理的特性"是"政治家"词义的一般性通用解释,而「典型性としての特性」是「常識的な知識や日常生活の経験を通して主観的に決められる二次的で派生的な特性」②,是源自常识和生活经验,又经过主观性判断的派生意义,其产生与社会文化相关。

关于隐喻的认知过程概略,如图1-3,山梨认为,「1)問題の比喩表現の主部Aと述部Bの間に見られる選択制限の違反の認定,2)述部Bの顕現特性の主部Aへの転写によるAの概念体系の再構成,3)を介しての主部Aに関する再解釈—即ち、主題としての主部Aの恒常的な概念体系に対する新たな視点の導入乃至は新たな洞察・発見—の過程として捉えられる」③,首先,需要判断A、B间是否有违反选择限制;其次,B的典型特征向A映射构建A的概念系统;三是对A的重新解释。

---

① 山梨正明,*比喩と理解*,東京:東京大学出版会,1988,第11—20页。
② 山梨正明,*比喩と理解*,東京:東京大学出版会,1988,第26—30页。
③ 山梨正明,*比喩と理解*,東京:東京大学出版会,1988,第22页。

```
（ⅰ）              認定
        (AB間の選択制限の違反の認定)
                    ↓
（ⅱ）             再構成
        (Bの顕現特性のAへの転写)
                    ↓
（ⅲ）             再解釈
    (Aに関する新たな視点の導入／新たな洞察・発見)
```

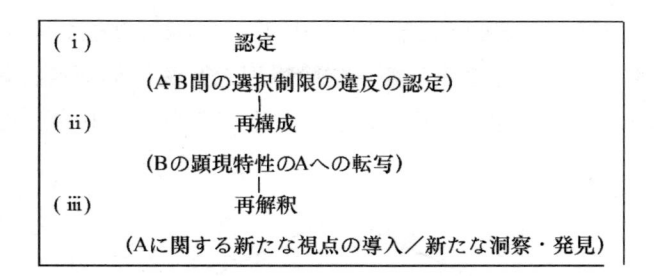

图1-3　比喻的认知过程

资料来源：[日]山梨正明，*比喩と理解*，東京：東京大学出版会，1988，第23頁。

山梨也指出，虽然判断隐喻时，是否有违反选择限制是要遵循的重要原则，但这项原则并非总能起到作用，如表1-1所示。

表1-1　　　　　　　　　　有无违反选择限制

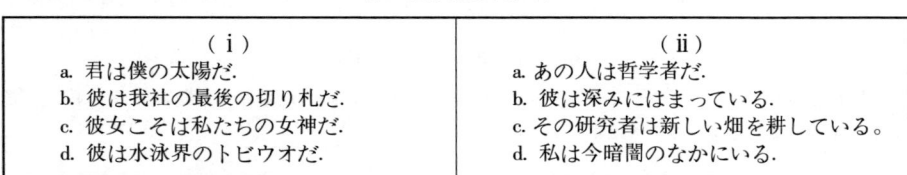

（ⅰ）	（ⅱ）
a. 君は僕の太陽だ.	a. あの人は哲学者だ.
b. 彼は我社の最後の切り札だ.	b. 彼は深みにはまっている.
c. 彼女こそは私たちの女神だ.	c. その研究者は新しい畑を耕している。
d. 彼は水泳界のトビウオだ.	d. 私は今暗闇のなかにいる.

资料来源：[日]山梨正明，*比喩と理解*，東京：東京大学出版会，1988，第23頁。

表1-1中，（ⅰ）所举例句a-d，主部A与述部B存在选择限制上的矛盾，可断定为隐喻；（ⅱ）所举例句的主部A与述部B并不违反选择限制，可理解为字面意义，也可理解为隐喻意义。（ⅱ）例句的隐喻判断还需从语用论方面考虑。（ⅱ）a例之所以为隐喻意义，是因为主部A"あの人"和述部B"哲学者だ"存在陈述功能上的矛盾，从这个角度看，（ⅱ）各例也可以理解为存在选择限制上的不一致。①

2. 濑户贤一的"认识的三角图示"与"新隐喻分类法"

濑户贤一在日本隐喻研究领域占有重要位置，其研究涉猎广泛，论著可

---

① 山梨正明，*比喩と理解*，東京：東京大学出版会，1988，第23—25頁。

谓等身。濑户认为，「隠喩は比喩の中の比喩、比喩の女王です」,① 隐喻是比喻中的比喻，是比喻之女王。濑户的隐喻理论有两个创新点，首先，如图1-4，他明确区分了隐喻、提喻、换喻，并把三者视为认识的三大类型。

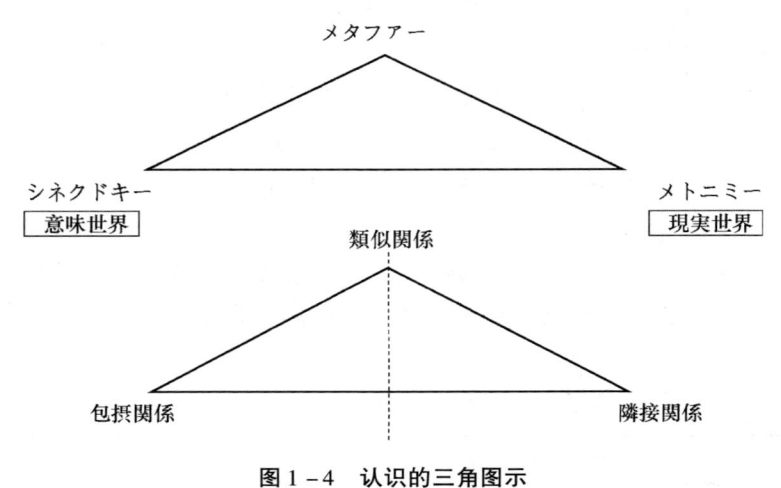

```
                          メタファー
                         /         \
                        /           \
                       /             \
              シネクドキー            メトニミー
              [意味世界]             [現実世界]
                       類似関係
                        |
                       / \
                      /   \
                     /     \
                包摂関係   隣接関係
```

图1-4 认识的三角图示

资料来源：[日]瀬戸賢一，メタファー思考—意味と認識の仕組み—（第14刷），東京：講談社，2019，第203頁。

濑户认为，隐喻基于事物间的相似关系，利用具体简单事物理解抽象复杂事物；换喻是基于现实世界的邻近关系的意义变化；提喻是基于意义世界的包含关系的意义变化；而隐喻处于三角图示的最顶端，是连接现实世界与意义世界的"桥梁"和"纽带"。② 濑户的阐释非常生动，「メタファーは、三角形の頂点に立ち、現実世界と意味世界の橋渡しをする。意味世界は、私たちの内にあり、現実世界は私たちの外にある。両世界を結ぶメタファーは、私たちの身体が媒介する。身体の表面に張り巡らされた視・聴・嗅・味・触の五感は、世界に向けて広げられた敏感なアンテナ。五感のメタファーが、世界を理解する—外の情報を内の意味に転

---

① 瀬戸賢一，日本語のレトリック—文章表現の技法—（第17刷），東京：岩波書店，2015，第21頁。

② 瀬戸賢一，メタファー思考—意味と認識の仕組み—（第14刷），東京：講談社，2019，第203—206頁。

换する（理解可能なものに変える）—上で、特に重要な働きをするのはこのためである」①，意义在心，现实于外，隐喻是"桥"，将意义与现实连接了起来；我们的身体是隐喻实现连接的"媒介"，视觉、听觉、嗅觉、味觉、触觉则是最敏锐的"天线"，接收来自现实世界中的各种信息；视觉、听觉、嗅觉、味觉、触觉方面的隐喻在我们理解世界——将外部信息转换成内部意义时发挥着很重要的作用。

濑户认为，「メタファーとは、より抽象的でわかりにくいカテゴリーに属する対象を、より具体的でわかりやすいカテゴリーに属する対象に見立てることによって、世界をよりよく理解する方法である」②，隐喻是将那些比较抽象难懂范畴的事物利用较为具体易懂范畴的事物加以理解的一种方法。濑户提出，为明确定义中的"より具体的でわかりやすいカテゴリー"部分的具体所指，须清楚人类语言中相通的各隐喻构成。如图1-5，濑户隐喻理论的第二个创新点便是他分别从"意味/素材"（意义或素材）和"形式"（形式）两个方面对隐喻重新进行了分类。其中值得一提的是，意义/素材分类中，沿袭康德的"感性"和"悟性"概念创立了"感性隐喻"和"悟性隐喻"，以及将空间隐喻归入视觉隐喻。③

濑户给出了每一类隐喻的具体实例：

(a) 生老病死隐喻：生きたメタファー、精神の健康；
(b) 行为者隐喻：台風が日本を襲う、新鋭機がうなりを上げる；
(c) 食物隐喻：呑み込みが早い、政治腐敗；
(d) 特定文化隐喻：社会の歯車、経済が軋む；
(e) 个人隐喻：人生はビスケット缶、受験天国；
(f) 通感隐喻：大きな音、暖色；
(g) 空间隐喻：
(1) 存在隐喻：一つの出来事、強い意志を持つ；
(2) 内外隐喻：心の中で、愛情を注ぐ；

---

① 瀬戸賢一，メタファー思考―意味と認識の仕組み―(第14刷)，東京：講談社，2019，第206頁。
② 瀬戸賢一，空間のレトリック，東京：海鳴社，1995，第55頁。
③ 鍋島弘治朗，メタファーと身体性，東京：ひつじ書房，2016，第69—73頁。

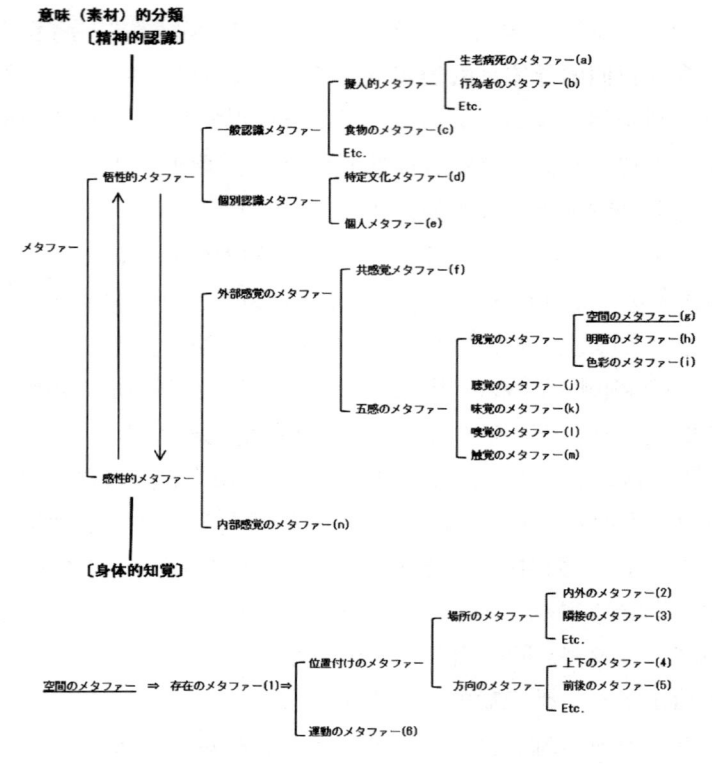

新メタファー分類表

意味（素材）的分類
〔精神的認識〕

メタファー ― 悟性的メタファー ― 一般認識メタファー ― 擬人的メタファー ― 生老病死のメタファー(a)
　　　　　　　　　　　　　　　　　　　　　　　　　　　　　　　　　行為者のメタファー(b)
　　　　　　　　　　　　　　　　　　　　　　　　　　　　　　　　　Etc.
　　　　　　　　　　　　　　　　　　　　　　食物のメタファー(c)
　　　　　　　　　　　　　　　　　　　　　　Etc.
　　　　　　　　　　　　　　　　個別認識メタファー ― 特定文化メタファー(d)
　　　　　　　　　　　　　　　　　　　　　　　　　　　個人メタファー(e)

　　　　　　　　感性的メタファー ― 外部感覚のメタファー ― 共感覚メタファー(f)
　　　　　　　　　　　　　　　　　　　　　　　　　　　　　視覚のメタファー ― 空間のメタファー(g)
　　　　　　　　　　　　　　　　　　　　　　　　　　　　　　　　　　　　　　明暗のメタファー(h)
　　　　　　　　　　　　　　　　　　　　　　　　　　　　　　　　　　　　　　色彩のメタファー(i)
　　　　　　　　　　　　　　　　　　　　　　　　　　　　　五感のメタファー ― 聴覚のメタファー(j)
　　　　　　　　　　　　　　　　　　　　　　　　　　　　　　　　　　　　　　味覚のメタファー(k)
　　　　　　　　　　　　　　　　　　　　　　　　　　　　　　　　　　　　　　嗅覚のメタファー(l)
　　　　　　　　　　　　　　　　　　　　　　　　　　　　　　　　　　　　　　触覚のメタファー(m)
　　　　　　　　　　　　　　　　　　内部感覚のメタファー(n)

〔身体的知覚〕

空間のメタファー ⇒ 存在のメタファー(1) ― 位置付けのメタファー ― 場所のメタファー ― 内外のメタファー(2)
　　　隣接のメタファー(3)
　　　Etc.
　　　　　　　　　　　　　　　　　　　　　　　　　　　　　　　方向のメタファー ― 上下のメタファー(4)
　　　前後のメタファー(5)
　　　Etc.
　　　　　　　　　　　　　　　　運動のメタファー(6)

形式的分類

メタファー ― 単独メタファー(ア)
　　　　　　　複合メタファー ― 構造的メタファー（親子メタファー）(イ)
　　　　　　　　　　　　　　　　図像的メタファー(ウ)

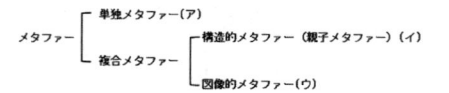

图1-5　新メタファー分類表

资料来源：[日] 瀬戸賢一，空間のレトリック，東京：海鳴社，1995，附頁。

（3）远近变化隐喻：部署に張り付く、頭から離れない；
（4）上下位置隐喻：給与が上がる、気持ちが落ち込む；
（5）前后位置隐喻：前向きの姿勢、景気後退；
（6）运动隐喻：時代に流される、研究が進む；
（h）明暗隐喻：明暗を分ける、明るい性格；
（i）色彩隐喻：青春、バラ色の人生；

(j) 听觉隐喻：経済に響く、小煩い設問；
(k) 嗅觉隐喻：儲け話を嗅ぎつける、あいつはどこか匂う；
(l) 味觉隐喻：甘い話、辛い点数；
(m) 触觉隐喻：冷たい女、湿っぽい話；
(n) 心理感觉隐喻：痛い損失、渇望；
(ア) 单独隐喻：アキレウスは獅子だ、文献を渉猟する；
(イ) 结构性隐喻：時は金なり、時間を浪費する；
(ウ) 图示性隐喻：出鼻をくじかれる、一枚岩に罅が入った。①

濑户隐喻理论中的"认识的三角图示"和"隐喻的新分类"闪耀着独特之光，"认识的三角图示"理清了隐喻、提喻、换喻三者间的关系；"隐喻的新分类"则首次使用了"感性隐喻"和"悟性隐喻"说法。

3. 楠见孝的"隐喻双重标准论"

楠见孝是日本运用心理学理论研究隐喻的代表学者。楠见认为，「比喩の代表である隠喩と直喩は、異なる知識領域の主題とたとえる概念を類似性に基づいて結びつけた比喩である。隠喩と直喩は対象の間の類似性認識に基づいて成立する」②，隐喻和明喻是典型比喻，其产生基础是不同知识领域间的相似性认知。

楠见主张，隐喻和明喻可以分为"関係・構造比喩"（关系·结构比喻）、"概念比喩"（概念比喻）、"特徴比喩"（特征或属性比喻）三类。

"関係・構造比喩"是指「両者間に同型な関係や構造を発見する過程として考える」，是发现目标域及源域中同类型的关系和结构的过程，如"眼は心の窓である"中，"眼"和"心"与"窓"和"家"间的关系结构类似。③ "概念比喩"是指「他の知識領域の概念を用いて、対象となる概念に構造を与える働きを持つ」，是具备运用其他知识领域赋予目标概念以结构的功能，比如，「学問は常により高く建物の階を築き上げ、古い建物を加工し、掃除

---

① 瀬戸賢一，空間のレトリック，東京：海鳴社，1995，附頁。
② 楠見孝，認知心理学から見た比喩（特集：比喩の世界），東京：日本語学 24（6），2005，第26—37頁。
③ 楠見孝，認知心理学から見た比喩（特集：比喩の世界），東京：日本語学 24（6），2005，第30頁。

し、改修する」例句中，以"建物"喻"学問"，利用不同领域的概念体系对表述目标进行解释。① "特徵比喩"是指「主題とたとえる概念の特徴集合を照合し、共有特徴や示差特徴を発見する過程である」，是比照目标域及源域相关特征集合或属性集合，再发现其中异同的过程。如图 1-6 所示，

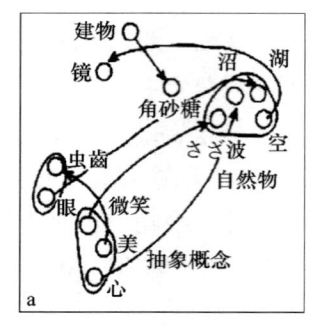

a 范畴意义空间

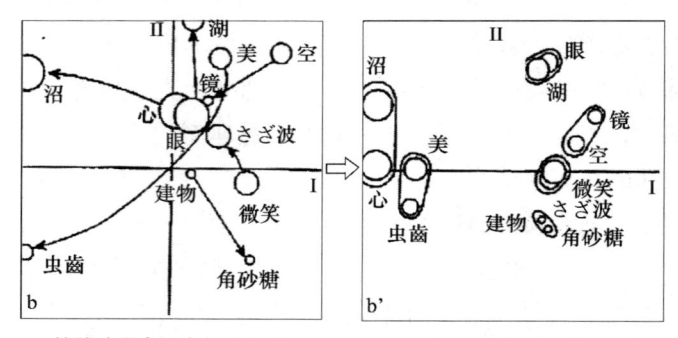

b 情绪感觉意义空间的初始阶段→b'情绪感觉意义空间的意义变化

图 1-6 特征比喻的认知过程示意图

资料来源：[日] 楠見孝，認知心理学から見た比喩（特集：比喩の世界），東京：日本語学 24（6），2005，第 28 頁。

注：1）箭头表示比喻实例，即主题（目标域）→比喻（源域）。

2) a 图中被圈上的部分表示意义范畴。

3) b 图中的 I 轴表示"评价"，II 轴表示"力量性"，○的大小表示"活跃性"。

4) b' 图中被圈上的部分表示隐喻形成的局部空间。

---

① 楠見孝，認知心理学から見た比喩，東京：日本語学 24（6），2005，第 30—31 頁。

"特征比喻"的认知过程包含范畴意义空间①与情绪、感觉意义空间②的两种相似性认知过程。比如,我们在理解"心は沼だ"时,图1-6中a显示"心"与"沼"是抽象概念与自然事物之分,范畴完全不同,相隔距离很远,所以,从字面意义看并没有相似点;而从图1-6中b显示的情绪、感觉意义空间看,二者都处于b图左侧的负面评价区域,b'显示"心"与"沼"意义在这一空间开始接近,"心"之意逐渐被"沼"意义中的"どろどろした、暗い"这一负面评价所吸引,由此,"心"与"沼"的相似度开始增强而产生比喻。③

楠见认为,首先,「カテゴリーの不一致が大きいほど斬新な比喩」,范畴意义空间不同,跨度大,比喻才有新鲜感;其次,「情緒・感覚的意味における類似性が高いほど比喩の理解しやすさが高まり、斬新さと理解しやすさがともに高い文が良い比喩と評価されている」,④ 情绪・感觉意义空间的相似度越高,比喻的理解难度就会下降,新颖度也会随之增强。换言之,隐喻是否精彩,主要看以下两项因素:

1)カテゴリー的距離の近さに反比例 → 面白さ
2)情緒・感覚的意味の類似性に比例 → 理解容易性⑤

范畴差异与隐喻精彩度成反比,而情绪・感觉意义的相似度与隐喻理解难度成正比。楠见富于创意的有关精彩隐喻之双重标准论述获得了极高

---

① 原文:比喩を構成する語の辞書的な意味での類似性に基づくカード分類データに多次元尺度解析とクラスタ分析を行ったもの。(楠見孝,認知心理学から見た比喩(特集:比喩の世界),東京:日本語学24(6),2005,第26—37頁)
② 原文:情緒・感覚的意味の基本次元は、快—不快(評価)、強—弱(力量性、活動性)である。この次元が感覚モダリティ間で共通しているため、今日感覚的比喩が成立する。さらに、情緒・感覚的意味の次元はカテゴリーを越えて、すべての語や対象に共通している。(楠見孝,比喩の処理過程と意味構造,東京:風間書房,1995,第187頁。)
③ 楠見孝,認知心理学から見た比喩(特集:比喩の世界),東京:日本語学24(6),2005,第27—30頁。
④ 楠見孝,認知心理学から見た比喩(特集:比喩の世界),東京:日本語学24(6),2005,第28頁。
⑤ 鍋島弘治朗,メタファーと身体性,東京:ひつじ書房,2016,第75頁。

赞誉。「アリストテレスのいう、相違の中の類似、陳腐さと理解不可能の間にある細い糸を実験的に証拠づけたことになる」①，锅岛认为，楠见的研究有力地证明了亚里士多德所说的相异中的相似，以及陈腐与意义不明间的那条细线。

楠见提出，比喻有"伝達機能"（信息功能）、"概念構造化機能"（概念结构化功能）、"想像・詩的機能"（想象・诗性功能）三大功能。"伝達機能"是「文章の表現において、相手の既有知識を利用した比喩を用いて、わかりやすい記述や説明を行うこと」，利用对方熟悉的比喻进行简单表述和解释；"概念構造化機能"是「抽象概念を構造化する機能」，将抽象概念进行结构化的功能；"想像・詩的機能"是「カテゴリの異なる対象を結びつけ、新鮮でインパクトのある発想や表現を生み出す働き」，运用不同范畴的事物创作新颖且影响强烈的表达。②

4. 锅岛弘治朗的"具身隐喻理论"

锅岛弘治朗是日本认知隐喻理论研究最为著名的学者。

锅岛认为，「メタファーは、人間の想像性の一つの結晶であり、解明すべき複雑な認知であり、人工知能との分水嶺であり、かつ人類と類人猿を分かつものである。メタファーに対するアプローチは、言語学、心理学、工学にとどまらず、人類学、哲学、脳科学、文学など多岐にわたる」③，隐喻是人类想象力的结晶，是可以解释清楚的复杂认知现象，与人工智能截然不同，也是人类与类人猿的不同之处。隐喻研究不仅涉及语言学、心理学和工程学，还与人类学、哲学、大脑科学和文学等领域紧密相关。

锅岛梳理和考察众多隐喻理论后，如表 1-2，提出了"メタファーの10の謎"（隐喻 10 个未解之谜）：双重性之谜、语用论之谜、替换之谜、结构性之谜、真理性之谜、明喻之谜、隐秘性之谜、惯用性之谜、基础之谜和主观性之谜。

---

① 鍋島弘治朗，メタファーと身体性，東京：ひつじ書房，2016，第 75 頁。
② 楠見孝，認知心理学から見た比喩（特集：比喩の世界），東京：日本語学 24（6），2005，第 26—37 頁。
③ 鍋島弘治朗、楠見孝、内海彰編，メタファー研究，東京：ひつじ書房，2018，序論。

表 1-2　　　　　　　　　　隐喻 10 个未解之谜

1	二重性の謎	メタファーでは何が「二重」なのか
2	語用論の謎	メタファーは意味論か語用論か
3	言換えの謎	メタファー表現はリテラル表現に還元できるか
4	構造性の謎	メタファーに構造性は必ず必要なのか
5	真理値の謎	メタファーの命題は偽でなければいけないか
6	シミリの謎	メタファーとシミリは同じか異なるか
7	秘匿性の謎	メタファーでは何が隠されているのか
8	慣用性の謎	慣用化したメタファー的表現はリテラルかメタファーか。
9	基盤の謎	何がメタファーの基盤か
10	主観性の謎	メタファーに関わる主観性とは何か

资料来源：[日] 鍋島弘治朗，メタファーと身体性，東京：ひつじ書房，2016，第 83 頁。

　　锅岛以莱考夫与约翰逊的概念隐喻理论及福康涅的概念合成理论为基础，将大脑神经科学和认知科学中的想象理论与认知隐喻理论加以整合，构建了基于"身体性"（身体性）和"シミュレーション"（想象）的"身体性メタファー理論"（具身隐喻理论），也对这 10 个未解之谜一一做了阐述和解答。"身体性メタファー理論"继承了传统的认知隐喻理论，同时特别强调人的成长、感觉、主观性等身体因素。锅岛提出，隐喻产生需经过三个阶段，即"仮想スペースの創出"（创建联想空间，图 1-7），"身体性の活性化"（激活经验，图 1-8）和"身体性の写像"（经验映射，图 1-9）。锅岛认为，「メタファーとは現実状況または現在、現実のように想起されている状況をRとし、Rと違うフレームに属する経験をVとしたとき、VがRと違うと知りつつ、違うことをいったん忘れて、RにVを写像することである。RにVを写像するとは、Vから得られる推論、イメージ、情動などをRに対応づけることである」[1]，在定义隐喻时，

---

[1] 鍋島弘治朗，メタファーと身体性，東京：ひつじ書房，2016，第 99 頁。

将现实情景或与现实相同的联想情景设定为"R",将与"R"不同的经验框架设定为"V"。当 V 与 R 相异时,人们就会忽略二者间的不同,进入想象的世界,将 V 映射于 R。V 与 R 的映射过程是指将来自 V 的推论、意象和心理活动等与 R 建立起一种相互对应关系,隐喻的发生就是将当前情景,即"现实"与过去的或其他的经验"联想"进行重叠匹配和激活的过程。简言之,隐喻是不同域之间的对应关系。①

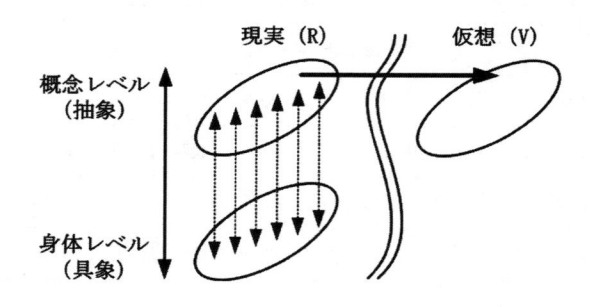

图 1-7 创建联想空间

资料来源:[日]鍋島弘治朗,メタファーと身体性,東京:ひつじ書房,2016,第 240 頁。

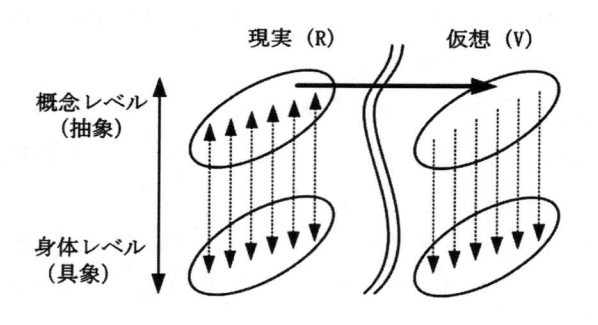

图 1-8 激活经验

资料来源:[日]鍋島弘治朗,メタファーと身体性,東京:ひつじ書房,2016,第 242 頁。

---

① 鍋島弘治朗,日本語のメタファー,東京:ひつじ書房,2018,第 40 頁。

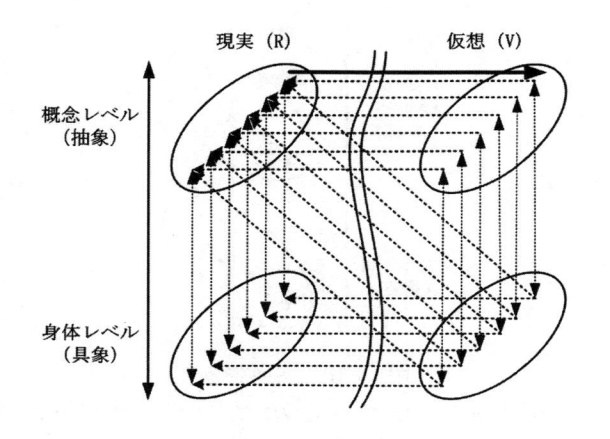

图 1-9　映射经验

资料来源：［日］鍋島弘治朗，メタファーと身体性，東京：ひつじ書房，2016，第243页。
注：1）身体レベル（具象）：具体层面　　2）概念レベル（抽象）：抽象层面

图 1-7 是联想空间的建立示意图，中间的双波纹线表示二者的巨大差异，箭头是指联想空间的创建；图 1-8 是经验被激活的过程示意图，联想空间建立后，联想框架随之产生，也复活了身体经验；图 1-9 是由联想框架向现实框架进行经验映射的示意图，联想框架中被激活的经验通过视觉等知觉意象、心理活动、类推投射到现实上。

1）あの研究者は新しい畑を耕している。①

例 1）可理解为两层意义，第一层为字面意义（见图 1-10），第二层为隐喻意义（见图 1-11）。

---

① 鍋島弘治朗，メタファーと身体性，東京：ひつじ書房，2016，第246页。

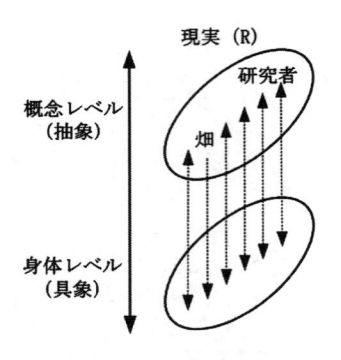

图 1-10　字面意义

资料来源：［日］鍋島弘治朗，メタファーと身体性，東京：ひつじ書房，2016，第247頁。

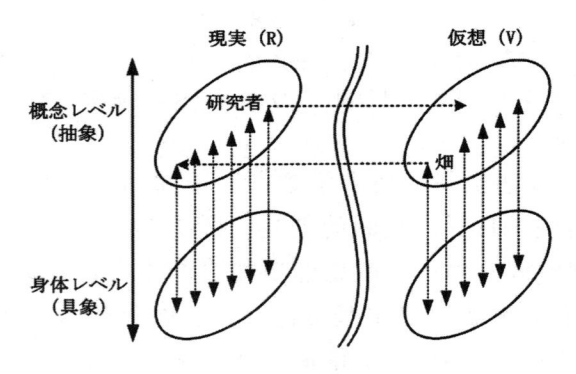

图 1-11　隐喻意义

资料来源：［日］鍋島弘治朗，メタファーと身体性，東京：ひつじ書房，2016，第247頁。

图 1-10 中，"研究者"和"畑"都为字面意义，被记录在现实空间中，没有生成联想空间，所以不是隐喻。图 1-11 中，"研究者"为字面意义，而"畑"则指研究领域之意，此时，"研究者"存于现实空间，"畑"则处于联想空间，这样就产生了隐喻意义。①

「身体性メタファー理論は、発達心理學の知見を取り入れ、中心にはメタファーの合成を据え、従来の共起性に加えて構造性、評価性、カテゴリー性を基盤に取り入れ、複数の基盤とメタファーが多重制約充足的に機

---

① 鍋島弘治朗，メタファーと身体性，東京：ひつじ書房，2016，第247頁。

能する機構を想定している」①，锅岛的隐喻理论以脑科学的发展为基础，融入心理学原理，同时还涉及语言学和哲学领域的内容；理论核心是隐喻的产生过程，他认为，在隐喻产生过程中存在诸如形状、结构、意向图式的相似性、评价、范畴等多重因素的相互作用。锅岛解开了很多隐喻之谜，他还提出研究隐喻是"思考の旅を楽しむ"，即"隐喻之美"论述。

除了上述四位学者，佐藤信夫、中村明、籾山洋介、多门靖容等人都有独自见解和学说。比如，佐藤认为，虽然隐喻不像明喻可以创造相似性，但隐喻犹如一盏灯，它具有发掘蕴藏于事物间的相似性之功能，这就是隐喻的生命力。② 籾山从认知语言学视角剖析日语中关于"人"的"植物隐喻""鸟类隐喻""气候隐喻""机械隐喻"等概念隐喻。③ 多门自20世纪80年代起致力于日语的比喻史研究，对日本中古、中世和近世等古代比喻表达加以收集整理和论述。④ 中村对日本近代文学作品中的比喻表达进行了缜密的梳理和论考，他提出，尽管文学作品受所处时代影响，但是，比喻的使用是作者的自由，比喻反映人们的生存，是作者的心理活动的描写，也映照出人们的世界观，因此，通过文学作品中的比喻表达可以理出日本人的想象倾向；⑤ 中村认为，隐喻是范畴间的错置，是运用新思维对世界进行解释的一种强有力的手

---

① 鍋島弘治朗，メタファーと身体性，東京：ひつじ書房，2016，第247頁。
② 佐藤信夫，レトリック感覚，東京：講談社，1992，第110—111頁。原文：隠喩は直喩のように類似性を創作することはできないが。が、隠れている類似性、埋もれている類似性を発掘することはできる。それに、新しい照明を当てることができる。その発掘の働きこそ、隠喩の生命力にほかならない。
③ 籾山洋介，日本語は人間をどう見ているか，東京：研究社，2006。
④ 多門靖容，比喩表現論，東京：風間書房，2006。
⑤ 中村明，比喩表現の世界：日本語のイメージを読む，東京：筑摩書房，2013，第9—10頁。原文：作品世界の時代性など若干の制約はあるものの、ある対象を何に喩えるかは基本的には表現者の自由である。そのため比喩表現には多かれ少なかれその人間の在り方が映ることになる。それは作者のそのときどきにおける心象風景の点描であり、比喩表現の例全体としてみれば意識下の世界観を映し出すともいって言えないことはない。ここでは作家全体に向かうわけではないからそこに透けて見える人間性を問題にするよりも日本人の連想傾向を探り、近代以降の作家がこんな巧みな比喩、粋な比喩、渋い味わいの比喩、びっくりするような比喩を考え出した具体例を紹介しその表現の伝達効果を考える。(略)比喩表現には多かれ少なかれその人間の在り方が映る…それは作者のそのときどきにおける心象風景の点描であり…意識下の世界観を映し出す。

段。① 最近出现了一些新的研究动向，比如，大森文子关注由认知主体的身体及感性经验所产生的诸概念；森进一与内海彰针对"双重提喻论"提出了质疑；大石亨基于语料库的隐喻研究等。② 总之，日本的隐喻研究涉及多领域和多视角，呈现百花齐放之景象。

小　结

本节分别从西方和日本追溯和梳理了隐喻的相关研究。西方相关隐喻的研究评析了亚里士多德和西塞罗的"替代论"与"比较论"、理查德与布莱克的"互动论"、莱考夫与约翰逊的"概念隐喻理论"、福康涅的"概念合成论"；日本相关隐喻的研究阐释了山梨正明的著作『比喩と理解』、濑户贤一的"认识的三角图示"与"新隐喻分类法"、楠见孝的"隐喻双重标准论"、锅岛弘治朗的"具身隐喻理论"。从隐喻研究的历史和现状看，隐喻已从语言的偏则现象成为可以认识语言乃至人类自身的方法与途径。③

维特根斯坦的"逻辑图像论""语言游戏论""家族相似论""语言迷宫说"都是生动形象地使用隐喻进行阐析的，如他在研究前期提出"逻辑图像论"时谈到「像は現実に対する模型である…像は一つの事実である…世界を写し取ることができるのは論理像である」④ 等；他在研究后期认为，语言就是由多种多样的"语言游戏"构成的，他将语言游戏的多样性、复杂性、历史性和变化性等特点表述为"家族相似"，"我们看到一种错综复杂的互相重叠，交叉的相似关系的网络：有时是总体上的相似，有时是细节上的相似，我想不出比'家族相似性'更好的表达式来刻画这种相似关系；因为一个家族的成员之间的各种各样的相似之处：体形、相

---

① 中村明，比喩表現の世界：日本語のイメージを読む，東京：筑摩書房，2013，第14頁。
② 鍋島弘治朗，メタファーと身体性，東京：研究社，2006，第76—78頁。
③ 谢之君：《西方思想家对隐喻认知功能的思考》，《上海大学学报》（社会科学版）2007年第1期。
④ ウィトゲンシュタイン，論理哲学論考(第13刷)，野矢茂樹訳，東京：岩波書店，2008，第19—22頁（212条，2141条，219条）。

貌、眼睛的颜色、步姿、性情等等，也以同样方式互相重叠和交叉。——所以我想说：'游戏'形成一个家族";① 他表述语言时又说，"语言是一座由许多条道路组成的迷宫。你从这一边走进去，你知道怎么走出去；当你从另一边走到同一个地点，你却不知道怎么走出去"。②

韦伯谈及社会科学任务时援引了费希特的一则隐喻，「社会科学本来の任務は、…エフ・ティ・フィッシャーに倣って言えば、我々の領域にも、『素材探し』と『意味探し』とがある。前者の事実を渇望する食道は記録資料や統計書や調査票で詰め込まれさえすればよく、新しい思想の精緻には無感覚である。後者の美食欲は常に新しい思想の蒸留物によって事実への味覚を失ってしまう」③，借用费希特有关社会科学的说法，社会科学有"资料找寻"和"意义找寻"两部分，前者是热切渴望资料的"食道"，只需要塞满记录、统计、调查等文献，新思想再精致也没有任何味觉；而后者是对"美食"的迫切欲望，只要经常提供新鲜纯净的思想，就会对那些"事实"资料失去感觉。

尼采用隐喻描述"真实"，「されど真理とは何か？ それは陸続たる隠喩、換喩、擬人法の隊列に過ぎない。即ち、人間関係の集積が詩的・修辞的に強化され、変容し、飾られ、長年の間使われることで国民にとって固定的、規範的、そして束縛的となったもののことである。真理とは人が幻想であることを忘却した幻想に過ぎない。それは感覚に訴える力を喪った隠喩のことなのだ…」④，真实是由接连不断的隐喻、换喻、拟人手法系列构成，是经过诗歌和修辞手段强化、改变和修饰过的人类关系总和，是一成不变之社会规约下的产物。也就是说，真实不过是我们遗忘了"人是幻想"之意的幻想，真实仅是丧失了用感觉思考之力量的隐喻而已。尼采关于"真

---

① ［奥］维特根斯坦：《哲学研究》，李步楼译，陈维杭校，商务印书馆 2010 年版，第 68 页。
② ［奥］维特根斯坦：《哲学研究》，李步楼译，陈维杭校，商务印书馆 2010 年版，第 122 页。
③ マックス・ウェーバー，社会科学方法論(第 27 刷)，恒藤恭検閲，冨永祐治、立野保男共訳，東京：岩波書店，1966，第 107 頁。
④ G・レイコフ，M・ターナー，詩と認知，大堀俊夫訳，東京：紀伊國屋書店，1994，第 230 頁。

实"的著名定义是通过一系列隐喻的应用确立了"真实"的隐喻本质。①

霍布斯认为,"国家"这个庞然大物"利维坦"是用艺术造成的,是一个"人造的人"。在"利维坦"中,"'主权'是使整体得到生命和活动的'人造的灵魂';'官员和其他司法、行政人员'是人造的'关节';用以紧密连接最高主权职位并推动每一关节和成员执行其任务的'赏'和'罚'是'神经',这同自然人身上的情况一样;一切个别成员的'资产'和'财富'是'实力';人民的安全是它的'事业';向它提供必要知识的顾问们是它的'记忆';'公平'和'法律'是人造的'理智'和'意志';'和睦'是它的'健康';'动乱'是它的'疾病',而'内战'是它的'死亡'。"②

我们要认识和描写以前未知的事物,必须依赖我们已经知道和懂得的概念及其语言表达式,由此及彼、由表及里、有时还要发挥惊人的联想力和创新力。隐喻已不仅是修辞手段,也是认识世界的重要手段。③ 隐喻几乎在所有科学探索中都发挥着重要作用,其影响程度或许没有哪个领域比得过语言学。④ 莱考夫与约翰逊将隐喻理解为"Metaphors We Live By",更是言简意赅,指出"隐喻无处不在",二人打破了前人研究的樊篱——隐喻是对语言范式的偏离,指出隐喻不仅是常规的,而且是成体系的,把语言就是隐喻的认识提到了一个新的高度,隐喻研究从此摆脱了以修辞学为本的传统隐喻理论的束缚,正式纳入了认知科学的新领域。⑤

第二节 政治语篇的相关研究概貌

近年来,政治语篇作为一种很重要的语篇形式,逐步引起学术界的关注。本节首先对"政治语篇"进行概念界定;其次从修辞学、系统功能语言学、批评话语分析、语用学、社会语言学、语料库语言学、认知语言学

---

① 刘亚猛:《西方修辞学史》,外语教学与研究出版社2018年版,第339—340页。
② [英]霍布斯:《利维坦》(第16刷),黎思复、黎廷弼译,杨昌裕校,商务印书馆2019年版,第1—2页。
③ 胡壮麟:《认知隐喻学》,北京大学出版社2004年版,第3页。
④ [美]兰盖克:《认知语法基础》(第二卷),牛保义等译,北京大学出版社2004年版,第541页。
⑤ 王松鹤:《隐喻研究的划时代标志——莱考夫和约翰逊》,《外语学刊》2006年第3期。

视角对政治语篇研究现状进行文献方面的梳理和综合论述。

一　政治语篇的概念界定

"政治（Politics）"，从广义看，是指如何思考、讨论、分配社会产品。"社会产品"指人们所认定的权势、地位、价值或财富资源。① 我们用语言来传达对社会产品分配性质的看法，即构建一个关于社会产品的观点。例如，"微软在操作系统中加载了漏洞"和"微软的操作系统中加载了漏洞"是不同的，前句表示我认为微软是故意的、应该负责任，甚至应该受到法律的惩罚，而后句表示微软不是故意的、责任较小、罪责较轻。语言的措辞牵涉到罪行、责备、法律责任和动机等。② 政治弥漫于我们的生活——即使我们并非总是意识到这一点。③

政治即是语言，语言也是政治。没有语言政治将无法施行，语言的运用才出现了广义的"政治"。④ 语言与政治具有密切的关联。语言自身没有权力，它通过权力人物对它的运用来获得权力，实现政治抱负。福柯（1977，刘北成等译：2007）考察了18世纪中叶到19世纪中叶的监狱史后提出，与古代不同，现代的"权力中心"不是武力网络，而是利用高墙、空间、机构、规章和话语不同因素组成的复杂网络实现对人的规训、塑造和统治，是一种对各种性质与各种层面的因素的战略分配。⑤ 福柯放弃了宏观叙事方式，着眼于微观政治权力层面，他认为，权力已潜入"语言"这一微观层面，牢固地掌控了人们生活的方方面面。⑥ "语言把政治规则抽象出来、传播开去、延续下去。政治不仅以权力、制度、暴力、政党等实体方式存在，它也以语

---

① ［美］詹姆斯·保罗·吉：《话语分析导论：理论与方法》，杨炳钧译，重庆大学出版社2019年版，第2页。
② ［美］詹姆斯·保罗·吉：《话语分析导论：理论与方法》，杨炳钧译，重庆大学出版社2019年版，第13页。
③ ［英］露丝·沃达克：《话语、政治、日常生活》，黄敏、田海龙等译，浙江大学出版社2019年版，第1页。
④ Chilton, Schaffner, *Discourse and Politics*, *In Discourse as Social Interaction*, van Dijk. (ed.) London: Sage Publications Ltd., 1997, pp. 206–230.
⑤ ［法］福柯：《规训与惩罚》，刘北成等译，上海三联书店2007年版，第339页。
⑥ ［法］福柯：《福柯说权力与话语》，陈怡含编译，华中科技大学出版社2017年版，第7页。

言的方式存在。政治语言是政治样态之一"。① 政治语言可划分为语言的政治性和政治言语,前者对于言语主体来说只是客体、对象、环境,是自然语言中沉淀的政治成分,是各种政治话语的总和;而政治言语永远都以主体为中心,是主体为政治目的使用语言的过程,通过听、说、读、写的言语行为实现主体的政治意图,是政治意识的语言实践。②

政治语言(the Language of politics/political language),也称政治语篇(political discourse/text),③为方便表述,本书采用"政治语篇"。政治语篇可以理解为两大类,广义上认为,所有的语篇都属于政治语篇,认为"语篇本身就是政治斗争的战场,是社会意义产生与挑战的动态语义空间,所有语篇都可以产生和强化价值系统,通过建立信仰来实现控制人们的行为、动机、欲望和恐惧,使建立的意识形态成为'常识'"。而狭义上则认为,政治语篇就是政治家的语篇,如"总统演讲、国会辩论、媒体采访、宪法和其他法律等等,这些都涉及如何说服对方以及如何通过语言来实现政治家的权威与合法性,从而实现其政治意图"。④ 本书从狭义方面理解政治语篇,因为研究的侧重点以及观察的角度不同,学者对政治语篇的定义也有所不同。

亚里士多德将"演说"按听众的种类,分为政治演说、诉讼演说、典礼演说三种,其中"政治演说",又名"审议式演说",是指演说者在这种演说中对政治问题加以审议,提出劝告。这种演说在公民大会上发表,听众为公民。政治演说用于劝说和劝阻。政治演说涉及未来的事,因为劝说或劝阻都是对未来的事提出劝告。政治演说的目的在于指出建议有益的还是有害的,劝说的人认为是比较好的,劝阻的人则认为是比较坏的,其他一切问题,例如正义不正义,光荣不光荣,都是次要的。发表政治演说的人总是不理睬别的指责,只是否认他提出过不利的建议,或否认他阻挠过有益的建议。同样,称赞人或谴责人的演说者总是不问那人的行动是有益

---

① 陈昌文:《政治语言论稿》,《四川大学学报》(哲学社会科学版)1993年第3期。
② 陈昌文:《政治语言论稿》,《四川大学学报》(哲学社会科学版)1993年第3期。
③ 田海龙:《政治语言研究:评述与思考》,《外语教学》2002年第1期。
④ 郑东升、刘晓杰:《政治语篇的人际功能——关于布什话语的个案研究》,《河北师范大学学报》(哲学社会科学版)2010年第5期。

的或是有害的;他们往往把它作为称赞的根据,说那人不顾自己的利益而做出了光荣的事情。① 亚里斯多德认为,修辞术是论辩术的分枝,也是伦理术的分枝,伦理学应当称为政治学,由于这个缘故,修辞术貌似政治学。②

威尔逊认为,政治语篇是指政治家本人的演讲。奇尔顿与谢夫纳认为,政治家在政治与语篇之间设置了强迫、抵制和反对及抗议、掩饰、合法化与非法化四项策略以体现政治功能。麦克奈尔认为,政治语篇是指"围绕政治所进行的有目的的交际",包括:(1)政治家和其他政治参与者为达到某一特定目的所进行的各种形式的交际。(2)诸如选举者和报纸专栏作家这类非政治家和这些政治家的交际。(3)新闻报道、社论和讨论政治的其他媒体就这些政治家和他们的活动所进行的交流。③

沃达克(2009,田海龙等译:2019)认为,文本常常被视为斗争的场域,因为它们显示了不同话语和意识形态斗争及争夺主导性的踪迹。④ 每个行动场域是与社会现实相对应的政治片段,构建和塑造了立法、自我呈现和推销、获得选票、治理和执行、控制和异议等诸多功能的话语框架。⑤ 沃达克提出,文本的意义和结构一般由三个维度构成:(1)所谈及或书写的话题;(2)所运用的话语策略;(3)用以实现话题和策略的语言手段。⑥

孙晓珍(2009)从四个角度对政治语言分析的哲学基础进行阐释:第一,从奥斯汀的言语行为理论论述了政治语篇的目的;第二,从哈贝马斯的交互能力说论述了交往关系与理解认同;第三,从福柯的有关语言运用

---

① [古希腊]亚理斯多德:《诗学/修辞学》,罗念生译,上海人民出版社2016年版,第151—153页。
② [古希腊]亚理斯多德:《诗学/修辞学》,罗念生译,上海人民出版社2016年版,第146页。
③ 田海龙:《政治语言研究:评述与思考》,《外语教学》2002年第1期。
④ [英]露丝·沃达克:《话语、政治、日常生活》,黄敏、田海龙等译,浙江大学出版社2019年版,第46页。
⑤ [英]露丝·沃达克:《话语、政治、日常生活》,黄敏、田海龙等译,浙江大学出版社2019年版,第52页。
⑥ [英]露丝·沃达克:《话语、政治、日常生活》,黄敏、田海龙等译,浙江大学出版社2019年版,第50页。

与社会文化关联学说论述了语言行为的社会建构作用；第四，从建构主义认识论考虑话语在主动地建构社会现实。①

帕尔蒂（2015）认为，书写政治语言史必须超越文本表层，必须切入政治语言背后的生成机制，考察语境痕迹，重构争议发生的语境，这样，才可以理解争议主体的思想观念。②

基于各学说的研究，笔者认为，狭义上的政治语篇由三部分构成，即以某政治团体的代表或某政治团体为主体，以演讲、辩论、宪法等法律条文、媒体社论为呈现方式，功能意在获得听者或对方的共鸣与认同，旨在强调所属政治团体权力运行的正当性和合法性。

二 政治语篇分析的研究现状

1. 修辞学视角

古希腊时代和古罗马时代的修辞学是语篇分析的前身。③ 政治语篇中的隐喻使用在古代希腊已是修辞学家们的关注焦点。亚里士多德的《修辞学》是第一部系统而全面阐述修辞学的专著，他将修辞定义为"一种能在任何一个问题上找出可能的说服方式的功能"，④ 通过人品（ethos）、情感（pathos）、理念（logos）三种功能的运用可以使演说具有最强的说服力，即演说者要能作逻辑推论，所以是论辩术的分枝；要能分析人的性格和美德，还要能分析人的情感以及产生情感的原因和方式，所以是伦理学的分枝。这样一来，修辞术是论辩术的分枝，也是伦理术的分枝，伦理学又属于政治学范围，修辞术也就貌似政治学了。⑤ 按照听众的种类将演说分为政治演说、诉讼演说和典礼演说。政治演说用于劝说和劝阻，政治演说涉及未来的事，因

---

① 孙晓珍：《政治语言分析的哲学基础》，《理论观察》2009年第4期。
② [阿根廷] 埃利亚斯·何塞·帕尔蒂：《从政治观念史到政治语言史：当代西方思想史上的"理论革命"》，杨光烁译，《国际社会科学杂志》（中文版）2015年第4期。
③ 韩健：《功能语言学理论框架下的中美《宪法》语篇对比分析及文化阐释》，博士学位论文，上海外国语大学，2013年。
④ [古希腊] 亚理斯多德：《诗学/修辞学》，罗念生译，上海人民出版社2016年版，第145页。
⑤ [古希腊] 亚理斯多德：《诗学/修辞学》，罗念生译，上海人民出版社2016年版，第146—147页。

为劝说或劝阻都是对未来的事提出劝告。① 修辞术享有两种好处，有的演说富于例证，有的演说者擅长修辞式推论，依靠例子的演说的说服力并不差，但依靠修辞式推论的演说更能受到高声的喝彩，所有的演说者都采用例证法和修辞式推论以求产生说服力。② 亚里士多德提出，人不仅是理性的动物，也是政治的动物，所以，修辞学的社会功能是不可替代的。修辞学是治理国家的一种手段，能使政治家更有效治理国家，因为修辞学能把人引向更充实、更好的生活。人的理性决定了在追求"幸福"的过程中修辞手段使用的逻辑性、合理性。人的政治性，也即社会性，决定了人们之间的相互依赖性、合作性，也决定了修辞学的最终目标以及"幸福"的社会性内涵。亚里士多德的修辞学强调劝说手段的"寻求"，表明修辞关注精心设计的、有意识的言语行为，而不把无意识的言语纳入进去。③ 施特劳斯（1964，何博超译：2016）认为，"修辞术是一种对政治事务的、起到政治效果的处理，它不是针对所有事情，只是处理政治事务"。④

博克作为新修辞学的领袖，拓宽了修辞学研究。博克（1998，常昌富等译：1998）将修辞定义为"一些人对另一些人运用语言来形成某种态度或引起某种行动"。⑤ 他说，"哪里有劝说，哪里就有修辞；哪里有意义，哪里就有劝说"，⑥ 完成了用"认同（identification）"取代亚里士多德的"规劝（persuasion）"作为修辞的中心概念。博克认为，旧修辞学的关键词"规劝"强调"有意的"设计；新修辞学的关键词"认同"包括部分的"无意识的"因素。"认同"是目的，话语主体不一定由外界某个有意

---

① ［古希腊］亚理斯多德：《诗学/修辞学》，罗念生译，上海人民出版社2016年版，第151页。
② ［古希腊］亚理斯多德：《诗学/修辞学》，罗念生译，上海人民出版社2016年版，第147页。
③ 邓志勇：《伯克与亚里士多德：差异及"血脉"关联——从修辞学的定义、功能和范畴来看》，《修辞学习》2009年第6期。
④ ［美］施特劳斯讲疏，伯格编订：《修辞术与城邦——亚里士多德《修辞术》讲疏》，何博超译，华东师范大学出版社2016年版，第73页。
⑤ ［美］肯尼斯·博克等：《当代西方修辞学：演讲与话语批评》，常昌富、顾宝桐译，中国社会科学出版社1998年版，第16页。
⑥ 邓志勇：《伯克与亚里士多德：差异及"血脉"关联——从修辞学的定义、功能和范畴来看》，《修辞学习》2009年第6期。

的人物作用,而是可能完全主动地去为自身而行动。① 「アイデンティフィケーション(identification)とはAとBとを、互いの本質(少なくとも、その一部)を共有するものとみなす行為である…説得は相手のなかに自分と共有する資質、意図、人生目的などを認める同一視を前提として発生するものだ」②,成功进行劝说或说服的条件是话语主体必须赢得听众在性质、思想、人生观等方面的接受和认可,要和听众享有共同的话语规范和价值观念。"认同"有同情认同(indentification by sympathy)、对立认同(identification by antithesis)、误同(identification by inaccuracy)三种形式。同情认同强调人们利用共同的东西来构成话语主体与听者的亲密联系,如一个政客在竞选中亲选民怀抱中的孩子,就是象征性地亲了选民;对立认同强调对立面,强调从分裂中谋求团结;误同也就是无意识的认同。③ "认同"挖掘的是更为普遍和更为深层次的东西,人自觉或不自觉地处于一种寻求认同的情景之中。博克提出,"认同"是修辞的必然归宿,也是一种策略手段。④ 修辞学的目的不再是寻找在每件事例上发现可行的说服方式的能力,而是"为了增进理解,研究人们相互误解和消除误解的良方",是一种把"相隔绝的人们联系起来的工具"。⑤

20世纪60年代起,修辞学领域出现了革命性地变化,修辞认知论、后现代主义转向等新学说不断涌现出来,呈现多元开放的新格局。修辞认知论认为,"人类必须将真理看作不是固定的、最终的,而是在各种我们身处其中并与之相适应的环境中不断被创造的,在人类的事务中,修辞学是一种了解事物的方式:他是认知性的"。⑥ 理查德·什尔维兹认为,"真理是人们努力获取的东西,而不是先验存在的东西。因此,通过执着(修

---

① [美]肯尼斯·博克等:《当代西方修辞学:演讲与话语批评》,常昌富、顾宝桐译,中国社会科学出版社1998年版,第17页。
② ケネス・バーク,動機の修辞学,森常治訳,東京:晶文社,2009,第438—439頁。
③ [美]肯尼斯·博克等:《当代西方修辞学:演讲与话语批评》,常昌富、顾宝桐译,中国社会科学出版社1998年版,第18页。
④ 刘亚猛:《西方修辞学史》,外语教学与研究出版社2018年版,第402—416页。
⑤ [美]肯尼斯·博克等:《当代西方修辞学:演讲与话语批评》,常昌富、顾宝桐译,中国社会科学出版社1998年版,第20页。
⑥ [美]肯尼斯·博克等:《当代西方修辞学:演讲与话语批评》,常昌富、顾宝桐译,中国社会科学出版社1998年版,第20页。

辞）的努力，人的认识越来越肯定"。① 后现代主义转向由瑞米·麦凯罗于《批评修辞：理论与实践》中首次提出，他探索性地建构了批评修辞的理论框架。批评修辞试图揭开权力话语的神秘面纱，目的是为了理解权力和知识在社会中的结合，这种结合会导致或阻止什么样的变化以及什么样的干预策略能恰当地引起社会变革。②

近年，新语境下的修辞学理论也有进一步发展和创新。2018 年的"第一届修辞学前沿理论国际研讨会"③ 上，巴里·布鲁梅特认为，修辞的功能和形式对理解不同文化语境下修辞的内涵与运作具有重要意义。肯德尔·菲利普斯阐述了修辞与记忆的关系，他认为，记忆是修辞性的，突出反映在以纪念碑和纪念馆形式传达的公共记忆，如林肯纪念堂从修辞意义上赋予人们敬畏和尊重，越战士兵纪念墙促使人们哀思和冥想；同时，修辞是记忆性的，如马丁·路德·金在林肯纪念堂前发表演讲时，调动并重构着听众对于林肯的公共记忆。胡范铸认为，修辞学主要研究人与人、机构与机构、人与机构的语言交往如何发展等问题，修辞学的核心概念是"新言语行为"。④

2. 系统功能语言学视角

系统功能语言学由韩礼德创立。韩礼德（1985，胡壮麟等译：2017）认为，任何语篇分析的目标都有两个可能的层次：一是帮助对语篇的理解：语言分析可以说明语篇为何以及如何表达相应的意义。处理过程可能揭示出多种意义、不同解释、歧义、隐喻，等等。二是要有助于评价语篇的优劣：语言学分析可以帮助我们了解某个有效的语篇是否达到了应有的目的，即在哪方面成功了，在哪方面失败了，或者不是很成功。⑤ 第一个层次要解释"语篇表达意义的方法和原因，是描写和解

---

① ［美］理查德·什尔维兹：《修辞的"认知性"：对"新修辞"运动认知论的淡化》，载肯尼斯·博克等《当代西方修辞学：演讲与话语批评》，常昌富、顾宝桐译，中国社会科学出版社1998年版，第171—183页。
② ［美］瑞米·麦凯罗：《批评修辞：理论与实践》，载肯尼斯·博克等著：《当代西方修辞学：演讲与话语批评》，常昌富、顾宝桐译，中国社会科学出版社1998年版，第315—345页。
③ 注：2018年6月24日，在上海大学宝山校区举行。
④ 宋平锋、邓志勇：《修辞学理论的发展与创新："第一届修辞学前沿理论国际研讨会"综述》，《当代修辞学》2018年第5期。
⑤ ［英］M. A. K. Halliday：《功能语法导论》，胡壮麟、朱永生、张德禄、李战子译，北京大学出版社2017年版，第33页。

释语篇的活动"，是两个层次中低层次目标，通过分析语法就可以实现；第二个层次是对语篇作出评价"语篇是否有效，是说明和评价的活动"，① 是高层次的目标，比较难达到。不仅需要解释语篇本身，还包括相关情景语境和文化语境，以及语境与语篇的系统对应关系。② 韩礼德从微观和宏观方面分别为语篇分析提供了理论和方法。

韩礼德与麦蒂森是从系统功能语法视角对政治语篇进行分析的主要代表。雷耶斯以系统功能语言学作为工具，研究乔治·布什和奥巴马有关伊拉克和阿富汗问题的政治演说后，认为不同意识形态的国家领导运用合法化的语言策略对语篇建构也是不同的。邓迈尔运用系统功能语法研究了乔治·布什对伊战争的政治演说，解读其通过政治语篇嵌入对未来的描述和对听话人的影响。穆蒂戈运用系统功能语言学的语域理论，分析了欧盟就业政策的相关政治语篇。③ 黄国文运用系统功能语法框架解析广告语篇后认为，系统功能语法比其他任何语言学框架都更适合分析语篇；方琰（2005）使用系统功能语法分析三个语篇后得出结论：一是系统功能语法框架能够揭示语篇的深层含义，能够理解和解释语篇的语义和文体特点；二是系统功能语言学"语境—语篇—评论"模式用来分析语篇是可行的。④ 田海龙（2001）以人际功能的论述为理论框架，从讲话人对所谈内容的确认程度以及对交谈对象的态度两个方面观察英汉语第一人称复数代词"WE/我们"的人际功能，发现"WE/我们"人际功能的不同，反应出中西文化的差异。⑤

3. 批评话语分析视角

批评语言学家从韩礼德的功能语言观出发，认为"语言的语法体系所具有的特定形式与其服务的社会和个人需要密切相关"，其方法论主要以

---

① 方琰：《系统功能语法与语篇分析》，《外语教学》2005 年第 6 期。
② ［英］M. A. K. Halliday：《功能语法导论》，胡壮麟、朱永生、张德禄、李战子译，北京大学出版社 2017 年版，第 F33 页。
③ 梁婧玉：《美国两党国情咨文 1946—2014 的隐喻架构分析》，博士学位论文，南京师范大学，2015 年。
④ 方琰：《系统功能语法与语篇分析》，《外语教学》2005 年第 6 期。
⑤ 田海龙：《英汉语"WE/我们"的人际功能与文化差异》，《天津外国语学院学报》2001 年第 3 期。

系统功能语法为基础，同时运用图式理论、言语行为理论等适用的概念与方法，语言在使用过程中可以完成三大纯理功能：意念功能、人际功能和语篇功能。① 1989 年，费尔克劳夫在 *Language and Power* 一书中提出了"批评话语分析"的理论与方法。在后现代主义思潮的影响下，批评性话语分析在研究过程中大量吸收了法兰克福学派的社会批评理论、语言学、文学评论、哲学等不同学科的合理内核，并遵循一定的基本原则，如，费尔克劳夫与沃达克所概括的批评话语分析的原则如下：

（1）批评话语分析关注社会问题；
（2）话语是社会权力关系生成和再现的场所；
（3）话语构成社会和文化，是社会和文化再生和/或变化的场所；
（4）话语从事意识形态工作，话语结构展现、加强、再生社会中的权力和支配关系，并使其合理化或对其进行质疑；
（5）话语是历史的，应置于语境中进行考察；
（6）语篇与社会的关系经由中介产生，话语与社会的关系是辨证的；
（7）对语篇结构不仅仅描述，更注重解释；
（8）话语是社会实践的形式，他揭示权力关系的隐晦性；②

上述八项原则为批评话语分析构成了这一领域的基本理念。批评性话语分析源于批评语言学，区别就在于批评性话语分析认为，语言结构和社会结构之间存在一定的媒介把二者联接起来，批评性话语分析具有哲学和社会学理论基础。

「CLとCDAは、言語の中に現れた支配、差別、権力、そして管理という、目に見えるだけでなく、不透明な構造上の関係性を分析することに大きく関わる研究、別の言葉で言うならば、CDAが目的とするのは、言語が使用される中で（もしくは談話の中で）表現されたり、意図されたりする、また、作り上げられたり、正当化されたりする社会的不平等を批判的

---

① 辛斌：《语言、权力与意识形态：批评语言学》，《现代外语》1996 年第 1 期。
② ［英］露丝·沃达克，［英］保罗·奇尔顿主编：《（批评）话语分析的新议程——理论、方法与跨学科研究》，苗兴伟导读，穆军芳注释，北京大学出版社 2016 年版，第 4 页。

に研究すること」①，批评话语分析关心的是语篇和话语中语言的选择是怎样反映说话人和听话人之间的"权势关系"的，人们是如何通过使用语言、语篇和话语操纵社会活动，如何使用语言和篇章来保持、创造社会的不平等和不合理结构，语言、篇章是如何在社会、政治、意识形态和文化环境中生成、再创造、再现并产生了权利和权势，以及社会中权利、权势支配和不平等的结构和关系是如何被合法化和合理化的。语篇、话语建构社会结构和社会实践，也被社会和社会实践所建构。批评话语分析认为，语言的惯用和使用都携带着意识形态因素，其分析的目的是揭露并最终试图抵制现实社会中权力的不平衡，社会中不平等、不合理的行为和其他不公平现象，从而达到质疑、改变语言使用现状、改变社会活动、消除不公平的最终目的。②

根据徐鹰等（2013）、辛斌等（2013）的研究认为，批评话语分析主要有三大分析模式，即话语三维概念模式、话语—历史分析模式、社会认知模式。

费尔克劳夫提出了语篇、话语实践和社会实践的"话语三维概念模式"，如图1-12。语篇（text）是话语实践的产物，而话语实践（discursive）往往又受到一定社会实践（socialpractice）条件的制约。语篇解读时，费尔克劳夫借用韩礼德的系统功能语言学，着眼于分析词汇、语法、衔接与连贯，以及语篇结构；话语实践解析时，他借用了福柯的话语秩序和佩舒的话语互文场，着眼于分析语篇的互文性与篇际互文性；社会实践阐析时，他借用阿尔杜塞的意识形态理论和葛兰西的霸权理论展开分析。③费尔克劳夫又提出了批评性话语分析的三个层次：

（1）描写（describe）——语篇的形式结构特征；
（2）阐释（interpret）——语篇与话语实践过程的关系；
（3）解释（explain）——话语实践过程和它的社会语境之间的关系。

---

① ルート・ボダック，ミヒャエル・マイヤー編著，批判的談話分析入門，野呂香代子監訳，東京：三元社，2010，第11頁。
② 黄国文：《语篇分析与话语分析》，《外语与外语教学》2006年第10期。
③ 徐鹰、武建国：《批评性话语分析：综述与前瞻》，《华南理工大学学报》（社会科学版）2013年第1期。

```
┌─────────────────────────────────┐
│  ┌───────────────────────────┐  │
│  │        TEXT               │  │
│  │ DISCURSIVE PRACTICE       │  │
│  │ SOCIAL PRACTICE           │  │
│  └───────────────────────────┘  │
└─────────────────────────────────┘
        Three-dhnenstonal Model
```

图 1-12　费尔克劳夫话语三维概念模式示意图

资料来源：徐鹰、武建国：《批评性话语分析：综述与前瞻》，《华南理工大学学报》（社会科学版）2013 年第 1 期。

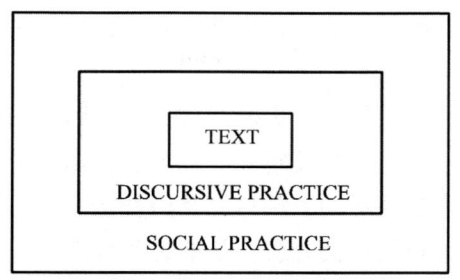

沃达克提出了"话语—历史路径"。他采用话语历史分析方法，把所有的背景信息融合起来，分析和解释公众话语中的种族主义思想和偏见，这种方法适合分析话语中隐含的偏见，解释偏见话语中的语码和暗指。[①] 沃达克认为，话语—历史路径区分了构成文本意义和结构的三个维度：

（1）所谈及或书写的话题；
（2）所运用的话语策略（有意的或潜意识的）；
（3）用以实现话题和策略的语言手段；

话语—历史路径中系统的定性分析应考虑以下四层语境：

（1）言谈、文本、语体和话语之间的互文性（intertextuality）和互语性（interdiscursivity）关系；
（2）语言外的社会/社会学变量；
（3）文本和组织的历史和考古学；
（4）特定情境语境的机构性架构；

---

① 辛斌、高小丽：《批评话语分析：目标、方法与动态》，《外语与外语教学》2013 年第 4 期。

通过这种方式能够探讨话语、语体和文本是如何因社会—政治语境而变化的。①

沃达克的话语—历史研究分析框架和费尔克劳夫的话语三维概念模式都涉及到语篇分析、互文性与篇际互文性分析，以及社会分析。但沃达克与费尔克劳夫的研究顺序不同，沃达克是由社会分析到语篇分析，而费尔克劳夫则是从语篇分析到社会分析，从研究步骤顺序看，沃达克较为注重从社会现实问题思考。②

迪克提出了"社会认知模式"。他认为，话语与社会结构是由"社会认知"这一媒介联系起来的，并构筑了一个话语、认知与社会的话语分析三角模式，如图1-13所示。

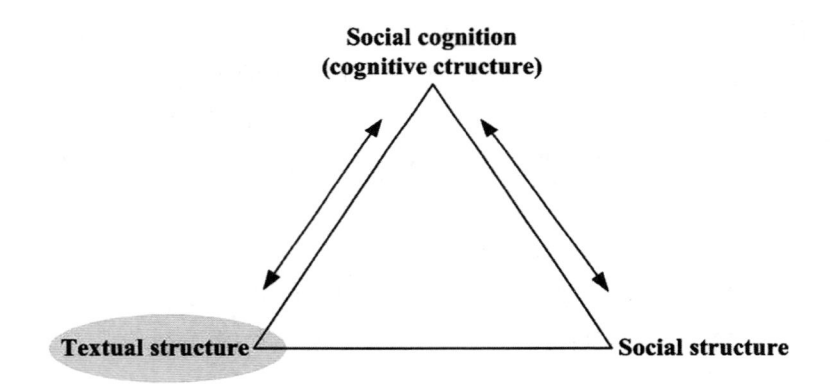

图1-13　话语分析三角模式示意图

资料来源：徐鹰、武建国：《批评性话语分析：综述与前瞻》，《华南理工大学学报》（社会科学版）2013年第1期。

注：阴影部分表示微观的语篇结构，而双箭头则表示由社会认知联接起来的语篇结构与社会结构之间存在辨证关系。

---

① ［英］露丝·沃达克：《话语、政治、日常生活》，黄敏、田海龙等译，浙江大学出版社2019年版，第50页。
② 徐鹰、武建国：《批评性话语分析：综述与前瞻》，《华南理工大学学报》（社会科学版）2013年第1期。

迪克把话语看成一个交际事件和言语成品，是各种意义的表现形式，包括互动话语、书写文本、相关的手势、面部表情、印刷布局以及其他符号等。迪克认为，思想意识可表现在语言的七个方面：话题选择、图式组织、词汇化、文体、修辞手段、局部意义和连贯、含义和预设。批评话语分析所涉及的社会语境包括群体、角色、知识、规则、常规、目标、组织机构等多个特征。语境在体现话语的意识形态方面有重要作用，不仅可以反映社会环境中的所有结构性特征，而且还跟篇章话语的产生过程、结构、解释和功能有关。语场如果涉及社会群体的目标和利益的，语篇就会出现表达群体身份、活动、价值观、立场的词汇语法，就会包含浓厚的思想意识。①

4. 语用学视角

20世纪30年代末，美国哲学家莫里斯在他的《符号理论原理》一书中首先使用了术语"语用学（Pragmatics）"，他把语言学定义为"符号与符号解释者的关系"，之后又修正为"语用学是符号学的一部分，研究符号的来源，用法及其在行为中出现时所产生的作用"。20世纪70年代后，荷兰正式出版发行了《语用学杂志》，语用学才作为语言学的一门新兴学科而得到确认。奥斯汀、格赖斯、塞尔、布朗、利奇、斯珀波和威尔逊对语用学有着精辟的论述。②③

奥斯汀提出了言之发的以言指事（以言表意行为），示言外之力的以言行事（以言行事行为），收言后之果的以言成事（以言取效行为）之"言语行为三分说"，创立了"言语行为理论（Speech act theory）"。④⑤ 后继者塞尔是奥斯汀的学生，塞尔进而提出理解和传达间接言语行为应该遵循以下四条依据：

---

① 辛斌、高小丽：《批评话语分析：目标、方法与动态》，《外语与外语教学》2013年第4期。
② 何自然：《语用学概论》，湖南教育出版社1988年版，第3—5页。
③ 姜望琪：《当代语用学》，北京大学出版社2003年版，第1—16页。
④ Ｊ・Ｌ・オースティン，言語と行為，坂本百大訳，東京：勁草書房，1978，第145—199頁。
⑤ ［德］尤尔根・哈贝马斯：《交往行为理论・第一卷・行为合理性与社会合理化》，曹卫东译，上海人民出版社2019年版，第364页。

（1）言语行为理论，特别是"示言外之力"论，了解人们如何以言行事；

（2）语用含义理论，特别是了解"会话含义理论"中有关合作原则的各准则的恪守和违反可能带来的语用含义；

（3）说话人的知识和听话人所理解的语境信息；

（4）听话人的知识及推断能力；①②

语用学发展快速，奥斯汀的同事格赖斯提出了"合作原则（Cooperative principle）"。他认为，言语交际中，谈话双方都有"互相理解和共同配合"的愿望，即双方都在遵守着"合作"的原则；但有时因礼貌或语境的需要而违反合作原则，听话人就会迫使自己设法领会话语主体，于是就产生了"会话含意"理论。之后，布朗和利奇等人对"合作原则"进行了修补，创建了"礼貌原则（Politeness Principle）"，也丰富了"会话含意"理论。利奇将礼貌原则划分为得体准则（Tact Maxim）、慷慨准则（Generosity Maxim）、赞誉准则（Approbation Maxim）、谦逊准则（Modesty Maxim）、一致准则（Agreement Maxim）、同情准则（Sympathy Maxim）六类。③ 近年，语用学领域又涌现出关联理论和新格赖斯原则。关联理论由斯珀波和威尔逊共同提出的，他们主张谈话双方需遵守的准则可以减少到一条原则，即"关联原则"——「伝達者は刺激を作り出し、この刺激によって聴者に想定集合を顕在化、もしくは、より顕在化する意図を持つことを自分と聴者相互に顕在化するようにすること」。④ 新格赖斯原则因与格赖斯的原始理论接近，又称后格赖斯理论，指霍恩提出的Q原则和R原则，以及莱文森提出的数量原则、信息量原

---

① 何自然：《语用学概论》，湖南教育出版社1988年版，第133—164页。

② J. R. サール，言語行為―言語哲学への試論―（第12刷），坂本百大、土屋俊訳，東京：勁草書房，2019，第129—176頁。

③ 何自然：《语用学概论》，湖南教育出版社1988年版，第74—111页。姜望琪：《当代语用学》，北京大学出版社2003年版，第1—16页。

④ D・スペルベル，D・ウイルソン，関連性理論：伝達と認知，内田聖二、中達俊明、宋南先、田中圭子訳，東京：研究社出版，1996，第189頁。

则和方式原则。①

田海龙（2001）从语用学和语篇研究的渊源、性质、研究对象三方面考察语用学和语篇研究的特点，如图1-14，指出语用学和语篇研究之间存在着一种互动关系，二者相互兼容，呈现出相互渗透的态势。②

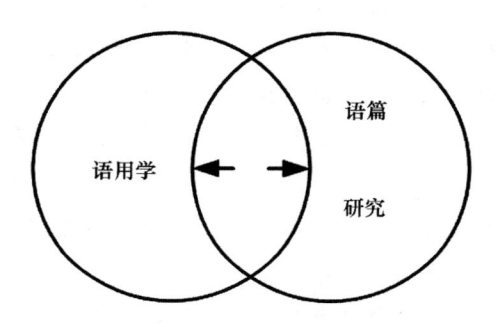

图1-14　语用学与语篇研究关系示意图

资料来源：田海龙：《语用学与语篇研究的互动关系》，《外语教学》2001年第2期。

杨敏（2011）调查2004—2009年有关政治语篇分析的国际学术期刊后发现，运用语用学中的"预设""暗指""复调"等概念进行政治语篇分析的文章所占比例不少。马兹达使用"预设"概念分析了美国前总统布什在2001年"9·11"恐怖事件之后9月20日对国会两院的讲话；奇尔顿与谢夫纳概括了政治语篇的四个策略功能：强压（比如法律、命令等）、抵制和抗议（比如标语、请愿和集会等）、掩饰（从麻烦和矛盾问题上引开注意力）、合法化和合法性丧失。沃达克用一份政治演讲语篇来演绎如何使用语用学里的概念如暗指、暗讽、预设和文字游戏等来分析政治语篇里的意识形态。弗洛特与斯坦沃尔用"复调"概念分析了英国前首相布莱尔的两次演讲，主要分析了布莱尔两次演讲中模糊复调的语言标记：对照连词BUT和否定词NOT，人称代词和物主代词"I/ME/MY"和"WE/US/OUR"等也被当做构成语篇的声音标记。③

---

① 姜望琪：《当代语用学》，北京大学出版社2003年版，第1—16页。
② 田海龙：《语用学与语篇研究的互动关系》，《外语教学》2001年第2期。
③ 杨敏：《西方政治语篇分析的语用学视角》，《中国外语》2011年第2期。

5. 社会语言学视角

罗常培于1950年出版了《语言与文化》一书，堪称我国社会语言学的开创之作，他指出，"一时代的客观社会生活，决定了那时代的语言内容；语言的内容足以反映出某一时代社会生活的各面影。社会的现象，由经济生活到全部社会意识，都沉淀在语言里面"。① 美国语言学家哈佛·丘里于1952年发表的论文《社会语言学的设计：语言和社会阶层的关系》中首次明确提出社会语言学概念，"言语因素的社会功能和社会意义提供了一个广阔的研究领域"。1966年，布莱特归纳了社会语言学的五个重要研究内容：

（1）说话人和听说人，即交际双方的社会身份；
（2）言语事件发生时的社会环境；
（3）对社会方言的共时和历时分析；
（4）说话人对不同言语行为的社会评价；
（5）社会语言学研究的实际应用。②

田海龙（2001）通过对汉语实际语料的分析，发现不同的语言使用者在表述自己观点时使用"我"或"我们"的情况有所不同。他认为，区别使用"我"和"我们"是讲话人的个人语言习惯，并在一定程度上反映出讲话人自信或自谦的个人性格。不同语言的人称代词所体现的个人性格有所不同这一现象证明了语言植根于文化之中这一共识。③

杨敏（2010）认为，"身份"是政治语篇分析时用得最广的社会语言学概念。如李（Lee）运用"身份"理论对韩国和朝鲜的政治语篇的比较分析，发现它们在构筑共同的文化敌人—"对方"（美国）时，又如何各自展示自己的意识形态的。布迪厄认为，分析国家/民族身份的语言习性有助于理解政治语篇的意识形态内涵。布索法拉·奥马尔论证了语码转换在继任总统演讲里面的重要性。禁忌语理论中的"谩骂语"研究可以解读语言是如何被用作武器的。比如，阿吉耶库姆搜集了加纳的大量报纸，与

---

① 罗常培：《语言与文化》，语文出版社1989年版，第106页。
② 戴庆厦：《社会语言学概论》，商务印书馆2003年版，第7—8页。
③ 田海龙：《"我"、"我们"的使用与个人性格》，《语言教学与研究》2001年第4期。

社会背景文化相结合，分析谩骂语在政治语篇中的使用。他认为，使用谩骂语的人思想方式倾向于极端，看不到对手的优点，也说明加纳的政治尚处于向民主和文明的政治语境发展的阶段。另外，罗德里格斯以古巴的卡斯特罗、委内瑞拉的胡果·沙维兹和玻利维亚的伊沃·莫拉的演讲为语料，考察政治语篇利用一系列的语言标准化变量改变语体风格以适应不同听众的特性。她发现，政治家们在用了不同的语言标准化变量，有意识地调整自己的语篇的语体风格和语体变异后，可以针对不同的听众发表内容相似的成功演讲。①

6. 语料库语言学视角

美国布朗大学1964年建成世界上最早的机读语料库"Brown Corpus"后，以柯林斯/伯明翰语料库为代表的大批语料库陆续完成，同时，"语料库语言学（Corpus Linguistics）"开始被使用，语料库在语法、词汇和文体等领域逐渐得到广泛应用。② 语料库语言学的研究包括两方面的内容，一是对自然语料进行加工和标注；二是用已经标注好的语料进行语言研究和应用开发。③ 语料库语言学的研究范式也有两种：一是语料库驱动的研究范式，哲学基础为激进的经验主义，语言学基础为弗思的语境论；二是基于语料库的研究范式，哲学基础为温和的经验主义，美国结构主义语言学理论对其影响巨大。语料库驱动的研究范式主要目的在于语言描写，主张从观察词语入手，反对利用语料库之外的理论前提；基于语料库的研究范式不排斥外部理论，它与语用学、社会语言学、批评话语分析、认知语言学甚至心理语言学都有接口。④

朱炜（2010）以纳尔逊·曼德拉和罗纳德·里根的演讲为语料，探讨隐喻的使用规律，二人常用的隐喻为冲突类、旅程类、建筑物类、火与光类、人体部位类、植物类、地理环境类、宗教类、健康类和饮食类十类隐

---

① 杨敏：《西方政治语篇研究中的社会语言学视角》，《华东师范大学学报》（社会科学版）2010年第5期。
② 潘均著：《现代日语语言学前沿》，外语教学与研究出版社2010年版，第48—49页。
③ 黄昌宁、李涓子：《语料库语言学》，商务印书馆2002年版，第3页。
④ 梁茂成：《语料库语言学研究的两种范式：渊源、分歧及前景》，《外语教学与研究》2012年第3期。

喻，并分析其使用功能和内在动因。① 狄艳华、杨忠（2010）分析中国政府工作报告（1978—2010）中核心主题词的使用特点、分布及规律，从词汇入手剖析语言使用与社会发展的共变关系及规律，结合社会表征等相关理论进行历时阐释。② 胡元江、陈晓雨（2018）基于特朗普竞选期间和就任总统后的演讲语篇的研究结果显示，特朗普于竞选期间以肯定自己、否定对手为策略，以赢得受众的支持；就职后则示政绩，表决心，让受众对美国的未来充满信心。竞选期间，特朗普从微观角度出发，提出具体民生计划；就职后，从宏观角度出发，规划全局。③

7. 认知语言学视角

认知语言学由莱考夫、约翰逊及兰盖克创立。莱考夫与约翰逊研究隐喻及与人类认知的关系，兰盖克以认知语法研究为主。"认知语言学是以人的认知为出发点，探究人是怎样运用语言符号对事物或事件进行抽象，怎样运用语言符号对事物或事件加以概念化；怎样运用语言符号以及由这些符号组成的种种语言结构实现人的交际活动，实现人的思维活动"。④ 认知语言学大都从认知和社会或隐喻的角度解析政治语篇。如前文提到的迪克所主张的"话语分析三角模式"便是从认知和社会视角进行的分析。

莱考夫于1990年在学术计算机网络推出论文『隠喩と戦争—湾岸戦争を正当化するために使われた隠喩の体系』⑤ 之后，关于隐喻与政治的的著作 *Moral Politics：How Liberals and Conservatives Think*（196）、*Don't think of an elephant！：Know your values and frame the debate*（2004）、*The Political Mind*（2008）等相继问世。自此，莱考夫一直运用认知语言学研究公共政治辩论的框架构建问题，并于21世纪初将"架构"引入政治学领

---

① 朱炜：《语料库语言学和语篇中隐喻的识别》，《外语电化教育》2010年第6期。
② 狄艳华、杨忠：《基于语料库的中国政府工作报告核心主题词研究》，《外语学刊》2010年第6期。
③ 胡元江、陈晓雨：《基于语料库的美国总统演讲语篇外壳名词研究—以特朗普就职前后演讲为例》，《外国语文》2018年第4期。
④ ［美］兰盖克：《认知语法基础》，牛保义等译，北京大学出版社2004年版，第2页。
⑤ G・レイコフ，隠喩と戦争—湾岸戦争を正当化するために使われた隠喩の体系—，高頭直樹訳，（思想としての湾岸戦争＜特集＞）現代思想19（5），1991，第1—18頁。

域，开创了"架构理论（Framing Theory）"。"架构塑造我们看待世界方式的心理结构，架构也塑造了我们追求的目标，我们制定的计划，我们行为的方式以及我们对行动结果好坏的判定。在政治上，架构塑造了我们的社会政策以及我们用来执行政策的制度。改变我们的架构，就是改变了所有这一切，重塑架构，就是变革社会"。①② 架构在我们大脑的突触里，以神经回路的形式真实地存在。一旦事实跟架构不吻合，留下的是架构，被抛弃的是事实。③ 20 世纪 90 年代后，莱考夫提出了美国政治"严父"和"慈亲"的家庭道德模式。

莱考夫认为，隐喻的使用可以为意识形态提供表达手段，成为意识形态研究的工具，他开启了隐喻的批评性研究之先河。他在 1990 年的论文『隠喩と戦争—湾岸戦争を正当化するために使われた隠喩の体系"开篇就是"隠喩は人を殺すことができる』④。文章说，隐喻会杀人的，时任总统乔治·布什和国务卿贝克围绕是否出兵海湾地区的讲话就是一副隐喻的全景图。莱考夫运用概念隐喻理论进行了早期的批评隐喻研究。当下，政治语篇最普遍的研究视角是批评认知语言学。布莱克于 2004 年在其著作 *Corpus Approaches to Critical Metaphor Analysis* 中首次提出"批评隐喻分析（Critical Metaphor Analysis，CMA）"，以揭示话语主体潜在意图。批评隐喻分析将语言分析与认知理解和社会知识相结合以解释话语主体在特定语篇中选择隐喻的意识形态动机。⑤

汪少华（2011，2014，2016）认为，道德模式、美国政党及核心价值观与演讲中的架构、概念隐喻之间密切相关，政策背后的架构和隐喻决定

---

① G·レイコフ，M·ジョンソン，肉中の哲学—肉体を具有したマインドが西洋の思考に挑戦する，計見一雄訳，東京：哲学書房，2004，第 1 頁。
② [美] 乔治·莱考夫、马克·约翰逊：《肉身哲学：亲身心智及其向西方思想的挑战》（一），李葆嘉、孙晓霞、司联合、殷红伶、刘林译，世界图书出版公司 2018 年版，第 3 页。
③ [美] 乔治·莱考夫：《别想那只大象》，闾佳译，浙江人民出版社 2013 年版，第 112 页。
④ G.レイコフ，隠喩と戦争—湾岸戦争を正当化するために使われた隠喩の体系—，高頭直樹訳，東京：（思想としての湾岸戦争＜特集＞）現代思想 19（5），1991，第 1—18 頁。
⑤ 纪玉华、陈燕：《批评话语分析的新方法：批评隐喻分析》，《厦门大学学报》（社会科学版）2007 年第 6 期。

着美国两大政党政策为公众接受的程度。①②③④ 汪少华（2018）认为，认知语言学与批评话语分析的根本使命和主要理念基本一致，并提出批评架构分析的新路径，批评架构分析是指在描述语言特征层面引入架构的新视角，在阐释推理过程和话语之间的关系层面引入操作性更强的架构隐喻模式，在解释推理过程与社会结构之间的关系层面引入道德模式作为分析意识形态的工具。⑤

三　日本政治语篇——政府施政报告

日本政府施政报告是执政党每年的政府工作报告，也是所在党派集体智慧的展现。报告内容会受到日本国民的高度关注，也会影响到日本民意的走向。

关于"所信表明演说"，『日本大百科全書』的解释如下：

「内閣総理大臣が行う、政権として取り組む重要課題や政権の運営方針などについての演説。衆議院解散・総選挙後の特別国会や、会期中に内閣総理大臣が交代した場合など、新任の内閣総理大臣が内閣発足にあわせて行うほか、臨時国会冒頭でも演説する。」⑥

"所信表明演说"是指首相在临时国会或者特别国会召开之初于参众两院，就当前的问题表达内阁的政策方针。

关于"施政方针演说"，『日本大百科全書』的解释如下：

---

① 汪少华：《美国政治语篇的隐喻学分析——以布什和奥巴马的演讲为例》，《外语与外语教学》2011年第4期。
② 汪少华：《美国政府赖以生存的架构与隐喻》，《山东外语教学》2014年第4期。
③ 汪少华，袁红梅：《政治话语的博弈——美国总统竞选辩论中框定与重新框定策略的认知解析》，《外国语》2016年第1期。
④ 汪少华：《美国政府赖以生存的架构与隐喻》，《山东外语教学》2014年第4期。
⑤ 汪少华，张薇：《"后真相"时代话语研究的新路径：批评架构分析》，《外语教学》2018年第1期。
⑥ 日本大百科全書，https：//kotobank.jp/word/所信表明演説—681672，2022年9月19日。

「通常国会の冒頭に内閣総理大臣が内閣を代表して衆議院および参議院の本会議場で行う演説をいう。内政および外交の国政全般にわたり以後1年あるいは1年以上の長期にわたる内閣の基本的政策または政治の方針を明らかにすることを内容とする。」①

"施政方针演说"是指首相在每年一次的定期国会上于参众两院发表的演说，陈述政府在未来一年中施政的所有基本政策和政治方针。

日本政府的"施政方针演说"与美国的"State of the Union Address"（国情咨文）相类似：

「アメリカの大統領が連邦議会両院に対し、重要な内外政策に関する報告および1年間の施策方針（一般教書ないし年頭教書）を口頭で表明する演説のこと。通例、毎年1月の最終火曜日に行われる。」②

国情咨文是美国总统每年1月最后一个星期二于联邦议会两院针对美国的对外政策及未来一年的施政核心内容所做的演说。

按照1889年的明治宪法规定，1890年日本首设国会——帝国议会，由贵族院和众议院构成。1946年11月3日日本颁布新宪法后，帝国议会改为"国会"，由众议院和参议院组成，是日本最高权力机关和唯一立法机关。按照日本现行宪法第66条第1款规定，因为首相是日本内阁的最高长官，也是日本政府的首脑。③ 又，第72条规定，作为政府首脑，首相有义务代表内阁和政府向国会提出议案，汇报日常国务和外交事务。④ 首任首相伊藤博文和

---

① 日本大百科全書，https：//kotobank.jp/word/施政方針演説—681560，2022年9月19日。
② 日本大百科全書，https：//kotobank.jp/word/一般教書—31537，2022年9月19日。
③ 永井憲一ら，新六法，東京：三省堂，2003，第15頁。原文：内閣は法律の定めるところにより、その首長たる内閣総理大臣及びその他の国務大臣でこれを組織する。
④ 永井憲一ら，新六法，東京：三省堂，2003，第16頁。原文：［内閣総理大臣の職務］内閣総理大臣は内閣を代表して議案を国会に提出し、一般国務及び外交関係について国会に報告し、並びに行政各部を指揮監督する。

第二代首相黑田清隆称呼国会演说为"训示",意为上级对下级的训示或谕告。第三代首相山县有朋将其称为"国是",意为国家政治上的方针或国策,自 1890 年第三代首相山县有朋开始将其称为"施政方针演说"。从 1947 年日本新宪法施行后,首相的国会演说主要分为两种,即"所信表明演说"和"施政方针演说"。自 1885 年 12 月首任首相伊藤博文至今(2021 年),日本共经历 101 届首相,由 65 人担任,共计留有 286 篇政府施政报告。① 施政报告作为每届日本政府执政的施政纲领,主要针对日本未来一年的内政和外交表明观点和立场,明确日本国家利益及国家战略的一种政治演讲,是极具代表性的、最为典型的政治语篇。

四 日本政府施政报告的研究现状

东照二从社会语言学视角分析自战前第 40 任首相至第 89 任首相小泉纯一郎的语言表达特点,关注语言及与政治的关系。东照二(2006)从社会语言学角度对伊藤博文至小泉纯一郎的表达特点及演变进行了分析和解读。东照二对"～あります""～ございます""いたします""～です""思います""まいります""～こと""～させていただきます"等表达方式在历任首相施政报告中的使用次数进行统计,并加以对照分析其使用目的和效果后得出以下结论:

(1) 演説の長さは平均的には、四百字詰めの原稿用紙にして十四枚ぐらいである。短い演説のトップは吉田、岸、逆に長い演説のトップは橋本である。

(2) 一文中の文節数には、その増減に波がある。小泉は文節数が少ない。

(3) ソト的、抽象的な「～こと」の使用頻度にも波がある。小泉は使用頻度が低い。

(4) 細川は、戦後最初のメディア宰相と言われているが、文節数、「～こと」の使用頻度ともに最も高い首相といえる。

---

① 刘桂萍:《日本历届政府施政报告多视角研究》,吉林大学出版社 2016 年版,第 1 页。

（5）演説口調の「～であります」は、歴代首相が最も頻繁に用いた文末表現である。特に、戦中の首相は、「～であります」一辺倒だったが、小泉になるとその使用頻度は著しく低下してきている。

（6）謙虚さ、低姿勢を示す「ございます」、「おります」、「思います」は、殆ど使われていない。しかし、細川を含めた数名の首相は、比較的、頻繁に使われている。

（7）単刀直入で最も単純な「～です」を頻繁に使ったのは、歴代首相の中で、小泉だけである。

（8）単純明快な「～します」を頻繁に使ったのも歴代首相の中で、小泉だけである。

（9）慎重な態度を示す「考えます」は、竹下などによってよく使われた表現である。

（10）田中は、控えながらも実行、決断を明確に表す「いたします」、「まいります」、「いたしました」、「まいりました」などを比較的、頻繁に用いた首相である。

（11）自分の名前を冠した内閣名、政策名を使ったのは、歴代首相の中で、小泉だけである。①

东照二（2007）又分别从社会语言学角度介绍和剖析了日本第64代、65代首相田中角荣，第74代首相竹下登，第87代、88代、89代首相小泉纯一郎，第90代首相安倍晋三，第92代首相麻生太郎的演说特点。东照二对比分析小泉和安倍的就职演说语言表达后得出如下三点结论：

（1）演説口調の「～あります」をあえて使えなかったことが挙げられる。歴代首相が最も頻繁に使ったのがこの「～あります」だが、安倍は小泉を遥かに凌ぐ率で、「～あります」を避けたという点だ。

（2）明快で直線的な「～します」を極端に多用したという点

---

① 東照二，*歴代首相の言語力を診断する*，東京：研究社，2006，第75—76頁。

だ。それも、これまでの首相の中でも突出して多用した小泉を遥かに凌ぐ頻度でだ。「～です」の高い使用頻度も特徴的だ。

（3）カタカナ語の多用である。歴代首相の中で最も頻繁に使っている。つまり、安倍は小泉を超えたといってもいいだろう。演説口調の「～あります」を避け、明快で力強い「～します」を多用する。さらに、新鮮で進歩的なイメージのカタカナ語を頻繁に使う。①

东照二认为，安倍通过精心模仿小泉的遣词风格，其形象战略超越了小泉。

中村秩祥子（2004，2006，2007）从系统功能语法角度将研究重点放在对明治时期、大正时期、昭和时期共计 21 位首相施政报告的文体分析方面。中村秩祥子著有三部以『内閣総理大臣演説の文体分析』为题的系列论文，第一部以 1955 年的鸠山一郎至 1978 年的大平正芳为研究对象，第二部以明治时代的伊藤博文至西园寺公望为研究对象，第三部以大正时代的山本权兵卫至加藤高明为研究对象，分别进行了细致绵密的话语分析。②③④

铃木崇史则运用计量学将目光置于施政报告的文体变化及其与政治间的关系上。铃木崇史主要相关论著有 2006 年发表的『時代による総理大臣演説の文体的変化』，2007 年发表的『総理大臣演説における語彙多様性の変化』以及『総理大臣国会演説の計量文体分析：細川・小泉・三木を中心として』和『総理大臣国会演説にみる対外認識の推移：東西問題・南北問題を中心として』，2008 年发表的『総理大臣国会演説における基本的文体特徴量の探索的分析』等。

---

① 東照二，言語学者が政治家を丸裸にする，文芸春秋，2007，第 98—99 頁。
② 中村秩祥子，内閣総理大臣演説の文体分析，龍谷大学国際センター研究年報，2004，第 37—68 頁。
③ 中村秩祥子，内閣総理大臣演説の文体分析 2，龍谷大学国際センター研究年報，2006，第 79—92 頁。
④ 中村秩祥子，内閣総理大臣演説の文体分析 3，龍谷大学国際センター研究年報，2007，第 95—108 頁。

宇治敏彦于2001年由东京书籍出版的『首相列伝—伊藤博文から小泉純一郎まで』中详细介绍和评析了自伊藤博文起至第89代首相小泉纯一郎共计56位首相的特点和业绩。

桥本武也关注的是日本国土政策。他在『歴代総理大臣の国会演説における国土計画、経済計画の変遷』中介绍了国会演说中历代首相的国土计划及经济计划的演变。他以『歴代総理大臣は「国土」をどう演説したか。～国会演説に見る国土と国土政策～』为题，分五次对伊藤博文至福田康夫的国土政策做了归纳和分析。①

在我国国内，刘桂萍的研究侧重施政报告中的教育理念、汉文化以及施政报告的文体及修辞方面的研究。刘桂萍在其系列论文中分析政府施政报告的语言表达特点和演变规律及其成因，如图1-15和图1-16是对日本首相报告中结语部分的称谓和"～う／ようではありませんか"使用的历时统计。②

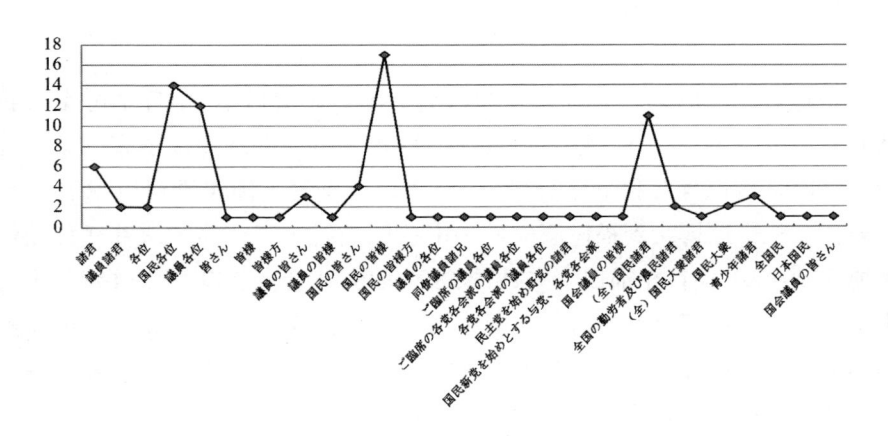

图1-15 施政报告结语部分的称谓使用变化示意图

资料来源：刘桂萍、张富国、孙岩帝：《歴代総理大臣国会演説の結びにおける言葉遣いの探索的分析》，延边大学，2013年，第409—420页。

---

① 刘桂萍：《日本历届政府施政报告多视角研究》，吉林大学出版社2016年版，第19页。
② 刘桂萍、张富国、孙岩帝：《歴代総理大臣国会演説の結びにおける言葉遣いの探索的分析》，载《中朝韩日文化比较研究丛书》第3辑，延边大学，2013年，第409—420页。

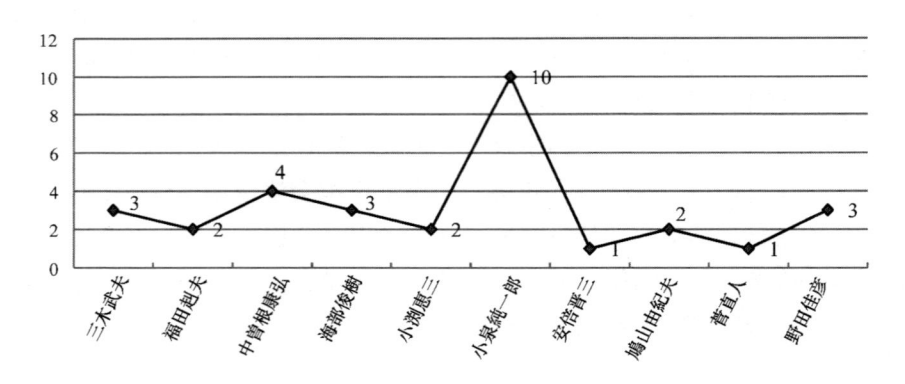

图 1-16　施政报告结语部分的"～う/ようではありませんか"
使用变化示意图①

刘桂萍（2016）在《日本历届政府施政报告多视角研究》中剖析施政报告所折射出的日本国家教育理念和中国古典思想文化对日本的影响，分析遣词风格以解读其中的意识形态动机。

张建立（2015）以施政报告为研究文本，对战后 70 年日本国家自我认知轨迹进行了历时性考察。他认为，日本人第一看重的是国家的类属身份，其次是角色身份和个体身份。② 宇治敏彦编写、潘昊翻译的《日本首相列传：从伊藤博文到福田康夫》一书按照先后顺序评述了从首任首相伊藤博文到第 91 代首相福田康夫共计 58 位的人物特点及其主要政绩，用历史事实说明了国家元首的行为抉择将会给一个国家或一个民族带来很深刻的影响。如对伊藤博文的评述是"内政之功，外证之罪"，对小泉纯一郎的评述是"打破永田町常识的'怪人'首相"等。

小　结

除从语言学视角分析政治语篇外，也有从社会心理学、政治学、传播

---

① 刘桂萍、张富国、孙岩帝：《歴代総理大臣国会演説の結びにおける言葉遣いの探索的分析》，第 409—420 页。
② 张建立：《战后日本国家自我认知的轨迹及成因》，《日本学刊》2015 年第 3 期。

学等非语言学视角解读政治语篇的学者，这里不再赘述。从前述政治语篇的相关先行研究看，主要呈现以下几点：

（1）学科间融合倾向：政治语篇研究的语言学视角已走向借助批评话语分析方法，并与之相融之研究路径。批评话语分析已经被日益广泛地应用于对各种话语的分析研究，近年相继出现了批评修辞、批评认知语言学、批评架构分析等。融入批评话语分析利于分析语篇中语言、权力和意识形态三者关系，利于揭示语篇如何源于社会结构和权力关系，又如何为之服务。[①] 在政治语篇研究领域，无论是修辞学，抑或认知语言学，各学科有其所长与所短，学科之间可以形成相互补充和相互启发的研究格局。

（2）基于语料库的实证研究倾向：语料库语言学逐步与其他语言学，诸如语用学、社会语言学、批评话语分析、认知语言学、心理语言学相结合之新路径。语料库的运用能够避免个人内省判断时受到地域、年龄、个人表达习惯等影响的因素，因此，语言学研究领域越来越多地使用语料库来发现、归纳、总结其中蕴含的客观规律，丰富研究手段。语料库的重要性不断提高，成为语言研究中不可或缺的工具之一。[②]

（3）我国国内研究的不足与展望：我国国内的政治语篇研究中，多是译介和引入西方既有理论、运用其进行应用型实证研究、对其进行丰富和完善、鲜有理论创新；运用西方既有理论研究方面，英语偏多，日语等其他语种和汉语的研究较少。国内语篇研究需走出单纯对西方理论的引介阶段，突破现有理论藩篱的束缚，构建新理论，以适应形式多样的研究需要，弥补我国研究于深度和广度上的不足。

（4）日本政府施政报告的研究现状：有关日本政府施政报告的研究，无论是数量上还是研究内容方面尚未获得更多、更丰富的研究成果。东照二所涉及的领域限于语言表达与政治的关系；中村秩祥子关注话语分析；铃木崇史聚焦文体与政治的关联；桥本武也则关注的是国土政策；刘桂萍关注施政报告中的科教思想，语言风格和汉文化元素。可见：

其一，政府施政报告的研究数量不多；

[①] 辛斌、高小丽：《批评话语分析：目标、方法与动态》，《外语与外语教学》2013年第4期。

[②] 毛文伟：《日语语料库研究的理论与实践》，上海外语教育出版社2009年版，第3—5页。

其二，除社会语言学及系统功能语言学、计量学等研究视角之外，尚无其他，研究比较单一；

其三，除桥本武也涉及国土政策及刘桂萍涉及科教思想外，研究内容大多局限在文体分析范围。

日本政府施政报告方面的研究相对滞后，处于起步阶段。[①] 本书主要依据认知语言学的概念隐喻理论及架构理论、辅之以批评隐喻分析·语法隐喻分析·修辞学视角，对战后日本历届政府施政报告（1947—2020）中的隐喻进行研究，时间跨度七十多年，涉及日本经济、行政机构改革、教育、日美关系四个方面的内容，解读四个方面所蕴含的价值理念的变化轨迹及规律。目前，运用认知语言学的理论研究政治语篇主要以英语和汉语两种语种为主，日语方面的研究国内尚无先例，是一次全新的尝试和探索。

本章小结

本章分别梳理和评述了相关隐喻和政治语篇的先行研究状况。

第一，隐喻的先行研究内容涉及隐喻的概念界定、西方与日本的隐喻研究述要。西方相关隐喻的研究评析了亚里士多德和西塞罗的"替代论"与"比较论"、理查德与布莱克的"互动论"、莱考夫与约翰逊的"概念隐喻理论"、福康涅的"概念合成论"；日本相关隐喻的研究分别阐释了山梨正明的著作『比喩と理解』、濑户贤一的"认识的三角图示"和"新隐喻分类法"、楠见孝的"隐喻双重标准论"、锅岛弘治朗的"具身隐喻理论"。

第二，政治语篇的先行研究内容包括政治语篇的概念界定，并分别从修辞学、系统功能语言学、批评话语分析、语用学、社会语言学、语料库语言学、认知语言学视角对政治语篇研究现状及研究趋势进行了概括考略；同时对日本政府施政报告及相关研究现状作了梳理和综合论述。

---

① 刘桂萍：《日本历届政府施政报告多视角研究》，吉林大学出版社2016年版，第20页。

第二章

理论基础

本书主要运用概念隐喻理论和架构理论，结合概念语法隐喻及批评隐喻，分析和阐释1947—2020年日本历届政府施政报告中的隐喻使用。本章将对概念隐喻理论、框架理论、概念语法隐喻分析、批评隐喻分析进行详致介绍。

第一节 概念隐喻理论

概念隐喻理论是莱考夫与约翰逊在 *Metaphors We Live By* 一书中首次提出的。传统语言学认为，隐喻不是寻常的语言，使用隐喻仅是诗意的想象和修辞多样性的一种策略，也是为了制造特殊的修辞或交际效果。[①] 20世纪30年代后，以理查德和布莱克为代表的"互动论"学者及其他学者开始强调隐喻的认知功能。20世纪80年代，莱考夫和约翰逊出版 *Metaphors We Live By* 后，真正确立了隐喻在认知中的价值和地位。针对传统隐喻学说，莱考夫与约翰逊（1980，何文忠译：2016）指出，理解隐喻思想及其深刻本质存在四个主要历史障碍，最终导致四个错误的隐喻观：

(1) 隐喻是词语的问题，而非概念的问题；
(2) 隐喻是基于相似性；
(3) 所有的概念都是字面的，无一是隐喻的；
(4) 理性思维绝不是由我们的大脑和身体的性质塑造的。

---

① ［美］乔治·莱考夫、马克·约翰逊：《我们赖以生存的隐喻》，何文忠译，浙江大学出版社2016年版，第3—5页。

对于（1）—（4）谬误，莱考夫和约翰逊一一做了纠正。他们认为：

（1）隐喻存在于概念之中而非词语当中；

（2）隐喻也不是基于相似性，而是基于我们经验中的跨域关联，这一关联导致隐喻两个域之间的感知相似性；

（3）一个概念域（如时间）是通过另一个域（如空间）的概念结构来推理和谈论的；

（4）概念隐喻系统不是任意的和偶然的，而是在极大程度上由我们身体的共同性质和我们在日常世界中运作的共同方式塑造的。①

本节将从概念隐喻理论的哲学基础、心理学背景、概念隐喻的分类、特点、内在结构五个方面进行详细阐析。

一　概念隐喻理论的哲学基础

莱考夫与约翰逊于 *Metaphors We Live By* 中提出了一种全新的哲学理论"Experientialism"。1999 年，二人再次合作出版 *Philosophy in the Flesh：The Embodied Mind and its Challenge to Western Thought*，代替"Experientialism"开始正式使用术语"Embodied Philosophy（身体哲学）"。

莱考夫认为，"身体哲学"可总结为以下六点：

（1）思维依存于身体，建构人类概念系统的结构来自身体经验，基于身体经验产生的感觉。人类概念系统的核心部分直接源于知觉、身体运动、自然经验和社会经验。

（2）思维源于想象力，一些不是直接建立于经验基础之上的概念，则使用了隐喻、转喻和心像手段。这一切均超出了对客观现实的真实反映或心理表征，也正是这一想象力产生了抽象思想，让人

---

① ［美］乔治·莱考夫、马克·约翰逊：《我们赖以生存的隐喻》，何文忠译，浙江大学出版社 2016 年版，第 212—213 页。

类的心智超越了人类能看到和感觉到的所有一切。这一想象力间接地来自身体，原因在于隐喻、转喻和心像都是基于身体经验。人类是在运用想象力来给事物划分范畴。

（3）思维具有格式塔（完形）特征，思维不是原子结构型。概念具有总体结构，而不是"建筑模块"的概念模式。

（4）思想具有生态结构。人类学习时，认知加工效能依赖的是概念系统的总体结构和概念本身的含义，思维不仅是对抽象符号的机械性操作。

（5）唯有运用上述认知模式，才可描述概念结构。

（6）认知模式理论融合了传统观点中有关范畴化、意义和理性的正确内容，同时又解释了有关范畴化的实证资料，在总体上，与新的观点吻合。①②

"身体哲学"通过人类本身的身体属性或构造、身体经验及社会经验来解释语词和概念的意义。意义基于具有思维活动能力的人之属性和身体经验，而且不仅源于个人属性及经验，也包含人类及社会群体的属性和经验。经验并非是狭义上的个人"碰巧偶然"经验，而是广义意义，即人类经验总体以及其中发挥作用的所有，如我们的身体特征，我们从先辈遗传下来的各种能力，我们

---

① G·レイコフ，認知意味論—言語から見た人間の心—，池上嘉彦，河上誓作他訳，東京：紀伊國屋書店，1993，序。原文：（1）思考とは身体性と関わるものである。即ち、我々の概念体系を構築するのに用いられる構造は身体的な経験に由来するものであり、それとの関連で意味を生み出すものである。その上、我々の概念体系の中核となる部分は、知覚や身体運動、身体的、社会的な性格の経験といったものに直接根ざしている；（2）思考とは想像力に関わるものである。というのは経験に直接根差さない概念はメタファーやメトニミー、心的イメージなどを媒介とするからである；（3）思考はゲシュタルト的特性を有しており、それ故、原子論的なものではない。概念というものには単に概念の「建築用ブロック」を一般的な規則に基づいて集めて作るということを超えたある全体的な構造があるものである；（4）思考は環境論的な構造を有する。認知の営みにおける処理は学習や記憶の場合と同様に概念体系の全体的な構造、並びに、その概念の意味するところに依存するものである。その意味で、思考は単なる抽象的な記号の機械的操作以上のものである；（5）概念構造は上記のような特性を持つ認知モデルを用いて記述し得る；（6）認知モデルの理論はカテゴリー化、意味、理性に関しての伝統的な見解で正しかったものを取り入れる一方、カテゴリー化に関しての経験的データを説明し、全体的に新しい見方に合致するものである。

② [美]乔治·莱考夫：《女人，火和危险的事物——范畴揭示了思维的什么》（一），李葆嘉，章婷，邱雪玫译，世界图书出版公司2017年版，前言。

的各种身体活动方式，我们的社会组织等，人类身处特定的物理和文化社会环境中而积攒的身体经验和社会经验。①②

意义有"概念结构"和"概念结构的身体经验化"两个问题。

首先是概念结构的问题，"身体哲学"认为，人类的概念内部及与其他关联方面具有结构性。正是因为有了这一结构性，我们才可以推理、理解、获取和交流知识等。概念结构其意义源于身体经验，其存在和被理解缘于概念形成前已有和已知的诸概念，概念结构至少部分源于概念之先的结构。③④

其次是关于概念结构的身体经验化问题，一是人类经验中存在何种前概念结构，二是抽象概念和抽象思维如何建立于身体经验之上的。莱考夫（1987，池上嘉彦ら訳：1993）认为：

（1）概念形成之前的经验中存在基本层次结构和动觉意象图式结构两种结构：

---

① ］G·レイコフ，認知意味論—言語から見た人間の心—，池上嘉彦，河上誓作他訳，東京：紀伊國屋書店，1993，第320—324頁。原文：思考を行う生命体の性質及び経験に基づいて意味を特徴づけようと試みるというものである。そこには個々人の性質及び経験だけではなく、人類の、そして社会の性質及び経験も含まれる。従って「経験」という言葉は一人の個人に「偶然に起こった」事柄という狭い意味では用いられていない。そうではなく、経験は広い意味に解釈されている。即ち、人間の経験の総体、及びその中で何らかの役割を果たすもの全て、例えば、我々の身体の性質、我々が遺伝的に受け継いだ能力、世界の中での我々の身体を用いた行動の様式、我々の社会的組織などである…客観主義は思考する人間の性質及び経験から独立させて意味を定義するが、経験に基づく実在論は意味を身体化に基づいて特徴づける。即ち、我々の様々な生物学的能力、及び、我々を取り巻く環境の中で機能する人間としての我々の身体的、社会的経験に基づいて特徴づける。ここで、我々はこの問題を二つの部分に分ける。

② ［美］乔治·莱考夫：《女人，火和危险的事物——范畴揭示了思维的什么》（一），李葆嘉、章婷、邱雪玫译，世界图书出版公司2017年版，第274—276页。

③ G·レイコフ，認知意味論—言語から見た人間の心—，池上嘉彦，河上誓作他訳，東京：紀伊國屋書店，1993，第320—324頁。原文：我々の概念は一つ一つが内的に構造化されているだけではなく、相互との関連においても構造化されている。この構造化のおかげで、我々は推論したり理解したり知識を得たり伝達したりすることができるのである。…概念構造が有意味なものとなるのはそれが身体化されているからである。つまり、それが我々が我々の概念形成以前の身体的経験から生じ、その身体的経験と結びついているからであると。手短に言えば概念構造が存在し、理解されるのは概念形成以前の諸概念が存在し、理解されるからなのである。概念構造は部分的には概念形成以前の諸構造の性質によって形作られているのである。

④ ［美］乔治·莱考夫：《女人，火和危险的事物——范畴揭示了思维的什么》（一），李葆嘉、章婷、邱雪玫译，世界图书出版公司2017年版，第274—276页。

1) 基本层次结构：基本层次范畴由我们的格式塔感知（完形感知）、身体运动能力、建构丰富心像能力三种能力界定。①②

上位层次：电器　　　　　动物

基本层次：电视　　　　　狗

下位层次：长虹电视　　　秋田犬

基本层次范畴具有以下四个基本特点：

A. 感知：具有整体感知的形状，意象单一、识别快速之特征；

B. 功能：具有一般肌动生物程序之功能；

C. 交际：是字数最少、最常用的、也是语境中的自然词语，最快为儿童习得和掌握，而且也是最先收入词典的词语。

D. 知识组织：范畴成员的特征大部分储存于基本层次之中。③④
人类的知识大致都是在基本层次上组织起来的。

2) 动觉意象图式结构：意象图式结构是较为简单的结构，我们日常经验中不断重现，有容器、路径、连续、力量、对称；还有表示方位和关系的结构，比如，上—下、前—后、部分—整体、中心—边缘等。⑤⑥ 因为人类的身体属性和身体于环境中的活动方式决定了"基本层次结构"和"动觉意象图式结构"不断为人类直接地经历和理解。

---

① G・レイコフ，認知意味論—言語から見た人間の心—，池上嘉彦，河上誓作他訳，東京：紀伊國屋書店，1993，第321—324頁。原文：基本レベルのカテゴリーは我々のゲシュタルト的知覚、身体的運動能力、そして豊かな心的イメージを形成する能力の集中するレベルとして定義される。

② [美]乔治·莱考夫：《女人，火和危险的事物——范畴揭示了思维的什么》（一），李葆嘉、章婷、邱雪玫译，世界图书出版公司2017年版，第274—276页。

③ G・レイコフ，認知意味論—言語から見た人間の心—，池上嘉彦，河上誓作他訳，東京：紀伊國屋書店，1993，第54頁。原文：(1) 全体的に知覚された形状；単一の心的・イメージ；速やかな同定；(2) 一般運動プログラム；(3) 最も短く、最も一般的に使用されて文脈的に中立的な語であり、子供に最初に習得され且つ最初に語彙目録に登録される；(4) カテゴリーの成員の殆どの属性はこのレベルで蓄積される。

④ [美]乔治·莱考夫：《女人，火和危险的事物——范畴揭示了思维的什么》（一），李葆嘉、章婷、邱雪玫译，世界图书出版公司2017年版，第48—50页。

⑤ G・レイコフ，認知意味論—言語から見た人間の心—，池上嘉彦，河上誓作他訳，東京：紀伊國屋書店，1993，第321—324頁。原文：イメージ・スキーマは我々の日常の身体的経験の中で絶えず繰り返し生じる比較的単純な構造である。

⑥ [美]乔治·莱考夫：《女人，火和危险的事物——范畴揭示了思维的什么》（一），李葆嘉、章婷、邱雪玫译，世界图书出版公司2017年版，第274—276页。

（2）抽象概念通过以下两种途径从"基本层次结构"和"动觉意象图式结构"中产生：

1）从物理域到抽象域的隐喻投射；

2）从基本层次范畴向高层次范畴或低层次范畴的投射。①②

抽象的概念结构都是经由那些直接有意义的概念结构而间接获取意义的，因为这些抽象概念结构与其有着系统性关联。

意义性产生于某种环境中的某个体的活动经验。基本层次概念之所以于我们有意义，因为基本层次概念的特征描述缘于我们是根据部分——整体结构感知事物整体的方式，以及是通过身体与环境事物相互作用的方式。意象图式的意义也是因为意象图式构建了我们的感知和身体活动。自然的隐喻概念的意义是因为这些隐喻概念的建立基于直接且有意义的概念与我们的经验关联性。上位概念和下位概念的意义是因为其建立在基本层次概念的基础之上，又根据其功能和目的得以扩展。③④

"身体哲学"包括心智的体验性、认知的无意识性、思维的隐喻性三个原则。心智体验性是指范畴、概念、推理、心智是在对客观世界感知和体验的基础上通过认知加工获得的。认知科学为古老的一些哲学问题提供了一个崭新重要又能精细鉴别的视野，如真实是什么，怎么辨别真

---

① G・レイコフ，認知意味論—言語から見た人間の心—，池上嘉彦，河上誓作他訳，東京：紀伊國屋書店，1993，第321—324頁。原文：（1）物理的領域から抽象的領域へのメタファー的な投影によって；（2）基本レベルのカテゴリーからその上位カテゴリーあるいは下位カテゴリーへの投影によって。

② ［美］乔治・莱考夫：《女人，火和危险的事物——范畴揭示了思维的什么》（一），李葆嘉、章婷、邱雪玫译，世界图书出版公司2017年版，第274—276页。

③ G・レイコフ，認知意味論—言語から見た人間の心—，池上嘉彦，河上誓作他訳，東京：紀伊國屋書店，1993，第354頁。原文：有意味性はある種の環境の中でのある種の存在として生きていく経験から生じるのである。基本レベルの概念が我々にとって有意味であるのは基本レベルの概念が我々が事物の全体の形を部分/全体の構造という見方で知覚であるということと、我々が自らの身体を用いて事物と相互に作用し合うということによって、特徴づけられるからである。イメージ・スキーマが我々にとって有意味であるのはイメージ・スキーマもまた、我々の知覚や身体的運動に構造を与えるからである。自然なメタファー的概念が有意味であるのはそういった概念が（a）直接的に有意味な概念及び（b）我々の経験の中での相関関係に基づいているからである。そして、上位概念や下位概念が有意味であるのは、それらが基本レベルの概念に基盤を持っており、機能や目的というようなものに基づいて拡張されているからである。

④ ［美］乔治・莱考夫：《女人，火和危险的事物——范畴揭示了思维的什么》（一），李葆嘉、章婷、邱雪玫译，世界图书出版公司2017年版，第300页。

实等。我们对何为真实的感觉始于我们的身体，特别是我们的感觉运动器官，其中起决定作用的是这些器官与大脑细微结构。感觉运动器官让我们感知、运动及操作，大脑的细微结构则是由进化和经验逐渐形成。我们的概念不可能是外部的、客观的直接反映，不可能是不受心智束缚的现实的直接反映。①②

认知的无意识性是指因缺乏清晰度和运行过于迅捷，以致我们根本无法感知，也无法聚焦到的"无意识"。认知科学发现了我们大部分思维是无意识的，不是弗洛伊德学说提出的精神被压抑的无意识，而是在认识的知觉层下操作的无意识。③④ 认知学家们通过实验得出结论，即便与人进行简单交流，短暂瞬间就会有很多令人不可思议的复杂思维活动在知觉层下自然发生，并没有进入意识清晰或意识控制的范围之内。⑤⑥ 认知

---

① G・レイコフ，M・ジョンソン，肉中の哲学—肉体を具有したマインドが西洋の思考に挑戦する—，計見一雄訳，東京：哲学書房，2004，第29—30頁。原文：認知科学は何がリアルであるか、そしてまたもし我々がそれを知ることができるのであれば、いかにして何がリアルであるかを知ることができるかという、歳経りた哲学的な問題に関して、新しく重要な仕事の分け前を提供する。何がリアルであるかに関する我々のセンスは我々の身体特に我々の感覚運動器官に始まり、そして決定的にそれらの器官と脳の微細構造に依拠しているのである。感覚運動器官は知覚し、運動しそしてそれから操作することを可能とする。また脳の微細構造は進化と経験によって形作られてきた。

② [美] 乔治・莱考夫、马克・约翰逊：《肉身哲学：亲身心智及其向西方思想的挑战》（一），李葆嘉、孙晓霞、司联合、殷红伶、刘林译，世界图书出版公司2018年版，第15—16页。

③ G・レイコフ，M・ジョンソン，肉中の哲学—肉体を具有したマインドが西洋の思考に挑戦する—，計見一雄訳，東京：哲学書房，2004，第21頁。原文：思考が認知的な明晰さよりも下のレベルで働いているものであり、それ故意識には到達不能であって、またそこに焦点を当てるにはあまりにも速く作動しているという意味での、無意識なのである。

④ [美] 乔治・莱考夫、马克・约翰逊：《肉身哲学：亲身心智及其向西方思想的挑战》（一），李葆嘉、孙晓霞、司联合、殷红伶、刘林译，世界图书出版公司2018年版，第10—11页。

⑤ G・レイコフ，M・ジョンソン，肉中の哲学—肉体を具有したマインドが西洋の思考に挑戦する—，計見一雄訳，東京：哲学書房，2004，第22頁。原文：会話をしているときに認知的明晰のレベルの下で起きていること：（1）今語られていることに意味のある記憶に接近し；（2）一連の音の流れを言語であると把握し、それを弁別な音声的特徴及び音声セグメントに分画し、音声を同定し、それらを形態素としてグループ分けする；（3）その文の構造を、あなたの母国語の膨大な数の文法的構文と一致するように振り分ける；（4）語を拾い上げ、それらに文脈に適切な意味を与える；（5）文全体として意味論的な、また語用論的な意味をこしらえる；（6）議論に意味が有るように、語られたことを枠付する；（7）議論されていることに適切な推論を行う；（8）適当なところでメンタル・イメージを構成し、それを点検する；（9）会話のギャップを埋めていく；（10）話し相手の身振り言語に気が付き、それを解釈していく；（11）この会話が何処へ行くか予測する；（12）返答として言うべきことの計画をする。

⑥ [美] 乔治・莱考夫、马克・约翰逊：《肉身哲学：亲身心智及其向西方思想的挑战》（一），李葆嘉、孙晓霞、司联合、殷红伶、刘林译，世界图书出版公司2018年版，第11页。

科学家一致认为，无意识的思维活动大概占人类思维活动的95%。不过，这一数字可能还是一个比较保守的估量。可见，有意识的思维活动仅为冰山一角而已。如果没有认知的无意识思维活动，将无法形成和组织人类有意识的思维活动。认知的无意识结构规模庞大且错综复杂，既包括我们所有的自动认知操作，也包括我们的默认知识。我们的知识和信念大都由认知无意识中存在的概念系统架构，①② 认知的无意识性本就是为了促进我们认知事物而在运行工作，③④ 是形成有意识思维的隐形之手。⑤⑥

思维隐喻性是指日常生活中隐喻无所不在，我们的思想和行为所依据的概念系统本身是以隐喻为基础的。⑦⑧ 莱考夫将隐喻分为基本隐喻和

---

① G・レイコフ，M・ジョンソン，肉中の哲学—肉体を具有したマインドが西洋の思考に挑戦する—，計見一雄訳，東京：哲学書房，2004，第24—25頁。原文：意識的思考というものは、巨大な氷山のてっぺんである。認知科学者の間では、目の子勘定で全ての思考の95％が無意識であるとされているが、それは多分過小評価した数字であろう。さらにその上、意識的に気づいている状態という表面の下にあるこの95％がすべての無意識的思考を形作り、構造化しているのである。もし認知的無意識が、この形成をしないならば、意識的思考というものはあり得ない。認知的無意識は膨大であり、そして複雑に絡み合った構造をしている。それは我々のすべての自動的な認知的オペレーションを含むだけではなく、我々の暗黙の知識をも含んでいる。我々の知識、我々の信念のほとんどは認知的無意識の中に住まっている概念システムとの関連において枠付けられているのである。

② ［美］乔治・莱考夫、马克・约翰逊：《肉身哲学：亲身心智及其向西方思想的挑战》（一），李葆嘉、孙晓霞、司联合、殷红伶、刘林译，世界图书出版公司2018年版，第12—13页。

③ G・レイコフ，M・ジョンソン，肉中の哲学—肉体を具有したマインドが西洋の思考に挑戦する—，計見一雄訳，東京：哲学書房，2004，第22頁。原文：認知的無意識は、そもそも我々が何かに気づいているということを支えるために作動している。

④ ［美］乔治・莱考夫、马克・约翰逊：《肉身哲学：亲身心智及其向西方思想的挑战》（一），李葆嘉、孙晓霞、司联合、殷红伶、刘林译，世界图书出版公司2018年版，第12—13页。

⑤ G・レイコフ，M・ジョンソン，肉中の哲学—肉体を具有したマインドが西洋の思考に挑戦する—，計見一雄訳，東京：哲学書房，2004，第24頁。原文：意識的思考を形作る、見えざる手。

⑥ ［美］乔治・莱考夫、马克・约翰逊：《肉身哲学：亲身心智及其向西方思想的挑战》（一），李葆嘉、孙晓霞、司联合、殷红伶、刘林译，世界图书出版公司2018年版，第12页。

⑦ G・レイコフ，M・ジョンソン，レトリックと人生，渡部昇一、楠瀬淳三、その他訳，東京：大修館書店，2019，第7頁。原文：メタファーというのはただ単に言語の、つまり言葉遣いの問題ではないということである。人間の思考過程の大部分がメタファーによって成り立っている。

⑧ ［美］乔治・莱考夫、马克・约翰逊：《我们赖以生存的隐喻》，何文忠译，浙江大学出版社2016年版，第3页。

复杂隐喻两类。基本隐喻理论融合了约翰逊并存理论、① 格雷迪的基本隐喻理论、② 纳拉亚南的隐喻神经理论、③ 福康涅的概念合成理论。④ 莱考夫认为，从我们出生起，我们就自动地、无意识地获取了一个庞大的基本隐喻体系。日常生活中基本隐喻无处不在，我们自然而然地运用着这些无数的基本隐喻。这些隐喻共同为人类的主观体验提供十分丰富的推理结构、意象和定性感觉，同时，主观经验网络和感觉运动网络相连并被激活。这些隐喻将感觉运动经验中的诸多表述运用于命名那些经过

---

① 注：并存理论：克里斯朵夫·约翰逊通过对儿童习得"Knowing Is Seeing"隐喻的过程进行研究后，发现了儿童的隐喻习得机制。儿童在使用隐喻前，会经历"knowing"和"seeing"两域的"融合阶段"和"分离阶段"，融合阶段是指两域之间建立关联；分离阶段是指区分隐喻源和目标。原文：ジョンソンは概念メタファーが二つのステージで出現するという仮設を立てた：（1）融合ステージ、ここでは二つの同時に賦活する領域の間のコネクションが確立し、そしてその二つの領域は別々のものとは体験されない；（2）分離期、ここでは以前においては同時に賦活した領域が、メタファー的な源泉と目標に分離する。（G. レイコフ，M. ジョンソン，肉中の哲学—肉体を具有したマインドが西洋の思考に挑戦する—，計見一雄訳，東京：哲学書房，2004，第62—66頁；乔治·莱考夫：《肉身哲学：亲身心智及其向西方思想的挑战》（一），李葆嘉、孙晓霞、司联合、殷红伶、刘林译，世界图书出版公司2018年版，第44—47页。）

② 注：基本隐喻理论：格雷迪以并存理论为基础提出理论假设，她认为每个基本隐喻都是复杂隐喻的分子结构中的简单的原子成分。原文：ジョンソン融合理論は、グレイディーのプライマリーメタファーに関する理論の基礎である。グレイディーの仮設によれば、シンプルである。いわば複雑なメタファーという分子構造の中の、原子の部品である。複雑なメタファーは、プライマリー・メタファーから慣習的な概念の混成によって形作られ、そこで小さなメタフォリカルな「断片」が大きな全体の中に集められて一緒にまとめられる。（G. レイコフ，M. ジョンソン，肉中の哲学—肉体を具有したマインドが西洋の思考に挑戦する—，計見一雄訳，東京：哲学書房，2004，第67—71頁；马克·约翰逊：《肉身哲学：亲身心智及其向西方思想的挑战》（一），李葆嘉、孙晓霞、司联合、殷红伶、刘林译，世界图书出版公司2018年版，第48—53页。）

③ 注：神经隐喻理论：纳拉亚南以"多为上"的神经建模角度发现，基本隐喻是发生在感觉运动操作和主观经验或判断之间的神经关联，二者之间的合并也是双方神经网络的公共激活。感觉运动网络可以完成复杂推理。通过神经联结，推理结果会从感觉运动来源网络投射到主观判断目标网络上。原文：沢山は上のようなプライマリー・メタファーはニューロンに実体化された以下の二つのものの相関関係から生じる；（1）感覚運動オペレーション；（2）主観的な体験や判断。この二つの融合はそれらのニューラル・ネットワーク相互の同時的な賦活である。（G. レイコフ，M. ジョンソン，肉中の哲学—肉体を具有したマインドが西洋の思考に挑戦する—，計見一雄訳，東京：哲学書房，2004，第71—73頁；乔治·莱考夫：《肉身哲学：亲身心智及其向西方思想的挑战》（一），李葆嘉、孙晓霞、司联合、殷红伶、刘林译，世界图书出版公司2018年版，第53—55页。）

④ 注：概念合成理论：参见文献综述。

隐喻概念化的主观经验。①② 复杂隐喻与基本隐喻不同，是稳定的一部分，它已被习惯化，已被约定俗成化。复杂隐喻构成了我们庞大的概念系统，影响我们的思维活动，左右我们的关注焦点，甚至可以构建我们的梦境，也是新隐喻组合形成的基础。③④

从爱情到因果关系，再到道德观念，这些重要的抽象概念都是经过多重复杂隐喻而得到概念化。这些既重要又复杂的隐喻系统是人类认知无意识的一部分，一般情况下，我们都无法直接抓取或加以运用。基本隐喻通过以下三种途径具身化：

(1) 世界の中での身体的体験を通じて身体化され、この身体的体験が感覚運動の体験を主観的な経験と組み合わせているのである。

(2) 源泉領域での理論は、感覚運動システムの推論構造から生じる。

(3) それはニューロン結合に連合するシナプティック・ウェイトの中にニューラルに具現化している。⑤⑥

---

① G・レイコフ，M・ジョンソン，肉中の哲学—肉体を具有したマインドが西洋の思考に挑戦する—，計見一雄訳，東京：哲学書房，2004，第77—78頁。原文：数百のプライマリー・メタファーが存在する。これらのメタファーが一緒になって、主観的体験に非常に豊かな推論構造、心像、それから質的な「感じ」を提供する。その時、主観的体験のためのネットワークと、感覚運動ネットワークは、ニューラルに結び付けられ、そして同時賦活するのである。これらのメタファーはまた、感覚運動体験の非常に沢山の言葉を、メタファー的に概念化された主観的体験の諸アスペクトを名付けるのに用いることを可能にする。

② ［美］乔治·莱考夫、马克·约翰逊：《肉身哲学：亲身心智及其向西方思想的挑战》（一），李葆嘉、孙晓霞、司联合、殷红伶、刘林译，世界图书出版公司2018年版，第58—59页。

③ G・レイコフ，M・ジョンソン，肉中の哲学—肉体を具有したマインドが西洋の思考に挑戦する—，計見一雄訳，東京：哲学書房，2004，第79頁。原文：複合メタファーは、安定したものとなる一慣習化し堅固なものとなり、長い時間にわたって変化することがないものになる。これが、我々の概念的システムの膨大な部分を形成し、また目が覚めている殆どすべての時間我々がどのように考えるか、また何を懸念しているかに影響を与える。その上さらに、それらは我々の夢をも構成し、そして新しいメタフォリカル・コンビネーションの形成の基礎となる。

④ ［美］乔治·莱考夫、马克·约翰逊：《肉身哲学：亲身心智及其向西方思想的挑战》（一），李葆嘉、孙晓霞、司联合、殷红伶、刘林译，世界图书出版公司2018年版，第60页。

⑤ G・レイコフ，M・ジョンソン，肉中の哲学—肉体を具有したマインドが西洋の思考に挑戦する—，計見一雄訳，東京：哲学書房，2004，第93—94頁。

⑥ ［美］乔治·莱考夫、马克·约翰逊：《肉身哲学：亲身心智及其向西方思想的挑战》（一），李葆嘉、孙晓霞、司联合、殷红伶、刘林译，世界图书出版公司2018年版，第72—73页。

多重复杂隐喻建构的抽象概念也验证了概念隐喻理论关于心智的认知无意识性、心智体验性和思维隐喻性三个方面。

刘宇红（2002）认为，认知语言学的哲学观与马克思主义认识论存在两方面的共同之处：一是认知语言学的经验主义观与马克思主义认识论的实践的观点都认为，人脑中的概念结构连接着客观世界与主观世界，概念结构和理想认知模型都是经验（或实践）的产物，都是人类认知所不可缺少的中介环节。二是认知语言学的经验主义观点体现在语义观上，即语义以概念为基础，词汇或言语的意义是说话人和听话人脑中被激活的概念。概念的形成植根于普通的身体体验，特别是空间体验，这种体验制约着人对心理世界的隐喻性建构。辩证唯物主义认识论在坚持反映论原理的基础上，把实践的观点提到第一的地位，使反映原理和实践观点、唯物主义和辩证法结合起来，真正科学地揭示了认识发生发展的一般规律。辩证唯物主义认识论的实践论观点与认知语言学的经验主义观点是一致的。[1]

二 概念隐喻理论的心理学背景

认知语言学的认知结构完形的组织原则源于格式塔（gestalt）心理学；主客观互动理念源于皮亚杰的心理发展相互作用论。[2]

（一）格式塔心理学（Gestalt Psychology）

莱考夫（1987，池上嘉彦ら訳：1993）指出，认知模式均由符号构成，复杂符号由"building-block structure"和"gestalt structure"组成。

（1）building-block structure 指复杂符号结构的各个要素都是独立存在的，整体意义是其组成部分的意义之函数。除此之外，复杂符号结构都是格式塔结构。

（2）gestalt structure 意为：（a）结构要素并不独立于整体存在；（b）整体意义超越其各个组成部分的意义及其积聚方式中所能推测到的意义。具有直接意义的符号都是"gestalt structure"。如容器图式有内部、外部和界限，这三部分不能独立于该图式而存在。如果"内部"概念独立于容器的格式塔

---

[1] 刘宇红：《认知语言学的哲学观与马克思主义认识论比较》，《福建外语》2002 年第 3 期。
[2] 赵艳芳：《认知语言学概论》，上海外语教育出版社 2006 年版，第 16 页。

之外就会失去其意义。其他的意象图式也都有上述的格式塔结构。基本层次概念也有一个格式塔结构，它们是由意象活动和身体活动来界定的。①

莱考夫与约翰逊（1980，渡部昇一ら訳：2019）在解释经验的连贯结构时指出，经验的格式塔（完形）是被结构化的整体。②③ 莱考夫（1987，池上嘉彦ら訳：1993）在分析基本层次范畴化和动觉意象图式时认为，基本层次的特征依据格式塔感知能力、心理意象和身体运动；④⑤ 意象图式的基本逻辑缘于格式塔理论，是一种超越简单的部分集合且具结构性的整体形态。⑥⑦

格式塔心理学研究的主要课题是有关人的知觉过程，同时受到物理学中"场论"的影响，认为人的大脑中也有一个"场"，它决定了人看外界东西的状况，由于"场"有一定的规律，人脑就按此规律把客观的东西组成一定的"完形"。格式塔心理学强调经验和行为的整体性，反对构造主义元素学说和行为主义的"刺激—反应"模式，认为整体不等于部分之和，意识不等于感觉元素的集合，行为不等于反射弧的循环。⑧

---

① G・レイコフ，認知意味論—言語から見た人間の心—，池上嘉彦，河上誓作他訳，東京：紀伊國屋書店，1993，第292頁。原文：複合的な記号構造がブロック建築式構造を持つのは、その構造的要素が全て独立して存在し、かつ、その全体の意味がその諸部分の意味の関数である場合である。（略）上の場合（building-block structure）以外は、複合的な記号構造はゲシュタルト構造を持っているということになる。即ち、(a) その要素の全てが全体から独立して存在しているわけではない構造、或いは (b) 全体的な意味が諸部分の意味とその諸部分の組立られ方から予想することのできない構造である。

② G・レイコフ，M・ジョンソン，レトリックと人生，渡部昇一，楠瀬淳三，その他訳，東京：大修館書店，2019，第127頁。原文：経験のゲシュタルトは多相的な構造を与えられた統一体である。

③ ［美］乔治・莱考夫、马克・约翰逊：《我们赖以生存的隐喻》，何文忠译，浙江大学出版社2016年版，第78页。

④ G・レイコフ，認知意味論—言語から見た人間の心—，池上嘉彦，河上誓作他訳，東京：紀伊國屋書店，1993，第325頁。原文：基本レベルはゲシュタルト的知覚、心的イメージ、身体運動によって特徴づけられる。

⑤ ［美］乔治・莱考夫：《女人，火和危险的事物——范畴揭示了思维的什么》（一），李葆嘉、章婷、邱雪玫译，世界图书出版公司2017年版，第277页。

⑥ G・レイコフ，認知意味論—言語から見た人間の心—，池上嘉彦，河上誓作他訳，東京：紀伊國屋書店，1993，第329頁。原文：イメージ・スキーマの「基本理論」は、ゲシュタルトとしての、即ち単なる部分の寄せ集めということを超えた、構造化された全体としての形態に起因している。

⑦ ［美］乔治・莱考夫：《女人，火和危险的事物——范畴揭示了思维的什么》（一），李葆嘉、章婷、邱雪玫译，世界图书出版公司2017年版，第281页。

⑧ ［美］库尔特・考夫卡：《格式塔心理学原理》，李维译，北京大学出版社2020年版，第2页。

考夫卡（1935，李维译：2020）认为，我们的现实不只是基本事实的并置，而是由一些单位所组成，这些单位没有一个部分是靠它自身而存在的，每个部分都指向它自身以外的地方，从而意味着一个较大的整体。事实和意义不再是属于不同领域的两个概念，因为在内在的一致的整体之中，一个事实始终为一个事实。如果我们把问题的每一点分离出来，逐一予以解决，我们便无法解决任何问题。由此可见，我们确实看到了意义的问题如何与整体及其部分之间的关系问题如此紧密地相联结。即整体大于它的部分之和，更确切地说，整体除它的部分之和外，还有其他某种东西，因此，计算总和是一种毫无意义的方法，而部分——整体的关系却是有意义的。① 知觉到的东西要大于眼睛见到的东西；任何一种经验的现象，其中的每一个成分都牵连到其他成分，每一个成分之所以有其特性，是因为它与其他部分具有关系，由此构成一个整体，并不决定于个别的元素，而局部过程却取决于整体的内在特性。完整的现象具有它本身的完整特性，它既不能分解为简单的元素，它的特性又不包含于元素之内。②

考夫卡提出了心物场（psychophysical field）③ 和同型论（isomorphism），④ 并以这两个概念为格式塔总纲，由此又产生很多组织律。他认为，每个人都是依照这些组织律经验到意义的知觉场。这些组织律包括：

（1）图形与背景：图形有赖于背景，图形出现在背景之上；
（2）接近性和连续性：距离较短或接近的部分容易组成整体；
（3）完整和闭合倾向：彼此相隔的部分容易组合成整体；彼此不相属的部分则容易被隔离开来；
（4）相似性：相似的部分容易组成整体；
（5）转换律：格式塔可以经历广泛的改变而不失其本身的特性；

---

① ［美］库尔特·考夫卡：《格式塔心理学原理》，李维译，北京大学出版社2020年版，第144页。
② ［美］库尔特·考夫卡：《格式塔心理学原理》，李维译，北京大学出版社2020年版，第3页。
③ 注：心物场：观察者知觉现实的观念为心理场；被知觉的现实为物理场。（库尔特·考夫卡：《格式塔心理学原理》，李维译，北京大学出版社2020年版，第3页。）
④ 注：同型论：指环境中的组织关系在体验这些关系的个体中产生的一个与之同型的脑场模型。（库尔特·考夫卡：《格式塔心理学原理》，李维译，北京大学出版社2020年版，第5页。）

(6) 共同方向运动：运动方向相同的移动容易被看成一个整体；①

(7) 定势因素：先前知觉的组织形式会对紧接着的知觉产生相同的影响；

(8) 经验因素：过去经验是知觉整体化的重要因素。②

（二）皮亚杰的心理发展相互作用论

在智能的来源问题上，当代心理哲学中有乔姆斯基提出的天赋论和皮亚杰提出的建构论两派。乔姆斯基的天赋论认为，人的智能结构和认知能力是人类大脑生物结构所固有的，人类所有的知识都是从天赋予的大脑结构特征中获取的；皮亚杰的建构论认为，认知起源于主客体之间相互作用的相互作用论，强调认知结构是后天建构的，智能和知识来源于后天的经验、活动和实践。③

皮亚杰（1970，王宪钿等译：2018）认为，认识的建构源于主客体的相互作用，"认识既不是起因于一个有自我意识的主体，也不是起因于业已形成的（从主体的角度来看）、会把自己的烙印在主体之上的客体；认识起因于主客体之间的相互作用"，④ 人的认识既不是来源于主体之外的客体，也不是来源于独立于客体的主体，而是来源于主体与客体之间的相互作用。"认识既不能看作是主体内部结构中预先决定了的——它们起因于有效的和不断的建构；也不能看作是在客体的预先存在着的特性中预先决定了的，因为客体只是通过这些内部结构的中介作用才被认识的，并且这些结构还通过把它们结合到更大的范围之中而使它们丰富起来。换言之，所有认识都包含有新东西的加工制作的一面"，⑤ 认识既不是起源于先天的成熟，也不是起源于后天的经验，而是起源于动作。动作是认识的源泉，是主客体相互作用的中介。儿童最早的活动既显示出在主体和客体之间完

---

① ［美］库尔特·考夫卡：《格式塔心理学原理》，李维译，北京大学出版社 2020 年版，第 9—10 页。

② 黄希庭：《心理学导论》，人民教育出版社 1999 年版，第 304—306 页。

③ 赵艳芳：《认知语言学概论》，上海外语教育出版社 2006 年版，第 5 页。

④ ［瑞士］皮亚杰：《发生认识论原理》，王宪钿等译，胡世襄等校，商务印书馆 2018 年版，第 21—22 页。

⑤ ［瑞士］皮亚杰：《发生认识论原理》，王宪钿等译，胡世襄等校，商务印书馆 2018 年版，第 16 页。

全没有分化，也显示出一种根本的自身中心化，这种自身中心化由于同缺乏分化相联系，因而基本上是无意识的。儿童的动作是以多种无条件反射反应外界的刺激，发出自己需求的信号，与周围环境相互作用。①

皮亚杰认为，认识结构的发展涉及图式、同化、调节和平衡。图式由先天遗传，婴儿在适应环境的过程中，图式不断地得到改变，不断地丰富起来。婴儿开始的各种活动使图式逐渐分化为多数图式的协同活动，并能建立新的图式和调整原有的图式，对外界刺激再进行新的各种水平的同化。同化和调节是适应的作用和机能，二者相互对立又彼此联系。同化是不能使图式改变或创新；调节是个体受到刺激或环境的作用而引起和促进原有图式的变化和创新以适应外界环境的过程，是内在因素。通过同化和调节，认识结构不断发展，以适应新环境。皮亚杰将适应看作智力的本质。通过适应、同化和调节两种状态达到相对平衡。平衡既是状态，也是过程。平衡不是绝对静止的，而是通过机体和环境的相互作用，从一个较低水平的平衡状态过渡到较高水平的平衡水平，平衡—不平衡—平衡的运动过程，即适应的过程，也是认识发展的重要环节。图式是认识结构的起点和核心，图式的不断扩展使得结构愈来愈复杂，最后形成逻辑结构。② 皮亚杰说："认识的获得必须用一个将结构主义和建构主义紧密地连接起来的理论来说明，也就是说，每一个结构都是心理发生的结果，而心理发生就是从一个较初级的结构转化为一个不那么初级的（或较复杂的）结构。"③

三　概念隐喻的分类

莱考夫与约翰逊根据源域不同，将概念隐喻分为方位隐喻、本体隐喻、结构隐喻三种类型。方位隐喻是映射空间图式；本体隐喻是创建目标域实体；结构隐喻是将结构映射到另外的结构。

---

① ［瑞士］皮亚杰：《发生认识论原理》，王宪钿等译，胡世襄等校，商务印书馆2018年版，第23—62页。

② ［瑞士］皮亚杰：《发生认识论原理》，王宪钿等译，胡世襄等校，商务印书馆2018年版，第5—6页。

③ ［瑞士］皮亚杰：《发生认识论原理》，王宪钿等译，胡世襄等校，商务印书馆2018年版，第15页。

（一）方位隐喻（Orientational Metaphors）

方位隐喻以空间为源域，通过将空间结构投射到非空间概念上，赋予该非空间概念一个空间方位。方位隐喻不必经由另一种概念，而是组织一个互相关联的概念的完整体系。方位隐喻都与空间方位有关，比如，上—下、里—外、前—后、上去—下来、深—浅、中央—外围。这些空间方向来自于我们的身体以及它们在物理环境中所发挥的作用。

（1）HAPPY IS UP；SAD IS DOWN（楽しきは上；悲しきは下）

方位隐喻提供空间方位的概念，比如，"Happy is up"，正是"happy"被概念化为方位"up"以后，才有了"I'm feeling up today"。方位隐喻的方向并不是任意的，一般以我们的自然及文化经验为基础。"HAPPY IS UP；SAD IS DOWN"的身体基础（Physical basis）为低垂的姿势通常与悲伤郁闷联系在一起，而挺直的身体姿势展示的是积极的情感状态。

（2）CONSCIOUS IS UP；UNCONSCIOUS IS DOWN（意識は上；無意識は下）

"CONSCIOUS IS UP；UNCONSCIOUS IS DOWN"的身体基础为人类和大多数哺乳动物睡眠的时候都是躺着的，而清醒状态下一般是站立着的。

（3）RATIONAL IS UP；EMOTIONAL IS DOWN（理性的であることは上；感情的であることは下）

"RATIONAL IS UP；EMOTIONAL IS DOWN"的身体及文化基础为在我们的文化中人类觉得已经控制了动植物及自然环境，甚至认为，人类远远优于动物，因此，唯有人类才能支配和掌控动物，因为只有人能够拥有理性的思考能力。"控制为上"概念为"人是向上的"和"理性为上"提供了概念基础。①

大量的实例证明，我们大多数的隐喻概念参照方位概念组建，是有其物质的、社会的和文化的经验为基础的，也说明人类的思维及语言的进化过程。②③

---

① 赵艳芳：《认知语言学概论》，北京大学出版社2008年版，第106—111页。
② G・レイコフ，M・ジョンソン，レトリックと人生，渡部昇一、楠瀬淳三、下谷和幸、その他訳，東京：大修館書店，2019，第18—31頁。
③ [美] 乔治・莱考夫、马克・约翰逊：《我们赖以生存的隐喻》，何文忠译，浙江大学出版社2016年版，第11—19页。

(二) 本体隐喻 (Ontological Metaphors)

本体隐喻是我们对物体和物质的经验给我们提供的一个理解概念的基础，以物体和物质来理解我们的经验，使得我们可以挑选出部分经验，并把它们当成一个统一种类中的离散实体或者物质。当我们能够把经验看成实体或物质，我们就能指称它们，将其归类、分组以及量化、从而通过此途径来进行推理。我们对自然物体（特别是我们的身体）的经验为非常多的本体隐喻提供了基础，也就是提供了把事件、活动、情感、想法等看成实体和物质的方式。本体隐喻用于各种目的，多样化的隐喻反映出其多样化的目的。

本体隐喻承担指称（Referring）、量化（Quantifying）、识辨特殊情况（Identifying Aspects）、识辨原因（Identifying Causes）、调整目标和促起行动（Setting Goals and Motivating Actions）等多种多样的目的：

(1) 指称 (Referring)

1) My *fear of insects* is driving my wife crazy.（私が昆虫を怖がることが、妻の気を変にさせる／私があまりに昆虫を怖がるので、妻は頭がおかしくなりそうである。）

(2) 量化 (Quantifying)

2) It will take *a lot of paience* to finish this book.（この本を読み上げるには大量の／大変な根気がいるだろう。）

(3) 识辨特殊情况 (Identifying Aspects)

3) The *ugly side of* his personality comes out under pressure.（切羽詰ってくると、彼の人柄の醜い面が出てくる。）

(4) 识辨原因 (Identifying Causes)

4) The *pressure of his responsibilities* caused his breakdown.（諸々の責任からくる重圧のために、彼は倒れてしまった。）

(5) 调整目标和促起行动 (Setting Goals and Motivating Actions)

5) He went to New York to ***seek fame and fortune***.（名声と富を求めて、彼はニューヨークへ行った。）

容器隐喻（containner metaphor）是本体隐喻最典型和最具代表的本体

隐喻。人是独立于周围世界以外的实体，每个人本身就是一个容器，有身体界面和里外等，人们将这种概念投射于人体以外的其他物体或现象中，如房子、丛林、田野、地区，还有一些无形的、抽象的事件、行为、活动、状态也看作一个容器。①

6）The ship is *coming into* view.（その船がだんだん視界の中に入ってきた。）

拟人也是最易懂的本体隐喻。拟人可以借助人类的动机、性格、活动等理解人类之外的各种事物的经历。7）中的通货膨胀都已经被拟人化，但不单是"INFLATION IS PERSON"隐喻，而是出现了更为具体的隐喻"INFLATION IS AN ADVERSARY"。

7）Inflation *has attacked* the foundation of our economy.（インフレは我々の経済の基盤を攻撃している。）②③

"INFLATION IS AN ADVERSARY"隐喻不仅帮助我们如何思考通货膨胀，也给我们提供了应对通货膨胀的方式。通货膨胀是攻击、伤害我们、掠夺、毁坏我们财产的敌人；也会导致政府采取政治上和经济上的一系列措施，如公告宣战、制定攻击目标、呼吁牺牲行为等，并使之合法化。④⑤

---

① 赵艳芳：《认知语言学概论》，上海外语教育出版社2006年版，第106—111页。
② G・レイコフ，M・ジョンソン，レトリックと人生，渡部昇一、楠瀬淳三、下谷和幸、その他訳，東京：大修館書店，2019，第37—49頁。原文：政府に政治上経済上の行動を起こさせ、それらを正当化する。即ち政府はインフレに対して宣戦布告し攻撃目標を設定し、犠牲的行為を要求し、一連の命令を下したりするのである。
③ ［美］乔治・莱考夫、马克・约翰逊：《我们赖以生存的隐喻》，何文忠译，浙江大学出版社2016年版，第23—29页。
④ G・レイコフ，M・ジョンソン，レトリックと人生，渡部昇一、楠瀬淳三、下谷和幸、その他訳，東京：大修館書店，2019，第52頁。原文：政府に政治上経済上の行動を起こさせ、それらを正当化する。即ち政府はインフレに対して宣戦布告し攻撃目標を設定し、犠牲的行為を要求し、一連の命令を下したりするのである。
⑤ ［美］乔治・莱考夫、马克・约翰逊：《我们赖以生存的隐喻》，何文忠译，浙江大学出版社2016年版，第34页。

人类最初的生存方式是物质的，人类对物体的经验为我们将抽象的和模糊的思想、感情、心理活动、事件、状态等无形的概念理解为具体的、有形的实体提供了物质基础。①

（三）结构隐喻（Structural Metaphors）

方位隐喻和本体隐喻可以拓展为内容更丰富的结构隐喻，结构隐喻是通过一个结构清晰和界定分明的概念去构建另一个结构模糊、界定含混、或完全缺乏内部结构的概念。下面8)—11)例是关于"ARGUMENT"（争论）的隐喻表达，

  8）Your claims are *indefensible*.（君の主張は守りようがない＝弁護の余地がない。）
  9）He *attacked every weak point* in my argument.（彼は私の議論の弱点をことごとく攻撃した。）
  10）I've never *won* an argument with him.（私は彼との議論に一度も勝ったことがない。）
  11）You disagree？OKay *shoot*！（異論があるだと。よし、撃って（＝言って）みろよ。)②

争论是口头言语行为，战争是武力冲突，是不同类型的获得，性质也全然不同。然而，（1）—（4）例中的"争论"却使用了战争术语"攻撃する→守る→撃つ→勝つ"（＝攻击→防御→反击→赢过），即"争论"由战争术语进行建构、理解、实施、谈论。可见，"争论"具有与"战争"部分相同的结构，由此得出一个关于"ARGUMENT"的隐喻性概念，即"ARGUMENT IS WAR"。"ARGUMENT IS WAR"这个隐喻概念建构了我们在"争论"中的行为和如何理解"争论"中的各种行为方式。也可以说，"ARGUMENT IS WAR"成了我们文化中不可或缺的一个

---

① 赵艳芳：《认知语言学概论》，北京大学出版社2008年版，第106—111页。
② G・レイコフ，M・ジョンソン，レトリックと人生，渡部昇一、楠瀬淳三、下谷和幸、その他訳，東京：大修館書店，2019，第4—5頁。

隐喻，"争论"依据"战争"被构建。①② 一个概念以另一个概念进行隐喻建构的隐喻即为"结构隐喻"，其本质就是利用另一种事物理解和体验目前的事物。③④

四 概念隐喻的特点

（一）概念隐喻的体验性

莱考夫与约翰逊提出，隐喻不是随意的，它根植于人体、人的日常经验和储备的知识。结构隐喻源于我们的身体和文化经验，影响着我们的思想和行为；人类空间方位的基本经验产生了方位隐喻；相关物理性物体（特别是我们的身体）的经验成为极其富于变化的本体隐喻之基础，也就是把事件、活动、情感、想法等理解为一种实体或物质。⑤⑥

概念隐喻基于人类经验的相互关联性（correlations）。经验的相互关联包括两种方式："experiential cooccurrence"和"experiential sinmilarity"。"experiential cooccurrence"的例子如"MORE IS UP"隐喻，它基于两种经验同时出现，事物量的不断增多则引起水平的上升；而"experiential sinmilarity"例子如"LIFE IS GAMBLING GAME"隐喻，人生之路如同赌

---

① G・レイコフ，M・ジョンソン，レトリックと人生，渡部昇一、楠瀬淳三、下谷和幸、その他訳，東京：大修館書店，2019，第7頁。
② ［美］乔治・莱考夫、马克・约翰逊：《我们赖以生存的隐喻》，何文忠译，浙江大学出版社2016年版，第3页。
③ G・レイコフ，M・ジョンソン，レトリックと人生，渡部昇一、楠瀬淳三、下谷和幸、その他訳，東京：大修館書店，2019，第6頁。原文：メタファーの本質は、ある事柄を他の事柄を通して理解し、経験することである。
④ ［美］乔治・莱考夫、马克・约翰逊：《我们赖以生存的隐喻》，何文忠译，浙江大学出版社2016年版，第3页。
⑤ G・レイコフ，M・ジョンソン，レトリックと人生，渡部昇一、楠瀬淳三、下谷和幸、その他訳，東京：大修館書店，2019，第110頁。原文：メタファーというのは経験という基盤があってはじめて、ある概念を理解する手段となり得るのである…構造のメタファーも我々の肉体的文化的経験に基盤を持っているだけではない。同時に我々の経験や行動にも影響を及ぼしているのである…空間に方向付けをするという人間の基本的な経験が、方向付のメタファーを生み出したように、物理的な物体（特に我々の肉体）に関する経験は、極めて広範な変化に富んだ「存在のメタファー」の基盤となる。存在のメタファーというのは、出来事や活動、感情や考えを、存在物や内容物として捉える観方である。
⑥ ［美］乔治・莱考夫、马克・约翰逊：《我们赖以生存的隐喻》，何文忠译，浙江大学出版社2016年版，第67页。

博，好与坏及赢与输都要接受，这个隐喻则基于人生经验而构建。①②

时间隐喻源于我们最常见的日常身体运动经验。我们的身体每天都处于活动中，与我们的身体活动相对，其他人或物事也在不停运动。莱考夫将之与时间概念相关联，称之为"定义时间的概念"。在此运动状况下，我们或处于我们自己的活动方向上，或者处于他人或物事朝向我们的运动方向上。正在接近我们且在未来可能遇到的人和物事，就位于我们之前，那么，未来相遇的人或物事也就与位于我们之前的人或物事之间建立起了关联性（如图 2-1）。

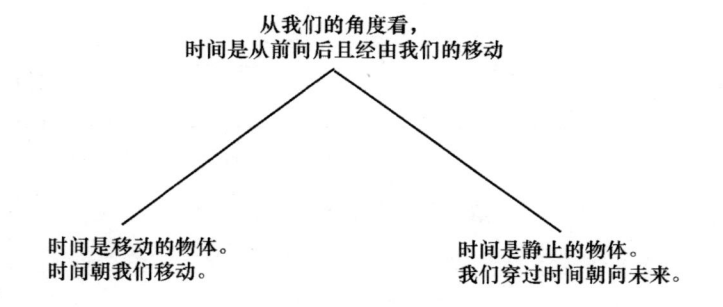

```
        从我们的角度看，
  时间是从前向后且经由我们的移动
           /\
          /  \
         /    \
        /      \
  时间是移动的物体。    时间是静止的物体。
  时间朝我们移动。      我们穿过时间朝向未来。
```

图 2-1（G. レイコフ，M. ジョンソン著．1980，渡部昇一ら訳：2019）
资料来源：G・レイコフ，M・ジョンソン，レトリックと人生，渡部昇一、楠瀬淳三、下谷和幸、その他訳，東京：大修館書店，2019，第 67 頁；[美] 乔治・莱考夫、马克・约翰逊：《我们赖以生存的隐喻》，何文忠译，浙江大学出版社 2016 年版，第 41 页。

12）We're coming up on Christmas.（我々はクリスマスに近づい

---

① G・レイコフ，M・ジョンソン，レトリックと人生，渡部昇一、楠瀬淳三、下谷和幸、その他訳，東京：大修館書店，2019，第 225 頁。原文：概念を構成するメタファーは経験間の「相互関係」に基づいている。このような経験間の相互関係は二つのタイプに分けられる。即ち、「経験が同時に起るもの」と「類似的経験が起るもの」である。前者の例を挙げれば、MORE IS UP というメタファーがこれに当たるだろう。MORE IS UP は二つのタイプの経験が同時に起ることに基づいている。つまり、内容物をより多くすれば内容物の嵩が上る。後者の例は LIFE IS GAMBLING GAME が挙げられる。この場合は人生の様々な行為をギャンブルして経験している。そしてその行為の結果は勝ちや負けとして受け止められる。ここでは、このメタファーは経験上の類似性に基づいていると思われる。

② [美] 乔治・莱考夫、马克・约翰逊：《我们赖以生存的隐喻》，何文忠译，浙江大学出版社 2016 年版，第 141 页。

ている。）

13）Christmas is coming.（クリスマスがやってくる。）

12）和13）隐喻并不一致，如图2-2，1）为观察者在运动，时间是观察者在运动背景上的位置，而2）是时间在运动，时间是从静止的观察者身旁移动而过的东西。简言之，1）与2）不同在于"figure-ground reversals"（图形—背景反向）。如图2-3，身体运动状况产生了"ego-moving metaphor"（自身移动隐喻）和"time-moving metaphor"（时间移动隐喻）。①②

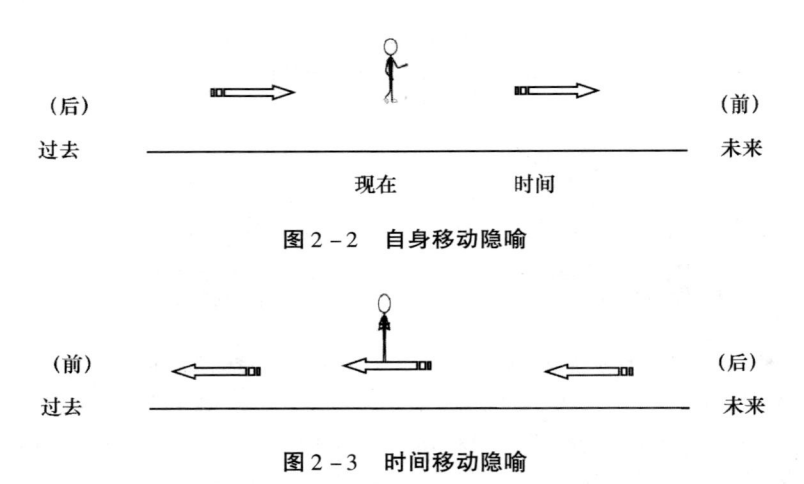

（后）　　　　　　　　　　　　　　　　　　　　　　（前）
过去　————————————————————————　未来
　　　　　　　　　　　　现在　　　时间

图 2-2　自身移动隐喻

（前）　　　　　　　　　　　　　　　　　　　　　　（后）
过去　————————————————————————　未来

图 2-3　时间移动隐喻

（二）概念隐喻的系统性

莱考夫与约翰逊认为，"争论是战争"隐喻中，"attack a position"（攻击阵地）"indefensible"（难以防守）"strategy"（战略）"new line of attack"（新的攻击线）"win"（赢得）"gain ground"（取得优势）等表示战争的词汇构成了谈论争论战斗性特点的系统模式。我们谈论争论时，战争意义的词语表述了我们想要表达的意思，这不是偶然的。战争的概

---

① G・レイコフ，M・ジョンソン，肉中の哲学—肉体を具有したマインドが西洋の思考に挑戦する—，計見一雄訳，東京：哲学書房，2004，第168—183頁。
② ［美］乔治・莱考夫、马克・约翰逊：《肉身哲学：亲身心智及其向西方思想的挑战》（一），李葆嘉、孙晓霞、司联合、殷红伶、刘林译，世界图书出版公司2018年版，第135-154页。

念网络中的一部分建构了争论这一概念的特征。莱考夫与约翰逊以"TIME IS MONEY"为例，解释了日常语言中隐喻性表达是如何建构我们日常行为的概念的隐喻属性。以下14）—19）例有"TIME IS MONEY"、"TIME IS A LIMITED RESOURCES"、"TIME IS A VALUABLE COMMODITY"三个隐喻。

14）You're *wasting* my time.（君は僕の時間を浪費している。）

15）This gadget will *save* you hours.（この機械装置を使えば、何時間も節約できる。）

16）I don't *have* the time to give you.（君にやれる時間の持ち合わせはないよ。）

17）You're *running* out of time.（時間がなくなってきたよ。）

18）Is that *worth your while*?（それは時間を費やすだけの価値があるのかい。）

19）*Thank you for* your time.（時間をとってくれてありがとう。）①

"TIME IS MONEY"、"TIME IS A LIMITED RESOURCES"、"TIME IS A VALUABLE COMMODITY"这三个隐喻帮助我们通过日常生活中与金钱、有限资源和有价商品打交道的经验去理解和把握以及定义"TIME"这一抽象概念。这些隐喻概念在次范畴化的基础上形成了单独的系统，金钱是有限的资源，有限的资源都是珍贵的商品。这种不断地次范畴化就是隐喻之间的蕴涵关系（entailment relationships）。"TIME IS MONEY"蕴涵着"TIME IS A LIMITED RESOURCES"，"TIME IS A LIMITED RESOURCES"蕴涵着"TIME IS A VALUABLE COMMODITY"。隐喻之间的蕴涵关系显示概念隐喻具有协调一致的连贯系统，同时显示多种多样的隐喻表达也有一个与之相符且具连贯性的系统，彼此之间相互吻合，共同构成一个和谐的

---

① G・レイコフ，M・ジョンソン，レトリックと人生，渡部昇一、楠瀬淳三、下谷和幸、その他訳，東京：大修館書店，2019，第10—11頁。

体系。①② 我们论及隐喻构建概念时，指的是概念由隐喻进行部分建构，概念仅限某个方面获得扩展。概念隐喻的系统性具有"突显"和"隐藏"的功能和特点。③④ 也就是说，概念隐喻的系统性让我们可以借助其他概念理解当前概念的一个方面，也一定会隐藏当前概念的其他方面。概念隐喻将我们的关注点聚焦在某个概念的某个方面时，会导致我们忽略与其不相符的其他方面。

（三）概念隐喻的连贯性

莱考夫认为，同一目标域的两个概念隐喻之间及多个概念隐喻之间具有连贯性。概念隐喻的连贯性是指几个概念隐喻通过它们共享的隐喻蕴涵使概念隐喻及隐喻表达具有连贯性。莱考夫与约翰逊以"争论"概念的五个隐喻为例，阐析了单一隐喻建构和复杂隐喻建构中的连贯机制。首先来看 AN ARGUMENT IS A JOURNEY 隐喻，这一隐喻和争论的目的相关。如图 2-4，

关于旅行的的两个事实：
旅行决定路线
旅行的路线是表面
隐喻蕴涵：
争论是旅行
旅行决定路线
———————————————
因此，争论决定路线
争论是旅行
旅行路线是表面
———————————————
因此，争论的路线是表面

图 2-4

---

① G・レイコフ，M・ジョンソン，レトリックと人生，渡部昇一、楠瀬淳三、下谷和幸、その他訳，東京：大修館書店，2019，第 11 頁。原文：それぞれのメタファー間に含意関係があることが、メタファーからなる概念には一貫した体系があることを示しており、また、そうした概念を表す様々なメタファー表現にもそれに照応して、一貫した体系があることを示している。

② ［美］乔治・莱考夫，马克・约翰逊：《我们赖以生存的隐喻》，何文忠译，浙江大学出版社 2016 年版，第 6 页。

③ G・レイコフ，M・ジョンソン，レトリックと人生，渡部昇一、楠瀬淳三、下谷和幸、その他訳，東京：大修館書店，2019，第 17 頁。原文：ある概念があるメタファーから成り立っているというのは、つまりその概念は部分的にメタファーによって構造を与えられているという意味であり、またある面に限って、その概念は拡張することができることを意味している。

④ ［美］乔治・莱考夫，马克・约翰逊：《我们赖以生存的隐喻》，何文忠译，浙江大学出版社 2016 年版，第 10 页。

争论一定会有开始，再以线性方式展开，逐步朝结论推进。

隐喻蕴涵赋予"争论是旅行"隐喻以内部系统性，使得这一隐喻之下的所有例子具备了连贯性。"争论是旅行"强调或谈论争论的目的、方向和进展，而我们谈论争论的内容时，就会使用结构上比较复杂的隐喻 AN ARGUMENT IS A CONTAINER。容器是一个有限的空间，可以容纳其他物质。"旅行"隐喻和"容器"隐喻的目的是不同的，也就是它们关注争论的不同侧面，同时关注争论的"旅行"（进展）和"容器"（内容）两个方面也是可能的，即"混合隐喻"。

20) *At this point* our argument doesn't have *much content*.（この地点（＝この点）では我々の議論はあまり内容がない。）[1]

"旅行"隐喻和"容器"隐喻重叠的原因是二者有共同的蕴涵。两个隐喻蕴涵是相同的，可以通过图 2-5 表示。

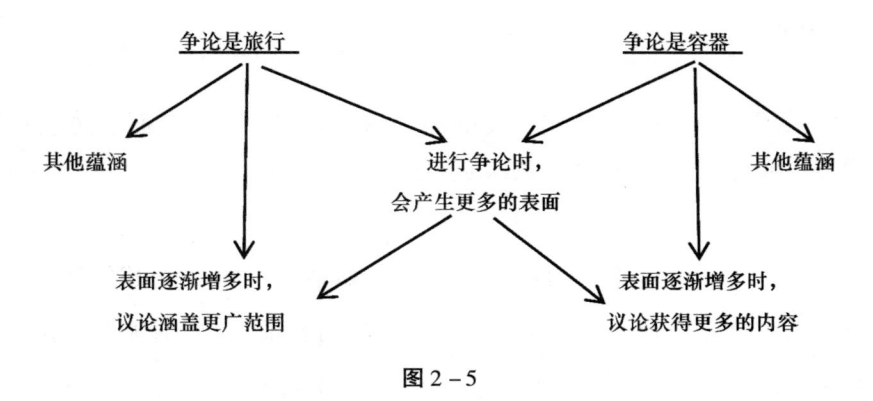

```
      争论是旅行                           争论是容器
      ↙    ↓    ↘                      ↙    ↓    ↘
  其他蕴涵        进行争论时,              其他蕴涵
                 会产生更多的表面
           ↙                    ↘
   表面逐渐增多时,              表面逐渐增多时,
   议论涵盖更广范围            议论获得更多的内容
```

图 2-5

决定两个隐喻之间关联的是蕴涵的重叠，这种蕴涵重叠提供了争论所涵盖的面以及内容的大小多寡之间的联系。"旅行"隐喻和"容器"隐喻都有界定面，这是两个隐喻重叠的基础。关于"争论"的第三个隐

---

[1] G・レイコフ，M・ジョンソン，レトリックと人生，渡部昇一、楠瀬淳三、下谷和幸、その他訳，東京：大修館書店，2019，第 141 頁。

喻——"AN ARGUMENT IS A BUILDING"也表示一栋建筑物也有一个面，但与旅行隐喻和容器隐喻不同，是外壳和地基构成内容。"旅行"隐喻、"容器"隐喻、"建筑物"隐喻中，"面"都以不同的方式界定内容，莱考夫将其称为"界定内容的面"。"界定内容的面"的概念无法充分解释隐喻之间的众多连贯性。有些基于"深度"概念的隐喻重叠，如下例：

21) This is a *shallow* argument; it needs more *foundation*.（これは浅はかな議論である。もっと土台が必要である。）（建築物）

22) We have *gone* over these ideas *in great depth*.（これらの考えをかなりの深さで越え渡ってきた/かなり深く検討してきた。）（旅）

23) You haven't gotten to the *deepest* points yet-those at the *core* of the Argument.（いまだに議論の最深部、即ち核心に到達していない。）（容器）①

"容器"隐喻中，"界定深度的面"依然是容器表面；而"建筑物"隐喻和"旅行"隐喻中，"界定深度的面"是地平面。

	旅行	容器	建筑物
划定内容的面	路线产生面	容器的表面	地基和外壳
划定深度的面	地平面	容器的表面	地平面②③

---

① G・レイコフ，M・ジョンソン，レトリックと人生，渡部昇一、楠瀬淳三、下谷和幸、その他訳，東京：大修館書店，2019，第151—152頁。

② G・レイコフ，M・ジョンソン，レトリックと人生，渡部昇一、楠瀬淳三、下谷和幸、その他訳，東京：大修館書店，2019，第152頁。

③ [美] 乔治・莱考夫、马克・约翰逊：《我们赖以生存的隐喻》，何文忠译，浙江大学出版社2016年版，第92—100页。

三个隐喻都有"界定内容的面"和"界定深度的面"这一事实，所以，三个隐喻之间是有连贯性的。

由于争论之最终目的是提供理解，所以"UNDERSTADING IS SEEING"的隐喻与各种各样的"争论"隐喻相互重叠就不惊奇了。当你旅行时，你看见的景色和经历的事情会越来越多，"争论是旅行"的隐喻蕴涵就是当你进行争论时，你看见的会越来越多；"理解是看见"隐喻与"建筑物"隐喻也有相互重叠，我们所见是论点的结构（形状、形式、轮廓等）；与"容器"隐喻也有交集，我们（通过容器的表面的）所见的是内容。"MORE IS BETTER"隐喻会在对"争论"质量的讨论中出现。争论的质量如何——其内容、清晰与否、牢固性、直接性等是可被量化的，它们共享的蕴涵是概念隐喻"MORE IS BETTER"。"MORE IS BETTER"隐喻也与"争论"隐喻有相互重叠。①②

各种不同的隐喻，产生于我们能明确的、具体的经历，其中每一个都部分建构一个概念，这些概念共同让我们连贯地理解一个高度抽象和复杂的概念整体。

（四）概念隐喻与文化的一贯性

莱考夫与约翰逊指出，人类所有的经验都是文化，因为经验都是在一定广泛深厚的文化前提下得到的。文化已经悄然隐含于各种经验之中。③④ 文化中最根本的价值观与其文化中最根本概念的隐喻结构之间具有一贯性。⑤⑥ 以（1）—（5）社会文化价值为例，其与我们的"UP-

---

① G・レイコフ，M・ジョンソン，レトリックと人生，渡部昇一、楠瀬淳三、下谷和幸、その他訳，東京：大修館書店，2019，第155—160頁。
② ［美］乔治·莱考夫、马克·约翰逊：《我们赖以生存的隐喻》，何文忠译，浙江大学出版社2016年版，第92—100页。
③ G・レイコフ，M・ジョンソン，レトリックと人生，渡部昇一、楠瀬淳三、下谷和幸、その他訳，東京：大修館書店，2019，第95—96頁。
④ ［美］乔治·莱考夫、马克·约翰逊：《我们赖以生存的隐喻》，何文忠译，浙江大学出版社2016年版，第57—60页。
⑤ G・レイコフ，M・ジョンソン，レトリックと人生，渡部昇一、楠瀬淳三、下谷和幸、その他訳，東京：大修館書店，2019，第32—33頁。原文：ある文化における最も根本的な価値観はその文化で最も根本的な概念に構造を与えているメタファーと一貫性を持っている。
⑥ ［美］乔治·莱考夫、马克·约翰逊：《我们赖以生存的隐喻》，何文忠译，浙江大学出版社2016年版，第20—22页。

DOWN（上—下）"空间隐喻具有连贯性，而相反的价值观则缺少连贯。具体如下例：

（1）"More is better"与"MORE IS UP"、"GOOD IS UP"是一致的，但"Less is better"则与价值观不相符。

（2）"Bigger is better"与"MORE IS UP"、"GOOD IS UP"也是一致的，而"Smaller is better"则与价值观不相符。

（3）"The future will be better"与"THE FUTURE IS UP"、"GOOD IS UP"也是一致的，"The future will be worse"则与价值观不相符。

（4）"There will be more in the future"与"MORE IS UP"、"THE FUTURE IS UP"也是一致的。

（5）"Your status should be higher in the future"与"HIGH STATUS IS UP"、"THE FUTURE IS UP"也是一致的。

"More is better""Bigger is better"、"The future will be better"、"There will be more in the future"、"Your status should be higher in the future"这些价值理念已然渗入我们的社会文化之中。"There will be more in the future"是特殊语境时表示财产会增加或收入会大幅上调；"The future will be better"和"Your status should be higher in the future"都是对进步憧憬和有志出人头地时的表达。这些价值理念与空间隐喻相一致，而"Less is better"、"Smaller is better"、"The future will be worse"则与其不符。

我们的价值理念并非独立存在，它一定会建构出一些与之具有一致性的"概念隐喻"，这些"概念隐喻"与我们的日常生活息息相关。不过，事实上，与隐喻系统具有一致性的社会文化价值并不总是存在，只有那些现实中的确存在，并且已经根深蒂固的价值理念才能与隐喻系统保持一致性。如果情况和境遇（社会文化）相同，前述（1）—（5）所举的价值理念在社会文化中是具有效性的。但一般情况下，情况和境遇（社会文化）是千差万别的。因此，这些价值观之间、与之相一致的概念隐喻之间就会出现矛盾和冲突。这些矛盾和冲突的显现缘于某些亚文化对价值理念

的人为排序。①② 两个因素决定了何种价值理念在社会文化中占据优先地位，一是其所处的亚文化（subcalture），二是个人的价值观。一个社会的主流文化由各种不同的亚文化构成，同时这些亚文化底蕴中也共享着一个相同的价值理念，但是，何种价值理念被赋予优势还是得依据亚文化特征。③④ 除了亚文化外，有些社会集团内部的一些成员共享的价值理念与社会主流的价值理念间的矛盾也是非常显著，不过他们还是以不太引人注意的方式保持了一些主流文化的价值理念。个人也是在价值理念排序方面存在差异，对于个人来讲，善与德的定义为何亦有不同，这些又可称为"集团内集团"（亚集团）。尽管如此，重要事情方面的价值体系还是与主流文化的主要隐喻保持着一致性。⑤⑥

---

① G・レイコフ，M・ジョンソン，レトリックと人生，渡部昇一、楠瀬淳三、下谷和幸、その他訳，東京：大修館書店，2019，第33頁。原文：我々の価値観というのは個々に独立して存在しているのではなく、我々の日々の営みを成り立たせている「メタファーによる概念」と首尾一貫した体系を作り上げているに違いないと思われる。ここで言いたいことはメタファーによって成り立つ体系と一貫性を持つ文化上の価値観が全て現実に存在しているということではない。現実に存在し深く浸透している価値観というのはメタファーからなる体系と首尾一貫しているのだということを言いたいだけである。（略）上に挙げた価値観は我々の文化ではおしなべて有効な価値観であろう。但しあらゆる事情が等しければである。ところが、事情はそれぞれ異なっているのが普通であるから、これらの価値観同士で衝突が起きる。従ってそれらの価値観と結びついているメタファー間にも衝突、矛盾が生ずる。価値観同士の（そして、メタファー間の）こうした矛盾、衝突を説明するためには、ある文化内でそうした価値観やメタファーを利用している特定の人々の集団（サブカルチャー、文化内文化）がそれらをどのように優先づけているかを知らなければならない。

② [美]乔治・莱考夫、马克・约翰逊：《我们赖以生存的隐喻》，何文忠译，浙江大学出版社2016年版，第21页。

③ G・レイコフ，M・ジョンソン，レトリックと人生，渡部昇一、楠瀬淳三、下谷和幸、その他訳，東京：大修館書店，2019，第34頁。原文：一般的に言うならば、どの価値観が優先されるかは一つには、その人の属しているサブカルチャー（文化内文化）の問題であり、一つにはその人個人の価値観の問題である。様々なサブカルチャーが集まって一つの大きな主流となる文化を形成しており、それらのサブカルチャーはその根本で同じ価値観を共有しているわけであるが、しかし、どの価値観を優先させるかはそれぞれのサブカルチャーによって異なっている。

④ [美]乔治・莱考夫、马克・约翰逊：《我们赖以生存的隐喻》，何文忠译，浙江大学出版社2016年版，第21页。

⑤ G・レイコフ，M・ジョンソン，レトリックと人生，渡部昇一、楠瀬淳三、下谷和幸、その他訳，東京：大修館書店，2019，第35—36頁。原文：ある文化内で価値観を等しくする小集団、すなわちサブカルチャーのほかにも、集団の構成員が共有している重要な価値観が、社会全体で主流となっている文化上の価値観と矛盾していることが際立った特徴となっている集団がある。しかしあまり目立たない形でそうした集団は主流となっている別の価値観を保持しているのである。…集団の場合同様、個人の場合もそれぞれ価値観の優先づけの仕方は異なっているし、自分にとって何が善であるのか、何が徳であるのかという定義の仕方も様々である。この意味で、そういう個人たちの集まりは集団内集団（サブグループ）である。とはいえ、大切な事柄に関する彼らの個人的価値体系もやはり主流となっている文化の主な方向づけのメタファーと一貫性を持っているのである。

⑥ [美]乔治・莱考夫、马克・约翰逊：《我们赖以生存的隐喻》，何文忠译，浙江大学出版社2016年版，第21—22页。

不同的文化会孕育不同的价值理念，即便文化相同，也会出现不同的价值观。"UP-DOWN"并不是在所有文化中占据方向优先权，有的文化"均衡和凝聚"发挥非常重要的作用。以"主动—被动"为例，大多数情况下是"ACTIVE IS UP"和"PASSIVE IS DOWN"，然而，有的文化价值却是"被动为上"，更为看重被动性。一般来讲，主要的方向性上—下、内—外、中心—边缘、主动—被动等似乎在所有的文化中均可见到，但这些概念被予以何种方向性，何种方向最重要，却要取决于社会文化因素。①②

五　概念隐喻的内在结构

莱考夫认为，抽象推理是指（a）基于身体经验的推理；（b）由具体领域向抽象领域的隐喻映射，而支撑这两个论断的就是"意象图式"。约翰逊为其提供了详实的证据：意象图式于概念形成前（前概念）建构了我们的经验；存在与意象图式对应的概念；隐喻将意象图式投射到抽象领域，意象图式的基本逻辑不变；隐喻并非任意，而是由日常身体经验自身原有的结构建构的，即隐喻映射受到"恒定原则"的制约，该原则是指"隐喻映射以一种与目标域的内在结构相吻合的方式保留了始源域的意象图式结构"。③④⑤

---

① G・レイコフ，M・ジョンソン，レトリックと人生，渡部昇一、楠瀬淳三、下谷和幸、その他訳，東京：大修館書店，2019，第36頁。原文：我々は上下の方向づけに対して、様々な優先づけをしているのであるが、このことは必ずしもすべての文化について言えるわけではない。均衡や求心性ということが我々の文化におけるよりも遥かに重要な役割を果たしている文化もある。或は全く空間的に方向付けをしない能動―受動を考えてみるとよい。我々の場合には大部分の事柄に関してはACTIVE IS UP（能動は上）であり、PASSIVE IS DOWN（受動は下）である。しかし受動的であるほうが能動的であるよりもより価値が重いとされている文化もあるのである。一般的には上―下、内―外、中心―周辺、能動―受動といった主な方向づけはあらゆる文化に見られるようであるが、どの概念がどのように方向づけられるか、どの方向づけが最も重要であるのかはそれぞうれの文化によって異なっている。

② [美]乔治・莱考夫、马克・约翰逊：《我们赖以生存的隐喻》，何文忠译，浙江大学出版社2016年版，第21—22頁。

③ G・レイコフ著，認知意味論―言語から見た人間の心―，池上嘉彦、河上誓作他訳，東京：紀伊國屋書店，1993，第331頁。原文：抽象的な推論は（a）身体の経験に基づく推論と（b）具体的な領域から抽象的な領域へのメタファー的な投影、の二つの問題である、という主張を支持するような非常に重要な証拠をイメージ・スキーマに提示する。（略）（1）イメージ・スキーマは我々の経験に概念形成以前に構造を与える；（2）それに対応するイメージ・スキーマの概念が存在する；（3）イメージ・スキーマを、その基本論理を保ちつつ抽象的な領域に写像するメタファーが存在する；（4）そのメタファーは恣意的なものではなく、それ自体、日常の身体の経験に本来備わっている構造に動機づけられたものである。

④ [美]乔治・莱考夫：《女人，火和危险的事物——范畴揭示了思维的什么》（一），李葆嘉、章婷、邱雪玫译，世界图书出版公司2017年版，第279—289頁。

⑤ 蓝纯：《认知语言学与隐喻研究》，外语教学与研究出版社2005年版，第116頁。

（一）意象图式（Image Schema）

莱考夫分析了五种意象图式类型：

（1）容器图式（container schema）

容器图式的身体经验源于我们经常将自己的身体作为容器或者是作为容器中的物体体验日常生活。结构由内部、外部、界限构成。

（2）部分—整体图式（part-whole schema）

部分—整体图式的身体经验源于我们是可以控制自身诸部分的人、我们始终知道自己身体的整体与部分间关系、我们也了解自己的身体是由部分构成。为了生存于世，我们必须对部分—整体的结构予以注意。实际上，我们的基本层次的知觉活动已经逐步进化，已经能够识别那些为适应周边自然环境所需要的、又很重要的"部分—整体"结构。部分—整体图式结构由整体、各部分、形式三部分构成。

（3）链环图式（link schema）

链环图式的身体经验源于我们出生时的脐带。我们在整个婴幼儿时期都是紧紧抓着父母或其他东西，是为了让我们的身体保持平稳等原因。由此，为了确保两种事物紧密相连，我们需要使用线、绳或其他能链接的东西。结构要素由两个物体和链接的东西构成。

（4）中心—边缘图式（center-periphery schema）

中心—边缘图式的身体经验源于我们的身体是由中心部分和周边部分构成，中心部分指的是身躯和内脏，周边部分是手指、脚指等。中心—边缘图式构成要素是实体、中心、边缘。

（5）起点—路径—终点图式（source-path-goal schema）

起点—路径—终点图式的身体经验源于我们日常移动时都会出现起点、终点、始发地点之间的路线和移动方向。起点—路径—终点图式的构成要素是源头、目的地、路径和方向。

除此之外，还有上—下图式（up-down schema）、前—后图式（front-back schema）、线性图式（linear order schema）等。①②

---

① G·レイコフ著，認知意味論—言語から見た人間の心—，池上嘉彦、河上誓作他訳，東京：紀伊國屋書店，1993，第329—333頁。

② ［美］乔治·莱考夫：《女人，火和危险的事物——范畴揭示了思维的什么》（一），李葆嘉、章婷、邱雪玫译，世界图书出版公司2017年版，第279—289页。

这些意象图式建构我们的空间经验，相同的意象图式也建构了概念本身。莱考夫谈及概念化能力（conceptualizing capacity）时指出，其包括以下三点：

（1）构建与日常生活中前概念结构相关的符号结构之能力，即基本层次概念和意象图式概念。

（2）由物理性领域的结构向抽象领域的结构映射之能力，受到物理性领域与抽象领域之间其他结构性关联制约。这一能力使我们有了对数值和目的等抽象领域进行类推的可能性。

（3）使用意象图式构建复杂概念和一般范畴之能力。这一能力使得我们能够建构复杂事件结构、以及完成上位范畴和下位范畴的分类。①②

（二）跨域映射（Mapping）

莱考夫与约翰逊认为，以意象图式为基础的隐喻意义是源域（source domain）和目标域（target domain）之间单向的映射（mapping）中构建而成，映射是两域相互作用的表征，如图2-6。

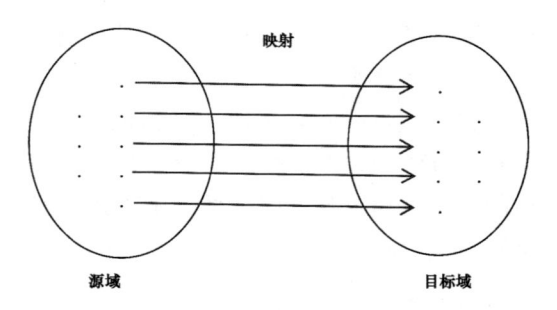

图 2-6 概念隐喻内在结构示意图

---

① G·レイコフ著，認知意味論—言語から見た人間の心—，池上嘉彦，河上誓作他訳，東京：紀伊國屋書店，1993，第340頁。原文：(1) 我々の日常の経験の中にある概念形成以前の構造と相関関係にある記号構造を形成する能力。このような記号構造は基本レベルの概念及びイメージ・スキーマ的概念である。(2) 物理的領域における構造から抽象的領域における構造へメタファー的に投影する能力。これは物理の領域と抽象的領域との間の他の構造の相関関係により制約を受けている。このことによって量や目的といった抽象的領域に関して推論する我々の能力が説明される。(3) 構造化の仕組みとしてイメージ・スキーマを用いることによって複合的な概念や一般的なカテゴリーを形成する能力。この能力によって、我々が複合的な事象構造や上位カテゴリーと下位カテゴリーを伴った分類法を構成することが可能になる。

② ［美］乔治·莱考夫：《女人，火和危险的事物——范畴揭示了思维的什么》（一），李葆嘉、章婷、邱雪玫译，世界图书出版公司2017年版，第289页。

以"LIFE IS JOURNEY"为例，源域为"JOURNEY"，目标域为"LIFE"。"LIFE IS JOURNEY"所激活的源域与目标域之间的对应如图2-7所示。①

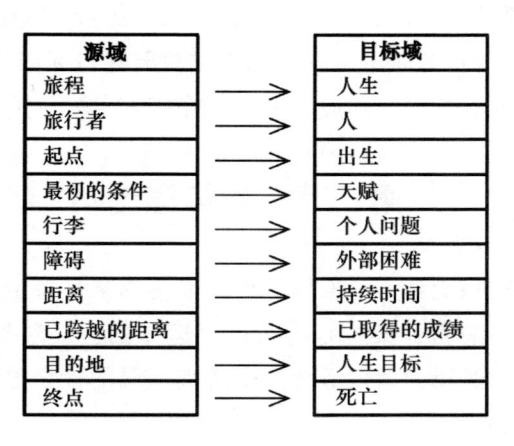

源域		目标域
旅程	→	人生
旅行者	→	人
起点	→	出生
最初的条件	→	天赋
行李	→	个人问题
障碍	→	外部困难
距离	→	持续时间
已跨越的距离	→	已取得的成绩
目的地	→	人生目标
终点	→	死亡

图2-7

莱考夫和特纳（1989，大堀俊夫訳：1994）的研究显示，源域的意象图式映射到目标域之上通常包括以下四个方面：

（1）根源領域の図式中の役割が目標領域中の役割へと写像される；

（2）根源領域内の関係が目標領域内への関係へと写像される；

（3）根源領域内の要素がもつ性質が目標領域の要素の性質に写像される；

（4）根源領域内の背景的な知識が目標領域の背景的な知識へと写像される；②

用"LIFE IS JOURNEY"隐喻来解释，源域（journey）的图式结构中的各项功能被映射到目标域（life）之上，"旅程"的功能即为"人生"，"旅行

---

① 蓝纯：《认知语言学与隐喻研究》，外语教学与研究出版社2005年版，第117页。
② G・レイコフ，M・ターナー，詩と認知，大堀俊夫訳，東京：紀伊國屋書店，1994，第74—75頁。

者"的功能即"人"等；源域中各部分之间的关系被映射到目标域之上，"旅行者要到达目的地"对应的是"人要达到自己的人生目标"等；源域中各部分具有的性质特征被映射到目标域各部分之上，"旅行者旅途中的表现"对应"人的人生态度"等；源域中各背景知识被映射到目标域的背景知识之上，"旅行者遇到困难时的判断"对应"人在生活中遇到挫折时的抉择"等。①②

第二节 架构理论

莱考夫的架构理论认为，架构是理解事物的某种特定的场景，人们利用架构和隐喻进行思考；架构是有关世界运作的、根深蒂固的认知结构，为思考和推理提供逻辑；架构适合用来透视深层的社会伦理价值观，也更适合分析政治语篇。③

"架构"概念最早由巴特利特于1932年首次提出。20世纪60年代之后，英国人类学家贝特森运用架构指代某时空界限内的一组互动信息或有意义的行为；美国社会学家戈夫曼从社会学视角研究架构，认为架构是"人们用来认知和阐释外在客观世界的认知结构"，架构是人为构造并加以组织化和系统化的心理结构，人们之所以按照特定的方式来理解和把握世界，往往是特定架构作用的结果；"人工智能之父"明斯基证明了架构在表征过程中具有可操作性，为人工智能知识表征提供了一种新的有效方法，他认为，架构是代表某一固定情景的事实结构，架构是静态的，并把架构分为表层句法架构（surface syntactic frames）、表层语义架构（surface seman ticframes）、主题架构（thematic frames）和叙述架构（narrative frames）四个层次；美国语言学家菲尔莫尔推动架构从语言结构向表征人类经验的认知结构转变，创建了架构语义学。21世纪初，美国语言学家莱考夫将架构语义学、社会学和传播学的架构分析引入政治话语领域，并结合认知语言学和神经认知科学的最新研

---

① G·レイコフ，M·ターナー，詩と認知，大堀俊夫訳，東京：紀伊國屋書店，1994，第74—75頁。
② 蓝纯：《认知语言学与隐喻研究》，外语教学与研究出版社2005年版，第118页。
③ 汪少华：《美国政治语篇的隐喻学分析——以布什和奥巴马的演讲为例》，《外语与外语教学》2011年第4期。

究成果创立了架构理论（Framing Theory）。架构语义学和架构理论皆是基于英语提出的，但"架构"作为连接社会真实与语言真实之间的中间层具有一般性，可为一切语言的理解提供启示。①②③④

一 架构的本质

明斯基认为，架构是我们关于世界知识的一种心理表征，是存在于人类记忆之中的、必要时可供选择和检索的数据结构，这个结构包括充满节点和关系的网络。戈夫曼认为，架构是指一组人们借以处理与组织互动情境的诠释性的图式。菲尔莫尔认为，架构是指系统的概念结构，我们的思维大多是通过无意识的概念架构进行的，这种概念架构是组织我们思维的心理结构、经验的整体图式化和认知结构。莱考夫认为，架构是人们用来理解现实，并建构我们以为是现实的心理结构，影响我们的感知和行为。这四个领域的界定看似彼此独立，但实际上存在着内在逻辑性和一致性。四者均强调结构化表征的重要性，明斯基和戈夫曼侧重情境化的视角，明斯基和菲尔莫尔均重视知识表征，菲尔莫尔和戈夫曼均关注人类经验，莱考夫则是集大成者，融合了明斯基、戈夫曼和菲尔莫尔的理论。⑤

菲尔莫尔是架构及架构语义学研究领域的核心代表。他认为，架构是具体的、统一的知识结构或经验的协调一致的图式化。⑥"架构"为语义理解和描述提供所需概念背景，对架构中任何一个概念解释都会涉及同一架构内的其他相关概念。比如，"商业事件"架构（"commercial event" frame）包括买家、卖家、商品、金钱等构成要素。"买"关注"买家"和"商品"间的行为，"卖家"和"货币"提供背景信息，动词"卖"则正相反；动词"付款"则涉及买家、货币、卖家的关系。"商业事件"架构相关的知识和观

---

① 汪少华、杨开烨：《从发展演变及应用前景看架构理论》，《中国社会科学报》2020年4月14日第3版。
② 周汶霏、宁继鸣：《语言学视域下的架构理论》，《江西社会科学》2015年第3期。
③ 辛斌：《中美媒体关于南海争端报道的架构分析》，《外语学刊》2018年第3期。
④ 马伟林：《架构理论与意义识解》，《外语教学与研究》2007年第10期。
⑤ 汪少华、杨开烨：《从发展演变及应用前景看架构理论》，《中国社会科学报》2020年4月14日第3版。
⑥ 李福印：《认知语言学概论》，北京大学出版社2008年版，第119页。

念为我们理解这些动词的语义提供了需要的背景知识和理据。① 再如，我们谈到"餐馆"时，就会激起餐馆架构，包括"餐厅、服务、店长、菜单、账单"等元素，也包括"服务生给你拿来菜单、询问你的点餐意、送来你想吃的菜品"等场景，架构让我们重现了"餐馆"经历。

菲尔莫尔认为，架构并不是在世界中真实存在的实体，而是一种原型。架构原型可解释词语使用和真实情景之间适应程度的复杂性，并受社会活动背景的影响。比如，"breakfast"（早餐）的架构原型和具体使用在不同语言和社会文化中都不尽相同。视角是语义架构中的另一个重要概念。同一个架构中，不同的词汇和句子的视角可能有所不同。视角的选择依循突显原则，如"商业事件"架构中各构成元素分别突显不同的视角。②

二 架构的特点

莱考夫和约翰逊（1999，計見一雄訳：2003）指出，概念隐喻理论最重要的应用是在政治、法律和社会问题领域。论文『隠喩と戦争—湾岸戦争を正当化するために使われた隠喩の体系隠喩と戦争』（1991）对美国政府使用隐喻说服民众以及概念隐喻在制定外交政策中的作用做了深度分析，详细阐述了美国政府用来概念化伊拉克的政治和经济形势的隐喻是如何系统地掩盖战争的最可怕后果的。*Philosophy in the Flesh*：*The Embodied Mind and its Challenge to Western Thought*（1999）中"理性"章节对经济和政治领域广泛使用的理性行为者模式的隐喻结构进行了全面分析以及揭示了该模式所掩盖的内容。*Moral Politics*：*How Liberals and Conservatives Think*（1996）分析了美国保守党和进步党的政治世界观。③ 21世纪初，莱考夫将"架构"引入政治学领域，开创了"架构理论"。架构理论认为，架构就是让语言吻合你的世界观；架构不仅仅是语言，首要的是观念，语言则承载、唤起这些观念。④

莱考夫（2004，闫佳译：2013）认为，架构是影响和塑造我们看待世

---

① 李福印：《认知语言学概论》，北京大学出版社2008年版，第120页。
② 李福印：《认知语言学概论》，北京大学出版社2008年版，第120页。
③ [美]乔治·莱考夫、马克·约翰逊：《我们赖以生存的隐喻》，何文忠译，浙江大学出版社2016年版，第230页。
④ [美]乔治·莱考夫：《别想那只大象》，闫佳译，浙江人民出版社2013年版，第11页。

界的心理结构。我们的行为目标、制定计划、行为方式、对行为结果的评价都受到架构的左右和控制。政治上，架构塑造了社会政策和各项制度。改变架构就是改变所有；重塑架构等同变革社会。架构既看不见也听不到，架构是认知科学家称为"认知无意识"的环节部分，大脑中无法进行有意识访问，只能依据其结构去认识。① 架构建构了我们的观念和概念，决定了我们推理的方式，甚至影响了我们的感知和行动。②③

汪少华（2020）认为，架构具有整合性和隐喻性的特点。架构的整合性是指架构吸纳了心理学、人类学、社会学、人工智能、语言学、新闻传播学、政治学、认知科学等多个学科中的相关成果，旨在探究语言的本体、认知、社会、情感、心理、文化、语用等方方面面，为语言研究提供了"语言—认知—社会"三个层面的分析模式。架构具有隐喻性，可分为隐喻性架构和非隐喻性架构。话语中隐喻性架构更为普遍，隐喻性架构就是从一个架构到另一个架构的映射。换言之，架构比隐喻更为基础，因此，架构理论可以涵盖概念隐喻理论，可视为概念隐喻理论的最新拓展。④

三 架构的工作机制

认知科学的基本结论之一是我们都从架构和隐喻（概念性结构）的角度去思考，架构就在我们大脑的突触里，以神经回路的形式真实地存在。我们的概念架构大部分是无意识的，我们可能不知道自己的隐喻性想法。⑤ 架构是一个概念系统，语言本身所承载的信息可能有限，但当人们用语言进行交际活动时，会自觉或不自觉地运用认知资源，激活听者头脑中预设的网络，从而激发起各种认知活动，建立起无数联系，协调各种信息，创

---

① ［美］乔治·莱考夫：《别想那只大象》，闫佳译，浙江人民出版社2013年版，第1—2页。
② G·レイコフ，M·ジョンソン，肉中の哲学—肉体を具有したマインドが西洋の思考に挑戦する—，計見一雄訳，東京：哲学書房，2004，第14頁。
③ ［美］乔治·莱考夫、马克·约翰逊：《肉身哲学：亲身心智及其向西方思想的挑战》（一），李葆嘉、孙晓霞、司联合、殷红伶、刘林译，世界图书出版公司2018年版，第5—11页。
④ 汪少华、杨开烨：《从发展演变及应用前景看架构理论》，《中国社会科学报》2020年4月14日第3版。
⑤ ［美］乔治·莱考夫：《别想那只大象》，闫佳译，浙江人民出版社2013年版，第112—113页。

建各种映射，各种知识的结合使得认知系统体系化，从而构成一个意义完整、逻辑合理的架构。①

根据汪少华（2020）的梳理，架构理论有隐喻性架构和非隐喻性架构、表层架构和深层架构、静态架构和动态架构三组核心概念，详细如下：

（1）隐喻性架构和非隐喻性架构。认知科学认为，人们是以架构和隐喻来进行思考和交际，架构可分为隐喻性和非隐喻性架构，隐喻性架构更为普遍。架构与隐喻密切相关，若两个架构之间是映射关系就是隐喻。②

    1）怒りに燃える。
    2）怒りに油を注ぐ。
    3）消えたはずの怒りが再燃した。

1）—3）例都是将"燃烧"架构转用于表达"怒"之意，两个架构形成了「怒りは火」这一概念隐喻。③

（2）表层架构和深层架构。词语激活的心理结构为表层架构，与之相对应的是构成我们道德体系、世界观和政治哲学的最为根本的深层架构。如，我们谈起"家"时，就会激活"家"的架构，包括的基本元素有家长（父亲和母亲）、孩子、房子，等等。当"父亲""母亲""孩子"等词汇在交际中出现时，说者和听者会自动在大脑中构建起相应的形象和情景。"父亲""母亲""孩子"等词语激活表层架构，表层架构激活的家庭观和价值观等则是深层架构。不同层级的架构相依相存，并且只有当表层架构与受众的深层架构一致时，才容易被受众所接受。④

（3）静态架构和动态架构（架构/框定）。架构由角色、角色间的关系以及角色所参与的事件场景三大基本要素构成。相较于静态架构，动态架

---

① 马伟林：《架构理论与意义识解》，《外语教学与研究》2007 年第 10 期。
② 汪少华、杨开烨：《从发展演变及应用前景看架构理论》，《中国社会科学报》2020 年 4 月 14 日第 3 版。
③ 鍋島弘治朗，メタファーと身体性，東京：ひつじ書房，2016，第 27 頁。
④ 汪少华、杨开烨：《从发展演变及应用前景看架构理论》，《中国社会科学报》2020 年 4 月 14 日第 3 版。

构（框定）更能凸显话语主体基于受众架构以构建社会现实、影响受众决策的动态过程。动态架构又包含两种形式，即架构和再架构。再架构反映了话语主体对同一事实采用的不同凸显方式。①

四 莱考夫关于美国政治道德模式的研究

道德是政治话语中的最高层级的架构。20世纪90年代后，莱考夫（1996，小林良彰ら訳：1998）提出了美国政治"The Strict Father Family"（严父）和"The Nurturant Parent Family"（慈亲）的家庭道德模式。他指出，"国家即家庭"是美国政治中很常见的一个概念隐喻，在这则概念隐喻中，政府是家长，政府首脑是父亲，国民是孩子，国民之间是同胞。②③

美国共和党倡导权威，是典型的"The Strict Father Family"。共和党的高频词汇为：

美徳、規律、頑張る、愛の鞭、強い、自己依存、個人の責任、気骨、基準、権威、遺産、競争、勝ち取ること、勤労、企業、所有権、報酬、自由、介入、干渉、妨害、罰、人間の性質、伝統、常識、依存、わがまま、エリート、割り当て、破壊、腐敗、腐食、腐朽、堕落、逸脱、ライフスタイル。④

在"严父"家庭道德模式中，强调自我控制、自我牺牲、自律、向善、尊从权威、遵守规则制度，否则将会被唾弃和惩罚。⑤⑥

---

① 汪少华、杨开烨：《从发展演变及应用前景看架构理论》，《中国社会科学报》2020年4月14日第3版。
② G・レイコフ，メタファーによるモラルと政治—米国における保守とリベラル—，小林良彰、鍋島弘治郎訳，東京：木鐸社刊，1997，第131頁。
③ ［美］乔治・莱考夫：《道德政治：自由派和保守派如何思考》，张淳、胡红伟译，社会科学文献出版社2019年版，第134页。
④ G・レイコフ，メタファーによるモラルと政治—米国における保守とリベラル—，小林良彰、鍋島弘治郎訳，東京：木鐸社刊，1997，第31頁。
⑤ G・レイコフ，メタファーによるモラルと政治—米国における保守とリベラル—，小林良彰、鍋島弘治郎訳，東京：木鐸社刊，1997，第35頁。
⑥ ［美］乔治・莱考夫：《道德政治：自由派和保守派如何思考》，张淳、胡红伟译，社会科学文献出版社2019年版，第30—31页。

美国民主党认为，国家的职责是关心和服务民众，确保每个人都有幸福感，是典型的 The Nurturant Parent Family。民主党的高频词汇为：

  社会的要因、社会的責任、表現の自由、人権、権利の平等、関わり、世話、援助、健康、安全性、栄耀、基本的尊厳、抑圧、多様性、剥奪、疎外、大企業、企業福祉、環境、環境システム、生物的多様性、公害。①

在"慈亲"模式中，强调相互交流和关爱、保持自由、公正、诚实。②③

"国家即家庭"一直为大家无意识地使用着。这则隐喻从"严父"式道德中催生出了当代保守主义，从"慈亲"式道德中催生出了当代自由主义。莱考夫（1991）也提出了"国家即人"概念隐喻，他认为，国家体系在国际社会中具有"人"的特质，也显示一定的"性格"及"人格"，如，是好战还是爱好和平？是负责任还是任性？是勤奋还是懒惰？等等。④

如以下两例所示，世界观不同，形成的架构亦然不同。

  1）Harry is thrifty。（ハリーは倹約家だ。）
  2）Harry is stingy。（ハリーはケチだ。）

例1）和例2）表示 Harry 用钱方面很谨慎，1）例的"thrifty"架构是从节约资源角度出发；2）例的"stingy"架构则是从态度和气质角度出发表述。"慈亲"模式认为，即使再节约，也不应该吝啬；而"严父"模式

---

① G・レイコフ，メタファーによるモラルと政治—米国における保守とリベラル—，小林良彰、鍋島弘治郎訳，東京：木鐸社刊，1997，第 32 頁。
② G・レイコフ，メタファーによるモラルと政治—米国における保守とリベラル—，小林良彰、鍋島弘治郎訳，東京：木鐸社刊，1997，第 35—36 頁。
③ [美] 乔治·莱考夫：《道德政治：自由派和保守派如何思考》，张淳、胡红伟译，社会科学文献出版社 2019 年版，第 30—32 页。
④ G・レイコフ，隠喩と戦争—湾岸戦争を正当化するために使われた隠喩の体系—，高頭直樹訳，現代思想19（5），1991，第 1—18 頁。

认为，俭约不是吝啬，削减政府预算是为培养国民的自律和自立，是在为国民考虑。①② 在政治话语中，词语激活架构，而架构激活道德系统。③

第三节　概念语法隐喻

语法隐喻分析关注语法与比喻性思维之间的相互作用的关系，即关注意义本身的概念化过程。比喻性思维为词汇和语法特征提供了认知理据。④ 朱永生、严世清（2000）认为，语法隐喻理论进一步揭示了隐喻的认知价值。

韩礼德（1994，山口登ら訳：2001）指出，语法具有认识世界的功能，即识别不同现象之间共性的形式，因此，词汇语法范畴反映了客观存在的事物，是该事物语码化的结果；同时，语法所做的又是一种强制性的归类：它将某一群现象看作是相似的，并将它们与其它现象区别开来。从这个意义上说，语法是在重塑人类经验，反映了语言的社会建构性。人们通过隐喻认识世界以及语言通过隐喻构建人的认知不仅反映在词汇层面，而且还体现在语法层面上。⑤

韩礼德认为，隐喻有"从下往上"的词汇隐喻和"从上往下"的语法隐喻两种视角。如图2-8，"从下往上"视角是指把隐喻看成一种给定的表达在意义上的变化；"从上往下"视角是指把隐喻看成给定的意义在表达上的变化。⑥⑦

---

① G・レイコフ，メタファーによるモラルと政治—米国における保守とリベラル—，小林良彰、鍋島弘治郎訳，東京：木鐸社刊，1997，第306—307頁。
② ［美］乔治・莱考夫：《道德政治：自由派和保守派如何思考》，张淳、胡红伟译，社会科学文献出版社2019年版，第326—327页。
③ 梁婧玉、汪少华：《政治语篇隐喻架构之分析——以布什和奥巴马的医保演说为例》，《陕西师范大学学报》2015年第2期。
④ 杨波：《概念语法隐喻的认知视角》，《外国语》（上海外国语大学学报）2013年第5期。
⑤ 朱永生、严世清：《语法隐喻理论的理解和贡献》，《外语教学与研究》2000年第2期。
⑥ M. A. K ハリデー，機能文法概説—ハリデー理論への誘い—，山口登、筧壽雄訳，東京：岩波書店，2001，第539頁。
⑦ ［英］M. A. K. Halliday：《功能语法导论》，彭宣维、赵秀凤、张征等译，外语教学与研究出版社2017年版，第394页。

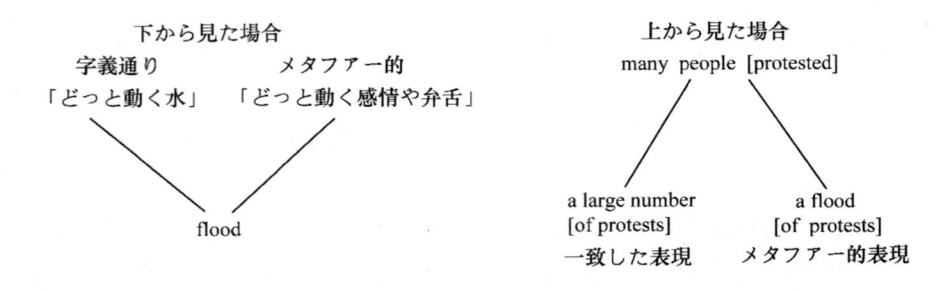

```
  下から見た場合                    上から見た場合
字義通り      メタファー的         many people [protested]
「どっと動く水」「どっと動く感情や弁舌」
                                    a large number    a flood
        flood                       [of protests]    [of protests]
                                    一致した表現      メタファー的表現
```

图 2-8 隐喻的两种视角

资料来源：M. A. K. ハリデー，*機能文法概説—ハリデー理論への誘い*—，山口登、筧壽雄訳，東京：岩波書店，2001，第 539 頁。

"从下往上"的词汇隐喻是指一个词语有本义和隐喻两种解释，"从上往下"的语法隐喻是指一个概念在词汇语法层有一致式（the congruent form）和隐喻式（the metaphorical form）两种。一致式是指隐喻性不那么突出的变异表达；隐喻式是指在某些方面是"被转移了的"。语法隐喻的基本模式有概念隐喻（Ideational Metaphor）和人际隐喻（Interpersonal Metaphor）。[1][2]

一　概念隐喻（Ideational Metaphor）

概念功能、人际功能、语篇功能是韩礼德元功能理论的三大功能，也称纯理功能。元功能具有"理解环境（概念的）"和"作用于环境中的其他人（人际的）"两个基本目的，而使两者相互结合并发生关联的是'谋篇'功能。概念功能包括"经验"功能和"逻辑"功能。"经验"功能是指对存在于主客观世界的过程和事物的反映，"逻辑"功能是指表现为并列关系和从属关系的线性的循环结构

---

[1] M. A. K. ハリデー，*機能文法概説—ハリデー理論への誘い*—，山口登、筧壽雄訳，東京：岩波書店，2001，第 535—539 頁。

[2] ［英］M. A. K. Halliday：《功能语法导论》，彭宣维、赵秀凤、张征等译，外语教学与研究出版社 2017 年版，第 391—394 页。

的形式。①②

韩礼德认为，概念元功能中，及物性系统是人们对客观世界的表述。他认为，修辞学中的隐喻、转喻和借代都是及物性的关系过程的隐喻化。及物性理论认为，人类主客观事件的活动可描写为物质过程、心理过程、关系过程、行为过程、言语过程、存在过程六个过程：

（1）物质过程：物质过程就是"做"的过程，表达的是某一实体"做"某事——对其他实体做某事。

（2）心理过程：心理过程是"知"的过程，是关于情感（如喜欢、害怕等）、知觉（如看见、听见等）和认知（如思索、懂得和理解等）的过程。

（3）关系过程：关系过程是有关"是"的过程。

（4）行为过程：行为过程的典型情况是人类生理和心理行为。

（5）言语过程：言语过程是关于言说的过程。

（6）存在过程：存在过程是某物的存在和发生。③④⑤

施动者在表征小句子（clause as representation）结构中发挥其功能。小句子用来识解人类某些身心体验，是具有意义的，而施动者是这一过程

---

① M. A. K. ハリデー，機能文法概説—ハリデー理論への誘い—，山口登、筧壽雄訳，東京：岩波書店，2001，第 xxx 頁。原文：（1）（人の内的外的な）環境を理解すること（概念構成的）と、（2）その環境において他の人に働きかけること（対人的）である。さらにこれら2つに結びついて、第3番目のメタ機能領域である「テクスト形成的 textual」メタ機能があるが、これは他の2つにテクストとしての関連性 relevance を吹き込むのである。

② ［英］M. A. K. Halliday：《功能语法导论》，彭宣维、赵秀凤、张征等译，外语教学与研究出版社 2017 年版，第 F31 页。

③ M. A. K. ハリデー，機能文法概説—ハリデー理論への誘い—，山口登、筧壽雄訳，東京：岩波書店，2001，第 157—218 頁。

④ ［英］M. A. K. Halliday：《功能语法导论》，彭宣维、赵秀凤、张征等译，外语教学与研究出版社 2017 年版，第 121—161 页。

⑤ 胡壮麟：《认知隐喻学》，北京大学出版社 2004 年版，第 166—193 页。

的积极参与者。某种行为的施动者由说话人来确定。①② 胡壮麟（2004）将"概念功能"形容为"观察者"功能。③

比如，关于"Mary"看到的东西，当我们按照概念功能解读例句所体现的"从意义到措辞"之途径时，一般是：

表示知觉的心理过程→

过程包括：核心过程+感知者+现象→

具体体现：名词词组（意识体）+动词词组（知觉）+名词词组（"物"或"事"）。

可以描述如下：

1）Mary saw something wonderful.

但这一过程也可能有其他的表达方式，如：

2）Mary came upon a wonderful sight.
3）A wonderful sight met Mary's eyes.

2）句中，相关过程被表达为物质过程"came upon"，知觉变成了参与者"a sight"；或者如3），知觉过程分离为动作者"a sight"，物质过程"meet"和目标"eyes"，Mary 仅被表征为眼睛的拥有者。1）—3）是关于同一个非语言"现象"的适切表达方式，然而意义却大不相同，不同的表

---

① M. A. K. ハリデー，機能文法概説—ハリデー理論への誘い—，山口登、筧壽雄訳，東京：岩波書店，2001，第47頁。原文：行為者というのは「表示といての節 clause as representation」の構造において機能するものである。節は表示つまり人間の内的・外的経験をなんらかの過程として解釈構築するものとしての意味を持つ。行為者はその過程における活動的な参与要素である。それは、話し手が、なんらかの行為をするものとして描き出す要素なのである。

② ［英］M. A. K. Halliday：《功能语法导论》，彭宣维、赵秀凤、张征等译，外语教学与研究出版社2017年版，第37页。

③ 胡壮麟：《韩礼德语言学的六个核心思想》，《外语教学》1990年第6期。

达各自为整体意义的形成提供了不同贡献,但具有潜在的共同表征,从这一点看,可以说是形成了一组概念性的隐喻变体集合。

概念隐喻主要表现在及物性隐喻和名物化。名物化(Nominalizationg)是生成语法隐喻最强有力的词汇及语法资源。通过名物化这一语法手段,过程(一致式为动词)和特性(一致式为形容词)作为名词被表征出来,在名词词组中承担"物"的功能,不再起过程和属性作用。[1][2]

名物化

is impaired by alcohol	⇒	alcohol impairment
アルコールで害される		アルコール障害
they allocate an extra packer	⇒	the allocation of an extra packer
彼等は一人余分の荷造り係りを配置する		一人余分の荷造り係りの配置
some shorter, come longer	⇒	of varying length
ある物は短くある物は長い		さまざまな長さの
they were able to reach the computer	⇒	their access to the computer
彼らはそのコンピュータに到達することができた		コンピュータへの彼等のアクセス
technology is getting better	⇒	advances in technology
技術がより良くなってきている		技術の発展[3]

名物化隐去主语"谁"和"何时何地"等信息,将具体事物抽象化。其结果是使真实发生的事件变成一种不可逆的既成事实,由此可以说,名

---

[1] M. A. K. ハリデー,*機能文法概説—ハリデー理論への誘い—*,山口登、筧壽雄訳,東京:岩波書店,2001,第555頁。

[2] [英] M. A. K. Halliday:《功能语法导论》,彭宣维、赵秀凤、张征等译,外语教学与研究出版社2017年版,第404—405页。

[3] M. A. K. ハリデー,*機能文法概説—ハリデー理論への誘い—*,山口登、筧壽雄訳,東京:岩波書店,2001,第555頁。

物化是具有概念性结构的隐喻之一。①

二 人际隐喻（Interpersonal Metaphor）

人际功能反映的是人与人之间的关系，比如，说听双方的社会地位和亲疏关系，对话轮的选择，对事物的可能性和出现的频率表示自己的判断和估测。言语交际行为也是一种"互动"和交换行为，最为基本的言语角色有两种——给予和索取。"给予"是指说话人给听话人某种东西，意味着"请求接受"；"索取"是指说话人向听话人索要某种东西，意味着"请求给予"。②③ 主语在交换小句结构（clause as exchange）中发挥其功能。小句作为意义交换，即说话人和听话人相互间的互动，是有意义的；主语是意义交换的保障，负责确保所说话语的适当性。④⑤ 胡壮麟（2004）称"人际功能"为"闯入者"功能，指向他人灌输自己的思想。⑥

表达语气和情态时，语法中也包含人际性的隐喻。人际隐喻分为情态隐喻（Metaphor of modality）和语气隐喻（Metaphor of mood）两部分。

（一）情态隐喻（Metaphor of Modality）

情态指的是介乎"yes"和"no"之间的意义域——肯定和否定归一度之间的过渡区域。情态类别有两种，即"情态化"和"意态化"，如图2-9。

---

① 福田一雄，文法的メタファーとは何か—M. A. K. ハリデー 1994 第10 章をめぐって—，新潟大学英文学会誌（29），2003，第35—54 頁。原文：名詞化は現実に生じた事態をより抽象化する。…名詞化は「誰が」という情報をしばしば取り除く。さらに「いつどこで」という情報を消し去る。その結果、起こった事態を、反論不可能な一つの既成事実に転換することができる。現実事態に関わる動作主や時制から離れるという点において、名詞化は観念構成のメタファーの一つである。
② M. A. K. ハリデー，機能文法概説—ハリデー理論への誘い—，山口登、筧壽雄訳，東京：岩波書店，2001，第101—105 頁。
③ [英] M. A. K. Halliday：《功能语法导论》，彭宣维、赵秀凤、张征等译，外语教学与研究出版社2017年版，第99—103页。
④ M. A. K. ハリデー，機能文法概説—ハリデー理論への誘い—，山口登、筧壽雄訳，東京：岩波書店，2001，第47 頁。
⑤ [英] M. A. K. Halliday：《功能语法导论》，彭宣维、赵秀凤、张征等译，外语教学与研究出版社2017年版，第37页。
⑥ 胡壮麟：《韩礼德语言学的六个核心思想》，《外语教学》1990 年第6 期。

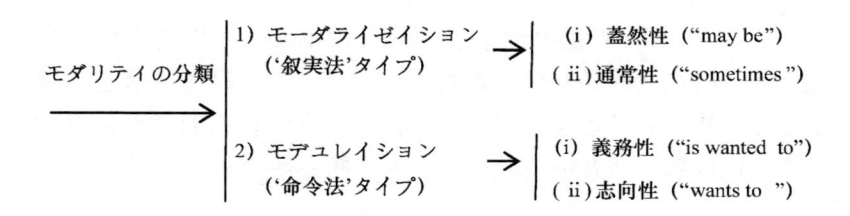

```
モダリティの分類 ─→  1) モーダライゼイション      ─→  (ⅰ) 蓋然性 ("may be")
                      ('叙実法'タイプ)                (ⅱ) 通常性 ("sometimes")

                   2) モデュレイション         ─→  (ⅰ) 義務性 ("is wanted to")
                      ('命令法'タイプ)                (ⅱ) 志向性 ("wants to")
```

图 2-9　情态类型的选择系统

资料来源：M. A. K. ハリデー，*機能文法概説—ハリデー理論への誘い—*，山口登、筧壽雄訳，東京：岩波書店，2001，第562頁。

1）情态化：如果小句是一个"信息"句（命题，一致式的直陈），那就或是（ⅰ）是"yes"或者"no"，即"maybe"，表示"概率"；或是（ⅱ）既是"yes"也是"no"，即"sometimes"，表示"频率"。

2）意态化：如果是一个"商品—服务"句（提议，祈使句），那就或是（ⅰ）是"人们想要他…"，与命令有关，表示"义务"；要么是（ⅱ）"他想要…"，和提供有关，表示"倾向"。

四种类别的情态的具体图示形式如图 2-10：

```
        モーダライゼイション              モデュレイション
          '叙実法'タイプ                    '命令法'タイプ

  [蓋然性]        [通常性]  肯定     [義務性]        [志向性]
           It is                              do!
 certainly  it must be   always    required   must do    determined
 probably   it will be   usually   suppposed  will do    keen
 possibly   It may be    sometimes allowed    may do     willing
           It isn't                           don't!
                        否定
```

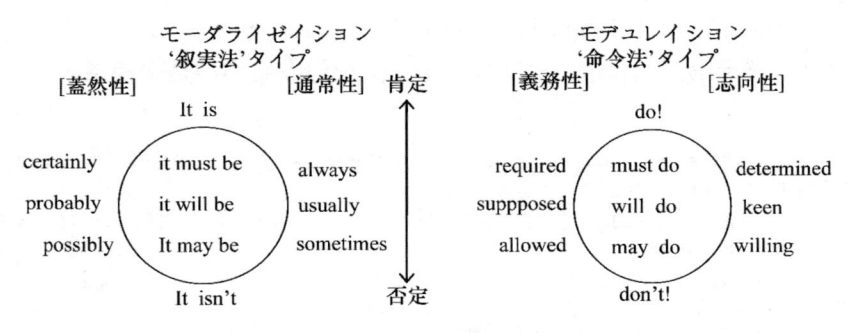

图 2-10　情态归一度与语气关系图示（M. A. K. ハリデー著．1994，山口登ら訳：2001）①

―――――――――

① M. A. K. ハリデー，*機能文法概説—ハリデー理論への誘い—*，山口登、筧壽雄訳，東京：岩波書店，2001，第562頁。

如图 2-10，四种情态共有的东西是它们都是归一度的不同程度，在肯定极和否定极之间确立语义空间的不同方式。决定每一种情态类别体现方式的基本区别方式是定位，即如主观情态和客观情态的区别，显性变体和隐性变体的区别。情态中还存在高、中、低三种"赋值"。①②

概率	频率	义务	倾向
高赋值：certain always	required	determined	
中赋值：probable	usually	suppposed	keen
低赋值：possible	sometimes	allowed	willing

韩礼德指出，情态的主观显性和客观显性都把情态表征为实质性的命题，所以二者都是隐喻性的。③ 情态代表说话人的视角，涉及断言的有效性或者提议恰当与否；如果以一致式形式出现，它本身不是命题，而是一个命题附加语。但是，我们是话语主体，喜欢突出自己的观点，最有效的办法就是把它乔装起来，让它以断言形式出现，如显性主观形式"I think…"，还有就是让它看上去根本不像我们自己的观点，如显性客观形式"it's likely that…"。④⑤"I think it is so"之所以称其为隐喻性变体，原因在于，这个命题不是"I think"，命题是"it is so"，这一点在附加句中可以清楚地体现出来。⑥⑦

（二）语气隐喻（Metaphor of Mood）

韩礼德提出语气表达话语功能。语言组织的底层类型是交换系统——给

---

① M. A. K. ハリデー，*機能文法概説—ハリデー理論への誘い—*，山口登、筧壽雄訳，東京：岩波書店，2001，第 562 頁。
② ［英］M. A. K. Halliday：《功能语法导论》，彭宣维、赵秀凤、张征等译，外语教学与研究出版社 2017 年版，第 409 页。
③ 福田一雄，文法的メタファーとは何か—M. A. K. ハリデー 1994 第 10 章をめぐって—，新潟大学英文学会誌（29），2003，第 35—54 頁。原文：モダリティ・メタファーにはsubjective/explicitなものとobjective/explicitなものがある。
④ M. A. K. ハリデー，*機能文法概説—ハリデー理論への誘い—*，山口登、筧壽雄訳，東京：岩波書店，2001，第 570 頁。
⑤ ［英］M. A. K. Halliday：《功能语法导论》，彭宣维、赵秀凤、张征等译，外语教学与研究出版社 2017 年版，第 416—417 页。
⑥ M. A. K. ハリデー，*機能文法概説—ハリデー理論への誘い—*，山口登、筧壽雄訳，東京：岩波書店，2001，第 558—559 頁。
⑦ ［英］M. A. K. Halliday：《功能语法导论》，彭宣维、赵秀凤、张征等译，外语教学与研究出版社 2017 年版，第 406—407 页。

予或索取信息或"物品—服务",由此确立四种基本的言语功能:陈述、提问、提供和命令。韩礼德认为,调式及词汇内涵等聚合关联的词汇—语法特征、组合相关的词汇—语法特征、音质、面部表情和手势等副语言和行为特征、情景语境特征、文化语境特征五种因素,即语气的词汇—语法资源以及跟语气和调式相关的类型负载着很重的语义负担,这些范畴提供了丰富的隐喻资源。但是,确定哪些是隐喻手段,哪些是一致式,并不容易。如,

1) I was wondering if the position is still available.
2) Would you mind waiting outside a moment?
3) I'll shoot the pianist. ①

1) 和 2) 是比较常见的语气隐喻,1) 例是陈述语气表示提问;2) 是提问语气表示提供和要求。而 3) 例则代表了威胁、约定和"黑色幽默"言语功能,包含"给予+物品+服务"(即"提供")的语义特征组合。所有这些修辞范畴都可以由说这种语言的人识别出来,并且都有名称来称它们为"事物"(名词)或"过程"(动词)。动词表达言语(象征)过程,所以,多数都能把言说行为投射为转述或引述。②③④

韩礼德认为,以下为常见的语气隐喻:

1) I woudn't…if I was you(もし、私があなただったら、…しません):命令,一致式是"don't…!"(…しないで),起到警告作用;
2) I've a good mind to…(私には大いに…する気持ちがある):情态提供,一致式为"maybe I'll…"(多分私は…します),典型功能

---

① 福田一雄,文法的メタファーとは何か—M. A. K. ハリデー 1994 第 10 章をめぐって—,新潟大学英文学会誌 (29),2003,第 35—54 頁。
② M. A. K. ハリデー,機能文法概説—ハリデー理論への誘い—,山口登、筧壽雄訳,東京:岩波書店,2001,第 573—576 頁。
③ [英] M. A. K. Halliday:《功能语法导论》,彭宣维、赵秀凤、张征等译,外语教学与研究出版社 2017 年版,第 417—421 页。
④ 福田一雄,文法的メタファーとは何か—M. A. K. ハリデー 1994 第 10 章をめぐって—,新潟大学英文学会誌 (29),2003,第 35—54 頁。

是威胁；

3）She'd better…（彼女は…したほうがいいのに）：意态命令，一致式为"she should…"（彼女は…すべきだ），典型功能是建议。①②

第四节　批评隐喻分析

批评隐喻分析由莱考夫首先发起，他指出，由于意识形态是某种类型的概念系统，语言使用（尤其是隐喻的使用）可以为意识形态提供表达手段，成为意识形态研究的工具。莱考夫首次采取隐喻认知模式描写美国政治，他指出，共和党人偏爱的"严父"家庭模式，这些符合右翼共和党人的价值观，符合左翼价值观的民主党人偏爱的是"慈亲"家庭模式。两种隐喻认知模式反映了两种不同的政治世界观，推行"慈亲"模式的民主党政府会向穷人提供食物和住房的社会福利项目被看作是帮助建立社团的投资，而奉行"严父"模式的共和党政府则认为，社会福利项目是娇养人民，人民应该学会自力更生地生活。③

一　布莱克的"批评隐喻分析"研究

布莱克于 2004 年出版了专著 *Corpus Approaches to Critical Metaphor Analysis*（批评隐喻分析的语料库研究方法）。布莱克在综合运用批评话语分析、语料库分析、语义学、语用学和认知语言学的研究方法对隐喻多维分析的基础上，首次正式提出新的隐喻分析方法——"批评隐喻分析"（Critical Metaphor Analysis，CMA）。*Corpus Approaches to Critical Metaphor Analysis* 的出版标志着语料库方法被正式引入批评隐喻研究。布莱克认为，语料库方法体现了定性和定量方法的完美平衡。通过细读文本甄别"候选隐喻"作为研究对象，然后通过语料库词频计算发现隐喻使用的规律性和归约性特征，再通过

---

① M. A. K. ハリデー，*機能文法概説—ハリデー理論への誘い—*，山口登，筧壽雄訳，東京：岩波書店，2001，第 575 頁。

② ［英］M. A. K. Halliday：《功能语法导论》，彭宣维、赵秀凤、张征等译，外语教学与研究出版社 2017 年版，第 418—419 页。

③ 张辉、杨艳琴：《批评认知语言学：理论基础与研究现状》，《外语教学》2019 年第 3 期。

语料库中上下文语境分析确定隐喻的语用特征,继而揭示其意识形态建构。这种"隐喻识别—隐喻阐释—隐喻说明"三步骤方法代表了此后一段时期批评隐喻实证研究的主流,其后的类似研究也是在此基础上的细节修正。① 文本层面的隐喻识别、话语层面的隐喻描述和社会层面的隐喻说明,为批评隐喻分析搭建起了一个框架,使其更加科学化。②

布莱克以两种政治语篇(英国政党宣言与美国总统就职演说)、两种新闻语篇(体育报导与财经报道)和两种宗教语篇(圣经与可兰经)为研究语料,基于语料库的检索结果,分析了隐喻的作用。他认为,批评隐喻分析是一种全新的研究视角和途径,能够多维解读政治话语或新闻报道及宗教话语中隐喻表达背后的认知与思维方式,揭示话语主体的语用意图和意识形态,探讨、总结出隐喻的语篇模型,如图2-11。

INDIVIDUAL RESOURCES

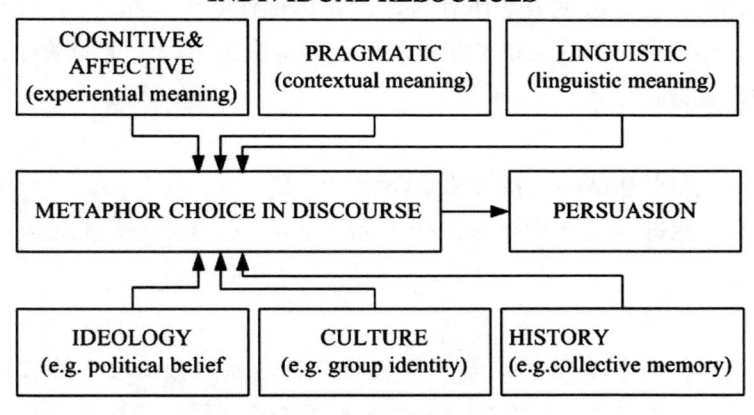

```
┌─────────────────┐  ┌─────────────────┐  ┌─────────────────┐
│   COGNITIVE&    │  │    PRAGMATIC    │  │    LINGUISTIC   │
│    AFFECTIVE    │  │ (contextual     │  │  (linguistic    │
│ (experiential   │  │   meaning)      │  │    meaning)     │
│    meaning)     │  │                 │  │                 │
└────────┬────────┘  └────────┬────────┘  └────────┬────────┘
         │                    │                    │
         ▼                    ▼                    ▼
┌─────────────────────────────────────┐    ┌──────────────┐
│   METAPHOR CHOICE IN DISCOURSE      │───▶│  PERSUASION  │
└─────────────────────────────────────┘    └──────────────┘
         ▲                    ▲                    ▲
         │                    │                    │
┌─────────────────┐  ┌─────────────────┐  ┌─────────────────┐
│    IDEOLOGY     │  │     CULTURE     │  │     HISTORY     │
│(e.g. political  │  │ (e.g. group     │  │ (e.g.collective │
│    belief)      │  │   identity)     │  │    memory)      │
└─────────────────┘  └─────────────────┘  └─────────────────┘
```

SOCIAL RESOURCES

图 2-11 A discourse model for metaphor

资料来源:Black, *Corpus Approaches to Critical Metaphor Analysis*, Palgrave macmillan, 2004, p. 248; 纪玉华、陈燕:《批评话语分析的新方法:批评隐喻分析》,《厦门大学学报》(社会科学版)2007年第6期。

---

① 徐莹、田苗、姚星亮:《认知科学与社会话语的接口——国外批评隐喻研究述评》,《湖北社会科学》2013年第12期。
② 武建国、龚纯、宋玥:《政治话语的批评隐喻分析——以特朗普演讲为例》,《外国语》(上海外国语大学学报)2020年第3期。

图 2-11 表示隐喻的选择受到个人因素（individual resources）和社会因素（social resources）两个方面的影响。个人因素包括三个方面：（1）经验意义（ecperiential meaning），指认知（cognitive）和情感（affective）；（2）语境意义（contextual meaning），指语用（pragmatic）；（3）语词意义（linguistic meaning），指语言（linguistic）。社会因素也包括三个方面：（1）意识形态（ideology），如政治信仰（political belief）等；（2）文化（culture），如群体认同（group identity）等；（3）历史（history），如集体记忆（collective memory）等。[①] 布莱克试图通过语料库分析补足隐喻语境中缺席的成分并揭示隐喻在意识形态形成过程中的重要作用。他主张从意识形态和修辞方面探讨隐喻的语用特征，因为无论对新观念或新事物的概念框架的形成来说，还是在用新词填补词汇空缺（或词语误用）方面，隐喻都起着极其重要的作用，它们要么通过挖掘语言资源以适应概念系统的变化而起语用作用，要么通过表达作者的评价和体现作者的风格而起语用作用，而在后一种情形中隐喻反映了作者在特定语境中为达到特定的劝导目的而做出的语言选择。[②]

二 锅岛弘次郎的"批评概念隐喻"研究

锅岛弘次郎（2005）认为，批评话语分析（CDA）与认知语言学有很多共通之处：

> （1）認知言語学は意味論と語用論の区分を否定することにより、言語使用とディスコースに注目することは、CDAと共通の研究対象を保証する。
>
> （2）認知言語学のConstrual（世界構築）的言語観はCDAの前提「言語はある種の見方を反映しているのであり、そこには視点が不可欠であり、どの視点を取るかに関して個人や集団間での立場の相

[①] 纪玉华、陈燕：《批评话语分析的新方法：批评隐喻分析》，《厦门大学学报》（社会科学版）2007年第6期。
[②] 纪玉华、陈燕：《批评话语分析的新方法：批评隐喻分析》，《厦门大学学报》（社会科学版）2007年第6期。

違が存在しうる」と同一である。

（3）認知言語学は複数の手法を使用しながら、認知と言語の関係を明らかにしていく試みであり、CDAも批判的哲学、古典的修辞法、テキスト言語学、社会言語学など複数の手法を用いて行われる研究であるから、学際的な研究の推進の点においても類似している。①

批评话语分析（CDA）与认知语言学在研究对象、研究前提以及跨学科研究手法方面都能找到接口，二者的融合运用势在必行。

如图 2-12、图 2-13、图 2-14 所示，锅岛尝试将费尔克劳夫的"WAR ON DRUG PUSHERS"、费尔克劳夫与沃达克的"Margaret Thatcher Interview"、迪克的"D'Souza on racism"三位 CDA 学派的隐喻分析纳入概念隐喻理论加以阐释。

A. 费尔克劳夫的"WAR ON DRUG PUSHERS"：

犯罪（麻薬）取締	←	戦争
麻薬密売人	←	敵
取締の強化	←	攻撃
英国民に麻薬を渡さない	←	防御
売人の駆逐	←	勝利
英国の麻薬汚染	←	敗北 ②

图 2-12

锅岛认为，战争隐喻凸显禁毒工作的"紧迫性"和"重要性"。

B. 费尔克劳夫与沃达克的"Margaret Thatcher Interview"：

---

① 鍋島弘治朗，批判的ディスコース分析と認知言語学の接点—認知メタファー理論のCDAへの応用—，*時事英語学研究 NO. XLIV*，2005，第43—55頁。
② 鍋島弘治朗，批判的ディスコース分析と認知言語学の接点—認知メタファー理論のCDAへの応用—，*時事英語学研究 NO. XLIV*，2005，第43—55頁。

英国　　　←　　　　人

同盟国	←	友人
英国民	←	友人 ①

图 2-13

锅岛认为，利用"国家即人"隐喻（拟人化）理解"Thatcherrism"（撒切尔主义）似乎可以进一步佐证费尔克劳夫与沃达克对政治寓言化的分析。

C. 迪克的"D'Souza on racism"：

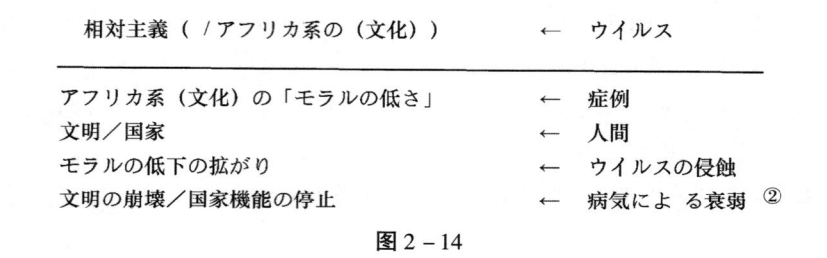

相対主義（／アフリカ系の（文化））	←	ウイルス
アフリカ系（文化）の「モラルの低さ」	←	症例
文明／国家	←	人間
モラルの低下の拡がり	←	ウイルスの侵蝕
文明の崩壊／国家機能の停止	←	病気による衰弱 ②

图 2-14

锅岛认为，援引莱考夫和特纳提出的"the Great Chain of Being"（存在巨链）③ 隐喻对迪克的病毒隐喻深入分析后，能够清晰窥见其将多文化主义者视为敌人和低等生物之主张。因为依据"人类＞动物＞植物＞无生物"的"the Great Chain of Being"的排序，病毒作为无生物，是处于最低

---

① 鍋島弘治朗，批判的ディスコース分析と認知言語学の接点—認知メタファー理論のCDAへの応用—，時事英語学研究 NO. XLIV，2005，第43—55頁。

② 鍋島弘治朗，批判的ディスコース分析と認知言語学の接点—認知メタファー理論のCDAへの応用—，時事英語学研究 NO. XLIV，2005，第43—55頁。

③ 注：the Great Chain of Being：＝存在の大連鎖。存在の大連鎖とはある種の文化モデルであり、各種の存在、並びにその性質について、「高次」のものから「低次」のものへと上下関係の尺度の上に位置づけたものである。人間の「高次」の性質・能力について語る時は、普通美や道徳についての感覚や理性の力を問題にするわけであって、肉体的な特徴、本能的欲望、生の感情を言うわけではない。一方生物についても、その中での高等・下等を語ることがある。存在の大連鎖はあらゆる存在—人間、動物、植物、無生物—についての上限関係であり、また結果としてそうした存在を特徴づける性質—理性、本能的行動、生物学的機能、身体的特徴など—についての上下関係である。（G. レイコフ，M. ターナー，詩と認知，大堀俊夫訳，東京：紀伊國屋書店，1994，第181頁。）

端的位置。

锅岛提出，概念隐喻理论为批评话语分析（CDA）提供了三方面的贡献：

（1）認知メタファー研究におけるメタファー概念の明晰性と道具立ての豊富さである。認知メタファー理論の定義を使用し、領域、写像、モト領域とサキ領域、推論などの概念を使用することにより、CDAにおけるメタファーの認定が明確になる。

（2）写像という形でメタファーをスペルアウトすることにより、導入している論理の一貫性が明らかになるとともに、論理的矛盾も明らかになる。

（3）認知メタファー理論のメタファーに関する研究の蓄積は、CDAで発見されたメタファーの意味合いの理解を助ける。また、認知メタファー理論の既存の研究を背景にして談話を眺めることにより、今までは気付かなかったメタファーを発見する可能性がある。①

批评话语分析（CDA）也给概念隐喻研究提供了很多启发，

「談話の中で写像が必ずしも一貫しないこと、主意や「隠れもの」という視点の必要性、サキ領域からの逆推論の存在、価値評価を中心とし、詳細のない写像があることなど興味深い現象が見出された」。②

关于概念隐喻理论和批评话语分析（CDA）的各自特点和相互关系，锅岛生动形象地做了如下描述："言語の社会的、タイプ的かつ静的な分析をするのが認知言語学のメタファー理論であるとすれば、CDAは、個

---

① 鍋島弘治朗，批判的ディスコース分析と認知言語学の接点—認知メタファー理論のCDAへの応用—，時事英語学研究 NO. XLIV，2005，第43—55頁。
② 鍋島弘治朗，批判的ディスコース分析と認知言語学の接点—認知メタファー理論のCDAへの応用—，時事英語学研究 NO. XLIV，2005，第43—55頁。

人的、トークン的かつ動的な分析と言える。両者の理論の前提には共通点が多く、両者は競合するというよりはむしろ補完的な役割を果たすでしょう。"① 概念隐喻理论进行的是语言的社会性、典型性、静态性的分析，批评话语分析（CDA）进行的是个体性、暂时性、动态性的分析。概念隐喻理论和批评话语分析（CDA）非但不是竞争关系，而且在研究前提方面有很多相通之处，可以相互弥补和融合。

本章小结

本书从认知语言学视角运用莱考夫与约翰逊的概念隐喻理论和架构理论，结合概念语法隐喻分析及批评隐喻分析，对 1947—2020 年日本 31 位首相的施政报告中经济、行政机构改革、教育、日美关系四个方面隐喻的使用以及隐喻建构的目的进行多角度理论维度的考察分析和多方位理据层面的梳理解读。本章详细介绍了本书的指导理论——概念隐喻理论、架构理论、概念语法隐喻分析、批评隐喻分析。

概念隐喻理论是用具体事物（源域）来理解抽象难懂的概念（目标域）。概念隐喻理论将隐喻意义的建构过程视作两个概念域之间的跨域映射，即源域到目的域的映射。认知语言学认为，概念系统和推理模式源于我们的神经机制和认知机制，因而概念隐喻的认知基础是我们的身体经验。我们的身体、大脑与环境的互动提供了日常推理的认知基础，同时也是隐喻的基础。② 人们能在语言中发现什么取决于人们期待发现什么，而决定人们这些期待是否能实现的因素之一便是隐喻。隐喻几乎在所有科学探索领域中都发挥着重要作用，而且其在人们精神生活中的渗透性和决定性影响也已被充分研究，隐喻已成为我们的基本思维方式。③ 概念隐喻理论广泛用于分析政治

---

① 鍋島弘治朗，批判的ディスコース分析と認知言語学の接点—認知メタファー理論のCDAへの応用—，時事英語学研究 NO. XLIV，2005，第 43—55 頁。
② 石琳：《从语言到多模态——隐喻研究的多维视角从修辞到思维》，《外语教学》2017 年第 5 期。
③ ［美］兰盖克：《认知语法基础》（第二卷），牛保义等译，北京大学出版社 2004 年版，第 541—547 页。

文本，源域与目标域之间的映射机制能够对语篇中的隐喻性表达进行全面深入地解析。

架构理论认为，架构是理解事物的某种特定的场景，用来透视深层的社会伦理价值观。架构理论汲取了心理学、人类学、社会学、语言学、新闻传播学和政治学中有关架构研究的精髓，并在认知科学背景下加以拓展，构建了由语言—认知—社会三个层面构成的分析平台，从受众出发，增加了认知、情感和道德等维度，在词汇学、语用学和话语研究等方面有着广阔的应用前景。① 架构理论更适合分析政治语篇。

隐喻理论可略分两类：（1）基于词汇的研究有"替代论""对比论""交互论""纠缠论""映射论""合成论"等；（2）基于语法的研究以"语法隐喻理论"为代表，包括概念语法隐喻与人际语法隐喻。语法隐喻分析涉及的是人们对外部世界和内心世界经验的不同识解和体现形式。"概念"主要是指语义层上的概念意义（或者说是人们对经验的识解），"语法"主要是指意义层在词汇语法层上非一致式的体现，而"隐喻"是指这种体现关系中的张力驱动的语言系统三层次，及物系统过程类、级阶和性状之间基于相同的基本概念意义而产生的隐喻映射。②③ 语法隐喻改变的只是概念形式，而没有从根本上改变概念内容。也就是说，语法隐喻没有从本质上改变经验意义，它改变的只是表达方式。通过对经验的重新建构，语法隐喻又会反作用于并促成新的概念隐喻。如语法隐喻将表示事物特征的"free"名词化识解成抽象事物"freedom"，使之成为事件的参与者进入各类事件过程，从而促成一系列关于"freedom"的概念隐喻："FREEDOM IS COMMODITY"，"FREEDOM IS VALUE"，"FREEDOM IS A DESIRED THING"，等等。④

---

① 汪少华、杨开烨：《从发展演变及应用前景看架构理论》，《中国社会科学报》2020年4月14日第3版。
② 杨炳钧：《语法隐喻理论及其应用》，《中国社会科学报》2019年7月4日第8版。
③ 杨波：《解读概念语法隐喻》，《外语研究》2018年第6期。
④ 石琳：《从语言到多模态——隐喻研究的多维视角从修辞到思维》，《外语教学》2017年第5期。

认知语言学与批评话语分析结合的最紧密最成功的研究是批评隐喻分析。批评隐喻分析吸纳了概念隐喻理论与批评话语分析的观点。隐喻研究与批评话语分析的结合，引起了"隐喻研究的政治化"趋势。隐喻在批评话语分析中之所以能引起大家的兴趣，主要是因为不同的隐喻具有不同的意识形态的附着。[①] 批评隐喻分析模型运用语用学、认知语言学和语料库的方法对话语中的隐喻进行分析，以揭示隐含在话语背后的话语群体的真实态度、意向和情感。政治语篇的话语主体常常借用隐喻来达到劝说和表达的目的，通过考察政治语篇中的隐喻现象，识别和分析政治语篇中所操纵的语言和心理策略及其背后所代表的认知方式，揭示说话人的语用意图及其所代表的意识形态阶层。[②] 批评隐喻分析能够清楚解释话语背后的真正含义，适用于解读和分析政治语篇。

概念隐喻理论、架构理论、概念语法隐喻分析、批评隐喻分析相互之间虽存在区别，但早已呈现融合与互补趋势。认知隐喻与语法隐喻二者体现了一种隐喻思维，不同之处在于：认知隐喻对现实世界进行概念化和范畴化，语法隐喻对经验进行重新建构，是扩大语言意义潜势的资源。我们通过隐喻认识世界，语言通过隐喻构建我们的认知，这不仅反映在词汇层，也反映在语法层，因此，语法隐喻理论对隐喻的研究起到了及时的补充作用。近年，研究者们开始意识到隐喻研究关注认知功能较多，却忽略了隐喻的社会和话语功能。批评隐喻分析引入语料库方法，分析隐喻的语言、语用和认知特征，解释话语群体的信仰、态度和感情。批评隐喻分析仿佛一面镜子，将语篇背后的现实显现出来，揭露其背后的语言、思维与社会的关系，彰显其隐藏的政治或意识形态动机。语料库方法的引入对批评隐喻研究具有历史性意义，很好地解决了对概念隐喻过度依赖直觉范例，脱离现实语境的诟病，使研究结果更具代表性，展示群体而非个人的、直觉性的特征。由此，批评隐喻分析既为进一步研究语言、思维与社

---

① 张辉、杨艳琴：《批评认知语言学：理论基础与研究现状》，《外语教学》2019年第3期。
② 武建国、龚纯、宋玥：《政治话语的批评隐喻分析——以特朗普演讲为例》，《外国语》（上海外国语大学学报）2020年第3期。

会之间关系提供了一种有效的补充，也走向了与认知语言学的最佳结合。①②③④⑤ 综上，概念隐喻理论、架构理论、语法隐喻分析、批评隐喻分析的交互融合运用必将给政治语篇带来更为全面而深入的分析与阐释。

---

① 徐莹、田苗、姚星亮：《认知科学与社会话语的接口——国外批评隐喻研究述评》，《湖北社会科学》2013年第12期。
② [英] M. A. K. Halliday：《功能语法导论》，彭宣维、赵秀凤、张征等译，外语教学与研究出版社2017年版，第393—394页。
③ 纪玉华、陈燕：《批评话语分析的新方法：批评隐喻分析》，《厦门大学学报》（社会科学版）2007年第6期。
④ 武建国、龚纯、宋玥：《政治话语的批评隐喻分析——以特朗普演讲为例》，《外国语》（上海外国语大学学报）2020年第3期。
⑤ 石琳：《从语言到多模态——隐喻研究的多维视角从修辞到思维》，《外语教学》2017年第5期。

第三章

日本历届政府施政报告中的表层架构分别分析（1947—2020）

莱考夫认为，认知科学进行的是跨学科研究，从视觉、记忆、注意到日常推理和语言，涉及范围非常广泛。"常识"是认知科学研究中所占比率最多的概念之一。"常识"是一种无意识的概念结构，所以才被认为是"常识"。①② 认知语言学是认知科学中最为关注世界观形成问题的一个分支。③④ 本章的研究对象便是日本首相施政报告中看似为"常识"的概念隐喻（conceputual metaphors）。

本章将运用架构理论和采用 MIP 对战后日本历次施政报告中经济、行政机构改革、教育、日美关系四个方面内容进行架构提取和隐喻识别，再利用概念隐喻理论梳理和归纳文本中的隐喻性表层架构（概念隐喻）。

---

① G·レイコフ，メタファーによるモラルと政治—米国における保守とリベラル—，小林良彰、鍋島弘治郎訳，東京：木鐸社刊，1997，第 9 頁。原文：認知科学は心からの学際的な研究分野であり、その拡がりは視覚、記憶、注意から日常の推論、言語にまで至っている。…認知科学で最もよく研究されているテーマの一つが「常識」である。常識というのは無意識の概念構造のことである。無意識だからこそ、「当たり前」と思ってしまう。これが常識の常識たる由縁である。

② ［美］乔治·莱考夫：《道德政治：自由派和保守派如何思考》，张淳、胡红伟译，社会科学文献出版社 2019 年版，第 3 页。

③ G·レイコフ，メタファーによるモラルと政治—米国における保守とリベラル—，小林良彰、鍋島弘治郎訳，東京：木鐸社刊，1997，第 9 頁。原文：この中で世界観の形成に最も関わりがあるのが認知言語学である。

④ ［美］乔治·莱考夫：《道德政治：自由派和保守派如何思考》，张淳、胡红伟译，社会科学文献出版社 2019 年版，第 3 页。

第一节 经济方面的隐喻性表层架构分别分析

本节分别详细考察和梳理战后历届政府施政报告中相关经济方面的隐喻性表层架构。

一 战后日本历任政府经济政策隐喻性表层架构分析

1. 片山内阁

第46任首相片山的施政报告中相关经济内容突显了建筑架构、植物架构、战争架构、旅行架构、身体架构（拟人）、健康架构（拟人）、比赛架构、音乐架构、清洁架构。主要体现为由"再建、建て直す、中心、基盤、基礎、支柱"等表达构成的"经济建设即建筑"隐喻；"根本"构成的"农业问题即培育植物"隐喻；"危機突破、恐るべき危機に当面している、襲い来る"等构成的"经济建设即战争"隐喻；"邁進、軌道に乗せる、道へ雄々しく発足する"等表达构成的"经济建设即旅行"隐喻；"回復、惡循環、健全"构成的"经济建设即人"隐喻；"目標"构成的"经济建设即比赛"隐喻；"基調"构成的"经济建设即乐曲"隐喻；"刷新"构成的"经济建设即清洁"隐喻。①

2. 芦田内阁

第47任首相芦田的施政报告中相关经济内容突出了学习架构（拟人）、建筑架构、健康架构（拟人）、身体运动架构（拟人）、旅行架构、运动架构、音乐架构。主要体现为由"好成績"构成的"粮食问题即考试"隐喻；"改善、再建、強固なる基礎"等构成的"经济建设即建筑"隐喻；"回復"构成的"经济建设即人"隐喻；"緩慢ながら徐々に回復の方向に向かい高進する、途を講じる"构成的"经济建设即旅行"隐喻；"基調"构成的"经济建设即乐曲"隐喻。②

---

① 片山内閣総理大臣第1回、第2回施政方針演説，官報（号外），東京：大蔵省印刷局，1947/7/2，第40—45頁，1948/1/23，第21—24頁。

② 芦田内閣総理大臣第2回（常会）施政方針演説，官報（号外），東京：大蔵省印刷局，1948/3/21，第185—188頁。

3. 吉田内阁

第48—51任首相吉田的施政报告中相关经济突出了建筑架构、旅行架构、音乐架构、战争架构、就医架构、健康架构（拟人）、自然架构、植物架构、比赛架构、灾害架构、清洁架构。主要体现为由基礎、再建、充実、崩壊"等表达构成的"经济建设即建筑"隐喻；"出発、安定の段階に達する、途上"等表达构成的"经济建设即旅行"隐喻；"基調"构成的"经济建设即乐曲"隐喻；"勝ち得る"构成的"经济建设即战争"隐喻；"手術、迅速適切な処置"构成的"国家建设即手术"隐喻；"去る、進行を停止し"构成的"通货膨胀即人"隐喻；"自立、活況、回復、悪循環、健全"构成的"经济建设即人"隐喻；"堰を切って奔流する"构成的"通货膨胀即河流"隐喻；"根本を培う"构成的"经济建设即培育植物"隐喻；"軽減"构成的"税金即负担"隐喻；"目標"构成的"经济建设即比赛"隐喻；"終熄せしめる"构成的"通货膨胀即火灾"隐喻；"刷新"构成的"经济建设即清洁"隐喻。①②

4. 鸠山（一郎）内阁

第52—54任首相鸠山在施政报告中相关经济内容突显了植物架构、身体架构（拟人）、建筑架构、旅行架构、就医架构、清洁架构。主要体现为由"独立、自立、健全化、回復"等构成的"经济建设即人"隐喻；"再建、基礎を固めんとする、基盤の強化、基礎を築く"等构成的"经济建设即建筑"隐喻；"拡大発展の方向を辿りつつある"等构成的"经济建设即旅行"隐喻；"メスを入れる"构成的"改革即手术"隐喻；

---

① 吉田内閣総理大臣第3回（臨時会）施政方針演説（1948/11/15），内閣制度百年史編纂委員会編，*歴代内閣総理大臣演説集*，東京：内閣総理大臣官房，1985，第457頁。

② 吉田内閣総理大臣第4回—第20回施政方針演説、所信表明演説，官報（号外），東京：大蔵省印刷局，1948/12/5，第11—15頁，1949/4/5，第101—105頁，1949/11/9，第75—77頁，1950/1/29，第131—135頁，1950/7/15，第19—20頁，1950/11/25，第27—30頁，1951/1/27，第35—41頁，1951/10/13，第11—13頁，1952/1/24，第35—37頁，1952/11/24，第34—39頁，1953/1/30，第339—347頁，1953/6/16，第71—79頁，1953/11/30，第1—3頁，1954/1/27，第30—37頁，1954/11/30，第1—7頁。

"刷新"构成的"经济建设即清洁"隐喻。①

5. 石桥内阁

第55任首相石桥的施政报告中相关经济突显了建筑架构、旅行架构、健康架构（拟人）、敌人架构（拟人）、平衡架构、比赛架构、自然架构。主要体现为由"基本、基盤、築き上げる、整備"构成的"经济建设即建筑"隐喻；"重点的に推進する、方途"等表达构成的"经济建设即旅行"隐喻；"健全化"构成的"经济建设即人"隐喻；"防ぐ"构成的"通货膨胀即敌人"隐喻；"均衡が取れる"构成的"经济建设即保持平衡状态"隐喻；"競争上、目標、水準"构成的"经济建设即比赛"隐喻；"波"构成的"经济发展即海洋变化"隐喻。②

6. 岸内阁

第56—57任首相岸信介的施政报告中相关经济内容突出了建筑架构、成长架构（拟人）、运动架构、旅行架构、音乐架构、植物架构、比赛架构、平衡架构、自然架构。主要体现为由"基本、基盤を整える、基礎的諸条件は整備される"等表达构成的"经济建设即建筑"隐喻；"自立、成長、健全、体質改善、好転"构成的"经济建设即人"隐喻；"変動、動揺する、停滞の傾向"构成的"经济活动即运动"隐喻；"史的段階に立つに至る、線に沿う、新しい発展段階、目途、巨步を進める"等构成的"经济建设即旅行"隐喻；"負担の軽減"构成的"税务即负担"隐喻；"基調"构成的"经济建设即乐曲"隐喻；"培養"构成的"经济建设即培育植物"隐喻；"第一義的目標、目標の達成"构成的"经济建设即比赛"隐喻；"均衡"构成的"经济发展即保持平衡状态"隐喻；"余波"构成的"经济发展即海

---

① 鳩山内閣総理大臣第21回—第25回施政方針演説、所信表明演説，官報（号外），東京：大蔵省印刷局，1955/1/22，第61—62頁，1955/4/25，第81—83頁，1955/12/2，第15—17頁，1956/1/30，第21—22頁，1956/11/16，第19—21頁。

② 石橋内閣総理大臣第26回（常会）施政方針演説，官報（号外），東京：大蔵省印刷局，1957/2/4，第19—21頁。

浪"隐喻。①

7. 池田内阁

第58—60任首相池田的施政报告中相关经济内容凸显了身体运动架构（拟人）、健康架构（拟人）、成长架构（拟人）、平衡架构、建筑架构、旅行架构、植物架构、比赛架构、机械架构、音乐架构、清洁架构、图形架构。主要体现为由"健全な、強い成長力を持ち、自由な創意に基づく逞しい活動力、眼目、体質の改善、鎮静、骨格"等构成的"经济建设即人"隐喻；"調和が取れる、不均衡を引き起こす"等构成的"经济建设即保持平衡状态"隐喻；"第一義的な基盤、求心的な構造、構造の変化、改善、築く、基礎、階層"等构成的"经济建设即建筑"隐喻；"正しい方向を指向する、順調に推移する、途上に横たわる、進路を誤る、基本的方向、積極的な助成の道を開く、急速な移行に伴う"构成的"经济建设即旅行"隐喻；"根本、根幹、培う"构成的"经济建设即培育植物"隐喻；"競争力、目標を打ち立て"构成的"经济建设即比赛"隐喻；"基軸、軸"构成的"经济建设即机器"隐喻；"基調"构成的"经济建设即乐曲"隐喻；"一掃"构成的"经济建设即清洁"隐喻；"租税負担"构成的"税金即负担"隐喻；"底辺、多辺的なもの"构成的"经济即多边体"隐喻。②

8. 佐藤内阁

第61—63任首相佐藤在相关经济内容突显了交往架构（拟人）、身体架构（拟人）、成长架构（拟人）、旅行架构、比赛架构、平衡架构、建筑架构、生产投资架构、音乐架构、植物架构。主要体现为由"健全にして弾力性に富む、落ちつきを取り戻す、好調、好転、優れた体質を有す

---

① 岸内閣総理大臣第26回—第34回施政方針演説、所信表明演説，官報（号外），東京：大蔵省印刷局，1957/2/27，第101—106頁，1957/11/1，第2—4頁，1958/1/29，第23—25頁，1958/6/17，第47—48頁，1958/9/30，第22—24頁，1959/1/27，第79—82頁，1959/6/25，第13—14頁，1959/10/28，第17—19頁，1960/2/1，第21—24頁。

② 池田内閣総理大臣第36回—第46回施政方針演説、所信表明演説，官報（号外），東京：大蔵省印刷局，1960/10/21，第23—26頁，1960/12/12，第21—22頁，1961/1/30，第12—15頁，1961/9/28，第19—22頁，1962/1/19，第29—32頁，1962/8/10，第19—20頁，1962/12/10，第16—18頁，1963/1/23，第16—19頁，1963/10/18，第18—21頁，1963/12/10，第15—16頁，1964/1/21，第13—15頁。

る"等表达构成的"经济建设即人"隐喻;"移行、動向、巨大な步みを見せる、道、橫這い気味に推移している、路線に乗せる、絶えざる前進、軌道に乗せたい"等构成的"经济建设即旅行"隐喻;"負担の軽減合理化"构成的"税金即负担"隐喻;"目標"构成的"经济建设即比赛"隐喻;"均衡を保つ、調和ある、不均衡を是正する"构成的"经济建设即保持平衡状态"隐喻;"不可欠の基盤、築く、増強、構造改善、柱、基盤の強化"构成的"经济建设即建筑"隐喻;"質的改善"构成的"经济建设即生产活动"隐喻;"基調"构成的"经济建设即乐曲"隐喻;"根幹"构成"经济建设即树木"隐喻。①②

9. 田中内阁

第64—65任首相田中的施政报告中相关经济内容突显了建筑架构、旅行架构、成长架构(拟人)、身体架构(拟人)、身体运动架构(拟人)、平衡架构、自然架构、运动架构。主要体现为由"基盤、築き上げる、改造、陰、廃墟"等构成的"经济建设即建筑"隐喻;"動向、橫這いに推移する、大胆に転換する"构成的"经济建设即旅行"隐喻;"税負担の軽減"构成的"税金即负担"隐喻;"成長活用、逞しい力、姿、自立"构建的"经济建设即人"隐喻;"均衡ある"构成的"经济建设即保持平衡状态"隐喻;"奔流"构成"经济发展即河流"隐喻;"上昇、高騰"构成的"经济活动即运动"隐喻。③

---

① 佐藤内閣総理大臣第47回—第68回施政方針演説、所信表明演説,*官報(号外)*,東京:大蔵省印刷局,1964/11/21,第25—26頁,1965/1/25,第16—19頁,1965/7/30,第13—15頁,1965/10/13,第23—25頁,1966/1/28,第159—162頁,1966/7/12,第11—12頁,1966/12/15,第23—25頁,1967/3/14,第27—29頁,1967/7/28,第11—12頁,1967/12/5,第19—20頁,1968/1/27,第12—15頁,1968/8/3,第19—20頁,1968/12/11,第27—28頁,1969/1/27,第11—13頁,1969/12/1,第31—32頁,1970/2/14,第23—25頁,1970/11/25,第27—28頁,1971/1/22,第15—17頁,1971/7/17,第27—28頁,1971/10/19,第20—21頁,1972/1/29,第76—79頁。

② 佐藤内閣総理大臣衆議院予算委員会佐藤内閣総理大臣の所信表明(1966/10/20),佐藤栄作述,内閣総理大臣官房編:*佐藤内閣総理大臣演説集*,東京:内閣総理大臣官房,1970,第113頁。

③ 田中内閣総理大臣第70回—第72回施政方針演説、所信表明演説,*官報(号外)*,東京:大蔵省印刷局,1972/10/28,第27—29頁,1973/1/27,第35—38頁,1973/12/1,第175—179頁,1974/1/21,第8—10頁。

10. 三木内阁

第 66 任首相三木的施政报告中相关经济内容凸显了建筑架构、旅行架构、身体运动架构（拟人）、运动架构、战争架构、音乐架构、自然架构、平衡架构、生产投资架构、危机架构。主要体现为由"基礎固め、内外の支え、支柱、崩れ去る、基盤整備、安定を支える柱"等隐喻表达构成的"经济建设即建筑"；"適正な安定成長路線への転換、高度成長路線には戻れない、成長スピードを減速した適正な成長路線に切り変える、健全な安定路線への転換を図る、順調な回復軌道に乗る"等构成的"经济建设即旅行"；"狂瀾怒濤、誤りなく舵を取る"构成的"经济建设即海上航行"隐喻；"立ち直れない、回復を示す、先行き、鎮静傾向、落ちつきの様相を示す、苦悩の色、一番苦しい時期、相互依存度、追い込まれる、悪循環、苦しい"等构成的"经济建设即人"隐喻；"伸び、上昇、浮揚"构成的"经济活动即运动"隐喻；"対策、作戦、突破、犠牲"等构成的"经济建设即战争"隐喻；"安定基調を乱す、着実な上昇基調を維持していく"构成的"经济建设即乐曲"隐喻；"源"构成的"经济发展即河流"隐喻；"目標"构成的"经济建设即比赛"隐喻；"バランスが取れる"构成的"经济发展即保持平衡状态"隐喻；"量的拡大、質的向上"等构成的"经济建设即生产活动"隐喻；"危機、異常な状態下、転落"构成的"石油短缺即危机"隐喻。①

11. 福田（赳夫）内阁

第 67 任首相福田在相关经济内容中凸显了建筑架构、旅行架构、运动架构、健康架构（拟人）、成长架构（拟人）、杠杆架构、危机架构、灾害架构、音乐架构、图形架构、植物架构、战争架构、机械架构、自然架构、比赛架构、生产投资架构。主要体现为由"安定を支える柱、充実向上、基盤整備、充実の基礎、基盤を固める"构成的"经济建设即建筑"隐喻；"動向、道を開きたい、一進一退、負担軽減、軌道に乗せる"等

---

① 三木内閣総理大臣第 74 回—第 78 回施政方針演説、所信表明演説，官報（号外），東京：大蔵省印刷局，1974/12/14，第 19—21 頁，1975/1/24，第 11—14 頁，1975/9/16，第 19—21 頁，1976/1/23，第 15—19 頁，1976/9/24，第 23—25 頁。

构成的"经济建设即旅行"隐喻;"舵取り"构成的"经济建设即海上航行"隐喻;"急上昇、伸びがやや鈍化している、浮揚"等构成的"经济活动即运动"隐喻;"回復、足取り、ほぼ順調な歩み、意欲を失わせる、活力を弱める、活力、運命共同体、協調と連帯、健全"等构成的"经济建设即人"隐喻;"てこ入れ、牽引力"构成的"经济建设即物理现象"隐喻;"危機、大混乱という緊急事態"构成的"石油短缺即危机"隐喻;"火の手に包まれる"构成的"通货膨胀即火灾"隐喻;"基調"构成的"经济建设即乐曲"隐喻;"多角的"构成的"贸易即多边体"隐喻;"総合戦略"构成的"经济建设即战争"隐喻;"実を結ぶ"构成的"经济建设即培育植物"隐喻;"基軸"构成的"经济建设即机器"隐喻;"源"构成的"经济发展即河流"隐喻;"最も高い水準、一つの大きな目標、目標の達成に最善を尽くす"等构成的"经济建设即比赛"隐喻;"質的向上"构成的"经济建设即生产活动"隐喻。①

12. 大平内阁

第68—69任首相大平在施政报告中相关经济内容凸显了建筑架构、旅行架构、比赛架构、身体架构(拟人)、图形架构、运动架构、机械架构、清洁架构、平衡架构、物体架构。主要体现为由"安定的確保、基本、再建、安定の基礎を成すもの、基盤を確立する"等表达构成的"经济建设即建筑"隐喻;"動向、安定裏に推移する、～を境にする、指針、進むべき方向、第一歩、移転する、曲がり角に立つ"等构成的"经济建设即旅行"隐喻;"不断に堅持すべき目標"构成的"经济建设即比赛"隐喻;"基調"构成的"经济建设即乐曲"隐喻;"過剰依存の体質"等构成的"经济建设即人"隐喻;"多角的"构成的"贸易即多边体"隐喻;"不安定、動向、変化、上昇"构成的"经济活动即运动"隐喻;"原動力"构成的"经济建设即机器"隐喻;"不透明感を払拭する"构成的"经济建设即清洁"隐喻;"均衡が取れる"构成的"经济建设即保持平

---

① 福田内閣総理大臣第80回—第85回施政方針演説、所信表明演説,官報(号外),東京:大蔵省印刷局,1977/1/31,第8—11頁,1977/7/30,第20—21頁,1977/10/3,第15—17頁,1978/1/21,第43—47頁,1978/9/20,第15—17頁。

衡状态"隐喻;"中核"构成的"经济即物体"隐喻。①

13. 铃木内阁

第 70 任首相铃木相关经济突出了建筑架构、机械架构、健康架构(拟人)、战争架构、旅行架构、平衡架构、运动架构、自然架构、物体架构、比赛架构。主要体现为由"再建、中心、基本的な枠組み、基盤と環境条件を整備する、基礎条件"等表达构成的"经济建设即建筑"隐喻;"軸、原動力、主軸"等构成的"经济建设即机器"隐喻;"回復、急速に立ち直る、依存体質、息の長い成長"等构成的"经济建设即人"隐喻;"異常な状態、危機、警戒を要する、厳しさの度を増す"构成的"经济建设即战争"隐喻;"目途、道をさらに一步進める、積極的転換を図る、中長期的な安定成長路線に定着させる、基本路線"等构成的"经济建设即旅行"隐喻;"バランスが大きく崩れる"构成的"经济建设即保持平衡状态"隐喻;"落ちついた動き"构成的"经济活动即运动"隐喻;"源泉"构成的"经济发展即河流"隐喻;"破綻、中核"构成的"经济发展即物体"隐喻;"目標に向かって前進する"构成的"经济建设即比赛"隐喻。②

14. 中曾根内阁

第 71—73 任首相中曾根相关经济内容突出了旅行架构、建筑架构、性格架构(拟人)、成长架构(拟人)、身体架构(拟人)、生产投资架构、运动架构、危机架构、就医架构、音乐架构、图形架构、机械架构、战争架构、植物架构、平衡架构、物体架构。主要体现为由"基本方向、路線を堅持する、転換する、厳しい道、基本理念に沿う、新たなる一步を踏み出す"等表达构成的"经济建设即旅行"隐喻;"負担"等构成的"税金即负担"隐喻;"構造改善、再建、基本、基礎"等表达构成的"经济

---

① 大平内閣総理大臣第 87 回—第 91 回施政方針演説、所信表明演説,官報(号外),東京:大蔵省印刷局,1979/1/25,第 19—22 頁,1979/9/3,第 19—22 頁,1979/11/27,第 19—20 頁,1980/1/25,第 115—118 頁。
② 鈴木内閣総理大臣第 93 回—第 96 回施政方針演説、所信表明演説,官報(号外),東京:大蔵省印刷局,1980/10/3,第 19—21 頁,1981/1/26,第 19—22 頁,1981/9/28,第 15—16 頁,1982/1/25,第 51—56 頁。

建设即建筑"隐喻;"ゆとりと活力のある、創意と活力に富む、姿、依存体質"等构成的"经济建设即人"隐喻;"量的拡大、質的向上"构成的"经济建设即生产活动"隐喻;"低下する、伸びも急激に鈍化する、安定している、停滞感"构成的"经济活动即运动"隐喻;"危機"构成的"石油短缺即危机"隐喻;"メスを入れる"构成的"经济建设即手术"隐喻;"基調"构成的"经济建设即乐曲"隐喻;"多角的"构成的"贸易即多边体"隐喻;"新機軸"构成"经济建设即机器"隐喻;"戦略的動因"等构成的"经济建设即战争"隐喻;"実を結ぶ"构成的"经济建设即培育植物"隐喻;"均衡、調和ある"构成的"经济建设即保持平衡状态"隐喻;"歪み、ひずみ"构成的"经济即物体"隐喻。①

15. 竹下内阁

第 74 任首相竹下相关经济内容凸显了身体架构（拟人）、重生架构（拟人）、成长架构（拟人）、建筑架构、旅行架构、生产投资架构、平衡架构、比赛架构。主要体现为由"創生、息の長い、足腰の強い"等构成的"经济建设即人"隐喻;"整備、基本に置く、構築、基盤、基礎"等构成的"经济建设即建筑"隐喻;"堅調に推移する、転換、この方針に沿う"构成的"经济建设即旅行"隐喻;"調和が取れる"构成的"经济建设即保持平衡状态"隐喻,以及"大きな目標"构成的"经济建设即比赛"隐喻。②

16. 宇野内阁

第 75 任首相宇野的施政报告中相关经济内容凸显了身体架构（拟人）、建筑架构、旅行架构、危机架构、比赛架构。主要体现为由"足腰の強い、一体化"构成的"经济建设即人"隐喻;"築き上げる、基本、廃墟の中、基盤"等构成的"经济建设即建筑"隐喻;"急速な勢いで迎えつつある、転機を迎えておる"构成的"经济建设即旅行"隐;"危

---

① 中曽根内閣総理大臣第 97 回—第 109 回施政方針演説、所信表明演説,官報（号外）,東京:大蔵省印刷局,1982/12/3,第 23—25 頁,1983/1/24,第 8—10 頁,1983/9/10,第 11—13 頁,1984/2/6,第 19—22 頁,1985/1/25,第 247—250 頁,1985/10/14,第 2—5 頁,1986/1/27,第 13—17 頁,1986/9/12,第 15—18 頁,1987/1/26,第 7—11 頁,1987/7/6,第 3—5 頁。
② 竹下内閣総理大臣第 111 回—第 114 回施政方針演説、所信表明演説,官報（号外）,東京:大蔵省印刷局,1987/11/27,第 3—5 頁,1988/1/25,第 11—14 頁,1988/7/29,第 32—35 頁,1989/2/10,第 21—25 頁。

機"构成的"粮食短缺即危机"隐喻;"誇り得る水準以上に達しておる"构成的"经济建设即比赛"隐喻。①

17. 海部内阁

第76—77任首相海部相关经济内容凸显了旅行架构、身体架构(拟人)、建筑架构、平衡架构、植物架构、音乐架构、战争架构、比赛架构、图形架构。主要体现为由"変革期にある、新たな第一歩を踏み出す"构成的"经济建设即旅行"隐喻;"自立できる、息の長い、創造性豊かな、創生、体質、台頭"等构成的"经济建设即人";"基盤、基礎、基本、枠組みを構築する"构成的"经济建设即建筑"隐喻;"不均衡を是正する"构成的"经济建设即保持平衡状态"隐喻;"基幹、根強く、花開く"构成的"经济建设即培育植物"隐喻;"基調"构成的"经济建设即乐曲"隐喻;"喫緊、夢を奪っておる、妨げる"构成的"经济建设即战争"隐喻;"公正感を揺るがせる"构成的"经济建设即比赛"隐喻;"多角的"构成的"贸易即多边体"隐喻。②

18. 宫泽内阁

第78任首相宫泽相关经济内容凸显了旅行架构、泡沫架构、植物架构、建筑架构、身体架构(拟人)、成长架构(拟人)、自然架构、运动架构、明暗架构、平衡架构、战争架构、比赛架构。主要体现为由"拡大のテンポが緩やかに減速する、動向、持続的な成長経路へと円滑に移行させる"等表达构成的"经济建设即旅行"隐喻;"バブル"构成的"经济即泡沫"隐喻;"根底"构成的"经济建设即培育植物"隐喻;"支える、基礎、基盤を構築していく、隅々、強靭な構造"构成的"经济建设即建筑"隐喻;"自律的、体質の見直し、活力と潤いに満ちた、創意と活力に満ちた、育成、旺盛な活力、潜在力"构成的"经济建设即人"隐喻;"源泉"构成的"经济发展即河流"隐喻;"停滞ぎみ"构成的"经济活

---

① 宇野内閣総理大臣第114回(常会)所信表明演説,官報(号外),東京:大蔵省印刷局,1989/6/5,第565—568頁。

② 海部内閣総理大臣第116回—第121回施政方針演説、所信表明演説,官報(号外),東京:大蔵省印刷局,1989/10/2,第15—18頁,1990/3/2,第3—6頁,1990/10/12,第2—4頁,1991/1/25,第3—7頁,1991/8/5,第5—7頁。

动即运动"隐喻;"明るい兆しが見られる"构成的"经济活动即明暗"隐喻;"調和する"构成的"经济建设即平衡状态"隐喻;"厳しい、深刻な苦境、厳しい状況に直面する"构成的"经济建设即战争"隐喻;"目標値を掲げる"构成的"经济建设即比赛"隐喻。①

19. 细川内阁

第79任首相细川施政报告中相关经济内容凸显了机械架构、象征架构、泡沫架构、建筑架构、责任架构（拟人）、身体架构（拟人）、健康架构（拟人）、旅行架构、戏剧架构、战争架构、平衡架构、比赛架构。主要体现为由"多面的な機能を保有する"构成的"农业即机器"隐喻;"象徴"构成的"稻米即象征"隐喻;"バブル"构成的"经济即泡沫"隐喻;"整備、基盤を確保する、構造調整崩壊、体系の構築"构成的"经济建设即建筑"隐喻;"潜在的な活力、性格"等构成的"经济建设即人"隐喻;"第一步、~に向けて着実に歩みを進める"等构成的"经济建设即旅行"隐喻;"主役"构成"经济建设即戏剧"隐喻;"まことに厳しい状況に置かれておる、構造的な厳しさ、深刻な状況"构成的"经济建设即战争"隐喻;"均衡ある、バランスが取れる、調和が取れる"构成的"经济建设即保持平衡状态"隐喻;"目標"构成的"经济建设即比赛"。②

20. 羽田内阁

第80任首相羽田施政报告中相关经济内容凸显了重生架构（拟人）、身体架构（拟人）、植物架构、建筑架构、泡沫架构、比赛架构、旅行架构、战争架构。主要体现为"再生、自信が揺らぎかねない、十分な活力を持っている、景気回復の足を引っ張る、体質、活性化"等表达构成的"经济建设即人"隐喻;"芽を育んでいく"构成的"经济建设即培育植物"隐喻;"確立"构成的"农业问题即建筑"隐喻;"バブル"构成的"经济即泡沫"隐喻;"目標に向かって進取の気性で立ち向かう、新たな

---

① 宮澤内閣総理大臣第122回—第126回施政方針演説、所信表明演説，官報（号外），東京：大蔵省印刷局，1991/11/8，第1—3頁，1992/1/24，第3—8頁，1992/10/30，第2—5頁，1993/1/22，第2—6頁。

② 細川内閣総理大臣第127回—第129回施政方針演説、所信表明演説，官報（号外），東京：大蔵省印刷局，1993/8/23，第1—3頁，1993/9/21，第2—5頁，1994/3/4，第1—8頁。

挑戦"构成的"经济建设即比赛"隐喻；"立ち至っておる、新たな発展の道が開ける、本格的な回復軌道に乗せる"构成的"经济建设即旅行"隐喻；"由々しき事態、重大な影響を与えかねない"构成的"经济建设即战争"隐喻。①

21. 村山内阁

第81任首相村山施政报告中相关经济内容凸显了重生架构（拟人）、成长架构（拟人）、健康架构（拟人）、身体运动架构（拟人）、植物架构、泡沫架构、旅行架构、建筑架构、物体架构、运动架构、机械架构、战争架构、生产投资架构、比赛架构、平衡架构。主要体现为由"再生、自立、自由で柔軟な活力と創造性に溢れる、活性化、姿、後遺症、足踏み状態"构成的"经济建设即人"隐喻；"バブル"构成的"经济即泡沫"隐喻；"先行き、国境のない、道を歩んでいく、急速に移行し、加速し、本格的な回復軌道に乗せていく、牽引する"构成的"经济建设即旅行"隐喻；"構造的な変化、空洞化、支える、構築する、基盤、中心"构成的"经济建设即建筑"隐喻；"不透明感、陰り"构成的"经济活动即有光物质"隐喻；"明るい動き、動きを加速する、緩やか"构成的"经济活动即运动"隐喻；"原動力"构成的"经济建设即机器"隐喻；"厳しい状況、脅かす"构成的"经济建设即战争"隐喻；"質の高い、創造、質の向上、作り出す"构成的"经济建设即生产活动"隐喻；"目標の達成"构成的"经济建设即比赛"隐喻；"調和する"构成的"经济建设即保持平衡状态"隐喻。②

22. 桥本内阁

第82—83任首相桥本施政报告中相关经济内容凸显了建筑架构、泡沫架构、健康架构（拟人）、身体架构（拟人）、清洁架构、旅行架构、比赛架构、自然架构、戏剧架构、就医架构、机械架构、植物架构。主要体现

---

① 羽田内閣総理大臣第129回（常会）所信表明演説，官報（号外），東京：大蔵省印刷局，1994/5/10，第1—3頁。
② 村山内閣総理大臣第130回—第134回施政方針演説、所信表明演説，官報（号外），東京：大蔵省印刷局，1994/7/18，第2—6頁，1994/9/30，第3—6頁，1995/1/20，第2—8頁，1995/9/29，第4—7頁。

为由"構造、強靭、再建、基盤の整備、基本、築く"构成的"经济建设即建筑"隐喻;"バブル"构成的"经济即泡沫"隐喻;"活力溢れる、緩やかな回復、健全、力強さを感じる、力強い回復、痛みを伴う"构成的"经济建设即人"隐喻;"覆う不透明感を払拭する"构成的"经济建设即清洁"隐喻;"三段階に分ける、成長軌道を辿る、本格的な回復軌道に乗せる"构成的"经济建设即旅行"隐喻;"荒波に船出する"构成的"经济建设即海上航行"隐喻;"目標、競争力、公正かつ自由な競争"构成的"经济建设即比赛"隐喻;"源泉"构成的"经济发展即河流"隐喻;"舞台"构成的"经济建设即戏剧"隐喻;"メスを入れる、痛みを伴う"构成的"经济建设即手术"隐喻;"原動力"构成的"经济建设即机器"隐喻;"根幹、根本"构成的"经济建设即培育植物"隐喻。[1]

23. 小渊内阁

第84任首相小渊施政中相关经济内容凸显了机械架构、健康架构（拟人）、重生架构（拟人）、身体架构（拟人）、建筑架构、战争架构、旅行架构、比赛架构、自然架构。主要体现为由"幅広い機能を有する"构成的"农业问题即机器"隐喻;"車の両輪"构成的"经济建设即车辆"隐喻;"回復、活性化、信頼の低下、血液、循環、心臓、再生"等构成的"经济建设即人"隐喻;"柱、力強い基礎の条件、強固、再構築、下支え、基盤を築く"等构成的"经济建设即建筑"隐喻;"戦略、緊急、戦略プラン、狙い"等构成的"经济建设即战争"隐喻;"乗り越える、大きな変革期に直面する、発足、軌道に乗せる"等构成的"经济建设即旅行"隐喻;"目標、五つの挑戦"构成的"经济建设即比赛"隐喻;"源泉"构成的"经济发展即河流"隐喻。[2]

24. 森内阁

第85—86任首相森喜朗施政中相关经济内容凸显了机械架构、旅行架

---

[1] 橋本内閣総理大臣第136回—第142回施政方針演説、所信表明演説，官報（号外），東京：大蔵省印刷局頁，1996/1/22，第2—11頁，1996/11/29，第2—4頁，1997/1/20，第2—5頁，1997/9/29，第2—4頁，1998/2/16，第1—4頁。

[2] 小渊内閣総理大臣第143回—第147回施政方針演説、所信表明演説，官報（号外），東京：大蔵省印刷局，1998/8/7，第3—5頁，1998/11/27，第2—4頁，1999/1/19，第2—5頁，1999/10/29，第2—4頁，2000/1/28，第1—4頁。

构、健康架构（拟人）、身体架构（拟人）、比赛架构、战争架构、建筑架构、生产投资架构、诞生架构（拟人）、自然架构、烟火架构、就医架构。主要体现为由"多面的な機能を有している、軸足を置く"构成的"经济建设即机器"隐喻；"新しい構造に転換する真っ最中にある、安定的かつ持続可能な成長軌道に乗せる、第一歩を踏み出す"等构成的"经济建设即旅行"隐喻；"正常な状態まで回復させる、主眼、眼目、新生、自律的回復に向けた動き、自助努力、健全で活気に溢れる、姿"等表达构成的"经济建设即人"隐喻；"勝負どころにある、五つの挑戦を掲げる、果敢な挑戦とそのスピードが大切だ"构成的"经济建设即比赛"隐喻；"守る、攻め"构成的"经济建设即战争"隐喻；"基盤整備の四分野、新しい構造、基盤、再構築を完遂する、特別枠"等构成的"经济建设即建筑"隐喻；"量的拡大志向"构成的"经济建设即生产活动"隐喻；"古い殻を破る"构成的"经济建设即诞生"隐喻；"源泉"构成的"经济发展即河流"隐喻；"起爆剤"构成的"经济建设即燃放烟火"隐喻；"処方箋"构成的"经济建设即就医"隐喻。①

25. 小泉内阁

第87—89任首相小泉的施政报告中相关经济内容凸显了身体架构（拟人）、健康架构（拟人）、成长架构（拟人）、旅行架构、建筑架构、泡沫架构、就医架构、比赛架构、战争架构、战争架构、生产投资架构、施工架构、戏剧架构、植物架构、清洁架构。主要体现为由"再生させる、回復、大きな潜在力を自由に発揮する、真に豊かで誇りに満ちた、自立型、姿、歯止めをかける、成長力を高める、創造性や機動性に富む、健在"等构成的"经济建设即人"隐喻；"軌を一にする、速やかに実行に移します、二段階、道半ばにある、動きを加速する、第一歩を踏み出す、逆境を乗り越える、明確な方向性を持つ、道を歩み始める"等构成的"经济建设即旅行"隐喻；"舵取り、荒波の真っただ中にある"构成的"经济建设即海上航行"隐喻；"再構築、再建、枠組みを整えま

---

① 森内閣総理大臣第147回—第151回施政方針演説、所信表明演説，官報（号外），東京：大蔵省印刷局，2000/4/7，第1—3頁，2000/7/28，第2—5頁，2000/9/21，第2—6頁，2001/1/31，第4—9頁。

す、改善、改革工程表、点検、確固たる基盤を築く、大きな柱"等表达构成的"经济建设即建筑"隐喻；"バブル"构成的"经济即泡沫"隐喻；"処方せん、複合型病理、痛みを伴う、痛みを和らげる"构成的"经济建设即就医"隐喻；"競争時代に相応しい、競争力ある、五つの目標を提示する、再挑戦できる、国際競争力の強化に取り組む、世界最先端の実現に向けて動きを加速する"等构成的"经济建设即比赛"隐喻；"攻め、戦略的、危機に見舞われる、危機は起こさせない、破綻を阻止する"构成的"经济建设即战争"隐喻；"質の高い、簡素で効率的な"等构成的"经济建设即生产活动"隐喻；"改革工程表、実施時期、継続的に進捗状況を評価する、点検する、長期の工程表を作成する"构成的"经济建设即工程建设"隐喻；"主役"构成的"经济建设即戏剧"隐喻；"根幹を揺るがす、芽、大きな木に育てる"构成的"经济建设即培育植物"隐喻；"刷新"构成的"经济建设即清洁"隐喻。①

26. 安倍内阁（第一次执政）

第90任首相安倍施政报告中相关经济内容凸显了战争架构、身体架构（拟人）、性格架构（拟人）、成长架构（拟人）、比赛架构、旅行架构、建筑架构、植物架构、机械架构、自然架构、戏剧架构。主要体现为由"戦略、戦略指針、新成長戦略、新世紀の戦略産業"等构成的"经济建设即战争"隐喻；"やる気のある、魅力ある、知恵と工夫に溢れる、活力に満ちた"等构成的"经济建设即人"隐喻；"勝ち組と負け組が固定化せず、再チャレンジ可能、世界最高水準、競争力を強化する、挑戦する"等构成的"经济建设即比赛"隐喻；"方向性を示す、進路、断固実行する、道を進む、目途、第一歩を踏み出す"等构成的"经济建设即旅行"隐喻；"基盤、再建、基礎"构成的"经济建设即建筑"隐喻；"人生二毛作"构成的"经济建设即培育植物"隐喻；"原動力"构成的"经

---

① 小泉内閣総理大臣第151回—第164回施政方針演説、所信表明演説，官報（号外），東京：財務省印刷局，2001/5/7，第1—3頁，2001/9/27，第2—5頁，2002/2/4，第1—5頁，2002/10/18，第2—4頁，2003/1/31，第1—4頁，2003/9/26，第2—4頁，2004/1/19，第2—6頁，2004/10/12，第2—5頁，2005/1/21，第3—7頁，2005/9/26，第3—4頁，2006/1/20，第2—8頁。

济建设即机器"隐喻;"就職氷河期"构成的"经济发展即自然现象"隐喻;"源"构成的"经济发展即河流"隐喻;"舞台"构成的"经济建设即戏剧"隐喻。①

27. 福田(康夫)内阁

第 91 任首相福田施政报告中相关经济内容凸显了建筑架构、身体架构(拟人)、健康架构(拟人)、成长架构(拟人)、交往架构(拟人)、重生架构(拟人)、旅行架构、战争架构、比赛架构、机械架构、就医架构、自然架构、戏剧架构。主要体现为由"三つの柱、構造的な変化、廃墟、仕組みを作る、基礎の上、構築する"等构成的"经济建设即建筑"隐喻;"回復する、成長力強化、活性化、目玉、相互依存、再生"等构成的"经济建设即人"隐喻;"展開、スタート"等构成的"经济建设即旅行"隐喻;"戦略"构成的"经济建设即战争"隐喻;"競争力強化、国際競争力を一層高める"构成的"经济建设即比赛"隐喻;"車の両輪"构成的"经济建设即车辆"隐喻;"処方箋"构成的"经济建设即就医"隐喻;"源"构成的"经济发展即河流"隐喻;"舞台"构成的"经济建设即戏剧"隐喻。②

28. 麻生内阁

第 92 任首相麻生施政报告中相关经济内容凸显了旅行架构、自然架构、健康架构(拟人)、交往架构(拟人)、建筑架构、战争架构、就医架构、比赛架构。主要体现为由"三段階を踏んで臨む、基本線として踏み外さず、目途をつける"等构成的"经济建设即旅行"隐喻;"舵を切る"构成的"经济建设即海上航行"隐喻;"潮目"构成的"农业改革即海洋变化";"脱皮できる、安心と活力ある"构成的"经济建设即人"隐喻;"再建、建て直し"构成的"经济建设即建筑"隐喻;"戦略"构成的"经济建设即战争"隐喻;"全治"构成的"经济建设即就医"隐

---

① 安倍内閣総理大臣第 165 回—第 168 回施政方針演説、所信表明演説,官報(号外),東京:国立印刷局,2006/9/29,第 1—4 頁,2007/1/26,第 3—7 頁,2007/9/10,第 2—5 頁。
② 福田内閣総理大臣第 168 回、第 169 回所信表明演説、施政方針演説,官報(号外),東京:国立印刷局,2007/10/1,第 1—3 頁,2008/1/18,第 2—6 頁。

喻;"目標"构成的"经济建设即比赛"隐喻。①

29. 鸠山（由纪夫）内阁

第93任首相鸠山施政报告中相关经济内容凸显了重生架构（拟人）、成长架构（拟人）、身体架构（拟人）、交往架构（拟人）、旅行架构、机械架构、战争架构、比赛架构、建筑架构、自然架构、生产投资架构。主要体现为由"再生、脱皮、自由、活力、体质"构成的"经济建设即人"隐喻；"応援、直面している、基本方針、転換、軌道に乗せる"构成的"经济建设即旅行"隐喻；"荒波"构成的"经济建设即海上航行"隐喻；"原動力、軸、力点を置く"构成的"经济建设即机器"隐喻；"危機"构成的"经济建设即战争"隐喻；"大胆すぎる目標、自由な競争"构成的"经济建设即比赛"隐喻；"新たな地平、柱、中心、枠組みの構築"等构成的"经济建设即建筑"隐喻；"源"构成的"经济发展即河流"隐喻。②

30. 菅内阁

第94任首相菅直人施政报告中相关经济内容凸显了比赛架构、战争架构、泡沫架构、建筑架构、旅行架构、机械架构、重生架构（拟人）、健康架构（拟人）、身体架构（拟人）、成长架构（拟人）、重生架构（拟人）、数学运算架构、生产投资架构、就医架构、施工架构。主要体现为由"大目標、大変高い目標"构成的"经济建设即比赛"隐喻；"突破口、戰略、第一弾、拠点"构成的"经济建设即战争"隐喻；"バブル"构成的"经济即泡沫"隐喻；"閉塞、崩壊、構造を築く、五つの柱から成る大枠"构成的"经济建设即建筑"隐喻；"本格稼働させる段階に入る、軌道に乗せる、第二段階に入る、目途"构成的"经济建设即旅行"隐喻；"舵を切る"构成的"经济建设即海上航行"隐喻；"原動力、歯車を回す"构成的"经济建设即机器"隐喻；"復活、元気な、不安にもがいている、現実を冷静に見つめる、内向きの姿勢や従来の固定観念、再生"构成"经济建设即人"隐喻；"公式、形を描く"构成"经济建设

---

① 麻生内閣総理大臣第170回、第171回所信表明演説、施政方針演説，官報（号外），東京：国立印刷局，2008/9/29，第2—4页，2009/1/28，第2—5页。
② 鳩山内閣総理大臣第173回、第174回所信表明演説、施政方針演説，官報（号外），東京：国立印刷局，2009/10/26，第2—7页，2010/1/29，第1—7页。

即数式运算"隐喻;"处方笺"构成的"经济建设即就医"隐喻;"工程表"构成的"经济建设即工程建设"隐喻。①

31. 野田内阁

第 95 任首相野田施政报告中相关经济内容凸显了身体架构(拟人)、重生架构(拟人)、旅行架构、植物架构、战争架构、游戏架构、建筑架构、机械架构。主要体现为由"再生、悲鳴を上げている、襟を正す"等构成的"经济建设即人"隐喻;"基本方針、先頭に立って共に行動を起こす、厳しい道のり、大きな一歩"等表达构成的"经济建设即旅行"隐喻;"「希望の種」を播こう、生まれる小さな「希望の芽」をみんなで大きく育てよう、日々懸命に土を耕し汗と泥にまみれながら大きな「希望の花」を咲かせる"构成的"经济建设即培育植物"隐喻;"国難、拠点、新成長戦略、司令塔の機能を担う"构成的"经济建设即战争"隐喻;"胴上げ型、騎馬戦型、肩車型"等构成的"国家经济发展即游戏"隐喻;"建て直し、再構築、基盤が揺るぐ、基盤の柱、空洞化"构建的"经济建设即建筑"隐喻;"車の両輪"构成的"经济建设即机器"隐喻。②

32. 安倍内阁(第二次执政)

第 96—98 任首相安倍施政报告中相关经济内容凸显了战争架构、身体架构(拟人)、成长架构(拟人)、性格架构(拟人)、重生架构(拟人)、生产投资架构、泡沫架构、建筑架构、旅行架构、体育运动架构、机械架构、比赛架构、植物架构、物体架构、戏剧架构、学习架构、清洁架构、饮食架构、烟火架构、艺术创作架构、自然架构,身体运动架构(拟人)。主要体现为由"攻め、戦略、革命、戦略的、司令塔、布陣、守るべきものは守る"构成的"经济建设即战争"隐喻;"未来に「希望」を持てる、力強い、大胆な、喚起する、立ち向かう、健全化、新陳代謝、姿、自信、生命線、創生、魅力、再生"等构成的"经济建设即人"隐喻;

---

① 菅内閣総理大臣第 174 回—第 177 回施政方針演説、所信表明演説、官報(号外),東京:国立印刷局,2010/6/11,第 1—5 頁,2010/10/1,第 3—5 頁,2011/1/24,第 2—6 頁。

② 野田内閣総理大臣第 178 回—第 181 回施政方針演説、所信表明演説、官報(号外),東京:国立印刷局,2011/9/13,第 3—6 頁,2011/10/28,第 1—3 頁,2012/1/24,第 2—7 頁,2012/10/29,第 2—6 頁。

"バブル"构成的"经济即泡沫"隐喻;"建て直す、基盤を根底から揺るがしている、基盤も揺らぎかねない、空洞化、構築、再建、架け橋、圏、回廊、壁、柱"构成的"经济建设即建筑"隐喻;"前進への足跡、新しい成長軌道への挑戦、目途、これまでの延長線上にある、この道しかない、更なる高みを目指す、果敢に踏み出す"构成的"经济建设即旅行"隐喻;"大競争の荒波に躊躇うことなく漕ぎ出していく"构成的"经济建设即海上航行"隐喻;"二つの「的」を射抜く、「改革の矢」を放ち続ける、三本の矢で立ち向かう、全力で射込んできた「三本の矢」、新しい「三本の矢」を放つ、「三本の矢」を力強く射込む、実現に全力投球する"构成的"经济建设即体育运动"隐喻;"機動的な、原動力"构成的"经济建设即机器"隐喻;"競争力を強化する、目標の実現を目指す、過去最高を更新する、世界一を目指す気概、二十一世紀に相応しいルール、大いなる「挑戦」、未知の領域に果敢に挑戦をしていく精神、世界一を目指す、競争に打ち勝つ、先駆け、限りなき挑戦、オンリーワンを目指す"构成的"经济建设即比赛"隐喻;"花開こうとしている、大きな果実を生み出す、実を結ぶ、萌芽"构成的"经济建设即培育植物"隐喻;"大きな切り札、パイ、核"构成的"经济即物体"隐喻;"幕開け、主役、舞台、ステージ"构成的"经济建设即戏剧"隐喻;"作文"构成的"经济建设即学习"隐喻;"裾野は着実に広がっている"构成的"经济发展即衣物"隐喻;"一掃する、払拭されようとしている、全て洗い出す"构成的"经济改革即清洁"隐喻;"起爆剤"构成的"经济建设即燃放烟火"隐喻;"姿を描いてまいる"构成的"经济建设即艺术创作"隐喻;"温かい風"构成的"经济发展即暖风"隐喻。[1]

---

[1] 安倍内閣総理大臣第 183 回—第 201 回施政方針演説、所信表明演説,官報(号外),東京:国立印刷局,2013/1/28,第 2—4 頁,2013/2/28,第 1—6 頁,2013/10/15,第 3—5 頁,2014/1/24,第 2—6 頁,2014/9/29,第 2—4 頁,2015/2/12,第 1—7 頁,2016/1/22,第 1—6 頁,2016/9/26,第 4—7 頁,2017/1/20,第 2—8 頁,2017/11/17,第 2—3 頁,2018/1/22,第 2—6 頁,2018/10/24,第 2—5 頁,2019/1/28,第 2—7 頁,2019/10/4,第 3—5 頁,2020/1/20,第 2—6 頁。

第二节　行政机构改革方面的隐喻性表层架构分别分析

本节拟分别细致考察和梳理战后历届政府施政报告中相关行政机构改革方面的隐喻性表层架构。

一　战后日本历任政府行政机构改革政策隐喻性表层架构分析

1. 片山内阁

片山的施政报告中相关行政机构改革方面突出了清洁架构、生产投资架构、比赛架构、建筑架构、健康架构（拟人）、旅行架构、物体架构、植物架构、渗水架构、编织架构、战争架构。主要体现为由"重複を排除する、払拭する、整理、簡素合理化、刷新"构成的"行政机构改革即清洁"隐喻；"能率増進"构成的"行政机构改革即生产活动"隐喻；"大目標"构成的"行政机构改革即比赛"隐喻；"再建編成、重点を置いておる、基礎を築き上げる、再建計画"等构成的"行政机构即建筑"隐喻；"健全化、信用を回復する、性格"构成的"行政机构即人"隐喻；"手引、進展、変転"构成的"行政机构改革即旅行"隐喻；"打破、一擲する"构成的"行政机构即物体"隐喻；"根本、根底"构成的"行政机构改革即培育植物"隐喻；"織りこみ"构成的"行政机构改革即编织"隐喻；"衝に当る、厳に守る"构成的"行政机构改革即战争"隐喻。[①]

2. 芦田内阁

芦田的施政报告中相关行政机构改革方面突出了建筑架构、旅行架构、交往架构（拟人）、战争架构、植物架构、清洁架构。主要体现为由"再建"构成的"行政机构即建筑"隐喻；"前途には幾多の難関が横たわる、乗り切らなければ前途は危うい、困難を克服する、唯一の途、危

[①] 片山内閣総理大臣第 1 回、第 2 回施政方針演説，官報（号外），東京：大蔵省印刷局，1947/7/2，第 40—45 頁，1948/1/23，第 21—24 頁。

機突破に邁進する、進退する、步まんとする道、変動期、中正な進路を失う、平和に通ずる道"构成的"行政机构改革即旅行"隐喻;"嵐の中に漂う難破船、唯一の途"构成的"行政机构改革即海上航行"隐喻;"謙虚な態度、調和と融合の精神をもって進退する覚悟、互譲の精神"构成的"行政机构即人"隐喻;"政争の休止、国民総力の結集"等构成的"行政机构改革即战争"隐喻;"根幹"构成的"行政机构改革即培育植物"隐喻;"整理"构成的"行政机构改革即清洁"隐喻。①

3. 吉田内阁

吉田的施政报告中相关行政机构改革方面突出了生产投资架构、清洁架构、旅行架构、学习架构(拟人)、自然架构、责任架构(拟人)、建筑架构、植物架构、音乐架构。主要体现为由"能率化、合理化"构成的"行政机构改革即生产活动"隐喻;"簡素化、浄化、積弊排除、整理"构成的"行政机构改革即清洁"隐喻;"一步を進める、出発点、沿う"构成的"行政机构改革即旅行"隐喻;"宿題"构成的"行政机构改革即学习"隐喻;"源"构成的"国家发展即河流"隐喻;"腐心、責任を明確にする、信を問う、興望と負託に応えんとする"构成的"行政机构即人"隐喻;"再建"构成的"行政机构即建筑"隐喻;"根本、根底を固める、根幹"构成的"行政机构改革即培育植物"隐喻;"基調"构成的"国家建设即乐曲"隐喻。②③

4. 鸠山(一郎)内阁

鸠山在施政报告中相关行政机构改革方面突出了旅行架构、性格架构(拟人)、交往架构(拟人)、身体架构(拟人)、植物架构、法律架构、

---

① 芦田内閣総理大臣第2回(常会)施政方針演説,官報(号外),東京:大蔵省印刷局,1948/3/21,第185—188頁。
② 吉田内閣総理大臣第3回(臨時会)施政方針演説(1948/11/15),内閣制度百年史編纂委員会編,歴代内閣総理大臣演説集,東京:内閣総理大臣官房,1985,第457頁。
③ 吉田内閣総理大臣第4回—第20回施政方針演説、所信表明演説,官報(号外),東京:大蔵省印刷局頁,1948/12/5,第11—15頁,1949/4/5,第101—105頁,1949/11/9,第75—77頁,1950/1/29,第131—135頁,1950/7/15,第19—20頁,1950/11/25,第27—30頁,1951/1/27,第35—41頁,1951/10/13,第11—13頁,1952/1/24,第35—37頁,1952/11/24,第34—39頁,1953/1/30,第339—347頁,1953/6/16,第71—79頁,1953/11/30,第1—3頁,1954/1/27,第30—37頁,1954/11/30,第1—7頁。

物体架构、建筑架构、清洁架构、比赛架构、音乐架构、战争架构。主要体现为由"目標、退陣、難局の打開に邁進、正常なる道を步む"构成的"行政机构改革即旅行"隐喻;"独立、信を問う、姿、友愛精神、互譲、寬容、善に陥る、謙虚な態度"构成的"国家建设即人"隐喻;"大本"构成的"行政机构改革即培育植物"隐喻;"神聖な審判を仰ぎたい"构成的"参选即接受审判"隐喻;"明朗清新なる"构成的"行政机构即物体"隐喻;"再建、基盤、基礎、土台"构成的"行政机构即建筑"隐喻;"一新する、刷新、簡素化"构成的"行政机构改革即清洁"隐喻;"運動、三つの目標を掲げる"构成的"行政机构改革即比赛"隐喻;"基調"构成的"国家建设即乐曲"隐喻;"退陣、陣営、政争、正義"构成的"行政机构改革即战争"隐喻。①

5. 石桥内阁

石桥的施政报告中相关行政机构改革方面突出了交往架构(拟人)、责任架构(拟人)、建筑架构、清洁架构、植物架构、旅行架构。主要体现为"正常化、使命、奉仕、おのおのの立場を明らかにする、相互に協力を惜しまず"构成的"行政机构即人"隐喻;"強化"构成的"行政机构改革即建筑"隐喻;"刷新"构成的"行政机构改革即清洁"隐喻;"根本、大本"构成的"行政机构改革即培育植物"隐喻;"沿い、方途、動向"构成的"行政机构改革即旅行"隐喻。②

6. 岸内阁

岸信介的施政报告中相关行政机构改革方面凸显了驱赶架构(拟人)、责任架构(拟人)、身体架构(拟人)、物体架构、建筑架构、植物架构、旅行架构、清洁架构、战争架构。主要体现为"正しい姿、自立、責任を持つ、現実を無視して足元を踏み外す"构成的"行政机构改革即人"隐喻;"清純明朗な"构成的"政治即物体"隐喻;"支柱、築き上げる、

---

① 鳩山内閣総理大臣第 21 回—第 25 回施政方針演説、所信表明演説,官報(号外),東京:大蔵省印刷局,1955/1/22,第 61—62 頁,1955/4/25,第 81—83 頁,1955/12/2,第 15—17 頁,1956/1/30,第 21—22 頁,1956/11/16,第 19—21 頁。

② 石橋内閣総理大臣第 26 回(常会)施政方針演説,官報(号外),東京:大蔵省印刷局,1957/2/4,第 19—21 頁。

基礎、基盤を固める"构成的"行政机构改革即建筑"隐喻;"根絶、根本を揺るがす、広く深く根を張る、根底"构成的"行政机构改革即培育植物"隐喻;"秩序のうちに着実な進歩を求める、回り道と思われる経路を辿る、大道を歩む"等构成的"行政机构改革即旅行"隐喻;"刷新"构成的"行政机构改革即清洁"隐喻;"暴力、敵、秩序を破壊せんとする、脅威"构成的"行政机构改革即战争"隐喻。①

7. 池田内阁

池田的施政报告中相关行政机构改革方面凸显了建筑架构、生产投资架构、植物架构、清洁架构、交往架构（拟人）、身体架构（拟人）、战争架构、旅行架构、就医架构、渗水架构、比赛架构。主要体现为"支柱を成す、温床、拡充強化、基本、基盤、三本の柱、再建、基礎を固める"构成的"行政机构即建筑"隐喻;"効率的、能率化"构成的"行政机构改革即生产活动"隐喻;"根本、大本、土壌の中に育成されつつある"构成的"行政机构改革即培育植物"隐喻;"刷新、一掃しよう、清潔な、一新する、簡素化"构成的"行政机构改革即清洁"隐喻;"協力、姿勢を正す、体質改善を行う"等构成的"行政机构即人"隐喻;"敵"构成的"行政机构改革即战争"隐喻;"発足、途上、日の当たらない谷間、苦しい道をひたむきに走ってきた"构成的"行政机构改革即旅行"隐喻;"診断機関を設ける"构成的"行政机构改革即就医"隐喻;"浸透"构成的"行政机构改革即渗水"隐喻;"陣容、目標"构成的"行政机构改革即比赛"隐喻。②

8. 佐藤内阁

佐藤在相关行政机构改革方面突出了交往架构（拟人）、责任架构

---

① 岸内閣総理大臣第26回—第34回施政方針演説、所信表明演説，官報（号外），東京：大蔵省印刷局，1957/2/27，第101—106頁，1957/11/1，第2—4頁，1958/1/29，第23—25頁，1958/6/17，第47—48頁，1958/9/30，第22—24頁，1959/1/27，第79—82頁，1959/6/25，第13—14頁，1959/10/28，第17—19頁，1960/2/1，第21—24頁。

② 池田内閣総理大臣第36回—第46回施政方針演説、所信表明演説，官報（号外），東京：大蔵省印刷局，1960/10/21，第23—26頁，1960/12/12，第21—22頁，1961/1/30，第12—15頁，1961/9/28，第19—22頁，1962/1/19，第29—32頁，1962/8/10，第19—20頁，1962/12/10，第16—18頁，1963/1/23，第16—19頁，1963/10/18，第18—21頁，1963/12/10，第15—16頁，1964/1/21，第13—15頁。

(拟人)、清洁架构、建筑架构、旅行架构、生产投资架构、物体架构、运动架构、植物架构、音乐架构、战争架构、比赛架构、自然架构。主要体现为由"使命、姿勢、若い、健全、壮年期に入る"等构成的"行政机构即人"隐喻;"簡素化、清潔、清く、刷新強化、一掃"构成的"行政机构改革即清洁"隐喻;"基盤、築く礎となるもの、枢要、柱"构成的"行政机构即建筑";"転換の時期に差し掛かる、道を開く、発足、逞しい歩みを進めたい、苦難を乗り越える、新しい出発、この試練を乗り越える、前途に横たわる幾多の困難を克服する、正しい指針を示す、誤りなく歩を進める、前途は洋々としている、前途には多くの試練が横たわっておる"构成的"行政机构改革即旅行"隐喻;"効率発揮、能率化"构成的"行政机构改革即生产活动"隐喻;"清潔な"等构成的"行政机构改革即物体"隐喻;"流動、変動、溶け込んでおる"构成的"行政机构改革即运动"隐喻;"豊かに結実する、根幹を成す、芽生える、根幹、開花せしめる"构成的"行政机构改革即培育植物"隐喻;"基調"构成的"国家建设即乐曲"隐喻;"守る"构成的"行政机构改革即战争"隐喻;"目標"构成的"行政机构改革即比赛"隐喻;"新風"构成的"行政机构改革即自然现象"隐喻。①②

9. 田中内阁

田中的施政报告中相关行政机构改革方面突出了建筑架构、健康架构(拟人)、性格架构(拟人)、责任架构(拟人)、交往架构(拟人)、身体架构(拟人)、旅行架构、就医架构、生产投资架构、自然架构、比赛架

---

① 佐藤内閣総理大臣第47回—第68回施政方針演説、所信表明演説,官報(号外),東京:大蔵省印刷局,1964/11/21,第25—26頁,1965/1/25,第16—19頁,1965/7/30,第13—15頁,1965/10/13,第23—25頁,1966/1/28,第159—162頁,1966/7/12,第11—12頁,1966/12/15,第23—25頁,1967/3/14,第27—29頁,1967/7/28,第11—12頁,1967/12/5,第19—20頁,1968/1/27,第12—15頁,1968/8/3,第19—20頁,1968/12/11,第27—28頁,1969/1/27,第11—13頁,1969/12/1,第31—32頁,1970/2/14,第23—25頁,1970/11/25,第27—28頁,1971/1/22,第15—17頁,1971/7/17,第27—28頁,1971/10/19,第20—21頁,1972/1/29,第76—79頁。

② 佐藤内閣総理大臣衆議院予算委員会佐藤内閣総理大臣の所信表明(1966/10/20),佐藤栄作述,内閣総理大臣官房編,佐藤内閣総理大臣演説集,東京:内閣総理大臣官房,1970,第113頁。

构、战争架构、体育运动架构（拟人）。主要体现为"確固たる基盤、荒廃の中、築き上げる、改造"构成的"行政机构即建筑"隐喻；"人間性、回復、責任"构成的"行政机构即人"隐喻；"困難に挑戦する、多くの障害を乗り越える、乏しきを分かち合いながら苦しい試練に耐え道を切り開く"构成的"行政机构改革即旅行"隐喻；"苦痛を伴う、処方箋"构成的"行政机构改革即就医"隐喻；"奔流、流れ"构成的"国家发展即河流"隐喻；"目標、挑戦する"构成的"行政机构改革即比赛"隐喻；"目先の利益を相争う"构成的"行政机构改革即战争"隐喻；"三段飛び"构成的"行政机构改革即体育运动"隐喻。[①]

10. 三木内阁

三木的施政报告中相关行政机构改革方面突出了建筑架构、性格架构（拟人）、身体架构（拟人）、健康架构（拟人）、交往架构（拟人）、责任架构（拟人）、植物架构、旅行架构、比赛架构、音乐架构、就医架构、战争架构、清洁架构、物体架构。主要体现为由"支える二つの柱、基本"等构成的"行政机构改革即建筑"隐喻；"自主的で責任のある、偽りのない誠実な、姿、隣人愛の精神、なれっこ、健全化、相互扶助、相互依存性"构成的"行政运行即人"隐喻；"実を結び得ない、根幹に据える、根底、新しい芽を育てる"构成的"行政机构改革即培育植物"隐喻；"歩む、この原点に立ち返る、未曾有の試練に直面しておる、スタート、再出発、転換期に立つ"构成的"行政机构改革即旅行"隐喻；"地球船という同じボートに乗る、日本丸という同じボートに乗る"构成的"行政机构改革即海上航行"隐喻；"挑戦、基本目標、ルール作りをする、三方からの競争"构成的"行政机构改革即比赛"隐喻；"基調"构成的"国家建设即乐曲"隐喻；"メスを入れる、その腐敗を摘発する、腐敗の根源を断つ"构成的"行政机构改革即就医"隐喻；"対決の場"构成的"行政机构改革即战争"隐喻；"清潔、浄化"构成的"行

---

① 田中内閣総理大臣第70回—第72回施政方針演説、所信表明演説，官報（号外），東京：大蔵省印刷局，1972/10/28，第27—29頁，1973/1/27，第35—38頁，1973/12/1，第175—179頁，1974/1/21，第8—10頁。

政机构改革即清洁"隐喻。①

11. 福田（赳夫）内阁

福田在相关行政机构改革方面凸显了旅行架构、身体架构（拟人）、成长架构（拟人）、交往架构（拟人）、责任架构（拟人）、清洁架构、机械架构、物体架构、建筑架构、战争架构、自然架构、比赛架构、生产投资架构、植物架构、就医架构。主要体现为由"転換期、進路、「日本丸」の航路を切り開く、実現に向かって前進しよう、日本丸の針路を誤らない"构成的"行政机构改革即旅行"隐喻；"対応の姿勢、断固たる態度で対処する、自主的な責任"构成的"行政机构即人"隐喻；"整理合理化、簡素化"构成的"行政机构改革即清洁"隐喻；"車の両輪"构成的"行政机构即车辆"隐喻；"基盤、基礎を固める"构成的"行政机构即建筑"隐喻；"激しい嵐の中で「日本丸」を安全に航海させ得るか否か、激流がいかに激しく、転換期の激流に竿差す、日本丸の針路を誤らないように全力を尽くす"构成的"行政机构改革即海上航行"隐喻；"守り抜く、正義を貫く"构成的"行政机构改革即战争"隐喻；"激流、流れる"构成的"国家发展即河流"隐喻；"目標"构成的"行政机构改革即比赛"隐喻；"根本、培う"构成的"行政机构改革即培育植物"隐喻；"苦痛を伴う"构成的"行政机构改革即就医"隐喻。②

12. 大平内阁

大平在施政报告中相关行政机构改革方面突出了责任架构（拟人）、性格架构（拟人）、健康架构（拟人）、交往架构（拟人）、身体架构（拟人）、清洁架构、旅行架构、生产投资架构、建筑架构、植物架构、比赛架构。主要体现为由"活力の活発な展開を促す、姿勢、責任と節度、人間性の回復、肥大化、柔軟な姿勢、驕ることなく謙虚な姿勢で、自発性

---

① 三木内閣総理大臣第74回—第78回施政方針演説、所信表明演説，官報（号外），東京：大蔵省印刷局，1974/12/14，第19—21頁，1975/1/24，第11—14頁，1975/9/16，第19—21頁，1976/1/23，第15—19頁，1976/9/24，第23—25頁。

② 福田内閣総理大臣第80回—第85回施政方針演説、所信表明演説，官報（号外），東京：大蔵省印刷局，1977/1/31，第8—11頁，1977/7/30，第20—21頁，1977/10/3，第15—17頁，1978/1/21，第43—47頁，1978/9/20，第15—17頁。

と自主性、ゆとりと活力に満ちた"构成的"行政机构即人"隐喻；"煩瑣化、簡素化、払拭、整理、刷新"构成的"行政机构改革即清洁"隐喻；"一步一步前進する、大きな曲がり角に立つ、原点、発足、進路を見定める、重責を担う、この重大な岐路、その第一步"构成的"行政机构改革即旅行"隐喻；"船出する"构成的"行政机构改革即海上航行"隐喻；"作り、効率的な"等构成的"行政机构改革即生产活动"隐喻；"建設、基本、充実、基礎、構築"构成的"行政机构即建筑"隐喻；"培う、根付かせる"构成的"行政机构改革即培育植物"隐喻；"目標"构成的"行政机构改革即比赛"隐喻。①

13. 铃木内阁

铃木相关行政机构改革方面凸显了身体架构（拟人）、旅行架构、建筑架构、清洁架构、比赛架构、生产投资架构、生命架构（拟人）、植物架构。主要体现为由"減量化、温かい思いやりに満ちた、健全性回復、落ちついた、健全な姿、思いやりとゆとりを持つ、成熟"等构成的"行政机构即人"隐喻；"原点、乗り越える、一步一步着実に進める"构成的"行政机构改革即旅行"隐喻；"基礎作り、再建、基盤を確かなものとする、地歩を築く"构成的"行政机构即建筑"隐喻；"清潔な、浄化、簡素、整理"构成的"行政机构改革即清洁"隐喻；"綱紀の粛正、公正で金のかからない、規律ある"构成的"行政机构改革即比赛"隐喻；"効率的な"构成"行政机构改革即生产活动"隐喻；"胎動"构成的"行政机构改革即孕育生命"隐喻。②

14. 中曾根内阁

中曾根相关行政机构改革方面凸显了旅行架构、身体架构（拟人）、交往架构（拟人）、责任架构（拟人）、性格架构（拟人）、健康架构（拟

---

① 大平内閣総理大臣第87回—第91回施政方針演説、所信表明演説，官報（号外），東京：大蔵省印刷局，1979/1/25，第19—22页，1979/9/3，第19—22页，1979/11/27，第19—20页，1980/1/25，第115—118页。
② 鈴木内閣総理大臣第93回—第96回施政方針演説、所信表明演説，官報（号外），東京：大蔵省印刷局，1980/10/3，第19—21页，1981/1/26，第19—22页，1981/9/28，第15—16页，1982/1/25，第51—56页。

人)、建筑架构、生产投资架构、比赛架构、自然架构、物体架构、植物架构、机械架构、战争架构、戏剧架构、音乐架构、清洁架构、就医架构。主要体现为由"重大な転換期を迎える、この風雪を突破する、進路を開拓していく、大きな転換点に立っている、どこに向かって進むべきか、新しい前進のための指針、一里塚、新しい進路への出発、推進の軌道に乗る"构成的"行政机构改革即旅行"隐喻;"適正な対応力の回復を図る、姿、思いやりと責任、責任ある実行、心の触れ合う、豊かで美しい、誇りと愛着の持てる、礼節と愛情に富んだ"构成的"行政机构即人"隐喻;"安定のための基盤を成す、構築、大きな柱、廃墟の中、確固たる基盤が構築される、再建、確固たる地盤の上"构成"行政机构即建筑"隐喻;"効率的な、総決算、作り"构成的"行政机构改革即生产活动"隐喻;"目標、公正、挑戦、試練、跳躍台、たいまつを引き渡す、先手を打つ"构成的"行政机构改革即比赛"隐喻;"風雪、新たな黎明、光、光明、潮流、兆し"构成的"行政机构改革即自然现象"隐喻;"清潔、もろもろのひずみ、核心"构成的"行政机构即物体"隐喻;"財産"构成的"国家建设即财产"隐喻;"根幹、根源、花開く、節目、花を咲かせた、根を下ろす、大本、開花、根本"构成的"行政机构改革即培育植物"隐喻;"原動力"构成的"国家建设即机器"隐喻;"有効な回路、機能"构成的"行政机构即电子产品"隐喻;"突破口"构成的"行政机构改革即战争"隐喻;"舞台"构成的"行政机构即戏剧"隐喻;"基調"构成的"国家建设即乐曲"隐喻;"整理する、順序正しく、清新の気、簡素化"构成的"行政机构改革即清洁"隐喻;"メスを入れていく"构成的"行政机构改革即就医"隐喻。[1]

15. 竹下内阁

竹下相关行政机构改革方面凸显了建筑架构、交往架构(拟人)、性格架构(拟人)、身体架构(拟人)、旅行架构、清洁架构、生产投资架

---

[1] 中曽根内閣総理大臣第97回—第109回施政方針演説、所信表明演説,官報(号外),東京:大蔵省印刷局,1982/12/3,第23—25頁,1983/1/24,第8—10頁,1983/9/10,第11—13頁,1984/2/6,第19—22頁,1985/1/25,第247—250頁,1985/10/14,第2—5頁,1986/1/27,第13—17頁,1986/9/12,第15—18頁,1987/1/26,第7—11頁,1987/7/6,第3—5頁。

构、物体架构、机械架构、比赛架构、植物架构、艺术创作架构、就医架构。主要表现为"中心、三つの柱、基盤を確固たるものにしていく、基盤をしっかりと築き上げる、基礎を成す、礎となるもの"构成的"行政机构即建筑"隐喻；"真心のこもる、自主性、自立性の強化を図る、創生、姿、心優しい"构成的"行政机构即人"隐喻；"一つの原点、力強く前進する、進む道の遠く険しき、重大な転換期、発足、幾多の困難を乗り越える、~に向かって歩む"构成的"行政机构改革即旅行"隐喻；"荒海を未知の世界に向かって漕ぎ出す"构成的"行政机构改革即海上航行"隐喻；"簡素合理化、自浄能力払拭"构成的"行政机构改革即清洁"隐喻；"総点検、創造する、作り"构成的"行政机构改革即生产活动"隐喻；"ひずみ"构成的"行政机构即物体"隐喻；"基軸"构成的"行政机构即机器"隐喻；"流れ"构成"国家发展即河流"隐喻；"車の両輪"构成的"行政机构即车辆"隐喻；"先駆けた挑戦を繰り返す、目標に向け前進する"构成的"行政机构改革即比赛"隐喻；"根付いた、大きく伸ばし育てる"构成的"行政机构改革即培育植物"隐喻；"青写真を作る、人間味溢れた故郷像を描く"构成的"行政机构即艺术作品"隐喻；"痛みを伴う"构成的"行政机构改革即就医"隐喻。[①]

16. 宇野内阁

宇野的施政报告中相关行政机构改革方面突出了旅行架构、建筑架构、身体架构（拟人）、性格架构（拟人）、清洁架构、比赛架构、生产投资架构、物体架构。主要体现为由"大きな岐路に立つ、これらの理念と方向に沿う、道、発足、第一歩を踏み出す、第一段階、原点に立ち戻る"构成的"行政机构改革即旅行"隐喻；"築き上げる、基盤を揺るぎなきもの"构成的"行政机构即建筑"隐喻；"活性化、自主的、自立的な、効率のよい活力に溢れる、視点を新たにする、依存体質から脱却する、スリムな、誠実で明快な"构成的"行政机构即人"隐喻；"清潔、簡素、整理合理化"构成的"行政机构改革即清洁"隐喻；"目標の達

[①] 竹下内閣総理大臣第111回—第114回施政方針演説、所信表明演説，官報（号外），東京：大蔵省印刷局，1987/11/27，第3—5頁，1988/1/25，第11—14頁，1988/7/29，第32—35頁，1989/2/10，第21—25頁。

成"构成的"行政机构改革即比赛"隐喻；"効率のよい、効率的な、効率化"构成的"行政机构改革即生产活动"隐喻；"均衡ある"构成的"国家建设即保持平衡状态"隐喻。①

17. 海部内阁

海部相关行政机构改革方面凸显了建筑架构、旅行架构、身体架构（拟人）、交往架构（拟人）、性格架构（拟人）、植物架构、比赛架构、物体架构、音乐架构、战争架构、生产投资架构、就医架构、机械架构、自然架构。主要体现为由"中心、基礎、新しい秩序を築く、構築、基本、基盤の強化、基盤を確固たるものとしていく"构成的"行政机构即建筑"隐喻；"邁進する、あらゆる段階で、旗印、原点に立ち返る、第一步、基本路線、変動期を迎えている、進むべき針路に誤りなきを期していく"构成的"行政机构改革即旅行"隐喻；"公正さ、信頼、一辺倒に陥らず、ゆとりがあり、文化の薫り溢れる、心が通い合う、生きがいのある、性格、姿"构成的"行政机构即人"隐喻；"実のある、大きな節目、根底を支える、実を結んだ、根本、根の強い、根幹"构成的"行政机构改革即培育植物"隐喻；"金のかからない、公正、目標"构成的"行政机构改革即比赛"隐喻；"跳躍台"等构成的"行政机构即物体"隐喻；"基調"构成的"国家建设即乐曲"隐喻；"第一弾、戦略"构成的"行政机构改革即战争"隐喻；"痛みを伴う、この痛みを乗り越える"构成的"行政机构改革即就医"隐喻；"機能"构成的"行政机构即机器"隐喻。②

18. 宫泽内阁

宫泽相关行政机构改革方面凸显了植物架构、清洁架构、生产投资架构、物体架构、旅行架构、建筑架构、比赛架构、身体架构（拟人）、性格架构（拟人）、健康架构（拟人）、交往架构（拟人）、自然架构、培育架构、就医架构。主要体现为由"根本、根幹、花開く"构成的"行政机

---

① 宇野内閣総理大臣第114回（常会）所信表明演説，官報（号外），東京：大蔵省印刷局，1989/6/5，第565—568頁。
② 海部内閣総理大臣第116回—第121回施政方針演説、所信表明演説，官報（号外），東京：大蔵省印刷局，1989/10/2，第15—18頁，1990/3/2，第3—6頁，1990/10/12，第2—4頁，1991/1/25，第3—7頁，1991/8/5，第5—7頁。

构改革即培育植物"隐喻;"簡素"构成的"行政机构改革即清洁"隐喻;"効率的、作り、創生"构成的"行政机构改革即生产活动"隐喻;"打破、ひずみや歪み、綻びが出る、仕組みを作る、透明性、核"构成的"行政机构即物体"隐喻;"本格的な第一歩を踏み出す、岐路に立たされる、目途、転換点にある、進むべき方向を明確にする、出発点、新たな発展の道を切り開く、先導役"构成的"行政机构改革即旅行"隐喻;"構築、基本、構造、基盤を強めていく、礎を築く、基盤作り"构成的"行政机构即建筑"隐喻;"公正・透明、目標"构成的"行政机构改革即比赛"隐喻;"姿勢、活力と潤いに満ちた、品格ある、姿、信頼回復"构成的"行政机构即人"隐喻;"大きく流れを変えよう、大きな流れ、人・物・情報の流れが全国的に及ぶ"构成的"国家发展即河流"隐喻;"育む"构成的"国家建设即孕育生命"隐喻;"痛みを伴う、メスを入れる"构成的"行政机构改革即就医"隐喻。①

19. 细川内阁

细川施政报告中相关行政机构改革方面凸显了旅行架构、物体架构、交往架构(拟人)、责任架构(拟人)、重生架构(拟人)家庭架构(拟人)、植物架构、建筑架构、清洁架构、生产投资架构、编织架构、机械架构、烟火架构、比赛架构、就医架构、自然架构、战争架构。主要体现为由"重要な第一歩、歴史の一つの通過点、新しい歴史の出発点、旗印、大きな曲がり角に来ている、進路、導く、原点"等构成的"行政机构改革即旅行"隐喻;"帆、風、船、海"等构成的"行政机构改革即海上航行"隐喻;"打破"构成的"行政机构即物体"隐喻;"関係改善、毅然たる態度で臨む、着手する、責任ある、対立から対話へ、相互不信から相互信頼へ"构成的"行政机构即人"隐喻;"族議員"构成的"政治即家庭"隐喻;"根幹にまで及ぶ、根絶する、実のある、節目、根底、結実"等构成的"行政机构改革即培育植物"隐喻;"上に築かれたもの、温床、土台、基礎を築く、構造、基本、構築"等构成的"行政机构即建

---

① 宮澤内閣総理大臣第122回—第126回施政方針演説、所信表明演説,官報(号外),東京:大蔵省印刷局,1991/11/8,第1—3頁,1992/1/24,第3—8頁,1992/10/30,第2—5頁,1993/1/22,第2—6頁。

筑"隐喻;"刷新、虚飾を排する、不透明感を払拭する、明るい兆しが見られる、不透明感、閉塞感が拭い切れず"等构成的"行政机构改革即清洁"隐喻;"利益を第一とする、質の高い"等构成的"行政机构改革即生产活动"隐喻;"編み出す"构成的"行政运行即编织"隐喻;"機能不全に陥りかねない"构成的"行政机构即机器"隐喻;"起爆剂"构成的"行政机构改革即燃放烟火"隐喻;"中長期的な目標に向かって着実に歩みを進めていく、目標に向かって脇目も振らずにひたすら走り続ける、新たな変革に挑戦してまいりたい、公正"等构成的"行政机构改革即比赛"隐喻;"メスを入れる"构成的"行政机构改革即就医"隐喻;"源泉"构成的"国家发展即河流"隐喻;"戦略"构成的"行政机构改革即战争"隐喻。①

20. 羽田内阁

羽田施政报告中相关行政机构改革方面凸显了自然架构、生命架构（拟人）、旅行架构、图形架构、战争架构、交往架构（拟人）、责任架构（拟人）、比赛架构、清洁架构、建筑架构、传递火炬架构、植物架构、生产投资架构、就医架构、烹饪架构、平衡架构。主要体现为由"新しい風"构成的"行政机构改革即自然现象"隐喻;"大きな流れ、いたずらに流れに逆らっても、いたずらに流れに身を委ねている"构成的"国家发展即河流"隐喻;"指導力、血につながる政治、心につながる政治、普通の言葉の通じる政治、「協調」の姿勢を重視した"构成的"行政机构即人"隐喻;"向かうべき進路、旗を掲げる、懸命に前進を続ける、退陣、旗を受け継ぐ、先頭に立つ、難局に挫けず、軌道に乗せる、第一歩、岐路に立つ、回り道、方向性、行き詰まらせる"构成的"行政机构改革即旅行"隐喻;"うねり"构成的"行政机构改革即海上航行"隐喻;"縦割り"构成的"行政运行即图形"隐喻;"退陣、新たな陣容、衝突"构成的"行政机构改革即战争"隐喻;"目標"构成的"行政机构改革即比赛"隐喻;"弊害除去、整理合理化、簡素化、透明化"构成的

---

① 細川内閣総理大臣第127回—第129回施政方針演説、所信表明演説，官報（号外），東京：大蔵省印刷局，1993/8/23，第1—3頁，1993/9/21，第2—5頁，1994/3/4，第1—8頁。

"行政机构改革即清洁"隐喻;"強化、構築"构成的"行政机构即建筑"隐喻;"灯し続けてきた火をここで絶やす"构成的"行政机构改革即传递火炬"隐喻;"根絶、実りはなく"构成的"行政机构改革即培育植物"隐喻;"効率化、運営"构成的"行政机构改革即生产活动"隐喻;"大きな痛みと困難を乗り越える"构成的"行政机构改革即就医"隐喻;"煮詰め"构成的"行政机构改革即烹饪"隐喻;"均衡の取れた体系"构成的"行政机构即保持平衡状态"。①

21. 村山内阁

村山施政报告中相关行政机构改革方面突出了建筑架构、旅行架构、身体架构(拟人)、交往架构(拟人)、责任架构(拟人)、性格架构(拟人)、健康架构(拟人)、战争架构、音乐架构、机械架构、植物架构、自然架构、清洁架构、比赛架构、图形架构、物体架构、诞生架构(拟人)、身体运动架构(拟人)、生产投资架构。主要体现为由"三つの大きな柱、中心に置く、基本、構造変化、強化、充実、土台、構築、基本、扉を開く"构成的"行政机构即建筑"隐喻;"大きな転換期、別の道を歩んできた、先導役を担う、道を邁進したい、進路、出発点、原点に立ち返る、強力な指導力"构成的"行政机构改革即旅行"隐喻;"舵取り役"构成的"行政机构改革即海上航行"隐喻;"基本姿勢、人に優しい政治、先導役を担う、強力な指導力を発揮する、個性溢れる、胸を張って責任を持てる"构成的"行政机构即人"隐喻;"長く相対峙する、陣容"构成的"行政机构改革即战争"隐喻;"終止符を打つ"构成的"国家建设即乐曲"隐喻;"軸足を置く、歯車が噛み合う、基軸"构成的"行政机构即机器"隐喻;"根付かせていく、結実させていける、節目、実のある、根本"构成的"行政机构改革即培育植物"隐喻;"地殻変動"构成的"行政改革即地震"隐喻"流れ"构成的"国家发展即河流"隐喻;"簡素、弊害の排除、整理合理化、簡素化、払拭する、浄化"构成的"行政机构改革即清洁"隐喻;

---

① 羽田内閣総理大臣第129回(常会)所信表明演説,官報(号外),東京:大蔵省印刷局,1994/5/10,第1—3頁。

"公正かつ透明な、目標、許し難い挑戦、競争に鎬を削る"构成的"行政机构改革即比赛"隐喻;"縦割り"构成的"行政运行即图形"隐喻;"腐敗防止"构成的"国家建设即物体"隐喻;"飛躍、助走"构成的"行政机构改革即体育运动"隐喻;"貴重な資産の浪費、貴重な財産"构成的"行政机构即财产"隐喻;"誕生、産み、生み出す"构成的"行政机构改革即孕育生命"隐喻;"作り、創造する、創出する"构成的"行政机构改革即生产活动"隐喻。①

22. 桥本内阁

桥本施政报告中相关行政机构改革方面突出了旅行架构、比赛架构、建筑架构、生产投资架构、植物架构、机械架构、物体架构、身体架构(拟人)、责任架构(拟人)、性格架构(拟人)、重生架构(拟人)、自然架构、清洁架构、饮食架构、数学运算架构、戏剧架构、战争架构。主要体现为由"複雑多岐にわたる、大きな転換点に差しかかっている、方向づけを行う、困難を乗り越えるリーダーシップを発揮する、歩みを緩める、先延ばしにする、進むべき方向を見据える"构成的"行政机构改革即旅行"隐喻;"目標、限界、新たな挑戦、平等性"构成的"行政机构改革即比赛"隐喻;"中心、礎を築く、対立構造、強化、再建、かけ橋、改造、基盤を強化する、基礎を支える"构成的"行政机构即建筑"隐喻;"効率化"构成的"行政机构改革即生产活动"隐喻;"根絶、実を結ぶ、根を下ろした、根本"等构成的"行政机构改革即培育植物"隐喻;"有効に機能する"构成的"行政机构即机器"隐喻;"中核、手に入れる、目に見える形"等构成的"行政机构即物体"隐喻;"姿、困難を乗り越えるリーダーシップを発揮する、生命をかける、責任、活力ある、活気と自信に溢れる"构成的"行政机构即人"隐喻;"流れ、潮流を先取りする、荒波に晒される"等构成的"国家发展即河流"隐喻;"浄化、簡素"构成的"行政机构改革即清洁"隐喻;"受け皿"构成的"行政机构改革即餐桌活动"隐喻;"相乗効果、縦軸"构成"行政机构

---

① 村山内閣総理大臣第 130 回—第 134 回施政方針演説、所信表明演説,官報(号外),東京:大蔵省印刷局,1994/7/18,第 2—6 頁,1994/9/30,第 3—6 頁,1995/1/20,第 2—8 頁,1995/9/29,第 4—7 頁。

改革即数学运算"隐喻;"幕開け"构成的"行政机构改革即戏剧"隐喻;"緊急事態、守る"构成"行政机构改革即战争"隐喻;"土壤"构成的"行政机构改革即自然现象"隐喻;"傘"构成的"国家即伞"隐喻;"潮流変化、潮流を先取りする、荒波に晒される"构成的"行政机构改革即海上航行"隐喻;"痛み"构成的"行政机构改革即就医"隐喻。①

23. 小渊内阁

小渊施政中相关行政机构改革方面凸显了建筑架构、旅行架构、物体架构、机械架构、比赛架构、身体架构(拟人)、性格架构(拟人)、战争架构、戏剧架构、自然架构、植物架构、生产投资架构、图形架构。主要体现为由"構築、基礎を支える、確固たるものにするための基本、力強い基礎的条件、実に強固な基盤、築く、基盤を整える、第一の柱、かけ橋を築く、確固たる基盤"构成的"行政机构即建筑"隐喻;"その先頭に立つ、邁進する、現下の最善の道、現在の厳しい状況を乗り切る、再び力強く前進する、大転換の時期"构成的"行政机构改革即旅行"隐喻;"舵取り役"构成的"行政机构改革即海上航行"隐喻;"表裏一体"构成的"行政机构即物体"隐喻;"機能の強化、機能を的確に果たす、健全に機能する"构成的"行政机构即机器"隐喻;"再挑戦、二つの具体的目標を掲げたい、挑戦、追いつき追い越せを目標に努力を重ねる"等构成的"行政机构改革即比赛"隐喻;"活性化、スリム、あるべき姿、明るく活力のある、魅力ある、品格ある、足音"等构成的"行政机构即人"隐喻;"戦略"构成的"行政机构改革即战争"隐喻;"幕開け"构成的"行政机构改革即戏剧"隐喻;"風が吹き始めておる"构成的"行政机构改革即自然现象"隐喻;"根本、花を咲かせる、種を播く"构成的"行政机构改革即培育植物"隐喻;"利害"构成的"行政机构改革即生产活动"隐喻;"縦の関係ではなく横の関係となる"构成的"行政机

---

① 橋本内閣総理大臣第 136 回—第 142 回施政方針演説、所信表明演説,官報(号外),東京:大蔵省印刷局,1996/1/22,第 2—11 頁,1996/11/29,第 2—4 頁,1997/1/20,第 2—5 頁,1997/9/29,第 2—4 頁,1998/2/16,第 1—4 頁。

构即图形"隐喻。①

24. 森内阁

森喜朗施政中相关行政机构改革方面突出了图形架构、旅行架构、身体架构（拟人）、性格架构（拟人）、交往架构（拟人）、重生架构（拟人）、责任架构（拟人）、建筑架构、就医架构、战争架构、比赛架构、清洁架构、物体架构、植物架构、戏剧架构、机械架构、烹饪架构、诞生架构（拟人）、身体运动架构（拟人）、生产投资架构。主要体现为由"横断的"构成的"行政运行即图形"隐喻；"手を携えて進んでまいる、現下の難局に全力で取り組む、一身に担ってまいる、発足、進路を開く、大いなる飛躍がある、一定の方向性が示される、第一步を踏み出す、目途"构成的"行政机构改革即旅行"隐喻；"スリム化、信頼、自主性、自立性、個性的で魅力のある、心の豊かな美しい、姿、崇高な使命、新生"构成的"行政机构即人"隐喻；"構造、柱、再構築、礎を築く、基盤、閉塞感、基本"构成的"行政机构即建筑"隐喻；"痛み"构成的"行政机构改革即就医"隐喻；"戦略、革命、退陣"构成构成的"行政机构改革即战争"隐喻；"果敢に挑戦する、世界最先端、目標"构成的"行政机构改革即比赛"隐喻；"刷新"构成的"行政机构改革即清洁"隐喻；"継承"构成的"行政机构即物体"隐喻；"かけがえのない財産"构成的"行政机构即财产"隐喻；"根差した、根幹"构成的"行政机构改革即培育植物"隐喻；"幕開け"构成的"行政机构改革即戏剧"隐喻；"原動力"构成的"行政机构即车辆"隐喻；"有効に機能する、歯車を一つ一つ着実に前進させる"构成的"行政机构即机器"隐喻；"煮詰め"构成的"行政机构改革即烹饪"隐喻；"古い殻を破る"构成的"行政机构改革即孕育生命"隐喻；"キックオフ、重いボールを持つ、ゴールポストを目指して走り続ける"构成的"行政机构改革即体育运动"隐喻。②

---

① 小渕内閣総理大臣第143回—第147回施政方針演説、所信表明演説，官報（号外），東京：大蔵省印刷局，1998/8/7，第3—5頁，1998/11/27，第2—4頁，1999/1/19，第2—5頁，1999/10/29，第2—4頁，2000/1/28，第1—4頁。

② 森内閣総理大臣第147回—第151回施政方針演説、所信表明演説，官報（号外），東京：大蔵省印刷局，2000/4/7，第1—3頁，2000/7/28，第2—5頁，2000/9/21，第2—6頁，2001/1/31，第4—9頁。

25. 小泉内阁

小泉的施政报告中相关行政机构改革方面凸显了施工架构、建筑架构、身体架构（拟人）、责任架构（拟人）、交往架构（拟人）、健康架构（拟人）、重生架构（拟人）、旅行架构、物体架构、战争架构、孕育架构（拟人）、比赛架构、机械架构、自然架构、生产投资架构、清洁架构、植物架构、物理现象架构、就医架构、饮食架构、身体运动架构（拟人）、演出架构、运动架构。主要体现为由"改革工程表、具体的な実施時期、進捗状況を評価点検"构成的"行政机构改革即工程活动"隐喻；"構造、閉塞感が充満する、改造、安定した基盤、再構築、安定を支える、三本柱、基本、支え合う、基礎となるもの、再建"构成的"行政机构即建筑"隐喻；"恐れず・ひるまず・とらわれずの姿勢を貫く、痛みを分かち合う、復活、姿勢、再生、自立"构成的"行政机构即人"隐喻；"目標、チャレンジ支援策、路線を確固たる軌道に乗せる、大きな一歩を踏み出す、目途がつく、軌道に乗せる、転換、原点"构成的"行政机构改革即旅行"隐喻；"透明性"构成的"行政机构即物体"隐喻；"作戦、支援、戦略、敢然と闘う、守る、難局に立ち向かう"等构成的"行政机构改革即战争"隐喻；"育む"构成的"行政机构改革即孕育生命"隐喻；"公正性、目標、再挑戦、明確なルール、新しい挑戦、失敗しても次の成功への挑戦と受けとめる、競争力を強化する"等构成的"行政机构改革即比赛"隐喻；"原動力"构成的"行政机构即车辆"隐喻；"機能"构成的"行政机构即机器"隐喻；"流れ"构成的"国家发展即河流"隐喻；"対等な立場で競争する、質の高い"构成的"行政机构改革即生产活动"隐喻；"簡素、整理、一新する、一掃"构成的"行政机构改革即清洁"隐喻；"根本、根差した、芽が様々な分野で大きな木に育ちつつある、大きな果実を生む、種を播く、芽が出てきた、芽を大きな木に育てる、芽生え、根絶、根幹を揺るがす"等构成的"行政机构改革即培育植物"隐喻；"てこ"构成的"行政机构改革即物理现象"隐喻；"メスを入れる"构成"行政机构改革即就医"隐喻；"手足を縛って泳げる、スタートを切る"构成的"行政机构改革即体育运动"隐喻；"負の遺産"构成的"行政机构即财产"隐喻；"風"构成"国家建设即自然现

象"隐喻;"背景、本番"构成的"行政机构改革即演出"隐喻;"肥大化し硬直化する、縮小"构成的"行政机构改革即运动"隐喻。①

26. 安倍内阁（第一次执政）

安倍施政报告中相关行政机构改革方面凸显了就医架构、光照架构、性格架构（拟人）、身体架构（拟人）、交往架构（拟人）、责任架构（拟人）、重生架构（拟人）、身体运动架构（拟人）、旅行架构、物体架构、建筑架构、数学运算架构、比赛架构、燃烧架构、清洁架构、生产投资架构、战争架构、自然架构、施工架构、植物架构、机械架构、健身架构。主要体现为由"痛みを伴う"构成的"行政机构改革即就医"隐喻;"影の部分にきちんと光を当てる"构成"行政机构改革即光照现象"隐喻;"優しさと温もりを感じられる、理想、活力とチャンスと優しさに満ち溢れる、自律の精神を大事にする、姿、規律を知る、リーダーシップのある、魅力"等构成的"行政机构即人"隐喻;"全力投球する"构成的"行政机构改革即体育运动"隐喻;"厳しい時期を乗り越える、出発点に立つ、長い停滞のトンネルを抜け出す、一つ一つスピード感を持つ、目途、指針、先頭に立つ、再スタートさせる"构成的"行政机构改革即旅行"隐喻;"新たな船出、荒波に耐え得る"构成的"行政机构改革即海上航行"隐喻;"形、破綻、核心"等构成的"行政机构即物体"隐喻;"安定した基盤、焼け跡、基本的枠組み、改造、構築、基盤、土台"等构成的"行政机构即建筑"隐喻;"相乗効果"构成的"行政机构改革即数学运算"隐喻;"スピード感、全身全霊を傾けて挑戦していく、勝ち組と負け組が固定化せず"等构成的"行政机构改革即比赛"隐喻;"炎を燃やし続ける"构成的"行政机构改革即燃烧"隐喻;"簡素、刷新"构成的"行政机构改革即清洁"隐喻;"無駄、非効率、作り"构成的"行政机构改革即生产活动"隐喻;"戦略的、重点を予防に移す、戦略、

---

① 小泉内閣総理大臣第151回—第164回施政方針演説、所信表明演説，官報（号外），東京：財務省印刷局，2001/5/7，第1—3頁，2001/9/27，第2—5頁，2002/2/4，第1—5頁，2002/10/18，第2—4頁，2003/1/31，第1—4頁，2003/9/26，第2—4頁，2004/1/19，第2—6頁，2004/10/12，第2—5頁，2005/1/21，第3—7頁，2005/9/26，第3—4頁，2006/1/20，第2—8頁。

指针"等构成的"行政机构改革即战争"隐喻;"源"构成的"国家发展即河流"隐喻;"工程表"构成的"行政机构改革即工程活动"隐喻;"果实"构成的"行政机构改革即培育植物"隐喻;"機能を抜本的に強化する"构成的"行政机构即机器"隐喻;"筋肉質、徹底して贅肉を削ぎ落す"构成的"行政机构改革即健身"隐喻。①

27. 福田（康夫）内阁

福田施政报告中相关行政机构改革方面凸显了旅行架构、成长架构（拟人）、身体架构（拟人）、交往架构（拟人）、清洁架构、生产投资架构、物体架构、比赛架构、战争架构、建筑架构、戏剧架构、机械架构、孕育架构、图像架构、筑巢架构。主要体现为由"大きな転換期、続行、乗り越える、道を一歩一歩着実に歩んでいる、全力で邁進する、スタート、発足、指針"构成的"行政机构改革即旅行"隐喻;"舵取り役、潮流"构成的"行政机构改革即海上航行"隐喻;"安定した成長、信頼を取り戻す、姿、温もりのある"构成的"行政机构即人"隐喻;"簡素"构成的"行政机构改革即清洁"隐喻;"非効率"构成的"行政机构改革即生产活动"隐喻;"本来の形に戻す、透明性"等构成的"行政机构即物体"隐喻;"逆転する、行動指針、目標の達成"构成的"行政机构改革即比赛"隐喻;"作戦、守る、闘う最も強力な武器"构成的"行政机构改革即战争"隐喻;"基本、構築、窓口、基礎、廃墟、基盤を支える"构成的"行政机构即建筑"隐喻;"主役、舞台"构成的"行政机构改革即戏剧"隐喻;"車の両輪"构成的"行政机构即车辆"隐喻;"育む"构成的"行政机构改革即孕育生命"隐喻;"具体像"构成的"行政机构改革即拍照"隐喻;"巢"构成的"行政机构改革即筑巢"隐喻。②

28. 麻生内阁

麻生施政报告中相关行政机构改革方面凸显了旅行架构、性格架构（拟人）、责任架构（拟人）、重生架构（拟人）、生产投资架构、清洁架

---

① 安倍内閣総理大臣第165回—第168回施政方針演説、所信表明演説，官報（号外），東京：国立印刷局，2006/9/29，第1—4頁，2007/1/26，第3—7頁，2007/9/10，第2—5頁。

② 福田内閣総理大臣第168回、第169回所信表明演説、施政方針演説，官報（号外），東京：国立印刷局，2007/10/1，第1—3頁，2008/1/18，第2—6頁。

构、建筑架构、自然架构、物体架构、战争架构、比赛架构、就医架构、植物架构。主要体现为由"一身を投げ打って邁進する、率いる"构成的"行政机构改革即旅行"隐喻;"潮目、津波"构成的"行政机构改革即海上航行"隐喻;"温かい、難局に臨んで動じず、域の活力を呼び覚ます、誇りと活力を持つ、再生"构成的"行政机构即人"隐喻;"無駄を省く、効率化"等构成的"行政机构改革即生产活动"隐喻;"簡素"构成的"行政机构改革即清洁"隐喻;"規模を縮小する、基盤、土台が揺らぐ、構造、再建、基本"构成的"行政机构即建筑"隐喻;"大河、奔流の勢いを呈する"构成的"国家发展即河流"隐喻;"縄の如き連綿たる集積、盤石"等构成的"行政机构即物体"隐喻;"粉骨砕身、戦略、危機、攻防"构成的"行政机构改革即战争"隐喻;"ルールを打ち立てる、信賞必罰で臨む、競争に取り残された、再び挑戦できる"等构成的"行政机构改革即比赛"隐喻;"処方箋"构成的"行政机构改革即就医"隐喻;"節目"构成的"行政机构改革即培育植物"隐喻。[①]

29. 鸠山(由纪夫)内阁

鸠山施政报告中相关行政机构改革方面突出了旅行架构、身体架构(拟人)、交往架构(拟人)、责任架构(拟人)、重生架构(拟人)、建筑架构、图形架构、清洁架构、战争架构、植物架构、机械架构、物体架构、戏剧架构、比赛架构、行政规划架构、施工架构。主要体现为由"発足、率先する、百八十度転換させる、執行、断行、第一步、先頭に立って走る、道を辿る、岐路に立っている、正しい道を歩んでいける"构成的"行政机构改革即旅行"隐喻;"骨格、もたれ合いの関係、しがらみ、不信、信頼を回復する、主導、姿、自立と共生、再生"构成的"行政机构即人"隐喻;"枠組み、構造、再建、充実強化、架け橋、基本、崩壊寸前、基盤作り、ピラミッド体系、一丁目一番地"构成的"行政机构即建筑"隐喻;"縦割り"构成的"行政运行即图形"隐喻;"垣根を排する、大掃除、刷新"构成的"行政机构改革即清洁"隐喻;"全力を振り

---

① 麻生内閣総理大臣第170回、第171回所信表明演説、施政方針演説,官報(号外),東京:国立印刷局,2008/9/29,第2—4頁,2009/1/28,第2—5頁。

絞ってお互いに戦う、戦略的、守る、生存に関わる脅威に直面する、無血の平成維新"等构成的"行政机构改革即战争"隐喻；"育む、根幹"构成的"行政机构改革即培育植物"隐喻；"原動力"构成的"行政机构即车辆"隐喻；"機能"构成的"行政机构即机器"隐喻；"絆、形、盤石、中核"构成的"行政机构即物体"隐喻；"主役"构成的"行政机构改革即戏剧"隐喻；"勝るとも劣らない大きな挑戦"构成的"行政机构改革即比赛"隐喻；"一丁目一番地"构成的"行政机构改革即行政规划"隐喻；"工程表"构成的"行政机构改革即工程活动"隐喻。①

30. 菅内阁

菅直人施政报告中相关行政机构改革方面凸显了旅行架构、生产投资架构、建筑架构、清洁架构、物体架构、身体架构（拟人）、健康架构（拟人）、交往架构（拟人）、重生架构（拟人）、植物架构、自然架构、比赛架构、战争架构、机械架构、戏剧架构。主要体现为由"原点に立ち返る、この目標に向けて邁進する、続行、貫徹、逆行、寄り添い・伴走型支援、この限界を乗り越える、段階"构成的"行政机构改革即旅行"隐喻；"無駄の削減"构成的"行政机构改革即生产活动"隐喻；"閉塞状況を打ち破ってほしい、地盤、密室性の打破、立て直す、新しい設計図、一刻も早く構築する、基盤整備、改造、枠、柱、枠組みをしっかり築く"构成的"行政机构即建筑"隐喻；"刷新、大掃除"构成的"行政机构改革即清洁"隐喻；"金のかからないクリーンな、透明性、試金石"等构成的"行政机构即物体"隐喻；"信頼を回復する、元気な日本を復活させる、姿"等构成的"行政机构即人"隐喻；"草の根、根絶、培う"等构成的"行政机构改革即培育植物"隐喻；"飛び込む"构成的"行政机构改革即大海"隐喻；"この目標に向けて邁進する、この限界を乗り越える、目標を掲げる、挑む"等构成的"行政机构改革即比赛"隐喻；"反発や抵抗"构成的"行政机构改革即战争"隐喻；"機能向上"构成的"行政机构即机器"隐喻；"主役"构成的"行政机构改革即戏

---

① 鳩山内閣総理大臣第173回、第174回所信表明演説、施政方針演説，官報（号外），東京：国立印刷局，2009/10/26，第2—7頁，2010/1/29，第1—7頁。

剧"隐喻。①

31. 野田内阁

野田施政报告中相关行政机构改革方面凸显了旅行架构、性格架构（拟人）、交往架构（拟人）、身体运动架构（拟人）、责任架构（拟人）、生产投资架构、建筑架构、物体架构、植物架构、比赛架构、清洁架构、战争架构、就医架构、行政规划架构、重生架构（拟人）。主要体现为由"歩みを止めていない、目の前の危機を乗り越える、原点に立ち返る、力を合わせてこの危機に立ち向かおう、先頭に立つ"构成的"行政机构改革即旅行"隐喻；"信用、温もりある、胸襟を開いて話し合う、信頼の回復に努める"构成的"行政机构即人"隐喻；"無駄遣い、無駄削減、効率的で質の高い"构成的"行政机构改革即生产活动"隐喻；"機能の最適化"构成的"国家建设即机器运转"隐喻；"積み重ね、支えられている、安定の基礎、中間層、道、建て直し、再構築"等构成的"行政机构即建筑"隐喻；"綻び、襷、質の高い、複雑に絡み合った糸"等构成的"行政机构即物体"隐喻；"根底、根絶、種を播く、芽をみんなで大きく育てる、花"等构成的"行政机构改革即培育植物"隐喻；"挑戦する"构成的"行政机构改革即比赛"隐喻；"刷新"构成的"行政机构改革即清洁"隐喻；"戦う、正念場、試練を乗り越える、将来を憂える危機感、切迫した使命感、取り返しのつかない禍根を残してしまう、権力闘争に果てしない"等构成的"行政机构改革即战争"隐喻；"具体的な処方箋"构成的"行政机构改革即就医"隐喻；"舵取り"构成的"行政机构改革即海上航行"隐喻；"一丁目一番地"构成的"行政机构改革即行政规划"隐喻；"再生"构成的"行政机构改革即重生"隐喻。②

32. 安倍内阁（第二次执政）

安倍施政报告中相关行政机构改革方面突出了比赛架构、建筑架构、机

---

① 菅内閣総理大臣第174回—第177回施政方針演説、所信表明演説，官報（号外），東京：国立印刷局，2010/6/11，第1—5頁，2010/10/1，第3—5頁，2011/1/24，第2—6頁。
② 野田内閣総理大臣第178回—第181回施政方針演説、所信表明演説，官報（号外），東京：国立印刷局，2011/9/13，第3—6頁，2011/10/28，第1—3頁，2012/1/24，第2—7頁，2012/10/29，第2—6頁。

械架构、旅行架构、战争架构、植物架构、成长架构（拟人）、身体架构（拟人）、重生架构（拟人）、戏剧架构、生产投资架构、清洁架构、身体运动架构（拟人）。主要体现为由"一途を辿る、発足、前進する、残す唯一の道、いまだ道半ば、この道を迷わずに進む"构成的"行政机构改革即旅行"隐喻；"肥大化、力強く成長する姿、新しく生まれ変わる、総力を挙げる、創生"构成的"行政运行即人"隐喻；"基盤、基礎、再建、構築、橋を架ける、壁、土俵"构成的"行政机构即建筑"隐喻；"機能が機動的に発揮できる"构成的"行政运行即机器"隐喻；"果敢に挑戦する、目標、力強いエールを送ってくれる、本格スタートする、全力で走り続ける、新たなスタートを切る、その大きな目標に向かう、加速する"等构成的"行政机构改革即比赛"隐喻；"生命・財産を守り抜く、闘い続ける、脅かしている数々の危機を何としても突破する、現下の危機突破に邁進、危機管理、戦略"等构成的"行政机构改革即战争"隐喻；"舵取りを司る"构成的"行政机构改革即海上航行"隐喻；"芽生えている、開花させる"构成的"行政机构改革即培育植物"隐喻；"新しく生まれ変わる"构成的"行政机构改革即重生"隐喻；"舞台、幕を開ける、幕が開く、主役"构成的"行政机构改革即戏剧"隐喻；"徹底的な効率化、生産性向上"构成的"行政机构改革即生产活动"隐喻；"原動力"构成的"行政机构即车辆"隐喻；"一掃"构成的"行政机构改革即清洁"隐喻；"矢"构成的"行政机构改革即身体运动"隐喻。①

第三节　教育方面的隐喻性表层架构分别分析

本节拟分别细致考察和梳理战后历届政府施政报告中相关教育方面的隐喻性表层架构。

---

① 安倍内阁总理大臣第183回—第201回施政方针演说、所信表明演说，官报（号外），东京：国立印刷局，2013/1/28，第2—4页，2013/2/28，第1—6页，2013/10/15，第3—5页，2014/1/24，第2—6页，2014/9/29，第2—4页，2015/2/12，第1—7页，2016/1/22，第1—6页，2016/9/26，第4—7页，2017/1/20，第2—8页，2017/11/17，第2—3页，2018/1/22，第2—6页，2018/10/24，第2—5页，2019/1/28，第2—7页，2019/10/4，第3—5页，2020/1/20，第2—6页。

一 战后日本历任政府教育政策隐喻性表层架构分析

1. 片山内阁

片山在报告中突出了清洁架构、生产投资架构、建筑架构、旅行架构，主要体现为由"刷新"构成的"教育改革即清洁"隐喻；"振兴"构成的"教育即生产投资"隐喻；"もと"构成的"教育即建筑"隐喻；"進む方針"构成的"教育即旅行"。①

2. 芦田内阁

芦田在报告中突出了就医架构、音乐架构、生产投资架构，主要体现为由"処置"构成的"教育改革即手术"隐喻；"基調"构成的"教育即乐曲"隐喻；"振興"构成的"教育即生产投资"隐喻；"方針を堅持する"构成的"教育即旅行"隐喻。②

3. 吉田内阁

吉田的施政报告中相关教育内容凸显了清洁架构、建筑架构、旅行架构、植物架构、身体架构（拟人）、渗水架构、生产投资架构。主要体现为由"刷新"构成的"教育改革即清洁"隐喻；由"再建"构成的"教育改革即建筑"隐喻；由"発足、途上にある"构成的"教育改革即旅行"隐喻；"基盤、基本"等词构建了"教育即建筑之根基"隐喻；"根本"等词构成"教育即树木之根"隐喻；"力、健全"等词构成"教育即人"隐喻；"面目を一新する"构成"教育改革即人"隐喻；"振興、復興、作振"构成"教育即生产投资"隐喻；"確立、充実完備"等词构成"教育即建筑"隐喻。③④

---

① 片山内閣総理大臣第 1 回、第 2 回施政方針演説，官報（号外），東京：大蔵省印刷局，1947/7/2，第 40—45 頁，1948/1/23，第 21—24 頁。
② 芦田内閣総理大臣第 2 回（常会）施政方針演説，官報（号外），東京：大蔵省印刷局，1948/3/21，第 185—188 頁。
③ 吉田内閣総理大臣第 3 回（臨時会）施政方針演説（1948/11/15），内閣制度百年史編纂委員会編，歴代内閣総理大臣演説集，東京：内閣総理大臣官房，1985，第 457 頁。
④ 吉田内閣総理大臣第 4 回—第 20 回施政方針演説、所信表明演説，官報（号外），東京：大蔵省印刷局，1948/12/5，第 11—15 頁，1949/4/5，第 101—105 頁，1949/11/9，第 75—77 頁，1950/1/29，第 131—135 頁，1950/7/15，第 19—20 頁，1950/11/25，第 27—30 頁，1951/1/27，第 35—41 頁，1951/10/13，第 11—13 頁，1952/1/24，第 35—37 頁，1952/11/24，第 34—39 頁，1953/1/30，第 339—347 頁，1953/6/16，第 71—79 頁，1953/11/30，第 1—3 頁，1954/1/27，第 30—37 頁，1954/11/30，第 1—7 頁。

4. 鸠山（一郎）内阁

鸠山在施政报告中就相关教育内容凸显的表层架构有清洁架构、建筑架构、音乐架构、植物架构、生产投资架构和旅行架构，主要体现为由"刷新"构成的"教育改革即清洁"隐喻；"基"构成的"教育即建筑之根基"隐喻及"確立、充実完備"等构成的"教育即建筑"隐喻；"基調"构成的"教育即乐曲"隐喻；"大本"构成的"教育即树木之根"隐喻；"振興"构成的"教育即生产投资"隐喻；"推进"构成的"教育即旅行"隐喻。①

5. 石桥内阁

石桥的施政报告中突出了建筑架构、清洁架构及自然架构，主要体现为由"支柱"构成的"教育改革即建筑之支柱"隐喻及"充実、確立"构成的"教育即建筑"隐喻；"刷新"构成的"教育改革即清洁"隐喻；"源泉"构成的"教育即精神源泉"隐喻。②

6. 岸内阁

岸信介的施政报告中相关教育内容凸显了饮食架构、建筑架构、清洁架构、生产投资架构、旅行架构、身体架构（拟人）、植物架构。主要体现为由"寿司詰め"构成的"教育现状即寿司摆放"隐喻；"充実、改善"构成的"教育即建筑"隐喻；"刷新"构成的"教育改革即清洁"隐喻；"振興"等构成的"教育即生产投资"隐喻；"道を阻まれる、急速な進歩、道を開く"构成的"青少年教育即旅行"隐喻；"正しい姿、鍵を握る"构成的"教育即人"隐喻；"基礎、基本"构成的"教育即建筑之根基"隐喻；"培っていく"构成的"教育即培育"隐喻；"日を追って飛躍的に進歩する"构成的"教育即旅行"隐喻；"根本"构成的"教育改革即树木之根"隐喻。③

---

① 鳩山内閣総理大臣第21回—第25回施政方針演説、所信表明演説，官報（号外），東京：大蔵省印刷局，1955/1/22，第61—62頁，1955/4/25，第81—83頁，1955/12/2，第15—17頁，1956/1/30，第21—22頁，1956/11/16，第19—21頁。

② 石橋内閣総理大臣第26回（常会）施政方針演説，官報（号外），東京：大蔵省印刷局，1957/2/4，第19—21頁。

③ 岸内閣総理大臣第26回—第34回施政方針演説、所信表明演説，官報（号外），東京：大蔵省印刷局，1957/2/27，第101—106頁，1957/11/1，第2—4頁，1958/1/29，第23—25頁，1958/6/17，第47—48頁，1958/9/30，第22—24頁，1959/1/27，第79—82頁，1959/6/25，第13—14頁，1959/10/28，第17—19頁，1960/2/1，第21—24頁。

7. 池田内阁

池田的施政报告中相关教育内容凸显了清洁架构、建筑架构、旅行架构、生产投资架构、身体架构（拟人）、植物架构、渗水架构、自然架构。主要体现为由"刷新"构成的"教育改革即清洁"隐喻及"充实"构成的"教育改革即建筑"隐喻；"邁進できる、推進"等构成的"教育即旅行"隐喻；"振興、作り、生み出す、醸成"等构成的"教育即生产经营"隐喻；"～を眼目とする、力点を置いた"等构建的"教育即人"隐喻；"根幹、根本"构成的"教育改革即树木之根"隐喻；"基本、基礎"构成的"教育即建筑之根基"隐喻；"根差す、培う"构成的"教育即培育"隐喻；"源泉"构成的"教育改革即源泉"隐喻。①

8. 佐藤内阁

佐藤在相关教育内容中突出了建筑架构、旅行架构、生产投资架构、机械架构、身体架构（拟人）、比赛架构、清洁架构、植物架构、旅行架构、自然架构。主要体现为由"基礎"等构成的"教育即建筑之根基"隐喻；"目的"构成的"青少年教育即旅行"隐喻；"造り上げる"构成的"教育即生产投资"隐喻；"原動力"构成的"教育即动力源"隐喻；"変貌、信頼関係"构成的"教育即人"隐喻；"世界的に高い教育水準、揺るぎない優位、目標、水準の高さ、国際的教育競争"构成的"教育即比赛"隐喻；"強化、拡大、充実、拡充整備、支えられた、確立、築く"等构成的"教育即建筑"隐喻；"刷新"构成的"教育改革即清洁"隐喻；"根本"构成的"教育即树木之根"隐喻；"越え、転換期"等构成的"教育即旅行"隐喻；"機能を回復する"构成的"教育即机器"隐喻；"源泉"构成的"教育改

---

① 池田内閣総理大臣第36回—第46回施政方針演説、所信表明演説，官報（号外），東京：大蔵省印刷局，1960/10/21，第23—26頁，1960/12/12，第21—22頁，1961/1/30，第12—15頁，1961/9/28，第19—22頁，1962/1/19，第29—32頁，1962/8/10，第19—20頁，1962/12/10，第16—18頁，1963/1/23，第16—19頁，1963/10/18，第18—21頁，1963/12/10，第15—16頁，1964/1/21，第13—15頁。

革即源泉"隐喻。①②

9. 田中内阁

田中的施政报告中相关教育内容突出了清洁架构、建筑架构、生产投资架构、旅行架构、植物架构和身体架构（拟人）。主要体现为由"刷新"构成的"教育改革即清洁"隐喻及"充实"构成的"教育即建筑"隐喻；"振興、管理運営"构成的"教育即生产经营"隐喻；"基本"构成的"教育即建筑之根基"隐喻；"培う"构成的"教育即培育"隐喻；"実を結ぶ"构成的"教育即植物"隐喻；"生命を育む"构成的"教育即人"隐喻。③

10. 三木内阁

三木的施政报告中相关教育内容突出了责任架构（拟人）、生产投资架构、旅行架构、物体架构、建筑架构、比赛架构和自然架构。主要体现为由"責任"构成的"教育即人"隐喻；"資源、開発、質的、均等"等构成的"教育即生产投资"隐喻；"教育を本来あるべき場に引き戻す、静かなる場に移さなければならぬ"等构成的"教育即物体"隐喻；"強化、新設、拡充、充実"构成的"教育即建筑"隐喻；"競争第一主義、遅れをとる、機会の均等"等构成的"教育即比赛"隐喻；"新風を吹き込む"构成的"互助教育即自然现象"隐喻；"基盤"构成的"教育即建筑之根基"隐喻。④

---

① 佐藤内閣総理大臣第47回—第68回施政方針演説、所信表明演説，官報（号外），東京：大蔵省印刷局，1964/11/21，第25—26頁，1965/1/25，第16—19頁，1965/7/30，第13—15頁，1965/10/13，第23—25頁，1966/1/28，第159—162頁，1966/7/12，第11—12頁，1966/12/15，第23—25頁，1967/3/14，第27—29頁，1967/7/28，第11—12頁，1967/12/5，第19—20頁，1968/1/27，第12—15頁，1968/8/3，第19—20頁，1968/12/11，第27—28頁，1969/1/27，第11—13頁，1969/12/1，第31—32頁，1970/2/14，第23—25頁，1970/11/25，第27—28頁，1971/1/22，第15—17頁，1971/7/17，第27—28頁，1971/10/19，第20—21頁，1972/1/29，第76—79頁。

② 佐藤内閣総理大臣衆議院予算委員会佐藤内閣総理大臣の所信表明（1966/10/20），佐藤栄作述，内閣総理大臣官房編，佐藤内閣総理大臣演説集，東京：内閣総理大臣官房，1970，第113頁。

③ 田中内閣総理大臣第70回—第72回施政方針演説、所信表明演説，官報（号外），東京：大蔵省印刷局，1972/10/28，第27—29頁，1973/1/27，第35—38頁，1973/12/1，第175—179頁，1974/1/21，第8—10頁。

④ 三木内閣総理大臣第74回—第78回施政方針演説、所信表明演説，官報（号外），東京：大蔵省印刷局，1974/12/14，第19—21頁，1975/1/24，第11—14頁，1975/9/16，第19—21頁，1976/1/23，第15—19頁，1976/9/24，第23—25頁。

11. 福田（赳夫）内阁

福田在相关教育内容中突出了比赛架构、音乐架构、建筑架构、物体架构、平衡架构、身体架构（拟人）、生产投资架构和旅行架构。主要体现为由"水準と普及度の高さ"构成的"教育即比赛"隐喻；"基本"构成的"教育即建筑之根基"隐喻；"基調"构成的"教育即乐曲"隐喻；"仕組み、結ぶ"等构成的"教育即物体"隐喻；"均衡の取れた、偏重"构成的"教育发展即保持平衡状态"隐喻；"育てる、忘れがち"等构成"教育即人"隐喻；"振興、百年の計、作り"等构成的"教育即生产投资"隐喻；"着実な一歩を進めた"构成的"教育改革即旅行"隐喻。①

12. 大平内阁

大平在施政报告中相关教育内容方面突出了旅行架构、建筑架构、身体架构（拟人）、生产投资架构。主要体现为由"推進"构成的"教育即旅行"隐喻；"改善"构成的"教育即建筑"隐喻；"自発性、活性化"构成的"教育即人"隐喻；"蓄積、開発"等构成的"教育即生产投资"隐喻；"基盤"构成的"教育即建筑之根基"隐喻。②

13. 铃木内阁

铃木相关教育突出了身体架构（拟人）、旅行架构。主要体现为由"一体となる"构成的"教育即人"隐喻；"担う"构成"教育即旅行"隐喻；"実現"构成"终身教育即旅行"隐喻。③

14. 中曾根内阁

中曾根相关教育内容凸显了清洁架构、性格架构（拟人）、建筑架

---

① 福田内閣総理大臣第 80 回—第 85 回施政方針演説、所信表明演説，官報（号外），東京：大蔵省印刷局，1977/1/31，第 8—11 頁，1977/7/30，第 20—21 頁，1977/10/3，第 15—17 頁，1978/1/21，第 43—47 頁，1978/9/20，第 15—17 頁。

② 大平内閣総理大臣第 87 回—第 91 回施政方針演説、所信表明演説，官報（号外），東京：大蔵省印刷局，1979/1/25，第 19—22 頁，1979/9/3，第 19—22 頁，1979/11/27，第 19—20 頁，1980/1/25，第 115—118 頁。

③ 鈴木内閣総理大臣第 93 回—第 96 回施政方針演説、所信表明演説，官報（号外），東京：大蔵省印刷局，1980/10/3，第 19—21 頁，1981/1/26，第 19—22 頁，1981/9/28，第 15—16 頁，1982/1/25，第 51—56 頁。

构、旅行架构、物体架构、植物架构、自然架构、机械架构、生产投资架构、平衡架构、比赛架构。主要体现为由"刷新"构成的"教育改革即清洁"隐喻；"性格"构成的"教育即人"隐喻；"もと"构成的"教育即建筑"隐喻；"基礎、基礎条件"等构成的"青少年教育即建筑之根基"隐喻；"方向、克服、道"等构成的"教育即旅行"隐喻；"左右する、自由で多様な生き生きした人間性の溢れる、~と一体となる、連携、個性化、視点"等构成的"教育改革即人"隐喻；"あり方"构成的"教育即物体"隐喻；"基本方向、目途"等构成的"教育改革即旅行"隐喻；"根底"等构成的"教育改革即树木之根"隐喻；"脈々と流れている"等构成的"教育改革中人本主义即河流"隐喻；"主軸"构成的"教育改革即机器"隐喻；"百年の計、振興"构成的"教育即生产投资"隐喻；"新しい軌道を敷設する"构成的"教育改革即建设者"隐喻；"偏重、偏せず"构成的"教育发展即保持平衡状态"隐喻；"遅れることのないよう力を尽くす、目標"构成的"教育即比赛"隐喻。①

15. 竹下内阁

竹下相关教育内容凸显了建筑架构、生产投资架构、身体架构（拟人）和旅行架构。主要体现为由"築く、充実、改善"等构成的"教育改革即建筑"隐喻；"振興、資質の向上"构成的"教育即生产投资"隐喻；"個性化、活性化"构成的"教育即人"隐喻；"実現、目指す"构成的"青少年教育即旅行"隐喻；"基盤を築く、基礎を築く"构成的"教育改革即建筑之根基"隐喻；"着実に実行に移していく"构成的"教育即旅行"隐喻。②

---

① 中曽根内閣総理大臣第 97 回—第 109 回施政方針演説、所信表明演説，官報（号外），東京：大蔵省印刷局，1982/12/3，第 23—25 頁，1983/1/24，第 8—10 頁，1983/9/10，第 11—13 頁，1984/2/6，第 19—22 頁，1985/1/25，第 247—250 頁，1985/10/14，第 2—5 頁，1986/1/27，第 13—17 頁，1986/9/12，第 15—18 頁，1987/1/26，第 7—11 頁，1987/7/6，第 3—5 頁。

② 竹下内閣総理大臣第 111 回—第 114 回施政方針演説、所信表明演説，官報（号外），東京：大蔵省印刷局，1987/11/27，第 3—5 頁，1988/1/25，第 11—14 頁，1988/7/29，第 32—35 頁，1989/2/10，第 21—25 頁。

16. 宇野内阁

宇野的施政报告中相关教育的内容凸显了建筑架构和旅行架构，主要体现为由"基礎を築くもの"构成的"教育即建筑之根基"隐喻，以及由"実現に向けて"构成的"青少年教育即旅行"隐喻。[①]

17. 海部内阁

海部相关教育内容凸显了生产投资架构、平衡架构、培养架构（拟人）、建筑架构、旅行架构。主要体现为由"百年の大計"构成的"教育即生产投资"隐喻；"偏重"构成的"教育即保持平衡状态"隐喻；"育てる"构成的"教育即人"隐喻；"整備、充実"构成的"教育即建筑"隐喻；"実現"构成的"学校教育即旅行"隐喻；"基礎、基盤の確立"构成的"教育即建筑之根基"隐喻。[②]

18. 宫泽内阁

宫泽相关教育内容凸显了建筑架构和培养架构（拟人）概念隐喻。主要体现为由"基礎、基盤、基本"构成的"教育即建筑之根基"隐喻及由"育成する"构成的"教育即人"隐喻；"充実、構築、整備、強化"构成的"教育即建筑"隐喻；"改善"构成的"教育即生产投资"隐喻；"宝"构成的"青少年即珠宝"隐喻；"基本に置く"构成的"培养个性和创造力是学校教育之建筑根基"隐喻。[③]

19. 细川内阁

细川施政报告中相关教育的内容凸显了建筑架构、培养架构（拟人）、旅行架构和生产投资架构，主要体现为由"基本"构成的"教育即建筑之根基"隐喻及"築く、充実、開かれる"构成的"教育即建筑"隐喻；"育てる"构成的"教育即人"隐喻；"重点的に進めてまい

---

① 宇野内閣総理大臣第114回（常会）所信表明演説，官報（号外），東京：大蔵省印刷局，1989/6/5，第565—568頁。
② 海部内閣総理大臣第116回—第121回施政方針演説、所信表明演説，官報（号外），東京：大蔵省印刷局，1989/10/2，第15—18頁，1990/3/2，第3—6頁，1990/10/12，第2—4頁，1991/1/25，第3—7頁，1991/8/5，第5—7頁。
③ 宮澤内閣総理大臣第122回—第126回施政方針演説、所信表明演説，官報（号外），東京：大蔵省印刷局，1991/11/8，第1—3頁，1992/1/24，第3—8頁，1992/10/30，第2—5頁，1993/1/22，第2—6頁。

る、推進"构成的"国际化教育即旅行"隐喻;"作り"构成的"教育即生产投资"隐喻。①

20. 羽田内阁

羽田施政报告中相关教育的内容突出了生产投资架构,体现为由"先行投资"构成的"教育即生产投资"隐喻。②

21. 村山内阁

村山施政报告中相关教育内容凸显了培养架构(拟人)、性格架构(拟人)、建筑架构、平衡架构、比赛架构、旅行架构、生产投资架构。主要体现为由"育てる、魅力的、心の通う"等构成"教育即人"隐喻;"基本"等构成"教育即建筑之根基"隐喻;"偏重、過熱化"构成"教育即保持平衡状态"隐喻;"競争"等构成"教育即比赛"隐喻;"押し進める"构成"教育改革即旅行"隐喻;"先行投资"等构成"青少年教育即生产投资"隐喻;"築く"构成"教育即国际化建筑之根基"隐喻;"推进"等构成"国际化教育即旅行"隐喻。③

22. 桥本内阁

桥本施政报告中相关教育内容凸显了比赛架构、身体架构(拟人)、资源架构、生产投资架构、建筑架构、旅行架构、培养架构、平衡架构。主要体现为由"平等性、重視、高い、水準"构成的"教育即比赛"隐喻;"視点に立つ"构成的"教育即人"隐喻;"最大の資源である人間の頭脳、知的資産"等构成的"知识即资源"隐喻;"開発、創造性、均質性"构成的"教育即生产投资"隐喻;"作り"构成的"教育即建筑"隐喻;"担う、目指す"构成的"青少年教育即旅行"隐喻;"培われる、「生きる力」を育む"构成"青少年教育即培育"隐喻;"転換"构成的"教育改革即旅行"

---

① 細川内閣総理大臣第127回—第129回施政方針演説、所信表明演説,官報(号外),東京:大蔵省印刷局,1993/8/23,第1—3頁,1993/9/21,第2—5頁,1994/3/4,第1—8頁。
② 羽田内閣総理大臣第129回(常会)所信表明演説,官報(号外),東京:大蔵省印刷局,1994/5/10,第1—3頁。
③ 村山内閣総理大臣第130回—第134回施政方針演説、所信表明演説,官報(号外),東京:大蔵省印刷局,1994/7/18,第2—6頁,1994/9/30,第3—6頁,1995/1/20,第2—8頁,1995/9/29,第4—7頁。

隐喻;"バランス良く"构成的"教育即保持平衡状态"隐喻。①

23. 小渊内阁

小渊施政中相关教育内容凸显了旅行架构、比赛架构、身体架构(拟人)、建筑架构、物体架构、植物架构。主要体现为由"推进"构成的"青少年教育即旅行"隐喻;"目標を掲げたい、教育の大きな目標"构成的"教育即比赛"隐喻;"生きる力、助け合う心、自然を慈しむ気持ち、自主性、自律性を尊重する、共同作業"构成的"教育即人"隐喻;"礎、築く"构成的"教育即建筑"隐喻;"かけ橋を築いていく"构成的"青少年教育即架桥"隐喻;"原点"构成的"教育即旅行"隐喻;"财产、引き継いでいく"构成的"教育即资产"隐喻;"根本"构成的"教育即树木之根"隐喻;"発足"构成的"教育改革即旅行"隐喻;"うまく噛み合う、選択、設計ができる"构成的"教育即物体"隐喻。②

24. 森内阁

森喜朗施政中相关教育内容了突显了重生架构(拟人)、生产投资架构、建筑架构、交往架构(拟人)、比赛架构、旅行架构、平衡架构。主要体现为由"新生"构成的"教育改革即重生"隐喻;"作り"等构成的"教育即生产投资"隐喻;"礎"构成的"教育改革即建筑之根基"隐喻;"重视"构成的"教育即人"隐喻;"平均レベルを向上させる"构成的"教育即比赛"隐喻;"推進"构成的"教育改革即旅行"隐喻;"柱"构成的"教育改革即建筑之支柱"隐喻;"礎"构成的"青少年教育即建筑之根基"隐喻;"充实"构成的"教育即建筑"隐喻;"バランスの取れる"构成的"教育即保持平衡状态"隐喻。③

---

① 橋本内閣総理大臣第136回—第142回施政方針演説、所信表明演説,官報(号外),東京:大蔵省印刷局,1996/1/22,第2—11頁,1996/11/29,第2—4頁,1997/1/20,第2—5頁,1997/9/29,第2—4頁,1998/2/16,第1—4頁。

② 小渕内閣総理大臣第143回—第147回施政方針演説、所信表明演説,官報(号外),東京:大蔵省印刷局,1998/8/7,第3—5頁,1998/11/27,第2—4頁,1999/1/19,第2—5頁,1999/10/29,第2—4頁,2000/1/28,第1—4頁。

③ 森内閣総理大臣第147回—第151回施政方針演説、所信表明演説,官報(号外),東京:大蔵省印刷局,2000/4/7,第1—3頁,2000/7/28,第2—5頁,2000/9/21,第2—6頁,2001/1/31,第4—9頁。

25. 小泉内阁

小泉的施政报告中相关教育内容凸显了旅行架构、生产投资架构、比赛架构、建筑架构、交往架构（拟人）、战争架构、机械架构、物体架构、戏剧架构。主要体现为由"～を目指して"构成的"教育改革即旅行"隐喻；"資質向上"构成的"教育即生产投资"隐喻；"目標"构成的"教育即比赛"隐喻；"充実、整備"构成的"教育即建筑"隐喻；"連携"构成的"教育即人"隐喻；"基盤の拡大"构成的"教育即建筑之根基"隐喻；"ゼロ作戦、守り育てる、拠点"构成的"教育即战争"隐喻；"原動力"构成的"青少年教育即改革动力源"隐喻；"宝"构成的"青少年即珠宝"隐喻；"核"构成的"教育即物体之核心"隐喻；"主役"构成的"教育即戏剧"隐喻。①

26. 安倍内阁（第一次执政）

安倍施政报告中相关教育的内容凸出了旅行架构、身体架构（拟人）、重生架构（拟人）、建筑架构、战争架构、珠宝架构。主要体现为由"目的、負担の少ない、遡る、推進、正面から立ち向かう、展開、両立支援"构成的"教育即旅行"隐喻；"胎動、責任の所在"构成的"教育即人"隐喻；"再生"构成的"教育改革即重生"隐喻；"基本、構築、充実"等构成的"教育即建筑"隐喻；"振興、質"等构成的"教育即生产活动"隐喻；"本格的な戦略を打ち立てる、守る"等构成的"教育即战争"隐喻；"宝"构成的"青少年即珠宝"隐喻。②

27. 福田（康夫）内阁

福田施政报告中相关教育的内容凸显了旅行架构、身体架构（拟人）、重生架构（拟人）、建筑架构、生产投资架构、战争架构，主要体现为由"担う"构成的"青少年教育即旅行"隐喻；"一体となる"构成的"教

---

① 小泉内閣総理大臣第151回—第164回施政方針演説、所信表明演説，官報（号外），東京：財務省印刷局，2001/5/7，第1—3頁，2001/9/27，第2—5頁，2002/2/4，第1—5頁，2002/10/18，第2—4頁，2003/1/31，第1—4頁，2003/9/26，第2—4頁，2004/1/19，第2—6頁，2004/10/12，第2—5頁，2005/1/21，第3—7頁，2005/9/26，第3—4頁，2006/1/20，第2—8頁。

② 安倍内閣総理大臣第165回—第168回施政方針演説、所信表明演説，官報（号外），東京：国立印刷局，2006/9/29，第1—4頁，2007/1/26，第3—7頁，2007/9/10，第2-5頁。

育即人"隐喻;"再生"构成的"教育改革即重生"隐喻;"確立、強化、改善、充実"构成的"教育即建筑"隐喻;"質の向上"等构成的"教育即生产投资"隐喻;"拠点"构成的"教育即战争"隐喻;"～を目指す"构成的"教育即旅行"隐喻。①

28. 麻生内阁

麻生施政报告中相关教育的内容凸显了建筑架构、生产投资架构、培养架构、战争架构、旅行架构、比赛架构、重生架构（拟人），主要体现为由"基本"构成的"教育即建筑之根基"隐喻;"作り"构成的"教育即生产投资"隐喻;"育む"构成的"教育即培育"隐喻;"守る、対策"构成的"教育即战争"隐喻;"進める"构成的"教育即旅行"隐喻;"競争力"构成的"教育即比赛"隐喻;"再生"构成的"教育改革即重生"隐喻。②

29. 鸠山（由纪夫）内阁

鸠山施政报告中相关教育的内容凸显了建筑架构、培养架构（拟人）、人格架构（拟人）、旅行架构、生产投资架构，分别体现为由"基本"构成的"教育即建筑之根基"隐喻;"育てる、人格なき、「人格」を養う"构成的"教育即人"隐喻;"大きな資源を振り向ける、未来への投資、無償化"构成的"教育即生产投资"隐喻;"拡充"构成的"教育即建筑"。③

30. 菅内阁

菅直人施政报告中相关教育的内容凸显了战争架构、机械架构、建筑架构、旅行架构、珠宝架构、培养架构，主要体现为由"戰略"构成的"教育即战争"隐喻;"原動力"构成的"教育即动力源"隐喻;"厚みのある人材層"构成的"教育即建筑"隐喻;"促進"构成的"教育即旅

---

① 福田内閣総理大臣第168回、第169回所信表明演説、施政方針演説，官報（号外），東京：国立印刷局，2007/10/1，第1—3頁，2008/1/18，第2—6頁。
② 麻生内閣総理大臣第170回、第171回所信表明演説、施政方針演説，官報（号外），東京：国立印刷局，2008/9/29，第2—4頁，2009/1/28，第2—5頁。
③ 鳩山内閣総理大臣第173回、第174回所信表明演説、施政方針演説，官報（号外），東京：国立印刷局，2009/10/26，第2—7頁，2010/1/29，第1—7頁。

行"隐喻;"柱"构成的"教育即建筑之支柱"隐喻;"基盤"构成的"教育即建筑之根基"隐喻;"宝"构成的"青少年即珠宝"隐喻;"培ってきた"构成的"教育即培育"隐喻。①

31. 野田内阁

野田施政报告中相关教育内容凸出了培养架构（拟人）、建筑架构、生产投资架构、旅行架构。主要体现为"育む"构成的"教育即人"隐喻;"構築"构成的"教育即建筑"隐喻;"開発"构成的"教育即生产投资"隐喻;"支援"构成的"教育即旅行"隐喻。②

32. 安倍内阁（第二次执政）

安倍施政报告中相关教育内容突出了身体架构（拟人）、重生架构（拟人）、物体架构、生产投资架构、战争架构、旅行架构、建筑架构、戏剧架构、珠宝架构、比赛架构。主要体现为由"引き出す"构成的"教育即人"隐喻;"再生"构成的"教育改革即重生"隐喻;"無償化"构成的"教育即生产投资"隐喻;"守る"等构成的"教育即战争"隐喻;"一步一步進む、段階的に進める"构成的"教育改革即旅行"隐喻;"改善"构成的"教育即建筑"隐喻;"主役、舞台"构成的"教育即戏剧"隐喻;"目的"构成的"教育即旅行"隐喻;"基本"构成的"教育改革即建筑之根基"隐喻;"鍵を握っている"构成的"教育改革即人"隐喻;"宝"构成的"青少年即珠宝"隐喻;"世界トップレベル、目標"构成的"教育即比赛"隐喻。③

---

① 菅内閣総理大臣第 174 回—第 177 回施政方針演説、所信表明演説, 官報（号外）, 東京: 国立印刷局, 2010/6/11, 第 1—5 頁, 2010/10/1, 第 3—5 頁, 2011/1/24, 第 2—6 頁。

② 野田内閣総理大臣第 178 回—第 181 回施政方針演説、所信表明演説, 官報（号外）, 東京: 国立印刷局, 2011/9/13, 第 3—6 頁, 2011/10/28, 第 1—3 頁, 2012/1/24, 第 2—7 頁, 2012/10/29, 第 2—6 頁。

③ 安倍内閣総理大臣第 183 回—第 201 回施政方針演説、所信表明演説, 官報（号外）, 東京: 国立印刷局, 2013/1/28, 第 2—4 頁, 2013/2/28, 第 1—6 頁, 2013/10/15, 第 3—5 頁, 2014/1/24, 第 2—6 頁, 2014/9/29, 第 2—4 頁, 2015/2/12, 第 1—7 頁, 2016/1/22, 第 1—6 頁, 2016/9/26, 第 4—7 頁, 2017/1/20, 第 2—8 頁, 2017/11/17, 第 2—3 頁, 2018/1/22, 第 2—6 頁, 2018/10/24, 第 2—5 頁, 2019/1/28, 第 2—7 頁, 2019/10/4, 第 3—5 頁, 2020/1/20, 第 2—6 頁。

第四节　日美关系方面的隐喻性表层架构分别分析

本节将分别细致考察和梳理战后历届政府施政报告中相关日美关系方面的隐喻性表层架构。

一　战后日本历任政府对美外交政策隐喻性表层架构分析

1. 片山内阁

片山的施政报告中相关日美关系方面突出了交往架构（拟人）、建筑架构、旅行架构、身体架构（拟人）和性格架构（拟人）。主要体现为由"御好意"构成的"GHQ 即人"隐喻；"再開"构成的"日美贸易即建筑"隐喻；"順調な進行"构成的"日美贸易即旅行"隐喻；"率直、心持、姿"等构成的"国家/日本即人"隐喻。①

2. 芦田内阁

芦田的施政报告中相关日美关系凸显了交往架构（拟人），体现为由"治下、公正寛大"构成的"GHQ 即人"隐喻。②

3. 吉田内阁

吉田的施政报告中相关日美关系方面突出了旅行架构、身体架构（拟人）、交往架构（拟人）、植物架构、安全架构、朋友架构（拟人）。主要体现为由"線"构成的"日美关系即旅行"隐喻，即"マッカーサー元帥の九原則を含む書簡及びドッジ氏声明"是"日美关系"之旅行路线；"実をあげる"构成的"外交即培育植物"隐喻；"安全、保障を得る、確保せられる"构成的"「日米安全保障条約」即安全保障"隐喻；"親善関係の樹立、善意に信頼を置かれる、互恵援助の関係、好感情、相互援助、友好的な協力の精神を相互に確認する"等构成的"日美两国即朋友"隐喻；"自由国家との協力提携"构成的"日

---

① 片山内閣総理大臣第 1 回、第 2 回施政方針演説，官報（号外），東京：大蔵省印刷局，1947/7/2，第 40—45 頁，1948/1/23，第 21—24 頁。
② 芦田内閣総理大臣第 2 回（常会）施政方針演説，官報（号外），東京：大蔵省印刷局，1948/3/21，第 185—188 頁。

本与自由国家即朋友"隐喻。①②

4. 鸠山（一郎）内阁

鸠山在施政报告中相关日美关系方面凸显了朋友架构（拟人）、性格架构（拟人）、音乐架构、旅行架构、植物架构、建筑架构。主要体现为由"協調"构成的"日美両国即朋友"隐喻；"基調"构成的"外交即乐曲"隐喻；"方針を堅持する、不動の方針"构成的"日美关系即旅行"隐喻；"不動"构成的"日美关系即建筑"隐喻；"実をあげる"等构成的"外交即培育植物"隐喻。③

5. 石桥内阁

石桥的施政报告中相关日美关系方面突出了建筑架构、朋友架构（拟人）、身体架构（拟人）及旅行架构。主要体现为"基盤"构成的"外交即建筑"隐喻；"協調、相互理解と協力"构成的"日美両国即朋友"隐喻；"積極的に実現する、一層推進していく"构成的"日美关系即旅行"隐喻；"基礎"构成的"日美共同防御即建筑"隐喻。④

6. 岸内阁

岸信介的施政报告中相关日美关系方面凸显了朋友架构（拟人）、旅行架构、音乐架构、清洁架构、建筑架构、对抗架构（拟人）、团队架构（拟人）。主要体现为由"平等、相互協力、等しくその利益を共通にする、相携える、友好関係、強固にして恒久的な協力関係、協調を保つ、相互の立場の理解を深める、率直な話し合いを続ける、志を同じくする、結束を強

---

① 吉田内閣総理大臣第3回（臨時会）施政方針演説（1948/11/15），内閣制度百年史編纂委員会編，歴代内閣総理大臣演説集，東京：内閣総理大臣官房，1985，第457頁。

② 吉田内閣総理大臣第4回—第20回施政方針演説、所信表明演説，官報（号外），東京：大蔵省印刷局，1948/12/5，第11—15頁，1949/4/5，第101—105頁，1949/11/9，第75—77頁，1950/1/29，第131—135頁，1950/7/15，第19—20頁，1950/11/25，第27—30頁，1951/1/27，第35—41頁，1951/10/13，第11—13頁，1952/1/24，第35—37頁，1952/11/24，第34—39頁，1953/1/30，第339—347頁，1953/6/16，第71—79頁，1953/11/30，第1—3頁，1954/1/27，第30—37頁，1954/11/30，第1—7頁。

③ 鳩山内閣総理大臣第21回—第25回施政方針演説、所信表明演説，官報（号外），東京：大蔵省印刷局，1955/1/22，第61—62頁，1955/4/25，第81—83頁，1955/12/2，第15—17頁，1956/1/30，第21—22頁，1956/11/16，第19—21頁。

④ 石橋内閣総理大臣第26回（常会）施政方針演説，官報（号外），東京：大蔵省印刷局，1957/2/4，第19—21頁。

化する"构成的"日美两国即朋友"隐喻;"全く新たな段階に入る"构成的"日美关系即旅行"隐喻;"基調"构成的"日美外交即乐曲"隐喻;"一掃"构成的"日美关系发展即清洁"隐喻;"基礎を築く"构成的"外交即建筑"隐喻;"力の均衡、相手を追い抜こうとする激しい競争、相互の不信の念、対立関係、最小限度の共通の場を見出そうとする方向に向かっている"等构成的"东西阵营即对手/比赛"隐喻;"自由陣営の結束を一そう強固にする"构成的"日本与自由世界国家即朋友"隐喻。①

7. 池田内阁

池田的施政报告中相关日美关系方面凸显了音乐架构、朋友架构(拟人)、对抗架构(拟人)、团队架构(拟人)、身体架构(拟人)、建筑架构、图形架构、共同体架构。主要体现为由"基調"构成的"外交即乐曲"隐喻,以及"協調、関係の改善に意を用いる、十分な意思の疎通を図る、友好関係がますます深められる、提携関係、親近感、協力関係、相互の信頼と理解の上に立つ、協力提携、隔意のない"构成的"日美两国即朋友"隐喻;"決裂、角遂が熾烈化する、東西双方を引き離す、基本的対立関係、緊張緩和に向かいつつある、厳しい対立"等构成的"东西阵营即对手/比赛"隐喻;"基盤を固める"构成的"国家即建筑"隐喻;"接触、幅広く、多角的"构成的"外交即图形"隐喻;"共同の努力、協調、幾多の利害の対立を克服しながらいよいよ緊密の度を加える、順調な伸張、相互の理解を深める、互恵と協力の精神、緊密化"等构成的"日本与自由世界国家即朋友"隐喻;"確保、基本"构成的"外交即建筑"隐喻;"連帯性"构成的"日本与自由世界国家即共同体"隐喻。②

---

① 岸内閣総理大臣第26回—第34回施政方針演説、所信表明演説,官報(号外),東京:大蔵省印刷局,1957/2/27,第101—106頁,1957/11/1,第2—4頁,1958/1/29,第23—25頁,1958/6/17,第47—48頁,1958/9/30,第22—24頁,1959/1/27,第79—82頁,1959/6/25,第13—14頁,1959/10/28,第17—19頁,1960/2/1,第21—24頁。

② 池田内閣総理大臣第36回—第46回施政方針演説、所信表明演説,官報(号外),東京:大蔵省印刷局,1960/10/21,第23—26頁,1960/12/12,第21—22頁,1961/1/30,第12—15頁,1961/9/28,第19—22頁,1962/1/19,第29—32頁,1962/8/10,第19—20頁,1962/12/10,第16—18頁,1963/1/23,第16—19頁,1963/10/18,第18—21頁,1963/12/10,第15—16頁,1964/1/21,第13—15頁。

8. 佐藤内阁

佐藤在相关日美关系方面突出了保护架构（拟人）、旅行架构、朋友架构（拟人）、音乐架构、家庭架构（拟人）、责任架构（拟人）、身体架构（拟人）、对抗架构、比赛架构、建筑架构。主要体现为由"安全が確保される、安全を守る、平和的発展を助ける、平和と安全を確保する"构成"'日米安全保障条約'即人"；"善意を表す、相互の信頼の上に立って解決する、相互理解と友好協力、長期的に安定した信頼と協力緩解に立つ、隔意のない意見交換"等构成的"日米両国即朋友"隐喻；"基調"构成的"外交即乐曲"隐喻；"復帰"等构成的"国家即家庭/沖縄県即人"隐喻；"目標"构成的"外交即比赛"隐喻；"もと"构成的"日米関係即建筑"隐喻；"実現"构成的"沖縄县回归即旅行"隐喻；"中心、確固たる基盤の上、確保する、広い基盤"等构成的"外交即建筑"隐喻；"協力関係"构成的"日本与自由世界国家即朋友"隐喻；"負担"构成的"日美防卫即旅行"隐喻。①②

9. 田中内阁

田中的施政报告中相关日美关系方面突出了朋友架构（拟人）、建筑架构、物体架构、责任架构（拟人）、性格架构（拟人）、图形架构。主要体现为由"揺るぎない相互信頼関係、互恵的"构成的"日米両国即朋友"隐喻，以及"基盤、改善"构成的"日米関係即建筑"隐喻；"多角的"构成的"日米関係即图形"隐喻；"浮かび上がってきた"构成的

---

① 佐藤内閣総理大臣第47回—第68回施政方針演説、所信表明演説，官報（号外），東京：大蔵省印刷局，1964/11/21，第25—26頁，1965/1/25，第16—19頁，1965/7/30，第13—15頁，1965/10/13，第23—25頁，1966/1/28，第159—162頁，1966/7/12，第11—12頁，1966/12/15，第23—25頁，1967/3/14，第27—29頁，1967/7/28，第11—12頁，1967/12/5，第19—20頁，1968/1/27，第12—15頁，1968/8/3，第19—20頁，1968/12/11，第27—28頁，1969/1/27，第11—13頁，1969/12/1，第31—32頁，1970/2/14，第23—25頁，1970/11/25，第27—28頁，1971/1/22，第15—17頁，1971/7/17，第27—28頁，1971/10/19，第20—21頁，1972/1/29，第76—79頁。

② 佐藤内閣総理大臣衆議院予算委員会佐藤内閣総理大臣の所信表明（1966/10/20），佐藤栄作述，内閣総理大臣官房編，佐藤内閣総理大臣演説集，東京：内閣総理大臣官房，1970，第113頁。

"东西阵营对立即物体"隐喻。①

10. 三木内阁

三木的施政报告中相关日美关系方面突出了建筑架构、朋友架构（拟人）、邻居架构（拟人）、旅行架构、机械架构、交往架构（拟人）、共同体架构。主要体现为由"柱、安定"构成的"外交即建筑"隐喻；"親善、近接している、友好の関係を持っている、善隣友好、友好協力"构成的"日美中苏即朋友"隐喻；"近接している、善隣"构成的"日美中苏即邻居"隐喻；"一層推進する、動向"构成的"外交即旅行"隐喻；"基軸"构成的"外交即机器"隐喻；"運命共有体、相互依存性"构成的"国家社会即共同体"隐喻；"三者の協力関係"构成的"日美欧即朋友"隐喻；"協力関係、関係の安定、相互理解、相互信頼、相互協力を一層推進する、深い絆で結ばれている間柄、話し合いを重ねていく、友好関係の維持強化、友好関係の維持発展を重視する"等构成的"日美两国即朋友"隐喻；"強固"构成的"日美关系即建筑"隐喻；"安定、要件、強化"构成的"亚太地区即建筑"隐喻。②

11. 福田（赳夫）内阁

福田在相关日美关系方面凸显了朋友架构（拟人）、音乐架构、旅行架构、建筑架构、身体架构（拟人）、机械架构。主要体现为由"友好協力関係、意思疎通、安定したいわば成熟したパートナーの関係、お互いの新しい責任と相互信頼、どのような問題も率直に話し合い共通の目的意識に基づいて友好的に処理し得るという成熟した関係にある、協議を重ね先般円満な解決を見る、友好と信頼の関係をさらに一層揺るぎないものとして確保する"构成的"日美两国即朋友"隐喻；"不協和音"构成的"外交即乐曲"隐喻；"試練を乗り越える"构成的"日美关系即旅

---

① 田中内閣総理大臣第 70 回—第 72 回施政方針演説、所信表明演説，官報（号外），東京：大蔵省印刷局，1972/10/28，第 27—29 頁，1973/1/27，第 35—38 頁，1973/12/1，第 175—179 頁，1974/1/21，第 8—10 頁。

② 三木内閣総理大臣第 74 回—第 78 回施政方針演説、所信表明演説，官報（号外），東京：大蔵省印刷局，1974/12/14，第 19—21 頁，1975/1/24，第 11—14 頁，1975/9/16，第 19—21 頁，1976/1/23，第 15—19 頁，1976/9/24，第 23—25 頁。

行"隐喻;"支えてきた"构成的"日美关系即建筑"隐喻;"中轴、基轴、円滑かつ効果的"构成的"日美关系即机器"隐喻;"基本"构成的"防卫即建筑"隐喻;"基轴"构成的"外交即机器"隐喻。①

12. 大平内阁

大平在施政报告中相关日美关系方面突出了建筑架构、机械架构、朋友/伙伴架构(拟人)、旅行架构、责任架构(拟人)、团队架构(拟人)、交往架构(拟人)、身体架构(拟人)、共同体架构。主要体现为由"基本、基盘、強化、基礎"构成的"外交即建筑"隐喻;"基軸"构成的"外交即机器"隐喻;"連帯関係"构成的"日美即朋友/伙伴"隐喻;"輪を押し広げてまいる"构成的"外交即旅行"隐喻;"脱皮する"构成的"国家即生物体"隐喻;"協力関係の強化"构成的"亚太地区各国即朋友"隐喻;"連帯関係"构成的"日美即共同体"隐喻。②

13. 铃木内阁

铃木相关日美关系方面突出了朋友架构(拟人)、机械架构、旅行架构、建筑架构、身体架构(拟人)、对抗架构(拟人)、共同体架构。主要体现为由"友好協力関係、揺るぎない友情と信頼、緊密な連携"构成的"日美両国即朋友"隐喻及"連帯"构成的"日本与自由世界国家即朋友"隐喻;"基軸"构成的"外交即机器"隐喻;"輪を広げていく、方針に則る"构成的"外交即旅行"隐喻;"揺るぎない、築き上げる、構築、基盤"构成的"日美关系即建筑"隐喻;"基軸"构成的"防卫即机器"隐喻;"基盤、基本、整備"构成的"防卫即建筑"隐喻;"競う"构成的"东西阵营即对手/比赛"隐喻;"力の均衡を基礎としている、強化、中心に位置する、築き上げられてきた揺るぎない信頼関係を基礎として"等构成的"外交即建筑"隐喻;"相互依存関係"构成的"南北間

---

① 福田内閣総理大臣第80回—第85回施政方針演説、所信表明演説、官報(号外),東京:大蔵省印刷局,1977/1/31,第8—11頁,1977/7/30,第20—21頁,1977/10/3,第15—17頁,1978/1/21,第43—47頁,1978/9/20,第15—17頁。

② 大平内閣総理大臣第87回—第91回施政方針演説、所信表明演説、官報(号外),東京:大蔵省印刷局,1979/1/25,第19—22頁,1979/9/3,第19—22頁,1979/11/27,第19—20頁,1980/1/25,第115—118頁。

即共同体"隐喻。①

14. 中曽根内阁

中曽根相关日美关系方面凸显了朋友架构（拟人）、建筑架构、旅行架构、共同体架构、团队架构（拟人）、身体架构（拟人）、性格架构（拟人）、对抗架构（拟人）、植物架构、自然架构、机械架构。主要体现为由"友好協力関係、信頼の絆をさらに確固としたものとする、友好関係を一層強固にする、揺るぎのない友好協力関係を維持発展させる、協調のもとに自主的な広範な分野において固い絆で結ばれた最も重要なパートナー"构成的"日美两国即朋友"隐喻；"維持強化"构成的"日美关系即建筑"隐喻；"礎石"构成的"亚太地区即建筑"隐喻；"出発点、展開"构成的"日美外交即旅行"隐喻；"深い相互依存関係、相協力する、相互理解、信頼関係"等构成的"国际社会即共同体"隐喻；"対立を越える、接点、対話の進展"等构成的"东西阵营即对手/比赛"隐喻；"花開く、緑"构成的"国家复兴即植物"隐喻；"荒波、潮流"构成的"国家即大海"隐喻；"基軸"构成的"防卫即机器"隐喻；"基本、基盤、維持強化"构成的"外交即建筑"隐喻。②

15. 竹下内阁

竹下相关日美关系方面突出了建筑架构、朋友架构（拟人）、共同体架构、责任架构（拟人）、身体架构（拟人）、交往架构（拟人）、自然架构、机械架构、邻居架构（拟人）、运动架构、旅行架构。主要体现为由"支えられる、拡充、強化、三本柱、中心、基本、基盤を一層強固なものとしていく"构成的"外交即建筑"隐喻；"忌憚のない意見の交換、固い友情と相互の信頼、協力し合う、相互間の連帯と協調"构成的"日美两国即朋友"隐喻；"相互依存や多極化の傾向が強まる、

---

① 鈴木内閣総理大臣第93回—第96回施政方針演説、所信表明演説，官報（号外），東京：大蔵省印刷局，1980/10/3，第19—21頁，1981/1/26，第19—22頁，1981/9/28，第15—16頁，1982/1/25，第51—56頁。

② 中曽根内閣総理大臣第97回—第109回施政方針演説、所信表明演説，官報（号外），東京：大蔵省印刷局，1982/12/3，第23—25頁，1983/1/24，第8—10頁，1983/9/10，第11—13頁，1984/2/6，第19—22頁，1985/1/25，第247—250頁，1985/10/14，第2—5頁，1986/1/27，第13—17頁，1986/9/12，第15—18頁，1987/1/26，第7—11頁，1987/7/6，第3—5頁。

力を合わせる、痛みを分かち合う、人類共通の願いに応える、相互依存関係が深まる"等构成的"国际社会即共同体"隐喻;"新たな潮流"构成"社会即大海"隐喻;"基軸"构成的"外交即机器"隐喻;"近隣"构成"亚太各国即邻居"隐喻;"基本路線を承継する、道"构成的"外交即旅行"隐喻。①

16. 宇野内阁

宇野的施政报告中相关日美关系方面突出了机械架构、团队架构（拟人）、旅行架构、数式架构、建筑架构、共同体架构。主要体现为由"基軸"构成的"外交即机器"隐喻;"路線を継続する"构成的"外交即旅行"隐喻;"座標軸"构成"外交即数式"隐喻;"基本、強化、三本柱、中心、確保、整備"构成的"外交即建筑"隐喻;"自己中心的な論理のみを主張することは妥当ではなく世界的な視点に立って行動していく"等构成的"国际社会即共同体"隐喻。②

17. 海部内阁

海部相关日美关系方面突出了朋友架构（拟人）、机械架构、建筑架构、旅行架构、共同体架构、责任架构（拟人）、身体架构（拟人）、音乐架构。主要表现为由"協力関係、率直に話し合う、主張すべきことは主張し聞くべきはよく聞く、確固とした協力関係は必要不可欠、共通の責任、友人の立場から率直に主張すべきことを主張する、相互理解や絆を一層深めた"构成的"日美两国即朋友/共同体"隐喻;"基軸"构成的"日美外交即机器"隐喻;"構築、安定、構造"构成的"国际社会即建筑"隐喻及"基礎、強化"构成的"日美关系即建筑"隐喻;"堅持していく"构成的"日美外交即旅行"隐喻;"対話と協調、一つの共同体、ますます連帯感を深める、相互依存関係の進展"等构成的"国际社会即共同体"隐喻;"基調、終止符を打つ"构成的

---

① 竹下内閣総理大臣第111回—第114回施政方針演説、所信表明演説，官報（号外），東京：大蔵省印刷局，1987/11/27，第3—5頁，1988/1/25，第11—14頁，1988/7/29，第32—35頁，1989/2/10，第21—25頁。

② 宇野内閣総理大臣第114回（常会）所信表明演説，官報（号外），東京：大蔵省印刷局，1989/6/5，第565—568頁。

"外交即乐曲"隐喻。①

18. 宫泽内阁

宫泽相关日美关系突出了机械架构、旅行架构、建筑架构、身体架构（拟人）、朋友架构（拟人）、对抗架构（拟人）、共同体架构、运动架构。主要体现为由"基軸"构成的"日美关系即机器"隐喻；"構築"构成的"外交即建筑"隐喻及"基盤、上、堅固"构成的"日美关系即建筑"隐喻；"苦境克服、維持発展"构成的"日美外交即旅行"隐喻；"善意に満ちた支援、堅固な関係、共通の価値観、友好協力関係、相互理解をさらに進める、真のグローバルパートナーシップ、全面的に協力し共同の責任を担っていく、地球的な規模の責任を共同で果たしていく、双方の努力を通じ友好協力関係を深めていく、基本的価値観を共有する"构成的"日美两国即朋友"隐喻；"構築"构成的"国际社会即建筑"隐喻；"姿"构成的"亚太各国即人"隐喻；"共通の価値観、密接な相互依存関係"等构成的"亚太地区即共同体"隐喻；"激動する、不安定化の様相、変動"等构成的"国际社会即运动物体"隐喻。②

19. 细川内阁

细川施政报告中相关日美关系突出了朋友架构（拟人）、建筑架构、旅行架构、团队架构（拟人）、机械架构。主要体现为由"強固で積極的な関係、冷静に相互信頼の精神で協力する、それぞれの立場や見解を尊重しながらも協調の道を探る、緊密な関係を維持する、パートナーシップ、緊密な協力が不可欠、良好、建設的"构成的"日美两国即朋友"隐喻；"強固、維持、構築、改善"构成"日美关系即建筑"隐喻；"道を探るという新たな段階に至る"构成的"日美关系即旅行"隐喻；"一員"构成俄"亚太地区各国即人"隐喻；"維持、構築"构成的"外交即

---

① 海部内閣総理大臣第116回—第121回施政方針演説、所信表明演説，官報（号外），東京：大蔵省印刷局，1989/10/2，第15—18頁，1990/3/2，第3—6頁，1990/10/12，第2—4頁，1991/1/25，第3—7頁，1991/8/5，第5—7頁。

② 宮澤内閣総理大臣第122回—第126回施政方針演説、所信表明演説，官報（号外），東京：大蔵省印刷局，1991/11/8，第1—3頁，1992/1/24，第3—8頁，1992/10/30，第2—5頁，1993/1/22，第2—6頁。

建筑"隐喻;"基軸"构成的"外交即机器"隐喻。①

20. 羽田内阁

羽田施政报告中相关日美关系突出了建筑架构、朋友架构(拟人)、身体架构(拟人)、旅行架构、生命体架构(拟人)、物体架构、运动架构、自然架构、共同体架构。主要体现为由"維持、基礎、構築"构成的"日美关系即建筑"隐喻;"緊密な協力関係"构成的"日美两国即朋友"隐喻;"基本"构成的"外交即建筑"隐喻;"直面、この難局を乗り切る"构成的"日美关系/外交即旅行"隐喻;"生き物"构成的"外交即生命体"隐喻;"新しい、大きな"构成的"国际社会即物体"隐喻;"うねり"构成的"国际社会即大海"隐喻。②

21. 村山内阁

村山施政报告中相关日美关系凸显了旅行架构、责任架构(拟人)、交往架构(拟人)、朋友架构(拟人)、建筑架构、共同体架构、机械架构、音乐架构。主要体现为由"堅持、大きな前進、原点、道"构成的"外交即旅行"隐喻;"認識の一致、責任を共有する、十分話し合う、対話、相互の協力関係"构成的"日美两国即朋友"隐喻;"基礎"构成的"日美关系即建筑"隐喻;"相互依存関係を一層進化させる"等构成的"亚太地区即共同体"隐喻;"基軸"构成的"外交即机器"隐喻;"基調"构成的"外交即乐曲"隐喻。③

22. 桥本内阁

桥本施政报告中相关日美关系凸显了交往架构(拟人)、旅行架构、共同体架构、朋友架构(拟人)、建筑架构、机械架构、身体架构(拟人)、运动架构。主要体现为"友好的な、地理的にも経済的にも密接な関係にある、心の通い合う、共存、自立、歩を進める"构成的"外交即

---

① 細川内閣総理大臣第127回—第129回施政方針演説、所信表明演説,官報(号外),東京:大蔵省印刷局,1993/8/23,第1—3頁,1993/9/21,第2—5頁,1994/3/4,第1—8頁。
② 羽田内閣総理大臣第129回(常会)所信表明演説,官報(号外),東京:大蔵省印刷局,1994/5/10,第1—3頁。
③ 村山内閣総理大臣第130回—第134回施政方針演説、所信表明演説,官報(号外),東京:大蔵省印刷局,1994/7/18,第2—6頁,1994/9/30,第3—6頁,1995/1/20,第2—8頁,1995/9/29,第4—7頁。

人"隐喻;"発展、展開、堅持、基本方針、最良の道"构成的"外交即旅行"隐喻;"密接な関係にある、共存を図るような心の通い合う相互依存関係"构成的"亚太地区即共同体"隐喻;"幅広い協力関係を一層強化していく、信頼の絆を一層深いものとする"构成的"日美两国即朋友"隐喻;"強化、基盤、安定"构成的"日美关系即建筑"隐喻;"基軸"构成的"外交即机器"隐喻;"基本、中核"构成的"外交即建筑"隐喻;"枠組みの構築"构成的"国际社会即建筑"隐喻;"動く"构成的"国际社会即运动物体"隐喻。①

23. 小渊内阁

小渊施政中相关日美关系凸显了交往架构(拟人)、责任架构(拟人)、共同体架构、建筑架构、机械架构、朋友架构(拟人)。主要体现为由"いかなる国も孤立して生きていくことはできない"构成的"国际社会即共同体"隐喻;"確保、かけ橋を築く、確固"构成的"外交即建筑"隐喻;"基軸"构成的"外交即机器"隐喻;"信頼関係、揺るぎない協調関係"等构成的"日美两国即朋友"隐喻。②

24. 森内阁

森喜朗施政中相关日美关系凸显了朋友架构(拟人)、建筑架构、战争架构、旅行架构、身体架构(拟人)、责任架构(拟人)、重生架构(拟人)、共同体架构、机械架构。主要体现为由"信頼関係、対話、信頼性を向上させていく"构成的"日美两国即朋友"隐喻;"構築、強化、枠組み"构成的"日美关系即建筑"隐喻;"戦略"构成的"日美关系即战争"隐喻;"探求していきたい"构成的"日美关系即旅行"隐喻;"新生、主体性、責任感とリーダーシップ"构成的等"外交即人"隐喻;"基礎"构成的"国际社会即建筑"隐喻;"機能"构成的"国际社会即机器"隐喻;

---

① 橋本内閣総理大臣第136回—第142回施政方針演説、所信表明演説,官報(号外),東京:大蔵省印刷局,1996/1/22,第2—11頁,1996/11/29,第2—4頁,1997/1/20,第2—5頁,1997/9/29,第2—4頁,1998/2/16,第1—4頁。

② 小渕内閣総理大臣第143回—第147回施政方針演説、所信表明演説,官報(号外),東京:大蔵省印刷局,1998/8/7,第3—5頁,1998/11/27,第2—4頁,1999/1/19,第2—5頁,1999/10/29,第2—4頁,2000/1/28,第1—4頁。

"一人一人の生存"等构成的"国际社会即共同体"隐喻;"基軸"构成的"外交即机器"隐喻;"安定の枠組み、強化、構築"构成的"亚太地区即建筑"隐喻;"密接に協調する"构成"日美韩三国即朋友"隐喻;"負担を軽減する"构成的"美军基地即负担"隐喻。①

25. 小泉内阁

小泉的施政报告中相关日美关系凸显了建筑架构、朋友架构(拟人)、旅行架构、战争架构、身体架构(拟人)、健康架构(拟人)、交往架构(拟人)、团队架构(拟人)、清洁架构、运动架构、机械架构。主要体现为由"構築、安定の礎、強固なもの、基本"构成的"外交即建筑"隐喻;"協力してリーダーシップを発揮していく、緊密な連携と対話を続ける、信頼性の向上に努める、信頼性を向上させる、建設的な対話、多岐にわたる分野において緊密な連携と対話を続ける"构成的"日美两国即朋友"隐喻;"構築してまいる、発揮していく"构成的"日美关系即旅行"隐喻;"戰略"构成"日美关系即战争"隐喻;"負担軽減"构成的"美军基地即负担"隐喻;"一新する"构成"外交改革即清洁"隐喻;"激動する"构成的"外交即运动物体"隐喻;"より有効に機能する"构成的"日美即机器"隐喻;"基軸"构成的"外交即机器"隐喻。②

26. 安倍内阁(第一次执政)

安倍施政报告中相关日美关系凸显了朋友架构(拟人)、建筑架构、旅行架构、交往架构(拟人)、战争架构。主要体现为由"連携の強化"构成的"日本与'自由、民主主義、基本的人権、法の支配といった基本的価値を共有する国々'即朋友"隐喻及"連携"构成的"日美两国即

---

① 森内閣総理大臣第147回—第151回施政方針演説、所信表明演説,官報(号外),東京:大蔵省印刷局,2000/4/7,第1—3頁,2000/7/28,第2—5頁,2000/9/21,第2—6頁,2001/1/31,第4—9頁。

② 小泉内閣総理大臣第151回—第164回施政方針演説、所信表明演説,官報(号外),東京:財務省印刷局,2001/5/7,第1—3頁,2001/9/27,第2—5頁,2002/2/4,第1—5頁,2002/10/18,第2—4頁,2003/1/31,第1—4頁,2003/9/26,第2—4頁,2004/1/19,第2—6頁,2004/10/12,第2—5頁,2005/1/21,第3—7頁,2005/9/26,第3—4頁,2006/1/20,第2—8頁。

朋友"隐喻；"主張する"构成的"外交即人"隐喻；"強化、構築、3本の柱、要、整備、基盤、枠組みを整える"构成的"外交即建筑"隐喻；"更に推し進めてまいる"构成的"外交即旅行"隐喻；"負担を軽減する"构成的"美军基地即负担"隐喻；"基盤、再構築"构成的"防卫即建筑"隐喻；"強力なリーダーシップ、司令塔機能の強化、戦略"等构成的"外交即战争"隐喻。①

27. 福田（康夫）内阁

福田施政报告中相关日美关系凸显了责任架构（拟人）、性格架构（拟人）、建筑架构、朋友架构（拟人）、旅行架构、机械架构。主要体现为由"基本"构成的"日美关系即建筑"隐喻；"積極的に取り組む、協調"等构成的"日美两国即朋友"隐喻；"活動の場を広げる、目指す"构成的"外交即旅行"隐喻；"基軸"构成的"外交即机器"隐喻；"負担軽減"构成的"美军基地即负担"隐喻。②

28. 麻生内阁

麻生施政报告中相关日美关系凸显了建筑架构、机械架构、朋友架构（拟人）、旅行架构、责任架构（拟人）、交往架构（拟人）、性格架构（拟人）。主要体现为由"構築、重要な柱"构成的"国际社会即建筑"隐喻；"基軸、軸足を移す"构成的"外交即机器"隐喻；"同盟関係、連携して取り組んでいる"构成的"日美两国即朋友"隐喻；"連携"构成的"亚太地区各国即朋友"隐喻；"着実に進めてまいる、連携して取り組んでまいる"构成的"日美关系即旅行"隐喻。③

29. 鸠山内阁

鸠山施政报告中相关日美关系方面突出了旅行架构、物体架构、朋友架构（拟人）、机械架构、共同体架构、交往架构（拟人）、身体架构

---

① 安倍内閣総理大臣第165回—第168回施政方針演説、所信表明演説，官報（号外），東京：国立印刷局，2006/9/29，第1—4頁，2007/1/26，第3—7頁，2007/9/10，第2—5頁。
② 福田内閣総理大臣第168回、第169回所信表明演説、施政方針演説，官報（号外），東京：国立印刷局，2007/10/1，第1—3頁，2008/1/18，第2—6頁。
③ 麻生内閣総理大臣第170回、第171回所信表明演説、施政方針演説，官報（号外），東京：国立印刷局，2008/9/29，第2—4頁，2009/1/28，第2—5頁。

（拟人）、建筑架构。主要体现为由"質的には変化を遂げる、欠くことのできない存在、重層的"构成的"日美安全保障条约即物体"隐喻；"幅広い協力を進める、重層的な同盟関係へと深化・発展させていきたい、率直に語り合う、協調して取り組む、連携する"构成的"日美两国即朋友"隐喻；"基軸"构成的"外交即机器"隐喻；"長年にわたる大変なご負担を少しでも軽くしていく"构成的"美军基地即负担"隐喻；"信頼関係"构成的"亚太地区各国即朋友"隐喻；"友好と連帯の実りの海であり続けるための努力を続ける"构成的"亚太地区即共同体"隐喻；"架け橋、基盤"构成的"外交即建筑"隐喻。①

30. 菅内阁

菅直人施政报告中相关日美关系方面突出了身体架构（拟人）、运动架构、音乐架构、旅行架构、朋友架构（拟人）、机械架构、建筑架构、视觉架构。主要体现为由"不安定性"构成的"国际社会即运动物体"隐喻；"基調"构成的"外交即乐曲"隐喻；"推進"构成的"外交即旅行"隐喻；"同盟を深化させる"构成的"日美两国即朋友"隐喻；"基軸"构成的"外交即机器"隐喻；"共有財産"构成的"日美同盟即财产"隐喻；"三本柱、中心、強化"构成的"日美关系即建筑"隐喻；"ビジョン"构成的"日美关系即视觉现象"隐喻；"推進、牽引する"构成的"日美关系即旅行"隐喻；"負担の軽減に全力を尽くす"构成的"美军基地即负担"隐喻；"関係強化にも努める、協力を拡大する"构成的"亚太地区各国即朋友"隐喻。②

31. 野田内阁

野田施政报告中相关日美关系方面凸显了机械架构、朋友架构（拟人）、运动架构、物体架构、邻居架构（拟人）、旅行架构、建筑架构。主要体现为由"基礎体力を高める"构成的"外交即人"隐喻；"基軸"构成的"外交即机器"隐喻；"二十一世紀に相応しい同盟関係"构成的

---

① 鳩山内閣総理大臣第173回、第174回所信表明演説、施政方針演説，官報（号外），東京：国立印刷局，2009/10/26，第2—7頁，2010/1/29，第1—7頁。
② 菅内閣総理大臣第174回—第177回施政方針演説、所信表明演説，官報（号外），東京：国立印刷局，2010/6/11，第1—5頁，2010/10/1，第3—5頁，2011/1/24，第2—6頁。

"日美两国即朋友"隐喻；"公共财"构成的"日美同盟即财产"隐喻；"同時並行で進める"构成的"亚太地区外交即旅行"隐喻；"重心が大きく移りゆく、変動期、変動する過程で、不安定さが増す"等构成的"国际社会即运动物体"隐喻；"軸足"构成的"亚太地区外交即机器"隐喻；"枠組み、基本、強化、基礎、築く、構築する、中心、強化"等构成的"亚太地区即建筑"隐喻；"負担軽減"构成的"美军基地即负担"隐喻；"礎"构成的"国家即建筑"隐喻；"更なる一歩を踏み出す"构成的"亚太地区发展即旅行"隐喻。①

32. 安倍内阁（第二次执政）

安倍施政报告中相关日美关系方面凸显了战争架构、建筑架构、责任架构（拟人）、交往架构（拟人）、比赛架构、机械架构、成长架构、重生架构（拟人）、运动架构、物体架构、朋友架构、旅行架构、珠宝架构、发送邮件架构、剧场架构、生产投资架构、植物架构、共同体架构。主要体现为由"国益を守る、戰略意識、司令塔、戦略的なトップ、司令機能"构成的"外交即战争"隐喻；"基本、確固とした立ち位置、不断の強化、基盤、立て直す、築く、一層強化する、地平を拓く"等构成的"外交即建筑"隐喻；"原則"构成的"外交即比赛"隐喻；"基軸、しっかりと軸を打ち立てぶれない"构成的"外交即机器"隐喻；"復活"构成的"日美关系即重生"隐喻；"大切な公共財"构成的"日美安全保障体制即财产"隐喻；"パートナーを成す、同じ戦略意識を持つ、同じ目的を共有している、手を携えて協力していく"构成的"日美两国即朋友"隐喻；"手を携えて協力していく"构成的"日美关系即旅行"隐喻；"負担軽減"等构成的"美军基地即负担"隐喻；"地球儀を俯瞰する"构成的"国际社会即物体"隐喻；"変わる"构成的"国际社会即运动物体"隐喻；"輝く、魅力を発信する"构成的"日本即珠宝"隐喻；"発信する"构成的"外交即发送邮件/信息"隐喻；"舞台"构成的"亚太地区即剧场"隐喻；"総決算、総仕上げ"构成的"外交即生产投资"

---

① 野田内閣総理大臣第178回—第181回施政方針演説、所信表明演説，官報（号外），東京：国立印刷局，2011/9/13，第3—6頁，2011/10/28，第1—3頁，2012/1/24，第2—7頁，2012/10/29，第2—6頁。

隐喻；"根幹"构成的"防卫即树木"隐喻；"相互依存を深める"构成的"国际社会即共同体"隐喻。①

本章小结

本章分别考察、识别、梳理了历任政府施政报告中相关经济、行政机构改革、教育、日美关系四个方面语篇中的隐喻性表层架构，并相应例举了文本中的具体隐喻表达。

如表3-1，施政报告中主要存在18类隐喻架构：建筑类、旅行类、拟人类、比赛类、战争类、植物类、自然类、机械类、平衡类、运动类、生产投资类、音乐类、就医类、戏剧类、清洁类、图形类、物体类、共同体类。其中，建筑隐喻、旅行隐喻、拟人隐喻三类架构的使用覆盖了历届政府施政报告。

表3-1 施政报告中的主要隐喻架构统计（1947.7.1—2020.1.20）

序号	源域	经济方面	行政机构改革方面	教育方面	日美关系方面	合计
1	建筑类	32	32	29	30	123
2	旅行类	32	32	26	31	121
3	拟人类	32	32	26	31	121
4	比赛类	26	28	11	2	67
5	战争类	21	25	6	4	56
6	植物类	17	29	8	4	58
7	自然类	16	16	5	3	40
8	机械类	15	16	4	21	56

---

① 安倍内閣総理大臣第183回—第201回施政方針演説、所信表明演説，官報（号外），東京：国立印刷局，2013/1/28，第2—4頁，2013/2/28，第1—6頁，2013/10/15，第3—5頁，2014/1/24，第2—6頁，2014/9/29，第2—4頁，2015/2/12，第1—7頁，2016/1/22，第1—6頁，2016/9/26，第4—7頁，2017/1/20，第2—8頁，2017/11/17，第2—3頁，2018/1/22，第2—6頁，2018/10/24，第2—5頁，2019/1/28，第2—7頁，2019/10/4，第3—5頁，2020/1/20，第2—6頁。

续表

序号	源域	经济方面	行政机构改革方面	教育方面	日美关系方面	合计
9	平衡类	14	1	6	0	21
10	运动类	11	2	0	8	21
11	生产投资类	11	26	24	1	62
12	音乐类	10	7	3	8	28
13	就医类	9	15	1	0	25
14	戏剧类	6	8	2	0	16
15	清洁类	5	29	9	2	45
16	图形类	5	5	0	2	12
17	物体类	5	23	5	5	38
18	共同体类	0	0	0	16	16
合计		267	326	165	168	926

第四章

日本历届政府施政报告中的表层架构历时分析（1947—2020）

本章基于第三章对1947—2020年施政报告中隐喻性表层架构的分别分析结果，拟利用历史比较法对经济、行政机构改革、教育、日美关系四个方面语篇中的隐喻性表层架构进行历时性归纳及相关解读。

第一节 经济方面的隐喻性表层架构历时分析

本节首先将对经济方面中主要的隐喻性表层架构的总体进行历时性归纳和分析，再分别就主要的隐喻性表层架构进行历时性归纳和分析。

一 隐喻性表层架构总体历时分析

通过对1947—2020年政府施政报告中经济类内容的隐喻性表层架构识别后，发现主要存在十六类架构：建筑架构、植物架构、战争架构、旅行架构、身体架构等（拟人）、比赛架构、音乐架构、运动架构、就医架构、自然架构、平衡架构、清洁架构、生产投资架构、机械架构、戏剧架构、图形架构。如图4-1和图4-2所示，图4-1是按照表层架构出现的时间顺序统计出的结果，图4-2是按照出现次数统计出的结果。

从图4-1和图4-2统计结果看，1947—2020年73年中，无论是时间顺序还是出现频率，建筑架构、旅行架构、身体架构等（拟人）、比赛架构、战争架构、植物架构六类表层架构始终占据着前六的位置。其中，建筑架构、旅行架构、身体架构等（拟人）三类表层架构出现频率达到了32次，使用率覆盖历任施政报告；比赛架构为26次；战争架构为21次；

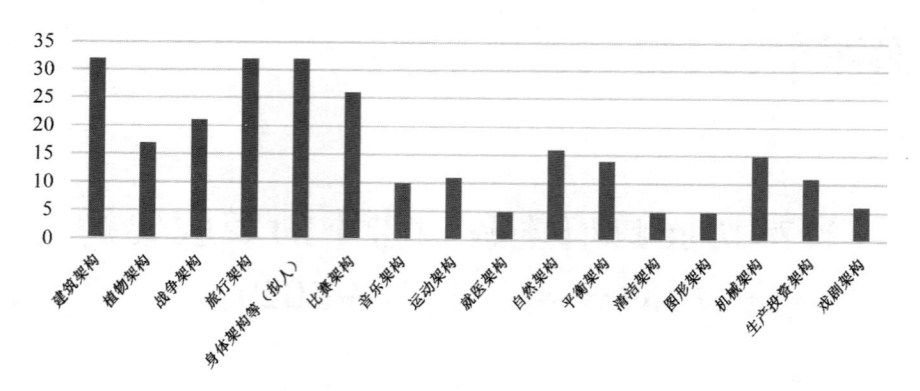

图 4-1 经济方面表层架构统计（按出现时间顺序）

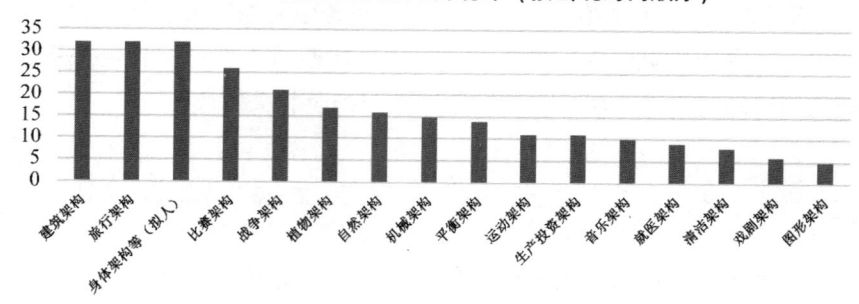

图 4-2 经济方面表层架构统计（按出现次数）

植物架构为 17 次。如图 4-1 所示，除了上述六类表层架构，其他表层架构种类逐渐丰富多样，且有起有伏。如图 4-2 所示，自然架构、机械架构、平衡架构三类表层架构出现次数也较多，频率为 15 次左右；运动架构、音乐架构、生产投资架构、就医架构和清洁架构五类表层架构出现频率在 10 次左右；戏剧架构和图形架构共计出现了 5 次左右。

二 主要隐喻性表层架构分别历时分析

1. 建筑架构

如前所述，建筑架构是经济类内容中使用率最高的三类架构之一，如图 4-3，历届施政报告都出现过。

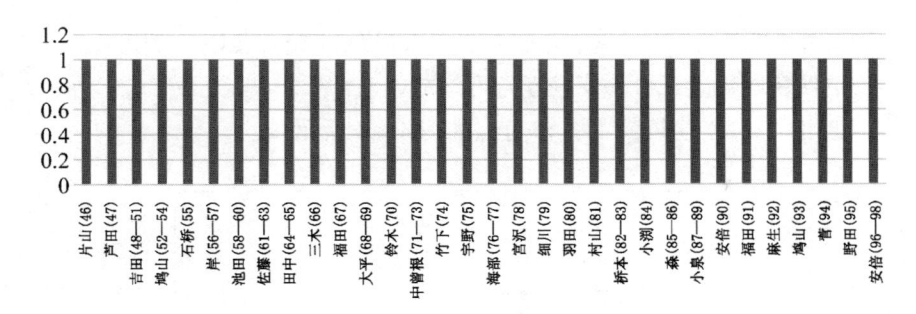

图 4-3 "建筑架构"使用统计

莱考夫和约翰逊指出,在"建筑"隐喻架构中,我们是在用一个域"建筑"中的表达来谈论另一个以隐喻界定的域中的相应概念。但隐喻建构具有部分性质,即隐喻的概念建构是部分的,而非全面的;隐喻建构也具有凸显和隐藏功能,即让我们部分理解了概念,同时掩饰了概念的其他属性或特征。①② 莱考夫提出,建筑隐喻强调的是"内容""进展""基础性""说服力""结构"。③④

山梨（1988）论述"理论即建筑"隐喻时,提出「理論という抽象概念は、建物を構造的に特徴づけるこのような構成物の性質の具体的な叙述を通して理解される」⑤,抽象概念"理论"可以通过描述建筑物的结构特点来进行理解。山梨认为日本传统建筑的基本要素由"基礎、土台、枠、枠組み、柱"构成。因此,关于"理论"的具体隐喻表达会出现如下表述：

1) この理論の基礎はしっかりしている。
2) X‐理論の土台はがたがただ。
3) 例の理論の基本的な枠がまだ完成していない。

---

① G・レイコフ,M・ジョンソン,レトリックと人生,渡部昇一、楠瀬淳三、その他訳,東京：大修館書店,2019,第 12—17 頁。
② [美]乔治·莱考夫、马克·约翰逊：《我们赖以生存的隐喻》,何文忠译,浙江大学出版社 2016 年版,第 7—10 页。
③ G・レイコフ,M・ジョンソン,レトリックと人生,渡部昇一、楠瀬淳三、その他訳,東京：大修館書店,2019,第 149—153 頁。
④ [美]乔治·莱考夫、马克·约翰逊：《我们赖以生存的隐喻》,何文忠译,浙江大学出版社 2016 年版,第 92—100 页。
⑤ 山梨正明,比喩と理解,東京：東京大学出版会,1988,第 55 頁。

4) その理論は骨組みから組み直さなければならない。
5) Y-理論は三つの支柱からなっている。①

"理论"与"建筑"的具体对应如图4-4所示。

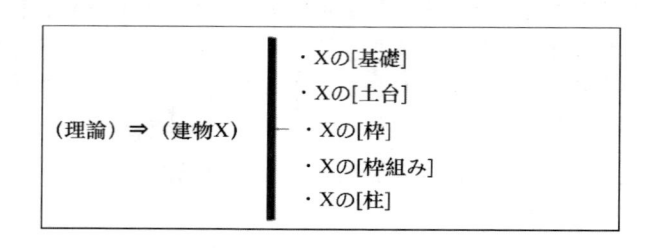

```
（理論）⇒（建物X）  ・Xの[基礎]
                    ・Xの[土台]
                    ・Xの[枠]
                    ・Xの[枠組み]
                    ・Xの[柱]
```

图4-4 「理論=建物」模型示意

资料来源：[日] 山梨正明，*比喩と理解*，東京：東京大学出版会，1988，第55頁。

鍋島（2005）认为，日本人对"建筑"一词的理解有以下四个方面：

（1）土台がしっかりしていなければ、高い建物は立てられない。

（2）土台が崩れれば全体が崩れるが、上層が壊れても土台が崩れるとは限らない。

（3）建物が揺れることは建物が崩れる危険性があることである。

（4）堅牢な建物は壊れにくい。②

鍋島与山梨的理解有相似之处，均强调建筑的基础部分"土台"、建筑的结构部分"全体"与"上層"、建筑的牢固性"堅牢"，其中尤为突出基础部分"土台"的重要性。莱考夫与约翰逊提出：

「ある文化における最も根本的な価値観は、その文化で最も根本的な概念に構造を与えているメタファーと一貫性を持っている。」③

某种文化中最为根本的价值观一般与其文化中最为根本的概念之隐喻结构保持着一贯性。所以，这也是建筑隐喻架构深受战后历届政府首脑青睐的

---

① 山梨正明，*比喩と理解*，東京：東京大学出版会，1988，第55頁。
② 鍋島弘治朗，批判的ディスコース分析と認知言語学の接点—認知メタファー理論のCDAへの応用—，*時事英語学研究 NO. XLIV*，2005，第43—55頁。
③ G·レイコフ，M·ジョンソン，レトリックと人生，渡部昇一、楠瀬淳三、その他訳，東京：大修館書店，2019，第32頁。

原因。1947—2020 年施政报告中经济类内容中的建筑架构分别体现了"经济建设即建筑"隐喻与"农业问题即建筑"隐喻。两则概念隐喻中，日本人对传统"建筑"的理解要素得以表现。"经济建设即建筑"隐喻中，表示"基礎"和"土台"的隐喻表达如"基盤、強固"；表示"枠"和"枠組み"的隐喻表达如"構造的な変化"；表示"柱"的隐喻表达如"景気回復策の第一の柱である二十一世紀先導プロジェクト"。而在"农业问题即建筑"中表示"基礎"和"土台"的隐喻表达有"農産物生産の基盤である土地条件の整備"；表示"枠"和"枠組み"的隐喻表达有"構造改革"；表示"柱"的隐喻表达如"この目標に向けた政策の柱が、農業者戸別所得補償です"。施政报告中"经济建设即建筑"隐喻与"农业问题即建筑"隐喻的源域与目标域之间对应也可以如图 4-5 表示出来。

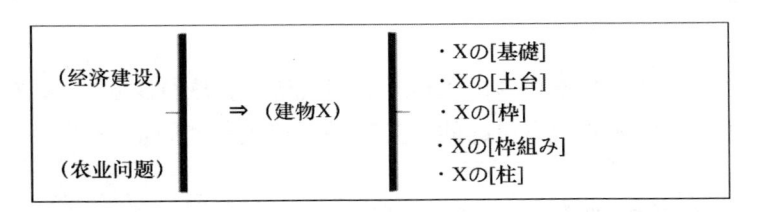

```
(经济建设)                  ・Xの[基礎]
           ⇒ （建物X）      ・Xの[土台]
                            ・Xの[枠]
(农业问题)                   ・Xの[枠組み]
                            ・Xの[柱]
```

图 4-5 「经济建设＝建物」／「农业问题＝建物」
模型示意图（根据山梨正明（1988）修改）

2. 旅行架构

如图 4-6，旅行架构在历届施政报告中也均出现。

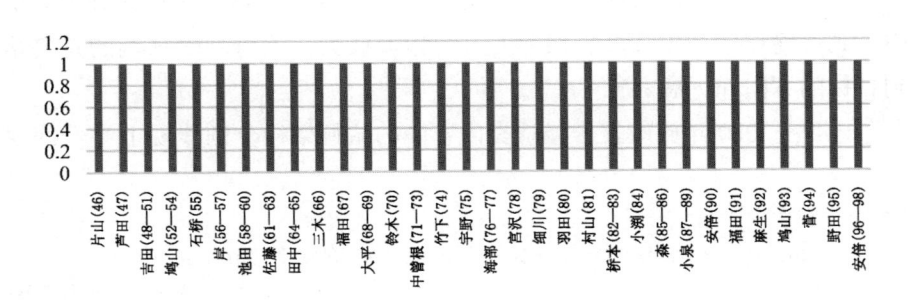

图 4-6 "旅行架构"使用统计

如图4-7，濑户（1995）提出旅行的基本要素有起点、终点、路程、移动、方向和速度。

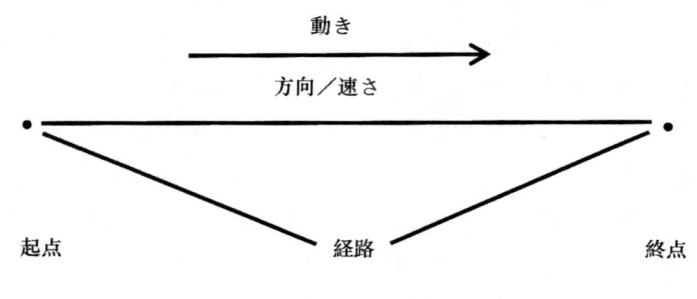

動き →
方向／速さ

起点　　　経路　　　終点

图4-7　旅行之基本要素

资料来源：［日］瀬戸賢一，メタファー思考—意味と認識の仕組み—（第14刷），東京：講談社，2019，第87頁。

籾山（2014）与濑户的论述相近。籾山认为，旅行隐喻中源域"向目的地移动"与目标域"有目的的行为"的对应关系如图4-8。①

| 源域：ある地点を出発 → ある経路を移動 → ある目的地に到達 |
| ↑ ↓　　　　　　　　↑ ↓　　　　　　　↑ ↓ |
| 目标域：ある行為に着手 → 継続的な取り組み → ある目的を達成 |

图4-8

从图4-8中可以看出，旅行的起点即着手某事，旅行途中即处理某事中，到达终点即完成某事。莱考夫与约翰逊认为，旅行隐喻强调的是要达到目标的方向和进展。②③

1947—2020年施政报告经济类内容中的旅行架构分别体现了"经济建

---

① 籾山洋介，日本語研究のための認知言語学，東京：研究社，2014，第101頁。
② G·レイコフ，M·ジョンソン，レトリックと人生，渡部昇一、楠瀬淳三、その他訳，東京：大修館書店，2019，第149—152頁。
③ ［美］乔治·莱考夫、马克·约翰逊：《我们赖以生存的隐喻》，何文忠译，浙江大学出版社2016年版，第92—100页。

设即旅行"隐喻及"农业问题即旅行"隐喻。依据莱考夫、濑户、籾山三人的分析，在"经济建设即旅行"和"农业问题即旅行"隐喻中，目标域"经济建设"、"农业问题"与源域"旅行"基本要素的具体对应如图4-9所示。

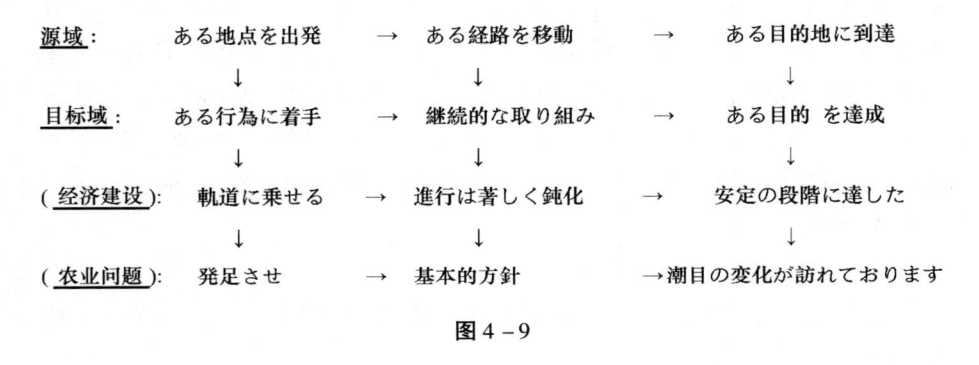

<u>源域</u>：	ある地点を出発	→	ある経路を移動	→	ある目的地に到達
	↓		↓		↓
<u>目标域</u>：	ある行為に着手	→	継続的な取り組み	→	ある目的 を達成
	↓		↓		↓
(<u>经济建设</u>)：	軌道に乗せる	→	進行は著しく鈍化	→	安定の段階に達した
	↓		↓		↓
(<u>农业问题</u>)：	発足させ	→	基本的方針	→	潮目の変化が訪れております

图 4-9

其他还有如，

表示领队或导游之意的表达如"主導的な役割を担う、先頭に立って共に行動を起こす"等；表示计划和方针之意如"方途、線に沿う、長期計画を定める、正しい方向を指向する、進路を誤る、基本的方向、指針、総合的な計画を示す、道筋をつける"等；表示出发或起点之意的表达如"第一歩、軌道に乗せる、本格稼働させる段階にる、道へ雄々しく発足する、出発、スタートする"等；表示旅途、移动之意的表达如"邁進、当面している、実行、段階的に進めてまいる、途上、拡大発展の方向をたどりつつある、重点的に推進いたしたい、巨歩を進める、おおむね順調に推移する、積極的な助成の道を開く、大胆に転換する、全域に展開する、一進一退"等；表示速度之意如"拡大のテンポが緩やかに減速しつつある、成長スピードを減速した適正な成長路線に切りかえる、限度を越す、実現に向けて動きを加速する"等；表示途中艰险之意的表达如"逆境を乗り越える、万難を排する、どん底に落ちた、進行は著しく鈍化する、克服、負担は相当に重い、当面克服すべき試練、曲がり角に立つ、行き詰まり、厳しい道、危機的状況を乗り越える、大きな変革期に直面しておる、新しい成長軌道への挑戦"等；表示到达或终点之意

如"安定の段階に達する、実現する、史的段階に立つに至る、新しい発展段階、目途、~を境にする、中長期的な目標に向けて着実に歩みを進める、更なる高みを目指す、歴史的な発展期にある、歴史的な勃興期を迎える、復興に向けて歩む道"等表达。此外，源域为"航海"的隐喻表达如表示出发之意的有"荒波に船出した"；表示海上状况之意的如"狂瀾怒濤、荒波、波"；表示掌控航线之意的如"誤りなく舵を取る、大競争の荒波に躊躇うことなく漕ぎ出していく、波を全国津々浦々へと広げてまいる、~に向け舵を切る、かじ取りを大きく明確に転換する"等；表示行进状况之意的如"誤りなく、大競争の荒波に躊躇う、荒波の真っただ中にある"等。

3. 身体架构等（拟人）

拟人与建筑架构和旅行架构使用频率最高，如图 4-10，覆盖历任施政报告。

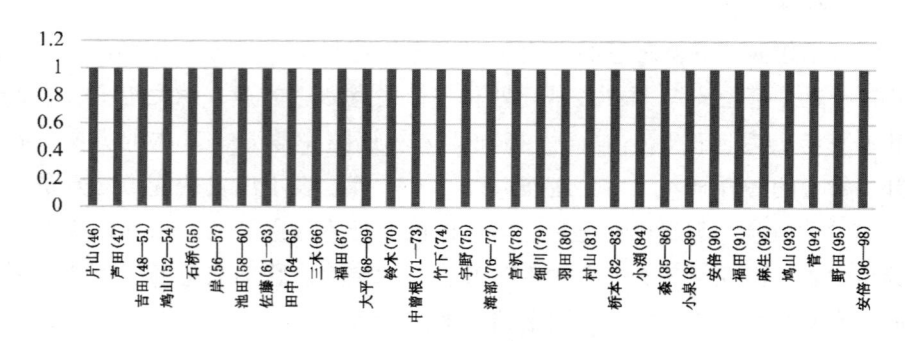

图 4-10 "身体架构等（拟人）"使用统计

莱考夫和约翰逊指出：

「擬人化というのは極めて広範にわたる種々のメタファーを包含する、おおまかな一つのカテゴリーなのであって、そこに含まれるメタファーは一つ一つが人間の持つ様々な面や、或いは、人間に対する様々な見方を取り上げているということである。それらのメタファーについて共通して言えることはそれらが存在のメ

タファーを拡張したものであるということ、また、それらのメタファーによって我々は世の中の様々な現象を人間という物差しで理解することができるということである（人間という物差しは、自分自身の動機、目標、行動、特徴などに基づいて理解することができる）。」①

拟人化覆盖的隐喻种类繁多，是一个极其笼统的范畴。每个隐喻突出体现了人的不同侧面或者是对人不同方式和角度的观察。我们以"人"为基准理解大千世界。也就是说，我们基于自身的行为动机、行为目标、具体行动以及行为特点来了解世界万物。②

正如莱考夫所讲，1947—2020年施政报告经济类内容中包含的拟人涉及非常广泛。统计结果显示，经济类内容中共有10种拟人类隐喻。最常见的是把抽象概念"经济建设"、"农业问题"、"通货膨胀"看成"人"的不同方面，非常具有解释力，这也是唯一可以让我们大多数人明白的一种解释方法。有"体質を改善する、足腰の強い、景気回復の足を引っ張る、主眼、眼目、新陳代謝"等身体隐喻、"後遺症、全治、健全化、回復、惡循環"等健康隐喻、"立ち向かう、去る、停止、行き過ぎた、足踏み状態"等身体运动隐喻、"防ぎ"等敌人隐喻、"自立、安定的成長"等成长隐喻、"相互依存、応援、活発な交流、支え合う、信頼の低下"的交往隐喻、"大胆な、やる気のある、魅力ある、活力に満ちた、オープンな姿勢、自立型、姿"等性格隐喻、"復活、再生"等重生隐喻、"かけがえのない役割を果たす、主体的"等责任隐喻、"創生、古い殻を破る"等诞生隐喻。

4. 比赛架构

如图4-11，除了芦田（47）、鸠山（52—54）、田中（64—65）、三木（66）、中曾根（71—73）、野田（95），比赛架构出现在了26届政府施

---

① G・レイコフ，M・ジョンソン，レトリックと人生，渡部昇一、楠瀬淳三、その他訳，東京：大修館書店，2019，第52頁。
② [美] 乔治·莱考夫, 马克·约翰逊:《我们赖以生存的隐喻》, 何文忠译, 浙江大学出版社2016年版, 第31页。

政报告中，也是使用率比较高的隐喻。竹下（74）之后几乎历任经济政策表述中都在使用。

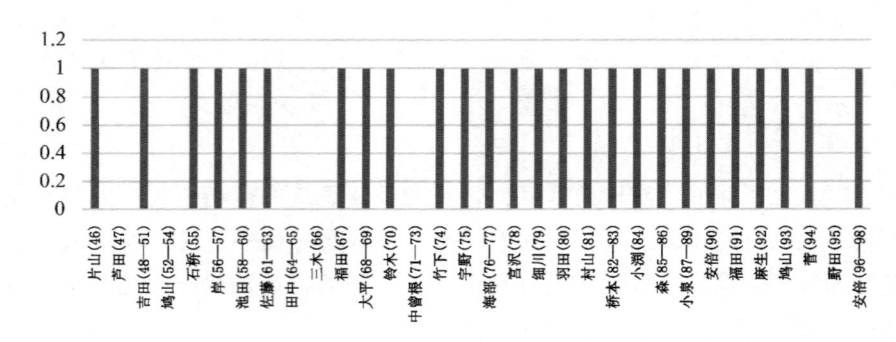

图 4-11 "比赛架构"使用统计

1947—2020 年施政报告经济类内容中的比赛隐喻架构主要表现为"经济建设即比赛"隐喻。比赛的基本理解要素一般包括比赛规则、参赛目标、参赛形式、竞技水平、竞争、速度、比赛结果等方面。文本中的"经济建设即比赛"隐喻的源域包含了上述比赛要素。表示比赛规则有"公正かつ自由な競争、二十一世紀に相応しいルール"等；表示参赛目标的表达有"第一義的目標、目標の達成に最善を尽くす、目標を打ち立て目標に向かって進取の気性で立ち向かう"等；表示竞技水平的表达有"最も高い水準、どんどん追い上げてくる、誇り得る水準以上に達しておる、世界最高水準"等；表示参赛形式的表达如"一丸となる"等；表示竞争的表达有"競争上不利な障害を除く、競争力"等；表示比赛状态的表达有"果敢な挑戦とそのスピードが大切、世界最先端の実現に向けて動きを加速する"等；还有表示比赛结果的表达如"勝負どころにある、勝ち組と負け組が固定化せず、過去最高を更新いたした"等。

5. 战争架构

战争隐喻架构于政府施政报告经济政策表述中使用率也较多。如图 4-12，战争隐喻一共出现了 21 次，而且显示逐渐上升趋势。海部（76—77）之后，除了桥本（82—83），共有 15 位首相使用。

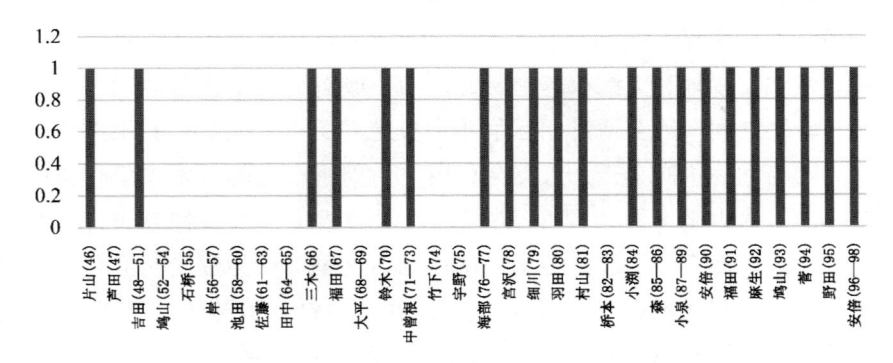

第四章 日本历届政府施政报告中的表层架构历时分析（1947—2020）

图 4-12 "战争架构"使用统计

莱考夫与约翰逊认为：

「争いは動物の世界では至るところで見られるし、人間という動物の世界ほど争いの絶えないところはない。動物は、食物や異性、縄張りや支配など自分の欲するものを得ようとして戦う。自分と同じものを欲しがる動物や、相手にそれを得させまいと妨害する動物がいるからである。同じことは人間という動物についても言える。ただ、人間は欲しいものを手に入れるために動物よりももっと手の込んだテクニックを発達させてきたという点が異なる。「理性的な動物」である我々はいろいろな方法で争いを制度化してきた。その一つが戦争である。しかし、何千年にわたって争いを制度化してきたとはいえ、また、多くの素晴らしい知力を結集して戦争遂行のより効果的な方法を発達させてきたとはいうものの、その根本の構造は本質的には変わっていない。二頭の獰猛な動物の間の争いを観察しているうちに科学者たちは、威嚇のための挑戦、縄張りの設定と維持、攻撃、防御、反撃、退却、降服などが動物たちの間で行われていることに気がついた。人間同士の争いでも、全く同じことが行われている。」[1]

---

[1] G・レイコフ，M・ジョンソン，レトリックと人生，渡部昇一、楠瀬淳三、その他訳，東京：大修館書店，2019，第101頁。

争斗在动物界（包括我们人类）随处可见，也从未停止过。为了获取食物、伴侣、领地和支配权等想要的东西，或者为了阻止其他动物与自己争抢，动物之间一般会通过相互争斗来决定其所有。人类也并不例外。但是，人类与动物不同在于，人类会利用更为周密细致的技术来争夺自己想要的东西。人类是一种"理性动物"，通过"战争"等多种方式将这种争斗制度化。虽然人类历经数千年将这种身体上争斗行为逐步制度化，也穷尽智慧产生了更为有效的战争方式，但其基本结构并未发生本质上的改变。有些科学家在观察两头野兽相互争斗时，野兽通常先以挑战进行威吓，再建立自己领地并捍卫它，然后攻击，接下来防守，再反击，最后或撤退或投降等。人类的争斗亦如此。①

1947—2020年施政报告经济类内容中的战争隐喻架构主要表现为"经济建设即战争"和"农业问题即战争"隐喻。源域是"战争"的不同侧面，而目标域分别为"经济建设"与"农业问题"。正如莱考夫论述，经济类内容中出现了表示威吓或受到恐吓之意的表达如"脅かす、恐るべき危機に当面している、厳しい状況に直面しておる、危機に見舞われる"等；表示领地之意的表达有"拠点、布陣、司令塔の機能を担う"等；表示捍卫或防守之意的表达如"対策、作戦、戦略プラン、守るべきものは守る、破綻を阻止する"等；表示攻击或反击之意的表达如"狙い、襲い来る、攻め、戦略指針"等；表示战争结果的表达如"全般的には依然厳しい状況が続いておる、万難を排する、危機突破、勝ち得る、犠牲"等。

6. 植物架构

植物隐喻架构出现17次，整体看使用率居中游。但如图4-13所示，植物隐喻架构在战后的七十多年间使用分布均匀。

"植物"的基本理解要素包含根部、茎部、枝叶和果实等，而"培育植物"的理解要素包括播种、栽培、收获以及发芽、生长、开花和结果。

---

① ［美］乔治·莱考夫、马克·约翰逊：《我们赖以生存的隐喻》，何文忠译，浙江大学出版社2016年版，第61—62页。

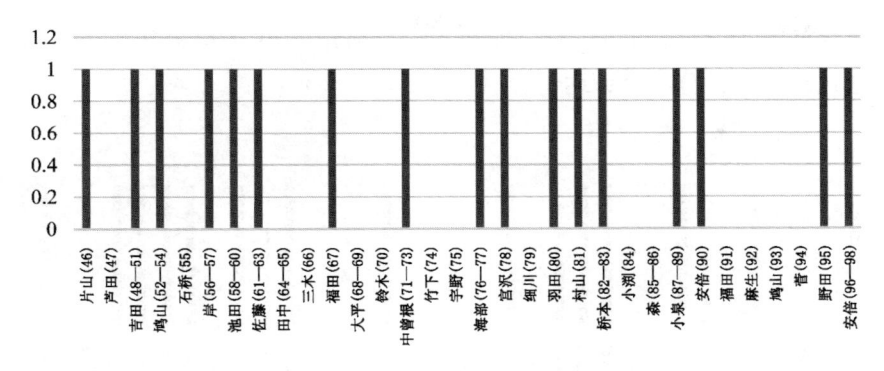

图 4-13 "植物架构"使用统计

"実際のところ、どんなメタファーも、その経験上の基盤から切り離しては理解できないし、また、切り離せば適切な表現ともなり得ない。"①

的确如莱考夫所讲，根本不存在完全脱离经验基础而能够获得充分理解与适切表达的隐喻。正因为有了对"植物"和"培育植物"的身体经验基础，经济类内容中的植物隐喻架构才出现了"经济建设即培育植物"和"农业问题即培育植物"两则隐喻。源域为"培育植物"，目标域为"经济建设"和"农业问题"。源域有表示播种之意的表达如"「希望の種」を播きましょう、人生二毛作"等；表示栽培或培育之意的表达如"根本を培う、日々懸命に土を耕し汗と泥にまみれながら"等；表示发芽之意的表达如"芽、芽を育んでいく、萌）芽、生まれる小さな「希望の芽」をみんなで大きく育てよう"等；表示生长、如开花之意的表达如"花開こうとしている、大きな「希望の花」を咲かせる、根強く"等；表示根部或茎部之意的表达如"根幹を揺るがす、基幹、根本"等；表示收获、如结果或果实之意的表达如"実を結ぶ、果実、大きな果実を生み出した、大きな木に育てる"等。

7. 自然架构

自然隐喻架构与植物隐喻架构使用率相似，总体看出现次数居于中

---

① G・レイコフ, M・ジョンソン, レトリックと人生, 渡部昇一、楠瀬淳三、その他訳, 東京: 大修館書店, 2019, 第29頁。

游，共计有 16 任首相使用过。如图 4-14 所示，70 多年来其使用覆盖也还是比较广泛，分布较为均匀。

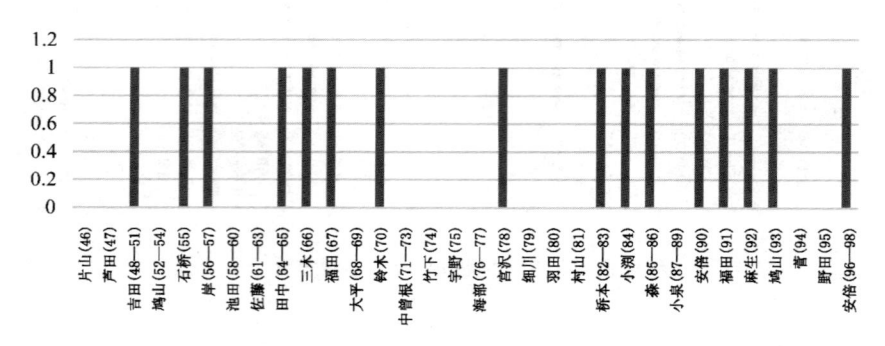

图 4-14 "自然架构"使用统计

1947—2020 年施政报告经济类内容中自然类隐喻架构的源域主要体现为"河流""海浪""源泉""冰河期""暖风"，目标域分别为"通货膨胀""经济发展""就业问题"。主要出现了"通货膨胀即河流""经济发展即海浪""经济发展即河流""就业问题即冰河期""经济发展即暖风"五个概念隐喻。

8. 机械架构

如图 4-15，机械隐喻架构出现了两次集中使用的阶段，一是福田（67）至中曽根（71—73），二是村山（81）至安倍（96—98）。战后共有 15 位首相使用了机械隐喻架构。

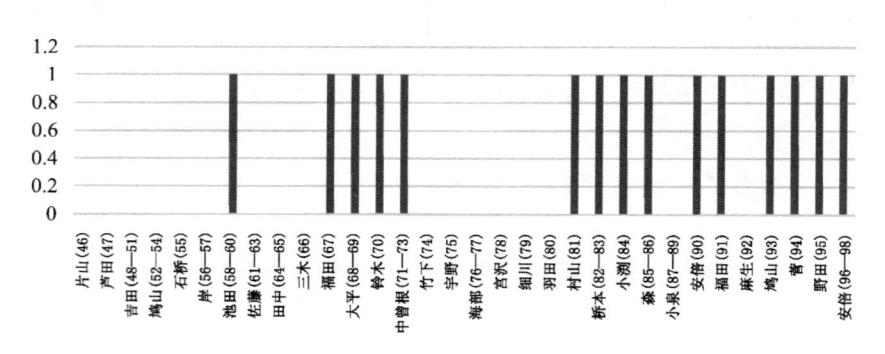

图 4-15 "机械架构"使用统计

籾山（2006）认为，"机械"的基本特征包括：

（1）能・働き：「機械」は決まったことのみを行う、決まったことを正確に行う。

（2）状態：正常に機能しなくなる/故障することがある。正常に機能しなくなった「機械」は、修理して正常な状態に戻せることがある；「機械」を正常に機能させ続けるには、点検・保守が必要なことがある。（故障、修理、点検・保守）

（3）動力源：「機械」が機能するためには、何らかの動力源が必要である。

（4）作り・構造：機械は複数の部分・部品から成っており、それぞれの部分・部品は機械の構造上或いは機能上決まった役割を果たす。[①]

1947—2020年施政报告经济类内容中的机械架构主要体现为"经济建设即机器"和"农业问题即机器"两则概念隐喻。目标域为"经济建设"和"农业问题"；源域为机器主轴之意的表达如"基軸、軸、軸足"、机器动力源之意的表达如"原動力"、车辆轮胎之意的表达如"車の両輪"等、机器功能之意的"機能"等。

而机械隐喻架构中最为常见的源域"軸"一词，在机械工学领域的日文解释是：

「機械工学では，回転もしくは回転に関係する円柱状（中空も含む）の部品類をさし、一般にねじり応力と曲げ応力を受ける。軸類が破壊すると大きな事故につながることが多い」[②]

按照释义可以理解"軸"是支承转动零件并与之一起回转以传递运动、扭矩或弯矩的机械零件，穿在轴承、车轮、齿轮之中，如果出现故障就会导致重大事故发生。

9. 平衡架构

图4-16显示，平衡隐喻架构出现共计14次，主要是石桥（55）至村山（81）期间为各位首相所使用。

[①] 籾山洋介，日本語は人間をどう見ているか，東京：研究社，2006，第92—93頁。
[②] コトバンク，https：//kotobank.jp/word/軸-72812，2022年9月20日。

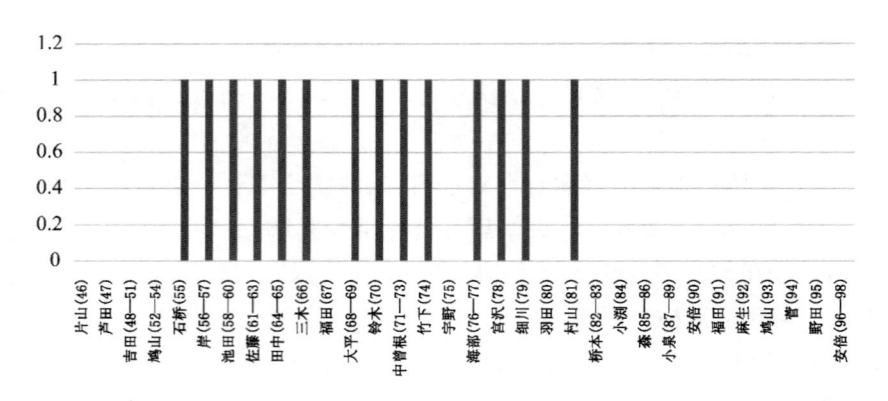

图 4-16 "平衡架构"使用统计

"平衡"是指两个或两个以上的力作用于一个物体上，各个力互相抵消，使物体成相对的静止状态。泛指平稳或稳定。基于"平衡"原义及泛指，1947—2020 年施政报告经济类内容中的平衡架构主要体现为"经济建设即保持平衡状态"隐喻，具体表达如"均衡の取れる、均衡的発展を図る、調和の取れた、不均衡を引き起こす、均衡を保つ、調和ある、不均衡を是正する、バランスの取れる"等。

10. 运动架构

如图 4-17 统计，运动隐喻架构出现 11 次，多集中于田中（64—65）至中曾根（71—73）期间。

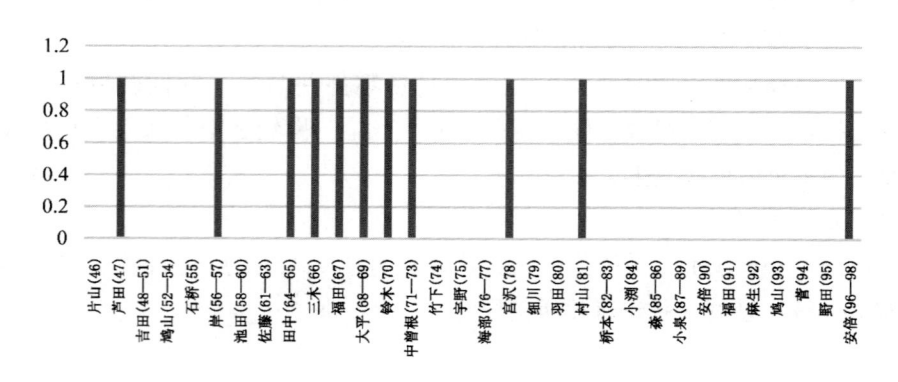

图 4-17 "运动架构"使用统计

1947—2020 年施政报告经济类内容中的运动架构主要体现为"经济建设即运动"隐喻。目标域为"经济发展"或"经济活动",源域为各种方式的运动或变化。"运动"的基本理解为上升与下降、动与静、变与不变、前进与后退、伸长与缩小等。经济政策表述中有表示上升或下降之意的表达如"向上、上昇、高騰、押し上げる、浮揚、急上昇、低下する"等;表示动与静或变与不变之意的表达如"変動、動揺する、不安定、安定させる、落ちついた動き"等;表示前进与后退之意的表达如"安定的に推移してきた、停滞ぎみ、低迷、的確に軟着陸していかなければならない、動向"等;表示伸长与缩小之意的表达如"伸びがやや鈍化している、伸びも急激に鈍化する"等。

11. 生产投资架构

如图 4-18 显示,使用生产投资隐喻架构的首相有 11 位,相对集中于佐藤(61—63)至竹下(74)和村山(81)至安倍(96—98)期间。

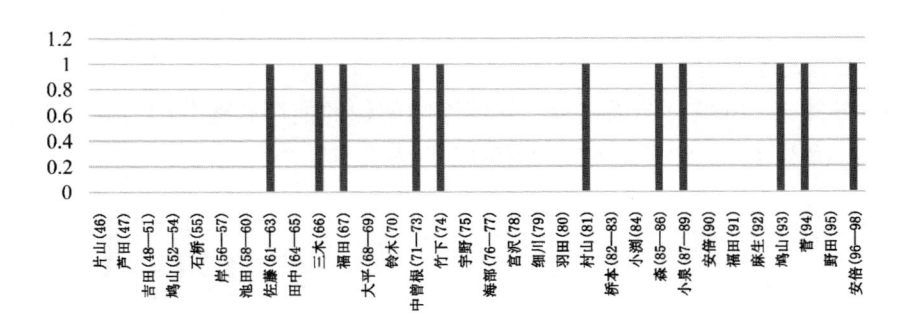

图 4-18 "生产投资架构"使用统计

1947—2020 年施政报告经济类内容中的生产投资架构主要体现为"经济建设即生产活动"隐喻。目标域为"经济活动",源域为"生产投资"。具体表达有表示生产之意的"つくる、創造"等;表示质量之意的表达如"質の改善、量の拡大よりも質の向上、量の拡大志向、質の高い"等;表示效率之意的表达如"効率的"等。

12. 音乐架构

如图 4-19 显示,音乐隐喻架构集中出现于片山(46)至海部(76—

77）之间，共计10次。1947—2020年施政报告经济类内容中的音乐架构表现为"经济建设即乐曲"隐喻。源域是"基調"，目标域为"经济建设"。"基調"的基本意义是指一部音乐作品中最主要的音调，一首乐曲通常以基调开始或结束；引申为主要精神或基本观点。

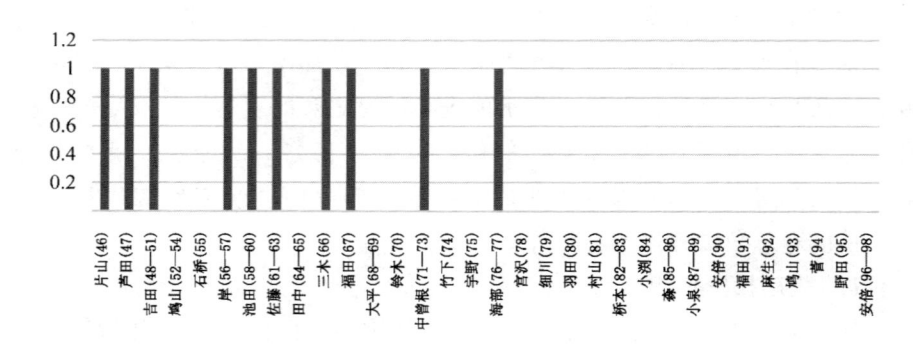

图4-19　"音乐架构"使用统计

13. 就医架构

如图4-20统计结果显示，就医隐喻架构的使用有些分散，共计出现9次。桥本（82—83）之后，使用率逐渐上升。

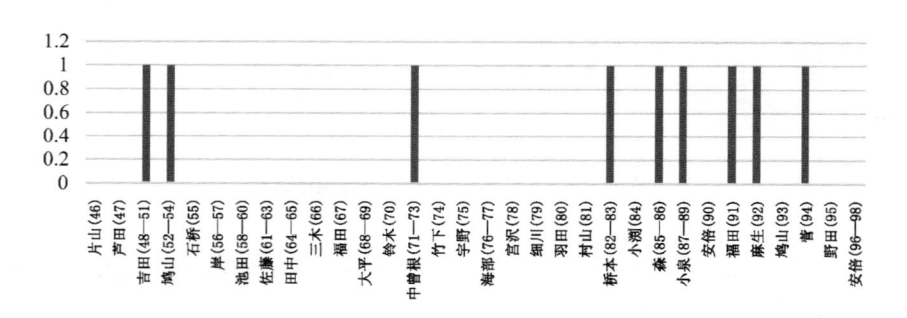

图4-20　"就医架构"使用统计

1947—2020年施政报告经济类内容中的就医架构表现为"经济建设即就医"隐喻。目标域为"经济建设"或"经济改革"，源域为"手术"等。表示病状之意的表达如"痛みを伴う、複合型病理に悩まされてきた、痛みを

和らげる"等；表示手术等医学处置之意的表达如"手术、迅速適切な処置、メスを入れる、処方箋"等；表示痊愈之意的表达如"全治"等。

14. 清洁架构

如图4-21，清洁隐喻架构出现8次，表现为"经济建设即清洁"隐喻。具体表达有"一掃、払拭されようとしている、全て洗い出す、覆う不透明感を払拭する、不透明感を払拭する、刷新"等。（关于清洁隐喻架构，笔者将在第二节"行政机构改革表层架构历时分析"中详细分析。）

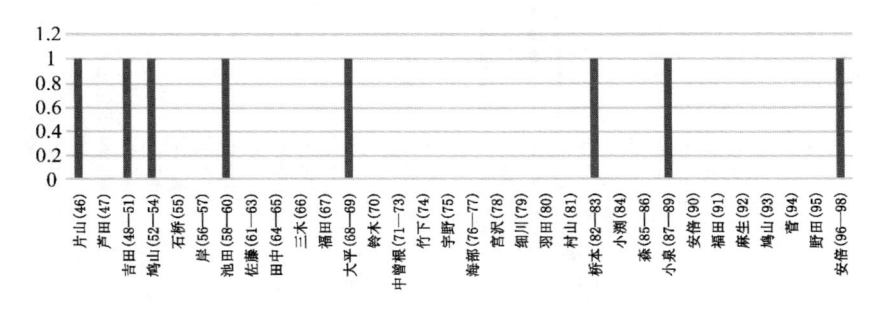

图4-21 "清洁架构"使用统计

15. 戏剧架构

如图4-22，细川（79）之后，桥本、小泉、福田和安倍4位首相使用了戏剧隐喻架构，共计出现6次。

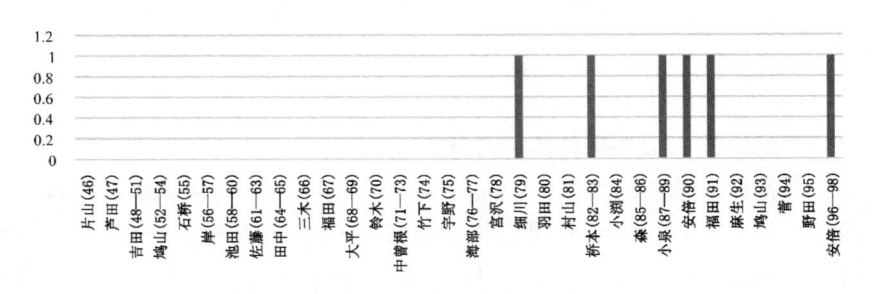

图4-22 "戏剧架构"使用统计

1947—2020年施政报告经济类内容中的戏剧架构表现为"经济建设即戏剧"隐喻。"戏剧"为源域，"经济建设"为目标域。具体表达有表示

舞台之意的"舞台、ステージ";表示开幕之意的"幕開け";表示剧中角色之意的"主役"。

16. 图形架构

如图4-23显示,战后共有5位首相使用了图形隐喻架构。具体表现为"经济建设即图形"隐喻。目标域为"经济建设"或"贸易",源域为"底辺""多角的"等各种"图形"。

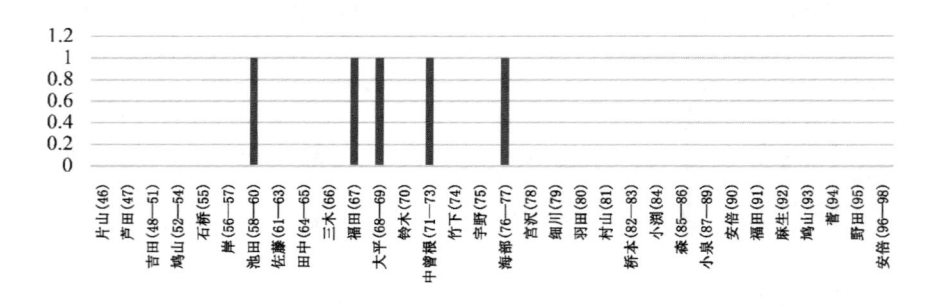

图4-23 "图形架构"使用统计

第二节 行政机构改革方面的隐喻性表层架构历时分析

本节先对行政机构改革方面主要的隐喻性表层架构的总体进行历时性梳理和总结,之后将分别就主要的隐喻性表层架构进行历时性探究和解析。

一 隐喻性表层架构总体历时分析

行政机构改革类内容中的隐喻性表层架构主要有15类:清洁架构、生产投资架构、比赛架构、建筑架构、身体架构等(拟人)、旅行架构、物体架构、植物架构、战争架构、自然架构、音乐架构、就医架构、机械架构、戏剧架构、图形架构。如图4-24和图4-25所示,图4-24是按照出现顺序统计,图4-25是按照出现次数统计。

图4-24和图4-25显示,战后1947—2020年七十多年,从出现的时间顺序和频率来看,旅行架构、身体架构等(拟人)、建筑架构、植物架

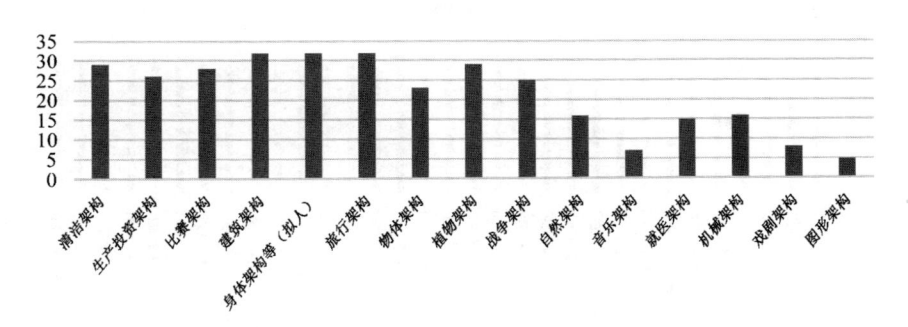

图 4-24　行政机构改革方面表层架构使用统计（按出现时间顺序）

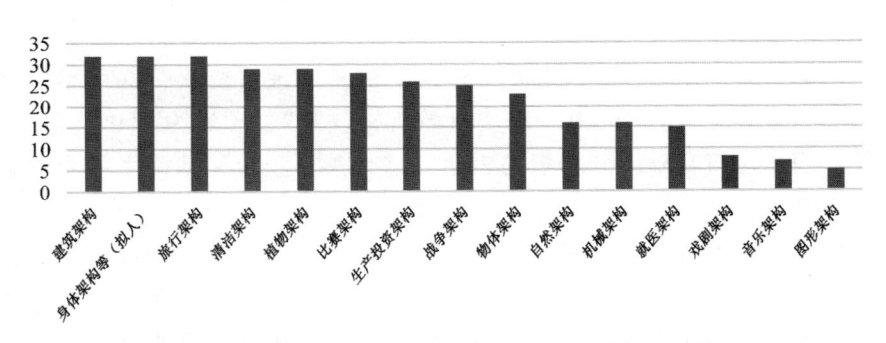

图 4-25　行政机构改革方面表层架构使用统计（按出现次数）

构、清洁架构、比赛架构、生产投资架构、战争架构、物体架构始终占据着前九的位置。与经济方面相同，旅行架构、身体架构等（拟人）、建筑架构均在历任施政报告中被使用过，频率达到了 32 次。而清洁架构、植物架构、比赛架构、生产投资架构、战争架构使用次数也在 25—30 次之间；物体架构为 23 次；自然架构、机械架构和就医架构分别达到了 15 次以上；戏剧架构、音乐架构和图形架构在 5—10 次之间。总体来看，行政机构改革方面的隐喻架构使用率极高，架构种类也逐步繁多新颖。

二　主要隐喻性表层架构分别历时分析

1. 建筑架构

如图 4-26 所示，战后首相于行政机构改革方面的施政内容中也都使用了建筑隐喻架构，主要体现为"行政机构/行政机构改革即建筑"隐喻。

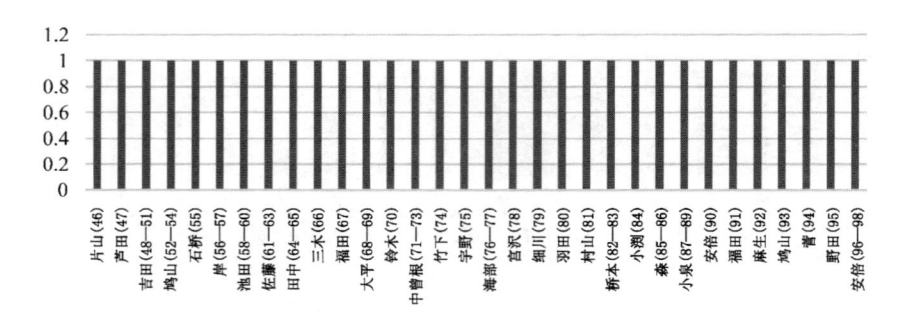

图4-26 "建筑架构"使用统计

(第一节中已经论述了相关"建筑"的基本理解要素,这里不再赘述。)目标域为"行政机构"和"行政机构改革",源域为"建筑"。具体如,表示建筑基础部分之意的表达如"地盤、土台、基礎を成す、確固たる基盤、基本、基礎を固める、地步を築く、礎となるもの"等;表示结构之意的表达如"基本的枠組み、中間層、全般にわたる構造、枠、システムを構築する、充実、構造、体系的整備、均衡のとれた体系を構築していかなければならない"等;表示改造及维修之意的表达如"立て直す、新しい設計図、再建編成、拡充強化、維持、改善、構造改革、改造、再構築、基盤を強化する"等;表示支柱及中心等重要部分之意的表达如"支柱を成す、重点を置いておる、中心、枢要"等;表示类型之意的表达如"ピラミッド体系"等;表示居住感觉之意的表达如"閉塞感"等。

2. 身体架构等(拟人)

如图4-27所示,拟人类架构出现32次,覆盖了战后历任首相。(第一节中已经论述了相关"拟人"的基本理解要素,这里不再赘述。)统计结果显示,行政机构改革内容中有11种拟人类隐喻。目标域为"行政机构"或"行政机构改革",源域为"人"的不同方面。如有"姿、肝要"等身体隐喻;"健全化を促進する、病根の一つ、病根は絶えておりません、体質改善を行う"等健康隐喻;"現実を無視して足元を踏みはずす"等身体运动隐喻;"高い理想を追う、壮年期に入った"等成长隐喻;"互譲、謙虚な態度、できるだけ多く話し合いの場を作

る、良識と寛容の精神に立脚する、理解と納得の上に立つ"的交往隐喻;"友愛精神、寛容、独立、一部の思惑に偏する"等性格隐喻;"復活、生まれ変わらなければならない"等重生隐喻;"責任を明確にする"等责任隐喻;"誕生、生み出す"等诞生隐喻;"追放する"等驱赶隐喻;"族議員"等家庭架构。

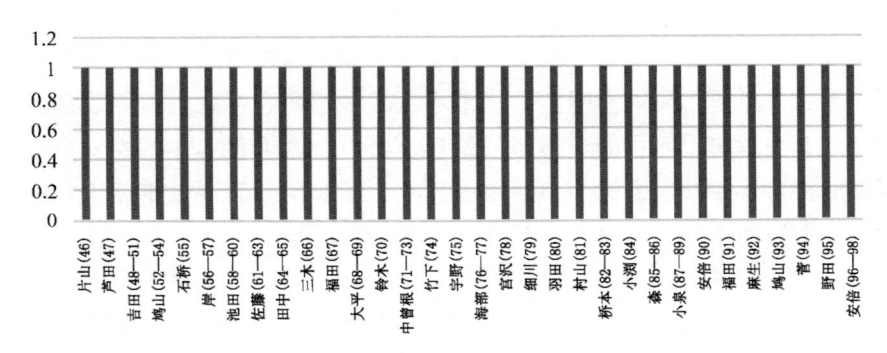

图4-27 "身体架构等(拟人)"使用统计

3. 旅行架构

如图4-28所示,战后历届首相于行政机构改革方面的施政内容中都使用了旅行隐喻架构,主要体现为"行政机构改革即旅行"隐喻。"行政机构改革"为目标域,"旅行"为源域。

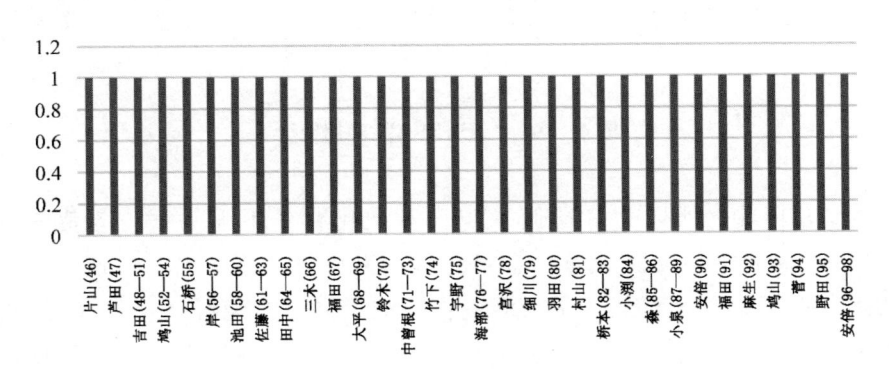

图4-28 "旅行架构"使用统计

（第一节中已经论述了相关"旅行"的基本理解要素，这里不再赘述。）表示出发或起点之意的表达如"出発点、発足、新しい出発、再出発、実行"等；表示旅途及相关状况之意的表达如"一里塚、困難を克服する、唯一の途、相携えて危機突破に邁進する、変転を経る、前途には幾多の難関が横たわっておる、何とかしてこれを乗り切らなければ前途は危うい、難局の打開に邁進いたしたい、正常なる道を歩む、正しい指針を示す、誤りなく歩を進める"等；表示到达或终点之意如"目標の達成、至る、幾多の試練を経てようやくここまで到達させた"等表达。此外，还有表示海上航行的表达如"激しい嵐の中で「日本丸」を安全に航海させ得るか否か、激流がいかに激しく、転換期の激流に竿差す、船出する、荒海を未知の世界に向かって漕ぎ出す"等。

4. 清洁架构

如图4-29统计显示，除了田中（64—65）、海部（76—77）、小渕（84），战后其他首相在任内都使用了清洁隐喻架构。

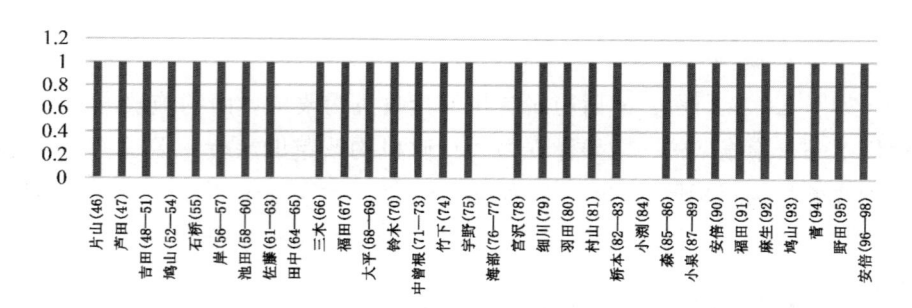

图4-29 "清洁架构"使用统计

清洁隐喻之所以为广泛使用与日本文化背景不无关系。芳贺矢一（2020）将日本国民性分为"忠君爱国；崇祖先，尊家名；讲现实，重实际；爱草木，喜自然；乐天洒脱；淡泊潇洒；纤丽纤巧；清净洁白；礼节礼法；温和宽恕"十个方面。日本人喜欢"清净洁白"源于伊奘诺尊神话。神话中记述，因为伊奘诺尊去黄泉国窥视逝去的伊奘冉尊遗骸而触秽，所以需要做"御禊"，就是用水把身体洗净。上古时代的日本

人认为，身体之污就是精神之秽，把身体洗净，心灵的污秽自然会被一同洗去。喜爱清洁的日本人也以清廉为贵，崇尚朴素和廉洁。① 久米邦武（2007）论及神道时提出"神道以清洁躯体为仰神之礼。其式有二：一曰祓，谓扫以风；二曰禊，谓洗以水，皆为伊奘诺尊所始行"。② 任婷婷（2016）认为，神道教由日本民族固有的神观发展起来的一种信仰。神道崇尚"洁净"，忌讳"罪"与"秽"的宗教。"秽"指污垢与不净，也泛指一切非正常的"异态"，是让神人产生隔阂、招致神愤怒、最终会带来不幸。于是便形成了以"禊祓"为中心的仪式，禊为洗涤身体，祓为拂去尘秽。日本神道教认为，肉体上的不净会导致道德上的不净。人只有祛除污秽和洁净自身，才能向神表示崇敬、让神息怒和祈求保佑。③ 玛丽·道格拉斯（1966，黄剑波等译：2020）认为，"污秽从来不是孤立的，只有在一种系统的秩序观念内考察，才会有所谓的污秽。任何企图以零星碎片的方式解释另一种文化有关污秽的规则都会注定失败，使得关于污秽的观念可以讲得通的唯一方法就是将它与一种思想的整体结构相参考，而且通过分离仪式使污秽观念的主旨、范围、边缘和内部线索得以相互联结。"④

1947—2020 年施政报告行政机构改革类内容中的清洁隐喻架构主要表现为"行政机构改革即清洁"隐喻。目标域为"行政机构改革"，源域为"清洁"或"打扫"或"整理"等与"洁净"相关意义的行为。如，表示清扫之意的表达如"払拭する、刷新、净化、清潔、不透明感を払拭する、一新する、積弊排除、一掃、垣根を排する、大掃除、拭い切れず"等；表示整理之意的表达如"整理合理化、重複を排除する、整理いたす、簡素合理化、簡素化、順序正しく、清新の気、虚飾を排する"等。

---

① ［日］芳贺矢一：《国民性十论》，李冬木等译，生活·读书·新知三联书店 2020 年版，第 151—163 页。
② ［日］大隈重信：《日本开国五十年史》（下），上海社会科学院出版社 2007 年版，第 672 页。
③ 任婷婷：《日本神道教中神与人的转化》，《中国社会科学报》2016 年 3 月 22 日。
④ ［英］玛丽·道格拉斯：《洁净与危险—对污染和禁忌观念的分析》，黄剑波等译，商务印书馆 2020 年版，第 XVii 页。

5. 植物架构

如图4-30，除了田中（64—65）、宇野（75）、福田（91），其他首相在任内期间的行政改革施政表述中都使用了植物隐喻架构。

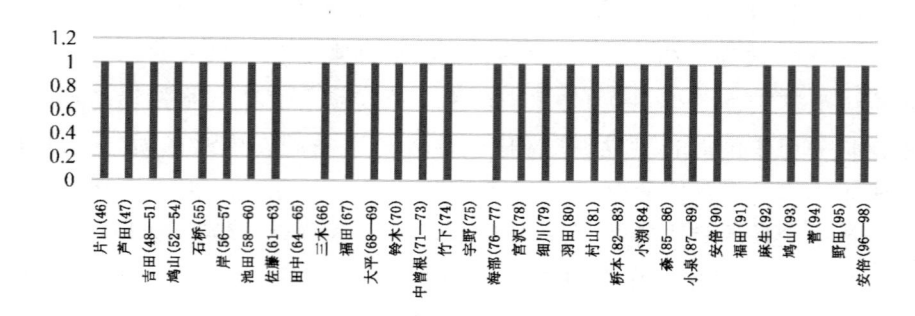

图4-30 "植物架构"使用统计

植物架构具体体现为"行政机构改革即培育植物"隐喻。（第一节中已经论述了相关"植物"的基本理解要素，这里不再赘述。）目标域为"行政机构改革"，源域为"植物"或"培育植物"。如，表示植物根部之意的"基幹的、根底を固める、根本を揺るがす、広く深く根を張る、根底になければならない、根絶、根づかせる、根の強い、根源"等；表示植物茎部之意的如"大本、根幹、根幹を成す、大きな節目"等；表示发芽之意的如"芽ばえさせる、芽ばえる、新しい芽を育てる"等；表示培养之意的如"培う、培いつつ育て上げる、大きく伸ばし育てる"等；表示开花之意的如"開花せしめる、花開く、花を咲かせた、開花"等；表示结果或果实之意的如"豊かに結実する、実を結び得ない、実を結ぶ、実のある、結実する、結実させていける、成果"等。

6. 比赛架构

如图4-31显示，除了芦田（47）、吉田（48—51）、石桥（55）及岸（56—57），其他首相都使用过比赛隐喻架构，而且是自池田（58—60）后没有间断过，共计出现28次。

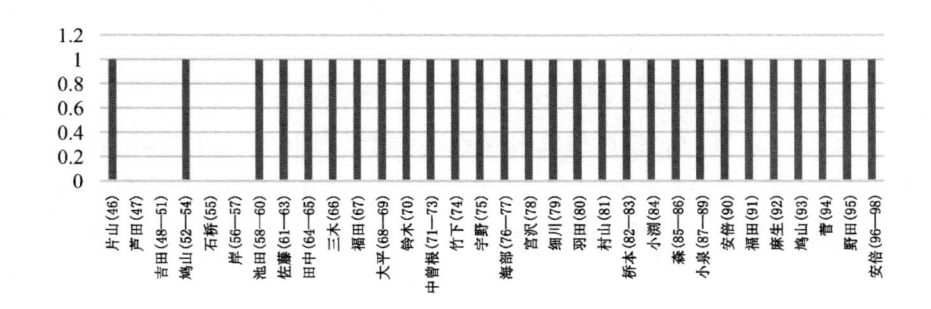

第四章 日本历届政府施政报告中的表层架构历时分析（1947—2020）

[图表：各届首相（片山(46)、芦田(47)、吉田(48—51)、鸠山(52—54)、石桥(55)、岸(56—57)、池田(58—60)、佐藤(61—63)、田中(64—65)、三木(66)、福田(67)、大平(68—69)、铃木(70)、中曾根(71—73)、竹下(74)、宇野(75)、海部(76—77)、宫泽(78)、细川(79)、羽田(80)、村山(81)、桥本(82—83)、小渊(84)、森(85—86)、小泉(87—89)、安倍(90)、福田(91)、麻生(92)、鸠山(93)、菅(94)、野田(95)、安倍(96—98)）使用频数均为1的柱状图]

图4-31 "比赛架构"使用统计

比赛架构具体体现为"行政机构改革即比赛"隐喻。（第一节中已经论述了相关"比赛"的基本理解要素，这里不再赘述。）目标域为"行政机构改革"，源域为"比赛"。如，表示比赛规则有"ルールを打ち立てる、信賞必罰で臨む、ルールと約束事、ルールづくりをする、綱紀の粛正、公正で金のかからない、規律ある、公正・透明で信頼される、平等性を求めながら"等；表示参赛目标的表达有"世界最先端、目標、基本目標、目標に向け前進する、中長期的な目標に向かって着実に歩みを進めていく、目標に向かって脇目も振らずにひたすら走り続ける"等；表示比赛开始的表达有如"本格スタートした、新たなスタートを切る、行動指針、松明を引き渡す"等；表示竞技水平的表达有"限界を露呈しておる、この限界を乗り越える、国家レベルの目標を掲げた、先駆けた挑戦を繰り返す、挑む"等；表示参赛形式的表达如"陣容、三方からの競争、一丸となる"等；表示竞争的表达有"競争力を強化する、競争に鎬を削る"等；表示比赛状态的表达有"雄飛する志を抱く、全身全霊を傾けて挑戦していく、再挑戦、五つの挑戦、創造への挑戦、安心への挑戦、新生への挑戦、平和への挑戦、地球への挑戦、困難に挑戦する、試練、許しがたい挑戦、先手を打つ、追いつき追い越せ、失敗しても次の成功への挑戦と受けとめる、果敢に挑戦する、一つ一つスピード感を持って結果を出していく、加速する"等；表示支持或助威之意的表达有如"運動を助長して参りたい、力強いエールを送ってくれた、共に挑戦し

ようではありませんか"等；表示比赛结果的表达如"勝ち組と負け組が固定化せず、目標が達成された、逆転する、競争に取り残された"等。

7. 生产投资架构

如图4-32所示，生产投资隐喻架构共计出现26次，主要集中于池田（58—60）后，没有使用的首相为芦田（47）、石桥（55）、岸（56—57）、三木（66）、鸠山由纪夫（93）。

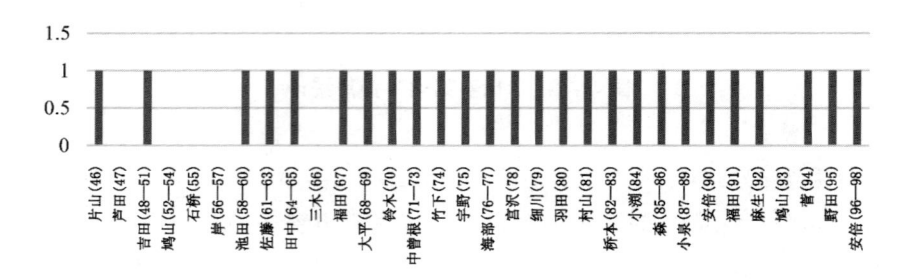

图4-32 "生产投资架构"使用统计

1947—2020年施政报告行政改革类内容中的生产投资架构主要体现为"行政机构改革即生产活动"隐喻。目标域为"行政机构改革"，源域为"生产投资"。具体表达有表示生产经营之意的"経営資源、経営の任に耐えぬ、創造、国作り、新しい関係を作り出す、平等性、対等な立場で競争する、「逞しい文化と福祉の国」作り、地域作り、町作り、村作り、運営に取り組んでまいる、合理化"等；表示效率之意的如"生産性向上、効率発揮、能率化、能率を上げておる、効率のよい、効率化、効率的な、能率増進の徹底を図る、無駄、非効率、効率的に提供できる、透明で効率的な無駄遣い、無駄削減無駄遣い、無駄削減、ムダを省く"等；表示质量之意的表达如"質の高い"等；表示收效之意的表达如"利益を第一とする、利害、総決算、総点検"等。

8. 战争架构

如图4-33显示，战争隐喻架构一共出现25次，其在战后首相施政表述中的使用分别非常均匀，特别是岸（56—57）至福田（67）已经细川（79）至安倍（96—98）都是连续出现在文本中。

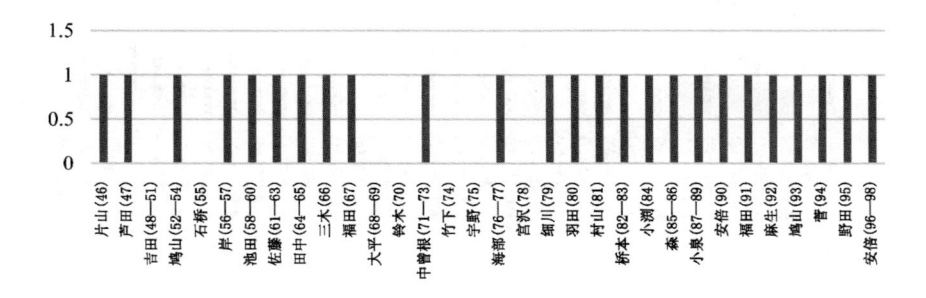

图 4-33 "战争架构"使用统计

战争架构具体体现为"行政机构改革即战争"隐喻。(第一节中已经论述了相关"战争"的基本理解要素,这里不再赘述。)目标域为"行政机构改革",源域为"战争"。比如,表示威胁之意的表达如"政争の休止、秩序を破壊せんとする、政争が繰り返された、脅威、目先の利益を相争う、暴力、論戦、危機、将来を憂える危機感、脅かしている数々の危機を何としても突破していかなければならない、現下の危機突破に邁)進する、危機管理、直面する最大の危機、生存にかかわる脅威に直面している、衝突"等;表示战略之意的表达如"第一弾、重点を予防に移す、戦略的、戦略、指針、攻防、突破口"等;表示捍卫之意的如"厳に守る、粉骨砕身、守り抜く、生命・財産を守り抜く"等;表示战争状态之意的如"敢然と闘おうとしている、難局に立ち向かおうではないか、全力を振り絞ってお互いに戦う、闘う最も強力な武器を持っている、正念場、長く相対峙する、試練を乗り越えた、作戦、闘い続ける、衝に当る、国民総力の結集、陣営、新たな陣容で"等;表示战争性质之意的如"正義を貫く、緊急事態、対決の場、戦略守る重大な挑戦、断固として非難する、敵"等;表示战争结果之意的如"退陣、無血、取り返しのつかない禍根を残してしまう、権力闘争に果てしない"等。

9. 物体架构

如图 4-34 显示,1947—2020 年施政报告行政机构改革类内容中出现了 23 次物体隐喻架构,而且使用逐渐上升趋势非常明显。

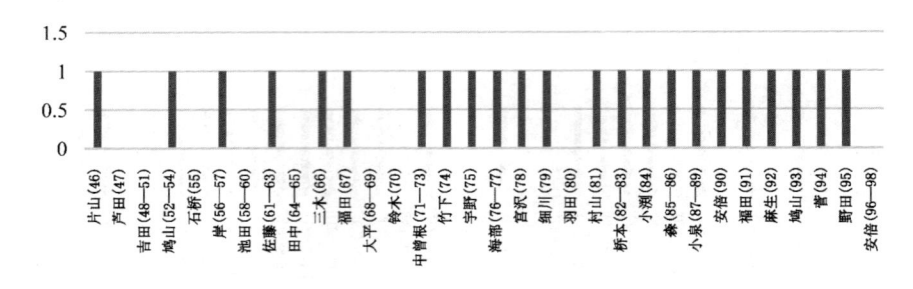

图 4-34 "物体架构"使用统计

物体架构具体体现为"行政机构即物体"隐喻。目标域为"行政机构"或"国家建设",源域表现为"物体"的不同方面,有时表现为具体物体。比如,表示处理之意的如"継承、打破、一擲する、手に入れる、本来の形に戻す、浪費、放置した"等;表示所处状态之意如"破綻したり払い損になったりする、綻び、諸々の歪み、腐敗"等;表示位置之意如"中核、核心"等;表示形状之意如"目に見える形、形、表裏一体"等;表示性质属性之意如"明朗、明朗清新なる、清純明朗、不明朗、清潔、清冽、確かな手ごたえ、質の高い、透明性、美しい、金のかからないクリーンな"等。此外,还有表示具体物体的源域,如表示财产之意的"財産、負の遺産、貴重な財産、かけがえのない財産";表示绳、线和带子之意的有"複雑に絡み合った糸"、"端緒"、"絆"、"襷"及"縄の如き連綿たる集積";表示岩石之意的"盤石"和"試金石";表示跳台之意的"跳躍台",以及伞之意的"傘"和钥匙之意"鍵"。

10. 自然架构

行政机构改革类内容中的自然隐喻架构与经济类内容中的出现次数相同,一共16次。如图 4-35 所示,佐藤(61—63)之后其使用频率逐步增多,宫泽(78)至小渊(84)持续被使用。

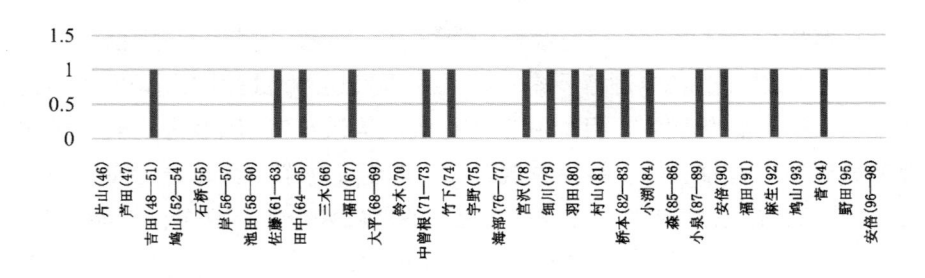

图 4-35 "自然架构"使用统计

自然类隐喻架构主要体现为"国家发展即自然现象"隐喻，源域主要体现为"河流""海浪""风雪""黎明"等自然现象，目标域分别为"国家发展"。主要出现了"国家发展即河流"、"国家发展即海浪"、"行政机构改革即自然现象"等概念隐喻。具体如，表示河流之意的如"源、源泉、奔流、激流、流れる、大きく流れを変えようとしている、人・物・情報の流れ、いたずらに流れに逆らっても、いたずらに流れに身を委ねている、大河、奔流の勢いを呈する"等；表示海浪之意的如"潮流、潮流を先取りする、荒波に晒される、うねり"等；表示风雪之意的如"風雪、新風を送りたい"等；表示明暗之意的如"新たな黎明、光、光明、兆し"等。

11. 机械架构

如图4-36显示，自福田（67）后，机械隐喻架构开始出现，共计16次。

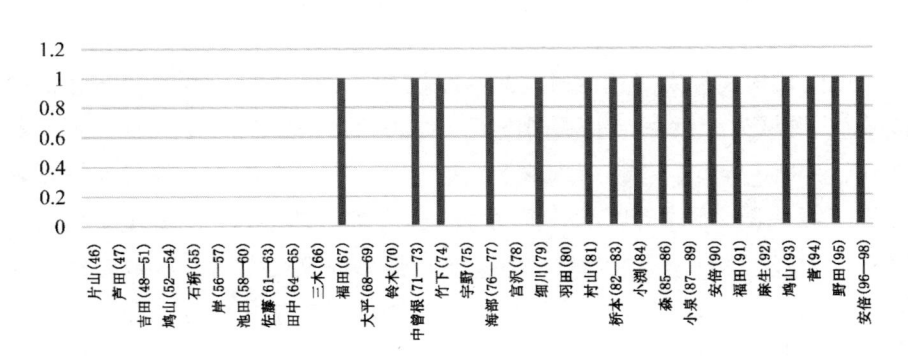

图 4-36 "机械架构"使用统计

机械架构具体体现为"行政机构即机器"隐喻。(第一节中已经论述了相关"机械"的基本理解要素，这里不再赘述。)目标域为"行政机构改革"，源域为"机器"。目标域为"行政机构改革"，源域为机器主轴之意的表达如"基軸、軸、軸足を置く"，机器动力源之意的表达如"原動力"，机器功能之意的"こうした機能を的確に果たす、健全に機能する、有効に機能している、機能を抜本的に強化する、機能向上を図る、機能の最適化"，机器构造之意的"有効な回路、車の両輪"，机器运转之意的"歯車がかみ合ってこそ歯車を一つ一つ着実に前進させる、機能が機動的に発揮できる"等。

12. 就医架构

如图4-37显示，就医隐喻架构是池田（58—60）开始使用，至安倍（90）之前使用频率较高，共计出现15次。

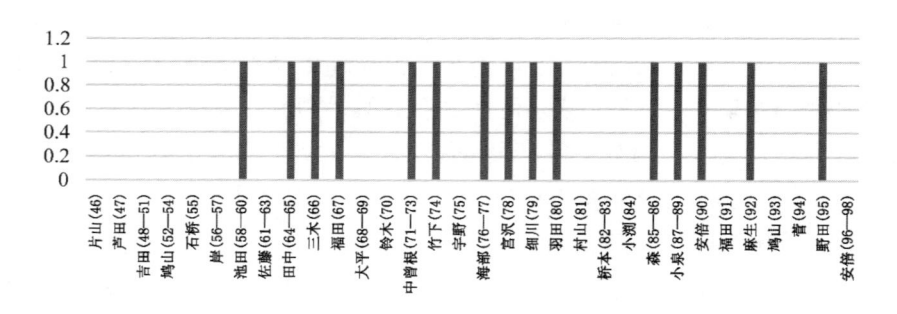

图4-37 "就医架构"使用统计

就医架构表现为"行政机构改革即就医"隐喻。目标域为"行政机构改革"，源域为"就医"的不同方面。如表示病状之意的表达如"痛みを伴う、苦痛を伴う、この痛みを乗り越える、大きな痛みと困難を乗り越える"等；表示手术等医学处置之意的表达如"具体的な処方箋、難問を解く、メスを入れようではないか、その腐敗を摘発する、腐敗の根源を断つ、メスを入れなければならない、弊害にメスを入れる"等；表示设置医疗机构之意的表达如"診断機関を設ける"等。

13. 戏剧架构

如图 4-38 显示，戏剧隐喻架构于桥本（82—83）之后集中出现，共有 8 位首相使用。

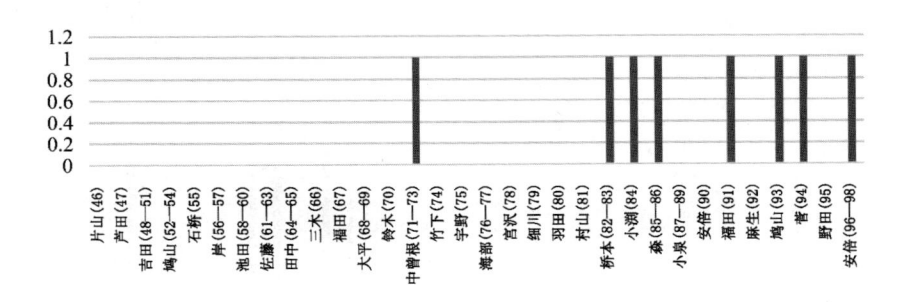

图 4-38 "戏剧架构"使用架构

戏剧架构表现为"行政机构改革即戏剧"隐喻。"戏剧"为源域，"行政机构改革"为目标域。具体表达有表示舞台之意的"舞台"等；表示开幕之意的"幕を開けようとしている、幕が開く"；表示角色之意的"主役"。

14. 音乐架构

如图 4-39 显示，音乐隐喻架构出现于村山（81）前，共计为 7 位首相使用。音乐隐喻架构表现为"国家建设即乐曲"隐喻。目标域为"国家建设"，源域是"基調"和"終止符を打つ"。

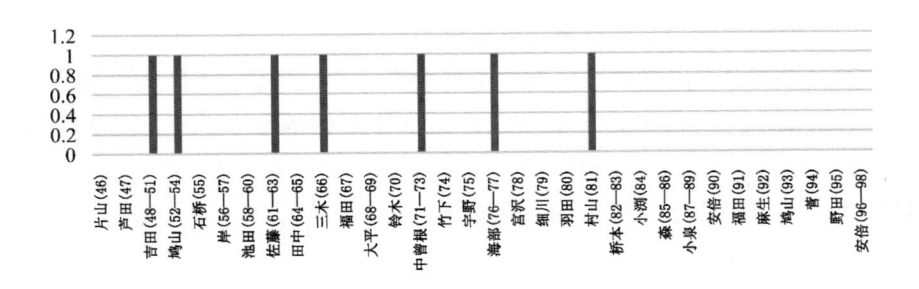

图 4-39 "音乐架构"使用统计

15. 图形架构

如图 4-40 统计显示，战后首相中仅有 5 位首相使用了图形架构。具体表现为"行政运行即图形"隐喻。目标域为"行政运行"，源域为"縦割り""縦の関係ではなく横の関係となる""横断的"等"图形"。

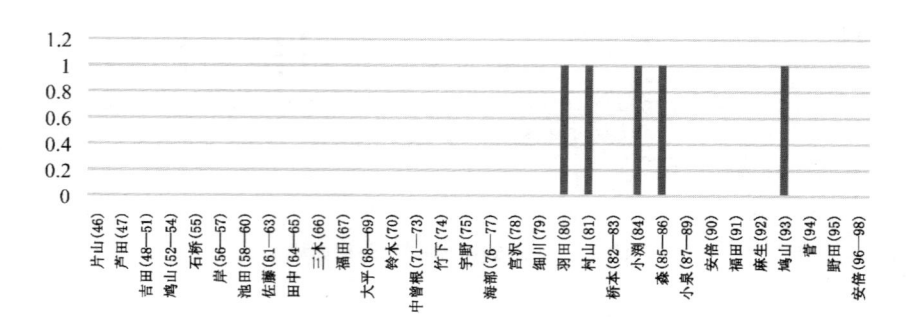

图 4-40 "图形架构"使用统计

第三节 教育方面的隐喻性表层架构历时分析

本节首先将对教育内容中主要的隐喻性表层架构的总体进行历时性归纳和分析，然后再分别就主要的隐喻性表层架构进行历时性归纳和分析。

一 隐喻性表层架构总体历时分析

教育类内容中隐喻性表层架构主要存在十类：清洁架构、生产投资架构、建筑架构、旅行架构、植物架构、身体架构等（拟人）、自然架构、比赛架构、平衡架构、战争架构。如图 4-41 和图 4-42 所示，图 4-41 是按照出现顺序统计，图 4-42 是按照出现次数统计。

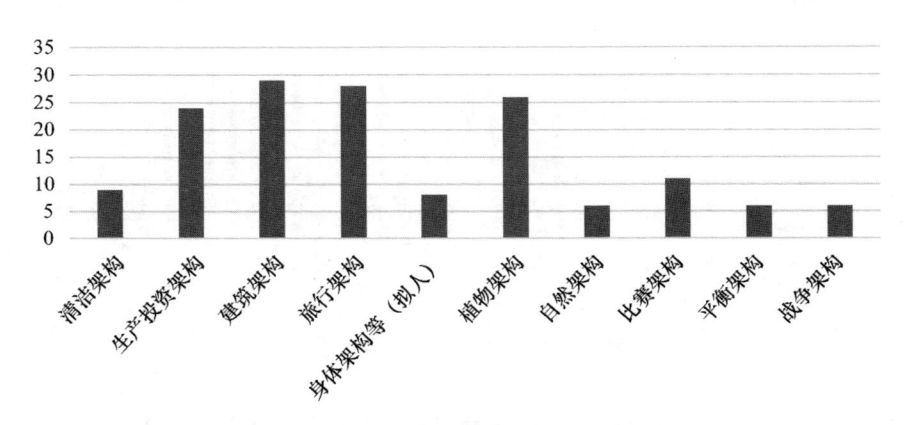

图 4-41　教育方面表层架构统计（按出现顺序）

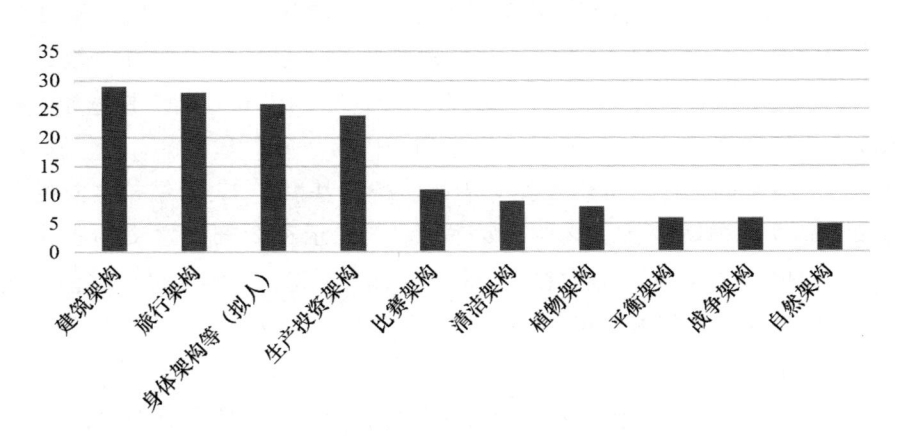

图 4-42　教育方面表层架构统计（按出现次数）

图 4-41 及图 4-42 显示，1947—2020 年出现次数最多的是建筑架构、旅行架构、拟人和生产投资架构，达到 25 次左右；比赛架构、清洁架构和植物架构在 10 次左右；平衡架构、战争架构和自然架构 5 次左右。

二　主要隐喻性表层架构分别历时分析

1. 建筑架构

图 4-43 显示，建筑隐喻架构几乎出现在每位首相施政报告的教育表述中，达到 29 次。只有芦田（47）、铃木（70）、羽田（80）三位没有使用。

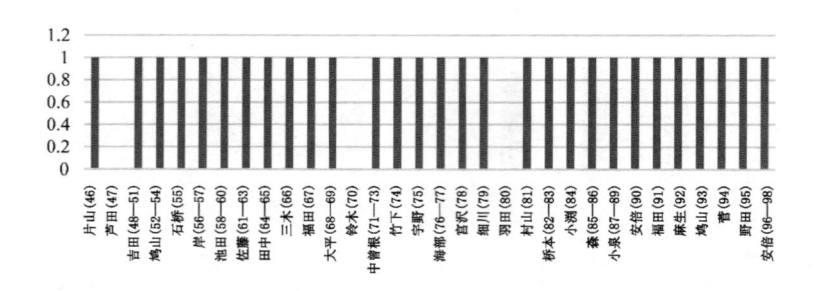

图4-43 "建筑架构"使用统计

（第一节中已经论述了相关"建筑"的基本理解要素，这里不再赘述。）建筑架构分别体现为"教育即建筑"、"教育改革即建筑"、"青少年教育即建筑之根基""青少年教育即建筑"等。目标域主要有"教育"、"教育改革"、"青少年教育"，源域为"建筑"的不同方面。具体如，表示建立之意如"築く"；表示地基之意的表达如"基、基礎、もと、基本、基本的な、基礎条件、基礎を築くもの、礎、基盤"；表示结构之意的表达如"確立、構築、新システムの構築"；表示重要部分之意的表达如"支柱、柱"；表示维修或再建之意的表达如"再建、充実完備、改善、強化、新設、拡充、整備、充実、拡大"等。

2. 旅行架构

如图4-44显示，旅行隐喻架构在教育类内容中出现次数28次，除了芦田（47）、石桥（55）、宫泽（78）和羽田（80），其他首相都使用过。

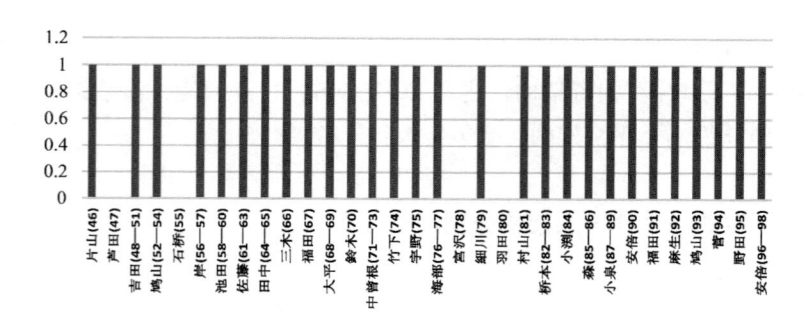

图4-44 "旅行架构"使用统计

（第一节中已经论述了相关"旅行"的基本理解要素，这里不再赘述。）旅行架构体现为"教育即旅行"、"青少年教育即旅行"、"教育改革即旅行"隐喻。目标域为"教育""青少年教育""教育改革"等，源域为"旅行"。在"教育即旅行"隐喻的具体表达中，表示出发或起点之意的有"原点"，表示到达或终点之意的有"目的、～を目ざして"，表示途中之意的有"進む方針、推進、邁進できる、越える、転換期、引き戻す、目指さなければならぬ、方向、克服する、道、着実に実行に移していく、負担の少ない、遡る、正面から立ち向かう、展開する、支援する、断固として取り組んでまいる、両立支援に全力を尽くす"等；在"青少年教育即旅行"隐喻的具体表达中，表示到达或目的与目标之意的有"実現、目的、実現に向けて、～を目指して"，表示旅途中之意的有"担う、道を阻まれる、飛躍的に進歩する、急速な進步、道を開き、進めてまいる、推進"；在"教育改革即旅行"隐喻的具体表达中，表达出发之意的有"発足、早急に発足させる"，表示目标或目的地之意的有如"～を目指して"，表示途中之意的有如"途上にある、着実な一歩を進めた、追求、基本方向、目途、進めてまいりたい、推進、押し進めていかなければならない、転換する、向ける、一步一步進んでまいる、段階的に進める"等。

3."身体架构"等（拟人）

如图4-45所示，教育类内容中拟人类隐喻的使用与经济类、行政机构改革类相同，使用覆盖率非常高，出现次数达到26次。

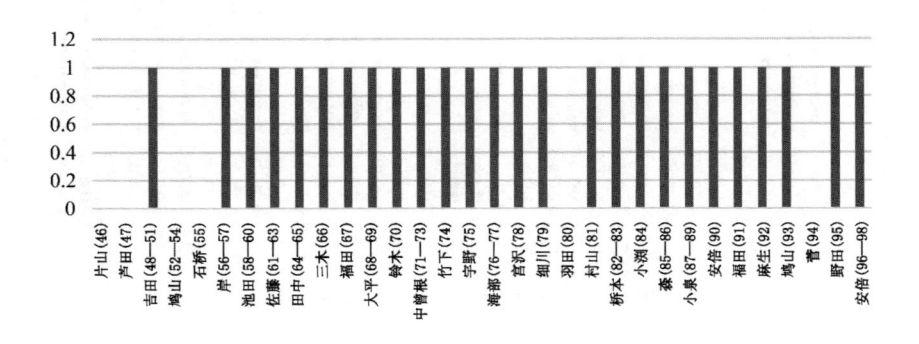

图4-45 "身体架构等（拟人）"使用统计

（第一节中已经论述了相关"拟人"的基本理解要素，这里不再赘述。）拟人类隐喻主要体现为"教育即人""教育改革即人"两则隐喻。在"教育即人"隐喻中，目标域为"教育"，源域为"人"的不同方面。具体有表示身体之意的"力、健全なる思想、正しい姿、眼目、変貌、活性化、生きる力、力点"，表示身体动作之意的"鍵を握る、打ち出す、育てる、育成する、視点に立った、重視した、育む"等，表示性格之意的"自発性、忘れがち、性格が強かった、個性化、より魅力的な、人格なき、「人格」を養う、コンクリートから人へ、自然を慈しむ気持ち、自主性、自律性を尊重する"，表示交往之意的"一体となる、心の通う、助け合う心、連携、共同作業、信頼関係"，表示责任之意的如"責任、責任の所在を明確にする"，表示孕育生命之意如"胎動"；在"教育改革即人"隐喻中，目标域为"教育改革"，源域为"人"的不同方面。具体有表示身体之意的"面目を一新する、視点"，表示身体动作之意的如"左右する、鍵を握っている"，表示性格之意的如"個性化"，表示交往之意的如"～と一体となる、産学官の連携"，表示重生之意的如"再生"。

4. 生产投资架构

如图4-46显示，生产投资隐喻架构共计出现24次，均匀分布于战后七十年间。

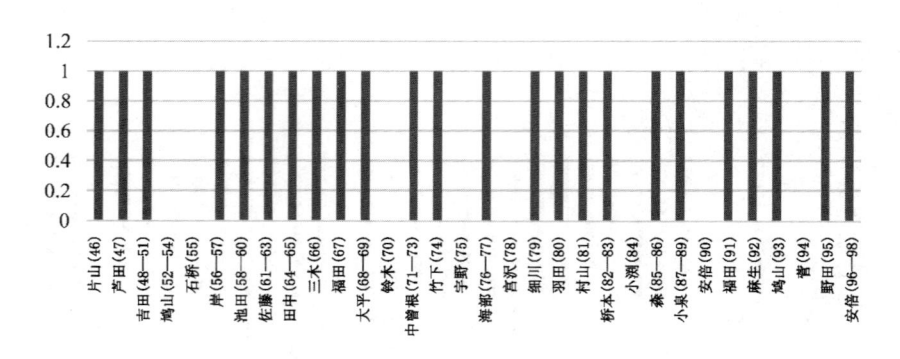

图4-46 "生产投资架构"使用统计

生产投资架构体现为"教育即生产投资"隐喻。（第二节中已经论述了相关"生产投资"的基本理解要素，这里不再赘述。）目标域为"教

育"，源域为"生产投资"。具体表达有表示生产之意的如"人作り、国作り、生み出す、開発し、醸成、創造を行う、創造、十分に引き出す"；表示经营之意的"蓄積、振興、復興、無償化、資源、大きな資源を振り向ける、作振"；表示投资之意的"未来への投資、百年の計、百年の大計"；表示质量之意的"質的、改善、資質の向上、均質性"等。

5. 比赛架构

如图4-47统计结果，比赛隐喻架构在教育类内容出现11次，分布较为零散，主要处于佐藤（61—63）至中曾根（71—73）及村山（81）至安倍（96—98）之间。

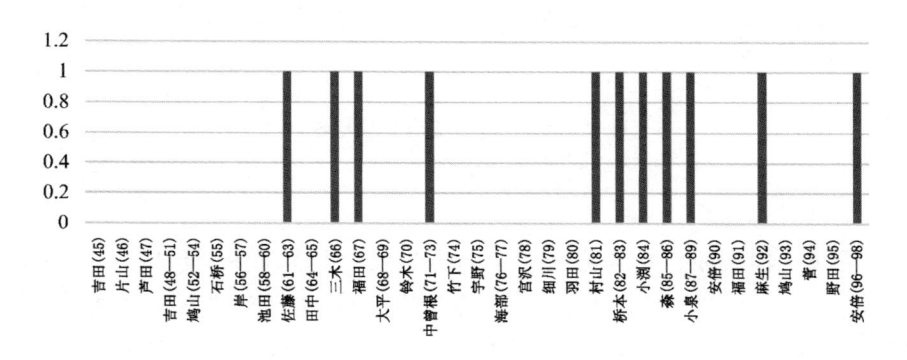

图4-47 "比赛隐喻"使用统计

比赛架构体现为"教育即比赛"隐喻。（第一节中已经论述了相关"比赛"的基本理解要素，这里不再赘述。）目标域为"教育"，源域为"比赛"的不同方面。具体如表示竞赛目标之意的"目標、目標を掲げたい、教育の大きな目標"；表示经济水平之意的"世界的に高い教育水準、揺るぎない優位、国民教育水準の高さ、遅れることのないよう力を尽くす、水準と普及度の高さ、高い、平均レベルを向上させ、世界トップレベル、水準"；表示竞争之意的如"競争、国際的教育競争、競争第一主義と入試第一主義、機会の均等、平等性、競争力"等。

6. 清洁架构

如图4-48显示，清洁隐喻架构出现9次，集中在片山（46）和中曾

根中曾根（71—73）之间。(第二节中已经论述了相关"清洁"的基本理解要素，这里不再赘述。）清洁架构表现为由"刷新"构成的"教育改革即清洁"隐喻。

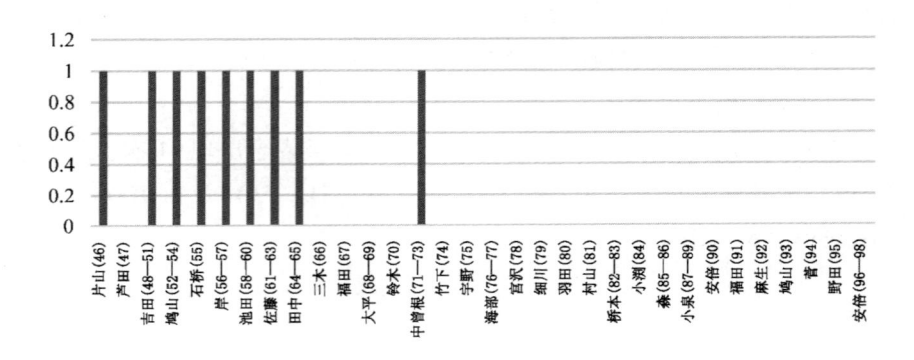

图4-48 "清洁架构"使用统计

7. 植物架构

图4-49显示，植物隐喻架构出现8次，大多集中在田中（64—65）之前。(第一节中已经论述了相关"植物"的基本理解要素，这里不再赘述。）植物架构体现为"教育/教育改革即树木之根"和"教育即培育"隐喻。目标域为"教育""教育改革"，源域为"植物"的不同方面。具体如表示根部或茎部之意的"根本、大本、根底、根幹、根差す"等；表示培养之意的如"培う、培っていく"等；表示结果或果实之意的如"実を結ぶ、成果"等。

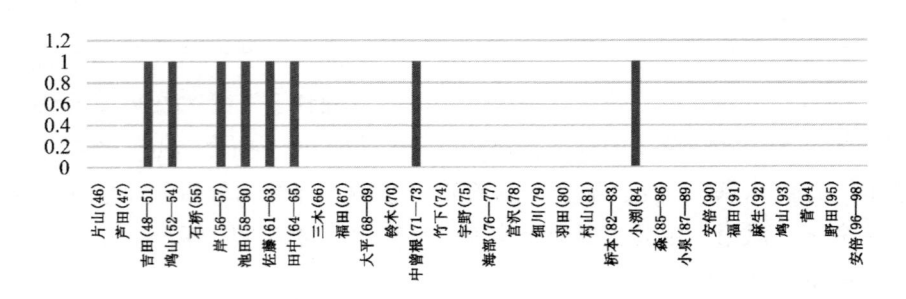

图4-49 "植物架构"使用统计

8. 平衡架构

如图4-50显示，平衡隐喻架构集中出现在福田（67）至森（85—86）之间，共计6次。平衡架构具体体现为"教育发展即保持平衡状态"隐喻。（第一节中已经论述了相关"平衡"的基本理解要素，这里不再赘述。）目标域为"教育发展"，源域为"保持平衡状态"。如"均衡の取れる、偏重、偏せず、過熱化、バランス良く、平等性、均質性、バランスのとれた全人教育"等。

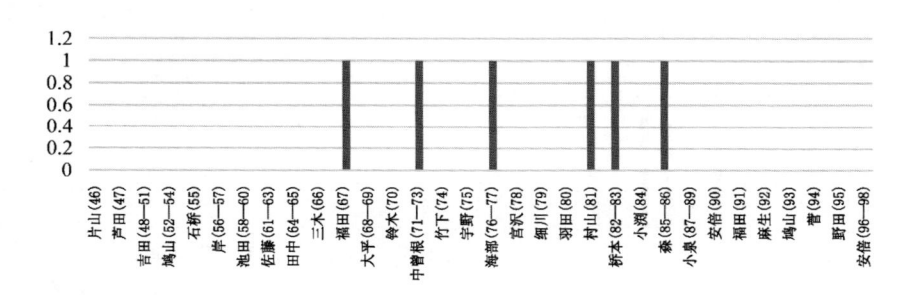

图4-50 "平衡架构"使用统计

9. 战争架构

如图4-51显示，战争隐喻架构集中出现在小泉（87—89）之后，共计6次。战争架构具体体现为"教育即战争"隐喻。（第一节中已经论述了相关"战争"的基本理解要素，这里不再赘述。）目标域为"教育"，源域为"战争"。比如，表示捍卫之意的"守り育てる、守る"；表示战略

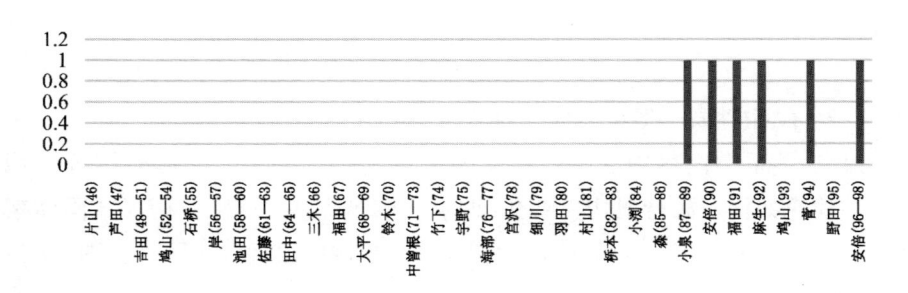

图4-51 "战争架构"使用统计

之意的如"雇用・人材戦略、新成長戦略、対策、待機児童ゼロ作戦、本格的な戦略を打ち立てる";表示领地之意的如"拠点"。

10. 自然架构

自然隐喻架构出现比较集中,如图4-52,次数仅有5次,石桥（55）、池田（58—60）、佐藤（61—63）、三木（66）和中曾根（71—73）使用过。自然隐喻中的源域主要体现为"河流""源泉""风"等自然现象,目标域分别为"教育"或"教育改革"。比如,表示河流之意的"脈々と流れている";表示风之意的如"新風を吹き込むもの";表示源泉之意的如"源泉"。

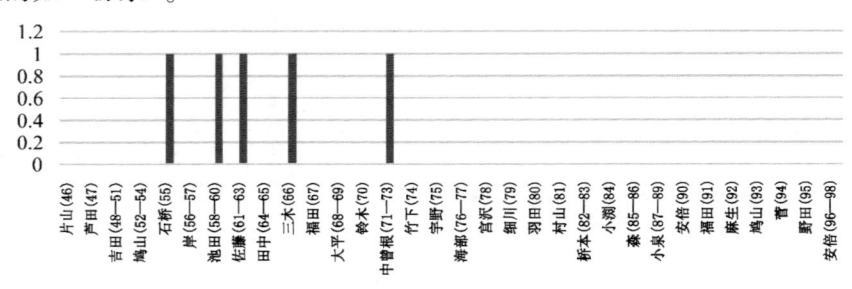

图4-52 "自然架构"使用统计

第四节 日美关系方面的隐喻性表层架构历时分析

本节首先将对日美关系内容中主要隐喻性表层架构的总体进行历时性归纳和分析,然后再分别就主要的隐喻性表层架构进行历时性归纳和分析。

一 隐喻性表层架构总体历时分析

日美关系类内容中隐喻性表层架构主要存在七类：身体架构等（拟人）、建筑架构、旅行架构、音乐架构、运动架构、机械架构、共同体架构。如图4-53和图4-54所示,图4-53是按照出现顺序统计,图4-54是按照出现次数统计。

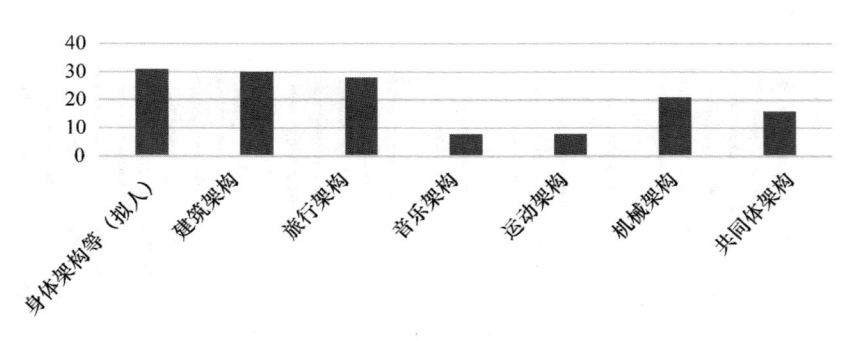

图 4-53　日美关系方面表层架构使用统计（按出现时间顺序）

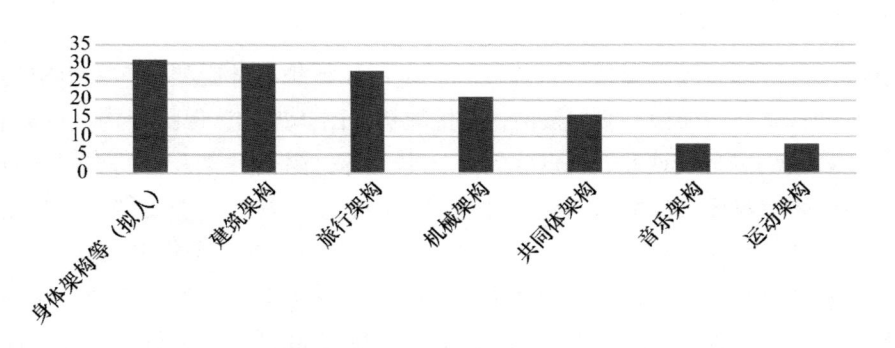

图 4-54　日美关系方面表层架构使用统计（按出现次数）

从图 4-53 和图 4-54 统计结果可以看出，战后 1947—2020 年七十多年，身体架构等（拟人）、建筑架构、旅行架构一直稳居日美关系方面隐喻架构使用的前三位置，次数均达到 30 次左右；机械架构使用次数也在 20 次以上；共同体架构大量出现，达到了 16 次；音乐架构、运动架构分别为 8 次。总体来看，日美关系方面的隐喻使用率和种类也较为多样。

二　主要隐喻性表层架构分别历时分析

1. 身体架构等（拟人）

如图 4-55 显示，拟人类隐喻于战后日美关系施策表述中被大量使用，达到了 31 次。

（第一节中已经论述了相关"拟人"的基本理解要素，这里不再赘述。）统计结果显示，日美关系内容中共有 14 种拟人类隐喻：身体架构、性格架

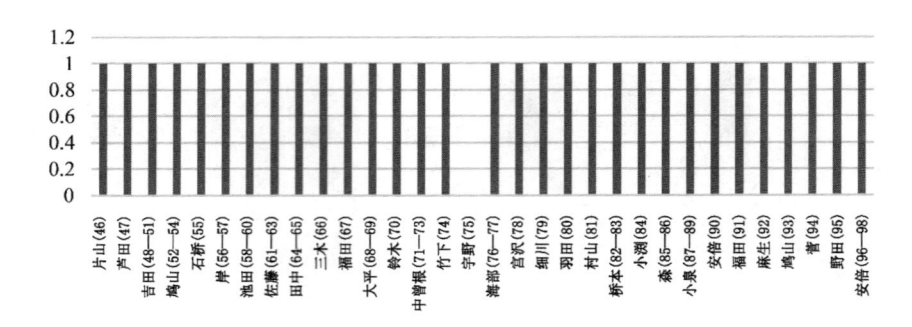

图 4-55 "身体架构等（拟人）"使用统计

构、交往架构、家庭架构、责任架构、生命体架构、健康架构、重生架构、成长架构、邻居架构、朋友架构、对抗架构、团队架构、保护架构。目标域为"GHQ""日美两国""国家""日本"等，源域为"人"的不同方面。比如，表示身体之意的"自らの手、基本的態度、基本的な姿勢、一体化、行動する、歩を進める"；表示交往之意的"平等、親善関係の樹立、善意に信頼を置かれる、緊密、相互援助、関係を厚くする、互恵援助の関係、好感情、協力提携、協力し合う"；表示性格之意的"自主独立、自主性、誠実さ、節度ある、魅力に満ち、志のある"；表示朋友之意的"関心、志を同じくする、相携え、信頼友好関係、成熟したパートナーの関係、揺るぎない友情と信頼、仲間入り、緊密な連携"；表示对抗之意的"友好的競争関係"；表示团队之意的"一員"；表示保护之意的"自衛力、安全を守る"；表示家庭之意的"復帰"；表示责任之意的"役割と責務、責任ある、至大な責任、責任を共有する、お互いの新しい責任、指導力が問われる"；表示生命体之意的"生き物"；表示健康之意的"回復、傷つく、緊張を緩和する"；表示成长之意的"成長していく"；表示重生或复活之意的"再生、生まれ変わる"；表示邻居之意的"近隣"。

2. 建筑架构

如图 4-56 显示，除了芦田（47）和吉田（48—51），其他 29 位首相都使用了建筑隐喻架构。建筑架构体现为"外交即建筑""日美关系即建筑""亚太地区即建筑""国际社会即建筑"等。（第一节中已经论述了相关"建筑"的基本理解要素，这里不再赘述。）目标域为"外交""日美关系""亚

太地区""国际社会"等，源域为"建筑"的不同方面。如，表示建筑物基础部分之意的"基礎を築く、確固たる基盤の上に維持する、基盤、基本、もと、広い基盤、礎石、体制を基盤とする、基盤を一層強固なものとしていく"；表示结构之意的"多角的、構造、枠組みの構築、枠組みを整える"；表示构建之意的"築いていく、構築、築き上げる、地平を拓く、基盤を再構築する、体制を再構築する"；表示修缮再建之意的"維持、拡充、確保、強化、改善、整備、立て直す"；表示建筑物状态之意的"安定、揺るぎない、不動、強固な、確固とした、堅固な、安定的な"；表示重要部件之意的"中心、要件、柱、三本柱、中核"。

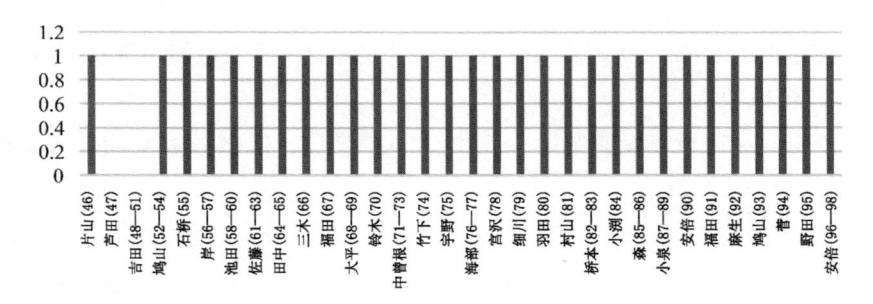

图 4-56 "建筑架构"使用统计

3. 旅行架构

图 4-57 显示，战后 1947—2020 年七十多年共计出现 28 次旅行隐喻架构，而且自三木（66）之后，除了小渊（84），其他首相都使用过。

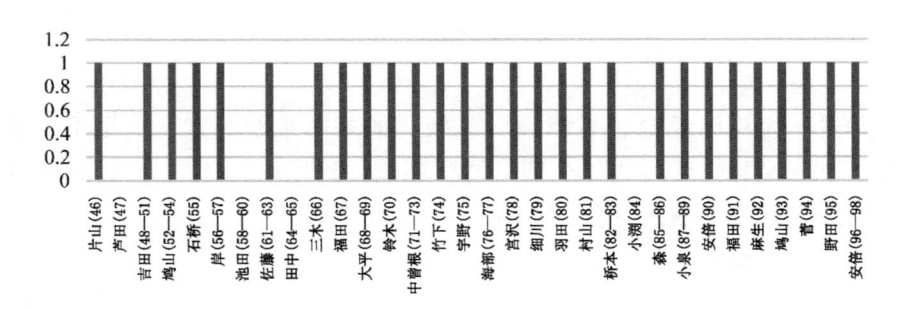

图 4-57 "旅行架构"使用统计

旅行架构具体表现为"外交即旅行"和"日美关系即旅行"隐喻。（第一节中已经论述了相关"旅行"的基本理解要素，这里不再赘述。）目标域为"外交"和"日美关系"等，源域外"旅行"的不同方面。如，表示出发之意的"出発点、原点"；表示行进状态之意的"方針を堅持している、不動の方針進行する、一層推進していく、維持していく、全く新たな段階に入った、輪を押し広げてまいる、動向、展開してまいる、基本方針、引き続き着実に進めてまいる、連携して取り組んでまいる"；表示顺利或艰苦之意如"順調な、試練を乗り越える、この難局を乗り切る、苦境克服"；表示目的地之意的"実現、至っている、新たな段階に至りつつある、目指す"；表示路线之意的"路線を継続する、最良の道、線、道を探る、道"；表示支援帮助之意的"支援"。还有，表示航海隐喻的表达如"舵を切る"。

4. 机械架构

如图4-58统计结果显示，三木（66）之后，机械隐喻架构被大量使用，共计出现了21次。

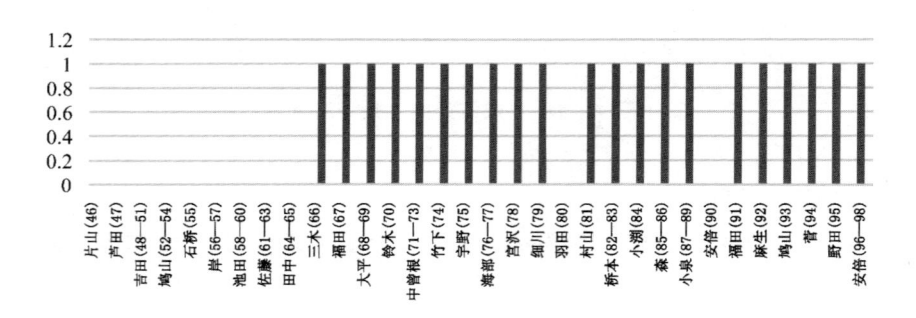

图4-58 "机械架构"使用统计

（第一节中已经论述了相关"机械"的基本理解要素，这里不再赘述。）机械架构体现为"外交即机器"隐喻，目标域为"外交"，而源域为"机器"。具体表达只有"基軸"和"軸足"。

5. 共同体架构

如图4-59所示，三木（66）之后，出现了16次共同体隐喻架构。大平（68—69）至森（85—86）之间使用频率极高。

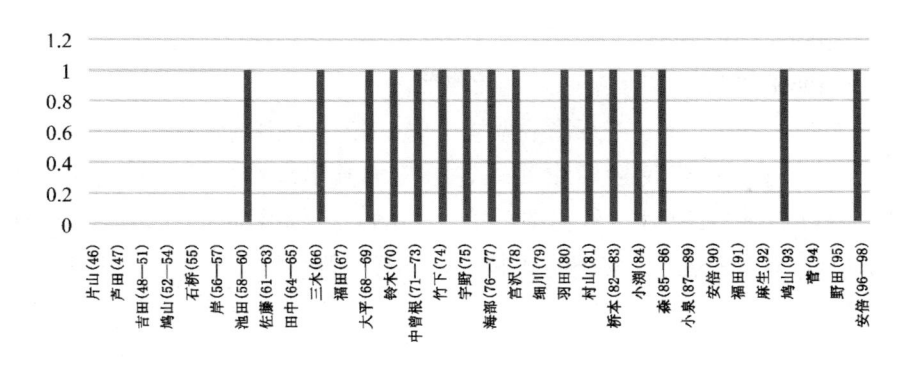

第四章 日本历届政府施政报告中的表层架构历时分析（1947—2020）

图 4-59 "共同体架构"使用统计

共同体架构体现为"南北间即共同体""亚太地区即共同体""国际社会即共同体"。目标域为"南北间""亚太地区""国际社会"，源域为"共同体"。在"南北间即共同体"隐喻中，具体表达如"南北間の相互依存関係"；"亚太地区即共同体"隐喻的具体表达有"共通の価値観、密接な相互依存関係、緊密な相互依存、近隣、相互依存関係を一層進化させることが必要であるという共通の認識、共存を図るような心の通い合う相互依存関係"；"国际社会即共同体"隐喻的具体表达有"運命共有体、相互依存性、相互の依存関係、深い相互依存関係、体制の相違や過去の経緯を乗り越える、人類的共感の上に立って、相互理解・信頼関係、国と国の相互依存や多極化の傾向が強まる、力を合わせる、痛みを分かち合いながら人類共通の願いに応える、相互依存関係が深まる、自己中心的な論理のみを主張することは妥当ではなく世界的な視点に立って行動していく、一つの共同体としてますます連帯感を深める、相互依存関係の進展、相互依存関係の一層の深まり、孤立して生きていくことはできない、相互依存を深める"。

共同体架构源于链环图式（link schema），莱考夫（1987，池上嘉彦ら訳：1993）认为链环图式的身体经验源于我们人类出生时的脐带。为了身体保持平稳，人类整个婴幼儿时期都是紧紧抓着父母或其他东西。由此，在理解社会关系和人际关系时，或意图建立各种关系和打破各种社会关系时，为确保两种事物紧密相连，为解释元素间相互限制、束缚、依赖关系，常常使

用链式图式。①②

6. 音乐架构

如图 4-60 显示，音乐隐喻架构出现 8 次，使用比较分散。

（第一节中已经论述了相关"音乐"的基本理解要素，这里不再赘述。）音乐架构表现为"外交即乐曲"隐喻。目标域为"外交"，源域为"音乐"，具体表达有"基調、不協和音、終止符を打つ"。

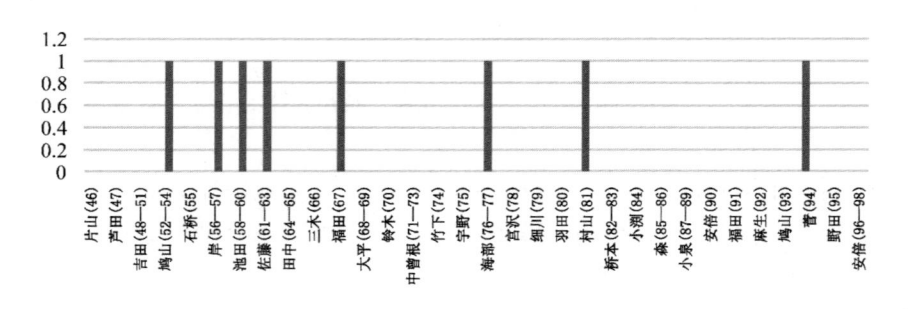

图 4-60 "音乐架构"使用统计

7. 运动架构

如图 4-61 显示，运动隐喻架构自竹下（74）开始出现，共计 8 次。（第一节中已经论述了相关"运动"的基本理解要素，这里不再赘述。）运动架构体现为"亚太地区即运动物体""国际社会即运动物体""外交即运动物体"隐喻。目标域为"亚太地区""国际社会""外交"，源域为"运动物体"。具体表达如表示动与静或变与不变之意如"激動する、不確実化、安定、不安定化の様相も強める、変動期、変動する過程で、変わる、動く、不安定さが増す"等；表示前进与后退之意的如"重心が大きく移りゆく、先行きが不透明になっている"等；表示破损之意的如"壊れる"等。

---

① G・レイコフ，認知意味論—言語から見た人間の心—，池上嘉彦、河上誓作他訳，東京：紀伊國屋書店，1993，第 329—333 頁。

② ［美］乔治·莱考夫：《女人，火和危险的事物——范畴揭示了思维的什么》（一），李葆嘉、章婷、邱雪玫译，世界图书出版公司 2017 年版，第 279—289 页。

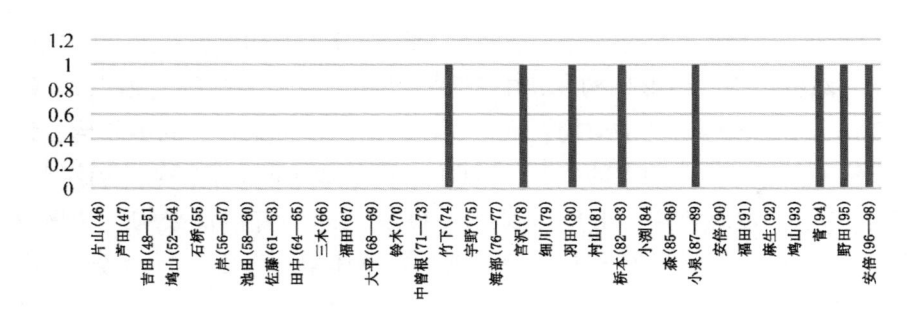

图 4-61 "运动架构"使用统计

本章小结

本章对 1947—2020 年施政报告中经济、行政机构改革、教育、日美关系四个方面语篇中主要的隐喻性表层架构的经验基础和基本逻辑进行了分析和解读，并进行了总体与分别的历时性归纳。

第一，经济类内容主要有建筑架构、植物架构、战争架构、旅行架构、身体架构等（拟人）、比赛架构、音乐架构、运动架构、就医架构、自然架构、平衡架构、清洁架构、生产投资架构、机械架构、戏剧架构、图形架构十六类隐喻架构。其中，建筑架构、旅行架构、身体架构等（拟人）三类出现 32 次，使用覆盖了历届政府；比赛架构和战争架构为 25 次左右；植物架构、自然架构、机械架构、平衡架构四类出现次数为 15 次左右；运动架构、音乐架构、生产投资架构、就医架构四类出现 10 次左右；戏剧架构、清洁架构和图形架构出现 5 次左右。总的来看，经济类内容中隐喻架构的数量颇多，种类多彩且包罗广泛。从数量看，如上统计，主要的隐喻架构一共出现了近 200 次。从种类看，主要隐喻架构有 16 类，既有"建筑""植物""旅行""身体等相关的拟人""运动""自然现象""清洁""比赛"等我们生活中最为常见的和容易理解的概念；也有"机械""就医""生产投资""音乐"等稍显专业要求的概念；还有"平衡""图形"等略微有难度的抽象概念。

第二，行政机构改革类内容中的隐喻架构主要存在 15 类：清洁架构、生产投资架构、比赛架构、建筑架构、身体架构等（拟人）、旅行架构、

物体架构、植物架构、战争架构、自然架构、音乐架构、就医架构、机械架构、戏剧架构、图形架构。其中，旅行架构、身体架构等（拟人）、建筑架构、植物架构、清洁架构、比赛架构、生产投资架构、战争架构、物体架构九类一直居于前九的位置。出现达到32次的是旅行架构、身体架构等（拟人）、建筑架构；出现达到25—30次之间的有清洁架构、植物架构、比赛架构、生产投资架构、战争架构；物体架构为23次；达到15次以上的有自然架构、机械架构和就医架构；出现在5—10次之间的有戏剧架构、音乐架构和图形架构。数量上行政机构改革方面的隐喻架构使用率最高，主要的隐喻架构达到300次左右；在种类方面也在逐步多彩起来，但略逊于经济类内容。

第三，教育类内容中隐喻架构主要出现十类：清洁架构、生产投资架构、建筑架构、旅行架构、植物架构、身体架构等（拟人）、自然架构、比赛架构、平衡架构、战争架构。建筑架构、旅行架构、拟人和生产投资架构四类使用达到25次左右；使用10次左右的有比赛架构、清洁架构和植物架构；平衡架构、战争架构和自然架构三类分别出现5次左右。从隐喻架构的使用数量看，使用次数共计145次左右，远远落后于经济类和行政机构改革类内容；而种类方面也是不及上述两种文本。

第四，日美关系类内容中的隐喻架构主要有七类：身体架构等（拟人）、建筑架构、旅行架构、机械架构、共同体架构、音乐架构、运动架构。其中，身体架构等（拟人）、建筑架构、旅行架构使用次数达到30次左右；机械架构使用次数20次以上；首次出现共同体架构，而且达到16次；音乐架构和运动架构分别为8次。日美关系类与教育类相当，主要的隐喻架构使用次数为140次左右。从隐喻使用的数量和种类来看，日美关系类远逊于经济类和行政机构改革类。

第五章

日本历届政府施政报告中的深层架构分析（1947—2020）

关于人类行为的解释，弗思（1938，费孝通译：2017）认为，环境给予人类生活一种极大的限制，任何一种环境在一定程度上总要迫使生活在其中的人们接受一种物质生活方式，环境对人们的文化生活起着微妙的作用。① 大体说来，一个社区的人民对那些和他们的传统价值观念及组织形式有连续性的或相似性的促进因素最容易接受。即使他们是在探求一种全新的事物，他们也常用他们熟悉的旧的结构和原则来表示他们新的组织结构。② 社会文化之所以会发生变迁源于"内在的"和"外在的"两种力量。内在的动力包括技术的文明、个人争夺土地和权力、人口对生计的压力、气候的变化等。外来的力量可以是出自本土内部，也可以是由于邻近文明社会的影响。不同的文明相互接触，不论是在和平的或战争的状态中，他们的习俗可以相互不受多大影响，但在更多的情况下是互相发生影响的。③ 莱考夫和约翰逊指出，人类所有的经验都是文化，文化已经悄然隐含于各种经验之中。④⑤ 文化中最为根本的价值观与其文化中最根本概念

---

① ［英］雷蒙德·弗思：《人文类型》，费孝通译，商务印书馆2017年版，第42—45页。
② ［英］雷蒙德·弗思：《人文类型》，费孝通译，商务印书馆2017年版，第168页。
③ ［英］雷蒙德·弗思：《人文类型》，费孝通译，商务印书馆2017年版，第160—161页。
④ G·レイコフ，M·ジョンソン，レトリックと人生，渡部昇一、楠瀬淳三、その他訳，東京：大修館書店，2019，第95—96頁。
⑤ ［美］乔治·莱考夫、马克·约翰逊：《我们赖以生存的隐喻》，何文忠译，浙江大学出版社2016年版，第57—60页。

的隐喻结构之间具有一贯性。①②

隐喻作为思维方式，不同的隐喻于无意识中建构不同的世界观和意识形态。对于日本政府而言，不同的隐喻则可以影响到他们的政策，即概念隐喻在潜意识中决定了一个政党的施政纲领。本节对经济、行政机构改革、教育、日美关系四个方面语篇中的深层架构进行具体解析，运用跨学科研究法分析深层架构中五个方面所体现出来的道德模式。

第一节 经济方面的深层架构分别分析

战后，日本经济受到毁灭性打击，出现了"国も赤字、企业も赤字、家計も赤字"③——国家赤字、企业赤字、家庭赤字的困难局面。但是，日本极尽一切力量和智慧复苏经济以重振日本国力，希望成为一个"正常"国家。日本于1968年成为世界第二大经济体，直到2012年为中国超越，现仍居世界第三位。

一 战后日本历任政府经济政策深层架构分析

本节拟分别分析历任政府经济方面的深层架构，受篇幅所限，此外仅以各政府施政中的农业政策分析为主。

1. 片山内阁

片山于1947年5月24日—1948年3月10日期间担任日本内阁首相，是日本新宪法实施后的首位首相，也是日本政治史上首位来自社会党的首相。片山内阁虽仅存八个月，但在其执政期间触及到了战后国家重建过程中的一些基本问题。片山在其上任后第1次施政报告中即阐明将忠实履行新宪法，维护"民主主义"大精神和"和平主义"大理想是政府采取各项

---

① G・レイコフ，M・ジョンソン，レトリックと人生，渡部昇一、楠瀬淳三、その他訳，東京：大修館書店，2019，第32—33頁。原文：ある文化における最も根本的な価値観は、その文化で最も根本的な概念に構造を与えているメタファーと一貫性を持っている。

② [美]乔治・莱考夫、马克・约翰逊：《我们赖以生存的隐喻》，何文忠译，浙江大学出版社2016年版，第20—22页。

③ 内野達郎，戦後日本経済史（第17刷），東京：講談社学術文庫，1991，封底。

政治行动的"大目标",也是新内阁的至高指导精神:

(1) 政府は新憲法を厳に守りまして、その精神を生かすことに最も忠実であることをここに誓うものであります。特に新憲法のもっておりまする民主主義の大精神、平和主義の大理想、これを政府は一切の政治行動の大目標として掲げたいと考えておるのであります。①

(2) 政府は、現下諸般の情勢を考慮致しまして、この際我らの理想でありまする民主主義を拡充発展せしめたる高度民主主義体制を確立いたして、新時代に副うべき政治理念をあらゆる方面に浸透せしめ、その徹底をはかることが必要を考えておるのであります。すなわち現内閣の至高指導精神は、高度民主主義を各方面に徹底せしめることであります。②

片山所在的社会党与保守派的民主党和国民协同党组成联合政府,任内针对内务省、警察制度、国家公务员制度实施了系列改革。关于经济施策方面,片山的隐喻架构和非隐喻架构的使用已凸显了当时的经济状况以及所采取的方针政策。如:

(3) わが国の経済がまことに恐るべき危機に当面している点を申し述べたいと思うのであります。敗戦によりまする憂慮すべき結果が、まさに現実の問題として、日本国民に襲い来ったのであります。すなわち食糧の欠乏であります。インフレの進行であります。産業の不振であり、失業の増大であり、やみの横行であります。③

例(3)中的"恐るべき危機に当面している"和"襲い来った"构成的战争架构明确体现了战后日本所面临的粮食危机、通货膨胀、工业萧条、失业人数增大以及黑市泛滥等经济困境。再如,

(4) 戦争のために生産物の裏づけのない莫大な購買力が放出された

---

① 片山内閣総理大臣第1回(特別会)施政方針演説,官報(号外),東京:大蔵省印刷局,1947/7/2,第40頁。
② 片山内閣総理大臣第1回(特別会)施政方針演説,官報(号外),東京:大蔵省印刷局,1947/7/2,第40頁。
③ 片山内閣総理大臣第1回(特別会)施政方針演説,官報(号外),東京:大蔵省印刷局,1947/7/2,第41頁。

ことを原因として起ったインフレーションが、以上のような経済各分野の赤字の現象と結びつきまして、賃金と物価との悪循環という形をとりながら、次第にその速度を早めておることであります。①

例（4）中的"悪循環"构成的拟人类隐喻架构更是体现了国民工资水平与物价间的巨大矛盾。面对这些经济困境和危机，如例（5）—（7），

（5）政府は組閣後ただちにこの問題を取上げまして、万難を排して、この危機突破をしなければならないといふ決意のもとに、経済緊急対策八項目を掲げまして、その実行については、国民諸君の御協力をすでに仰ぎつつある次第であります。②

（6）戦争と敗戦とによりまして、根本から破壊されてしまいましたわが国の経済を、どうして再建するかということは、きわめてむずかしい事柄であります（略）。③

（7）政府は（略）、近く各界関係専門家の代表者の参集を請い、経済再建促進のための会議を提唱し、右の計画目標が関係者一同のみずからの目標として確認せらるることを予期しておる次第であります。④

片山利用"万難を排して、危機突破、緊急対策"构成的战争架构、"掲げまして、実行"等构成的旅行架构和"破壊、再建"构成的建筑架构以及"目標"构成的比赛架构表明了应对危机和重建经济的决心，并随即推出了解决危机的"経済緊急対策"，主要包括"食糧の確保；物資流通秩序の確立；賃金・物価の全面改定；財政・金融の健全化；重点生産の継続と企業経営の健全化；勤労者の生活、雇用の確保；国内消費の圧縮と輸出振興"⑤ 等。

---

① 片山内閣総理大臣第1回（特別会）施政方針演説，官報（号外），東京：大蔵省印刷局，1947/7/2，第41頁。
② 片山内閣総理大臣第1回（特別会）施政方針演説，官報（号外），東京：大蔵省印刷局，1947/7/2，第41頁。
③ 片山内閣総理大臣第1回（特別会）施政方針演説，官報（号外），東京：大蔵省印刷局，1947/7/2，第41頁。
④ 片山内閣総理大臣第2回（常会）施政方針演説，官報（号外），東京：大蔵省印刷局，1948/1/23，第21頁。
⑤ 林茂，辻清明編，*日本内閣史録(5巻)*，東京：第一法規出版株式会社，1981，第119頁。

农业施策方面，片山在文本中主要使用了"確保"构成的建筑隐喻架构、"根本"构成的植物隐喻架构、"危机、突破"构成的战争隐喻架构和"断行する、邁進されたい"构成的旅行隐喻架构，描述了战后初期日本的粮食短缺危机，已经到了刻不容缓的地步。

(8) かくて今後十月に至るまでの四ヵ月間の食糧の見透しは、まったく文字通りの危機でありますが、政府は、食糧の確保があらゆる施策の根本であることを率直に認め、今回決定いたしました緊急対策を断行する（略）。国民諸君も、何とぞ政府の施策に協力せられて、救国の熱意をもって、食糧危機突破に邁進されたいのであります。①

非隐喻性表层架构主要使用了"全力を傾倒いたしまして、確保に努力いたしたい、解決に進みたい"支持架构、"改善"构成的改善架构、"責任、分担"构成的责任架构。片山内阁表示将尽全力解决迫在眉睫的粮食危机问题，制定了快速改革粮食供应的措施；为了实现粮食增产计划，还积极改善农户的经营条件，向农户提供化肥和农具等农业生产用物资；片山内阁为了实现"只要认真工作便会吃饱饭"的粮米分配目标，出台了旨在调整粮米合理化分配的一些新举措，严格遵循按劳按需分配及确保粮米质量的原则，杜绝拖延和遗漏现象。②

2. 芦田内阁

片山内阁之后，与其联合组阁之一的民主党党首芦田于 1948 年 3 月 10 日继任首相，但仅执政七个月，1948 年 10 月 15 日辞任。芦田上任后提出了"平和と自由と正義とが支配する世界を建設する"，新内阁依旧将"建设平和、自由、正义之世界"作为执政目标。芦田接任时，日本的国

---

① 片山内閣総理大臣第 1 回（特別会）施政方針演説，官報（号外），東京：大蔵省印刷局，1947/7/2，第 42 頁。

② 片山内閣総理大臣第 2 回（常会）施政方針演説，官報（号外），東京：大蔵省印刷局，1948/1/23，第 23 頁。原文：まず主食につきましては、一般配給に差えのない限り、現行の労務者加配米制度を新たな見地から根本的に検討し、配給基準の合理化及び配給方法の刷新を行い、厳に実稼働に応ずる効率的な運用をはかって、労働の軽重に応ずる必要量の配給を確保いたしまするほか、配給操作技術の許す限り、米、麦、小麦等重点主義をとりまして、加配米の質及び量の合理化を行うとともに、いやしくも遅配、欠配の生ずることのないように配給を確保いたしたいと思っておる次第であります。

内境况依然严峻，如：

(9) つら＼／内外の情勢を察するに、わが國<u>再建</u>の<u>前途</u>には<u>幾多の難関が横たわっております</u>。何とかしてこれを<u>乗り切ら</u>なければ、われ＼／民族の<u>前途は危うい</u>。それには、われ＼／国民が一体となって<u>困難を克服する</u>以外に、みずから<u>救う途はありません</u>。わが國の現状は、<u>あらしの中にただよう難破船のように、これを救う唯一の途は、船客も乗組員もその力に應じて船の安全のために協力する</u>ことが急務であると存じます。①

例 (9) 中的"再建"构成的建筑隐喻架构以及"前途は危うい""幾多の難関が横たわっております""救う途はない"，特别是由表示航海之意的"あらしの中にただよう難破船のように、これを救う唯一の途は船客も乗組員もその力に応じて船の安全のために協力することが急務である"构成的旅行隐喻架构生动贴切地描绘了当时日本国家重建所面临的重重艰险。

芦田关于农业施策方面使用了"未曾有の好成績"构成的学习隐喻架构和"改善"构成的建筑隐喻架构。在解决粮食危机问题上，供应方面收获了前所未有的好成绩——"未曾有の好成績"；今后继续修缮"供应制度"这座大厦。非隐喻性表层架构突出了"全国の農村に対し深く感謝の意を表する"之感谢架构、"第二次農地改革の徹底"之改革架构和"具体的研究に着手いたしたい"之支持架构，芦田内阁积极推进第二次农地改革和继续完善供应制度，意在促进粮食增产以渡过粮荒难关。

(10) 食糧問題については、最近米の供出が<u>未曾有の好成績</u>を示しまして、すでに一〇〇％を超えております。（略）しかしながら食糧増産のためには、なお第二次農地改革の徹底、供出制度の<u>改善</u>等幾多の施策を必要とするのでありますから、政府はこれらの点について具体的研究に着手いたしたいと考えております。②

---

① 芦田内閣総理大臣第2回（常会）施政方針演説，官報（号外），東京：大蔵省印刷局，1948/3/21，第185頁。
② 芦田内閣総理大臣第2回（常会）施政方針演説，官報（号外），東京：大蔵省印刷局，1948/3/21，第186頁。

3. 吉田内阁

吉田于 1948 年 10 月 15 日再次当选首相，开始第二次执政，1954 年 12 月 10 日辞任。吉田内阁将恢复和复兴经济置于执政重点之处。吉田上任后经济方面执行的是 GHQ 制定的稳定振兴日本经济九原则：

①削减岁出实现预算均衡；

②强化征税；

③抑制金融机构融资；

④制定有效计划以稳定工资；

⑤强化各种现行统制规定，如果必要，扩大统制范围；

⑥改善外贸管理和强化现行外汇管理；

⑦改善配给制度，特别是最大限度地振兴出口贸易；

⑧增加国产原料和产品；

⑨提高粮食供应比率；①②

九条原则重在缩减开支、平衡预算、强化税收、限制资金贷款、稳定工资、控制物价、扩大生产、提高粮食供应比例。1949 年 2 月，美国又推出了财政金融紧缩政策——道奇路线（又称：道奇计划）以扶植日本加快经济复兴和自立速度，目的是控制通货膨胀和国内消费以及扩大出口。道奇路线具体内容如下：

①一般会計のみならず、特別会計を含めた均衡予算の編成。

②補助金の全面的廃止。

---

① 日本経済の安定と復興を目的とする九原則，林茂，辻清明編，日本内閣史録(5 巻)，東京：第一法規出版株式会社，1981，第 177—179 頁。原文：(1) 財政の歳出を厳重に引き締め、そのほか必要と認められる思い切った措置をとり、これによって一日も早く総合予算の真の均衡を図ること；(2) 収税計画を促進強化し、脱税者に対して迅速且つ広範囲に亘って徹底的な刑事訴追措置をとること；(3) 金融機関からの融資は日本の経済回復に貢献する諸事業にだけ与えるよう厳重に限定すること；(4) 賃金の安定を実現するための効果的な計画を作成すること；(5) 現行の各種統制計画を強化し、必要があればその範囲を拡張すること；(6) 外国貿易管理の操作を改善し、且つ現行外国為替管理を強化し、これらの措置を適切に日本側機関に移譲することができる程度にまで行うこと；(7) 現行の資材割当並びに配給制度を、特に輸出貿易を最大限に振興することを目的として改善すること；(8) すべての重要国産原料並びに工業製品の生産を増大させること；(9) 食糧供出計画の比率を向上させること。

② 日本経済の安定と復興を目的とする九原則，内野達郎，戦後日本経済史(第 17 刷)，東京：講談社学術文庫，1991，第 74 頁。

③復興金融金庫の全面的貸出停止。

④単一為替レートの設定の四つに集約される。①②

吉田在第五次施政演讲中突出的"再建"构成的建筑隐喻架构和"この線によるにあらずんば"构成的旅行隐喻架构以及"責任、真の自立"构成的拟人类隐喻都体现了施行九条原则及道奇路线的意志。

(11) 昨年十二月二十九日、マッカーサー元帥の私にあてた九原則を含む書簡及び最近におけるドッジ氏声明は、すべて右の趣意に出でたものであります。私も、この線によるにあらずんば、わが国の再建はできがたしと衷心より信ずるものであります。今回提出せんとする予算は、この九原則及びドッジ氏の声明を了承いたしまして、政府の責任において――政府の責任においてこれを具体化したものであります。政府は、幾多の困難なる事情あるにかかわらず、まずもって均衡予算を作成し、真の自立再建をはかる決心であります。③

吉田内阁谈及农业问题时主要运用了建筑隐喻架构、旅行隐喻架构、还有植物隐喻架构和拟人类隐喻。如例（12），"基礎を確立する、安定、樹立"等建筑隐喻表明新内阁将制定适切农业政策以稳定农户经济收入和确立农业发展基础；"実行、前途"等旅行隐喻表示内阁的农业政策实施途径。其他文本中，"大本"等植物隐喻指出了以粮食增产来解决自给自足问题是日本农业对策中最为重要的部分；"好転、好調、順調、不安はない"等拟人类隐喻传达了农业政策施行后所产生的良好效果。1951年粮食短缺情况有所好转，开始逐步稳定下来，日本政府便撤销了相关主食的管制措施。非隐喻性表层架构主要突出了"発達奨励、長期資金の確保、特別措置を講ずる、重点的に配付し"等构成的支持架构和"改革、振興改良、拡張改良、向上、安定合理化、改善安定、増強"等构成的改革架构，如例（13）和（14）。吉田内阁针对农林水

---

① 林茂，辻清明编，*日本内閣史録*（5卷），東京：第一法規出版株式会社，1981，第192—194頁。

② 内野達郎，*戦後日本経済史*（第17刷），東京：講談社学術文庫，1991，第75頁。

③ 吉田内閣総理大臣第5回（特別会）施政方針演説，*官報（号外）*，東京：大蔵省印刷局，1949/4/5，第101頁。

产业实施鼓励政策，不但可以追加发展经费，还制定特别款项以确保长期资助；吉田内阁为实现全方位的自给自足，实施扩大和改良农村土地以及提升农业生产技术等政策。

（12）政府は、今後における国際情勢、経済情勢の変化に順応いたしますよう、農家の経営の安定をはかり、農業の基礎を確立するため、適切なる農業政策を樹立実行いたすつもりであります。①

（13）政府は、わが国の農林水産業の現状に顧み、これが発達奨励に必要なる公共事業費等を計上するのほか、長期資金の確保につき、近くこれに関する特別措置を講ずる考えでございます。②

（14）国民生活の基本をなす食糧については、総合的な自給度向上をはかることが緊要であります。このため、増産の基盤である農地の拡張と改良を行うことはもちろん、営農技術の普及改善並びに畜産の振興をはかり、水産資源の維持開発に努めるとともに、農林水産業経営の安定合理化のため、金融措置、保険制度の拡充強化等に遺憾なきを期したいと存ずるのであります。③

4. 鸠山（一郎）内阁

鸠山于1954年12月10日至1956年12月23日担任日本首相。鸠山上任之初的讲话中利用拟人类"自立"和建筑类隐喻"再建"阐明了新内阁的使命：

（15）経済の自立再建は国家の独立のため最も必要なことであることは、言うをまたないところで

あります。もとより、狭少な領土に膨大な人口を擁するわが国経済の自立再建をはかることは容易ならざるところであります。④

---

① 吉田内閣総理大臣第6回（臨時会）施政方針演説，官報（号外），東京：大蔵省印刷局，1949/11/9，第76頁。

② 吉田内閣総理大臣第10回（常会）施政方針演説，官報（号外），東京：大蔵省印刷局，1951/1/27，第36頁。

③ 吉田内閣総理大臣第16回（特別会）施政方針演説，官報（号外），東京：大蔵省印刷局，1953/6/16，第73頁。

④ 鳩山内閣総理大臣第21回（常会）施政方針演説，官報（号外），東京：大蔵省印刷局，1955/1/22，第61頁。

（16）独立の完成は、経済の自立がその基礎でありますが、この経済自立のためには、国民生活の安定をはからなければなりません。①

鸠山内阁强调经济上的独立，实行"経済自立5ヵ年計画"。鸠山认为经济独立才是国家独立之基础，政治与经济互为表里。可见，鸠山的内外政策谋求的是日本在政治上的完全独立。

如（17），鸠山的农业问题施政中主要运用了"確保、安定、改善、創設"等构成的建筑隐喻架构、"刷新"构成的清洁隐喻架构和"根本的"构成的植物隐喻架构，旨在突出稳固粮食增产的步伐计划，以减少农林水产品的进口量和增加出口量；在农林渔业方面继续加大力度确保其稳定经营，为此要保障化肥和饲料等重要生产物资的价格低廉化及供给充沛，同时还要保障农林畜水产品价格平稳及改进流通程序，并要建立农地担保金融制度，完善农业受灾补偿制度。另外，依据国内外粮食和经济情况，尽快彻底改革粮食管理制度。

（17）農林、漁業及び食糧問題につきましては、まず畜産物、水産物を含めた総合的食糧の計画的増産を確保することによって食糧輸入の節減をはかり、他面、農林水産物の輸出振興方策を講ずる考えであります。内外の農業経済情勢に応じ、農林漁業の経営安定には特に力をいたし、これがため肥料、飼料等重要生産資材の価格の低廉化と需要の安定をはかるとともに、農林畜水産物の価格の安定と流通の改善刷新、農地担保金融制度の創設、農業災害補償制度の改善等を実施する所存であります。さらに、食糧管理制度につきましては、内外の食糧事情及び経済事情にかんがみまして、根本的改革を行うため、すみやかに成案を得るよう努力中でございます。②

鸠山在第24次国会中也谈到了农业问题，他使用了"中心、多角化、確立"构成的建筑隐喻框架和"目標"构成的比赛隐喻架构。鸠山通过两则隐喻描绘了新农村建设的蓝图——以年轻人的自愿参与为中心，因地制

---

① 鳩山内閣総理大臣第22回（特別会）施政方針演説，官報（号外），東京：大蔵省印刷局，1955/4/25，第82頁。

② 鳩山内閣総理大臣第21回（常会）施政方針演説，官報（号外），東京：大蔵省印刷局，1955/1/22，第62頁。

宜为农地使用的目标，农村经济走多元化路线，不断改良农业生产技术。非隐喻性表层架构突出了"農民等の負担軽減"等构成的减负架构和"力を注ぎまして、助ける"支持架构。

（18）重要政策の第三は、新農村の建設と、中小企業の振興でございます。まず農林漁業対策としては、特に青年の自主的活動を中心として、適地適産を目標とした土地条件の整備、経営の多角化、技術の改良などに力を注ぎまして、村全体として安定した経営と生活を確立し得る新農山漁村の建設を助けることにしております。①

5. 石桥内阁

石桥于1956年12月23日至1957年2月25日期间担任首相，石桥内阁仅存在3个月。

（19）昭和三十二年度予算の編成に当っては、財政の健全化を確保しつつ、財政の役割を積極的に果し得るよう、重要施策を重点的に推進いたしたいと考えております。②

石桥在国会演说中运用"健全化、積極的に果し得る"构成的拟人类隐喻、"確保"构成的建筑隐喻架构以及"重点的に推進いたしたい"构成的旅行隐喻表明石桥内阁的经济主张是实施"积极的财政政策"。其基本方针为以下两点：

①最近における経済の実情に鑑み、一般会計の増加収入の一部をもってまず国民負担の大幅な軽減合理化を行い、多面、収支の均衡を堅持しつつ重点施策を積極的に推進する。

②財政投融資については原資の増加に伴って重点的拡充を図るものとし、その際、財政と金融とを一体的弾力的に運用する態勢の強化に努める。

基于这一基本方针，石桥内阁又具体提出了"①所得税の大幅な減税と各種の租税特別措置の整理合理化を含む税制全般にわたる改正；②産

---

① 鳩山内閣総理大臣第24回（常会）施政方針演説，官報（号外），東京：大蔵省印刷局，1956/1/30，第22頁。

② 石橋内閣総理大臣第26回（常会）施政方針演説，官報（号外），東京：大蔵省印刷局，1957/2/4，第20頁。

業基盤及び立地条件の早急な整備；③国民健康保険の普及促進、老齢年金、母子年金の創設の準備など社会保障の充実④住宅建設と環境衛生施設の整備；⑤中小企業の育成強化；⑥経済外交の強化、貿易振興"等十三项措施。①

　　石桥的农业方面施政理念通过建筑隐喻架构和旅行隐喻架构也已经表述清楚，进一步提高粮食自给自足和协调粮食的供需关系；有计划地推进整备农产品生产用地；促进寒冷地区畜牧产业的经营进展及加快农业机械化脚步。非隐喻性表层架构突出了"極力援助適切な、対策を講じていくようにいたしている"构成的支持架构和"食糧管理の合理化に努める"构成的努力架构。

　　（20）食糧の自給度を高めるとともに、食糧需給の調整を総合的見地から一そう円滑にすることは、わが国農政の基本問題でありますので、（略）農産物生産の基盤である土地条件の整備を計画的に推し進め、（略）寒冷地帯に対しては、有畜経営と農業機械化の促進など、適切な対策を講じていくようにいたしているのであります。②

6. 岸内阁

　　岸信介于1957年2月25日至1960年7月19日期间担任首相。岸信介内阁在第26次施政演说中利用"自立、加入して"构成的拟人类隐喻、"基盤、整え、建設"构成的建筑隐喻架构和"加入して、歴史的段階に立つに至った"构成的旅行隐喻架构表明将继续坚持石桥内阁的经济独立政策，

　　（21）わが国は、経済自立の基盤を整え、また、国際連合に加入して、その国際的役割に重きを加え、ここに新日本を建設し、世界の平和に寄与する歴史的段階に立つに至ったのであります。③

　　岸信介在第27次施政演讲中又运用了"基盤、整備"建筑隐喻架构

---

① 林茂，辻清明編，日本内閣史録(5巻)，東京：第一法規出版株式会社，1981，第365—366頁。
② 石橋内閣総理大臣第26回（常会）施政方針演説，官報（号外），東京：大蔵省印刷局，1957/2/4，第20頁。
③ 岸内閣総理大臣第26回（常会）所信表明演説，官報（号外），東京：大蔵省印刷局，1957/2/27，第101頁。

和"第一義的目標"比赛隐喻架构阐明了将着手制定"新長期経済計画"的执政理念。

（22）わが国の実情から見て、経済の長期にわたる安定的な発展の基盤を整備することは、わが国経済運営の第一義的目標であります。①

岸信介内阁的农业政策表述中主要突出了"基本"构成的建筑隐喻架构和"基調"构成的音乐隐喻架构、"役割、特性"构成的拟人类隐喻和"目途"构成的旅行隐喻架构，如例（23）—（25）。不断提高农林渔业的生产力以及稳定经营是岸信介内阁农业政策的主旋律，而且会根据其所发挥的作用及独有地位增设调查委员会以制定相关政策；岸信介将重点置于保持农林渔业与其他产业的均衡发展之上，大力改善农业发展的基础建设，并采取积极应对措施保障农林水产品的物价稳定及流通合理。非隐喻性表层架构突出的是"常々敬意を表する、同慶にたえない、深く敬意を払う"构成的感谢架构、"向上に努めていきたい、持続的な向上をはかる、意を用いて参りたい、強力に推進する"构成的支持架构。在第34次国会演说中岸信介提到，为了加大对农民家庭和渔民家庭的支持力度，将进一步扩大其第二子和第三子的就业机会。

（23）政府は、農林水産業の経営の安定化と所得の増大をはかることを農政の基本とし、食糧の総合的自給度の向上に努めていきたいと思います。②

（24）農林漁業の生産力の持続的向上と経営の安定をはかることは、わが国農政の基調であります。（略）政府は、わが国において占める農林漁業の大きな役割とその特性にかんがみ、新たに調査会を設け、農林漁業に関する基本政策を確立いたしたいと考えております。③

（25）農林漁業の振興については、その生産性の向上、農漁民の経済

---

① 岸内閣総理大臣第27回（臨時会）施政方針演説，官報（号外），東京：大蔵省印刷局，1957/11/1，第3頁。
② 岸内閣総理大臣第28回（常会）施政方針演説，官報（号外），東京：大蔵省印刷局，1958/1/29，第24頁。
③ 岸内閣総理大臣第31回（常会）施政方針演説，官報（号外），東京：大蔵省印刷局，1959/1/27，第81頁。

的安定等を目途として、将来にわたる基本政策を樹立する所存でありますが、当面、他産業との関係において均衡的発展をはかることに重点を置き、農業基盤の整備を強力に推進するとともに、農林水産物の価格の安定と流通の合理化には積極的措置を講ずることといたしております。①

7. 池田内阁

池田于1960年7月19日至1964年11月9日期间担任首相。池田内阁提出了经济发展计划——"国民收入倍增计划",即从1961年起至1970年十年间实现国民月收入增加至一倍,国民生产总值年平均增长率(GNP)达到7%左右。国民收入倍增计划包括五个方面的内容:充实社会资本;产业结构高级化;促进对外贸易和国际经济合作;培养人才与振兴科技;缓和二重结构及确保社会安定。②池田在第36次施政演讲中利用"目标"构成的比赛隐喻框架树立了这一经济发展目标,并主张在计划的前三年就达到年平均9%的增长目标。

(26) 政府は、今後十年以内に国民所得を二倍以上にすることを目標とし、この長期経済展望のもとに、さしあたり来年度以降三ヵ年間につき、年平均九％の成長を期待しつつ、これを根幹として政府の財政経済政策の総合的な展開を考えているのであります。③

池田内阁的经济政策取代岸信介内阁的"新長期経済計画",对内实现了国民收入翻一番,对外实现了将日本经济转向进口贸易自由化的开放型体制。池田提倡的国民收入倍增计划是一项调动国民积极主动性的经济策略,国民生产总值和国民收入的实际年平均增长率分别达到了11.6%和11.5%,远远超过预期。④因此可以说,这项计划在战后日本经济发展史和经济政策制定史上具有划时代的意义。

池田在农业问题上也是按照国民收入倍增计划推行农业基本法规定的

---

① 岸内閣総理大臣第34回(常会)施政方針演説,官報(号外),東京:大蔵省印刷局,1960/2/1,第23頁。
② 林茂,辻清明編,*日本内閣史録*(5巻),東京:第一法規出版株式会社,1981,第152頁。
③ 池田内閣総理大臣第36回(臨時会)施政方針演説,官報(号外),東京:大蔵省印刷局,1960/10/21,第25頁。
④ 林茂,辻清明編,*日本内閣史録*(5巻),東京:第一法規出版株式会社,1981,第156頁。

基本方针。农业基本法的最终目标为：一是提高农业生产力，以缩小农业与其他产业在生产力上的差距，二是提高农业从业者的收入，以确保其与其他从业者生活水准相同。① 具体有八项措施：进一步丰富农业生产；提升农业生产力和农业生产总量；完善农业结构；畅通农产品流通渠道；稳定农产品价格和保障农业收入；保障农业生产资料的生产·供应畅通和价格平稳；对农业经营者进行专业培训，并提高就业机会；提高农村福利待遇。② 如（27），池田在农业问题的文本中使用了"均衡のとれる"构成的平衡隐喻架构，旨在保持农林渔业与其他产业的均衡发展意图；"育成"构成的拟人类隐喻，旨在促进农业近代化发展愿景。

（27）わが国の農林漁業を他の産業と均衡のとれるよう成長発展せしめ、さらに国際的水準に位する近代的産業として育成助長し、その地位の安定と向上をはかることを経済成長政策の一大眼目と心得、画期的施策を行う決意であります。③

如（28），"一掃"构成的清洁隐喻架构意在表明，只要增加农民收入，提高农村人口的福祉，就会消除人们的不安感。

（28）内政においては、農業と中小企業の近代化を完成して、生産性と所得を高め、ひいては消費者物価の根本的解決をはかり、国民の不安感を一掃し、かつてない高度の福祉国家を築く決意であります。④

---

① 農業基本法. 国立公文館デジタルアーカイブ（034000）原文：国の農業に関する政策の目標は、農業及び農業従事者が産業、経済及び社会において果たすべき重要な使命にかんがみて、国民経済の成長発展及び社会生活の進歩向上に即応し、農業の自然的経済的社会的制約による不利を補正し、他産業との生産性の格差が是正されるように農業の生産性が向上すること及び農業従事者が所得を増大して他産業従事者と均衡する生活を営むことを期することができることを目途として、農業の発展と農業従事者の地位の向上を図ることにあるものとする。

② 池田内閣総理大臣第36—46回施政方針演説，官報（号外），東京：大蔵省印刷局，1960/10/21 - 1964/1/21（第21—22、12—15、19—22、29—32、19—20、16—18、16—19、18—21、15—16、13—15页）原文：農業生産の選択的拡大、農業の生産性の向上および農業総生産の増大、農業構造の改善、農産物の流通の合理化農産物の価格の安定および農業所得の確保、農業資材の生産・流通の合理化および価格の安定、農業経営者の養成および就業の安定化、農村の福祉の向上。

③ 池田内閣総理大臣第36回（臨時会）施政方針演説，官報（号外），東京：大蔵省印刷局，1960/10/21，第26页。

④ 池田内閣総理大臣第44回（臨時会）所信表明演説，官報（号外），東京：大蔵省印刷局，1963/10/18，第21页。

如 (29)，"基盤、整備、構造の改善、拡充"构成的建筑隐喻架构和"方向に従い、推進する、着実に推し進めて、実現したい"构成的旅行隐喻架构突出了完善农业生产基础和农业结构以及实现农业大幅发展的执政方针。非隐喻性表层结构突出的是"助長、画期的施策を行う、最も精力を傾注しなければならない、重点的に強く推進して参りたい"等构成的支持架构、"堅実に増加して"等构成的增加收入架构、"改善、是正"等构成的改革架构、"大幅に広げ、拡大、拡充"构成的扩大架构。

(29) 農業の生産性と農業従事者の所得は、順調に向上しておりますが、農業は自然的・経済的・社会的制約が強いため、他産業の成長におくれがちであります。このおくれを取り戻すには、生産基盤の整備と技術の進歩が最も大切であります。政府は、農業基本法に示されました方向に従い、農地の流動化促進等による経営規模の拡大、土地改良など生産基盤の整備を推進するとともに、機械化をはじめ技術の革新を着実に推し進めて農業構造の改善をはかり、生産性の向上と総生産の増大を実現したいと存じます。また、需要の強い生鮮食料品の生産増加のため必要な措置を拡充することはもとより、中央卸売市場の整備、食料品総合小売市場の設置等、流通機構の合理化をはかることといたしました。さらに農林漁業金融公庫資金、農業近代化資金については、融資ワクを大幅に広げ、公庫資金の利率など貸し付け条件の改善、簡素化等の措置をとるほか、無利子の改良資金の貸し付けワクを飛躍的に増額することとしております。[①]

8. 佐藤内阁

佐藤于1964年11月9日至1972年7月7日期间担任首相。佐藤执政期间，日本迈入了持续近5年的经济超高速发展阶段，被称为"伊弉諾景気"。"伊弉諾景気"自1965年起至1970年，是日本"二战"后持续时间最长的经济发展阶段——"戦後最長の消費主導型景気拡大

---

① 池田内閣総理大臣第46回（常会）施政方針演説，官報（号外），東京：大蔵省印刷局，1964/1/21，第14頁。

局面"①，超越了1955—1956年的"神武景気"②和1958—1962年的"岩戸景気"③。但是，通过佐藤的施政方针中架构的使用可以解读出他的经济政策不同于前任首相池田。如（30）—（32），经济总体表述方面中的"いたずらに拡大し、再び過熱の弊害を招く、過度に拡大して景気の行き過ぎをもたらすことのないよう節度ある、景気の過熱を防ぐとともに、過度の落ち込みを避ける"以及国际贸易表述中的"国際収支の均衡回復"等构成的平衡隐喻架构表达出佐藤内阁在经济政策方面强调的是经济均衡发展理念。

（30）経済が<u>いたずらに拡大し、再び過熱の弊害を招く</u>ことがあってはなりません。わが国経済が長期にわたり安定した発展成長を維持できるように、政府は財政金融政策を弾力的に運営してまいりますが、民間産業界におきましても、設備投資が<u>過度に拡大して景気の行き過ぎをもたらすことのないよう節度ある</u>活動を期待してやみません。④

---

① 注：伊弉諾（いざなぎ）景気：1965年11月から、1970年7月まで、57か月間続いた景気拡大期の呼び名の一。これに先立つ神武景気や岩戸景気を上回る長期間の好況であったため、岩戸神話をさらにさかのぼる国造り神話から名づけられた。第六循環の拡張期に当たる。（ブリタニカ国際大百科事典，伊弉諾景気，https：//kotobank.jp，2022年9月20日。）中文大意：伊弉諾，又称伊邪那岐，伊耶那岐。日本神话中的男神，『古事記』中写为伊邪那岐神、伊邪那岐命；『日本書紀』中写为伊弉諾神。

② 注：神武景気：1954年12月から57年6月まで31ヵ月間続いた第2循環の景気拡大局面の俗称であり、岩戸景気に次いで第4位の長さを誇る。日本国始まって以来（神武天皇以来）の好景気ということから、神武景気と命名された。海外経済の好調による輸出の拡大、物価の安定、金融緩和という好条件による数量景気が出現した。日本経済は、神武景気以降高度経済軌道に乗ったということができ、経済活動が戦前の水準を超えたことから、56年版の『経済白書』では「もはや戦後ではない」という記述がなされた。（ブリタニカ国際大百科事典，神武景気，https：//kotobank.jp，2022年9月20日。）

③ 注：岩戸景気：1958年7月から1961年12月まで続いた第4循環の景気拡大局面の俗称であり、いざなぎ景気、平成景気に次いで第2次世界大戦後、第3位の長さ（42ヵ月間）を誇る。神武景気をしのぐ大型景気ということから、天の岩戸神話にちなみ岩戸景気と命名された。活発な技術革新により「投資が投資を呼ぶ」という設備投資主導の景気拡大が生まれ、同時に1959年の皇太子明仁の成婚を機に白黒テレビが爆発的に売れて、「三種の神器」と呼ばれた家庭用電気機器（テレビジョン、電気冷蔵庫、電気洗濯機）が急速に普及していった。また1960年12月に国民所得倍増計画が発表され、本格的な高度経済成長の時代に突入した。（ブリタニカ国際大百科事典，岩戸景気，https：//kotobank.jp，2022年9月20日。）

④ 佐藤内閣総理大臣第55回（特別会）施政方針演説，官報（号外），東京：大蔵省印刷局，1967/3/14，第28頁。

（31）政府は、今後の経済運営にあたっては、引き続き景気を抑制する基本的な態度を堅持し、政府、民間を通じて総需要の抑制をはかり、国際収支の均衡回復と物価の安定を最も重要な政策目標としてまいります。①

（32）わが国経済の現状は、長期にわたる景気上昇のあとを受けて、昨年秋ごろから景気の鎮静化が明瞭になってまいりました。政府としては景気の過熱を防ぐとともに、過度の落ち込みを避けるため、機動的かつ弾力的に財政金融政策の運用をはかり、着実な成長を達成してまいりたいと考えます。②

佐藤内阁于1967年3月制订了"経済社会発展計画"，目标是建设平衡稳定的经济社会，重点措施包括稳定物价、经济高效化、推进社会开发三项。③ 这项发展计划不同于以往只追求数量上扩大的经济政策，佐藤内阁将目光放在了社会层面。1970年5月，佐藤内阁又开始施行"新経済社会発展計画の目ざす持続的安定成長ライン"，意在保持持续稳定的经济增长路线。④

实现农林渔业近代化是佐藤内阁农业问题的施政理念。如（33）—（35），施政表述中的"構造改善、安定対策、強化"构成的建筑隐喻架构表达出为实现农业近代化，今后必须进行结构改革和强化农渔业产品物价继续平稳态势；通过"自立、育成、健全、即応、耐え得る、体質改善"

---

① 佐藤内閣総理大臣第58回（常会）施政方針演説，官報（号外），東京：大蔵省印刷局，1968/1/27，第13頁。

② 佐藤内閣総理大臣第65回（常会）施政方針演説，官報（号外），東京：大蔵省印刷局，1971/1/22，第16頁。

③ 原文：1967年3月に策定された佐藤内閣による経済計画で、「昭和四十年代への挑戦」という副題がついている。計画期間は67～71年度であり、その目標として均衡のとれた充実した経済社会への発展が掲げられた。またこの目標を達成するための重点政策課題として、（1）物価の安定、（2）経済の効率化、（3）社会開発の推進の3点があげられている。従来の計画が量的な拡大をおもな目的としていたのに対し、社会的側面に重点をおいた経済発展が目的とされたことは日本の経済計画の一つの転換といえる。しかし成長率が年8.2%と想定されていたのに対し、現実には大きくこれを上回ったため改訂が必要となり、70年5月に「新経済社会発展計画」（1970～75）を策定した。（ブリタニカ国際大百科事典，経済社会発展計画，https://kotobank.jp，2022年9月20日。）

④ 佐藤内閣総理大臣第65回（常会）施政方針演説，官報（号外），東京：大蔵省印刷局，1971/1/22，第15—17頁。

构成的拟人类隐喻突出农业发展要适应国际经济和时代的需求，进一步丰富产业项目和扩大产业规模；"目ざして、積極的に展開いたします"构成的旅行隐喻架构显示了建设拥有高度生产力的近代农业之施策目标。非隐喻性表层架构突出的是"大きな役割りを果したことは申すまでもない"构成的感谢架构，"特に配慮して、積極的に進めたい"构成的支持架构，"拡大、増大、増加"构成的扩大经营规模架构等，"多くの努力が必要、創意と努力を切に期待する"构成的努力架构。

（33）政府は、農林漁業の近代化をはかるため、農林漁業構造改善事業、農水産物価格の安定対策等の強化をはかるとともに、自立経営の育成のため、農地の流動化に特に配慮して、経営規模の拡大を積極的に進めたいと存じます。①

（34）第五は、農業の近代化であります。わが国が近代国家として発展するために、農業が大きな役割りを果したことは申すまでもありません。今後も、農業が時代に即応しつつ健全な発展を遂げてこそ、初めて均衡のとれた豊かな国として成長することができるのであります。しかしながら、農業の現状を見ると、思い切った構造改善によってその近代化をはかるなど、多くの努力が必要であることは明らかであります。政府は当面、農家、農業団体及び地方自治体の協力のもとに、米の生産調整を行なう一方、生産性の高い近代農業の育成を目ざして、総合農政を積極的に展開いたしますが、農民各位の近代化への創意と努力を切に期待するとともに、広く国民各位の御理解を得たいと思います。②

（35）わが国農業は、依然として内外ともにきびしい情勢に置かれておりますが、国際競争に耐え得る近代的な産業として確立されるよう一段とその体質改善をはかってまいります。③

---

① 佐藤内閣総理大臣第47回（臨時会）所信表明演説，官報（号外），東京：大蔵省印刷局，1964/11/21，第26頁。
② 佐藤内閣総理大臣第63回（特別会）施政方針演説，官報（号外），東京：大蔵省印刷局，1970/2/14，第25頁。
③ 佐藤内閣総理大臣第68回（常会）施政方針演説，官報（号外），東京：大蔵省印刷局，1972/1/29，第79頁。

9. 田中内阁

田中于1972年7月7日至1974年12月9日期间担任首相。田中执政期间正处于日本经济从高速增长期向低速发展期转换的阶段。田中内阁使用建筑隐喻架构提出了著名的日本列岛改造论，旨在解决产业结构和地区结构不均衡现状，解决环境污染・人口过密或过疏・高物价和住房难等问题，以及大力推广产业・文化・自然相互融合的地区发展模式。日本列岛改造论主要包括：1）工业再布局，即调整太平洋一侧过于集中的工业地带；2）进行城市改造和新型地方城市建设；3）构建新干线等高速交通网络。如（36），田中在第70次施政演讲中主要运用了"築き上げて、陰には、確立、改造、充実"构成的建筑隐喻架构、"大胆に転換し、全域に展開して、推進する、進め"构成的旅行隐喻架构、"たくましい力、魅力的"构成的拟人类隐喻对日本列岛改造论构想的产生背景、具体措施及未来效果进行了解释。

（36）われわれは、戦後の荒廃の中からみずからの力によって今日の国力の発展と繁栄を<u>築き上げて</u>まいりました。しかし、こうした繁栄の<u>陰</u>には、公害、過密と過疎、物価高、住宅難など解決を要する数多くの問題が生じております。一方、所得水準の上昇により国民が求めるものも高度かつ多様化し、特に人間性充実の欲求が高まってきております。これらの要請にこたえ、経済成長の成果を国民の福祉に役立てていく成長活用の経済政策を<u>確立</u>していくことが肝要であります。この観点から見て、日本列島の<u>改造</u>は、内政の重要な課題であります。明治以来百年間のわが国経済の発展をささえてきた都市集中の奔流を大胆に<u>転換</u>し、民族の活力と日本経済のたくましい力を日本列島の<u>全域に展開して</u>国土の均衡ある利用をはかっていかなければなりません。政府は、工業の全国的再配置と高速交通・情報ネットワークの整備を意欲的に<u>推進する</u>とともに、既存都市の機能の<u>充実</u>と生活環境の整備を<u>進め</u>、あわせて魅力的な地方都市を育成してまいります。①

---

① 田中内閣総理大臣第70回（臨時会）所信表明演説，官報（号外），東京：大蔵省印刷局，1972/10/28，第28頁。

如（37）（38），田中内阁的农业政策表述中突出了"推進、実現、動向、進める"构成的旅行隐喻架构，意在表达在推行全方位农业政策总方针的指导下努力实现改善农村环境和进一步提高农业生产力；"確保"构成的建筑隐喻架构表达了粮食供应的重要性；"一体"构成的拟人类隐喻则表达了全方位发展农业的意图。非隐喻性表层架构突出的是"環境整備、生産基盤の整備、生産基地の建設"等构成的基础建设架构以及"積極的に推進してまいります"等构成的支持架构。

（37）農業については、総合農政の推進のもとに農村の環境整備を強力に実施して高生産農業の実現と高福祉農村の建設をはかり、農工一体の実をあげてまいります。①

（38）食糧の確保も重要な課題であります。今後の世界の食糧需給の動向は、気象条件の不安定性、人口増加等の諸条件から見てきびしいものになることが予想せられます。このため、国民の主要食糧のうち国内生産が適当なものは極力国内でまかない、自給度の維持向上をはかることが必要であります。このような観点から、農林水産業の生産基盤の整備を進めるとともに、麦、大豆等の生産の奨励、畜産等の大規模生産基地の建設などを積極的に推進してまいります。また、海外に依存せざるを得ない農産物についても、備蓄政策や国際協力の一環としての開発輸入政策などを進め、その安定的な供給を確保してまいります。②

10. 三木内阁

三木于1974年12月9日至1976年12月24日期间担任首相。三木上任伊始面临的经济困境正如其在第76次施政报告中所讲，如（39）。三木在文本中利用了"いまだかつて経験したことのない複雑にして困難な局面に立っておる、克服する、困難な時期、～から～への転換、転換期、難局"构成的旅行隐喻框架充分描述了日本经济遇到了前所未有的复杂且困难的局面，也提出了应对措施。一是石油危机导致的通货膨胀和经济衰

---

① 田中内閣総理大臣第70回（臨時会）所信表明演説，官報（号外），東京：大蔵省印刷局，1972/10/28，第28頁。
② 田中内閣総理大臣第72回（常会）施政方針演説，官報（号外），東京：大蔵省印刷局，1974/1/21，第176頁。

退需要实施经济刺激及稳定物价政策；二是需要将经济从高速增长态势拉回到正常的稳定增长态势；三是减少通货膨胀和经济衰退对国民生活的影响，保障社会公平正义和提高社会福利；四是在经济合作不断加深的国际环境下，需要世界各国共同面对和解决经济不振、物价、能源、货币流通、资源及粮食等课题；五是鉴于困境之下税收会出现严重不足，政府将不得已再继续发行国债。

（39）日本経済は、いまだかつて経験したことのない複雑にして困難な局面に立っております。まず第一に、石油危機を契機として、世界的な規模でインフレが起こり、それを克服する過程で不況が広がりました。わが国もその例外ではなく、インフレと不況とが併存するという異常な状態下にあります。そして景気浮揚策と物価安定策とが同時に求められております。第二に、この困難な時期に、高度成長から正常な安定成長への転換を図っていかなければなりません。第三に、こうしたインフレと不況のもとでの転換期に、しわ寄せで苦しむ人々が、できるだけ少なくて済むように、社会的公正と福祉の追求が一層強く求められております。第四に、世界各国の経済の相互依存度の深まりとともに、不況、物価、エネルギー、通貨、資源、食糧等の問題は、世界的な規模での解決を必要としております。そのためには、国際協力がますます必要となってきております。第五に、こうした経済難局に、さらに加えて、巨額の税収入の不足が予想されております。①

三木内阁重视农林渔业发展，提出了"農林漁業の振興なくして日本経済の繁栄はない"，如果不振兴农林渔业，日本经济则无繁荣可谈。如（40），三木在第77次国会演讲中利用"基礎固め、基盤整備"构成的建筑隐喻架构意指农林渔业的发展是实现民族昌盛的基础，依旧侧重农林渔业自给自足能力的建设。非隐喻性表层架构突出的是"振興"构成的振兴架构和"重視いたしました"构成的重视架构。

（40）第四は、二十一世紀へかけての民族繁栄の基礎固めでありま

---

① 三木内閣総理大臣第76回（臨時会）所信表明演説，官報（号外），東京：大蔵省印刷局，1975/9/16，第19頁。

す。さきに述べましたとおり、日本経済は適正な安定成長路線への転換とともに、その体質と構造を変えていかなくてはなりませんが、そのためには中小企業と農林漁業、地方行財政、労使関係、国際協力という四つの重要な課題があります。第一の中小企業と農林漁業につきましては、その振興なくして日本経済の繁栄はないということであります。（略）また、農林漁業対策としては、自給力向上のための<u>基盤整備</u>、生産対策等を重視いたしました。①

11. 福田（赳夫）内閣

福田于1976年12月24日至1978年12月7日期间担任首相。福田自诩为"经济福田"，上任之初便宣称"翌年将是经济之年"，对恢复经济元气充满自信。② 如（41），福田于80次国会演讲中运用"順調な歩み、テンポは緩み"构成的旅行隐喻框架体现了经济境况；运用"てこ入れ"构成的杠杆隐喻架构表明了恢复经济的应对决心；再利用"基盤整備、重点を置く、充実する"构成的建筑隐喻架构提出了重点建设利于刺激消费、提升国民生活水平、改善经济社会基础的公共事业等以提振经济。

（41）昨年の経済は、全体として見ると、ほぼ<u>順調な歩み</u>だったと思います。しかしながら、上半期の景気急上昇の後、夏以降その<u>テンポは緩み</u>、業種、地域による格差や企業倒産多発等の現象が見られます。このような状態が続きますと、雇用に不安を生じ、企業意欲を失わせ、社会の活力を弱めることにもなりかねないことを考えるとき、この際、景気回復への早期<u>てこ入れ</u>を必要とすると考えるのであります。こうした考え方のもとで、政府は景気対策の一環として昭和五十一年度補正予算を提出することにいたしました。また、五十二年度予算におきましても、需要喚起の効果もあり、国民生活の充実向上と経済社会の<u>基盤整備</u>に役立つ公共事業等に<u>重点を置く</u>と同時に、雇用安定のための施策を<u>充</u>

---

① 三木内閣総理大臣第77回（常会）施政方針演説，官報（号外），東京：大蔵省印刷局，1976/1/23，第18頁。
② 林茂，辻清明編，*日本内閣史録*(5卷)，東京：第一法規出版株式会社，1981，第413頁。

実することにいたしました。①

如（42），通过"安定を支える柱"构成的建筑隐喻架构和"活力の源"构成的自然隐喻架构可以解读出福田内阁坚持农林渔业是稳定国家经济之重要支柱和经济发展活力之源泉的执政方针。如（43），通过"体質の強化"构成的拟人类隐喻、"進め、長期にわたる国政の基本"构成的旅行隐喻、"確保、拡充"构成的建筑隐喻三个架构可以看出福田内阁的举措：一是将进一步改善相关政策以激励农林渔从业人员的积极性和主动性；二是把提高粮食的自给自足能力始终作为国策的基本方针，进一步完善生产基本条件和生活环境、按需增加生产、确保充足的劳动力和后继者、增加农林水产业的相关政策。非隐喻性表层结构突出了"見直す"构成的改革架构以及"十分配慮、強力に進めてまいる、所要の救済措置を講ずる"等构成的支持架构。

（42）中小企業は、農林漁業と並んで、わが国経済の<u>安定を支える柱</u>であり、発展を図る<u>活力の源</u>であります。②

（43）このような基本的認識のもとに、農林漁業者が誇りと働きがいをもって農林漁業にいそしめるよう、その<u>体質の強化</u>を<u>進め</u>、食糧自給力の向上を図ることを<u>長期にわたる国政の基本</u>として、生産基盤及び生活環境の整備、需要に即応した生産の増大、生産の担い手と後継者の<u>確保</u>等、農林水産施策の<u>拡充</u>に努める所存であります。③

12. 大平内阁

大平于1978年12月7日至1980年6月12日期间担任首相。大平内阁主张"田園都市構想"，如（44）中"基本理念に据え"构成的建筑隐喻架构阐明了"田園都市構想"在施政理念中的位置，"推進、進めてまいりたい、全国的に展開され"构成的旅行隐喻架构表达了实现"田園都

---

① 福田内閣総理大臣第80回（常会）施政方針演説，官報（号外），東京：大蔵省印刷局，1977/1/31，第9頁。

② 福田内閣総理大臣第80回（常会）施政方針演説，官報（号外），東京：大蔵省印刷局，1977/1/31，第10頁。

③ 福田内閣総理大臣第80回（常会）施政方針演説，官報（号外），東京：大蔵省印刷局，1977/1/31，第10頁。

市構想"的具体措施,"公正で品格のある、健康でゆとりのある、自主性と個性を生かしつつ"构成的拟人类隐喻与"均衡のとれた"构成的平衡架构隐喻以及"多彩"构成的颜色隐喻架构描绘了构想中的"田園都市"所具备的特点——公正且有品位、健康且悠闲、充满自由与个性、多彩又均衡。

(44) 私は、このように、文化の重視、人間性の回復をあらゆる施策の基本理念に据え、家庭基盤の充実、田園都市構想の推進等を通じて、公正で品格のある日本型福祉社会の建設に力をいたす決意であります。(略) 私は、都市の持つ高い生産性、良質な情報と、民族の苗代ともいうべき田園の持つ豊かな自然、潤いのある人間関係とを結合させ、健康でゆとりのある田園都市づくりの構想を進めてまいりたいと考えます。緑と自然に包まれ、安らぎに満ち、郷土愛とみずみずしい人間関係が脈打つ地域生活圏が全国的に展開され、大都市、地方都市、農山漁村のそれぞれの地域の自主性と個性を生かしつつ、均衡のとれた多彩な国土を形成しなければなりません。①

大平内阁将确保粮食的稳定供应作为农业施政的基本方针,如(45)中"安定的な確保、基本"构成的建筑隐喻架构是对农业执政理念的定位表述。其他由"中核"构成的物体隐喻架构阐明了80年代的发展核心是建设具有高度生产率的近代化农业,"進むべき方向、推進"构成的旅行隐喻架构指出了内阁在农业问题上的前进方向。如(46),非隐喻性表层结构突出了"再編成"构成的重构架构,表现了内阁在保障粮食供应稳定方面的措施,"補う"构成的补充架构体现了一旦粮食出现短缺将凭借多方且有序地进口给以补充之意。

(45) 農業につきましては、食糧の安定的な確保が国政の基本であることに思いをいたし、需給事情、エネルギー事情などの厳しい環境に対応して、八〇年代の農業の進むべき方向を明らかにしながら、生産性の高い近代的農業経営を中核に、食生活の動向や地域の実態に即して農

---

① 大平内閣総理大臣第87回(常会)施政方針演説,官報(号外),東京:大蔵省印刷局,1979/1/25,第19—21頁。

業生産の再編成を推進し、これを通じて自給力の向上を図ってまいります。①

（46）国民食糧の総合的安定的確保は、政治の基本であります。私は、そのため、国内で生産可能なものは極力国内で生産することとし、生産性の高い近代的な農家を中核的な担い手として、需給の動向や地域の実態に即して、農業の再編成を図ってまいる所存であります。また、国内で不足する食糧については、多角的、安定的な秩序ある輸入によって、これを補うことといたします。②

13. 铃木内阁

铃木于1980年7月17日至1982年11月27日期间担任首相。铃木执政期间日本国内经济虽有一些低迷阶段，但总体保持良好态势，出口量上升，外汇储备增加，日元汇率平稳。铃木内阁致力保持日本经济持续向好局面，提出"重建财政"的经济施政主张。他在第94次施政报告中运用"中心、再建、重点を置き、基礎、安定、環境を整える、確保"构成的建筑隐喻、"対応力を回復させる、息の長い、成長、活力"构成的拟人类隐喻、"主軸"构成的机械隐喻、"源泉"构成的自然隐喻和"展開してまいる"构成的旅行隐喻四个架构表达了施政中的经济措施：一是提出了经济发展重点，即今后将继续促进民间经济，特别是要重建财政结构以恢复其快速的应对能力，着眼以民间部门为中心的长期稳定发展，依靠灵活的金融政策建立自由稳定的民间经济；二是提出了具体的经济措施，首先要保持物价平稳，因为物价稳定才能保障消费稳定和国民放心，其次是必须要确保健全的劳资关系和投资关系，再次是坚持自由贸易体制，积极与世界各国往来合作，以促进国内的企业经济，特别是要让中小企业发挥其作为经济活力之源泉的特点。

（47）自由な経済体制をとるわが国経済の中心は、民間の経済活動でありますが、特に、財政を再建してその対応力を回復させるまでの間

---

① 大平内閣総理大臣第91回（常会）施政方針演説，官報（号外），東京：大蔵省印刷局，1980/1/25，第117頁。
② 大平内閣総理大臣第87回（常会）施政方針演説，官報（号外），東京：大蔵省印刷局，1979/1/25，第21頁。

の経済運営は、より一層民間部門を主軸とした息の長い成長に重点を置き、機動的な金融政策などによって、自由で安定した民間活動の環境を整えることに努力していく必要があります。このための具体的施策は、まず、物価の安定であります。物価の安定は堅実な消費と安心できる国民生活の基礎であります。また、健全な労使関係と投資関係の確保にとっても欠くことはできません。さらに、企業活動を円滑にするためには、世界各国との協調を図りながら、積極的に自由貿易体制を堅持する努力が重要であります。また、中小企業がその特性を発揮しつつ、経済の活力の源泉としての役割りを高めるよう配慮し、あわせて、雇用の安定のため、きめ細かな施策を展開してまいります。①

铃木内阁在第 94 次和第 96 次施政演讲中都运用了建筑隐喻和编织隐喻，强调农业方面将继续通过重构农业产业结构和提升生产力以稳固和加强粮食自给自足的能力，这依然是一项长远的农业执政理念；(48) 中还有"軸"构成的机械隐喻架构体现了提高农业生产力要以扩大经营规模为主要措施。非隐喻性表层架构突出了以"努め"构成的努力架构和"実情に応じた万全の対策を講じてまいる"构成的支持架构。

(48) 農業については、長期的展望に立った農政のもとに、日本型食生活に即した農業生産の再編成と経営規模の拡大を軸とする生産性の向上に努め、自給力の強化を図ります。②

(49) 農業の分野におきましては、長期的展望に立って農業生産の再編成と生産性の向上に努め、食糧自給力の維持強化を図ります。③

14. 中曾根内阁

中曾根于 1982 年 11 月 27 日至 1987 年 11 月 6 日期间担任首相。中曾根内阁主张新自由主义（neo-liberalism），在任期间将日本专卖公社、日本

---

① 鈴木内閣総理大臣第 94 回（常会）施政方針演説，官報（号外），東京：大蔵省印刷局，1981/1/26，第 21 頁。
② 鈴木内閣総理大臣第 94 回（常会）施政方針演説，官報（号外），東京：大蔵省印刷局，1981/1/26，第 21 頁。
③ 鈴木内閣総理大臣第 96 回（常会）施政方針演説，官報（号外），東京：大蔵省印刷局，1982/1/25，第 52 頁。

国有铁道、日本电信电话公社三家公司进行了民营化改革。如（50），中曾根在98次施政演讲中运用"基礎、中心、拡大、確保"构成的建筑隐喻架构和"活力を十分生かしていく"构成的拟人类隐喻以及"指針"构成的旅行隐喻架构阐明了经济上的长远运营主旨——充分发挥民间经济在富于弹性的自由主义经济中的巨大活力，同时指出当前将采取适切和灵活的经济措施——以稳定物价为基本任务，扩大国内民间需求规模，确保雇用充沛。

（50）政府は、当面の経済運営に当たっては、物価の安定を基礎としつつ、国内民間需要を中心とした景気の着実な拡大を実現し、雇用の安定を確保するため、引き続き適切かつ機動的な政策運営に努めてまいる所存であります。さらに、今後の長期的な経済社会の運営のあり方につきましては、政府は、昨年、経済審議会に対し、新しい経済五カ年計画の策定を諮問し、審議をお願いしてきたところでありますが、内外の経済社会の先行きの変動要因の大きさにかんがみ、これを、より長期的視野に立ち、かつ、弾力的で自由主義経済における民間活力を十分生かしていくような指針として検討策定していただくべく、先般改めてお願いをしたところであります。①

"生産性の向上を中心とした農林水産業対策"，提高农业生产力是中曽根内阁的农业政策基调。"基本方向、進め"构成的旅行隐喻及"確保、構造改善"构成的建筑隐喻两个架构明确了农业施政的具体细节。按照农政审议会决议，推进结构改革，并与农业从业人员及农业团体携手，保障国内供给侧力度，保持农产品价格合理以让百姓满意。非隐喻性表层架构突出了"引き続き力を入れてまいる"构成的支持架构及"改革"等构成的改革架构。

（51）農業政策については、内外価格差の是正、生産性の一層の向上等に国民各層から強い関心が寄せられているところであり、政府としては、二十一世紀へ向けての農政の基本方向に関する先般の農政審議会

---

① 中曽根内閣総理大臣第98回（常会）施政方針演説，官報（号外），東京：大蔵省印刷局，1983/1/24，第9—10頁。

の報告を尊重し、農業者、農業団体と協力し、国内の供給力の確保を図りつつ、<u>構造改善を進め</u>、国民が納得し得る価格で農産物が供給されるよう逐次政策の適切な運営、改革に努めてまいります。①

15. 竹下内阁

竹下于1987年11月6日至1989年6月3日期间担任首相。竹下内阁执政期间推出了"ふるさと創生事業"和"付加価値税（value-added tax）"。"ふるさと創生事業"又名"自ら考え自ら行う地域づくり事業"或"ふるさと創生一億円事業"，是指1988—1989年间政府向各市区镇村拨付一亿日元用于复兴地方的经济措施，其中的"創生"即为拟人，生动形象地表达了内阁施政目标。(52) 中利用"築こう"构成的建筑隐喻和"創造する"构成的生产隐喻架构解释了"ふるさと創生事業"的具体含义，把我们的家乡建设成一个既有丰富精神世界又能安心生活随心活动的家园，人们富足、自豪、幸福。"目指してまいりたい"构成的旅行隐喻架构宣告了政府的工作目标——继续丰富人们的精神世界和物质世界。

（52）私は、かねてから「ふるさと創生」を唱えてまいりましたが、これは「こころ」の豊かさを重視しながら、日本人が日本人としてしっかりとした生活と活動の本拠を持つ世の中を<u>築こう</u>との考えに基づくものであります。私は、すべての人々がそれぞれの地域において豊かで、誇りを持ってみずからの活動を展開することができる幸せ多い社会、文化的にも経済的にも真の豊かさを持つ社会を<u>創造する</u>ことを<u>目指してまいりたい</u>と存じます。②

（53）中，竹下利用"構築"构成的建筑隐喻架构阐述了推行"付加価値税"的初衷，他认为"付加価値税"是利于维持经济活力和适应国际化发展，适合创建长寿福利社会以及确立公平合理的税务体系。

（53）政府としては、今回提案する税制の抜本的改革案により、我が国経済社会の活力を維持し、国際化に即応しつつ、豊かな長寿・福祉

---

① 中曽根内閣総理大臣第108回（常会）施政方針演説，官報（号外），東京：大蔵省印刷局，1987/1/2，第9頁。
② 竹下内閣総理大臣第111回（臨時会）所信表明演説，官報（号外），東京：大蔵省印刷局，1987/11/27，第3頁。

社会をつくるにふさわしい、より公平な税体系の構築が図られるものと確信をいたしておるものであります。①

竹下内阁的农业施策方面，如（54）中由"足腰の強い、自立し得る、活性化"构成的拟人类隐喻和"充实强化"构成的建筑隐喻架构所表达，其农业发展目标有两点：一是建成独立坚挺的农业经济以适应国内外的严峻经济形势，二是在有限的土地上最大限度提升生产力及保障以国民满意的价格供给粮食；为实现这一目标，政府将遵循农政审议会决议，在确保优秀人才储备、改善农业生产基础条件、改进农业生产技术等方面制定和充实相关规定。非隐喻性表层架构突出了"積極的に進めてまいる、意を用いてまいる、一層強力に推進してまいる、重視していかなければならない"构成的支持架构。

（54）農業については、内外の厳しい情勢に対応して足腰の強い、産業として自立し得る農業を確立するとともに、与えられた国土条件などの制約のもとで最大限の生産性の向上を図り、国民の皆様の納得を得られる価格水準で食糧の安定供給が行われるよう、農政審議会報告を踏まえて、すぐれた担い手の確保、生産基盤の整備、農業技術の向上など各般にわたる施策の充実強化に努めるほか、農村地域の活性化にも意を用いてまいります。②

16. 宇野内阁

宇野于 1989 年 6 月 3 日至 1989 年 8 月 10 日期间出任首相，执政仅有 69 天。宇野在 114 次国会演讲中利用"定着する"构成的建筑隐喻架构表明将继续实施竹下内阁推行的"付加価値税（value-added tax）"政策。

（55）消費全体に広く薄く課税する間接税は、我が国の場合、なじみが薄いものであるため、戸惑いや不安を感じている方も少なくないと思います。私は、国民の皆様の声に謙虚に耳を傾けながら、便乗値上げ

---

① 竹下内閣総理大臣第 113 回（臨時会）所信表明演説，官報（号外），東京：大蔵省印刷局，1988/7/29，第 33 頁。
② 竹下内閣総理大臣第 112 回（常会）施政方針演説，官報（号外），東京：大蔵省印刷局，1988/1/25，第 13 頁。

の防止や円滑かつ適正な転嫁の実現への取り組みを初めとして、消費税が国民の生活の中に定着するよう幅広い視野に立ち、各般の努力を行ってまいる所存であります。①

农业问题方面，宇野内阁沿袭竹下内阁执政理念，所用表述几乎相同。如（56）中，利用"足腰の強い、魅力ある、活性化"构成的拟人类隐喻描绘了农业发展的方向——形成顽强、有魅力、活跃的农业产业；"安定、確保、改善、基盤"构成的建筑隐喻架构解释了农业发展的具体措施——进一步提高农业生产力，保持农业经营稳定，确保粮食价格合理，实施产业结构改革，改善生产基础环境，创新农业生产技术等；"新たな発展を期すべき転機を迎えておる"构成的旅行隐喻架构表明农业发展迎来了新的发展机遇。非隐喻性表层架构突出也是"重視し、意を用いてまいる"构成的支持架构。

（56）農業は、内外の厳しい情勢の中で、足腰の強い産業として新たな発展を期すべき転機を迎えております。より一層の生産性の向上を図り、農業経営の安定を確保しつつ、国民の納得し得る価格での食糧の安定供給を行うとともに、我が国農業の未来を切り開いていくため、魅力ある農業の展開に向けた将来展望の確立と農業構造の改善や生産基盤の整備、さらには技術の向上などの施策を強力に推進いたします。農林漁業の持つ多面的な役割を重視し、農山漁村の活性化などに意を用いてまいります。②

17. 海部内阁

海部于1989年8月10日至1991年11月5日期间担任首相。海部在第116次国会演讲中宣称要实现"対話と改革の政治"抱负，创建"公正で心豊かな社会"。如（57），海部在消费税问题上利用"～に沿って誠実かつ迅速に対応してまいる"构成的旅行隐喻提出了对应办法，倾听国民声音，理解消费者心理，应该修改的地方就要毅然修改。在土地价格飙升

---

① 宇野内閣総理大臣第114回（常会）所信表明演説，官報（号外），東京：大蔵省印刷局，1989/6/5，第567頁。
② 宇野内閣総理大臣第114回（常会）所信表明演説，官報（号外），東京：大蔵省印刷局，1989/6/5，第567—568頁。

的问题上，如（58），海部利用"土地神話を打ち破る"构成的打破神话隐喻表明了自己抑制暴涨之决心。

（57）消費税を含む税制問題については、国会の両院合同協議会において、消費税の必要性を踏まえつつ建設的な合意が得られることを期待しており、具体的な結論が得られるなれば、その趣旨に沿って誠実かつ迅速に対応してまいります。①

（58）公正な社会を建設していくという観点からも、私は、土地対策は内政の最重要課題と考えており、その解決に正面から取り組んでいく決意であります。土地を持っていればもうかるという、いわゆる土地神話を打ち破ることが何よりも必要であり、土地を投機の対象としてはならないという観点から、具体的な対策を実行していかなければなりません。②

农业施策方面，海部利用"支えた"构成的建筑隐喻和"基幹"构成的植物隐喻凸显了农业的重要地位以及大米在农业中的中心位置；"自立できる、活性化"构成的拟人类隐喻体现了农业发展的内涵；"基本的な方針で対処してまいる"构成的旅行隐喻指明了发展方向。非隐喻性表层架构突出了"忘れることはできない"构成的感谢架构以及"重視し、努めてまいる"构成的支持架构。

（59）我が国の今日の発展を思うとき、戦後の食糧不足の時代から国民の生活を支えた農業の貢献を忘れることはできません。今、農政に求められているものは、農業が自立できるよう確固たる長期展望を示して、農家の方々が誇りと希望を持って農業を営める環境をつくり上げ、より一層の生産性の向上を進め、国民の納得できる価格での安定的な食糧供給を図っていくことであると考えております。我が国農業の基幹である米については、米及び稲作の持つ格別の重要性にかんがみ、また衆参両院における御決議などの趣旨を体し、国内産で自給するとの基本的

---

① 海部内閣総理大臣第120回（常会）施政方針演説，官報（号外），東京：大蔵省印刷局，1991/1/25，第6頁。

② 海部内閣総理大臣第119回（臨時会）所信表明演説，官報（号外），東京：大蔵省印刷局，1990/10/12，第3頁。

な方針で対処してまいります。また、農林漁業の持つ多面的な役割を重視し、農山漁村の活性化をも図ってまいります。①

18. 宫泽内阁

宫泽于1991年11月5日至1993年8月9日期间担任首相。宫泽主张建设"生活大国構想",正如他在第122次国会演讲中利用"支える、基礎、中心、拡大、安定"构成的建筑隐喻架构所描述,经济是建设生活大国的支撑,政府在持续发展经济之际,将以保持物价平稳为基础,以拉动内需为中心,为此会洞察国内外经济走向,制定适切和灵活的经济措施;宫泽还使用了"テンポが緩やかに減速しつつある"构成的旅行隐喻架构描述了当前发展速度减缓的经济形势。

（60）生活大国の根底を支えるのは、やはり経済であります。我が国経済は、現在、住宅建設の減少などに見られるように、拡大のテンポが緩やかに減速しつつあります。政府は、物価の安定を基礎として、内需を中心とした経済の持続的拡大を図るため、内外の経済動向を勘案しつつ、適切かつ機動的な経済運営に努めます。②

宫泽内阁推行的"生活大国構想"也覆盖了农村地区,如（61）。

（61）先日、住宅団地、福祉施設、教育文化施設、農村地域などにおいて、そこで生活する方々の心の豊かさや生活の質の向上、さらには不安のない老後を願う声を聞き、生活大国を実現することの重要性を改めて痛感いたしました。③

（62）中"これまでの基本的方針、~に向けて"构成的旅行隐喻架构表明,国内外农业经济发展都遇到了一些困难,日本会按照已有的基本方针继续加强国际间相互合作。非隐喻性表层架构突出了"最大限努力してまいる"构成的支持架构。

---

① 海部内閣総理大臣第116回（臨時会）所信表明演説,官報（号外）,東京：大蔵省印刷局,1989/10/2,第16頁。
② 宮澤内閣総理大臣第122回（臨時会）所信表明演説,官報（号外）,東京：大蔵省印刷局,1991/11/8,第2頁。
③ 宮澤内閣総理大臣第125回（臨時会）所信表明演説,官報（号外）,東京：大蔵省印刷局,1992/10/30,第3頁。

(62) 農業については、各国ともそれぞれ困難な問題を抱えておりますが、我が国としても、これまでの基本的方針のもと、相互の協力による解決に向けて最大限努力してまいります。①

19. 细川内阁

细川于 1993 年 8 月 9 日至 1994 年 4 月 28 日期间担任首相。细川当选开启日本政治的联合执政时代，结束了自民党持续 38 年的一党执政模式。如（63），细川运用"潜在的な活力、活力がより自由に発揮される"构成的拟人类隐喻提出了将继续发挥日本经济、特别是民间经济的潜在活力；运用"構造の変革、環境を整備していく"构成的建筑隐喻架构表明实现经济发展目标的具体方法——改革经济结构和改善经济环境。

(63) 日本経済の潜在的な活力を高めていくためには、長期的視野に立って経済構造の変革を図り、民間の活力がより自由に発揮されるための環境を整備していくことが重要であると考えております。②

如（64），细川内阁的农业施政理念通过"多面的な機能を保有しております、かけがえのない役割を果たしてまいった"构成的机械隐喻、"象徴"构成的象征隐喻、"再生のビジョン作り"构成的拟人类隐喻和"陣頭に立って"构成的旅行隐喻四个架构已经表达清楚。机械架构充分描述了农林水产业像现代的电子机械一样，具有着多方面的功能，也发挥着不可替代的作用，诸如，为国民提供食粮，民间传统和地域文化丰富了国民的生活空间；象征隐喻突出了稻米在日本农业和日本经济中的核心地位；旅行隐喻和拟人则表达了政府将积极推行农业相关举措及重振日本农业的政治抱负。非隐喻性表层架构突出的是"全力で取り組んでまいる"构成的支持架构。

(64) 農林水産業は、国民生活に欠かせない食糧の安定供給を初め、伝統と地域文化に裏づけられたゆとりある生活空間の提供といった多面的な機能を保有しております。特に、米については、水をたたえた水田

---

① 宮澤内閣総理大臣第 126 回（常会）施政方針演説，官報（号外），東京：大蔵省印刷局，1993/1/22，第 3 頁。
② 細川内閣総理大臣第 127 回（特別会）所信表明演説，官報（号外），東京：大蔵省印刷局，1993/8/23，第 2 頁。

と豊かに実った稲穂は、この日本列島の象徴であり、国土や自然環境の保全のためにもかけがえのない役割を果たしてまいりました。私は、このようなときであるからこそ、農業に携わる人々の不安感を払拭し、安心して営農にいそしむことができるよう政府として万全を期していかなければならないと考えております。昨年末に設置された緊急農業農村対策本部の陣頭に立って、農業再生のビジョンづくりと国内対策に全力で取り組んでまいる決意であります。①

20. 羽田内閣

羽田于1994年4月28日至1994年6月30日期间出任首相，仅执政64天。羽田提出「改革と協調」政治口号，并遵循前任内阁的"经济改革や行政改革、财政改革、税制改革、地方分权的推进等諸改革"等各项改革路线。如（65），羽田使用了"回復軌道に乗せ、みずから率先垂範して、途中段階にある、継承し、着実な実施"构成的旅行隐喻架构表明经济发展目标和实施方式，内阁将鼓舞民间经济展开新的挑战和对未来的大胆投资，政府也会尽快规划未来愿景，继续积极推进和落实前任内阁已经开始的诸如经济、行政、财政、税务、地方分权等改革。

（65）私は、「改革」に加えて「協調」の姿勢を重視した「改革と協調」の政治を心がけたいと思います。（略）我が国経済を本格的な回復軌道に乗せ、将来の発展の芽をはぐくんでいくためには、民間の新たな挑戦や将来への投資を鼓舞していくことが重要であります。そのためには、政府が将来の展望を指し示し、みずから率先垂範して改革を確実なものにしていかなければなりません。私は、前内閣が提案し、まだ途中段階にある経済改革や行政改革、財政改革、税制改革、地方分権の推進などの諸改革を継承し、これらの着実な実施のために全力を尽くしてまいります。②

羽田内阁的农业政策与前任内阁相同，如（66），羽田利用"再生"

---

① 細川内閣総理大臣第129回（常会）施政方針演説，官報（号外），東京：大蔵省印刷局，1994/3/4，第4頁。
② 羽田内閣総理大臣第129回（常会）所信表明演説，官報（号外），東京：大蔵省印刷局，1994/5/10，第1—2頁。

构成的拟人类隐喻倡导重振农业经济。非隐喻性表层架构突出"振兴"构成的振兴架构和"全力を挙げたい"构成的支持架构。

(66) 現在、困難な状況に置かれております農業の問題につきましては、ウルグアイ・ラウンド農業合意による影響も踏まえ、早急に農業再生のための抜本的対策を確立するとともに、農山漁村地域の振興に全力を挙げたいと思います。①

21. 村山内阁

村山于1994年6月30日至1996年1月11日期间担任首相。村山上任伊始在130次施政演讲中利用"人にやさしい、安心できる"构成的拟人类隐喻提出了政治主张——"人にやさしい政治"和"安心できる政治"。村山还运用"急速に移行しつつある、中長期的に、実現に向けて、間に合わない、勇気を持って断行すべき"构成的旅行隐喻架构一方面指出日本经济状况——尽管已成为世界第二大经济体,但国民并没实现真正的富有;另一方面也指出了内阁的中长期性经济发展设想——敢于果断进行行政财政、税务、经济结构等内部改革。

(67) 我が国は、世界第二位の経済大国でありながら、生活者の視点からは真の豊かさを実感できない状況にあります。加えて、人口構成上最も活力のある時代から最も困難な時代に急速に移行しつつあります。こうした情勢の中で、お年寄りや社会的に弱い立場にある人々をも含め、国民一人一人がゆとりと豊かさを実感し、安心して過ごせる社会を建設することが、私の言う「人にやさしい政治」、「安心できる政治」の最大の眼目であります。同時に、そうした社会を支える我が国経済が力強さを失わないよう、中長期的に我が国経済フロンティアの開拓に努めていくことも忘れてはなりません。このような経済社会の実現に向けての改革は、二十一世紀の本格的な高齢化社会を迎えてからの対応では間に合いません。今こそ、行財政、税制、経済構造の変革など内なる改

---

① 羽田内閣総理大臣第129回(常会)所信表明演説,官報(号外),東京:大蔵省印刷局,1994/5/10,第2頁。

革を勇気を持って断行すべき時期であります。①

　农业问题方面，如（68），村山利用"重要な使命、保全を提供してくれます、自立、育成、活性化"构成的拟人类隐喻阐明了农林水产业在国家发展及经济建设中的定位，既肩负着保障国民生活中必不可少的食粮需要，也孕育了地区文化，为百姓提供了一处休闲的空间；同时也指出了日本农业和农村要完成"独立"之未来发展大旨。与细川相同，村山也使用"多面的機能を有しておる"构成的机械隐喻架构澄明农林水产业在国家建设中的多方面功能。如（68），村山也使用"再生"构成的拟人类隐喻表示将重构日本农业农村经济之意志。非隐喻性表层架构突出的是"抜本的な対策の実施を急がねばならない、速やかに総合的な施策を講じていく"构成的紧急应对架构、"改革"构成的改革架构、"振興"构成的振兴架构及"力を注いだ"构成的支持架构。

　（68）農林水産業は、食糧の安定供給という国民生活に欠かすことのできない重要な使命に加え、自然環境や国土の保全など多面的機能を有しております。また、農山漁村は、地域文化をはぐくみ、あの唱歌「ふるさと」に歌われているようなゆとりと安らぎに満ちた空間を提供してくれます。我が国農業はウルグアイ・ラウンド農業合意の実施に伴い新たな国際環境のもとに置かれることになりますが、この影響を極力緩和するとともに、我が国農業・農村の二十一世紀に向けた自立と発展を期して、効率的で安定的な農業経営の育成、農業生産基盤の整備、農山村地域の活性化などの施策を総合的に推進してまいります。②

　（69）我が国農業・農村の自立と持続的な発展を期するとともに、農業に携わる人々が将来に希望を持って働けるよう、今後の我が国の農業再生の抜本的な対策の実施を急がねばなりません。③

---

① 村山内閣総理大臣第130回（臨時会）所信表明演説，官報（号外），東京：大蔵省印刷局，1994/7/18，第4頁。
② 村山内閣総理大臣第132回（常会）施政方針演説，官報（号外），東京：大蔵省印刷局，1995/1/20，第5頁。
③ 村山内閣総理大臣第131回（臨時会）所信表明演説，官報（号外），東京：大蔵省印刷局，1994/9/30，第6頁。

22. 桥本内阁

桥本于1996年1月11日至1998年7月30日期间担任首相。桥本内阁宣称"变革"和"创造"为其政治使命，"決断"与"責任"为其政治信条。桥本执政期间新自由主义经济政策全方位展开。① 经济建设方面，桥本提出了"強靱な日本経済の再建"口号——再次实现强韧的日本经济。他在第136次施政演讲中，如（70），利用"再建"构成的建筑隐喻与"覆う不透明感を払拭し、将来に向けた明るい展望を開く"构成的明暗隐喻架构表明了经济发展目标；运用"三段階、実現、推進していかなければならない"构成的旅行隐喻架构和"目標"构成的比赛隐喻架构以及"構造改革、基盤の整備"构成的建筑隐喻架构解释了实现经济发展目标的三个步骤：一是一年后真正恢复经济景气；二是三年后实行彻底经济结构改革；三是五年后完备符合建设"面向21世纪创新型经济社会"所需要的基础设施。

（70）この内閣に課せられた最も緊急の課題は「強靱な日本経済の再建」であります。この国の経済を覆う不透明感を払拭し、将来に向けた明るい展望を開くためには、二十一世紀までに残された五年間を三段階に分け、第一段階において本格的な景気回復の実現、第二段階において抜本的な経済構造改革、第三段階として創造的な二十一世紀型経済社会の基盤の整備を行うことが重要であります。これらの施策は、それぞれ一年後、三年後、五年後を目標としつつも、相互に密接に関連するものとして、直ちに着手、推進していかなければならないものであることは論をまちません。②

桥本内阁在农业政策表述时运用"果たす多面的役割や機能"构成的机械隐喻及"もたらす"构成的拟人类隐喻强调了农林水产业在国家建设中的多方面功能和作用；"健全な、魅力ある"构成的拟人类隐喻表明要建成"健康有魅力"的农业经济。非隐喻性表层结构突出了"改革に取り

---

① 山家悠紀夫，*日本経済30年史—バブルからアベノミクスまで—*（第4刷），東京：岩波書店，2020，第7—8頁。
② 橋本内閣総理大臣第136回（常会）施政方針演説，*官報（号外）*，東京：大蔵省印刷局，1996/1/22，第2—3頁。

組んでまいる、構造改革を急がなければならない"构成的改革架构和"検討を進める、本格的な検討を進める"构成的支持架构。

（71）経済、産業の改革に当たっては、農林水産業の果たす多面的役割や機能、農山漁村がもたらす安らぎや潤いを忘れてはならず、農林水産業と農山漁村の健全な発展は不可欠であります。ウルグアイ・ラウンド農業合意関連対策等の施策を総合的に実施し、農林水産業を誇りをもって携わることのできる魅力ある産業としてまいります。①

23. 小渊内阁

小渊于1998年7月30日至2000年4月5日期间担任首相。小渊内阁希望将日本缔造成为"富国有德"国家，如（72）中"あるべき姿、信頼される、有徳、信頼と安心のできる"构成的拟人类隐喻解释了其内涵。"富国有德"是指国家发展不仅停留在经济繁荣方面，还要有令人信赖的品质和让人能够安心生活的氛围。如（73），小渊在145次施政演讲中运用"かけ橋、に沿って"构成的旅行隐喻架构提出了面向二十一世纪国家建设之五座"桥"构想，分别为通往世界、繁荣、放心、安全和未来之桥；如（74），小渊在147次施政演讲中运用"挑戦"构成的比赛隐喻架构提出了日本经济发展要经历的创新、安心、重建、和平和地球五个"挑战"。

（72）二十一世紀を目前に控え、私は、この国のあるべき姿として、もちろん、経済的な繁栄にとどまらず、国際社会の中で信頼されるような国、いわば富国有徳国家を目指すべきものと考えております。来るべき新しい時代が、私たちや私たちの子孫にとって明るく希望に満ちた世の中であるために、鬼手仏心を信条として、国民の英知を結集して次の時代を築く決意であります。私は、日本を信頼と安心のできる国にするために、その先頭に立って死力を尽くしてまいりたいと思います。②

（73）私は、二十一世紀に向けた国政運営を、次の五つのかけ橋を

---

① 橋本内閣総理大臣第136回（常会）施政方針演説，官報（号外），東京：大蔵省印刷局，1996/1/22，第3頁。
② 小渕内閣総理大臣第143回（臨時会）所信表明演説，官報（号外），東京：大蔵省印刷局，1998/8/7，第5頁。

基本として考えてまいります。第一に世界へのかけ橋、第二に繁栄へのかけ橋、第三に安心へのかけ橋、第四に安全へのかけ橋、第五に未来へのかけ橋であります。この五つのかけ橋に沿って、私の基本的考え方を申し述べます。①

（74）昨年の施政方針演説で掲げました五つのかけ橋をさらに進め、国民の決意と英知をもって取り組むべき課題に、私は本年五つの挑戦と名づけました。創造への挑戦、安心への挑戦、新生への挑戦、平和への挑戦、地球への挑戦の五つであります。②

与前任内阁相同，小渊内阁也是非常重视农业，如（75），"幅広い機能を有する、こうした機能"构成的机械隐喻架构体现了农林水产业、尤其是农山渔村在国民经济中展现的多种功能，既承担粮食生产任务，又保全了国土和环境，也传承了地域文化；"支える、基本"构成的建筑隐喻架构解释了农山渔村在农林水产业和国内生产中的基础核心位置。非隐喻性表层结构突出的是"改革"构成的改革架构以及"積極的に取り組んでまいりたい、全力を挙げてまいる"构成的支持架构。

（75）農林水産業、そしてそれを支える農山漁村は、食糧の生産に加え、国土、環境の保全や地域文化の継承などの面で、幅広い機能を有するものであります。こうした機能に十分目を向けながら、社会の変化や国際化が進む中で農政改革を実現するため、国内生産を基本とした食糧の安定供給の確保や、経営の安定、発展などの課題に関し、基本法を制定するなど政策の具体化に全力を挙げてまいります。③

24. 森内阁

森喜朗于2000年4月5日至2001年4月26日期间担任首相。森喜朗认为，因经济全球化、IT的极速发展以及少子化和老龄化问题，日本的经

---

① 小渕内閣総理大臣第145回（常会）施政方針演説，官報（号外），東京：大蔵省印刷局，1999/1/19，第2頁。
② 小渕内閣総理大臣第147回（常会）施政方針演説，官報（号外），東京：大蔵省印刷局，2000/1/28，第1頁。
③ 小渕内閣総理大臣第145回（常会）施政方針演説，官報（号外），東京：大蔵省印刷局，1999/1/19，第4頁。

济体系已经无法再正常发挥其作用。但是，如（76），森喜朗在151次施政演讲中利用"危機、新たなチャンス"构成的危机隐喻架构和"新たな発展の道筋をつくり、実現したい、断行する、第一歩を踏み出してまいる"构成的旅行隐喻架构提出了日本应该将这些时代聚变带来的冲击化为机遇，勇于改革，寻找和创造可以施展日本潜在能力的发展途径。

（76）時代の新たな変化を、日本の発展システムに対する<u>危機</u>としてではなく、<u>新たなチャンス</u>ととらえ、改革によって日本らしさを生かした<u>新たな発展の道筋をつくり</u>、世界じゅうの人々が日本で<u>夢を実現したい</u>と思える国家をつくっていきたいと考えております。（略）こうした改革を<u>断行する</u>ことによって、私は、二十一世紀を、「希望の世紀」、「人間の世紀」、「信頼の世紀」、「地球の世紀」とするべく、<u>第一歩を踏み出してまいります</u>。①

森喜朗内阁在表述农业政策时使用的隐喻架构有"機能、多面的な機能を有している、多様な機能の持続的な発揮を図る"构成的机械隐喻架构阐明了农林水产业、农山渔村和林业在稳定粮食供应和国土与自然环境保护方面的重要作用；"目指し"构成的旅行隐喻架构和"健全"构成的拟人类隐喻指出了农林水产业和农山渔村提高粮食自给率及追求健康发展的施政目标。非隐喻性表层结构突出的是"各般の施策を推進してまいる、引き続き意を用いてまいる、引き続き力を注いでまいる"构成的支持架构。

（77）食料の安定供給の<u>機能</u>や国土・自然環境の保全等の<u>多面的な機能を有している</u>我が国農林水産業と農山漁村について、食料自給率の向上等<u>を目指し</u>、その<u>健全</u>な発展に取り組んでまいります。②

25. 小泉内阁

小泉于2001年4月26日至2006年9月26日期间担任首相。小泉提出"構造改革なくして景気回復なし"——结构上若不改革，日本经济将

---

① 森内閣総理大臣第151回（常会）施政方針演説，官報（号外），東京：財務省印刷局，2001/1/31，第5頁。
② 森内閣総理大臣第151回（常会）施政方針演説，官報（号外），東京：財務省印刷局，2001/1/31，第7頁。

无法恢复景气。他在任期间进行了"官から民へ（由官向民）"和"中央から地方へ（由中央向地方）"的"聖域なき構造改革（无禁区的结构改革）"。"官から民へ"改革是指公路相关的四个公司（日本道路公団（JH）・首都高速道路公団・阪神高速道路公団・本州四国連絡橋公団）、① 石油公団、② 住宅金融公庫③和交通営団④的民营化改革；"中央から地方へ"又称为国家与地方的"三位一体の改革"，是指"国庫補助負担金の廃止・縮減"、⑤ "税財源の移譲"、⑥ "地方交付税の一体的な見直し"三个行政财政系统改革。"郵政三事業の民営化"是小泉系列改革的"本丸"，是对邮政三项业务——邮局・储蓄・简易生命保险进行民营化的改革。小泉在任期间强制施行新自由主义改革，几乎实现新自由主义国

---

① 原文：特殊法人として高速道路など有料道路の建設・管理を行っていた日本道路公団・首都高速道路公団・阪神高速道路公団・本州四国連絡橋公団の総称。2005年10月に民営化され、日本道路公団は東日本高速道路株式会社・中日本高速道路株式会社・西日本高速道路株式会社の3社に、首都高速道路公団は首都高速道路株式会社に、阪神高速道路公団は阪神高速道路株式会社に、本州四国連絡橋公団は本州四国連絡高速道路株式会社になった。（デジタル大辞泉，道路関係四公団，https：//kotobank. jp，2022年9月21日。）

② 原文：海外における総合的な自主原油開発と石油備蓄を推進するために1967年資本金の全額を政府出資により設立された特殊法人。設立当時は石油開発業務のみを行うことになっており、名称は石油開発公団で設置法も〈石油開発公団法〉であったが、78年の法律改正（法律名も石油公団法に改称）により石油備蓄業務も行うようになり、名称も石油公団と改めた。おもな事業は、石油開発業務としては、海外における石油、天然ガス、オイルシェール、オイルサンドの探鉱に際しての資金の出資および貸付け、債務保証、機械の貸付け、技術指導、権利の取得などがある。（世界大百科事典，石油公団，https：//kotobank. jp，2022年9月21日。）

③ 原文：かつて存在した国土交通省（旧建設省）・財務省所管の特殊法人・政策金融機関。2007年3月31日に廃止され、4月1日より独立行政法人住宅金融支援機構に業務が引き継がれた。（世界大百科事典，住宅金融公庫，https：//kotobank. jp，2022年9月21日。）

④ 原文：東京都の区の存在する地域およびその付近における地下高速鉄道を経営する公法人。1941年に帝都高速度交通営団法による特殊法人として設立された。営団。2004年に民営化され、東京地下鉄株式会社（東京メトロ）となった。（デジタル大辞泉．交通営団 https：//kotobank. jp）

⑤ 原文：国が地方に支出する国庫補助負担金の廃止・縮減。（デジタル大辞泉，交通営団，https：//kotobank. jp，2022年9月21日。）

⑥ 原文：特定の徴税権・税収を国から地方公共団体に移すこと。特に、国税である所得税を減税し、地方税である住民税を増税すること。代わりに国からの地方交付税交付金や、地方での国による公共事業が減らされる。（デジタル大辞泉，税財源の移譲，https：//kotobank. jp，2022年9月21日。）

家，一定程度上提升了大企业的竞争力。① 之后的安倍、福田和麻生内阁也相继推出结构改革。② 如（78），小泉上任后第一次施政演讲中便提出了由"構造、つくる"构成的建筑隐喻，以及利用"目指します"构成的旅行隐喻提出了2—3年内的改革目标和具体措施；"競争的な"构成的比赛隐喻和"発展力を高める"构成的拟人类隐喻表明了建设具有竞争性和发展力的经济发展内涵。如（79），小泉利用"五つの目標"构成的比赛隐喻架构提出了结构改革的五大目标，又使用"工程表、具体的な政策と実施時期、進捗状況を評価、点検し"构成的建筑工程隐喻架构明确了改革规划——如施工一样，制定工程计划和开工时间，然后评估和检验完成质量。

（78）小泉内閣は、以下の三つの経済、財政の<u>構造</u>改革を断行します。第一に、二年から三年以内に不良債権の最終処理を<u>目指します</u>。（略）第二は、二十一世紀の環境にふさわしい<u>競争的な</u>経済システムを<u>つくる</u>ことです。これは、日本経済本来の<u>発展力を高める</u>ための構造改革です。（略）第三は、財政<u>構造</u>の改革です。③

（79）私は、この機会に、<u>小泉構造改革五つの目標</u>を提示します。第一は、努力が報われ、再挑戦できる社会、第二は、民間と地方の知恵が活力と豊かさを生み出す社会、第三は、人をいたわり、安全で安心に暮らせる社会、第四は、美しい環境に囲まれ、快適に過ごせる社会、第五は、子供たちの夢と希望をはぐくむ社会です。私は、このような社会が実現できるよう全力を尽くしてまいります。改革<u>工程表</u>として<u>具体的な政策</u>と実施時期を示しましたが、継続的に<u>進捗状況を評価・点検し</u>、構造改革を一層進めてまいります。④

---

① 李月、[日]古賀勝次郎：《日本经济政策与新自由主义》，《现代日本经济》2013年第4期。
② 山家悠紀夫，日本経済30年史—バブルからアベノミクスまで—（第4刷），東京：岩波書店，2020，第7—8頁。
③ 小泉内閣総理大臣第151回（常会）所信表明演説，官報（号外），東京：財務省印刷局，2001/5/7，第1—2頁。
④ 小泉内閣総理大臣第153回（臨時会）所信表明演説，官報（号外），東京：財務省印刷局，2001/9/27，第3頁。

山家（2020）梳理小泉的"结构改革"计划如下：

①目指すは日本経済の再生である。日本経済のもつ潜在力を十分に発揮させなければならず、そのために「構造改革」が必要である。

②第一歩として、「守りの改革」（「経済財政白書（〇五年版）」）ではあるが、「不良債権の処理を急ぐべきである」。

③続いて「攻めの改革」（同前）へと転じる。まず「官から民へ」。民間にできることはできるだけ民間に委ねる。民営化を強力に進めて、「民間部門の活動の場と収益機会を拡大する」必要がある。

④そして、「民間活力が発揮されるための環境整備」に努める。必要なのは「規制改革」、更には「制度改革」である。①

小泉内阁主要利用"目指す"等构成的旅行架构、"再生"构成的拟人和"守り、攻め"构成的战争架构阐述其改革措施。改革的目标是充分挖掘日本经济的潜力，重振日本经济；实现过程分别为改革的"防守"和"进攻"两个环节，"防守"指尽快处理不良债权问题，"进攻"指由官方主导转向民间主导，即民间能做的尽量委以民间施行，扩大民间相关部门的活动范围和受益机会。

小泉内阁采取积极的农业施策，如（80）中运用"攻め"构成的战争隐喻架构和"目指す、転換いたします"构成的旅行隐喻架构体现其内阁将给愿意从事农业经营和有能力进行农业经营的人予以重点支持，鼓励各企业参与农业经营，扩大农产品出口等措施。非隐喻性表层结构突出了"重点的に支援する、支援を重点化し"构成的支持架构。

（80）やる気と能力のある農業経営を重点的に支援するとともに、企業による農業経営への参入を進め、農産物の輸出増加を目指すなど、攻めの農政に転換いたします。②

26. 安倍内阁（第一次执政）

安倍第一次执政为2006年9月26日至2007年8月27日期间。安倍

---

① 山家悠紀夫著，日本経済30年史—バブルからアベノミクスまで—(第4刷)，東京：岩波書店，2020，第127—128頁。

② 小泉内閣総理大臣第162回（常会）施政方針演説，官報（号外），東京：国立印刷局，2005/1/21，第5頁。

上任即宣布将延续前任首相小泉的结构改革路线，并提出了建设"美しい国、日本"的政治构想。如（81），安倍运用"活力、優しさに満ちあふれ、自律の精神を大事にする、姿、大切にする、規律を知る、凜とした、信頼され、尊敬され、愛される、リーダーシップのある"构成的拟人类隐喻勾勒出"美しい国、日本"的具象，充满活力和宽容、注重自律精神、珍爱大自然、热爱民族传统文化、遵纪守法、有尊严、受人信赖·尊敬·爱戴。

（81）私が目指すこの国の形は、<u>活力</u>とチャンスと<u>優しさに満ちあふれ、自律の精神を</u>大事にする、世界に開かれた「美しい国、日本」であります。この美しい国の<u>姿</u>を、私は次のように考えます。一つ目は、<u>文化、伝統、自然、歴史を大切にする</u>国であります。二つ目は、自由な社会を基本とし、<u>規律を知る、凜とした</u>国であります。三つ目は、未来へ向かって成長するエネルギーを持ち続ける国であります。四つ目は、世界に<u>信頼され、尊敬され、愛される、リーダーシップのある</u>国であります。①

如（82）（83），安倍第一次执政的农业政策表述中突出了"支える"构成的建筑隐喻架构、"戦略"构成的战争隐喻架构、"大きな可能性を秘めている、活性化"构成的拟人类隐喻、"目指す"构成的旅行隐喻架构。建筑隐喻架构突出了农林水产业是地方经济的支柱产业；战争隐喻架构和拟人类隐喻意在强调农林水产业在新世纪里具有战略性意义，具有多种发展可能；旅行隐喻架构指明了农林水产业的发展目标——打破只供应国内市场的固有观念，出口额将在2013年前达到一兆日元，同时还要推进城市与乡村的交流，进一步促使农山渔村经济多样化。非隐喻性表层结构突出的是"改革"构成的改革架构和"集中化·重点化を図る、応援する、就業の支援、促進を図る"构成的支持架构。

（82）地方を<u>支える</u>農林水産業は、新世紀にふさわしい<u>戦略</u>産業としての<u>可能性を秘めています</u>。日本の農林水産物や食品は国内向けとの

---

① 安倍内閣総理大臣第165回（臨時会）所信表明演説，官報（号外），東京：国立印刷局，2006/9/29，第1頁。

固定観念を打破するため、おいしく安全な日本産品の輸出を、平成二十五年までに一兆円規模とすることを<u>目指します</u>。①

（83）地域の主要な産業である農業は、新世紀の<u>戦略</u>産業として、<u>大きな可能性を秘めています</u>。意欲と能力のある担い手への施策の集中化、重点化を図ります。おいしく、安全な日本産品の輸出を二〇一三年までに1兆円規模とすること<u>を目指す</u>とともに、都市と農山漁村との交流の推進など、農山漁村の<u>活性化</u>に取り組みます。②

27. 福田（康夫）内阁

福田于2007年9月26日至2008年9月24日担任首相。福田上任后提出了三项经济发展战略。如（84），福田利用"三つの柱"构成的建筑隐喻架构和"戦略"构成的战争隐喻架构解释了经济发展规划的具体内容：一是建立划时代的技术创新战略，志在持续拥有领先于其他国家的技术；二是全球化战略，将日本向世界开放，继续扩展与亚洲和世界人民在人、物、钱和信息方面的交流；三是建构全民参与的经济战略，扩大用人需求和提高生产率，让所有人都收到经济发展的红利。"展開"构成的旅行隐喻架构表明了实现经济战略的推进方式。

（84）私は、次の<u>三つの柱</u>から成る経済成長戦略を経済財政諮問会議において具体化し、直ちに実行します。最近の原油高や株価の低迷に伴う景気への影響を注意深く見守りながら、適切に対応してまいります。まず第一に、他国の追随を許さない技術を持ち続けることを目指す、革新的技術創造<u>戦略</u>を展開します。（略）第二は、日本を世界により開かれた国とし、アジア、世界との間の人、物、金、情報の流れを拡大するグローバル<u>戦略</u>の展開であります。（略）第三は、雇用拡大と生産性向上を同時に実現し、すべての人が成長を実感できるようにする全

---

① 安倍内閣総理大臣第165回（臨時会）所信表明演説，官報（号外），東京：国立印刷局，2006/9/29，第2頁。
② 安倍内閣総理大臣第166回（常会）施政方針演説，官報（号外），東京：大蔵省印刷局，2007/1/26，第4頁。

員参加の経済戦略の展開です。①

　福田内阁的农业施政理念与小泉有相似之处。如（85）与（86），福田利用"攻め"构成的战争隐喻架构、"基本"构成的建筑隐喻架构、"活力を持ち続ける、活力を高める、立ち上げやすくする"构成的拟人类隐喻及"明るさを取り戻します"构成的明暗隐喻架构表达将以积极地农业措施为农业政策之基本，让农山渔村恢复生机，让农业经济持续保持活力。非隐喻性表层结构突出了"作り上げる"创造架构、"改革"构成的改革架构、"きめ細かな対応に努めてまいる、支援する"构成的支持架构、"連携"构成的合作架构。合作架构显示将制造业的技术和流通业的高科技运用到农业经济发展上的农商工间的合作。

　（85）食料の安定供給は今も将来も極めて重要なことであり、安全、安心な食を生み出す日本の農林水産業が<u>活力を持ち続ける</u>ことが必要です。<u>攻め</u>の農政を<u>基本</u>に、担い手の頑張りにこたえる支援を行います。高齢者や小規模な農家も安心して農業に取り組める環境をつくり上げるなど、農山漁村に<u>明るさを取り戻します</u>。②

　（86）製造業の技術や流通業のノウハウを農業に活用する農商工連携を強化するなど、地方の主要な産業である農林水産業の<u>活力を高めます</u>。意欲ある担い手を支援するとともに、農地の集積や有効利用を進める農地政策の改革の具体化を進めます。また、小規模、高齢の農家の方々が安心できるよう、集落営農を<u>立ち上げやすくする</u>など、きめ細かな対応に努めてまいります。③

28. 麻生内阁

　麻生于2008年9月24日至2009年9月16日期间担任首相。麻生上任首次施政演说中利用"強くあらねばならない、明るくなければならな

---

① 福田内閣総理大臣第169回（常会）施政方針演説，官報（号外），東京：国立印刷局，2008/1/18，第4頁。
② 福田内閣総理大臣第168回（臨時会）所信表明演説，官報（号外），東京：国立印刷局，2007/10/1，第2頁。
③ 福田内閣総理大臣第169回（常会）施政方針演説，官報（号外），東京：国立印刷局，2008/1/18，，第4頁。

い、蘇らせなくてはならない"构成的拟人类隐喻提出了自己的政治抱负——建设"強い日本"和"明るい日本"。"強い日本"指日本应该成为一个无论遇到何种困境都能将其转化为发展契机完成历史飞跃的国家;"明るい日本"是指要复苏日本固有的"积极乐观"之优良传统。

(87) 日本は強くあらねばなりません。強い日本とは、難局に臨んで動じず、むしろこれを好機として一層の飛躍を成し遂げる国であります。また、日本は明るくなければなりません。幕末、我が国を訪れた外国人という外国人が驚嘆とともに書きつけた記録の数々を通じて、私ども日本人とは、決して豊かでないにもかかわらず、実によく笑い、ほほえむ国民だったことを知っています。この性質は今に脈々受け継がれているはずであります。よみがえらせなくてはなりません。①

麻生论及经济问题时运用了"立て直し"构成的建筑隐喻架构和"三段階"构成的旅行隐喻架构表明当前最为紧急的课题以及具体实施办法。当前最为重要的是重建日本经济,主要分为三个阶段,第一个阶段是要尽快恢复经济,第二阶段是重构财政,第三阶段是要以改革促进经济发展。

(88) 緊急な上にも緊急の課題は日本経済の立て直しであります。これに三段階を踏んで臨みます。当面は景気対策、中期的に財政再建、中長期的には改革による経済成長。②

麻生内阁依旧奉行积极的农业政策,推进农政改革,旨在实现"転換元年"愿望。如(89)中利用"攻め"构成的战争隐喻指明了放弃农业应该为重点保护对象的传统思维而将施行积极农政的基本理念;(90)中"目指す""推進する""転換する、潮目の変化が訪れておる"构成的旅行隐喻分别指明了各阶段的农业政策目标。"目指す"指粮食自给率达到50%;"推進する"是指将推行新的农政改革;文本中反复出现"転換する、潮目の変化が訪れておる"或"転換",指的是农业经济将从保护性发展转为积极性发展,如根据农地改革法案提议将由拥有土地理念转为开

---

① 麻生内閣総理大臣第170回(臨時会)所信表明演説,官報(号外),東京:国立印刷局,2008/9/29,第2頁。
② 麻生内閣総理大臣第170回(臨時会)所信表明演説,官報(号外),東京:国立印刷局,2008/9/29,第2頁。

发利用土地理念、制定相关政策帮助愿意从事农业的年轻人和企业、扶持米粉和饲料用粮食生产、扩大自给能力较低的大麦及大豆生产规模、充分施展水稻的生产能力。非隐喻性表层结构突出了"改めて見直す、この過程で捨てていかねばならない"构成的改革架构和"支える"构成的支持架构。

（89）農林水産業については、食料自給の重要さを改めて見直すことが第一の課題となります。五〇パーセントの自給率を目指します。農業を直ちに保護の対象ととらえる発想は、この過程で捨てていかねばなりません。攻めの農業へ農政を転換するのです。①

（90）新たな農政改革を推進します。農業に潮目の変化が訪れております。食料の安全、安心を確保し、自給力を向上させるため、従来の発想を転換し、すべての政策を見直します。まず、平成の農地改革法案を今国会に提出します。所有から利用への転換であります。また、意欲ある若者や企業の参入を進めるとともに、経営対策によって担い手の経営を支えます。さらに、米粉や飼料用の米の生産を本格的に進め、自給率の低い麦、大豆の生産を拡大するなど水田フル活用への転換元年といたします。これらによって農山漁村に雇用とにぎわいを生み出します。②

29. 鸠山（由纪夫）内阁

鸠山作为民主党党首于 2009 年 9 月 16 日至 2010 年 6 月 8 日期间与社民党和国民新党联合执政并出任首相。鸠山提倡经济始终要为人民服务，即"人間のための経済"。他在上任后的第一次施政演讲中利用"転換"构成的旅行隐喻架构及"力点を置いた"构成的机械隐喻架构提出了这一经济执政理念，具体是指不再只依靠经济合理性和经济增长率等来理解经济概念，而更应该重视促进经济的自由竞争、完善用人和人才培养方面的网络建设、加大力度保障食品安全与社会治安、更多关注消费者等等，把经济及社会的发展重点放在提升国民生活质量之上。

---

① 麻生内閣総理大臣第 170 回（臨時会）所信表明演説，官報（号外），東京：国立印刷局，2008/9/29，第 3 頁。
② 麻生内閣総理大臣第 171 回（常会）施政方針演説，官報（号外），東京：国立印刷局，2009/1/28，第 4 頁。

(91) 私は、人間のための経済への<u>転換</u>を提唱したいと思います。それは、経済合理性や経済成長率に偏った評価軸で経済をとらえるのをやめようということであります。経済面での自由な競争は促しつつも、雇用や人材育成といった面でのセーフティーネットを整備し、食品の安全や治安の確保、消費者の視点を重視するといった、国民の暮らしの豊かさに<u>力点を置いた</u>経済、そして社会へ<u>転換</u>させなければなりません。①

鸠山内阁的农业政策表述中使用"一体的、再生する、飛躍、魅力を活かした"构成的拟人类隐喻突显未来发展目标和特色。发展目标是要振兴农业经济与完成农政改革，推进第六产业，② 彰显冠绝世界的日本饮食文化和农林水产技术，创造独具日本森林与农山渔村之魅力特色的观光及相关产业资源；"バネ"构成的机械隐喻架构表明，希望农户和参与农业经济建设者利用每户所得补偿制度——"戸別所得補償制度"③ 敢于进行

---

① 鳩山内閣総理大臣第 173 回（臨時会）所信表明演説，官報（号外），東京：国立印刷局，2009/10/26，第 4 頁。

② 原文：農林水産物を収穫・漁獲（第一次産業）するだけでなく、加工（第二次産業）し、流通・販売（第三次産業）まで手がけることで、農林水産業の経営体質強化を目ざす経営手法。農業経済学者で東京大学名誉教授の今村奈良臣（ならおみ）（1934—2020）が 1990 年代なかばに提唱した概念で、第一次産業の「1」に第二次産業の「2」と第三次産業の「3」を足して「6」になることから名づけた造語である。農林水産業者の六次産業化で、従来、第二次・三次産業事業者に回っていた加工賃や流通マージンなどを農林水産業者自身が獲得し、付加価値を向上させるねらいがある。農林水産物のブランド化、地域特産品の開発、消費者への直販などの手法がとられることが多く、販路拡大や農山漁村活性化と関連づけて論じられることが多い。政府は日本再生戦略の一環として六次産業化を推進するため 2010 年 12 月、六次産業化法（地域資源を活用した農林漁業者等による新事業の創出等及び地域の農林水産物の利用促進に関する法律。2010 年法律第 67 号）を公布した。農林水産省が六次産業化する事業を認定し、補助金や情報提供などで支援している。2012 年 8 月には、加工分野や販売分野への進出を金融面で支援する六次化ファンド法（株式会社農林漁業成長産業化支援機構法。2012 年法律第 83 号）が成立。国と民間企業が共同出資でファンドをつくり、農林漁業者と食品会社などが共同でつくる企業に出融資する制度が創設された。2019 年 2 月末までの累計認定件数（総合化事業計画）は 2535 件。「大根ドレッシングの製造と高品質な大根つまの通年安定供給」（2011 年）「しいたけを世界に通用する食材へ」（2013 年）「自社栽培の大葉を使用した新商品の開発と販売」（2016 年）などがある。（日本大百科全書，六次産業化，https：//kotobank.jp，2022 年 9 月 21 日。）

③ 原文：米などの農産物の価格が生産コストを下回った場合に、国がその差額分を生産農家に補償する制度。農家の経営を支援することで、自給率向上などを図る狙いがある。民主党政権下で 2010 年に導入。政権交代に伴い、2013 年から「経営所得安定対策」に改称。農業者戸別所得補償制度。（デジタル大辞泉，戸別所得補償制度，https：//kotobank.jp，2022 年 9 月 21 日。）

农业经济的重构设想；与前任麻生内阁相同，"目指す"构成的旅行隐喻架构表达了政府将实现粮食自给力达到50%的目标。非隐喻性表层结构主要突出"育て、しっかりと応援し"构成的支持架构，如政府推出的每户所得补偿制度——"戸別所得補償制度"，以援助农户经营和提高自给率。

（92）わが国の農林水産業を、生産から加工、流通まで一体的に捉え、新たな価値を創出する「六次産業化」を進めることにより再生します。農家の方々、新たに農業に参入する方々には、戸別所得補償制度をひとつの飛躍のバネとして、農業の再生に果敢に挑戦していただきたい。世界に冠たる日本の食文化と高度な農林水産技術を組み合わせ、森林や農山漁村の魅力を活かした新たな観光資源・産業資源をつくり出すのです。政府としてそれをしっかりと応援しながら、食料自給率の五十パーセントまでの引上げを目指します。①

30. 菅内阁

菅直人于2010年6月8日至2011年9月2日期间担任首相。菅直人的治国理念是"平成の開国"、"最小不幸社会の実現"、"不条理を正す政治"，提出"新成長戦略"。鸠山内阁提倡大幅改善工资待遇和工作环境、重视医疗福利和教育改革等与民众生活息息相关的政策措施，但菅直人任内主张大力发展经济和采取向财界倾斜政策，二者政治路线相异初露端倪。菅直人在177次施政演讲中使用"国づくり"构成的建筑隐喻、"形を描く"构成的艺术创作隐喻架构、"~に向け舵を切る"构成的旅行隐喻架构解释了新内阁的政治抱负。日本不能困于经济闭塞和社会不安之中，日本需要冷静面对现实，放弃只关注日本国内的态势和传统的固有观念，应该积极参与日渐兴盛的亚洲发展潮流，发掘能与国际社会同步繁荣的公式，给生活在日本的人们创造幸福的未来。今年正是创建这样的日本最为紧要的一年。"新しい公式を見付け出す"构成的学习隐喻架构突出经济建设像是在做练习题，找到内含的公式才能准确回答问题。

（93）私が掲げる国づくりの理念、それは、平成の開国、最小不幸

---

① 鳩山内閣総理大臣第174回（常会）施政方針演説，官報（号外），東京：国立印刷局，2010/1/29，第4頁。

社会の実現、そして不条理をただす政治の三つです。変化の時代の真っ只中にあって、世界中が新しい時代を生き抜くにはどうすればよいか模索しています。日本だけが経済の閉塞、社会の不安にもがいている訳にはいかないのです。現実を冷静に見つめ、内向きの姿勢や従来の固定観念から脱却する。そして、勢いを増すアジアの成長を我が国に取り込み、国際社会と繁栄を共にする新しい公式を見付け出す。また、社会構造の変化の中で、この国に暮らす幸せの形を描く。今年こそ、こうした国づくりに向け舵を切る。①

　　菅直人内阁的农业政策与鸠山内阁相同，重建农业经济依然是农政理念的核心。如（94）中"大目標"构成的比赛隐喻架构和"再生"构成的拟人类隐喻揭示了菅直人内阁"重构农业经济"的政策理念；"柱"构成的建筑隐喻架构表明了实现振兴农业经济的支柱是农业从业者每户所得补偿制度；"～を目途に、基本方針、行動計画を策定する"构成的旅行隐喻架构说明了农业政策的具体实施；"突破口"构成的战争隐喻架构体现了实现经济产业的相互合作和振兴农林渔业是实现"平成の開国"的关键。非隐喻性表层结构突出的是"連携"构成的合作架构和"大規模化"构成的扩大架构以及"支援を厚くする"构成的支持架构。

　　（94）平成の開国を実現するため、もう一つの大目標として農林漁業の再生を掲げます。（略）農林漁業の再生は待ったなしの課題なのです。昨年の視察で夢とやりがいに満ちた農業の現場に接し、私は確信しました。商工業と連携し、六次産業化を図る。あるいは農地集約で大規模化する。こうした取組を広げれば、日本でも若い人たちが参加する農業、豊かな農村生活が可能なのです。この目標に向けた政策の柱が農業者戸別所得補償です。（略）内閣の食と農林漁業の再生実現会議において集中的に議論を行い、六月を目途に基本方針を、十月を目途に行動計画を策定します。我々は、経済連携の推進と農林漁業

---

① 菅内閣総理大臣第177回（常会）所信表明演説，官報（号外），東京：国立印刷局，2011/1/24，第2頁。

の再生が「平成の開国」の突破口となると考え、以上のような方針を定めました。①

31. 野田内阁

野田于2011年9月2日至2012年12月26日期间担任首相。野田提出新内阁的使命是重振东日本地震后②的日本经济以及进行社会保障与税收的一体改革，与鸠山内阁的施政理念完全相背离。如（95），野田运用"再生"构成的拟人类隐喻表明了新内阁的重任。

（95）野田内閣がやらなければならないことは明らかです。大震災からの復旧・復興、原発事故との戦い、日本経済の再生です。③

野田内阁极其重视农业经济。如（96）（97）中，他利用"本、基幹"构成的植物隐喻架构将农业发展视为国本和震后地区的基础产业；"再生"构成的拟人类隐喻表明，野田内阁与前几任内阁相同将继续推行重振农业经济的相关措施；"～に沿って、～に向けた「基本方針・行動計画」、推進する"构成的旅行隐喻架构阐释了农政的具体实施步骤和办法；野田与菅直人内阁一样使用了"突破口"构成的战争隐喻架构，表示政府将以震后灾区的农业振兴为突破口，尽快制定重振日本农林渔产业的具体政策；"支える、基盤、柱、拠点"构成的建筑隐喻架构指出邮局在农山渔村经济中的重要地位，邮局是支撑其经济发展的基础和支柱，政府将早日制定邮政改革相关法案，以尽快提供邮政三项业务（邮局、储蓄、保险）的一体化服务。非隐喻性表层结构主要突出的是"具体策をまとめる、早期成立を図る、政府全体の責任で着実に実行する"构成的支持架构。

---

① 菅内閣総理大臣第177回（常会）所信表明演説，官報（号外），東京：国立印刷局，2011/1/24，第3頁。

② 原文：2011年3月11日に発生した東北地方太平洋沖地震による災害およびこれに伴う福島第一原子力発電所事故による災害である。大規模な地震災害であることから大震災と呼称される。東日本各地での大きな揺れや、大津波、火災等により、12都道県で2万2,000人余の死者（震災関連死を含む）・行方不明者が発生し、これは明治以降の日本の地震被害としては関東大震災、明治三陸地震に次ぐ規模となった。（世界大百科事典，東日本大震災，https://kotobank.jp，2022年9月21日。）

③ 野田内閣総理大臣第180回（常会）施政方針演説，官報（号外），東京：国立印刷局，2011/1/24，第2頁。

（96）農業は国の本なりとの発想は、今も生きています。食は、いのちをつなぎ、いのちを育みます。消費者から高い水準の安全、安心を求められるからこそ、農林漁業は新たな時代を担う成長産業となりえます。東北の被災地の基幹産業である農業の再生を図ることを突破口として、食と農林漁業の再生実現会議の中間提言に沿って、早急に農林漁業の再生のための具体策をまとめます。（略）農山漁村の地域社会を支える社会基盤の柱に郵便局があります。地域の絆を結ぶ拠点として、郵便局が三事業の基本的なサービスを一体的に提供できるよう、郵政改革関連法案の早期成立を図ります。①

（97）農業、エネルギー・環境、医療・介護といった分野は新たな需要を生み出し、二十一世紀の成長産業となる大きな可能性を秘めています。先に策定した食と農林漁業の再生に向けた基本方針・行動計画を政府全体の責任で着実に実行するとともに、これらの分野でのイノベーションを推進します。②

32. 安倍内阁（第二次执政）

安倍于2012年12月26日至2020年9月16日第二次出任日本首相。安倍再次当选后，延续麻生内阁建设"强い日本（坚韧的日本）"的执政理念。经济政策方面，安倍提出了"安倍经济学"等系列经济刺激政策以重振日本"強い経済（坚韧的经济）"，新自由主义经济政策再次全面展开。③ 如（98）（99），安倍利用"再生"构成的拟人类隐喻和"「三本の矢」"构成的体育运动隐喻架构形象地阐明了新内阁的振兴经济政策，重振日本经济需要强力射出三支箭，三支箭分别为大胆的金融宽松政策、灵活的财政政策、吸引民间投资为目的的经济增长战略；安倍还使用了"司令塔、設置し、再起動、布陣、戦略"构成的战争隐喻架构表明了新经济

---

① 野田内閣総理大臣第178回（常会）所信表明演説，官報（号外），東京：国立印刷局，2011/9/13，第5頁。
② 野田内閣総理大臣第180回（常会）施政方針演説，官報（号外），東京：国立印刷局，2011/1/24，第4頁。
③ 山家悠紀夫，日本経済30年史—バブルからアベノミクスまで—（第4刷），東京：岩波書店，2020，第7—8頁。

政策的具体实施步骤。

（98）経済再生の司令塔として日本経済再生本部を設置し、経済財政諮問会議も再起動させました。この布陣をフル回転させ、大胆な金融政策、機動的な財政政策、そして民間投資を喚起する成長戦略という三本の矢で、経済再生を推し進めます。①

（99）三本の矢を力強く射込みます。大胆な金融政策であり、機動的な財政政策、そして民間投資を喚起する成長戦略です。②

安倍内阁非常重视农业，如（100）中利用"守ってきた、守る"构成的战争隐喻和"基"构成的建筑隐喻说明了农业经济在国家发展中不可替代的作用，农业作为国之本，始终守护着国家的运行。农政方面，如（101），安倍利用"攻め"构成的战争隐喻和"強い"构成的拟人类隐喻提出将继续采取积极的农业措施；如（102），安倍在文中使用"バンク"构成的金融隐喻架构来阐释，为了解决耕地散落狭小导致的农业成本高和生产率低的问题，政府决定创建"耕地银行"，由各都道府县掌握耕地信息后，统一出租耕地；又利用"目指してまいる"构成的旅行隐喻架构提出了将在十年后实现农业人员收入增加一倍的目标。再如（103），安倍使用"断行する、移行する"构成的旅行隐喻架构提出了为建设强大的农业经济将开始时隔60年的农协改革，以及"進めてまいる"构成的旅行隐喻提出将农业转向"市場を意識した競争力ある農業"，即转向适应市场需求且自身具有竞争力的产业形式。非隐喻性表层结构突出的是"改革"构成的改革架构和"万全の対策を講じます、力強く支援する"等构成的支持架构。

（100）素晴らしい田園風景、緑あふれる山並み、豊かな海、伝統ある故郷。我が国の国柄を守ってきたのは、全国各地の農林水産業です。（略）農こそ、国の基です。守るためにこそ、新たな挑戦を進めなけれ

---

① 安倍内閣総理大臣第183回（常会）所信表明演説，官報（号外），東京：国立印刷局，2013/1/28，第3頁。
② 安倍内閣総理大臣第183回（常会）施政方針演説，官報（号外），東京：国立印刷局，2013/2/28，第2頁。

ばならない。①

（101）健康的な日本食は、世界でブームを巻き起こしています。四季の移ろいの中で、きめ細やかに育てられた日本の農産物。世界で豊かな人が増えれば増えるほど、人気が高まることは間違いありません。そのためにも、攻めの農業政策が必要です。日本は瑞穂の国です。息を飲むほど美しい棚田の風景や伝統ある文化。若者たちが、こうした美しい故郷を守り、未来に希望を持てる強い農業を創ってまいります。②

（102）狭い農地がばらばらに散在する現状では、意欲ある農業者ですら、コストを削減し、生産性を向上することはできません。都道府県毎に農地をまとめて貸し出す、いわば農地集積バンクを創設してまいります。（略）今後十年間で農業、農村全体の所得倍増を目指してまいります。③

（103）何のための改革なのか。強い農業を創るための改革、農家の所得を増やすための改革を進めるのであります。六十年ぶりの農協改革を断行します。（略）農業生産法人の要件緩和を進め、多様な担い手による農業への参入を促します。いわゆる減反の廃止に向けた歩みを更に進め、需要ある作物を振興し、農地のフル活用を図ります。市場を意識した競争力ある農業へと、構造改革を進めてまいります。④

小　结

本节对日本历任首相经济施政及其农业施策方面的深层架构进行了具体解读，运用跨学科研究法分析深层架构中所体现出来的道德模式。基于梳理和解析的结果发现，建筑、旅行、拟人三类隐喻架构的使用覆盖了所有经济及农业施政文本。此外，比赛、战争两类隐喻架构也很常见。面对

---

① 安倍内閣総理大臣第198回（常会）施政方針演説，官報（号外），東京：国立印刷局，2019/1/28，第4—5頁。
② 安倍内閣総理大臣第183回（常会）施政方針演説，官報（号外），東京：国立印刷局，2013/2/28，第2頁。
③ 安倍内閣総理大臣第185回（臨時会）所信表明演説，官報（号外），東京：国立印刷局，2013/10/15，第3頁。
④ 安倍内閣総理大臣第189回（常会）施政方針演説，官報（号外），東京：国立印刷局，2015/2/12，第1頁。

战后满目疮痍的经济困境，日本历任内阁在施政中都将经济恢复与振兴（包括农业在内）视为废墟上重建一座"大厦"，一次曲折艰险却一路斗志昂扬走向目的地的"旅程"，一个渴望重生、苏醒、或迫切希望实现独立的"人"，一轮自由公正且纪律严明的"体育竞赛"；更是犹如一场系统性的"战争"，为应对"经济"危机，设立担当总指挥的"司令部"，筹划和制定经济发展的"全局性战略"和"局部性战术"，寻找"突破口"，具体细密地进行"排兵布阵"，如"积极推进农产品出口"政策便被喻为"攻めの農業"，即极具"进攻性"的农业措施。

第二节　行政机构改革方面的深层架构分别分析

战后，日本历届内阁不断提出行政改革以对国家行政机构实行"简约化""合理化""高效化""综合性""灵活性""透明性"，实现"去冗除繁、消除差错、减少浪费"。[①] 按照日本《中央各部门等改革基本法》的规定，日本的行政改革是指政府行政系统基于国内外社会经济环境的变化以及行政系统内部构成要素的变化，有意识地对其自身进行职能调整、结构重组和行为变革，使其转变到新的形态，以期谋取行政系统与环境之间的动态平衡，从而实现行政效能的行为或过程，并以此促进战后日本社会经济结构转型。[②] 日本行政改革一般指行政组织与运行和行政效能方面的改革，行政组织改革包括"省庁再編、部局・課・室の整理統合、地方支分部局の整理、審議会の整理、財政改革、公務員制度改革、行政手続の適正化、行政情報の公開"；行政效能方面包括"規制緩和、民営化、地方

---

① ［日］增岛俊之：《日本的行政改革》，熊达云、张健等译，天津社会科学院出版社1998年版，第13页。
② 中央省庁等改革基本法，永井憲一ら，新六法，東京：三省堂，2003，第70頁。原文：中央省庁等改革は内外の社会経済情勢の変化を踏まえ、国が本来果たすべき役割を重点的に担い、かつ、有効に遂行するに相応しく、国の行政組織並びに事務及び事業の運営を簡素かつ効率的なものとするとともに、その総合性、機動性及び透明性の向上を図り、これにより戦後の我が国の社会経済構造の転換を促し、もってより自由かつ公正な社会の形成に資することを基本として行われるものとする。

分権"。①

日本的行政机构分为中央行政机构和地方行政机构。中央行政机构指《国家行政组织法》中规定的由"内阁"统辖的"省""委员会""厅",②根据《日本国宪法》的规定,内阁是日本的最高行政机构,首相为内阁元首;③ 地方行政机构指《地方自治法》规定的"普通地方行政机构"和"特别地方行政机构",普通地方行政机构指"都道府县"(东京都、北海道、大阪府和京都府以及四十三县)及"市町村",各地方行政机构为"厅",行政首长为"知事",各都、道、府、县下设市、町、村。④

一 战后日本历任政府行政机构改革施策深层架构分析

本节拟分别分析战后日本历任政府行政机构改革方面的深层架构。

1. 片山内阁

片山内阁于日本新宪法实施后上任,他不仅修改了民法、刑法各法令,还解体了原有的内务省,又增设了劳动省,并且改革了日本的警察制度。片山在第1次施政演讲中利用"刷新"构成的清洁隐喻架构提出改革行政机构和官僚制度。

(1) 政府が実行の衝に当るために、行政機構の改革と官吏制度の<u>刷新</u>に著手いたしたいと考えておるのであります。⑤

(2) 是片山的第2次施政演讲中相关行政机构改革的具体措施。一是利用"断行して、目標、方針"构成的旅行隐喻架构、"再建、～に重点を置いておる、改善"构成的建筑隐喻架构、"編成"构成的编织隐喻架

---

① 林茂,辻清明,日本内閣史録(5巻),東京:第一法規出版株式会社,1981,第119—125頁。
② 国家行政組織法,永井憲一ら,新六法,東京:三省堂,2003,第68—69頁。
③ 日本国憲法,永井憲一ら,新六法,東京:三省堂,2003,第15頁。原文:第66条(内閣の組織)内閣は、法律の定めるところにより、その首長たる内閣総理大臣及びその他の国務大臣でこれを組織する。
④ 地方自治法,永井憲一ら,新六法,東京:三省堂,2003,第89頁。原文:第1条の3. ①地方公共団体は普通地方公共団体及び特別地方公共団体とする;②普通地方公共団体は都道府県及び市町村とする;③特別地方公共団体は特別区、地方公共団体の組合及び財産区とする。
⑤ 片山内閣総理大臣第1回(特別会)施政方針演説,官報(号外),東京:大蔵省印刷局,1947/7/2,第43頁。

构提出了将对行政机构进行"相当思い切った根本的改革、重建、重编、改善、徹底的に粛正する"之决心和目标,并指明了改革的重点;二是利用"能率増進、能率主義"构成的生产隐喻架构旨在提高行政机构的工作效率;三是使用"簡素合理化、整理、払拭する、重複を排除し、整理いたす"构成的清洁隐喻架构意在整顿行政机构——精简行政机构中的不合理部门,重新规划制定各部门的工作责任,清除中央各机构的官僚倾向和地方各机构中存在的权限重叠,彻底整肃中央驻地方办事处;四是使用"処置"构成的就医隐喻架构阐述了各个行政机构的改革如同医学处置,驱除"机构人员庞杂而效率低下"之病灶,改善和调整机构的"效率、官纪、待遇"。

（2）政府は、次に行政機構の改革を断行して、能率増進の徹底をはかり、政治上における民主化を実現するとともに、一般企業の健全化を促進する手引といたしたい考えであります。しこうして、その目標は、行政機構の簡素合理化と、行政事務の整理再建編成と考えているのであります。これは中央における官僚的傾向を払拭するとともに、各官庁間における権限の重複を排除し、官吏の責任の所在とその明確化を期することに重点を置いておるのであります。さらにまた地方自治の精神に則りまして、これに関する中央官庁の権限は可及的に地方に委譲いたしまするとともに、地方出先官庁は徹底的に整理いたす考えであります。各省各庁は、以上の処置によって、人員の整理をもはかる必要ありと考えておりまするから、数よりも能率主義を徹底いたしまして、人員整理を予算上及び官制上において行いたいと考えているのであります。同時に、官吏の待遇はできるだけ改善いたしまして、その反面、官紀は徹底的に粛正する方針であります。なお、行政機構の相当思い切った根本的改革を断行するために、内閣に官民よりなる行政機構改革審議会を設置いたしまして、早い期間にその結論を得たいと考えておるのであります。[①]

[①] 片山内閣総理大臣第2回（常会）施政方針演説，官報（号外），東京：大蔵省印刷局，1948/1/23，第23頁。

2. 芦田内阁

芦田的施政报告中没有出现相关行政机构改革方面的内容。但是，如（3）（4），芦田利用"再建"构成的建筑隐喻架构指出重建日本的政治目标；"前途には幾多の難関が横たわっておる、乗り切らなければ前途は危うい"及"あらしの中にただよう難破船のようにこれを救う唯一の途は船客も乗組員もその力に応じて船の安全のために協力することが急務"构成的旅行隐喻架构描绘出日本当前及未来发展中将遇见的重大挑战——当前日本如一艘暴风雨中飘摇不定的遇险大船，唯有乘客和乘务人员竭尽力量相互支持和配合才可渡过难关；国家重建过程中还将会面临更多更大的困难，必须跨越过去，不然国家命运将危在旦夕。

（3）つら＼／内外の情勢を察するに、わが國<u>再建</u>の<u>前途</u>には<u>幾多の難関が横たわっております</u>。何とかして<u>これを乗り切らなければ</u>、われ＼／民族の<u>前途は危うい</u>。①

（4）わが國の現状は、<u>あらしの中にただよう難破船のように、これを救う唯一の途は、船客も乗組員もその力に應じて船の安全のために協力することが急務であると存じます</u>。②

3. 吉田内阁

吉田曾说过，有些公务员滥用官权施行苛政，行政部门办事手续繁琐，这些已经成为百姓怨愤源头和众矢之的。③ 吉田在第4次施政演讲中，如（5），利用"信頼、信用、回復"构成的拟人类隐喻及"净化"构成的清洁隐喻架构指出为挽回国民和国际对日本政治及行政的信任，将通过大力肃正纲纪以净化日本政界。

（5）政府としては、強力に綱紀肅正の方途を講じ、政界の<u>浄化</u>と官

---

① 芦田内閣総理大臣第2回（常会）施政方針演説，官報（号外），東京：大蔵省印刷局，1948/3/21，第185頁。

② 芦田内閣総理大臣第2回（常会）施政方針演説，官報（号外），東京：大蔵省印刷局，1948/3/21，第185頁。

③ 吉田内閣総理大臣第6回（臨時会）施政方針演説，官報（号外），東京：大蔵省印刷局，1949/11/8，第76頁。原文：国家公務員の一部には、官権を濫用して苛政を行い、行政手続をいたずらに煩瑣にして、国民の怨嗟の的になっておることは、おおうべからざる事実であります。

紀の粛正をはかり、政治と行政に対する国民の信頼と列国の信用を回復しなければならぬと思うのであります。①

（6）与（7）分别是吉田于第 13 次和第 15 次施政演讲中提及的行政机构改革内容。吉田的隐喻表达与片山内阁大致相同，一是"簡素合理化、簡素、簡素にして、簡素化、合理化"构成的清洁隐喻架构；二是"能率的な、能率を上げておりまする"构成的生产隐喻架构。两类架构意在指出现行机构设置庞杂而缺乏效率，因此应该通过对机构设置进行"簡素合理化"以清除积弊，再建立可以提升人员及系统工作效率的行政机构。

（6）行政機構改革について申し述べますが、政府は、講和の成立を機会といたしまして、現行の複雑尨大な行政機構に根本的検討を加えて、極力行政の簡素合理化とともに国費の縮減を行い、簡素かつ能率的な行政機構に改めるがため、国家行政組織法及び各省設置法等必要なる改正法律案を本国会に提案する所存であります。また地方制度にも検討を加え、簡素にしてかつ能率的な地方行政の確立を目ざして、本国会に関係法律案を提出いたしたいと存じております。②

（7）行政機構の簡素化と行政運営の能率化は、前内閣以来の宿題として、政府は欠員不補充の措置を引続き強化し、配置転換等によって事務の能率を上げておりまするが、さらに一歩を進めて、極力行政事務並びに機構の合理化をはかりたい所存であります。③

吉田第三次组阁后，1949 年 2 月 25 日推出相关整顿行政机构及人员调整的规定，其主旨为制定中央各部门设置法和行政机构职员编制法等。④3 月 4 日便成立了行政改革实施本部，并向国会提交了机构改革相关法案，

---

① 吉田内閣総理大臣第 4 回（常会）施政方針演説，官報（号外），東京：大蔵省印刷局，1948/12/5，第 12 頁。
② 吉田内閣総理大臣第 13 回（常会）施政方針演説，官報（号外），東京：大蔵省印刷局，1952/1/24，第 36 頁。
③ 吉田内閣総理大臣第 15 回（特別会）施政方針演説，官報（号外），東京：大蔵省印刷局，1953/1/30，第 339 頁。
④ 行政機構刷新及び人員整理に関する件，行政管理庁史編集委員会編，*行政管理庁史*，東京：行政管理庁，1984，第 1038—1039 頁。

该法案大旨为将削减 30% 中央部门。同年 5 月 31 日日本的中央行政机构由原来 298 个减至 219 个。①

4. 鸠山（一郎）内阁

鸠山上任后所面对的行政机构情况与前任内阁相同，政界官界纲纪颓废弛缓，受到了国民的猛烈抨击。② 于是，如（8），鸠山利用"刷新"构成的清洁隐喻架构提出整肃政界，恢复国民的信任；利用"信赏必罚"构成的比赛隐喻架构突出赏罚分明制度以整饬官纪。鸠山于第 21 次国会演讲中利用"目標を掲げ、強力にその実現をはかりたい"和"～を最重点に置いて"构成的建筑隐喻架构分别提出将行政机构改革作为新内阁必须要完成的一项工作，以及将工作重点放置在设计和建设国民满意并适合国情的行政机关结构。对于鸠山内阁来说，行政机构逐步"簡素化"仍然是其改革目标。

（8）政府は、この現状にかんがみまして、公明選挙を基盤として政界の粛正刷新をはかり、議会政治の信用を回復するとともに、官公吏については信賞必罰を徹底して官紀の振粛をはかる方針であります。③

（9）われわれは、この機会に、保守党による絶対多数党内閣の仕事として、新たに次の三つの目標を掲げ、強力にその実現をはかりたいと存じます。（略）その第二は、行政機構の改革であります。わが国の行政機構には、占領中に作られた制度がそのまま存続しているものが数多くあるのであります。政府は、そのため、早急に行政審議会を拡充強化

---

① 林茂，辻清明，日本内閣史録（5 巻），東京：第一法規出版株式会社，1981，第 195 頁。原文：(1) 経済安定本部省を総理庁から切り離した省なみの独立官庁にする；(2) 商工省及び貿易庁を解体し、通商産業省を新設する；(3) 逓信省を郵政省と電気電信省の二省に分かつ；(4) 総理庁、法務庁を府に昇格させ、宮内府を庁に改め、総理府の外局とする；(5) 地方財政委員会と総理府官房自治課とを統合して新たに総理府外局として地方自治庁を置く；日本専売公社は大蔵省から、日本国有鉄道は運輸省から分離独立し、公共企業体として発足する。（略）5 月 31 日の政府発表によると行政機関の縮小状況は新部局数（219）は旧部局数（298）の 73.5％となった。

② 鳩山内閣総理大臣第 21 回（常会）施政方針演説，官報（号外），東京：大蔵省印刷局，1955/1/22，第 62 頁。原文：近時政界、官界を通じて著しく綱紀の弛緩頽廃を招き、国民の激しい指弾を受けております（略）。

③ 鳩山内閣総理大臣第 21 回（常会）施政方針演説，官報（号外），東京：大蔵省印刷局，1955/1/22，第 62 頁。

して検討を加え、国民の便宜をはかることを最重点に置いて、その組織と機構とを国情に適合するよう全面的に改革するつもりであります。①

5. 石桥内阁

石桥秉承了前任内阁的行政机构改革路线，如（10）中利用"奉仕、その使命とすべき職分を全うし"构成的拟人类隐喻和"刷新"构成的清洁隐喻架构以及"能率化"构成的生产隐喻阐明将继续整顿纲纪、强化"官公厅""政界""官界"的服务和使命意识，更好发挥其应尽职责；石桥还利用"根本"构成的植物隐喻架构指出这些行政机构改革是当今政治活动之根本。

（10）政府といたしましては、国会運営の正常化に極力協力するとともに、官公庁が国民のための<u>奉仕</u>機関としての実を十分に発揮し得るよう、その業務の運営についてすみやかに検討を加えて行政の<u>能率化</u>をはかるとともに、行政監察を<u>一段と強化したい</u>考えであります。このようにして、政界と官界がよく<u>その使命とすべき職分を全うし</u>、綱紀の<u>刷新</u>を行うことが、今日における政治について心をいたすべき<u>根本</u>であると私は信じております。新内閣は、まず改むべきは政治であり、政府であるとの見地から、政府部内を戒めるとともに、進んで新しい局面に対処する積極的な政策を推進し、国民がはっきりと希望を持ち得る政治を行いたいと考えているのであります。②

6. 岸内阁

与石桥内阁相同，岸信介在行政机构改革中尤其强调公务员要肃正纲纪，知晓服务本分和职责的重要性，不负国民信赖。如（11）（12）中，"断固たる措置をとる"构成的就医隐喻架构和"強化"构成的建筑隐喻架构、"根絶"构成的植物隐喻架构三个架构凸显了内阁针对行政改革中一些问题的处理措施。就医隐喻架构表明，如果发现有违民意的事态发生将果断采取相应对策；建筑隐喻架构和植物隐喻架构突显的是将加强监察

---

① 鳩山内閣総理大臣第23回（臨時会）所信表明演説，官報（号外），東京：大蔵省印刷局，1955/12/2，第15頁。

② 石橋内閣総理大臣第26回（常会）施政方針演説，官報（号外），東京：大蔵省印刷局，1957/2/4，第19頁。

制度，杜绝腐败滋生。

（11）国民の信託を受けて国政を議する者と、国民の奉仕者たることを本分とする公務員の諸君とが、自己に与えられた職責の重きを自覚し、国民の信頼にこたえられることを期するとともに、世のそしりを受けるような事態を招く者があるときは<u>断固たる措置をとる</u>ことを誓うものであります。①

（12）政府は、行政の監察をさらに<u>強化</u>して、汚職の<u>根絶</u>を期するよう、綱紀の粛正に一段の努力を払いたいと思います。②

7. 池田内阁

池田延续前几任内阁的行政机构改革方针，如（13）—（15），"姿勢を正す、画期的な体質改善"构成的拟人类隐喻、"簡素化、刷新"构成的清洁隐喻架构、"能率の向上、効率的運営"构成的生产隐喻架构三类隐喻都是在表述行政机构改革。拟人类隐喻表达了改革的彻底性，中央政府要率先垂范，各个部门自上而下要保持风清气正；清洁隐喻架构表明要摈弃行政机构和运行中的繁冗环节，保持行政事务简洁明确；生产隐喻架构则体现了行政机构改革力求提高办事效率的目的。（14）中"行政診断機関"构成的就医隐喻意在加强监督改革的成效。

（13）私は、何よりも私自身を初め政府みずからの<u>姿勢を正す</u>べく、政府各省各庁に官紀の維持と振粛を求め、筋道を通した行政運営の確立を期して参ったのであります。（略）私は、この際、公務員諸君が、よく綱紀の維持に努め、公費の節約、事務の<u>簡素化</u>、<u>能率の向上</u>に意を用い、広く国民の声に耳を傾け、真に国民の奉仕者としての職責を全うされるよう希望してやみません。③

（14）政府は、昨秋来、公務員の給与改定と同時に、努めて行政運

---

① 岸内閣総理大臣第27回（臨時会）施政方針演説，官報（号外），東京：大蔵省印刷局，1957/11/1，第2—3頁。
② 岸内閣総理大臣第28回（常会）施政方針演説，官報（号外），東京：大蔵省印刷局，1958/1/29，第24頁。
③ 池田内閣総理大臣第36回（臨時会）施政方針演説，官報（号外），1960/10/21，第23、26頁。

営の簡素化と能率化をはかって参りました。今回、さらに広く国民の立場に立って行政の画期的な体質改善を行ない、国民へのサービスの向上に寄与すべく、各界各層の知能を結集して、権威の高い行政診断機関を設けることとし、近く関係法案を提出して御審議をわずらわすことにしております。①

（15）国家社会の秩序を確保し、国民福祉の増進をはかるためには、政府においてもみずからその姿勢を正し、戒慎の実をあげる必要があることはもちろんであります。政府は、綱紀の維持と行政の効率的運営に不断の努力を払っておりますが、今回、新たに臨時行政調査会を設けるゆえんは、行政の機構と運営の根本的刷新を期し、国民の願望にこたえんとする配慮に出たものであります。②

8. 佐藤内阁

佐藤内阁的行政机构改革依旧提倡"效率"和"精简"。如（16）—（18），突出效率之意的如"能率、能率的、効率化"构成的生产隐喻架构，还有表示精简行政机构之意的如"簡素合理化、合理化、刷新"构成的清洁隐喻。除此，与池田相同，佐藤也使用了拟人表达"姿勢を正す"，表示将从政府自身开始进行彻底变革，以回应国民的诉求，在应对瞬息万变的国内外态势时能够做到迅速灵活，"要請にこたえ、機敏に適応する"构成的拟人类隐喻生动形象地阐明了行政机构的工作属性；"基盤が確立される、改善、強化"构成的建筑隐喻指出，完善的行政工作是国家稳定发展的重要基石；"打破"构成的物体隐喻指改革将彻底根除行政机构中的派系主义；"第一線"构成的旅行隐喻表明行政各部门是改革中的重点，居于改革的最前线。

（16）最小の行政費による最高の能率こそ、国民の最も希望するところであります。（略）政府がみずからその姿勢を正す必要があります。公務員諸君は、一そう厳正な規律の保持と行政の能率的運営につとめ、

---

① 池田内閣総理大臣第38回（常会）施政方針演説，官報（号外），東京：大蔵省印刷局，1961/1/30，第15頁。

② 池田内閣総理大臣第40回（常会）施政方針演説，官報（号外），東京：大蔵省印刷局，1962/1/19，第30頁。

（17）行政機構の簡素合理化をはじめとするこれら諸制度の改善が実施されて、初めて将来にわたる安定成長への基盤が確立されるのであります。地方行財政の運営にあたっても、国と同様、その合理化、効率化について格段の努力をされるよう強く要請いたします。②

（18）行政のあり方については、新しい社会の要請にこたえ、その効率化を進めることが必要であります。流動する内外情勢の展開に機敏に適応することができるよう行政の進め方に改善を加えたいと考えております。政党政治に発する英知が行政に十分に生かされるよう、官庁間のセクショナリズムを打破し、行政の第一線をはじめ各部門を刷新強化する必要があります。③

9. 田中内阁

田中的施政报告中涉及行政机构改革的内容很少。田中为了实现对"人・物・文化"向大都市转移的日本列岛改造梦想，创立了日本国土综合开发厅和相关公团。④ 如（18），在表述其功能时，田中运用"十分な企画調整権限を持った"构成的拟人类隐喻，功能包括：大城市的再开发、社会资本投资的扩大、完善教育文化环境和交通通信网、工业分布的再规划、改善地方及农村环境、扶持保护环境的设施改善、资本转移低息融资等等。

（19）私が、人と物と文化の大都市への流れを大胆に転換し、日本列島の改造を提唱してきたゆえんもここにあります。政府は、今後、大都市の再開発、生活環境施設を中心とする社会資本投資の拡大、教育、

---

① 佐藤内閣総理大臣第51回（常会）施政方針演説，官報（号外），東京：大蔵省印刷局，1966/1/28，第162頁。

② 佐藤内閣総理大臣第58回（常会）施政方針演説，官報（号外），東京：大蔵省印刷局，1968/1/27，第13頁。

③ 佐藤内閣総理大臣第68回（常会）施政方針演説，官報（号外），東京：大蔵省印刷局，1972/1/29，第79頁。

④ 原文：第二次世界大戦後から二十一世紀初頭にかけての日本における公社・事業団と並ぶ公企業の主要形態の一つ。「特殊法人等整理合理化計画」（2001）によってすべて独立行政法人に移行し、または民営化された。（日本大百科全書，公団，https：//kotobank.jp，2022年9月21日。）

文化環境の整備などを含めた総合的な施策を強力に進めます。また、交通・通信ネットワークの整備、工業の全国的な再配置、地方都市及び農村環境の整備などを実施してまいります。工業の全国的再配置の促進のため、地方へ移転していく工場に対しては、環境保全施設整備のための補助金、移転資金の低利融資、税制上の加速償却などを行なってまいります。また、工場を受け入れる市町村に対しては、緑地などの整備のために補助金を交付してまいります。さらに、移転した工場のあと地は、公園など公共の目的のために有効に活用してまいります。これらの施策を強力に推進するため、<u>十分な企画調整権限を持った</u>総合的な行政機関として国土総合開発庁、その実施機関として国土総合開発のための公団を創設することといたしました。[①]

10. 三木内阁

随着价值观的改变，三木执政期间，国民不再沉迷华丽的消费生活，向往精神层面的追求和提升成为社会主流。三木认为，政府必须承担起保护和保障自然环境不受破坏、文化生活的不断丰富、生活环境的舒适度、医疗和教育条件的进一步充实，以及公共设施的不断改善等。如（20）。三木利用"果たす役割りは一層大きなものになってまいる、自主的で責任のある"构成的拟人类隐喻阐明了地方行政此时应该发挥的作用和责任。由此，三木内阁主张对地方行政进行全面改革，旨在实现地方行政的积极主动性，以满足"量的拡大の時代から生活中心、福祉重視の質的充実の時代へ転換する"——重视"量"之增加转向追求"以生活和福祉为中心的'质'"之时代要求。

（20）社会的公正を確保するために福祉政策を重視しなければなりません。そのためには、地方行政のあり方も重要であります。いまや価値観も変わり、国民は華やかな消費生活よりも、美しい自然環境の保全、文化の発展、快適な生活環境、医療と教育の充実、公共施設の増強を求めています。そうした住民の要求に直接こたえなければならぬのが

---

① 田中内閣総理大臣第71回（特別会）施政方針演説，官報（号外），東京：大蔵省印刷局，1973/1/27，第37頁。

地方行政であります。私の主張するように、量的拡大の時代から、生活中心、福祉重視の質的充実の時代へ転換するためには、地方行政の果たす役割りは一層大きなものになってまいります。このときに当たり、自主的で責任のある地方行政が実現されるよう、国と地方との関係を初め、地方行財政のあり方について全面的に見直す必要があると考えております。①

11. 福田（赳夫）内阁

福田于（21）—（23）中利用"簡素化、合理化、整理合理化"和"能率的な"构成的清洁隐喻和生产隐喻突出了行政机构改革将继续提倡简便化和提高工作效率的改革目标；运用"積極的に推進する方針、遂行、みずからも率先して、遂行、基本方針、着実に進める"构成的旅行隐喻架构阐明了推行行政机构改革的具体措施和态度：研讨基本构想和基本方针、制定纲领性文件，并积极率先实行节约开支等。

（21）経済社会情勢の変動と行政需要の変化に対応いたしまして、行政の簡素化、合理化等の改革を行うことは、政府が当面する重要課題であります。政府は、行政改革を積極的に推進する方針のもとに、目下その基本構想について検討をいたしております。②

（22）新しい時代への転換期に当たりまして、政府みずからも率先して各機関における冗費節約と能率的な行政の遂行に努め、環境の変化に対応して、中央、地方を通じ、行財政の積極的な改革を行うことは当然であります。政府は、先般、行政改革のための基本方針及び行政機構の整理合理化、行政事務の簡素化などを内容とする要綱を決定いたしました。③

（23）政府が行政改革に着手したのも、このような認識に基づくも

---

① 三木内閣総理大臣第75回（常会）施政方針演説，官報（号外），東京：大蔵省印刷局，1975/1/24. 第13頁。
② 福田内閣総理大臣第81回（臨時会）所信表明演説，官報（号外），東京：大蔵省印刷局，1977/7/30，第20頁。
③ 福田内閣総理大臣第82回（臨時会）所信表明演説，官報（号外），東京：大蔵省印刷局，1977/10/3，第16頁。

のであります。今後とも綱紀を正し、行政の合理化、効率化を着実に進めるよう努力してまいります。①

12. 大平内阁

大平在任期间的四次施政演讲中反复提及行政机构改革。如（24），"任务"构成的旅行隐喻架构突出了行政之"激活国民活力"任务，所以大平疾呼行政机构必须要实现简便化和效率化，以免机构过于"肥大化、煩瑣化、過剰介入"。（24）和（25）中"簡素、整理、簡素化"和"刷新"构成的清洁隐喻及"効率的"构成的生产隐喻架构正体现了行政机构改革这一传统目标。

（24）行政は国民のものであり、国民の活力の活発な展開を促すことが行政の任務であることに思いをいたせば、行政は簡素で効率的なものでなければなりません。しかるに、経済の成長に支えられ、中央、地方を通じて、政府に対する期待や行政の民間への介入は年とともに増大し、行政事務の煩瑣化と財政の肥大化とが、とみに進んでまいりました。②

（25）行政の整理、簡素化による刷新は、国民から最も強く求められている課題であります。経済の高度成長の過程であらわれた行政の肥大化や過剰介入は、今日におきましては、冗費節約の上からも、経済社会の活力維持の上からも、厳しく戒められなければならないと確信しております。政府は、国会の協力を得て、行政が簡素で、しかも効率的なものとなるよう、その改革を進めてまいる決意であります。③

13. 铃木内阁

铃木内阁将行政改革作为政府紧要课题之一。铃木认为，廉洁公正的行政机构是社会秩序良性运行及获得国民信任的重要基石，行政改革与重

---

① 福田内閣総理大臣第 84 回（常会）施政方針演説，官報（号外），東京：大蔵省印刷局，1978/1/21，第 45 頁。
② 大平内閣総理大臣第 87 回（常会）施政方針演説，官報（号外），東京：大蔵省印刷局，1979/1/25，第 20 頁。
③ 大平内閣総理大臣第 90 回（臨時会）所信表明演説，官報（号外），東京：大蔵省印刷局，1979/11/27，第 19 頁。

构财政休戚相关。他援引原敬①对行政机构"恰も枝葉繁茂し根幹蟠錯せる一大木"的评价，指行政机构如一棵枝叶过于繁茂、树干与树根已经盘综错节的大树，意在应该对行政机构进行改革。如（26），铃木利用"簡素、合理化、簡素化"构成的清洁隐喻架构和"効率的な、効率化"构成的生产隐喻架构继续提倡精简行政机构和提高工作效率。铃木表示，首先会减少或裁撤行政上不太需要的工作，政府无须参与的工作尽量交由民间部门，缩减行政机构人员编制。

（26）今日、多くの面にわたる行政サービスが求められていますが、そのための負担は年とともに増大しております。このようなときに当たってこそ、あらゆる角度から行政を見直して徹底した減量化を図り、国民の期待にこたえ得る<u>簡素</u>で<u>効率的</u>な行政を実現すべきであると考えます。私は、まず、前内閣が策定した昭和五十五年行政改革を着実に実現するため、この国会で関係法案の成立を図りたいと思います。さらに、新たな角度から行政の<u>合理化</u>と<u>効率化</u>を進めるため、これまで実施してきた定員の縮減などに加えて、主として行政の仕事減らしという観点からこの問題に取り組んでまいりたいと思います。つまり、すでに行政需要が少なくなったと思われる仕事を縮小、廃止し、また、政府が直接関与する必要がなくなったと思われる仕事はできるだけ民間部門の手に任せるという考え方であります。このため、法令の整理廃止などによる事務の縮減や事業の移譲を初め、できるものから着実に行政の<u>簡素化</u>を進めてまいります。②

14. 中曽根内阁

中曽根主张建设"たくましい文化と福祉の国"，要把日本打造成具有坚韧品性的文化与福祉之国。中曽根认为，实现其政治抱负的突破口便是行政改革，③提出行政改革不仅要消除多年积弊和调整失衡，更要着眼未

---

① 原敬：（1856—1921），日本政治家。日本第19任首相。
② 鈴木内閣総理大臣第93回（臨時会）所信表明演説，官報（号外），東京：大蔵省印刷局，1980/10/3，第20頁。
③ 中曽根内閣総理大臣第98回（常会）施政方針演説，官報（号外），1983/1/24，東京：大蔵省印刷局，第8—10頁。

来时代的发展。如（27），"再建"构成的建筑隐喻架构提出将对日本国有铁道（Japanese National Railways）进行改革；（28）中，"統合再編成"构成的编织隐喻架构提出了将对总理府和行政管理厅①进行重新设置，将新建总务厅；（29）与（30）中，"簡素、簡略化、縮減、整理合理化"构成的清洁隐喻架构和"効率化"构成的生产隐喻架构表明了将延续前任历届政府精简行政机构和提高机构工作效率的改革措施。

（27）行政改革については、特に急務である国鉄の事業の再建を期し、日本国有鉄道の経営する事業の再建の推進に関する臨時措置法案について審議をお願いしております（略）。②

（28）総理府本府と行政管理庁を統合再編成して、新たに総務庁を設置するための法律案、府県単位の国の機関の整理のための法律案など行政改革関係の五法案を提案し、御審議をお願い申し上げている次第であります。③

（29）国、地方を通じ行政全体として簡素効率化を実現するため、地方の自主性、自律性の強化を一層推進するとともに、本年一月に策定した地方行革大綱に沿って、地方公共団体における行政改革が自主的、総合的に推進されるよう、政府としてもその積極的な促進を図ってまいります。④

（30）行政組織の簡略化、国家公務員の定員縮減、特殊法人等の整理合理化、地方行革の推進などについては、昨年末に、昭和六十二年度に実施する予定の行政改革方針を取りまとめたところであり、この方針

---

① 原文：行政機関の機構と運営に関する調査・勧告および行政監察などを行った総理府の外局。1948 年に設置。同 59 年総務庁に統合。（デジタル大辞泉，行政管理庁，https：//kotobank.jp，2022 年 9 月 21 日。）
② 中曽根内閣総理大臣第 98 回（常会）施政方針演説，官報（号外），東京：大蔵省印刷局，1983/1/24，第 9 頁。
③ 中曽根内閣総理大臣第 100 回（臨時会）所信表明演説，官報（号外），東京：大蔵省印刷局，1983/9/10，第 11 頁。
④ 中曽根内閣総理大臣第 103 回（臨時会）所信表明演説，官報（号外），東京：大蔵省印刷局，1985/10/14，第 4 頁。

の着実な具体化を推進してまいります。①

15. 竹下内阁

竹下认为构建廉洁自律的行政机构是获得国民信任的基本前提，也是适应国内外环境变化，建设面向 21 世纪有活力经济社会必不可少的一大课题。如（31），既有表达改革意图的旅行隐喻架构，由"引き続き強力に推進する、方針を取りまとめた、この方針の着実な具体化を図ってまいる、実現する"表达构成；也有历任首相在用的、表达精简行政之意的清洁隐喻架构，由"簡素合理化"表达构成；还有由"行政サービス運動を展開していく"构成的身体运动隐喻架构，旨在表示将借助一场活动推行由"行政サービスの向上、総点検し、親切な、真心のこもった、自主性、自立性"构成的拟人类隐喻所表达的行政机构改革目标——改进行政机构的服务质量及实现地方公共团体的积极性和独立性，提升服务质量需要牢记行政机构服务至上宗旨、不断检点工作方法、更要多考虑国民利益、做到态度温和真诚。

（31）行政改革は、行政を取り巻く内外の環境の変化に的確に対応し、二十一世紀を展望した活力ある経済社会を構築していくため、避けて通ることのできない課題であります。このため、行政改革を引き続き強力に推進することとし、昨年末に、行政組織の簡素合理化、国家公務員の定員縮減など昭和六十三年度に実施する事項を中心とした改革の方針を取りまとめたところであります。政府としては、この方針の着実な具体化を図ってまいります。さらに、行政機関等において国民の皆様と接触する職員の一人一人に行政サービスの向上に対する意識を徹底し、仕事のやり方を総点検し、国民の立場に立った親切な行政、真心のこもった行政を実現するため、さわやか行政サービス運動を展開していくこととしております。また、地方公共団体の自主性、自立性の強化を図るとともに、地方公共団体における自主的、総合的な行政改革の推進を図

---

① 中曽根内閣総理大臣第 108 回（常会）施政方針演説，官報（号外），東京：大蔵省印刷局，1987/1/26，第 9 頁。

ってまいります。①

16. 宇野内阁

宇野将新内阁命名为"改革前進内閣",意指将进行各般改革以推动日本发展。宇野提出了"政府はスリムに、国民は豊かに"主张,即"政府要不断进行瘦身、而国民则要不断丰腴起来",也就是说,政府机构要去冗除繁,国民要富足充裕。基于此,宇野表示将从政治、行政、财政三个方面实施改革。行政改革依然以精简机构和提高效率为重,如(32),"簡素にして、整理合理化、簡素合理化"构成的清洁隐喻、"スリムな"构成的拟人类人员及"効率的な、効率化、サービスの向上"构成的生产隐喻分别体现了上述宇野改革的关注点。

(32) 行財政改革は、効率のよい活力にあふれた社会を形成し、<u>簡素にして効率的</u>な行財政を確立するため、引き続き強力に推進すべき課題であります。新しい税制が国民の理解と協力を得て十分定着するためにも、行財政の<u>効率化</u>は一層重要であります。これまでも特殊法人の<u>整理合理化</u>や行政機構の<u>簡素合理化</u>など各般にわたる改革を行ってまいりましたが、行財政をめぐる厳しい状況を踏まえ、行政の各面にわたり、視点を新たにして制度や歳出を見直し、スリムな行政組織によるサービスの向上を図ってまいります。②

17. 海部内阁

海部上任后首次施政演讲中就利用"確立"构成的建筑隐喻表示将建立受国民信赖又自律的行政机构,也会努力彻底整肃公务员纲纪。

(33) 公務員の綱紀粛正の徹底に努め、国民の皆さんからいやしくも疑惑を招くことのないよう規律ある行政を<u>確立</u>してまいります。③

18. 宫泽内阁

宫泽的行政机构改革与前任历届首相的主张没有太大变化,如

---

① 竹下内閣総理大臣第112回(常会)施政方針演説,官報(号外),東京:大蔵省印刷局,1988/1/25,第13頁。
② 宇野内閣総理大臣第114回(常会)る所信表明演説,官報(号外),東京:大蔵省印刷局,1989/6/5,第568頁。
③ 海部内閣総理大臣第116回(臨時会)所信表明演説,官報(号外),東京:大蔵省印刷局,1989/10/2,第16頁。

(34)和(35)中,"簡素"构成的清洁隐喻和"効率的な"构成的生产隐喻表明依旧是以精简和效率为重。除此之外,"行政システムを構築していきたい"构成的建筑隐喻及"目指す"构成的旅行隐喻分别勾勒出宫泽内阁的行政机构改革目标,即:一是建立"真に対応力に富み"——富于应对能力的行政机构;二是建立"公正、透明で信頼される"——公正透明、值得信赖的行政机构。另外,"縦割り行政の弊害にメスを入れ"构成的就医隐喻和"根本からの見直しや変革"构成的植物隐喻表示改革将如同手术一般切除病体,也如大树一般会从根部开始进行修整。

(34)<u>簡素で効率的な行政</u>を実現するという行政改革の目的を実現するため、行革審の答申などを最大限に尊重し、今後とも規制緩和や地方分権などを積極的に進めてまいります。さらに、幅広く政府部門の役割を再検討するとともに、いわゆる<u>縦割り行政の弊害にメスを入れ</u>、<u>真に対応力に富み</u>、総合的な政策展開が可能となる<u>行政システムを構築していきたい</u>と考えております。①

(35)時代が大きく流れを変えようとしているときにあって、行政組織やその役割は<u>根本からの見直しや変革</u>を迫られております。私は、<u>簡素で効率的な行政の実現</u>という基本に立って、これまで進めてきた地方への権限委譲、規制緩和の推進に加えて、官民の役割分担そのものの見直し、セクショナリズムの打破による総合的な政策展開能力の強化などを断行する決意であります。なお、行政手続法制の整備に取り組むなど、<u>公正、透明で信頼される行政を目指します</u>。②

19. 细川内阁

细川将新内阁定义为"政治改革政权",致力于政治改革。细川在施政演讲中称将全力打破政、官、商联结体制和世袭议员制度这一政治腐败温床。如(36)中,使用了"確立"构成的建筑隐喻和"目指して"构

---

① 宮澤内閣総理大臣第125回(臨時会)所信表明演説,官報(号外),東京:大蔵省印刷局,1992/10/30,第3—4頁。
② 宮澤内閣総理大臣第126回(常会)施政方針演説,官報(号外),東京:大蔵省印刷局,1993/1/22,第6頁。

成的旅行隐喻表明了确立"公正で透明な、何よりも国民の利益を第一とする"之行政改革目标——建立一支公正透明、以国民利益为先的行政队伍；又利用"メスを入れなければならない"构成的就医隐喻和"洗い直し"构成的清洁隐喻表明将对不合时宜的制度和机构进行清除和变革。

（36）<u>公正で透明</u>な、そして何よりも<u>国民の利益を第一</u>とする行政<u>の確立</u>を目指して、今こそ、行政のあり方に思い切って<u>メスを入れなければなりません</u>。私は、規制緩和といった官民の接点を初めとして、聖域を設けることなく、時代にそぐわなくなった制度や仕組みを<u>洗い直し</u>、幅広く官民の役割分担、中央と地方の関係、縦割り行政の弊害是正などについて改革を進めるとともに、行政情報の公開にも取り組んでまいりたいと思います。①

20. 羽田内阁

羽田上任后即表示将接过细川内阁的"改革"大旗。他认为，行政改革关乎国民利益，也是时代发展的需求。如（37），羽田利用"目指してまいる"构成的旅行隐喻表明了新内阁的行政机构改革目标——实现机构简便化、效率化、透明化，具体改革措施包括脱离行政保护和管制、重构中央各部门、整饬各级机构积弊、重新设置特殊法人、修改补助金和公务员制度、建立信息公开制度、强化行政监察体制等。表述改革目标中使用的是"弊害除去、整理合理化、簡素化、透明化"构成的清洁隐喻和"効率化"构成的生产隐喻；还有"確立、強化"构成的建筑隐喻、"再編"构成的编织隐喻以及"脱却"构成的拟人类隐喻。

（37）行政改革と地方分権の推進は、今や国民的課題であると承知しており、これを時代の要請に適合したものにするため、政治家として勇断を持って取り組んでまいる決意であります。行政改革については、規制・保護行政からの<u>脱却</u>、中央省庁の<u>再編</u>、縦割り行政の<u>弊害除去</u>、特殊法人の<u>整理合理化</u>、補助金制度や公務員制度の見直し、情報公開制度の<u>確立</u>、行政監察体制の<u>強化</u>などの検討を進め、行政の<u>簡素化</u>、<u>効率</u>

---

① 細川内閣総理大臣第129回（常会）施政方針演説，官報（号外），東京：大蔵省印刷局，1994/3/4，第2頁。

化、透明化を目指してまいります。①

21. 村山内阁

村山内阁延续前任内阁的行政改革的目标和措施，如（38）与（39）中，"簡素、透明、弊害の排除、整理合理化、簡素化、合理化"构成的清洁隐喻以及"公正"构成的拟人类隐喻两则隐喻表明了与历届内阁相同的改革目标——追求机构简便透明化和公正化。此外，通过"設置"构成的建筑隐喻表明将增设行政改革委员会对各项行政改革进行监督和检查。

（38）国民本位の、簡素で公正かつ透明な政府の実現と、縦割り行政の弊害の排除に力を注ぎ、公務員制度の見直し、特殊法人の整理合理化、国家・地方公務員の適正な定員管理、行政改革委員会の設置による規制緩和などの施策の実施状況の監視、情報公開に関する制度の検討など、強力な行政改革を展開してまいります。②

（39）行政改革の断行こそ、この内閣が全力を傾けて取り組まなければならない課題であります。縦割り行政の弊害を是正し、行政を簡素化、合理化し、透明な政府を実現していくために、行政組織、公務員制度、特殊法人等諸般の改革を進めていくとともに、情報公開に関する制度の検討など行政改革を一層推進していかなければなりません。③

22. 桥本内阁

桥本认为，日本当前最需要的就是"变革"。如（40），桥本在第136次施政演讲中提到，新内阁将不忘初衷，牢记所有公务员应为国民服务的基本理念，顺应国内外社会发展态势，汇集和尊重各界建议，将行政改革进行下去。他还利用"根本にさかのぼって"构成的植物隐喻架构表达了将进行彻底变革行政制度和运行方式的决心。又如

---

① 羽田内閣総理大臣第129回（常会）所信表明演説，官報（号外），東京：大蔵省印刷局，1994/5/10，第2頁。

② 村山内閣総理大臣第130回（臨時会）所信表明演説，官報（号外），東京：大蔵省印刷局，1994/7/18，第4頁。

③ 村山内閣総理大臣第131回（臨時会）所信表明演説，官報（号外），東京：大蔵省印刷局，1994/9/30，第4頁。

(41)，由"再编"构成的编织隐喻和"中核"构成的物体隐喻阐明了桥本内阁将中央各部门重构作为行政机构改革的核心。再如（42），"減量し、簡素"构成的清洁隐喻和"効率的な"构成的生产隐喻凸显了行政机构变革追求简便化和效率化目标，他提案将原中央政府架构由原来的1府22省厅精简为1府12省厅，桥本任内还导入了独立行政法人制度。

（40）我々はいまーたび初心に立ち返り、主権在民、公務員は全体の奉仕者という基本的な理念を胸に、内外の社会情勢の変化を踏まえて行政の制度・運営を<u>根本にさかのぼって見直し</u>、各界の意見を謙虚に受けとめ、そして尊重しつつ、行政の改革を推進していかなければなりません。①

（41）私は、この国民本位の行政改革を中央省庁の<u>再編</u>を<u>中核</u>として進めてまいります。②

（42）行政改革の目的は、国の権限と仕事を<u>減量し</u>、<u>簡素</u>で<u>効率的な</u>行政、機動的で効果的な政策遂行を実現すること、国民の皆様から信頼される開かれた行政を実現することであります。③

23. 小渊内阁

小渊沿袭前任首相桥本的改革措施，坚持中央各部门的重新构建。如(43)中，"移行開始、目標、目指します、このスケジュール、決して後退させない、転換、主導で作業を進めてまいる"构成的旅行隐喻架构明确提出改革的目标是实现对行政机构的规范由"事前規制型"（事前限制型）转向"事後チェック型"（事后考核型），以及"スリム化"构成的拟人类隐喻表明将继续行政机构简便化的改革方针。

（43）行政改革につきましては、さきの通常国会で成立をいたしま

---

① 橋本内閣総理大臣第136回（常会）施政方針演説，官報（号外），東京：大蔵省印刷局，1996/1/22，第7頁。
② 橋本内閣総理大臣第139回（臨時会）所信表明演説，官報（号外），東京：大蔵省印刷局，1996/11/29，第2頁。
③ 橋本内閣総理大臣第142回（常会）施政方針演説，官報（号外），東京：大蔵省印刷局，1998/2/16，第4頁。

した中央省庁等改革基本法に基づき、政治主導のもと、二〇〇一年一月の新体制への移行開始を目標として、来年四月にも所要の法案を国会に提出することを目指します。このスケジュールは決して後退させません。あわせて、独立行政法人化等や業務の徹底した見直し、事前規制型から事後チェック型への行政の転換を基本とする規制緩和、地方分権の推進を通じ、中央省庁のスリム化を図ります。①

24. 森内阁

森喜朗将新内阁定义为"日本新生内阁"，既要继承前任首相的施政理念，还要在内政外交各个领域有所突破。桥本内阁提出的中央政府部门改编终于在森喜朗任内的 2001 年 1 月 6 日完成，其目标是建立新自由主义改革的官僚机构，统合、缩小具有福利国家功能的省厅和部局，② 中央政府原 1 府 22 省厅精简为 1 府 12 省厅（如表 5-1）。如（44），森喜朗用"発足"构成的旅行隐喻架构形象地描绘了新行政机构的开始。

（44）中央省庁改革については、橋本内閣以来、内閣の最重要課題の一つと位置づけ、精力的に取り組んでまいりましたが、一月六日、いよいよ新たな府省体制が発足いたしました。③

表 5-1   中央政府部门再编图示（2001.1.6）

1 府 22 省厅（改革前）	1 府 12 省厅（改革后）
总理府	内阁府
冲绳开发厅	
经济企划厅	
防卫厅	防卫厅
国家公安委员会	国家公安委员会④

---

① 小渕内閣総理大臣第143回（臨時会）所信表明演説，官報（号外），東京：大蔵省印刷局，1998/8/7，第4頁。

② 李月，[日]古賀勝次郎：《日本経済政策与新自由主義》，《現代日本経済》2013年第4期。

③ 森内閣総理大臣第151回（常会）施政方針演説，官報（号外），東京：大蔵省印刷局，2001/1/31，第7頁。

④ 注：国家公安委员会管辖警察厅，故称为"厅"。

续表

1府22省厅（改革前）	1府12省厅（改革后）
总务厅	总务省
自治省	
邮政省	
法务省	法务省
外务省	外务省
大藏省	财务省
文部省	文部科学省
科学技术厅	
劳动省	厚生劳动省
厚生省	
农林水产省	农林水产省
经济产业省	经济产业省
通商产业省	
环境省	环境省
北海道开发厅	国土交通省
国土厅	
运输省	
建设省	

25. 小泉内阁

小泉认为，如果不进行结构性改革，日本将不会再次复苏。他将新内阁在经济、财政、行政、社会、政治各领域进行的结构性改革成为"新世紀維新"。小泉在推行结构性改革之际，提出了"痛みを恐れず、既得権益の壁にひるまず、過去の経験にとらわれず"，[①] 不惧改革带来的痛苦、不畏既得利益集团、不拘过去的传统经验。如（45）—（47），小泉利用了"始まり、断行していく、実現する、着実に動き出している、スター

---

① 小泉内阁総理大臣第151回（常会）所信表明演説，官報（号外），東京：大蔵省印刷局，2001/5/7，第1頁。

ト を 切った"构成的旅行隐喻架构表达了中央各部门再编只为起点,行政机构的各项改革将全方位进行下去;"合理性、必要性、簡素"构成的清洁隐喻架构和"効率的な"构成的生产隐喻架构则表示作为国家事业的行政机构应该更加显示其合理性、必要性、高效性。新内阁将以此为整顿原则,民间可做的工作交由民间,地方可做的工作交由地方负责——"官から民へ、国から地方への改革"。

(45) 本年実施された中央省庁再編は、行政改革の<u>始まり</u>にすぎません。行政すべてのあり方について、ゼロから見直し、改革を<u>断行していく</u>必要があります。国の事業について、その<u>合理性</u>、<u>必要性</u>を徹底的に検証し、民間にできることは民間にゆだね、地方にできることは地方にゆだねるとの原則に基づき、行政の<u>構造改革</u>を<u>実現</u>します。①

(46) <u>構造改革</u>は、<u>着実に動き出しています</u>。特殊法人改革、規制改革など、さまざまな改革が<u>スタートを切りました</u>。②

(47) 私は、官から民へ、国から地方への改革は経済の再生や<u>簡素</u>で<u>効率的な</u>政府の実現につながると確信し、改革の具体化に全力を傾けてまいりました。③

26. 安倍内阁(第一次执政)

安倍的行政机构改革目标和措施与前任内阁相同,如 (48) 和 (49),"無駄、無駄ゼロ、非効率、効率的な"构成的生产隐喻架构及"簡素"构成的清洁隐喻架构体现了历任内阁的行政机构"简便化"与"高效化"之改革目标。一是利用"筋肉質、ぜい肉をそぎ落とし"拟人类隐喻惟妙惟肖地描绘了机构简便化;二是利用"強力に推進し、実現します、目指す、進め、実現を目指します"构成的旅行隐喻架构表达了进行行政机构改革的执政抱负;三是运用"新たなグランドデザインを描いてまいる"

---

① 小泉内閣総理大臣第151回(常会)所信表明演説,官報(号外),東京:大蔵省印刷局,2001/5/7,第2頁。
② 小泉内閣総理大臣第154回(常会)施政方針演説,官報(号外),東京:財務省印刷局,2002/2/4,第1頁。
③ 小泉内閣総理大臣第162回(常会)施政方針演説,官報(号外),東京:国立印刷局,2005/1/21,第4頁。

构成的艺术隐喻呈现了改革愿景——改革和重建适应21世纪发展的行政机构和制订道州制计划,等等。

(48) 国や地方の<u>無駄</u>や<u>非効率</u>を放置したまま、国民に負担増を求めることはできません。抜本的な行政改革を<u>強力に推進し</u>、<u>簡素</u>で<u>効率的</u><u>な</u>、<u>筋肉質の政府を実現します</u>。(略) 二十一世紀にふさわしい行政機構の抜本的な改革、再編や、道州制の本格的な導入に向けた道州制ビジョンの策定など、行政全体の<u>新たなグランドデザインを描いてまいります</u>。①

(49) 徹底して<u>ぜい肉をそぎ落とし</u>、「<u>無駄ゼロ</u>」<u>を目指す</u>行政改革を進め、「<u>筋肉質の政府</u>」<u>の実現を目指します</u>。②

安倍第一次执政期间,如表5-2所示,日本防卫厅于2007年1月9日升格为防卫省。

表5-2　　　　　中央政府部门再编图示 (2007·1·9)

1府12省厅 (森内阁)	1府12省厅 (安倍内阁)
内阁府	内阁府
防卫厅	防卫省
国家公安委员会	国家公安委员会
总务省	总务省
法务省	法务省
外务省	外务省
财务省	财务省
文部科学省	文部科学省
厚生劳动省	厚生劳动省
农林水产省	农林水产省
经济产业省	经济产业省
环境省	环境省
国土交通省	国土交通省

---

① 安倍内閣総理大臣第165回 (臨時会) 所信表明演説, 官報 (号外), 東京:国立印刷局, 2006/9/29, 第2頁。

② 安倍内閣総理大臣第166回 (常会) 施政方針演説, 官報 (号外), 東京:国立印刷局, 2007/1/26, 第5頁。

27. 福田（康夫）内阁

福田内阁延续历届内阁的行政机构改革理念，力求简便化和高效化以及服务至上。如（50），福田也利用了"無駄、非効率、効率的"构成的生产隐喻和"簡素"构成的清洁隐突出高效和简便的必要性；他还运用"信頼を取り戻す"构成的拟人类隐喻指出，为了赢得国民对行政机构的再次信任，各个部门的干部及职员应该具有为国民服务的职业意识，恪尽职守、精进业务、不辱使命；"今後とも強力に推し進めます"构成的旅行隐喻架构表达了福田内阁改革行政机构之坚定决心。

（50）行政に対する信頼を取り戻すため、特に各府省の幹部職員がそれぞれの職務全般を掌握し、国民の立場に立った行政を責任を持って遂行するよう、徹底してまいります。同時に、公務員一人一人が高いモラルを維持し、能力を高め、誇りを持って職務に専念できるような総合的な制度となるように公務員制度改革を進めてまいります。行政の無駄や非効率を放置したままでは、次世代に負担を先送りするだけでなく、国民の皆様からの信頼を取り戻すことはできません。（略）二十一世紀にふさわしい簡素で効率的な政府をつくるため、行政改革を今後とも強力に推し進めます。①

28. 麻生内阁

麻生上任后继续推进行政改革，如（51）中，"ムダを省き、効率化"构成的生产隐喻架构、"簡素"构成的清洁隐喻架构及"温かい"构成的拟人类隐喻表明与历任内阁共同的"高效、简便、人性化"之改革目标。在行政机构服务质量方面，麻生特别指出公务员要有为国民鞠躬尽瘁的工作态度，要有为国家和国民工作为荣的情怀。麻生还利用"敵ではない"及"信賞必罰で臨む、先頭に立って、率いる"构成的战争隐喻和比赛隐喻架构阐明官僚不是麻生本人及新内阁的敌人，而是政府实现为国民服务的重要资源，所以新内阁会以赏罚分明的态度整顿官僚中存在问题以发挥其重要作用。

---

① 福田内閣総理大臣第168回（臨時会）所信表明演説，官報（号外），東京：国立印刷局，2007/10/1，第1頁。

（51）行政改革を進め、ムダを省き、政府規模を縮小することは当然です。しかし、ここでも目的と手段をはき違えてはなりません。政府の効率化は、国民の期待に応える政府とするためであります。簡素にして国民に温かい政府をわたしはつくりたいと存じます。地方自治体にもそれを求めます。わたしは、その実現のため、現場も含め、公務員諸君に粉骨砕身働いてもらいます。国家国民のために働くことを喜びとしてほしい。官僚とは、私と私の内閣にとって敵ではありません。しかし、信賞必罰で臨みます。私が先頭に立って彼らを率います。彼らは国民に奉仕する政府の経営資源であります。その活用をできぬ者は、およそ政府経営の任に堪えぬのであります。①

29. 鸠山（由纪夫）内阁

鸠山作为民主党党首上任首相后，如（52）中，利用"百八十度転換させようとしている"构成的旅行隐喻架构，提出为挽回国民对政治和行政的信任，将彻底变革以官僚为主的行政结构，构筑以政治和国民为主导的新型政治，倡导政治家要率先摒弃浪费等陋习。鸠山还使用"大掃除、一掃、垣根を排し"构成的清洁隐喻架构阐明要对战后行政机构进行全新整理、规划和设置，重点对行政结构及行政事务、税金的使用及预算的制定进行改革。

（52）私は、政治と行政に対する国民の信頼を回復するために、行政の無駄や因習を改め、まずは政治家が率先して汗をかくことが重要だと考えております。このために、鳩山内閣は、これまでの官僚依存の仕組みを排し、政治主導、国民主導の新しい政治へと百八十度転換させようとしています。（略）この新たな体制のもと、まず行うべきは戦後行政の大掃除です。特に二つの点で、大きな変革を断行させなければなりません。一つ目は、組織や事業の大掃除です。（略）行政の奥深くまで入り込んだしがらみや既得権益を一掃してまいります。（略）もう一つの大掃除は、税金の使い道と予算の編成のあり方を徹底的に見直すこと

---

① 麻生内閣総理大臣第170回（臨時会）所信表明演説，官報（号外），東京：国立印刷局，2008/9/29，第3頁。

であります。国民の利益の視点、さらには地球全体の利益の視点に立って、縦割り行政の<u>垣根を排し</u>、戦略的に税財政の骨格や経済運営の基本方針を立案していかなければなりません。①

30. 菅内阁

菅直人上任后对前任首相鸠山实行的"戦後行政の大掃除"给予高度肯定，尤其对鸠山内阁进行的预算分类②和国家公务员制度改革更是赞赏有加，认为是一次果敢的挑战。但菅直人觉得这一系列改革还在路上，新内阁会继续履行与国民的改革承诺，贯彻完成改革。如（53），菅直人将始自鸠山的民主党政权施行的行政改革运用"果敢に挑んだ、道半ば、続行し、貫徹、主導、推し進めてまいる、これまで推進してきた、進める"构成的旅行隐喻架构如真实图景般表达了出来；"反発、抵抗"构成的战争隐喻说明改革如同战役，各方阻力始终存在；"大掃除、排除し"构成的清洁隐喻和"密室性、打破"构成的建筑隐喻则体现了菅直人推行改革的决心，凡是阻碍改革的因素一律剔除和打破；"透明性"构成的明暗隐喻和"機能向上"构成的机械隐喻则表达了改革的成效——机构运行更加透明和功能也进一步齐备。

（53）鳩山前内閣は、戦後行政の<u>大掃除</u>として、それまでの政権がなし得なかった事業仕分けや国家公務員制度の改革に<u>果敢に挑みました</u>。しかし、今はまだ<u>道半ば</u>です。新内閣は、国民に約束した改革を<u>続行し、貫徹</u>させなければなりません。改革には<u>反発や抵抗</u>が付き物です。気を緩めれば改革は骨抜きになり、逆行しかねません。時計の針を決して戻すことなく、政治<u>主導</u>によって改革を<u>推し進めてまいります</u>。まず、<u>これまで推進してきた</u>無駄遣いの根絶を<u>一層徹底します</u>。前内閣のもとでは、昨年とことしの二回にわたって事業仕分けを実施しました。これまで国民に見え

---

① 鳩山内閣総理大臣第173回（臨時会）所信表明演説，官報（号外），東京：国立印刷局，2009/10/26，第2頁。

② 原文：政府や地方自治体の予算について、学者やエコノミストなど第三者の「仕分け人」が、事業ごとに「現状通り」「改善」「廃止」などと判定する。民主党政権は3年余の間に一般会計、特別会計、独立行政法人などをテーマに6シリーズ実施。仕分けを各省ごとに実施する「行政事業レビュー」は、自民党政権も引き継ぐ方針を示している。（朝日新聞朝刊，経済，2013年6月5日第1版。）

なかった予算編成の過程や独立行政法人等の政府関連法人の事業内容、これらを一つ一つ公開の場で確認し、行政の透明性を飛躍的に高めました。限られた人材、予算を有効に活用するため、この取り組みを続行します。行政組織や国家公務員制度の見直しにも引き続き取り組みます。省庁の縦割りを排除し、行政の機能向上を図るとともに、国家公務員の天下り禁止などの取り組みも本格化させます。行政の密室性の打破も進めます。[①]

31. 野田内阁

野田认为，如果国民对政治和行政机构失去信任，国家也将不复存在。如（54）和（55），野田运用"道半ば"构成的旅行隐喻架构表示，尽管日本已经陆续进行行政改革近六十余年，但是依旧没有达到至臻；又利用"原点に立ち返り、実現できる、進める、不退転の覚悟で臨む"构成的旅行隐喻架构表达了自己会继续将改革推进下去，以及"刷新"构成的清洁隐喻、"根絶"构成的植物隐喻、"戦い"构成的战争隐喻三类架构也都表达了改革之决心。野田与历届内阁有着相同的改革目标，就是要建立"無駄、非効率、効率的で質の高い、無駄遣い、無駄削減"构成的生产隐喻架构突出的高效化行政机构和"機能の強化"构成的机械隐喻突出的具备多种功能的行政机构。

（54）既に、終戦直後の昭和二十一年、国民の信頼を高めるため、行政の運営を徹底的に刷新する旨の閣議決定がありました。六十年以上を経たにもかかわらず、行政刷新は道半ばです。行政に含まれる無駄や非効率を根絶し、真に必要な行政機能の強化に取り組む、こうした行政刷新は、不断に継続、強化しなければなりません。政権交代後に取り組んできた「仕分け」の手法を深化させ、政府・与党が一体となって、国民の生活が第一の原点に立ち返り、既得権と戦い、あらゆる行政分野の改革に取り組みます。真に国民の奉仕者として能力を発揮し、効率的で質の高い行政サービスを実現できるよう、国家公務員制度改革関連法案の早期成立を図り、国家公務員の人件費削減と併せて公務員制度改革の具体化を進めます。[②]

---

① 菅内閣総理大臣第174回（常会）所信表明演説，官報（号外），東京：国立印刷局，2010/6/11，第1—2頁。
② 野田内閣総理大臣第178回（常会）所信表明演説，官報（号外），東京：国立印刷局，2011/9/13，第5頁。

（55）行政の無駄遣いの根絶は、不断に続けなければならない取り組みです。（略）まだまだ無駄削減の努力が不足しているという国民の皆様のお叱りの声が聞こえます。行政改革に不退転の覚悟で臨みます。①

32. 安倍内阁（第二次执政）

如（56），第二次执政的安倍依然认为日本的各项改革还在途中尚未完成。安倍使用了与前任菅直人和野田相同的隐喻架构，由"道半ば、総力を挙げて、更に前に進めてまいります"构成的旅行隐喻。

（56）私たちの改革は、いまだ道半ばです。社会保障改革、教育の再生、行政の徹底的な効率化など各般の改革を、新内閣の総力を挙げて、更に前に進めてまいります。②

如（57），安倍利用"肥大化"构成的拟人类隐喻、"機能が機動的に発揮できる"构成的机械隐喻、"整える"构成的建筑隐喻阐明了将改革内阁官房和内阁府庞杂繁冗现状，将其一部分事物交由中央其他部门以发挥内阁在重要决策方面的综合调整功能。他在行政机构改革目标上想要实现历届政府提倡的高效化行政运营，如（56）中的"徹底的な効率化"和（58）中的"生産性向上"构成的生产隐喻以及（58）中的"簡素化し"构成清洁隐喻架构均已体现他的改革主张。安倍任内提出了要简化各类申请手续，如网上申请手续必须24小时以内完成；废除网上申请需提交包括纸质文件在内的其他文件的规定。

（57）歴代内閣で肥大化の一途を辿ってきた内閣官房、内閣府の事務の一部を各省に移管し、重要政策における内閣の総合調整機能が機動的に発揮できるような体制を整えます。③

（58）行政も、また、生産性向上に向けて努力を進めていかなければなりません。社会保障などに係る申請手続を大胆に簡素化し、法人の

---

① 野田内閣総理大臣第180回（常会）施政方針演説，官報（号外），東京：国立印刷局，2012/1/24，第4頁。
② 安倍内閣総理大臣第187回（臨時会）所信表明，官報（号外），東京：国立印刷局，2014/9/29，第4頁。
③ 安倍内閣総理大臣第189回（常会）施政方針演説，官報（号外），東京：国立印刷局，2015/2/12，第2頁。

設立登記は、オンラインで二十四時間以内に完了するようにします。あらゆる電子申請において添付書類ゼロを実現します。①

小 结

本节对历任内阁相关行政机构改革方面语篇中的深层架构进行了梳理和分析，运用跨学科研究法解读深层架构中所体现出来的道德模式。从梳理结果看，建筑、拟人、旅行、清洁、植物、比赛、生产投资、战争、物体、自然、机械和就医十二类隐喻架构几乎覆盖所有施政文本，历任首相从不同角度阐述了简约、透明、高效的行政机构在国家运行中的重要性。值得一提的是文本中的清洁和就医两类架构使用意图鲜明，给人留下深刻印象。清洁即打扫、扫除之意，文中为"改革"行政机构之意，指整饬行政机构和运行中的庞杂、重复、浪费、效率低下现象；就医为医学处置之意，文中将"改革"行政机构视为治疗病体、祛疾除疴，指根除行政机构中的冗繁、弊端等"病灶"以恢复健康。清洁和就医两类架构是日本首相为实现行政机构"合理化"而勾勒出的一幅实施图景。

第三节 教育方面的深层架构分别分析

战后，随着新宪法的颁布，日本在教育方面也进行了大刀阔斧地改革，废除"教育勅語"，② 成立"教改革委员会"（后改为"教育改革审议

---

① 安倍内閣総理大臣第196回（常会）施政方針演説，官報（号外），東京：国立印刷局，2018/1/22，第4頁。

② 文部省編，学制百年史資料編，東京：帝国地方行政学会，1972，第8頁。原文：朕惟フニ我力皇祖皇宗國ヲ肇ムルコト宏遠ニ徳ヲ樹ツルコト深厚ナリ我力臣民克ク忠ニ克ク孝ニ億兆心ヲ一ニシテ世々厥ノ美ヲ済セルハ此レ我力國體ノ精華ニシテ教育ノ淵源亦實ニ此ニ存ス爾臣民父母ニ孝ニ兄弟ニ友ニ夫婦相和シ朋友相信シ恭儉己レヲ持シ博愛衆ニ及ホシ学ヲ修メ業ヲ習ヒ以テ智能ヲ啓發シ徳器ヲ成就シ進テ公益ヲ廣メ世務ヲ開キ常ニ國憲ヲ重シ國法ニ遵ヒ一旦緩急アレハ義勇公ニ奉シ以テ天壤無窮ノ皇運ヲ扶翼スヘシ是ノ如キハ獨リ朕カ忠良ノ臣民タルノミナラス又以テ爾祖先ノ遺風ヲ顯彰スルニ足ラン斯ノ道ハ實ニ我力皇祖皇宗ノ遺訓ニシテ子孫臣民ノ俱ニ遵守スヘキ所之ヲ古今ニ通シテ謬ラス之ヲ中外ニ施シテ悖ラス朕爾臣民ト俱ニ拳々服膺シテ咸其徳ヲ一ニセンコトヲ庶幾フ。

会"),制定和实施诸如"教育基本法"、① "学校教育法"② 等系列法规。战后日本历届内阁相关教育方面的施政多以"教育""教育改革""青少年教育"构成教育语篇的主要议题。

一 战后日本历任政府教育政策深层架构分析

本节拟分别分析战后日本历任政府有关"教育""教育改革""青少年教育"三方面施策的深层架构。

1. 片山内阁

片山内阁提出了教育改革,具体措施:推进小学和中学的六・三制;建立新制高中,包括开设定时制高中以满足青年人想在业余时间学习的需求;开设盲聋哑儿童的义务教育机构;教育进行地方分权化。如(1),片山在施政演讲的教育文本中使用了"刷新"构成的清洁隐喻架构和"振興"构成的生产隐喻架构突出改革之要旨,又利用"進む、方針、開始する"构成的旅行隐喻架构阐明改革的推进步骤。

(1)教育の<u>刷新振興</u>のために、その財政の許す限り六・三制の実施に<u>進む方針</u>のもとに、勤労青年のための定時制高等学校を含む新制高等学校と、盲聾唖児童の義務教育を<u>開始する</u>とともに、教育の地方分権化を期したい考えであります。③

2. 芦田内阁

芦田延承片山内阁改革教育的施策理念。如(2)中使用"振興"构成的生产隐喻架构和"方針を堅持する"构成的旅行隐喻架构表达了将坚持前任片山总理复兴教育和施行小学和中学的六・三制。

(2)國民道徳の高揚については、民族の名誉にかけて、この際速やかに適当な処置を講じなければなりません。われ\/の傳統は、正しき

---

① 教育基本法,永井憲一ら,新六法,東京:三省堂,2003,第733頁。教育基本法:日本国憲法の精神に基づき、日本の教育の基本的なあり方を明示した法律。
② 学校教育法,文部省編,学制百年史資料編,東京:帝国地方行政学会,1972,第44頁。学校教育法:教育基本法に基づいて学校制度の基本を定めた法律。
③ 片山内閣総理大臣第2回(常会)施政方針演説,官報(号外),東京:大蔵省印刷局,1948/1/23,第24頁。

を踏んで恐れない精神と、同胞に対する愛情とでありまして、この傳統をとりもどすことによって、われゝの祖國は真に住みよい國となり得るのであります。政府はこの精神を基調として、教学の振興に今後一層努力をいたすとともに、六・三制の実施についても前内閣以来の方針を堅持する意向であります。①

3. 吉田内阁

吉田与前任首相芦田都认为涵养国民的道德情操和激励国民的自立精神是日本实现国家复兴之根本，而实现这一伟大目标就要大力发展教育事业。如（3）（4），吉田也运用了"振兴"构成的生产隐喻架构表达了将要振兴教育，包括职业教育；还有"基本、充实"构成的建筑隐喻架构突出了进一步拓展作为国民教育基础的六三制义务教育。

（3）講和条約後わが国が真の独立国家として立ち上るためには、経済の自立をはかるはもちろんでありますが、強く国民道義を高揚し、国民の自立精神を振起することが根本であります。これがため文教の振興に一段の力をいたしたい考うるのであります。②

（4）国民生活の安定と相まって、文教の振興は政府の常に意図するところであります。特に国民教育の基本たる六・三制の義務教育については一層その充実向上をはかるのほか、産業教育を振興し、学術文化の高揚のために必要なる措置を講ずる考えであります。③

4. 鸠山（一郎）内阁

鸠山认为，国家若想实现自主独立和民主政治，其基础便是国民热爱祖国和德才兼备。如（5），鸠山利用"大本、根本的"构成的植物隐喻架构表示一个国家的教育如植物之根般占有重要位置，教育改革才是当下最为紧急问题，他利用"刷新"构成的清洁隐喻架构表示将进行全方面的教

---

① 芦田内閣総理大臣第 2 回（常会）施政方針演説，官報（号外），東京：大蔵省印刷局，1948/3/21，第 187 頁。
② 吉田内閣総理大臣第 10 回（常会）施政方針演説，官報（号外），東京：大蔵省印刷局，1951/1/27，第 35 頁。
③ 吉田内閣総理大臣第 13 回（常会）施政方針演説，官報（号外），東京：大蔵省印刷局，1952/1/24，第 36 頁。

育変革。

（5）その第四は、文教の刷新と、科学技術の振興についてであります。自主独立の達成も、正しい民主政治の確立も、その基はすべて国民の燃え上がる祖国愛と良知良能にあることは言うことを待ちません。その意味で、教育こそ、一切に通ずる大本であります。そこで、政府は、教育制度を根本的に検討するために調査機関を設けまして、文教の刷新をはかりたいと考えております。①

5. 石桥内阁

如（6），石桥利用"支柱"构成的建筑隐喻架构和"源泉"构成的河流隐喻架构将教育定位为实现国家独立的核心支柱和涵养国民道德情操的源泉；又运用"充实"构成的建筑隐喻和"刷新"构成的清洁隐喻表示将进行教育改革的愿景。

（6）独立国家の民族的支柱であり国民活動の精神的源泉である教育の充実をはかり、科学の振興と

国民道義の確立を期し、文教の刷新を講ずべきことを特に強調したいのであります。②

6. 岸内阁

如（7），岸信介使用"振興"构成的生产隐喻架构和"根本"构成的植物隐喻架构提出重振教育是日本屹立国际和实现国家强盛之根本途径，他将青少年教育作为教育施策的重中之重。岸信介认为，纵观世界历史长河中的各国兴衰可以窥见，如果一个民族的青少年忘记了热爱祖国，失去了民族自豪感，那么这个国家或民族就会衰败和消亡。与之相反，一个民族即使濒临亡国危机，如果青少年能够拥有为国家和民族、甚至为世界人类而奋发向上之志向，那么这个国家或民族就会繁荣昌盛。因此，青少年的肩上担负着国家与民族发展的历史使命。岸信介希望培养青少年的道德情操、加深对民族历史和传统文化的正确理解和热爱、增强自信和自

---

① 鳩山内閣総理大臣第 24 回（常会）施政方針演説，官報（号外），東京：大蔵省印刷局，1956/1/30，第 22 頁。

② 石橋内閣総理大臣第 26 回（常会）施政方針演説，官報（号外），東京：大蔵省印刷局，1957/2/4，第 21 頁。

第五章 日本历届政府施政报告中的深层架构分析（1947—2020）

豪感。基于此，岸信介在施政演讲中多次使用"振興し"构成的生产隐喻架构提出青少年理想与道德教育的迫切性。在（8）中，岸信介使用"大きな損失"构成的商业隐喻架构提出将从翌年开始推出相关法规，保障青少年能够顺利升学，以免因为家庭经济原因让青少年失去上学机会。除了学校教育，岸信介也强调社会教育对青少年培养的重要性。当时日本在各地开设了很多"青年之家"，旨在让青少年能够在健康的环境中通过集体生活提高社会生活中必需的规范意识。如（7）与（9），岸信介通过"すし詰め学級"构成的饮食隐喻架构生动描述了学校的拥挤现象，就像摆满寿司的盒子一般，而"刷新"构成的清洁隐喻架构和"整備し、充実する、改善"构成的建筑隐喻架构分别表明将进行一场彻底的教育改革，如同大清扫一样清除诟病和重新规划，也如建房一样将修缮缺失和重构框架。

（7）文教の振興は、わが国が世界の進運に伍して将来の繁栄を確保するための根本であります。いわゆるすし詰め学級解消のため、文教諸施策を整備し、教職員定数を充実するとともに、道徳教育を振興し、基礎学力を高める等、教育内容の刷新充実に遺憾なきを期したいと存じます。①

（8）青少年諸君が、りっぱな国家、明るい社会を作り上げる人となるために、心身の修練を積み、人間としての徳性をつちかっていくことを、切に望みます。また、すぐれた才能を持っている青少年が、経済的な理由によって進学の道をはばまれることがあるならば、これは国家としても大きな損失であります。②

（9）多年にわたる懸案であったいわゆるすし詰め学級や危険校舎の解消は、これを五カ年計画をもって達成するほか、文教諸施設を整備し、教職員を充実することといたしました。また、道徳教育を振興し、基礎学力を高めるため、教育内容の改善を行い、義務教育の刷新充実をはか

---

① 岸内閣総理大臣第 34 回（常会）施政方針演説，官報（号外），東京：大蔵省印刷局，1960/2/1，第 23 頁。

② 岸内閣総理大臣第 28 回（常会）施政方針演説，官報（号外），東京：大蔵省印刷局，1958/1/29，第 24 頁。

ることとしたのであります。①

7. 池田内阁

如（10）—（12），池田运用"根本、根幹"构成的植物隐喻架构和"百年の大計"构成的生产隐喻架构将教育视作植物之根干，强调其在国家建设中的重要作用，是国家发展的百年大计，他又利用"最高水準"构成的竞赛隐喻架构指出日本教育应该处于世界最高水平之教育发展目标。其次，与前任首相岸信介同步，池田对青少年及其教育的描述充分体现了他亦将青少年教育置于教育施策首要位置之决意。如（13），"聖なる源泉"构成的自然隐喻架构突出了青少年是国家生存之源泉，又如（13），"基本"构成的建筑隐喻架构表明了青少年教育是教育根基部分，再如（14）中，"眼目"构成的拟人类隐喻更是将青少年教育看作我们的眼睛；池田于（12）中使用"目標に到達する"构成的旅行隐喻架构指出了青少年教育的实现途径：青少年的健康成长需要充满亲情的家人教育，需要深受学生信赖和尊敬的学校教育，需要各地区和各职场中的每个人发挥自己的创意和努力给青少年以良好的成长氛围。再次，如（15），池田利用"その趣旨に沿って、施策して参る"构成的旅行隐喻架构表示将秉承历任内阁的教育改革理念，因为教育改革是所有施政的大前提。如（10）（11）（15），教育改革方面隐喻表述有"刷新"构成的清洁隐喻、"充实、拡充、強化、整備"构成的建筑隐喻、"資質の向上、振興、無償供与"构成的生产隐喻。

（10）文教の高揚とその刷新に努め、国作りの根本たる人作りに全力を尽くす決意であります。②

（11）人つくりは、国づくりの根幹であります。（略）わが国における教育の普及は、世界の最高水準にあるのでありまするが、その内容については、反省を要する点が少なくないと思われます。政府は、まず、青少年の教育に携わる指導者、教育者の自覚を促し、その資質の向上を

---

① 岸内閣総理大臣第31回（常会）施政方針演説，官報（号外），東京：大蔵省印刷局，1959/1/27，第81頁。
② 池田内閣総理大臣第41回（臨時会）所信表明演説，官報（号外），東京：大蔵省印刷局，1962/8/10，第19頁。

はかるとともに、道徳教育の充実、科学技術教育の振興、育英事業の拡充、私学の助成強化、義務教育における教科書の無償供与、学校給食の拡充等を実行することといたしました。また、社会教育及び体育についても一そうの充実強化をはかっております。①

（12）これら国づくりの施策と並んで、その根幹となる人つくりは、国家百年の大計であります。祖国愛に目ざめ、高い知性と豊かな情操と強い意思を身につけ、たくましい創造力と開拓者精神にあふれて、国家、社会、人類に奉仕せんとする青少年の育成こそ、人つくりの基本であります。偉大なる民族の発展は、このような健全な青少年の双肩にかかっていると存じます。この目標に到達するため、愛情深き家庭のしつけ、国民から信頼され、尊敬される教育者による学校教育、地域、職域における国民みずからの創意とくふうと努力による陶冶が必要であります。②

（13）青少年こそは祖国の生命力の聖なる源泉であり、民族の純潔と勇気を代表するものでありますから、遠大な使命感とゆかしい学問教養を身につけていただきたいと思います。③

（14）青少年の育成については、徳性を涵養し、祖国を愛する心情を養い、時代の進運に必要な知識と技術とを身につけ、わが国の繁栄と世界平和の増進に寄与し得る、よりりっぱな日本人をつくり上げることを眼目とする考えであります。④

（15）歴代の政府は、戦後の困難な状況のもとにおきましても、文教施策の充実に特に意を注いで参りました。政府は、その趣旨に沿って青少年の能力の一そうの開発を助長するため、低所得層の子弟の育英奨

---

① 池田内閣総理大臣第43回（常会）施政方針演説，官報（号外），東京：大蔵省印刷局，1963/1/23，第16頁。
② 池田内閣総理大臣第44回（臨時会）所信表明演説，官報（号外），東京：大蔵省印刷局，1963/10/18，第19頁。
③ 池田内閣総理大臣第40回（常会）施政方針演説，官報（号外），東京：大蔵省印刷局，1962/1/19，第29頁。
④ 池田内閣総理大臣第41回（臨時会）所信表明演説，官報（号外），東京：大蔵省印刷局，1962/8/10，第19頁。

学、勤労青少年の教育体制の整備等につき積極的に施策して参る所存であります。①

8. 佐藤内阁

佐藤认为，不仅国民素质取决于成功的教育理念，国家与民族的发展更是离不开教育。如（16）—（19）中，一是被喻为"基础"构成的建筑根基部分，意指教育是培养国民素质之根本；二是被喻为可以赐予珍贵礼物"たまもの"的人，三是被喻为"原動力"构成的机械动力源，意指教育是提升国民实力以及开拓民族未来发展之路的推动力。又如（16）和（20），佐藤利用"目的"构成的旅行隐喻架构以及"基本"构成的建筑隐喻架构指出完善青少年教育是日本教育施政的目标，即培养青少年的爱国情怀，掌握适应时代需求的知识和技能，心系民族振兴和国家发展的有志青年。佐藤认为，教育改革是最根本性的重要课题，势在必行。在（20）和（21）中也出现了表示改革之意的"刷新"构成的清洁隐喻架构，同时，还有"強化、拡大、充実"构成的建筑隐喻架构意指将改善教育环境和强化相关学科建设，以及"推進、負担の軽減、越え、転換期、実現"构成的旅行隐喻架构意指教育改革正处于新时代建设精神文明的转型期，将克服种种困难，推行自幼儿教育至高等教育包括内容和制度等全方位的系列改革。

（16）すぐれた国民を育成する基礎は教育にあります。祖国を愛する心情を養い、時代の進運に必要な知識と技術を身につけ、民族の繁栄と国家の発展に寄与し得るりっぱな青少年をつくり上げることこそ教育の目的といわなければなりません。②

（17）われわれ日本国民はすでに戦後の目標を達成し、いまや新たな歴史の創造に取り組む時期にまいりました。国家と民族の発展の基礎は人にあります。私は、人間を大切にする政治を行なうため、社会開発

---

① 池田内閣総理大臣第36回（臨時会）施政方針演説，官報（号外），東京：大蔵省印刷局，1960/10/21，第25頁。
② 佐藤内閣総理大臣第51回（常会）施政方針演説，官報（号外），東京：大蔵省印刷局，1966/1/28，第161頁。

を政策の基本といたします。①

（18）わが国は、戦後、経済的に世界有数の国家として発展し続けていることは、すぐれた国民教育のたまものであります。②

（19）教育こそ、国民の資質と能力を高め、民族の将来を切り開く原動力であります。③

（20）私は、青少年諸君が、未来に連なる人間像を心に描きつつ、世界の中の日本人となり得るよう力強い努力を続けることを心から期待します。政府は、このため必要な諸条件を整え、適切な指導を行なうことこそ文教の基本であると考え、家庭教育、道徳教育の強化、育英奨学の拡大及び勤労青少年教育の推進につとめ、さらに義務教育費の父兄負担の軽減について一そう努力いたします。④

（21）教育の刷新と学術文化、科学技術の振興は、最も基本的な重要課題であります。物質的な豊かさを越え、精神的な豊かさが求められる新しい時代の転換期において、幼児教育から高等教育にわたる教育の内容や制度の根本的改革に着手すべきであると信じます。⑤

9. 田中内阁

如（22），田中利用"育み、培う"构成的拟人类隐喻阐明教育是延续民族生命和民族文化传统的国家性课题。青少年更是跨越充满剧变与考验的 20 世纪并开创日本民族之未来发展的主角。如（22）、（23）中，"刷新"构成的清洁隐喻和"充实、充实し、整备する"构成的建筑隐喻及"振兴"构成的生产隐喻表达了田中内阁进行教育改革的决心。具体措施：初等和中等阶段是青少年人格形成阶段，要注重其知、德、体的平衡发

---

① 佐藤内閣総理大臣第 55 回（特別会）施政方針演説，官報（号外），東京：大蔵省印刷局，1967/3/14，第 29 頁。
② 佐藤内閣総理大臣第 61 回（常会）施政方針演説，官報（号外），東京：大蔵省印刷局，1969/1/27，第 12 頁。
③ 佐藤内閣総理大臣第 66 回（臨時会）所信表明演説，官報（号外），東京：大蔵省印刷局，1971/7/17，第 27 頁。
④ 佐藤内閣総理大臣第 48 回（常会）施政方針演説，官報（号外），東京：大蔵省印刷局，1965/1/25，第 18—19 頁。
⑤ 佐藤内閣総理大臣第 65 回（常会）施政方針演説，官報（号外），東京：大蔵省印刷局，1971/1/22，第 16 頁。

展，要进一步改善义务教育阶段，在教学内容上要精挑细选，要培养青少年的责任感和思考能力；还要加强教师的职业精神教育，保证社会对教师的信任；为招揽优秀人才投身教育事业，也为了让教师对教育事业投入更多的热情，政府将继续推动改善教师工资待遇的改革。高等教育阶段除了进行大学改革以外，还将继续推进教育机会均等政策。

（22）教育は、民族悠久の生命を<u>はぐくみ</u>、日本文化の伝統を<u>つちかう</u>最も重要な国家的課題であります。激動と試練の二十世紀を越えて日本民族の歴史を創造するものは、青少年であります。心身ともにすこやかで、豊かな心情と創造力に富み、広い視野と強い責任感を持った青少年の育成は、国民共通の願いであります。私は、青少年諸君が、強靱な精神とたくましい身体を養うとともに、公共に奉仕する使命感に燃え、国際人としても信頼されるたくましい日本人として成長することを心から期待いたします。政府は、新たな決意をもって、教育の<u>刷新</u>、<u>充実</u>のための施策を<u>積極的に進めてまいります</u>。①

（23）教育の<u>振興</u>が重要なことは申すまでもないことであります。（略）人間形成の基本が小、中学校で定まることを思えば、義務教育を<u>充実し整備する</u>ことは、何よりも大切な問題であります。②

10. 三木内阁

三木上任后将教育作为新内阁最重视的一项工作。他在第75次施政演讲中指出，日本之所以有今日的一切，正是因为明治时期的智者们重视教育。新内阁有责任和义务为了21世纪的子子孙孙而持续大力发展教育。因此，如（24）中三木利用了"強化、改善"构成的建筑隐喻架构表达了尽管政府一直在控制预算，但对教育却进行重点投入，加大资助力度，提高教师待遇，增加育英奖学金金额。三木于第77次施政演讲中提到，教育、科技、福祉、经济四个问题决定了日本是否能够长久繁荣下去，其中教育的重要性更是不必多言。如（25），三木使用"責任"构成的拟人类隐喻

---

① 田中内閣総理大臣第72回（常会）施政方針演説，官報（号外），東京：大蔵省印刷局，1974/1/21，第177頁。

② 田中内閣総理大臣第71回（特別会）施政方針演説，官報（号外），東京：大蔵省印刷局，1973/1/27，第38頁。

指教育的责任就是激发出国民的无限能量，尤其是对青少年的教育更是不可怠惰和疏忽，因为在即将到来的21世纪大展身手的正是青少年，他们才是未来的创造者。三木还使用了"外に置く、排する"构成的清洁隐喻架构期待教育远离政党之争，放弃竞争第一主义和考试第一主义；以及利用"新風を吹き込む"构成的自然隐喻架构倡导"互助教育"。

（24）今回の抑制予算の中においても、特に教育を重点項目とし、私学助成の<u>強化</u>、教員の待遇<u>改善</u>、育英奨学資金の増額を図ったのもその趣旨によるものであります。①

（25）資源に恵まれない日本ですが、天の与えた最大の恵みは人であります。無限の能力を秘めた人間こそが日本の宝であります。その能力を引き出すのが教育の<u>責任</u>であります。現在、教育を受けつつある青少年こそ、二十一世紀に活躍する未来の創造者であります。今日の教育をおろそかにすることは、二十一世紀に対する責任の回避にほかなりません。（略）私は、教育を政争の<u>外に置く</u>ことと、がりがりの競争第一主義と入試第一主義を<u>排する</u>ことを期待しております。最近文相が提唱した「助け合い教育」などは教育界に<u>新風を吹き込む</u>ものとして、私も賛同するところであります。②

三木内阁推出三项教育改革措施：大学入学考试制度改革，如试行国立大学统一考试等；扩大学校教育机会，如设立资助建立大学和专科学校项目等；提高学校教育质量，如增加对教育教学的指导等。

11. 福田（赳夫）内阁

福田在第80次施政演讲中讲到"国を興し、国を担うものは人である。民族の繁栄も衰退も、かかって人にあると思う"，国民担负着复兴国家与建设国家的使命，关乎着民族的繁荣与衰败。他认为，日本作为资源贫乏的小国能够在战后克服多重考验，短时间内构筑今日日本，完全得益于国民的教育水平和教育普及度。在第84次施政演讲时，如（26），与

---

① 三木内閣総理大臣第75回（常会）施政方針演説，官報（号外），東京：大蔵省印刷局，1975/1/24，第13頁。
② 三木内閣総理大臣第77回（常会）施政方針演説，官報（号外），東京：大蔵省印刷局，1976/1/23，第17頁。

第58—60任首相池田相同，福田也利用"百年の計、振興"构成的生产隐喻架构将教育视为国家发展的百年大计，为了振兴教育将持续加大关注力度。如（27），福田利用"基本"构成的建筑隐喻表示国民是国家的重要财产，教育则是各项国家施策的基础。由于战后功利主义倾向盛行，学校教育偏重考试和就业，于是福田利用"基調"构成的音乐隐喻架构以及"均衡のとれた、偏重"构成的平衡隐喻架构表明内阁将把培养青少年的创新性、自主性及社会连带感，有志为世界和平和繁荣努力的知、德、体平衡发展作为教育施策的主基调。他强调教育的目的是让青少年具有自由的个性、敏锐的知性、丰富的情操、仁爱之心以及时代所求的创造性，政府会继续推动和落实教育人才引进、松缓教学课程、改善考试制度等系列改革措施。

（26）私はまた、国家<u>百年の計</u>に立って、<u>人づくり</u>を重視し、教育、学術、文化、スポーツなどの<u>振興</u>に格段の努力を払います。①

（27）人間こそはわが国の財産であり、教育は国政の<u>基本</u>であります。私は、教育を重視し、その<u>基調</u>を、個人の創意、自主性及び社会連帶感を大切にし、世界の平和と繁栄に貢献し得る、知、德、体の<u>均衡のとれた</u>豊かな日本人の育成に置きたいと思います。このためには、知識<u>偏重</u>の教育を改め、家庭、学校、社会のすべてを結ぶ総合的な教育の仕組みを創造していかなければなりません。②

12. 大平内阁

如（28），大平在第87次施政演讲中利用"整備と充実"构成的建筑隐喻架构表明将为所有国民享有终身学习机会创造条件，也就是说，国民一生中可以随时进行学习以提升自己的能力。又如（29），大平认为，青少年是未来的使者和文化的传承者。为了利于青少年的健康成长，他运用"充実、諸条件を改善して"构成的建筑隐喻架构和"推進し"构成的旅行隐喻架构以及"自発性と活性化"构成的拟人类隐喻表示政府会完善儿

---

① 福田內閣総理大臣第84回（常会）施政方針演説，官報（号外），東京：大蔵省印刷局，1978/1/21，第45頁。

② 福田內閣総理大臣第80回（常会）施政方針演説，官報（号外），東京：大蔵省印刷局，1977/1/31，第10頁。

童福利政策、推进松缓教学课程的制定、改善学校的各方条件、促进教育自主性和灵活性等。

（28）すべての国民が、自主的な選択により、生涯にわたって常にみずからを啓発し、それぞれその個性と能力を伸ばし、創造的な生活を享受できるよう、文化、教育、スポーツなどの諸条件の<u>整備</u>と<u>充実</u>を図ってまいります。①

（29）私は、子供は未来への使者であり、文化の伝承者であると思います。その健全な発展、成長に資するため、児童福祉対策の<u>充実</u>を図るとともに、<u>ゆとりある学級編成</u>を<u>推進</u>し、教育の<u>諸条件を改善して</u>、教育の<u>自発性</u>と<u>活性化</u>を促したいと思います。②

13. 铃木内阁

铃木指出，为了让日本成为一个充满阳光和希望的国家，就要重视对青少年一代的培养和教育。如（30），铃木使用"一体となって"构成的拟人类隐喻和"改善"构成的建筑隐喻架构强调青少年教育中家庭、学校和社会全体缺一不可，三方面应该携手合作，给青少年创建一个健康成长的大环境。尤其要进一步完善和整顿社会环境，杜绝毒品泛滥和控制犯罪率上升，因为社会环境最容易侵蚀青少年的心灵。

（30）私は、これからの社会が、希望に満ちた明るい社会であるためにも、家庭、学校を初め社会全体が<u>一体となって</u>、次代を担う青少年の健全な育成に幼児のころから心がける必要があると思います。特に、青少年の心をむしばむおそれのあるような社会環境を<u>改善</u>しなければなりません。覚せい剤等の乱用が蔓延し、犯罪が頻発するような社会にならないよう最善の努力が必要であります。③

14. 中曾根内阁

中曾根上任后，针对日本社会上大量出现的毒品泛滥、校内暴力、违

---

① 大平内閣総理大臣第87回（常会）施政方針演説，官報（号外），東京：大蔵省印刷局，1979/1/25，第21—22頁。

② 大平内閣総理大臣第91回（常会）施政方針演説，官報（号外），東京：大蔵省印刷局，1980/1/25，第117頁。

③ 鈴木内閣総理大臣第96回（常会）施政方針演説，官報（号外），東京：大蔵省印刷局，1982/1/25，第53頁。

法犯罪等危害青少年身心健康的现象，指出其原因在于：一是作为社会基本单位的家庭观念淡漠，二是作为一个人应该具有基本要素方面的教育不足和缺失，这些要素包括礼节、责任感、正义感、兄弟情、善待他人、奉献精神等。他又指出，明治以来的日本为了赶超其他国家，包括教育制度在内的各项措施的确在重振日本过程中发挥了巨大功能，但时至当今，教育制度已不再适应时代发展。战后至当下，青少年教育仅依靠学校，对家庭和社会等更为宽广的综合性教育重视不够。基于此，如（31），中曾根利用"刷新"构成的清洁隐喻架构提出新内阁将进行久违且必须进行的教育改革；他也利用"百年の計"构成的生产隐喻架构将教育定位为国家发展的百年大计，不可盲目追求速度而忽略质量。中曾根施政演讲中多次提及教育改革，如（31）—（36），他利用"今後目指す、探求、追求、目指してまいる、目標とするものである、ぜひとも推進していかなければならない、実施に移す、基本方向を示し、実現、大きな使命、推進してまいった"构成的旅行隐喻架构阐明了改革目标和具体措施。改革目标是通过对教育理念，幼儿教育，六、三、三、四制等教育制度、教育内容、教员资质、考试制度、家庭与社会教育等多领域施行彻底改革，建立一套注重"人間主義、人格主義"的教育理念，新的理念中不仅有知识传授，还有道德情操、社会意识、理想信念、强健体魄、自由个性、丰富创意方面的培养；改革的具体措施大致包括三个方面，一是培养青少年全面发展，如教育制度和教育内容多样化、弹性化、重视家庭和社会教育，尊重个性，增加和奖励课堂外实践活动；二是探求更为综合性、人性化的教育方式，如扩大学生自由选择的范围等；三是教育实现国际化以推进日本国家国际化的步伐。中曾根内阁设立了21世纪留学生政策恳谈会[①]，该组织于1983年8月向文部省提出了21世纪留学生政策建议书[②]，经过专家研讨，次年6月文部省出台了21世纪的留学生相关政策[③]，这一系列报告旨在探讨至21世纪初日本的留学生人数要达到十万人。[④]

[①] 注：二十一世紀への留学生政策懇談会。
[②] 注：二十一世紀への留学生政策に関する提言。
[③] 注：二十一世紀への留学生政策の展開について。
[④] 文部省編，*学制百二十年史*，東京：株式会社ぎょうせい，1992，第617頁。

(31) 第三の改革は、教育改革であります。既に、教育の刷新改革については久しく論じられてきたところでありますが、現在ほどその必要性について世論が盛り上がったときはありません。（略）もちろん教育は国家百年の計であり、拙速は戒めなければなりません。（略）私は、今後目指すべき教育改革の視点は、教育制度、教育内容の多様化、弾力化、家庭や社会教育の重視、個性の尊重や教室外における実践・体験の奨励等による学生生徒等の全人的育成、教育を受ける側の選択の自由の拡大等総合的、人間的な教育のあり方の探求であり、また、国際国家日本の国民にふさわしい教育の国際化の追求にあると思います。もちろん、これらの改革の根底に、知育のみに偏せず、道徳性や社会性、純真な理想と強健な体力、豊かな個性と創造力をはぐくもうとする人間主義、人格主義の理念が脈々と流れていることが不可欠であると考えます。私は、今後、このような考え方に立って、教育理念、幼児教育、六・三・三・四制を初めとする教育制度、教育内容、教員の資質、入試制度、海外子女教育、家庭や社会教育等広範な分野にわたっての論議と改革を目指してまいります。①

　　(32) 教育改革については、去る六月に臨時教育審議会から第一次答申が提出されました。（略）政府は、これを最大限に尊重し、速やかに所要の施策を実施に移すこととしております。②

　　(33) 教育改革は、二十一世紀に向けて、我が国が創造的で活力ある社会を築いていくために、個人の尊厳を重んじ、我が国の伝統文化を継承し、日本人としての自覚に立って国際社会に貢献し得る国民の育成を図ることを目標とするものであります。③

　　(34) 教育改革については、去る四月、臨時教育審議会から第二次

---

　　① 中曽根内閣総理大臣第101回（特別会）施政方針演説，官報（号外），東京：大蔵省印刷局，1984/2/6，第20頁。
　　② 中曽根内閣総理大臣第103回（臨時会）所信表明演説，官報（号外），東京：大蔵省印刷局，1985/10/14，第4頁。
　　③ 中曽根内閣総理大臣第104回（常会）施政方針演説，官報（号外），東京：大蔵省印刷局，1986/1/27，第16頁。

答申が提出されました。今回の答申では、二十一世紀に向けた教育の基本的あり方を示すとともに、生涯学習体系への移行を主軸とする教育体系再編成の基本方向を示し、幅広い分野にわたって具体的な提言を行っております。教育改革の実現は、政治の大きな使命であると信じます。①

（35）教育改革は、二十一世紀に向けて我が国が創造的で活力ある社会を築いていくために、ぜひとも推進していかなければならない重要な課題であります。②

（36）教育改革について、政府は、これまで臨時教育審議会の三次にわたる答申を受け、教育内容の改善や教員の資質向上、大学入試の改革等各般の施策を推進してまいりました。③

15. 竹下内阁

竹下认为，教育是建设充满创意和活力的文化国家最根本的因素，所以推进教育改革是国家运行中最为重要的课题。如（37）、（38）中，"推进、実現を目指し、施策を進めてまいる、積極的に推進する"构成的旅行隐喻架构表达了竹下的教育变革计划；"充実、改善、築く"构成的建筑隐喻和"資質の向上"构成的生产隐喻及"個性化、活性化"构成的拟人类隐喻都体现了变革的具体措施：强化道德教育；优化教学内容；提高教员资质；促进高等教育个性化和灵活化；构筑满足国民多种学习愿望的终身学习环境。

（37）教育改革の推進は、二十一世紀に向けて我が国が創造的で活力ある文化国家として発展し、世界に貢献していく基盤を築くために、全力で取り組んでいかなければならない国政の重要課題であります。私は、今の教育に最も強く求められているのは、日本人としての自覚に立って国際社会の中でたくましく活動できる個性的で心豊かな青少年を育

---

① 中曽根内閣総理大臣第107回（臨時会）所信表明演説，官報（号外），東京：大蔵省印刷局，1986/9/12，第16頁。
② 中曽根内閣総理大臣第108回（常会）施政方針演説，官報（号外），東京：大蔵省印刷局，1987/1/26，第8頁。
③ 中曽根内閣総理大臣第109回（臨時会）所信表明演説，官報（号外），東京：大蔵省印刷局，1987/7/6，第5頁。

成することであると考えます。そのため、臨時教育審議会の諸提言を受け、子供たち一人一人の個性を生かした創造的で多様な教育の実現を目指し、引き続き、道徳教育の充実、教員の資質の向上、大学入試制度の改革などを着実に実行に移していくこととしており、そのための法案の提出を含め諸般の施策を進めてまいります。①

（38）私は、日本人としての自覚に立って国際社会の中でたくましく活動できる個性豊かな青少年を育成するため、道徳教育の充実など教育内容の改善、教員の資質の向上、高等教育の個性化、活性化等を積極的に推進するとともに、国民の皆様のさまざまな学習意欲にこたえる生涯学習社会を築くことが必要であると確信いたしております。②

16. 宇野内閣

宇野与前任首相竹下的教育改革理念相同，如（39），利用"実現に向けて、取り組んでまいります"构成的旅行隐喻架构表明改革目标是培养青少年具有坚韧品质、自由个性、情感丰富的内心世界，以及建设能够进行终身学习的社会。

（39）教育改革は、我が国が創造的で活力ある文化国家として発展し、世界に貢献していく基盤を築くものであります。国際社会の中でたくましく活動できる個性的で心豊かな青少年の育成はもとより、生涯学習社会の実現に向けて、引き続きその改革に取り組んでまいります。③

17. 海部内閣

如（40）中"百年の大計"构成的生产隐喻架构可以解读海部的教育理念，与前几任内阁相同，海部内阁将教育视为国家发展的百年大计。他认为，教育目标是培养青少年确立自我、尊重历史、文化、传统，国际形象良好，品行正直，充满创意。海部还使用"実現してまいる"构成的旅

---

① 竹下内閣総理大臣第112回（常会）施政方針演説，官報（号外），東京：大蔵省印刷局，1988/1/25，第14頁。
② 竹下内閣総理大臣第114回（常会）施政方針演説，官報（号外），東京：大蔵省印刷局，1989/2/10，第24頁。
③ 宇野内閣総理大臣第114回（常会）所信表明演説，官報（号外），東京：大蔵省印刷局，1989/6/5，第568頁。

行隐喻架构和"戒め、個性と創造性を伸ばす、その個性をお互いが尊重し合う、育てる"构成的拟人类隐喻以及"整備"构成的建筑隐喻架构指出了教育改革要实现的目标：改正学校教育中偏重知识传授这一弊端，培养青少年的个性和创造性，教导青少年要尊重他人，完善各种学习环境以满足国民多种且高涨的学习欲望。

(40) 教育は国家<u>百年の大計</u>であります。自我を確立し、歴史、文化、伝統をとうとび、国際社会の中で信頼される公正な心と豊かな創造性を持つ青少年の育成に努めていかなければなりません。学校教育においては、知育偏重にならないように<u>戒め</u>、<u>個性と創造性を伸ばす</u>とともに、その<u>個性をお互いが尊重し合う</u>気風を<u>育てる</u>教育を実現してまいります。また、国民の多様かつ高度な学習意欲にこたえ、精神的、文化的な充実が得られるよう、生涯にわたる学習やスポーツの機会の<u>整備</u>に力を注いでまいります。①

18. 宫泽内阁

如 (41) 和 (42)，宫泽利用"基盤、基礎を築く"构成的建筑隐喻架构将教育、艺术文化和科学技术喻为国家和社会所有领域发展基础，也是让日本拥有创新和活力的根本要素；宫泽又利用"育成する"构成的拟人类隐喻将教育视为一个人，在学校教育中培养学生的个性和创新性，教导学生作为一个日本人要有敢于在国际上发挥更多作用的志向，还要有情感丰富的心灵和坚韧不拔的品行；在鼓励国民进行终身学习方面，宫泽也使用了"整備"构成的建筑隐喻架构。

(41) 教育や芸術文化、科学技術は、国家社会のあらゆる分野の発展<u>基盤</u>です。学校教育においては、個性や創造性を伸ばし、日本人としての自覚に立って国際社会で活躍し貢献できる、心豊かなたくましい国民を<u>育成する</u>教育に努めます。また、生涯にわたる学習機会を<u>整備する</u>とともに、スポーツや芸術文化の振興を図ってまいります。②

---

① 海部内閣総理大臣第118回（特別会）施政方針演説，官報（号外），東京：大蔵省印刷局，1990/3/2，第5頁。
② 宮澤内閣総理大臣第123回（常会）施政方針演説，官報（号外），東京：大蔵省印刷局，1992/1/24，第7頁。

（42）教育や芸術文化、科学技術は、我が国が創造的で活力ある文化国家として発展し、世界に貢献していく<u>基礎を築く</u>ものであります。①

19. 细川内阁

细川主张创建"文化を発信できる社会"——让独特、富于个性的日本文化通过个人、地区、国家走向世界，增进相互交流，促进新文化的发展。如（43），细川运用了"築く"构成的建筑隐喻和"推進、重点的に進めてまいる"构成的旅行隐喻表明将构建利于国际交流的教育环境，继续推进中曾根内阁制定的"留学生十万人计划"；再如，"基本"构成的建筑隐喻阐明日本想成为创新型、文化氛围浓厚的国家势必先要培养国民个性自由之品性；"魅力的な開かれた"构成的拟人类隐喻表达出教育的成果不是规格化、不是缺乏自我，而是个性开放自由，身心健康阳光；"目指して、進めてまいりたい"构成的旅行隐喻架构表明细川会以建构新教育理念为目标推进教育改革。

（43）諸外国との対話を通じて、お互いの多様性を理解し合える環境を<u>築く</u>ために、「留学生受入れ十万人計画」の<u>推進</u>や、語学教育の一層の充実、開発援助に携わる人材の養成などの人づくりと国際的な文化交流<u>重点的に進めてまいる</u>考えであります。教育を通じて個性豊かな人間性を育てることは、創造的で文化の薫り高い国をつくっていくための<u>基本</u>であります。教育に関して、画一的であるとか、主体性が育たないとかさまざまな意見がありますが、私は、幅広く初等中等教育から大学教育まで、より<u>魅力的な開かれた</u>教育を<u>目指して</u>教育改革を<u>進めてまいりたい</u>と考えております。②

20. 羽田内阁

如（44），羽田利用"先行投資"构成的生产隐喻架构指出教育和科学技术是对未来发展的先期投资。

（44）教育や科学技術を未来への<u>先行投資</u>として位置づけ、多様な

---

① 宮澤内閣総理大臣第126回（常会）施政方針演説，官報（号外），東京：大蔵省印刷局，1993/1/22，第6頁。
② 細川内閣総理大臣第129回（常会）施政方針演説，官報（号外），東京：大蔵省印刷局，1994/3/4，第2—3頁。

個性が重んじられ、新しい文化や経済活動が生み出されるような社会の実現を目指してまいります。①

21. 村山内阁

村山认为，国之昌盛与衰败取决于国民素质。新内阁主张，唯有通过教育培养充满个性和创意、又具同情心的国民才是国政之根本。如（45），"基本"构成的建筑隐喻体现了教育是国家这座大厦的基石部分；"实现する、押し进めていかなければならない"构成的旅行隐喻表示树立新教育理念——缓解考试竞争压力，适应国际化、信息化、科技创新——是新内阁的追求目标，为此会继续推进教育改革，建立一套独特、充满人性化的教育制度；"筑く"构成的建筑隐喻将教育等国际交流和合作喻为国际社会这座大厦建造过程中的重要元素，"推进"构成的旅行隐喻架构表示将继续中曾根内阁推行的国际教育交流计划——"留学生受入れ十万人計画"。

（45）国家は人によって栄え人によって滅ぶと申します。教育を通じて個性と創造性にあふれ思いやりの心を持った人間を育てることは、国づくりの基本であります。いわゆる偏差値偏重による受験競争の過熱化を緩和するために、また、我が国の教育が国際化、情報化、科学技術の革新といった変化により適切に対応し得るよう、いま一度教育上の課題を見直し、より魅力的な、そして心の通う教育を実現するために、教育改革を押し進めていかなければならないと存じます。（略）教育、学術、文化、スポーツの分野における国際交流・協力は、国境を越えて互いの多様性を理解し合える環境を築く上で極めて重要であると思います。このため、留学生受入れ十万人計画の推進や平和友好交流計画の一環として実施する青年招聘事業、国際共同研究や研究者交流、海外の文化遺産の保存、修復などを進めてまいりたいと考えています。②

---

① 羽田内閣総理大臣第129回（常会）所信表明演説，官報（号外），東京：大蔵省印刷局，1994/5/10，第2頁。
② 村山内閣総理大臣第132回（常会）施政方針演説，官報（号外），東京：大蔵省印刷局，1995/1/20，第5頁。

22. 桥本内阁

针对不断出现的校园欺凌、逃课和一些青少年违法行为，桥本认为，建立一个益于青少年健康成长的环境是成年人的责任，因为青少年是民族发展的希望。如（46），桥本提出，培养青少年有正义感、公正心、同情心、帮助弱者的勇气、热爱家乡和祖国需要家庭的亲情温暖、需要学校和社会的共同努力。在（46）中，他运用"目指します"构成的旅行隐喻指将扭转现状和施行教育改革，目标是培养青少年的生存能力，而不应该只负责灌输各种知识。

（46）正義感や公正さを重んじる心、他人への思いやりや弱い者を助ける勇気、みずからのふるさとや国を愛する心は、家族の触れ合い、学校教育、地域社会とのかかわりが相まって培われるものです。みずからの夢や目標のために努力すると同時に、国際社会の一員としての自覚を持って国や社会の将来に積極的にかかわっていく世代を育てるために、知識を教え込むだけでなく、伸び伸びと「生きる力」をはぐくむ教育を目指します。①

明治维新后，日本教育始终处于世界最高水平，但桥本认为，为了让每个日本国民感受到生活的充实感，应该改变由学历来左右人生的现状。国际化和信息化日新月异，培养国际通用的人才已迫在眉睫。基于此，如（47），桥本运用"転換する、進めてまいる、移行するための準備を進めながら、実現したい"构成的旅行隐喻架构指出教育改革要实现的目标；"平等性・均質性を重視した、視点に立った、知識・見識・良識をバランス良く育てる、可能性を十分に引き出し、生きる力を育む"构成的拟人类隐喻则阐明了教育改革的三个核心措施：一是将学校教育由重视均质性和等同性转换为重视开发青少年潜力和创造能力、提倡和鼓励挑战精神以保持终身学习；二是教育培养过程中，不要仅停留于讲授标准答案，而是培养学生知识视野和认知判断方面平衡发展，具有发现问题和解决问题的能力，为此有必要将教学科目的选择范围进一步扩大；三是推行学校一

---

① 橋本内閣総理大臣第139回（臨時会）所信表明演説，官報（号外），東京：大蔵省印刷局，1996/11/29，第3頁。

周五日上学制、修改中学高中阶段一体制及教学课程，以激发青少年丰富潜能来培养生存能力。

（47）かかる認識に立ち、平等性、均質性を重視した学校教育を、個々人の多様な能力の開発と、創造性、チャレンジ精神を重視した生涯学習の視点に立った教育に転換する教育改革を進めてまいります。（略）こうした人材を育てるためには、答えが決められている問題を解く知識だけではなく、みずから問題意識をもって自分なりの解答を出し、その実現に努力できる知識、見識、良識をバランス良く育てる教育が必要であり、また、子供たちが多様な夢や目標を目指して努力するには、教育の分野においても選択の幅を広げることが必要です。このような認識に立って、学校週五日制に移行するための準備を進めながら、中高一貫教育などの学校制度や教育課程の見直しにより、子供たちの持つ可能性を十分に引き出し、生きる力をはぐくむことのできる教育を実現したいと考えます。①

23. 小渕内阁

"国家の基本は人であります。教育は国家百年の計の礎を築くものであり、新しい世紀の到来を前に取り組むべき最重要課題として対応してまいります。"②

如上引用，小渊运用"基本、礎を築く"构成的建筑隐喻意指人是国之根本，而教育是构筑国家这座高楼之基础，也是新世纪（21世纪）到来之际最紧要的课题。小渊第143次国会演讲中指青少年的身心健康关乎21世纪的稳固发展，因此，他提出家庭和社会要发挥积极的培养义务，特别是家庭中的父亲更应该履行教育责任。此外，如（48）中所述，小渊使用"実現し、推進する、推進に引き続き力を注いでまいる"构成的旅行隐喻、"充実させる"构成的建筑隐喻、"豊かな人間性を育む、自主性・自律性を尊重した"构成的拟人类隐喻表达了将进行教育改革的政治意

---

① 橋本内閣総理大臣第140回（常会）施政方針演説，官報（号外），東京：大蔵省印刷局，1997/1/20，第3頁。

② 小渕内閣総理大臣第146回（臨時会）所信表明演説，官報（号外），東京：大蔵省印刷局，1999/10/2，第4頁。

志——充实青少年的心灵教育，让他们具有自由、自信的个性及情感丰富的内心世界；学校教育科目进一步多样化，尊重第一线教学的自主性，建设能与国际社会顺利接轨的大学；等等。又如（49），小渕于第145次施政演讲中利用"原点"构成的旅行隐喻意指教育的出发点应该是涵养青少年的适应生存的能力、友爱互助的心灵、敬爱大自然的情感。

（48）子供たちが自分の個性を伸ばし、自信を持って人生を歩み、豊かな人間性をはぐくむよう、心の教育を充実させるとともに、多様な選択のできる学校制度を実現し、現場の自主性、自律性を尊重した学校づくりや、国際的に通用する大学を目指した大胆な大学改革を推進するなど、教育改革の推進に引き続き力を注いでまいります。家庭、特に父親や地域社会にも積極的な役割を果たしていただきたいと考えております。①

（49）私は教育の原点は生きる力、助け合う心、そして自然を慈しむ気持ちであると信じます。②

如（50），小渕在第147次施政演讲中运用"目標、目指し"构成的旅行隐喻提出了"教育立国"和"科技立国"两个发展目标，而培养创新性人才是教育中的最大目标。另外，小渕强调国语教育的重要性，因为国语承载着民族的传统与文化；同时也提倡要掌握国际通用语英语的使用以便顺利融入国际社会。

（50）この際、私は二つの具体的目標を掲げたいと思います。輝ける未来を築くために最も重要なことは、いかにして人材を育てるかであります。教育立国を目指し、二十一世紀を担う人々はすべて文化と伝統の礎である美しい日本語を身につけると同時に、国際共通語である英語で意思疎通ができ、インターネットを通じて国際社会の中に自在に入っていけるようにすることであります。もう一つは、科学技術創造立国であります。（略）創造性の高い人材を育成すること、それがこれからの

---

① 小渕内閣総理大臣第143回（臨時会）所信表明演説，官報（号外），東京：大蔵省印刷局，1998/8/7，第4—5頁。
② 小渕内閣総理大臣第145回（常会）施政方針演説，官報（号外），東京：大蔵省印刷局，1999/1/19，第4頁。

教育の大きな目標でなければなりません。①

24. 森内阁

森喜朗上任后即表明新内阁将继续推行前任内阁的教育改革。森喜朗认为，近年之所以陆续出现教学秩序混乱、校内暴力等现象，其原因在于日本的青少年教育中缺乏一些重要的培养内容，如珍视生命、同情心、奉献精神、对传统文化的珍惜和尊重、日本人应有的伦理观和道德观等。由此，如（51），森喜朗运用"目标"构成的竞赛隐喻架构提出了新内阁的教育理念——"学力だけがすぐれた人間を育てることではなく、創造性豊かな立派な人間を育てる"，青少年应该是既有扎实的知识又富含创新能力，即如（52）中的"全人教育"，指体育、德育、知育三方面的均衡发展。（52）（53）中，森喜朗运用"新生"构成的拟人类隐喻和"柱、礎"构成的建筑隐喻架构又论，21世纪是人才竞争的世纪，想要在竞争中胜出势必要推进教育复苏，日本启动国家复苏计划的支柱之一便是通过改革实现教育复苏，因为完善的教育不仅是国家复兴大厦中的支撑，也是实现国家高度文明的基础。

（51）教育の目標は、学力だけがすぐれた人間を育てることではなく、創造性豊かな立派な人間を育てることにあります。②

（52）日本新生プランの第三の柱は、教育の新生、すなわち教育改革であります。（略）命を大切にし、他人を思いやる心、奉仕の精神、日本の文化、伝統を尊重し、国や地域を愛する気持ちをはぐくみ、二十一世紀の日本を支える子供たちが創造性豊かな立派な人間として成長することこそが、心の豊かな美しい国家の礎と言えるのではないでしょうか。私は、かねてから体育、徳育、知育のバランスのとれた全人教育を充実するとともに、世界に通用する技術、能力を備えた人材を育成するため、世界トッ

---

① 小渕内閣総理大臣第147回（常会）施政方針演説，官報（号外），東京：大蔵省印刷局，2000/1/28，第1—2頁。

② 森内閣総理大臣第147回（常会）所信表明演説，官報（号外），東京：大蔵省印刷局，2000/4/7，第2頁。

プレベルの教育水準の確保が必要であると考えてきました。①

（53）二十一世紀はまさに「人間の世紀」と言えます。「人間の世紀」実現のためには、教育の新生を推進し、人間性、創造性に富んだ人づくりに取り組むとともに、社会保障の新生を着実に進め、だれもが生活に対する不安を持つことなく、さまざまな活動に取り組むことができる社会を実現していかなければなりません。②

森喜朗内阁推出的教育改革措施有：实施小班上课以提高基础知识运用能力；不适合从事教学工作的教师调至到其他岗位；对妨碍教学、欺凌他人的行为严肃应对；强化家庭教育；开展多种社会义工服务和实践；进一步发挥教育委员会的作用；设立孩童圆梦基金以促进孩童的实践活动和读书热情；加速大学改革；修改学校教育法以及相关公立学校学年编制、教师编制等法规。

25. 小泉内阁

小泉主张为实现"生きがいを持って安心して暮らすことができる"社会，为培养"日本人としての誇りと自覚を持ち、新たなる国づくりを担う"人才，应该在教育方面进行制度变革和意识转换。因此，小泉在就任之初第151次施政演讲中引用了在日本家喻户晓的"米百俵"的故事，以表达在经济衰退时期推进改革的决心。"米百俵"意为一百袋米。明治初期，极度贫困的长冈藩获得了一百袋米的援助。但长冈藩的大参士小林虎三郎并没有把这些米分给急需救助的人，而是设立了一所学校，培养了一批人材。小林曾对蜂拥而至表示抗议的藩士们说：一百袋米如果吃的话很快就会吃光，可是如果把它用于教育，将来可能就会变成一万袋甚至一百万袋米。这个故事意在表示：越是艰苦之时越要立足长远，应把有限的资源用在最重要和最根本的事业上。③

---

① 森内閣総理大臣第149回（臨時会）所信表明演説，官報（号外），東京：大蔵省印刷局，2000/7/28，第4頁。

② 森内閣総理大臣第151回（常会）施政方針演説，官報（号外），東京：大蔵省印刷局，2001/1/31，第6頁。

③ 刘桂萍、孙岩帝、张富国：《日本历代首相施政报告中的"教育立国"思想论析》，《东北师大学报》（社会科学版）2013年第5期。

如（54），小泉在第154次施政演讲中认为结构改革中"人"的因素起着至关重要的作用，因为"人"是开创美好未来的承担者。小泉任内在有关教育施策中对"人"的描述使用了多种隐喻架构，如（55）（56），"原動力"构成的机械隐喻架构将"人"分别喻为国家发展及教育改革大机器中的核心驱动力或动力源；"基盤"构成的建筑隐喻架构将"人"喻为建设国家大厦中的基石部分；"宝"构成的物体隐喻架构则将青少年喻为珍贵的珠宝。小泉内阁提出将推进修改教育基本法，如（54）（58）中"推進、目指して"构成的旅行隐喻、"向上"构成的生产隐喻、"環境を整備し、場を拡大します"构成的建筑隐喻三类架构提出了教育改革的一些具体措施：推进小班上课和根据掌握程度不同的个别指导、教员资质的提高、改善青少年课外活动和社会义工活动条件、增加职场实践机会让青少年具有勤劳意识和职业精神、每周五日上课制等。

教育改革方面，小泉内阁与历任内阁最大的不同是提倡饮食教育。如（55）（57），他使用了"原点、推進する、普及、展開してまいる"构成的旅行隐喻架构指出教育改革的出发点是家庭、社会、学校通力合作培养青少年的素质能力，而作为一个完整的"人"，其素质能力不仅包括智育、德育、体育，还要让青少年知晓健康的饮食生活对于身心成长的重要性。小泉极力推动饮食基本计划——"食育推進基本計画"，旨在改善国民的饮食生活习惯、推广日本饮食文化、而且充分发挥地区食材的优势特色等。小泉内阁另一项重要教育改革是国立大学实行法人化，在大学运营中实行外部第三方的评价制度。如（59）（60），小泉运用了"目指してまいる、重点的に支援する"构成旅行隐喻和"拡充してまいる"构成的建筑隐喻表明大学应该充满活力和富于个性，政府将扩大奖学金奖励范围以支持那些有能力、有意愿学习的年轻人，政府也会对在国际上有影响的专业加大资助力度。

（54）小泉構造改革五つの目標として掲げた社会に向けて、明るい未来を力強く切り開く担い手は人です。子供たちの夢と希望をはぐくむ社会を実現し、子供たちが、日本人としての誇りと自覚を持ち、新たなる国づくりを担うことのできる、豊かな個性と能力を持った人間に育つよう、全力を尽くします。少人数授業や習熟度別指導の<u>推進</u>、教員の資

質向上などにより、確かな学力の育成を図るとともに、心の教育の充実を目指して、青少年が多様な奉仕活動、体験活動を行える環境を整備し、学校週五日制の完全実施を踏まえた活動の場を拡大します。①

（55）日本発展の原動力は、人です。教育改革の原点は、家庭、地域、学校を通じた人間力の向上であります。知育、徳育、体育に加え、心身の健康に重要な食生活の大切さを教える食育を推進します。②

（56）新しい時代を切り開くのは、いつの時代でも、自助自律の精神のもと、他者への思いやりと高い志を持つ青年たちです。人こそ改革の原動力です。③

（57）豊かな心と健やかな体の育成に、健全な食生活は欠かせません。食育推進基本計画を策定し、食生活の改善に加え、我が国の食文化の普及、地元の食材を使った給食の推進など、食育を国民運動として展開してまいります。④

（58）新しい時代の国づくりの基盤となるのは、人です。少人数授業や習熟度別指導により確かな学力の育成を図るとともに、ボランティア活動を通じた心の教育や、職場体験により勤労観、職業観を養う教育を行ってまいります。⑤

（59）本年四月には国立大学が法人化されます。活力に富み個性豊かな大学づくりを目指してまいります。意欲と能力のある若者が教育を受けられるよう、奨学金事業をさらに拡充してまいります。⑥

---

① 小泉内閣総理大臣第154回（常会）施政方針演説，官報（号外），東京：大蔵省印刷局，2002/2/4，第4頁。
② 小泉内閣総理大臣第157回（臨時会）所信表明演説，官報（号外），東京：国立印刷局，2003/9/26，第2頁。
③ 小泉内閣総理大臣第156回（常会）施政方針演説，官報（号外），東京：財務省印刷局，2003/1/31，第3頁。
④ 小泉内閣総理大臣第164回（常会）施政方針演説，官報（号外），東京：国立印刷局，2006/1/20，第4頁。
⑤ 小泉内閣総理大臣第161回（臨時会）所信表明演説，官報（号外），東京：国立印刷局，2004/10/12，第4頁。
⑥ 小泉内閣総理大臣第159回（常会）施政方針演説，官報（号外），東京：国立印刷局，2004/1/19，第5頁。

(60) 子供は社会の宝、国の宝です。（略）大学は、知の創造と継承の拠点であります。世界に誇れる研究を重点的に支援するとともに、大学運営に関する第三者評価制度により、質の向上を図ってまいります。①

26. 安倍内阁（第一次执政）

安倍第一次执政时，便面临频频发生的校园欺凌、青少年自杀等现象，这是由于青少年道德观和学习欲望逐渐低下、家庭和地方教育缺失所导致。于是，安倍提出"教育再生"将是新内阁的最重要课题。如（61），安倍使用"再生"构成的拟人类隐喻架构将教育改革喻为一个人实现重生的过程，培养青少年的公共精神、自律精神、家国情怀、道德情操等价值观将成为教育改革的目标，又如（62）中"目的"构成的旅行隐喻架构暗指将让日本的所有国民成为有志国民，从而把日本建设成为品格高尚的国家；（61）也谈及为确保青少年能够牢固掌握必需的素质能力，将通过重新审视松缓教育理念、保障正常上课时间、修改学习大纲、着重培养国语能力、充实理数和道德科等措施以重振公共教育，如（63），使用"良質"构成的生产隐喻和"負担の少ない"旅行隐喻表示优质和负担轻松的公共教育是可以让孩童拥有掌握未来所有机遇的能力，以及"のり出す"构成的旅行隐喻架构体现了政府将按照教育基本法修订案及教育再生三部法案改革，以提高孩童的学习能力和规范意识。如（61），安倍通过"質"构成的生产隐喻和"鍵を握っている"构成的拟人类隐喻表达了教师素质是实现教育振兴的关键，政府将施行教师资格更换制以考核教师资质，增加对有经验的社会人员的录用，以及对敬业的教师及时予以奖励；由于教育委员会并没有充分发挥其职责，"構築"构成的建筑隐喻显示将建立责任明确、利于孩童成长、值得国民信赖的教育行政机构。

(61) 教育再生は内閣の最重要課題です。現在、いじめや子どもの自殺を始めとして、子供たちのモラルや学ぶ意欲の低下、家庭や地域の教育力の低下といった問題が指摘されています。公共の精神や自律の精神、自分たちが生まれ育った地域や国に対する愛着愛情、道徳心、そう

---

① 小泉内閣総理大臣第 162 回（常会）施政方針演説，官報（号外），東京：国立印刷局，2005/1/21，第 5 頁。

いった価値観を今までおろそかにしてきたのではないでしょうか。こうした価値観を、しっかりと子どもたちに教えていくことこそ、日本の将来にとって極めて重要であると考えます。（略）すべての子供に必要な学力を身につける機会を保障するため、ゆとり教育を見直し、必要な授業時間を確保するとともに、学習指導要領を改訂し、国語力の育成、理数教育、道徳教育の充実など、公教育の<u>再生</u>に取り組みます。（略）教員の質が教育再生のかぎを<u>握</u>っています。教員免許の更新制を導入し、適正な評価を行います。豊かな経験を持つ社会人の採用を増やすとともに、頑張っている教員には報いるよう支援します。教育委員会については、期待されている機能を十分に果たしているとは言えません。教育に対する責任の所在を明確にし、子供たちの未来のために、国民の皆様から信頼される教育行政の体制を<u>構築</u>すべく、断固として取り組んでまいります。①

（62）教育の<u>目的</u>は、志ある国民を育て、品格ある国家、社会をつくることです。②

（63）<u>良質で負担の少ない</u>公教育があってこそ、子供たちみんなが明日へのチャンスをつかむことができます。<u>改正教育基本法、教育再生3法</u>の成立を受けて、いよいよ具体的に、高い学力と規範意識を身につけるための改革に<u>乗り出します</u>。③

27. 福田（康夫）内閣

与前任内阁相同，福田也强调"人"在国家建设中的重要性，而成年人的责任就是要让青少年拥有一个优质的教育环境，引领他们成为热爱自己家乡和祖国、适应国际化发展的人。如（64），"一体となって"和"再生"构成的拟人类隐喻表达了学校、家庭、社会和政府机构应该紧密合

---

① 安倍内閣総理大臣第166回（常会）施政方針演説，官報（号外），東京：国立印刷局，2007/1/26，第5頁。
② 安倍内閣総理大臣第165回（臨時会）所信表明演説，官報（号外），東京：国立印刷局，2006/9/29，第3頁。
③ 安倍内閣総理大臣第168回（臨時会）所信表明演説，官報（号外），東京：国立印刷局，2007/9/1，第3頁。

作，推进教育改革，实现教育振兴。其他如设立公共教育、修订学习大纲、提升教师素质等方面举措基本是在延续前任内阁的做法。

（64）以上の施策を実行するに際し、最も重要なのは人であります。ふるさとや国を愛し、国際的にも十分通用する、明日の日本を担う若者を育てる環境を整えることは大人の責任です。志を高く持ち、自立してたくましく社会を生き抜く力と、仲間や地域社会と共に生きる心をはぐくむため、学校のみならず、家庭、地域、行政が一体となって教育の再生に取り組んでまいります。①

28. 麻生内阁

麻生的教育理念与前任内阁没有太多变化。如（65）中，麻生利用"基本"构成的建筑隐喻架构表示教育在国家建设中占据基础部分；利用"守る対策"构成的战争隐喻提出禁止中小学生带手机上学以免受有害信息和网络欺凌的伤害；利用"世界トップレベル、競争力"构成的竞赛隐喻阐明了大学的发展目标，即开设全英语授课课程和打造世界顶尖水平的研究基地，以提升日本大学的国家竞争力。

（65）国づくりの基本は、人づくりです。小中学校の新学習指導要領を四月から一部先行実施し、理数教科などの授業時数を一割程度増加させます。これによって学力を向上させ、豊かな心や健やかな体をはぐくみます。また、学校に携帯電話を持ち込ませず、有害情報やネットいじめから小中学生を守る対策を進めてまいります。（略）また、英語による授業のみで学位が取得できるコースや世界トップレベル研究拠点プログラムを推進し、大学の国際競争力を強化します。②

29. 鸠山（由纪夫）内阁

如（66）和（67），鸠山使用"未来への投資、大きな資源を振り向けてまいる"构成的生产隐喻和"基本"构成的建筑隐喻提出，育儿和教育并非个人问题，而是对未来的一项投资，教育也是日本未来发展中最为

---

① 福田内閣総理大臣第169回（常会）施政方針演説，官報（号外），東京：国立印刷局，2008/1/18，第6頁。
② 麻生内閣総理大臣第171回（常会）施政方針演説，官報（号外），東京：国立印刷局，2009/1/28，第4頁。

基础的国策，政府会投入更多资源，如设立孩童补助、实行高中免费、保障社会整体相互协助和紧密合作。鸠山又使用"目指す"构成的旅行隐喻表示将实现"「人格」を養う教育"和"コンクリートから人へ"教育目标——培养充满人性的"人"，而非冷漠的"混凝土"。

（66）子育てや教育は、もはや個人の問題ではなく、未来への投資として、社会全体が助け合い負担するという発想が必要です。①

（67）新しい未来を切り開くとき、基本となるのは、人を育てる教育であり、人間の可能性を創造する科学です。文化の国、人間のための経済にとって必要なのは、単に数字で評価される人格なき教育や、結果的に人類の生存を脅かすような人間性なき科学ではありません。一人ひとりが地域という共同体、日本という国家、地球という生命体の一員として、より大きなものに貢献する、そんな人格を養う教育を目指すべきなのです。（略）こうした教育や科学の役割をしっかりと見据え、真の教育者、科学者をさらに増やし、また社会全体として教育と科学に大きな資源を振り向けてまいります。それこそが、私が申し上げ続けてきたコンクリートから人へという言葉の意味するところであります。②

30. 菅内阁

如（68），菅直人使用"原動力"构成的机械隐喻架构表示，人才是国家发展的动力源，而通过教育提升国民每个人的素质能力是实现人才储备的有效途径。

（68）人材は成長の原動力です。教育、スポーツ、文化などさまざまな分野で国民一人一人の能力を高めることにより、厚みのある人材層を形成します。③

31. 野田内阁

野田延续推进人才开发教育施策。如（69），他利用"引き出すべく、

---

① 鳩山内閣総理大臣第173回（臨時会）所信表明演説，*官報*（号外），東京：国立印刷局，2009/10/26，第3頁。

② 鳩山内閣総理大臣第174回（常会）施政方針演説，*官報*（号外），東京：国立印刷局，2010/1/29，第2頁。

③ 菅内閣総理大臣第174回（常会）所信表明演説，*官報*（号外），東京：国立印刷局，2010/6/11，第3頁。

育む"构成的拟人类隐喻将教育喻为一位能够培养青少年成为有理想、适应国际化发展、具有学习与思维能力的人。

（69）新たな時代の開拓者たらんという若者の大きな志を引き出すべく、グローバル人材の育成や自ら学び考える力を育む教育など人材の開発を進めます。①

32. 安倍内阁（第二次执政）

如（70），安倍于第二次执政初的施政演讲中利用"進める、実行する、充実していく"构成的旅行隐喻架构和"体制を整える"构成的建筑隐喻架构提出六、三、三、四制学制改革、道德教科化改革、校园欺凌应对措施三项教育政策；"再生"构成的拟人类隐喻和"主役"构成的戏剧隐喻架构表示将延续第一次执政时的教育改革目标，重建教育是指培养和帮助青少年具有勇于实现梦想和敢于走自己人生之路的意志，让青少年成为教育中的主角。安倍也提到大学不进行改革，则日本将不会发展，他使用了"世界トップレベル"构成的竞赛隐喻架构指新内阁将对大学的运营进行适当变革。

（70）六年前に改正した教育基本法を踏まえ、現場での具体的な改革を進めます。まずは、先般、「教育再生実行会議」が取りまとめた、道徳教育の充実を始めとするいじめ対策の提言を実行します。教育現場で起きる問題に的確で速やかな対応が行える体制を整えます。現行の教育委員会制度について、責任体制を明確にすることを始め、抜本的な改革に向けた検討を進めます。学力の向上も、公教育に求められる重要な役割です。世界トップレベルの学力を育むため、力ある教師を養成し、グローバル化に対応したカリキュラムなどを充実していきます。大学力は、国力そのものです。大学の強化なくして、我が国の発展はありません。世界トップレベルとなるよう、大学の在り方を見直します。（略）教育再生とは、子供たちが「夢」を実現する意志を持って自分たちの道を歩んでいけるよう手助けするためのものに

---

① 野田内閣総理大臣第178回（常会）所信表明演説，官報（号外），東京：国立印刷局，2011/9/13，第5頁。

ほかなりません。その主役は、子供たちです。六・三・三・四制の見直しによる平成の学制大改革を初め、教育再生に向けた具体的な課題について、今後検討を進めます。①

如（71）—（73），安倍于2016年、2019年、2020年的施政演讲中利用"実現に一歩一歩進んでまいる、進めてまいる、実現した、スタートに続き"构成的旅行隐喻架构提出幼儿教育逐步实行免费，低收入家庭的第二子减半，从第三子起全额免费；2020年起将开始实施高等教育免费政策。又如，"拡充する、環境を整える"构成的建筑隐喻架构和"スタートする"构成的旅行隐喻架构阐明将对高中生的奖学金奖励幅度进一步扩大；将根据大学毕业生的收入情况启动新的大学贷款制度；完善高中、大专、大学的入学规定，保障人人都可以入学进修，包括因被欺凌退学的学生和一些身体残障学生。再如，"引き続き、大胆に投資してまいる"构成的生产隐喻架构表明安倍内阁将继续对青少年教育进行大力支持和投入。

（71）幼児教育無償化の実現に一歩一歩進んでまいります。所得の低い世帯については、兄弟姉妹の年齢に関係なく、第二子は半額、第三子以降は無償にします。高校生への奨学給付金を拡充します。本年採用する大学進学予定者から、卒業後の所得に応じて返還額が変わる新たな奨学金制度がスタートします。希望すれば誰もが、高校にも、専修学校、大学にも進学できる環境を整えます。いじめや発達障害など様々な事情で不登校となっている子供たちも、自信を持って学んでいける環境を整えます。②

（72）今月、三歳から五歳までの全ての子どもたちの幼児教育、保育の無償化が実現しました。小学校、中学校九年間の普通教育無償化以来、七十年ぶりの大改革です。来年四月からは、真に必要な子どもたちの高等教育も無償化いたします。③

---

① 安倍内閣総理大臣第183回（常会）施政方針演説，官報（号外），東京：国立印刷局，2013/2/28，第4頁。
② 安倍内閣総理大臣第190回（常会）施政方針演説，官報（号外），東京：国立印刷局，2016/1/22，第4頁。
③ 安倍内閣総理大臣第200回（臨時会）所信表明，官報（号外），東京：国立印刷局，2019/10/4，第3頁。

（73）子どもたちの未来に、引き続き、大胆に投資してまいります。昨年の幼児教育、保育の無償化のスタートに続き、この四月から、真に必要な子どもたちの高等教育の無償化が始まります。私立高校の実質無償化も実現し、子どもたちの誰もが、家庭の経済事情にかかわらず、夢に向かって頑張ることができる社会を創り上げてまいります。①

小　结

本节分别对历届政府施政报告中教育方面的深层架构进行了分析，运用跨学科研究法解读了深层架构中所体现出来的道德模式。战后教育施政中运用最多的隐喻架构为建筑、旅行、拟人和生产投资四类架构。可见，战后日本为振兴国家实力，大力发展教育，提倡"教育立国"，将教育视为"百年大计""立国之本""对未来的先期投资"；坚持不懈推进教育变革；大力主张教育要从孩童和青少年抓起，始终贯彻自由独立和自主创新的教育方针理念。

第四节　日美关系方面的深层架构分别分析

战后第一批盟军于1945年8月28日登陆日本横滨，设立盟军最高司令官总司令部（Supreme Commander of the Allied Powers，简称GHQ），最高司令官麦克阿瑟1945年8月30日抵达日本。1945年9月2日日本正式签署《降伏文书》，之后GHQ通过日本政府开始实行"间接统治"。1945年末至次年年初，GHQ以民政局为中心在日本施行诸如1945年11月的解体财阀、1946年10月的第二次农地改革、1946年3月的宪法修改案、1947年4月的反垄断法等系列改革。直到1952年4月28日《旧金山和约》生效结束GHQ占领，日本也正式恢复主权国家地位。

一　战后日本对美外交政策深层架构分析

本节拟分别分析战后日本各任首相施政报告中相关日美关系方面的深

---

① 安倍内閣総理大臣第201回（常会）施政方針演説，官報（号外），東京：国立印刷局，2020/1/20，第4頁。

层架构。

1. 片山内阁

如第三章统计结果所示，外交话语中拟人类隐喻使用率最高。片山在施政报告中相关日美关系方面也突出了拟人手法，如（1）中的"御好意"，将"連合国軍最高司令官総司令部"喻为日本好友。

（1）さいわいにも、連合軍司令部の御好意により、来る八月十五日より民間貿易が再開せられることになりましたことを、心より喜ぶとともに、その順調なる進行を期待しておる次第であります。①

片山内阁与时任 GHQ 民政局次长的凯蒂斯②保持密切接触，而凯蒂斯热衷于推行盟军占领下的改革措施和在日本国内培养进步的政治势力。与麦克阿瑟对弊原内阁及吉田内阁的影响相比较，凯蒂斯对片山内阁和芦田内阁的介入更加具体和深入，正是因为两届内阁的内政外交事事离不开凯蒂斯的指导，弱化了独立自主性，最后片山内阁失去了民意支持。③

2. 芦田内阁

芦田继续保持与 GHQ 的友好关系。如（2），芦田使用"治下""公正寛大""協力的態度"构成的拟人类隐喻将日本与驻日盟军视为两个人，一个占主导拥有指挥权，一个为跟随者且始终保持配合的态度。

（2）われヽ/は、今占領軍の治下に住んでおります。占領軍の指導が歴史上まれに見る公正寛大なものであることは、万人の認めるところであります。これに対して、われヽ/日本國民もまた占領軍に対してきわめて協力的態度を示した結果、未だ平和條約の調印を見ずして、すでに平和生活に一歩を踏み出し得たことを幸福とするものであります。④

---

① 片山内閣総理大臣第 1 回（特別会）施政方針演説，官報（号外），東京：大蔵省印刷局，1947/7/2，第 43 頁。
② 查尔斯·路易斯·凯蒂斯：(1906—1996)，美国军人，律师。历任 GHQ 民政局课长等职务。
③ 五百旗頭真，日米関係史（第 9 刷），東京：有斐閣ブックス，2015，第 168—169 頁。原文：占領改革の断行と進步的な政治勢力を日本に育てることに情熱を燃やすケーディスと緊密な協力関係を築いた。ケーディスの片山や芦田との提携はマッカーサーの弊原や吉田へのそれに比してはるかに具体的かつ濃密であった。一々の政治運営についてまでケーディスの介入を受け片山と芦田の政権は自立性を弱めて国民的支持を失った。
④ 芦田内閣総理大臣第 2 回（常会）施政方針演説，官報（号外），東京：大蔵省印刷局，1948/3/21，第 186 頁。

3. 吉田内阁

日本新宪法颁布后，吉田再次出任首相。第二次执政后，吉田内阁与 GHQ 最高司令麦克阿瑟一直保持着良好关系，可以说麦克阿瑟是吉田政权运行的强力后盾。如（3），"線"构成的旅行隐喻架构体现了日本完全是按照麦克阿瑟给自己的书信中列出的九条原则①和道奇路线②的声明内容进行重建之路；又如（4），"勧請、招請を受くることようやく多く、自由も漸次回復いたして、参加、回復"构成的拟人类隐喻和"実をあげつつある"构成的植物隐喻架构分别表达了日美如同交往中的两个人，在美国的斡旋下，日本已经恢复了一些外交活动，如日本作为观察员出席了学术、劳动和贸易等国际会议，恢复了与国外的交通自由，参与了各种国际合约和贸易合约的签订以及缔结，日本外交就如植物一般正在结出果实。

（3）昨年十二月二十九日、マッカーサー元帥の私にあてた九原則を含む書簡及び最近におけるドッジ氏声明は、すべて右の趣意に出でたものであります。私も、この線によるにあらずんば、わが国の再建はできがたしと衷心より信ずるものであります。③

（4）米国政府の勧請により、最近学術、労働、通商等各般の国際会議にオブザーバーとして招請を受くることようやく多く、外国との交通の自由も漸次回復いたしまして、各種の国際協定への参加、通商協定の締結等、事実上国交回復の実をあげつつありますことは、まことに喜ばしいことであります。④

吉田自第二次执政后连任四届首相，第三次执政则是其政治生涯的巅峰时刻。吉田奉行实用主义，他以反共主义为基调，与麦克阿瑟联手并利用其威望实施国家内政管理，又利用东西阵营间的冷战促成

---

① 注：参照本章第 1 节中的吉田相关内容。
② 注：参照本章第 1 节中的吉田相关内容。
③ 吉田内閣総理大臣第 5 回（特別会）施政方針演説，官報（号外），東京：大蔵省印刷局，1949/4/4，第 101 頁。
④ 吉田内閣総理大臣第 6 回（臨時会）施政方針演説，官報（号外），東京：大蔵省印刷局，1949/11/8，第 75 頁。

了《旧金山和约》① 的签订。林茂，辻清明（1981）认为，吉田第三次执政于日本来讲，其历史意义在于：吉田利用当时国际社会中东西两大阵营的矛盾激化及美国对日战略的转变，将日本从盟军的占领统治中带向了主权独立，签订了"日本国とアメリカ合衆国との間の安全保障条約（日本国与美利坚合众国间的安全保障条约）"，② 确立了日美安保体制。③ 安保体制的"非对称性""不平等性""不透明性"

---

① 永井憲一ら，新六法，東京：三省堂，2003，第1136—1137頁。原文：対日平和条約が正称。日本と連合国48との間に結ばれた第2次大戦終結のための平和条約。1951年9月8日サンフランシスコで調印。1952年4月28日発効。日本代表は吉田茂。前文のほか27ヵ条よりなり日本の主権・平等を承認したが，外国軍隊の日本駐留継続を認めた。また朝鮮の独立、台湾・澎湖諸島、千島・南樺太の放棄を規定したが，帰属先は不明確のままで紛争の種を残した。沖縄・小笠原は米国を唯一の施政権者とする国際連合の信託統治下に入ることが予定されそれまでは米国の支配下に置かれることになった。中国・インド・ビルマ・ユーゴ・ソ連・ポーランド・チェコとは締結しない片面講和条約であり同時に締結の日米安全保障条約とともに日本を対米従属下においた。翌1953年中華民国（国民政府）と日華平和条約を結び、インドなど6ヵ国とも1957年までに国交を回復した。

② 吉次公介，日米安保体制史，東京：岩波書店，2018，巻末資料，第13—14頁。原文：日本国とアメリカ合衆国との間の安全保障条約：（1）平和条約及びこの条約の効力発生と同時に、アメリカ合衆国の陸軍、空軍及び海軍を日本国内及びその附近に配備する権利を、日本国は、許与し、アメリカ合衆国は、これを受諾する。この軍隊は、極東における国際の平和と安全の維持に寄与し、並びに、一又は二以上の外部の国による教唆又は干渉によつて引き起された日本国における大規模の内乱及び騒じようを鎮圧するため日本国政府の明示の要請に応じて与えられる援助を含めて、外部からの武力攻撃に対する日本国の安全に寄与するために使用することができる；（2）第一条に掲げる権利が行使される間は、日本国は、アメリカ合衆国の事前の同意なくして、基地、基地における若しくは基地に関する権利、権力若しくは権能、駐兵若しくは演習の権利又は陸軍、空軍若しくは海軍の通過の権利を第三国に許与しない；（3）アメリカ合衆国の軍隊の日本国内及びその附近における配備を規律する条件は、両政府間の行政協定で決定する；（4）この条約は、国際連合又はその他による日本区域における国際の平和と安全の維持のため充分な定をする国際連合の措置又はこれに代る個別的若しくは集団的の安全保障措置が効力を生じたと日本国及びアメリカ合衆国の政府が認めた時はいつでも効力を失うものとする；（5）この条約は、日本国及びアメリカ合衆国によつて批准されなければならない。この条約は、批准書が両国によつてワシントンで交換された時に効力を生ずる。

③ 林茂，辻清明編，日本内閣史録(5卷)，東京：第一法規出版株式会社，1981，第227頁。原文：第三次吉田内閣の歴史的意義は、なんといっても、国際社会における東西対立の激化とアメリカの対日占領政策の転換とを背景にして、日本を連合軍の占領統治から独立へと導いた点にあった。この内閣は、衆議院における与党自由党の安定多数に支えられ、首相吉田茂の強烈な個性によって運営されたという意味で、「吉田自由党政権」と呼ぶにふさわしい性格をもっていた。吉田は、反共主義を基調に、マッカーサーと直結してその威光を利用して内政にあたり、東西冷戦を利用して講和・独立を成し遂げる過程で、その外交家としての現実主義と渉外能力の真価を発揮した。それは、彼が初めて首相になった四十六年五月に語った「戦争で負けで外交で勝った歴史はある」という信念の実現でもあった。

三个结构特质也是以后内阁意图修改其内容的原因。① 可以说，吉田实现了他初任首相时的政治信念——"戦争で負けで外交で勝った歴史はある"，战争虽失败，但外交上可能获胜。

如（5），"伍する"构成的拟人类隐喻表明日本将与美英等国为伍；又如（6），日本实现主权独立后的第一次预算案制定中，吉田便用"提携、親善関係、一段と緊密にし、力、協力、貢献をなす"构成的拟人手法表示日本会继续与英美等国合作，尤其是进一步发展与美国的亲善关系，为国际和平做出贡献。

（5）わが国を民主主義の基盤として、極東共産主義制圧の一勢力たるの期待をかけられつつある国際的環境にあるのであります。この内外の情勢は、自然対日講和の機運をます\/高め来り、わが国が米英その他多数の民主、自由主義国家の間に<u>伍する</u>日の遠からざるを思わしむることは、わが全国民のともに\/満足するところと信ずるものであります。②

（6）独立後最初の予算案を提出するにあたり、まずもって国民諸君に訴えたいことは、独立日本と
しては、自由諸国との<u>提携</u>、なかんずく対米親善関係を<u>一段と緊密にし</u>、<u>力</u>を国連<u>協力</u>にいたし、もって世界平和への<u>貢献</u>をなすことであります。③

4. 鸠山（一郎）内阁

鸠山内阁上任后，一改前任首相吉田"追随美国"的外交路线，其政治主张有自主外交、日美关系对等化、日苏外交正常化、加入联合国、增加防卫能力和改宪、促美撤军、修改日美安保条约等。鸠山任内实现了日苏外交正常及成为联合国成员国的政治抱负，收获了一些外交

---

① 吉次公介，日米安保体制史，東京：岩波書店，2018，第16—17頁。
② 吉田内閣総理大臣第10回（常会）施政方針演説，官報（号外），東京：大蔵省印刷局，1951/1/26，第35頁。
③ 吉田内閣総理大臣第15回（特別会）施政方針演説，官報（号外），東京：大蔵省印刷局，1953/1/30，第339頁。

硕果。

如（7）与（8），"自主独立、協調にある"构成的拟人类隐喻表示新内阁将积极推行独立自主和平的外交政策，同时与前任内阁不同，鸠山主张日本与美国等自由世界诸国为协调合作关系；"目標、基本方針を堅持し、不動の方針、推し推めて参りたい"构成的旅行隐喻架构表明日本会继续与世界各国保持共存共荣，与美国及其他自由世界各国保持紧密联合协作，为缓和国际紧张局势努力；"基調"构成的音乐隐喻架构表明日本作为自由主义阵营的一员始终会与以美国为首的其他各国紧密合作。

（7）今日わが国の最大の課題は、すみやかにわが国の<u>自主独立</u>を完成いたし、独立国家の国民としての自覚を高め、わが国の自立再建を達成することにあると信じております。このため、政府は、まず、外交においては、世界平和の確保と各国との共存共栄<u>を目標とし</u>、広く国民の理解と支持とによる積極的な自主平和外交を展開しようとするものであります。このため、アメリカその他自由諸国との緊密な提携協力の<u>基本方針を堅持</u>し、国際緊張の緩和に努めるとともに、なおこれまで国交の開かれざる諸国との関係をもでき得る限り調整していく方針でございます。①

（8）従来しばしば申し上げました通り、わが国外交の基調が、<u>自主独立の方針</u>を<u>堅持</u>しつつ、米国初めその他の民主義諸国との<u>協調にある</u>ことは、<u>不動の方針</u>であります。②

（9）平和外交の推進は第一次鳩山内閣以来、一貫としてとってきた<u>不動の方針</u>でありますが、政府は一そう強力にその方針を<u>推し推めて参りたい</u>と決意しております。申すまでもなく、わが国外交の基調が、自由主義陣営の一員として米国を初めその他の民主義諸国との<u>協調にあ</u>

---

① 鳩山内閣総理大臣第21回（常会）施政方針演説，官報（号外），東京：大蔵省印刷局，1955/1/22，第61頁。
② 鳩山内閣総理大臣第22回（特別会）施政方針演説，官報（号外），東京：大蔵省印刷局，1955/4/25，第82頁。

ることは当然でありまして、政府は、今後、これら諸国との提携を一段と緊密にして参るつもりであります（略）。①

鸠山认为，盟军占领时制定的的一些法律制度已经不适合日本国情，在任期间一直主张修改宪法；他还认为依日本国力的需要，在人员和装备方面应该进一步充实自卫队，以提升其自卫能力，意在修改日美安保协定。但是，鸠山修改宪法和日美安保体制的构想没有得到美国的同意。1955年11月，当时的民主党和自由党合为一党，组建自由民主党，自此以后，日本走向了美国对日政策中最为看重的政治稳定期。

5. 石桥内阁

石桥新内阁仅存63天，其主张独立自主的外交政策与前任没有变化。如（10），"基盤、基礎"构成的建筑隐喻架构表示新内阁的外交以与民主主义国家协作为根本国策，在国防方面，以日美共同防卫原则为基础，随国际形势变化逐步强化自卫队的装备质量；"相互理解と協力を一そう推進していく"构成的拟人类隐喻表示日美关系即为朋友关系，继续践行相互理解和合作。

（10）わが国の外交政策の<u>基盤</u>は、民主主義国との協調を積極的に実現することにありますが、たまたま、日米両国において、時を同じゅうして新しい政府が成立したことにもかんがみ、米国との間の<u>相互理解と協力を一そう推進していく</u>よう、特に考慮を払いたいと考えておるのであります。（略）また、国土の防衛につきましては、わが国の立場から考え、わが国の国力と国情に応ずる防衛力を整備する方針を<u>堅持する</u>こととし、防衛力の当面の整備に当っては、日米共同防衛の建前を<u>基礎</u>としながらも、世界の趨勢にかんがみ、量より質に重点を置き、自衛隊の装備の充実をはかることとしたのであります。②

---

① 鳩山内閣総理大臣第24回（常会）施政方針演説，官報（号外），東京：大蔵省印刷局，1956/1/30，第21頁。
② 石橋内閣総理大臣第26回（常会）施政方針演説，官報（号外），東京：大蔵省印刷局，1957/2/4，第19、21頁。

6. 岸内阁

岸信介延续石桥内阁的施政方针，外交方面，推出"国連中心主義""自由主義諸国との協調""アジアの一員としての立場の堅持"三原则——联合国中心主义、与自由主义各国保持协调合作、坚持作为亚洲国家一员的立场。岸信介外交三原则中最为重要的是"自由主義諸国との協調"，其中与美国的协调合作又是重中之重，日美外交中最重要课题则是修改安保协定。岸信介一直想通过修宪和军备再建实现日本的完全独立，他意图构建日美的对等关系，也希望尽快能与美国共同承担日本的防卫。

如（11）—（14），外交方面，岸信介主要使用了五类架构，即"平等の立場に立った強固にして恒久的な協力関係、新しい日米協力の関係、一そう協力関係を緊密にして、協調、主権平等と相互協力の原則、友好関係、対等の協力者、義務と責任を明らかにすべき"构成的拟人类隐喻、"基礎を築く"构成的建筑隐喻架构、"さらに推し進める、全く新たな段階に入った"构成的旅行隐喻架构、"基調をなすもの"构成的音乐隐喻架构、"一掃し"构成的清洁隐喻架构。他借助这些隐喻架构阐释了日本与自由主义诸国，尤其是与美国的关系是外交施策的主基调，1956年6月访美是构建新型日美关系之基础；两国将摈弃战后一些负面影响，进入日美关系发展的全新阶段，新内阁将继续维持和推进这种基于平等和相互协调之立场的坚固稳定的外交关系。日美安保方面，"経過した"构成的旅行隐喻架构表示日美安保协定经历七年后，随着日本防卫能力的增强及内外局势的变化，有些条款需要进行调整和修改，新内阁将与美国政府持续进行商议。

（11）去る六月、私は、米国を訪問し、アイゼンハワー大統領を初め米国政府首脳と腹蔵なく話し合いを行いました。もともと、この訪米の目的は、日米平等の立場に立った強固にして恒久的な協力関係の基礎を築くことにあったのでありますが、この意図は十分所期の成果をおさめることができたのであります。私は、この新しい日米協力の関係をさ

らに推し進めることを決意するとともに、国際政治において、自由諸国とわが国とが一そう協力関係を緊密にして、世界の平和と安全の維持にますます貢献し得るようにいたしたいのであります。アジア諸国との善隣友好と、自由諸国との協調とともに、わが外交の三大原則の一つは国際連合の支持であります。①

（12）自由諸国特に米国との協調は、わが国の一貫した外交方針の基調をなすものであり、さきに行われた外務大臣と米国首脳との会談も、この趣旨に基くものであります。②

（13）今回の訪米の際、アイゼンハワー大統領と私は、日米両国の現在の関係が、このような認識の上に、主権平等と相互協力の原則に基づいて結ばれたものであり、両国は、単に政治面におけるのみならず、経済面におきましても、ひとしくその利益を共通にするものであるということを、あらためて確認したのであります。ここに、日米両国の友好関係は、今日まで多少とも残存しておりましたその戦後的色彩を一掃し、全く新たな段階に入ったのであります。③

（14）その（日米安全保障条約）締結後七年を経過した今日、わが国の自衛力の漸増と内外情勢の推移に伴い、これに合理的な調整を加え、日米両国が対等の協力者としてその義務と責任を明らかにすべき段階に到達しましたので、政府は、国民の納得と支持を得て、米国との交渉を進めたい考えであります。④

1960年1月19日，岸信介于美国华盛顿与美国签署"日本国とアメ

---

① 岸内閣総理大臣第27回（臨時会）施政方針演説，官報（号外），東京：大蔵省印刷局，1957/11/1，第2頁。
② 岸内閣総理大臣第30回（臨時会）施政方針演説，官報（号外），東京：大蔵省印刷局，1958/9/30，第22頁。
③ 岸内閣総理大臣第34回（常会）施政方針演説，官報（号外），東京：大蔵省印刷局，1960/2/1，第21頁。
④ 岸内閣総理大臣第31回（常会）施政方針演説，官報（号外），東京：大蔵省印刷局，1959/1/27，第80頁。

リカ合衆国との間の相互協力及び安全保障条約"① (即《日本国与美利坚合众国间的相互协作及安全保障条约》)。岸信介强调,此次修改安保条约意味着日美两国真正站在了对等的立场。修改日美安保条约是岸信介内阁

---

① 永井憲一ら,新六法,東京:三省堂,2003,第 1137—1138 頁。原文:日本国とアメリカ合衆国との間の相互協力及び安全保障条約:(1) 締約国は、国際連合憲章に定めるところに従い、それぞれが関係することのある国際紛争を平和的手段によつて国際の平和及び安全並びに正義を危うくしないように解決し、並びにそれぞれの国際関係において、武力による威嚇又は武力の行使を、いかなる国の領土保全又は政治的独立に対するものも、また、国際連合の目的と両立しない他のいかなる方法によるものも慎むことを約束する。締約国は、他の平和愛好国と協同して、国際の平和及び安全を維持する国際連合の任務が一層効果的に遂行されるように国際連合を強化することに努力する;(2) 締約国は、その自由な諸制度を強化することにより、これらの制度の基礎をなす原則の理解を促進することにより、並びに安定及び福祉の条件を助長することによつて、平和的かつ友好的な国際関係の一層の発展に貢献する。締約国は、その国際経済政策におけるくい違いを除くことに努め、また、両国の間の経済的協力を促進する;(3) 締約国は、個別的に及び相互に協力して、継続的かつ効果的な自助及び相互援助により、武力攻撃に抵抗するそれぞれの能力を、憲法上の規定に従うことを条件として、維持し発展させる;(4) 締約国は、この条約の実施に関して随時協議し、また、日本国の安全又は極東における国際の平和及び安全に対する脅威が生じたときはいつでも、いずれか一方の締約国の要請により協議する;(5) 各締約国は、日本国の施政の下にある領域における、いずれか一方に対する武力攻撃が、自国の平和及び安全を危うくするものであることを認め、自国の憲法上の規定及び手続に従つて共通の危険に対処するように行動することを宣言する。前記の武力攻撃及びその結果として執つたすべての措置は、国際連合憲章第五十一条の規定に従つて直ちに国際連合安全保障理事会に報告しなければならない。その措置は、安全保障理事会が国際の平和及び安全を回復し及び維持するために必要な措置を執つたときは、終止しなければならない;(6) 日本国の安全に寄与し、並びに極東における国際の平和及び安全の維持に寄与するため、アメリカ合衆国は、その陸軍、空軍及び海軍が日本国において施設及び区域を使用することを許される。前記の施設及び区域の使用並びに日本国における合衆国軍隊の地位は、千九百五十二年二月二十八日に東京で署名された日本国とアメリカ合衆国との間の安全保障条約第三条に基く行政協定(改正を含む。)に代わる別個の協定及び合意される他の取極により規律される;(7) この条約は、国際連合憲章に基づく締約国の権利及び義務又は国際の平和及び安全を維持する国際連合の責任に対しては、どのような影響も及ぼすものではなく、また、及ぼすものと解釈してはならない;(8) この条約は、日本国及びアメリカ合衆国により各自の憲法上の手続に従つて批准されなければならない。この条約は、両国が東京で批准書を交換した日に効力を生ずる;(9) 千九百五十一年九月八日にサン・フランシスコ市で署名された日本国とアメリカ合衆国との間の安全保障条約は、この条約の効力発生の時に効力を失う;(10) この条約は、日本区域における国際の平和及び安全の維持のため十分な定めをする国際連合の措置が効力を生じたと日本国政府及びアメリカ合衆国政府が認める時まで効力を有する。もつとも、この条約が十年間効力を存続した後は、いずれの締約国も、他方の締約国に対しこの条約を終了させる意思を通告することができ、その場合には、この条約は、そのような通告が行なわれた後一年で終了する。

的最大课题，也是其留下的最重要政治业绩。

7. 池田内阁

修复因安保斗争①而受到影响的日美关系及确立日本为自由主义阵营中最强力一员之地位是池田内外交政策中最优先要考虑的课题。② 池田提出"安保效用论"，大力宣传日美安保条约是日本经济发展的实现途径和重要保障，又通过"所得倍增政策"将日本带入了经济建设的热潮之中，反对日美安保的声音也逐渐弱化。池田任内，经济实力不断增强的日本给予美国很多的支持和援助，日美安保体制迎来了重要的转换节点——日本由50年代的"对米协力"转变为美国的"イコール・パートナー"（equal partner）。③④

如（15），池田使用"提携関係、共通の利害と相互信頼"构成的拟人类隐喻和"基礎の上に築かれ、確固たる、強固となるべき"构成的建筑隐喻架构表达了日美友好协作关系建立于牢固的互赢和互信基础之上，而且会继续保持其稳定性。

（15）先般発表されましたアイゼンハワー米国大統領と私との間の往復書簡におきましても、日米両国の提携関係が<u>共通の利害と相互信頼</u>

---

① 注：安保斗争：1960年和1970年日本发生的反对日美安全保障条约的大型抗议运动。

② 吉次公介，日米安保体制史，東京：岩波書店，2018，巻末資料，第50—51頁。原文：池田政権は、安保闘争で傷ついた日米関係の修復を最優先の外交課題と位置付け、中立主義を排し、「自由主義陣営の一員」として安保体制を堅持する姿勢を鮮明にした。また安保体制への国民の支持を調達するべく、池田政権は「安保条約の結果として、日本は非生産的な軍事支出を最小限にとどめて、ひたすら経済発展に励むことができた」という「安保効用論」を編み出し、経済面から安保体制を正当化した。もう一つの重要な外交課題は、「自由主義陣営の有力な一員」としての国際的地位の確立であった。池田にとって日本は「大国」であり、「独立の完成」を追求する「敗戦国・被占領国」であってはならなかった。「独立の完成」が後景に退き、日本が「大国」に向けて歩き始めた池田政権期は、戦後日本外交史上の画期であった。

③ 吉次公介，日米安保体制史，東京：岩波書店，2018，巻末資料，第56頁。原文：経済力を向上させた日本が対米協力を拡大させた池田政権期は、安保体制の重要な転換点であった。まず、新安保体制が軌道に乗り、六十四年の外交青書で、安保体制は「日米関係の根幹の一つ」と位置づけられるに至った。また、日米「対等」や「独立の完成」のために対米協力を進めるという五十年代の論理に代わり、日本は米国の「イコール・パートナー」として応分の負担を分担すべきであるとの新たな論理が形成されたのであった。

④ 林茂，辻清明編，日本内閣史録(6巻)，東京：第一法規出版株式会社，1981，第47—64頁。

の確固たる基礎の上に築かれ、将来ますます強固となるべきことが確認されたのであります。①

又如（16）—（19），"共同の努力、協調にある、強固な協力体制、協力"构成的拟人类隐喻、"連帯性、緊密な関係を結ぶ"构成的链式隐喻、"三本の柱、つくる、接触をますます幅広く、かつ多角的に進めていく"构成的建筑隐喻架构、"基調"构成的音乐隐喻架构三类架构分别阐释了日本作为自由主义国家阵营成员的外交路线。池田指出，日本外交的主基调是与自由国家群在政治和经济方面进行多角度合作，以进一步完善充实经济开放体制；自由国家群是一个共同体，北美、西欧和日本作为其三个支柱应该构建稳固的合作机制，而日本与西欧之间也应该建立与日美相同的紧密关系。池田致力日本经济建设，他将国际社会分为发达国家和不发达国家两类，美欧日三极主义观点便是力证。

（16）私は、自由諸国の連帯性の自覚のもとに、共同の努力によってすみやかに事態が改善されることを期待するものであります。②

（17）わが国外交の基調が、政治的にも経済的にも自由国家群との協調にあることは申すまでもありません。③

（18）このたびの訪問を通じて、私は、北米、西欧並びにわが国が、自由陣営の三本の柱として強固な協力体制をつくるべきであると述べ、また、わが国と西欧との間に、日米間と同様に緊密な関係を結ぶべきであることを強調いたしました。④

（19）今後変転を予想される国際情勢に応じて、私は、自由諸国との接触を、ますます幅広く、かつ、多角的に進めていく考えであります。特に、自由諸国との協力のもと、世界経済発展のために積極的な寄

---

① 池田内閣総理大臣第36回（臨時会）施政方針演説，官報（号外），東京：大蔵省印刷局，1960/10/21，第24頁。
② 池田内閣総理大臣第37回（特別会）所信表明演説，官報（号外），東京：大蔵省印刷局，1960/12/12，第21頁。
③ 池田内閣総理大臣第40回（常会）施政方針演説，官報（号外），東京：大蔵省印刷局，1962/1/19，第30頁。
④ 池田内閣総理大臣第42回（臨時会）所信表明演説，官報（号外），東京：大蔵省印刷局，1962/12/10，第16頁。

与をいたす所存であります。そのためにも、わが国としては、開放経済体制を整備拡充するよう一段の努力を必要とするのであります。①

再如（20），"確保する、基本"构成的建筑隐喻架构表示新内阁的外交政策核心是让日美安保体制发挥其效能以确保日本的国家安全与经济繁荣。

（20）政府は、米国との安全保障条約によってわが国の安全と繁栄を<u>確保する</u>ことを、その外交政策の<u>基本</u>といたしてきたのであります（略）。②

8. 佐藤内阁

佐藤延续前任首相池田的外交理念，积极构建日美间伙伴关系，以提升日本的国际影响力和获得更多国家利益。佐藤在内政方面推行均衡发展政策，而在外交方面则以维持日美关系为轴心，显示日美关系一边倒的方针路线。收复冲绳和小笠原群岛、延长日美安全条约、提出"不制造、不拥有、不引进核武器"无核三原则等是佐藤内阁的主要外交政绩。③ 但是，佐藤任内出现的日美纺织品贸易谈判破裂，导致日美关系陷入战后最差困境。林茂、辻清明（1981）指出，贸易摩擦根源在于尼克松④政权将美国归还冲绳与日本实行纺织品贸易出口限制作为了一场交易，但美国的要求对佐藤来说实现的难度太大。⑤ 五百旗头真（2015）认为，日美纺织品贸易谈判虽然未对经济造成太大的影响，但是，日本针对美国提出的政治色彩极其浓厚的贸易要求，起初是坚决拒绝，之后又被迫做出让步，这一形式成为国际贸易摩擦史上的首例，也预示着相同的日美贸易摩擦会在未来不断重演。也就是说，美国想用政治逻辑和压力推行经济上的要求，而日

---

① 池田内閣総理大臣第46回（常会）施政方針演説，官報（号外），東京：大蔵省印刷局，1964/1/21，第13頁。
② 池田内閣総理大臣第44回（臨時会）所信表明演説，官報（号外），東京：大蔵省印刷局，1963/10/18，第20頁。
③ 五百旗頭真，日米関係史（第9刷），東京：有斐閣ブックス，2015，第220—232頁。
④ 理查德·米尔豪斯·尼克松：（1913—1994），美国第37任总统，美国共和党著名政治家，律师。
⑤ 林茂、辻清明編，日本内閣史録(6巻)，東京：第一法規出版株式会社，1981，第191—192頁。

本又无法脱离保护主义性质，日美相互间失去了信任，也形成了恶性循环，自此日美关系走向了贸易摩擦阶段。①

如（21），"基本姿勢"构成的拟人类隐喻提出日本的外交基本理念，即坚守和平自由自主的外交政策、为提高国际福利水平做出贡献；"協力関係の維持増進、相互の理解と信頼のもと、関係をより緊密ならしめねばならない"构成的拟人类隐喻则阐明会继续保持日美间相互理解和相互信赖；"中心"与"確固たる基盤の上に維持する"构成的建筑隐喻架构表示日美仍然是日本外交施策的核心；同时，从国家安全和国家利益两个方面考虑，日美安保条约作为日美关系大厦中最为坚固的基石部分应该继续存在下去，其原因如佐藤在（22）中所述，他指事实已经证明安保条约保护了日本的国家安全及帮助了日本经济的稳步发展。

（21）私は、平和に徹し、自由を守り、自主外交を展開し、世界の福祉の向上に貢献することを、わが国外交の<u>基本姿勢</u>にしたいと思います。（略）わが国は、従来より米国との<u>協力関係の維持増進</u>を外交政策の<u>中心</u>としてまいりました。今後も、日米安全保障条約を<u>確固たる基盤の上に維持する</u>ことによってわが国の安全を<u>確保する</u>とともに、条約に明示された経済的協力を一そう推進するなど、<u>相互の理解と信頼のもと、両国の関係を、より緊密ならしめねばなりません。</u>②

（22）日米安全保障条約がわが国の安全を守り、平和的発展を助けたことは、事実が証明するところであります。私は、現下の国際情勢においてわが国の国家利益を考える場合、みずから国の安全を守る努力をするとともに、日米安全保障体制を<u>維持していく</u>ことが、わが国の平和

---

① 五百旗頭真，*日米関係史*，東京：有斐閣ブックス，2015，第240頁。原文：日米繊維紛争は、経済的影響は必ずしも大きくはないものの、アメリカの政治色の強い要求を日本が最初は拒絶しやがては譲歩を迫られるというパターンの先駆けとなり、その後に頻発する日米経済摩擦を暗示するできごととなった。さらに、経済的な要求を政治的論理と圧力によって押し通そうとするアメリカに対する不信感と、保護主義的体質を脱し切れない日本に対するアメリカの不信感が、感情面も含めて悪循環を形成するという、経済摩擦時代の不幸な日米関係の始まりでもあった。

② 佐藤内閣総理大臣第47回（臨時会）所信表明演説，官報（号外），東京：大蔵省印刷局，1964/11/21，第25頁。

と安全を確保するために最も現実的な政策であると信ずるものであります。①

又如（23），"大きな政治目標の一つとして掲げました、実現を見るに至りました"构成的旅行隐喻架构将收复冲绳作为其政治生涯的重要目标及最终得偿所愿的心境。

（23）顧みれば昭和三十九年、私は政権担当の重責をになうにあたって、沖縄返還の実現をみずからの大きな政治目標の一つとして掲げました。翌四十年沖縄現地を視察して、沖縄同胞の祖国復帰への切なる訴えを聞き、いよいよその決意をかたくいたしたのであります。自来七年余にわたりこの問題に真正面から取り組んでまいりましたが、ここに復帰の実現を見るに至りましたことは、まことに感慨無量なるものがあります。②

佐藤认为，日本若想在国际社会生存下去唯有坚持国际主义，国际主义的真髓是指抛弃狭隘的自我中心主义，要与世界各国保持相互合作。面对因纺织品贸易摩擦而不断被激化的日美间矛盾，佐藤于第65次施政演讲中重申日美关系的不可替代性，日美两国关系如何发展对日本国民生活质量的影响程度远远超过日本与其他国家的双边关系，这一局面在短期内不会有任何改变。因此，佐藤在（24）中利用"友好的競争関係"构成的竞赛隐喻架构及"互恵互譲の精神"构成的商业隐喻架构巧妙阐明，日美两国只有建立起友好良性的竞争关系，只有基于互惠互利的双赢原则，才会利于世界和平，才会促进世界经济繁荣，才能惠及民生。

（24）われわれは経済の面においても、近代的技術の面においても、世界の最高水準に到達することを大きな目標にしてまいりました。米国もまたより高度の発展を目ざして懸命の努力を重ねております。このような両国間の友好的競争関係こそが、今日、世界の平和と経済の拡大に

---

① 佐藤内閣総理大臣第51回（常会）施政方針演説，官報（号外），東京：大蔵省印刷局，1966/1/28，第160頁。
② 佐藤内閣総理大臣第68回（常会）施政方針演説，官報（号外），東京：大蔵省印刷局，1972/1/29，第76頁。

よる民生の安定に大きく寄与しているのであります。最近日米間の重要な懸案となっている日米繊維交渉につきましても、自由経済と世界貿易の拡大という見地から、互恵互譲の精神に基づいて必ずや妥当な解決がもたらされることを確信しております。①

9. 田中内阁

田中内阁最大的外交政绩是于1972年9月恢复了中日邦交正常化，同时也使日本在日美关系争斗中第一次居于主动，一定程度上实现了自鸠山内阁以来历任首相所主张的自主外交理念。如（25），"深い関係を持ってきた、友好協力関係の維持増進"构成的拟人类隐喻和"新しい段階に入った"构成的旅行隐喻架构表明，田中执政后依旧强调日美在政治、经济、社会、文化各个领域渊源深厚，进入新时代的两国将继续保持友好合作的双边关系，他认为日美关系是亚洲太平洋地区安全和繁荣的有力保障。同时，如（26）（27），田中利用"対話を進め、友好関係の維持"构成的拟人类隐喻和"基本、多角的、基盤"构成的建筑隐喻架构阐明，日本会与信奉自由和民主主义的国家始终维持友好关系，并以此为日本多边外交路线的基础，推进与日本在政治信条和社会体制不同的国家相互对话和交流，积极参与建设世界和平氛围。

（25）日本と米国は、政治、経済、社会、文化の各分野において深い関係を持ってきたのでありますが、新しい段階に入った日米両国の今後における友好協力関係の維持増進は、日米両国にとどまらずアジア太平洋全域の安全と繁栄に欠くことのできないものであります。②

（26）わが国が政治信条や社会体制を異にする諸国との間に対話を進め、平和な国際社会の建設に積極的に参画していくためには、わが国と同じ自由と民主主義を奉ずる諸国との友好関係の維持が基本であり、

---

① 佐藤内閣総理大臣第65回（常会）施政方針演説，官報（号外），東京：大蔵省印刷局，1971/1/22，第17頁。
② 田中内閣総理大臣第70回（臨時会）所信表明演説，官報（号外），東京：大蔵省印刷局，1972/10/28，第28頁。

実際的であることは言うまでもありません。①

（27）米国とのゆるぎない相互信頼関係は、わが国の多角的外交展開の基盤となるものであります。そのため、政府は、米国との貿易収支の著しい不均衡を大幅に改善せしめたのみならず、広く世界経済全体の発展確保のため、拡大均衡を指向する両国間の互恵的な貿易経済関係の増進に格段の努力を傾けております。②

同时，如（27），针对日美间不断扩大的贸易收支不均衡态势，田中表示将努力改善失衡状况，建立双方互惠的贸易经济关系，确保世界经济整体的稳定发展。

田中任内，美国总统福特③于1974年11月18—22日访日并发表共同联合声明"田中総理大臣とフォード大統領との間の共同声明"（田中首相与福特总统联合声明），时任美国总统首次访日使日美亲善关系又翻开了新的一页，"現職のアメリカ合衆国大統領による初めての日本国訪問は，両国間の親善の歴史に新たな一頁を加えるものである"。声明中指出，日美两国在政治、经济、安全、环境保护、能源及宇宙空间、海洋等新能源开发、科技等方面存在着许多共同利益，也是日美关系未来发展的重要基础，今后两国应该立足平等原则，进一步加强相互间的磋商与合作，构建更加紧密和互惠互利的两国关系。④

10. 三木内阁

（28）私は、今日の時代を国際協調の時代であると考えております。世界各国の相互依存性はますます深まり、地球はますます小さくなりつつあります。全人類は、地球船という同じボートに乗った運命共有者であります。すべての日本人は、日本丸という同じボートに乗った、もっ

---

① 田中内閣総理大臣第71回（特別会）施政方針演説，官報（号外），東京：大蔵省印刷局，1973/1/27，第35頁。
② 田中内閣総理大臣第72回（常会）施政方針演説，官報（号外），東京：大蔵省印刷局，1974/1/21，第178頁。
③ 杰拉德·鲁道夫·福特：（1913—2006），美国第38任总统。
④ 田中総理大臣とフォード大統領との間の共同声明，外務省編，外交青書（19号），東京：外務省，1975，第99—101頁。

と緊密な運命の共有者であります。①

如（28），三木上任之初于施政演讲中即使用"相互依存性、運命共有者、もっと緊密な運命の共有者"构成的共同体隐喻和"地球船という同じボートに乗った、日本丸という同じボートに乗った"构成的海上旅行隐喻架构表示通货膨胀、经济萧条、国际货币、能源问题、资源开发、粮食危机等将当今的世界带入了需要国际协调与合作的时代，世界各国间的相互依存度日趋增强，放弃国际间合作将无法解决这些问题；全人类仿佛同乘一条"地球船"，日本人也是在同一条大船"日本丸"上，三木认为，当今全体人类就是紧密相连着的共同体。

三木在当选后的首次国会演讲中就指出其外交路线与前任内阁相一致，忠实履行前任首相田中与美国总统福特于1974年11月达成的共同联合声明之精神。他在任职期间的74次、75次、77次、78次施政演讲中反复强调日美关系的重要性，不论是从安全保障层面，还是从民主主义观点，再或从经济贸易层面，日美关系都称得上是极为自然的伙伴关系。四次演讲中除了沿用"友好関係の維持・強化、自然なパートナー、相互理解・相互信頼・相互協力、話し合いを重ねていく、合理的な解決を得るよう全力を尽くしたい"构成的拟人类隐喻以外，如（29）—（31），三木在74次、75次、77次三次演讲中均使用"機軸、基軸"构成的机械隐喻架构表示维持、推进、强化日美友好关系依旧是日本外交的最核心部分；（32）中使用"深いきずなで結ばれている間柄"构成链式隐喻意为两国紧密且不可分性。但是，这并非意味着日本会疏远与其他国家的关系，如（30）—（32），"善隣友好、近接、親善・友好の関係を持っている、動向"构成的拟人类隐喻和"重要な柱"构成的建筑隐喻架构表示保持与相邻国家的友好关系也是日本外交政策的重要支柱部分，特别是要继续保持与美国、中国、苏联这三个在国际政治中有着重大影响力的国家间的亲善关系，只有同三国的关系良好，才能保障亚洲和太平洋地区的安定发展。

---

① 三木内閣総理大臣第75回（常会）施政方針演説，官報（号外），東京：大蔵省印刷局，1975/1/24，第11頁。

（29）三木内閣にかわっても、わが国の外交の基本路線は不変不動であるということであります。日米友好関係の維持、強化が日本外交の<u>機軸</u>であることにいささかの変化もありません。①

（30）<u>善隣友好</u>がわが国外交の重要な<u>柱</u>であることは申すまでもありません。特にわが国が米、中、ソという世界政治に重大な影響力を持つそれら三カ国と<u>近接</u>していることが、わが国の立場を特徴づけております。しかも、この日、米、中、ソの四カ国関係の中で、日本としては、他の三カ国のすべてと正式な外交関係に加えて、<u>親善、友好の関係を持っている</u>ということは、きわめて重要なことであります。（略）日米関係の安定は、日本外交の<u>基軸</u>でありますから、今後とも友好協力体制の強化に一層努めてまいりたいと存じております。②

（31）強固なる日米関係の推進、発展が日本外交の<u>基軸</u>であることは変わりありません。安全保障の観点からも、民主主義の観点からも、また、経済貿易の観点からも、いずれをとらえてみても、日米はきわめ<u>て自然なパートナー</u>であります。（略）日米間の<u>相互理解、相互信頼、相互協力</u>を一層推進する決意であります。③

（32）日米両国は<u>深いきずなで結ばれている間柄</u>でもあり、話し合いを重ねていくことによって合理的な解決を得るよう全力を尽くす考えであります。④

基于 1970 年后冷战思维有所缓和等原因，三木执政期间正式启动了对日本防卫政策与日美安保体制的重构尝试，1976 年阁议通过了日本防卫计划大纲和将国防预算控制在国民生产总值（GNP）1% 之内的决定。五百旗頭

---

① 三木内閣総理大臣第 74 回（臨時会）所信表明演説，官報（号外），東京：大蔵省印刷局，1974/12/14，第 20 頁。
② 三木内閣総理大臣第 75 回（常会）施政方針演説，官報（号外），東京：大蔵省印刷局，1975/1/24，第 12 頁。
③ 三木内閣総理大臣第 77 回（常会）施政方針演説，官報（号外），東京：大蔵省印刷局，1976/1/23，第 18 頁。
④ 三木内閣総理大臣第 78 回（臨時会）所信表明演説，官報（号外），東京：大蔵省印刷局，1976/9/24，第 24 頁。

真(2015)认为,20世纪70年代初期,日本国内反尼克松主义①的声势不断高涨,随之产生了诸如"应该加强日本的防卫建设"和"自主防卫论"等声音,而三木内阁看到这一情形并及时制定了防卫计划大纲,大纲意味着三木将日美关系又拉回了日美安保条约的框架中,从而也将日美关系从危机引向了合作关系。②

11. 福田(赳夫)内阁

福田认为,当今世界为两种形势所左右:一是发达工业国家陷入了严重的经济停滞和衰退期;二是发展中国家正在探索徘徊于经济独立之路上。世界各国间相互依存度日趋增强的当今,如果南北间没有协调合作的发展理念,世界将无安宁和平,发达工业国也将不会再有繁荣景象;如果发达工业国不再向前发展和失去和平,发展中国家所期待的民生福祉及国家发展也不可能实现。新内阁积极推行"福田主义",③ 但福田认为,无论

---

① 注:尼克松主义:アメリカの対外安全保障政策の一つ。新太平洋ドクトリンともよばれる。ベトナム戦争の泥沼にはまったジョンソン政権の後を継いだニクソン大統領は、1969年7月26日、グアム島でアジア戦略の基本戦略(グアム・ドクトリン)を公表、(1)条約上の責務を守る;(2)同盟国の自由またはアメリカの安全が脅かされれば核の傘を提供;(3)その他の侵略には基本的に各国の自衛努力によることを宣言したが、翌70年2月18日公表の外交教書で、前述の戦略を全世界に拡大適用することを発表、以後この戦略はニクソン・ドクトリンとよばれるようになった。これは、(1)同盟諸国とのパートナーシップ;(2)アメリカの安全を脅かす国には「力による対決」を行うこと;(3)平和のための「交渉」の重視を内容とした。とくに(1)は、同盟諸国の自助およびアメリカの地上軍負担の軽減を強調したもので、単に当時のベトナム戦争に関してだけでなく、その後の歴代政権の世界の基本戦略となった。これは、大量のアメリカ地上軍を投入して失敗したベトナムでの教訓を取り入れたものとされている。(日本大百科全書,Nixon Doctrine, https://kotobank.jp,2022年9月21日。)中文大意:尼克松主义是美国提出的一项调整对外政策的战略主张。主要包括:(1)美国将信守条约承诺;(2)美国或其同盟国的自由受到威胁时美国将提供"核保护伞";(3)如果涉及到非核侵略,美国会依靠直接受威胁国家承担防御责任。

② 五百旗頭真,日米関係史,東京:有斐閣ブックス,2015,第249頁。原文:それは1970年代初めにニクソン・ドクトリンと対米不信に揺さぶられる中で一時的に所要防衛力構想や自主防衛論の浮上を見た日本の政治が、日米関係を大枠とする安全保障政策の枠内に引き戻されたことを意味していた。1970年代の日米関係が危機から協力へと進展した.

③ 福田総理大臣のマニラにおけるスピーチ,外務省編,外交青書(22号).東京:外務省,1978,第326—330頁。福田ドクトリン:福田赳夫元首相が77年、マニラで表明した東南アジア外交の基本原則。(1)日本は軍事大国にならないことを決意し、世界の平和と繁栄に貢献する;(2)東南アジアの国々と、社会・文化など広範な分野で真の友人として心と心のふれあう相互信頼関係を築く;(3)「対等な協力者」の立場で東南アジア全域の平和と繁栄の構築に寄与する—の三つの原則からなる。

是发达国家自身的经济重建，还是改善南北关系，光靠一个国家的努力远远不够，需要发达工业国家间的相互合作。福田提倡召开主要发达国家首脑会议，以应对日趋严峻的国际形势变化。1977 年 3 月 22 日，福田与美国总统卡特①发表了"福田赳夫内閣総理大臣とジミー・カーター米大統領との間の共同声明"（日美联合声明），②指出日美为"自由で率直な対話・相互信頼関係"——可以自由、率直对话和相互信任的关系，并强调"先進諸国が世界経済の浮揚に貢献すべきこと"——日美等发达国家应该为提振世界经济做些贡献。在同年 5 月伦敦峰会上，福田承诺日本当年的实质经济增长率达到 6.7%。③

如下例（33）—（35），福田于 80 次、81 次、82 次、84 次、85 次施政演讲中反复沿用"友好協力関係、成熟したパートナーの関係、不断の協議によって意思疎通を図る、率直に話し合い共通の目的意識に基づいて友好的に処理し得る、提携と協力を強化しさらに発展させる"构成的拟人手法以及"基軸、中軸"构成的机械隐喻架构表示日美关系始终是友好合作、平等、成熟的伙伴关系，日美关系和日美安保条约也是日本外交政策中最重要的部分。又如（33），"不協和音"构成的音乐隐喻和"試練を乗り越え"构成的旅行隐喻表示日美关系已经走出困境，进入未曾有过的稳定期，维持日美安保条约仍然是日本政府运行的基本方针。当然，政府也会持续努力完善日本的基本防卫能力。再如（35），福田于第 84 次、85 次施政演讲中均使用"揺るぎないもの"构成的建筑隐喻架构，旨在表达日美关系将继续稳如磐石，不会有丝毫的动摇。

（33）わが国の外交にとって、基本的な重要性を持つものは、戦後日本の繁栄と安全を支えてきた日米両国の<u>友好協力関係</u>であります。政治、経済、安全保障、いずれの面をとってみましても、日米関係は、わが国にとって際立った重要性を持っております。幸い日米両国は、過去

---

① 詹姆斯・厄尔・卡特：（1924— ），美国第 39 任总统。
② 福田赳夫内閣総理大臣とジミー・カーター米大統領との間の共同声明，外務省編，外交青書（21 号），東京：外務省，1977，第 82—84 頁。
③ 五百旗頭真，日米関係史，東京：有斐閣ブックス，2015，第 417 頁。

のような不協和音の試練を乗り越え、かつてないほど安定した、いわば成熟したパートナーの関係にあります。このような関係のもとで、日米両国が不断の協議によって意思疎通を図ることは、きわめて重要であると考えます。①

（34）米国との関係は、わが国外交の基軸であります。（略）日米両国は、どのような問題も、率直に話し合い、共通の目的意識に基づいて友好的に処理し得るという成熟した関係にあるのであります。（略）政府といたしましては、このような成熟した日米友好関係を基軸といたしまして、今後とも両国が共通の関心を有する世界の諸問題につき緊密な協力を保ち、世界の平和と繁栄のために貢献する決意であります。②

（35）改めて申すまでもないのでありますが、このような広範なわが国外交活動の中軸となっておりますのは米国との関係であります。（略）日米両国の提携と協力を強化し、さらに発展させることが、両国相互間の関係においてのみならず、広く世界全体の平和と繁栄を確保するためにますます重要となっているとの確信に立って、これをさらに揺るぎないものにいたしたいと存ずる次第でございます。③

12. 大平内阁

经历过石油危机的大平上任后即提出"综合安全保障战略"。大平认为，日本的安全不该仅依靠军事力量，应在打造高质量的自卫队和维持日美安保体制前提下，不断充实经济、教育、文化等实力，强化经济合作和文化外交，确保日本的综合安全。换言之，若想真正保障国家安全，一方面要让国家内政运行秩序良好且充满活力，另一方面还要在外交方面积极

---

① 福田内閣総理大臣第80回（常会）施政方針演説，官報（号外），東京：大蔵省印刷局，1977/1/31，第9頁。
② 福田内閣総理大臣第82回（臨時会）所信表明演説，官報（号外），東京：大蔵省印刷局，1977/10/3，第17頁。
③ 福田内閣総理大臣第84回（常会）施政方針演説，官報（号外），東京：大蔵省印刷局，1978/1/21，第46頁。

创建和谐的国际环境。①②③ 大平上任之初还提出了"环太平洋连带构想",④ 虽然没能在其生前实现,但1989年于堪培拉召开的首届亚太经济合作(APEC)部长级会议就缘起大平这一构想。

大平内阁意识到日美间保持友好协调关系的重要性,1979年4月末,他在访美期间与美国总统卡特会谈后达成了两点共识:

1) 激動する国際情勢に対応し、日本は西側の主要国として積極的役割を果たす。苦しい立場にあるアメリカとは"共存共苦"の姿勢でゆく;

2) 防衛努力増大の要請にはアメリカの期待を十分に考慮し"同盟国"として真剣に努力したい;⑤

可见,大平遣词谨慎,没有了前任首相福田频繁使用的"全方位外交"字眼儿,避开了锋芒,他始终强调日本是西方国家的一员,在美国陷入困境时,作为同盟国会与美国站在一起,并及时提供援助。会谈中,大平曾对卡特说,"日本列島が米国にとってのいわば不沈の航空母艦としての機能をより良い経費で果たすようにする",日本列岛愿意成为一艘美国的航空母舰,价格最实惠,而且永远不会被击沉。⑥

如(36)—(38),大平继续沿用前任首相们由"友好関係、各種の

---

① 吉次公介,《日米安保体制史》,東京:岩波書店,2018,第108—109頁。
② 大平内閣総理大臣第87回(常会)施政方針演説,《官報(号外)》,東京:大蔵省印刷局,1979/1/25,第19—22頁。
③ 大平内閣総理大臣第91回(常会)施政方針演説,《官報(号外)》,東京:大蔵省印刷局,1980/1/25,第115—118頁。
④ 原文:Pacific Basin,太平洋地域諸国間における経済・文化・技術面での協力構想。1960年代後半からその芽生えがみられたが、79年日本の大平正芳首相による「環太平洋連帯構想」提唱以降国際的にも関心が高まった。比較的安定した政治、天然資源や人材の豊かさなどの好条件による経済的発展を背景に80年には「太平洋協力会議」が開催され、以後各種の研究やセミナー、国際会議などが行われている。89年にオーストラリアの提唱で開催されその後毎年開催されることになったアジア・太平洋経済閣僚会議APECもこの構想の延長線上に位置づけられよう。日本における窓口機関として環太平洋協力日本委員会が設けられている。(ブリタニカ国際大百科事典,環太平洋構想,https://kotobank.jp,2022年9月21日。)中文大意:环太平洋连带构想主张建立环太平洋沿岸的所有国家进行经济・文化・技术层面的合作联合网。
⑤ 林茂、辻清明編,《日本内閣史録(6巻)》,東京:第一法規出版株式会社,1981,第445—446頁。
⑥ 吉次公介,《日米安保体制史》,東京:岩波書店,2018,第109頁。

試練に耐え、相互信頼関係、友好と協調、協力の増進"构成的拟人类隐喻、"基軸、中軸"构成的机械隐喻架构、"維持、強化、基本、基盤、基礎、揺るぎないもの、より確かなもの"构成的建筑隐喻架构、"連帯関係、連帯"构成的链式隐喻架构以及"輪を押し広げてまいる"构成的旅行隐喻架构分别阐述了维持和不断增进日美友好关系是新内阁的外交核心政策，日美安保体制是日美关系大厦的根基部分，日美两国的友好关系会经受住各种考验继续稳步发展下去；日本外交将以日美友好关系为轴心，进一步开展日中、日苏、日韩以及与包括东盟诸国在内的亚太地区各国的合作关系。可以说，日本与美国等自由国家间密切不可分的关系也是日本进行全球外交的基本前提。

（36）わが国の外交の基軸は、日米友好関係の維持強化にあることは申すまでもありません。日米間の友好関係は、各種の試練に耐え、ますます揺るぎないものとなっております。①

（37）わが国としては、日米友好関係の維持を基軸としつつ、中国との友好関係の増進、北方領土問題の解決を含む日ソ間の善隣友好関係の確立、韓国との友好協力関係の維持、ASEAN諸国を含むアジア・太平洋地域諸国との協力関係の強化等を図ってまいる考えであります。②

（38）わが国対外政策の基本は、自由主義諸国との連帯関係を強化し、これを基盤として全世界に友好と協調の輪を押し広げてまいることであります。とりわけ、日米安全保障体制を基礎とした米国との揺るぎない相互信頼関係がわが国の外交の基軸であることは申し上げるまでもありません。政府といたしましては、これをより確かなものとするよう政治、経済、文化を通ずる日米協力の増進にたゆまない努力を続けるとともに、西欧諸国を初め自由主義諸国との協力関係を強めてまいる考えであります。（略）政府としては、この重大な事態の

---

① 大平内閣総理大臣第87回（常会）施政方針演説想，官報（号外），東京：大蔵省印刷局，1979/1/25，第20頁。
② 大平内閣総理大臣第90回（臨時会）所信表明演説，官報（号外），1979/11/27，第20頁。

解決に資するため、米国との連帯を中軸として、欧州その他友好諸国との協調のもとに、わが国にふさわしい努力を重ねてまいる考えであります。①

13. 铃木内阁

铃木在任期间第一次将日美关系表达为"同盟关系"。② 1981年5月8日，铃木与美国总统里根③在美国发表"鈴木善幸総理大臣とロナルド・レーガン米大統領との共同声明"（日本首相铃木善幸与美国总统里根的联合声明），声明中指出"日米両国間の同盟関係は、民主主義及び自由という両国が共有する価値の上に築かれていることを認め、両国間の連帯、友好及び相互信頼を再確認した"，④ 日美双方一致认为，日美两国间的同盟关系基于两国共有价值——民主主义及自由，两国间是连带、友好和相互信任的关系。如（39）和（40），与前任首相们相同，铃木也重复使用了"連帯"构成的链式隐喻架构、"友情と信頼、成熟した、緊密な連携"构成的拟人类隐喻、"中心に位置する、築き上げられてきた、揺るぎない、基礎、基本、築き上げる、構築、基盤"构成的建筑隐喻架构、"基軸"构成的机械隐喻架构表明，日本与在政治、经济上具有相同理念的美国和EC各国等自由主义诸国存在连带关系；日美间一直相互信任、紧密协作，是非常成熟的双边关系，因此，日美关系处于新内阁外交政策的最核心位置，也是日本展开全球外交的重要基础；日美安保体制也是战后日本维护国家安全的核心，也是战后日本得以发展至今的重要保障。日本会以安保体制为基础，不断提升自卫能力，使其既有节制又具高质量。

（39）わが国の外交を進めるに当たり、私は、まず、わが国と政治、

---

① 大平内閣総理大臣第91回（常会）施政方針演説，官報（号外），1980/1/25，第115—116頁。

② 据吉次公介（2015）记载，福田赳夫于美国国家记者俱乐部演讲中也使用过，原文：この同盟関係は日米の双方にとってその基本的な利益に資する。（吉次公介，日米安保体制史，東京：岩波書店，2018，第102頁。）

③ 罗纳特·威尔逊·里根：（1911—2004），美国政治家、演员，美国第40任总统。

④ 鈴木善幸総理大臣とロナルド・レーガン米大統領との共同声明，外務省編，外交青書（26号），東京：外務省，1982，第465—468頁。

経済上の理念をともにする米国、EC 諸国などの自由主義諸国との連帯をあらゆる分野で強化していくことが最も重要であると考えます。特に日米関係は、わが外交の中心に位置するものであり、わが国としては、日米間に築き上げられてきた揺るぎない信頼関係を基礎として、今後とも、わが国の国際社会に対する責任と役割りを十分に果たしてまいりたいと思います。(略)わが国は、戦後これまで、日米安全保障体制を基軸として国の安全を維持し、今日の発展を遂げてまいりました。わが国が、平和の中で国の繁栄を図っていくためには、今後とも、日米安全保障体制の維持を基本とし、みずからも節度のある質の高い自衛力の整備に努力する必要があります。①

(40) 日米両国は、双方のたゆまぬ努力により、揺るぎない友情と信頼を築き上げるに至っていますが、レーガン新政権との間にも、一層成熟した日米関係の構築に努力してまいります。また、そうした基盤に立って、国際社会に生じた諸問題の解決に当たっても、両国間の緊密な連携のもとに、わが国に期待される役割りを果たしていく考えであります。②

14. 中曽根内阁

中曽根沿袭了大平、铃木两届政府重视日美和日欧的外交路线，认为日美关系是日本的外交政策核心部分，同时也强调日美为平等的伙伴关系。中曽根于 1982 年 11 月 27 日至 1987 年 11 月 6 日任职期间，积极改善对美关系。他七次出访美国，与时任美国总统的里根建立了深厚的信赖关系。加之，美苏两国进入新冷战时期后，美国与欧洲各国间不断出现摩擦和紧张局势，中曽根与前任内阁不同，他公开表示日本是美国的"同盟国"，日美两国是"运命共同体"，以示日本支持美国之坚定立场。日美安保方面，中曽根进一步强化日美协调路线，不仅废除了三木内阁制定的国防预算控制在 GNP1% 内的决定，还允许向美国提供武器技术以支持 SDI

---

① 鈴木内閣総理大臣第 93 回（臨時会）所信表明演説，官報（号外），東京：大蔵省印刷局，1980/10/3，第 21 頁。

② 鈴木内閣総理大臣第 94 回（常会）施政方針演説，官報（号外），東京：大蔵省印刷局，1981/1/26，第 20 頁。

研究计划,① 日美进入了"ロン・ヤス関係"（里根、康弘关系）——日美"同盟关系"时代。中曽根任内，日美关系再度升温，达到了空前的密切程度，然而两国因汽车对美出口飙升而引起的贸易摩擦问题依旧非常严峻，但日本始终强调要在日美同盟关系框架下平等、互利、圆满地缓解贸易摩擦问题。

如（41）—（44），中曽根在其任内发表的施政演讲中沿用了历任首相使用的"信頼関係、最も重要なパートナー、友好関係、強固な提携と安定、同盟関係、団結、結束"构成的拟人类隐喻、"基本、基盤、礎石"等构成的建筑隐喻、"固いきずなで結ばれた、連帯"构成的链式隐喻、"基軸"构成的机械隐喻、"出発点、展開してまいる"构成的旅行隐喻以及"花開いた"构成的植物隐喻六类架构阐明，战后日本之所以能够重现经济强盛，完全得益于旧金山和约和日美安保体制；新内阁的外交理念是与以欧美为代表的自由主义各国保持协调合作前提下推行独立自主的外交路线；美国是日本内政运行中最为重要的伙伴，日美之间具有坚固的连带关系，继续维持和不断提升日美两国间相互信赖、团结、友好合作关系是新内阁外交施策的重中之重。

（41）わが国外交の<u>基本</u>は、欧米を初めとする自由主義諸国の一員として、これらの国々との協調のもとに、自主的な外交努力を行うことであります。特に、米国は、わが国にとって、政治、経済等の広範な分野において<u>固いきずなで結ばれた</u>最も<u>重要なパートナー</u>であります。私は、日米間の<u>信頼関係</u>を、今後、一層強化してまいりたいと考えます。②

（42）戦後日本の繁栄は、自由と平和、民主主義と基本的人権の尊重を高らかにうたった現行憲法、わが国の長期にわたる平和と安全のための<u>基盤</u>となったサンフランシスコ平和条約と日米安全保障体制の上に<u>花開いた</u>のであります。（略）国際社会でのわが国の対応において、米国との<u>友好協力関係</u>がその<u>基軸</u>となってきたことは、戦後一

---

① 注：SDI 研究计划：Strategic Defense Initiative，星球大战计划。
② 中曽根内閣総理大臣第97回（臨時会）所信表明演説，官報（号外），東京：大蔵省印刷局，1982/12/3，第24頁。

貫して変わらざるところであります。同時に、それはまた、アジア、さらには世界の平和にとっても不可欠の条件となっております。（略）このような成果を踏まえ、私は、今後とも両国の友好関係を一層強固にし、それを出発点として世界各国との外交を展開してまいります。①

（43）米国との友好協力関係の維持強化は、我が国外交の基軸であります。米国との同盟関係は、戦後の最も重要な、そして賢明な選択であり、日米関係の一層の発展は、アジア・太平洋地域、さらには世界の平和と繁栄にとって、極めて重要な礎石であります。②

（44）我が国外交の基本は、世界の平和と繁栄のため、国連憲章を守り、価値観を共有する自由世界の連帯と団結を進め、また、アジア・太平洋の一員として地域の発展に貢献し、自由貿易を推進しつつ、開発途上国の経済と福祉の増進に積極的に協力することにあります。（略）自由民主主義諸国の結束が求められている今日、米国と並ぶ重要な柱である西欧諸国とは、経済関係のみならず、政治、文化等広範な分野における協力関係を一層強化していきたいと考えます。③

15. 竹下内阁

竹下执政后迅即表示将秉承日本既为'西側の一員'——西方世界一员，也是'アジア・太平洋地域の一国'——亚太地区一国的历任内阁之外交路线，同时新内阁提出要构建"国際協力構想"——利用日本的经济财富和活力为国际和平与世界繁荣做出贡献之构想。竹下构想包括"平和のための協力、政府開発援助の拡充、国際文化交流の強化"三大支柱。竹下认为，这是新内阁的外交基础，也是赢得国际社会信任

---

① 中曽根内閣総理大臣第98回（常会）施政方針演説，官報（号外），東京：大蔵省印刷局，1983/1/24，第8頁。

② 中曽根内閣総理大臣第102回（常会）施政方針演説，官報（号外），東京：大蔵省印刷局，1985/1/25，第248頁。

③ 中曽根内閣総理大臣第108回（常会）施政方針演説，官報（号外），東京：大蔵省印刷局，1987/1/26，第7—8頁。

的唯一途径。① 日美关系方面，竹下提出，由于美国经济低迷，同为自由主义国家应该在安保问题上给美国以必要的支持，日本会与美国分担一些应尽的责任。1989年1月末，竹下访美时回应了美国总统乔治·布什②提出的安保和经济援助的要求，日本会继续维持日美安保体制，按照宪法的规定坚持防卫型发展、恪守非核三原则和文官统治等；同时，他在美国国际记者俱乐部演讲时指出，日美同盟关系不仅惠及日美两国国民，也是为世界全体人民的未来造福，因此，立足全球化视野的日美伙伴关系非常重要。③ 但由于美国对日贸易存在巨大赤字，两国的贸易争端不断升级，也波及了安保问题，最后导致布什政权开始修改中曾根内阁时期签订的涉及对日技术输出和联合开发方面的合作，日美关系开始变得困难起来。

竹下在任期间的施政演讲中也沿用了历任首相拟人、机械隐喻、建筑隐喻三类架构。如（45）（46），"力を合わせ、基本姿勢、共同作業、解決を図る、協力し合う、地球的な視野に立っておのおのの責任を果たし、貢献していく"构成的拟人，"基軸"构成的机械隐喻，"基盤、一層強固なもの、基礎を築き得た、中心、支えられた"构成的建筑隐喻三类架构阐明维护和进一步强化日美国际化视野下的友好合作关系是新内阁的外交基础、外交中心、外交重心，竹下表示双方会共同努力妥善解决两国间出现的一些问题和摩擦。

（45）私と大統領は日米両国が<u>力を合わせ</u>、世界の平和と繁栄のため努力していくとともに二国間に生ずる問題については共同作業により<u>解決を図る</u>との<u>基本姿勢</u>を相互に確認をいたしました。これらを通じ、我が国外交の<u>基軸</u>である日米関係のさらなる発展の<u>基礎を築き得た</u>と考

---

① 竹下内閣総理大臣第111回（臨時会）所信表明演説，官報（号外），東京：大蔵省印刷局，1987/11/27，第3—5頁。
② 乔治·赫伯特·沃克·布什：(1924—2018)，美国第41任总统。
③ 吉次公介，日米安保体制史，東京：岩波書店，2018，第121頁。原文：日米同盟関係は両国民のためのみならず、世界全体の未来のために貢献すべき時代を迎えており、グローバルな日米パートナーシップが重要だ。

えております。①

（46）戦後の我が国の繁栄は、米国を中心とする自由主義諸国の努力と協調に支えられた国際秩序に大きく負っていたことを忘れてはなりません。（略）私たちは、かたい友情と相互の信頼を確認するとともに、今後とも、日米両国が協力し合うことにより、地球的な視野に立っておのおのの責任を果たし、世界に貢献していくことを誓い合った次第であります。②

16. 宇野内阁

宇野内阁仅存不足一年，其日美关系基本沿袭前任竹下内阁的外交路线。如（47），宇野使用"基本"构成的建筑隐喻架构、"基軸"构成的机械隐喻、"路線が正しかった、路線を継続し"构成的旅行隐喻架构以及"座標軸"构成的数学运算隐喻架构再次重申，日本是以美国为首的发达民主主义国家中的一员，也是亚太地区的一个国家，新内阁会继续以这两点为坐标轴在国际社会中积极履行责任和义务。同时，针对日美间日益严重的贸易摩擦，宇野认为，战后日本的经济振兴完全受益于国际自由贸易体制，不应该过于强调和推行自我中心逻辑，必须从国际视野进行国家建设，新内阁将修改国内相关制度和传统以应对经济贸易方面的困境。

（47）個人の自由と民主主義に立脚した国の繁栄と国民の安寧の確保という視点に立って見れば、従来の我が国の外交政策の基本、すなわち、米国との関係を基軸とした先進民主主義国の主要な一員としての立場と、アジア・太平洋地域の一国としての立場という二つの座標軸にしっかりと立って、国際責任を果たすとの外交路線が正しかったことは疑いを入れません。私といたしましては、このような外交路線を継続し、

---

① 竹下内閣総理大臣第112回（常会）施政方針演説，官報（号外），東京：大蔵省印刷局，1988/1/25，第11頁。
② 竹下内閣総理大臣第114回（常会）施政方針演説，官報（号外），東京：大蔵省印刷局，1989/2/10，第21頁。

発展させてまいります。①

17. 海部内阁

海部内阁主张构建以稳固的日美合作关系为轴心的新的国际秩序。他认为新国际秩序应包括以下五点：1）维护和平与安全；2）尊重自由与民主主义；3）开放的市场经济体制运行下实现世界经济繁荣；4）保护人类生活环境；5）建立以对话与合作为基调的国际关系。② 如（48），"確固とした協力関係、共通の責任を自覚し、協調して、友人の立場から率直に主張すべきことを主張し、相互理解、共同作業、協力していく、グローバルパートナーシップ"构成的拟人类隐喻、"きずな"构成的链式隐喻架构、"一層強固なもの"构成的建筑隐喻架构表明日美关系是牢固的"国际伙伴关系"，一贯坚持相互理解、寻求共识、不断加强协调合作之原则；"基礎"构成的建筑隐喻架构明确了缔结三十年的日美安保条约是日美两国关系稳步发展的基础。海部不仅将日美关系定义为"国际伙伴关系"，为了缓解因贸易争端产生的两国人民间的误解，增加民间的相互交流机会，他还提出了"日美对话构想"，又创设了"日米親善交流基金"，其原因如海部在121次施政演讲中所讲，日美两国保持友好合作以及共同应对国际性课题既关日美两国的发展也影响世界和平与繁荣。1991年海湾战争爆发后，日本向多国部队分三次提供了总计130亿美元的财政资助，实际上海部内阁本想派遣自卫队参加以美国为主的多国维和部队，提议制定配合联合国维和活动的相关法案，但遭到国内舆论的强烈反对，最终法案未能通过。

（48）新しい国際秩序の構築に向けて外交を展開していく上でも、日米間の<u>確固とした協力関係</u>は必要不可欠であります。今回のブッシュ大統領との会談でも、イラク・クウェート問題への対応を初め広く世界の平和と繁栄に対して両国が有する<u>共通の責任</u>と、<u>協調してこれを果たしていく</u>必要性を相互に確認したところであります。今後とも、

---

① 宇野内閣総理大臣第114回（常会）所信表明演説，官報（号外），東京：大蔵省印刷局，1989/6/5，第566—567頁。
② 海部内閣総理大臣第118回（特別会）施政方針演説，官報（号外），東京：大蔵省印刷局，1990/3/2，第3—6頁。

このような日米のグローバルパートナーシップをさらに強化してまいります。（略）日米が友人の立場から率直に主張すべきことを主張し、両国の相互理解やきずなを一層深めたという意味からも極めて有意義なものでありました。（略）私は、このような努力の展開を「日米コミュニケーション改善構想」と名づけ、提唱いたしました。（略）このような日米関係の基礎は、締結三十周年を迎えた日米安全保障条約であります。①

18. 宫泽内阁

宫泽任内，完成前任首相海部留下的外交课题，通过了"协助联合国维持和平活动法案"，又称"PKO"（Peace Keeping Operation）法案，为战后日本首次向国外派兵提供了法律保障。PKO法案提出日本参与维和行动的五项原则：1）交战双方同意停火；2）交战双方接受日本的介入；3）保持中立态度；4）是否撤退由日本决定；5）自卫队队员只可使用护卫人身安全的武器。② 该法通过后，日本于1992年加入联合国柬埔寨临时权力机构（United Nations Transitional Authority in Cambodia，UNTAC），之后陆续于1993年向莫桑比克、1994年向卢旺达、1996年向中东的戈兰高地等地派驻自卫队。

如（49），关于日美关系在日本外交中的核心地位表述，宫泽在其第122次、第123次、第125次、第126次施政演讲中都沿用了"基轴"构成的机械隐喻架构和"基盤"构成的建筑隐喻架构。有关日美友好合作关系方面，宫泽也是使用了历届首相常用的拟人手法，如"秩序構築のリーダーとしてその役割を果たしていく、全面的に協力し共同の責任を担っていく、善意に満ちた支援なしには実現できなかった、苦境克服の努力にできる限り協力すべき、グローバルパートナーシップ、共通の価値観、緊密な相互依存関係、堅固な関係、人類共通課題への共同取り組み"。宫泽认为，战后日本的经济崛起离不开美国充满善意的帮助，美国也为战后和平牺牲颇多，日本应该在美国遭遇困境时全力给予支持，因此新内阁

---

① 海部内閣総理大臣第119回（臨時会）所信表明演説，官報（号外），東京：大蔵省印刷局，1990/10/12，第3頁。

② 永井憲一ら，新六法，東京：三省堂，2003，第57—60頁。

将延续海部提出的日美国际伙伴关系定位,以相同的价值观和日美安保体制为基本,继续保持紧密牢固的相互依存关系,共同承担国际社会责任和义务。1992年1月宫泽与访日的美国总统乔治·布什会谈后发表了"日米グローバル・パートナーシップに関する東京宣言及び行動計画"(有关日美国际伙伴关系的东京宣言及行动计划)。东京宣言进一步强调日美国际伙伴关系,双方会继续通过磋商和努力解决两国间的争端问题,并为世界经济做出相应的贡献;行动计划则明确了两国今后在政治、经济、社会等各领域的具体合作项目。①

(49) 米国とは、同国が今後も世界の秩序構築のリーダーとしてその役割を果たしていくことが必要であり、我が国もそれに全面的に協力し共同の責任を担っていくことで合意をいたしました。(略)日米関係は、我が国外交の基軸であります。日本の戦後の繁栄は、米国からの善意に満ちた支援なしには実現できなかったと言っても過言ではありません。また、米国は、戦後世界の平和を支えるため、多くの犠牲を払ってまいりました。その米国は今少なからぬ困難に直面しており、我が国としてはその苦境克服の努力にできる限り協力すべきであります。そして、両国が力を合わせ世界平和秩序の構築に向けて地球的な規模の責任を共同で果たしていくこと、私はそれこそが真の両国間のグローバルパートナーシップだと思います。このような認識に立って、私は、先般ブッシュ大統領と会談し、その成果を東京宣言や行動計画として発表いたしました。我が国と米国は、共通の価値観を基盤として、日米安保体制のもと、緊密な相互依存関係を発展させてきております。このような堅固な関係の上に立って、世界の平和と繁栄のための協力と、地球環境を初め幅広い分野の人類共通課題への共同取り組みについて合意することができました。②

---

① 細谷千博ほか編,日米関係資料集:1945–97,東京:東京大学出版会,1999,第1220—1236頁。
② 宮澤内閣総理大臣第123回(常会)施政方針演説,官報(号外),東京:大蔵省印刷局,1992/1/24,第4—5頁。

19. 细川内阁

细川与1993年8月出任日本首相，组建了非自民党的联合内阁，终结了持续38年的自民党执政格局及其"55年体制"。① 细川内阁重视发展日美关系，寻求日美两国尽早实现经济一体化。但他与战后历任首相不同，曾于1994年2月的日美首脑会谈中拒绝了克林顿②提出的具体贸易数额指标，这是战后日本第一次向美国说"NO"。

如（50）和（51），细川利用"中核"构成的物体隐喻、"緊密な協力、良好かつ建設的な、それぞれの立場や見解を尊重しながらも、緊密な関係、パートナーシップ"构成的拟人手法、"維持、構築していく"构成的建筑隐喻架构、"基軸"构成的机械隐喻、"協調の道を探る、新たな段階に至りつつある"构成的旅行隐喻架构阐明，以日美安保条约为核心的日美密切合作的伙伴关系在维护世界和平与经济繁荣中不可或缺，日美两国需要找到一条既能尊重各自立场和见解又可实现政治和安全保障、经济、全球化等各领域的协调合作之路，共同构建良好和富于建设性的日美关系。

---

① 原文：1955年に始まる自由民主党と日本社会党の二大政党を中心とした政党政治運営の仕組み。左右に分裂していた日本社会党が1955年に統一を果たすと、これに触発された保守陣営では、自由党と日本民主党の保守合同により自由民主党が誕生した。以後、55年体制は38年間続いた。おもに以下の二つの要素によって定義される。（1）保革対立：アメリカ合衆国を中心とする西側諸国との関係を重視し、日米安保体制（→日米安全保障条約）の堅持、憲法改正、伝統的価値を追求する保守勢力（→保守政党）と、社会主義国（→社会主義）との関係を重視し、日米安保体制に反対し、日本国憲法および近代的・民主的価値の擁護を掲げる革新勢力（→革新政党）との対立の構図、（2）1か2分の1政党制：当初政権交代の可能性を秘めた二大政党制が到来するかにみえたが、実際には1993年まで続いた、衆議院議席の3分の2弱を自由民主党が占めるという政党制。自由民主党政権は、1976年のロッキード事件、1980年代のリクルート事件、1992年の東京佐川急便事件と金にまつわるスキャンダルに対処できず、1993年7月の衆議院議員総選挙で過半数割れし、日本社会党も惨敗した。一方、日本新党、新生党、新党さきがけが得票数を伸ばし、翌8月これら新党グループと日本社会党、民主社会党、公明党が細川連立内閣を樹立、ここに55年体制は崩れた。（ブリタニカ国際大百科事典，55年体制，https：//kotobank.jp 2022年9月21日。）中文大意：日本社会党于1955年统一了左右两个阵营，这也触发了当时日本保守阵营中的自由党和日本民主党两党合为自由民主党。55年体制是指形成于1955年的以自由民主党和日本社会党为中心的政党政治运行机制，一直持续38年，直到1993年细川联合内阁成立。

② 比尔·克林顿：(1946—)，美国第46任总统，美国民主党政治家。

（50）世界全体の平和と繁栄のためには日米安保条約を中核とする日米両国の緊密な協力が不可欠であります。私は、米国がアジア・太平洋地域における米国の存在と関与を継続する決意を示していることを歓迎するとともに、良好かつ建設的な日米関係を維持、構築していくことを日本外交の基軸として最善を尽くしてまいりたいと思います。①

　　（51）日米関係は、それぞれの立場や見解を尊重しながらも協調の道を探るという、新たな段階に至りつつあります。（略）引き続き日米両国が政治・安全保障、経済、地球的規模の協力の各分野について緊密な関係を維持し、日米パートナーシップをより安定したものにしていくことは、両国間のみならず、世界の平和と発展のためにも不可欠であります。②

20. 羽田内阁

羽田内阁仅存两个月零四日,如（52）中的拟人类隐喻与建筑隐喻的运用可以看出其外交路线与前任内阁一脉相承。

　　（52）日米安保条約に基づく同盟関係を維持し、それを基礎にして日米間の緊密な協力関係をさらに発展させ、またアジア・太平洋の一員としてこの地域の安定と発展に寄与していくことは我が国外交の基本であると信じます。③

21. 村山内阁

村山内阁是由日本社会党、自民党、先驱新党三党联合组建,不同于细川和羽田前两任的七党（八派别）联合内阁（日本新党、新生党、新党さきがけ、日本社会党、民社党、公明党、社会民主連合、民主改革連合）。但在外交方面,如（53）—（55）中"基軸"构成的机械隐喻、"基調"构成的音乐隐喻、"基礎、基盤"构成的建筑隐喻四类架构的使用

---

　　① 細川内閣総理大臣第127回（特別会）所信表明演説,官報（号外）,東京：大蔵省印刷局,1993/8/23,第2頁。
　　② 細川内閣総理大臣第129回（常会）施政方針演説,官報（号外）,東京：大蔵省印刷局,1994/3/4,第5頁。
　　③ 羽田内閣総理大臣第129回（常会）所信表明演説,官報（号外）,東京：大蔵省印刷局,1994/5/10,第3頁。

阐明，村山内阁秉承历任内阁以日美关系为外交核心及以安保体制为日美关系之基础的外交方针，继续推进诸如安保、APEC、援助发展中国家女性活动等友好合作。

（53）我が国と米国との関係は、さきの日米首脳会談でクリントン大統領との間で再確認したとおり、相互にとって最も重要な二国間関係であり、我が国外交の基軸であることはもとより、アジアを含む世界の平和と安定維持にとっても極めて重要な関係であることは言うまでもありません。①

（54）このような協力関係の政治的基礎となっている日米安保体制を堅持していくことを改めて確認いたしました。沖縄の基地問題についても米国側の協力を得て今後さらなる努力を払っていく所存であります。（略）日米関係においてはともすれば経済面での摩擦に焦点が当たりがちですが、両国間の経済関係を円滑に運営していくことが双方の利益であることを改めて想起すべきだと考えます。②

（55）日米関係については、十一月のクリントン大統領訪日の機会に、次の世紀に目を向けた日米関係の基調を示すとともに、今後とも、広範な日米協力関係の政治的基盤たる日米安保体制を堅持し、その円滑かつ効果的な運用に努めてまいります。③

村山执政后期，日本国内危机频发，1995年1月阪神淡路一带发生大地震、同年3月奥姆真理教策划了地铁沙林事件、9月冲绳驻日美军强暴3名小学女生事件，加之，美方对日本汽车零部件附加100%报复性关税。面对这些突如其来的自然灾害、恶性案件和贸易争端，村山政权的应对中暴露了其危机管理能力方面的不足。尤其是在处理美军强暴事件方面，受到国民的激烈批评，也导致冲绳县民反美军基地情绪高涨。作为日美同盟

---

① 村山内閣総理大臣第130回（臨時会）所信表明演説，官報（号外），東京：大蔵省印刷局，1994/7/18，第4頁。
② 村山内閣総理大臣第132回（常会）施政方針演説，官報（号外），東京：大蔵省印刷局，1995/1/20，第7頁。
③ 村山内閣総理大臣第134回（臨時会）所信表明演説，官報（号外），東京：大蔵省印刷局，1995/9/29，第6—7頁。

核心的美军基地，特别是作为其战略要冲的冲绳军事基地是否还能继续使用遇到了前所未有的危殆情况，一度出现了日美关系将走向"米国離れ（脱离美国）"和"同盟漂流（日美同盟遭遇漂流）"的声音。如（54），村山运用"協力関係、双方の利益"构成的拟人手法主张相关冲绳驻日美军的违法行为和经济贸易的争端问题应该在考量和尊重双方利益基础上妥善圆满处理。1995年11月，村山内阁为打消美国对日本"米国離れ"和"同盟漂流"的担忧，发布了95版防卫计划大纲，① 重申日美安保体制不仅可以保障日本的国家安全，也能确保日本周边地区的和平与稳定，强调与美军保持相互配合。

22. 桥本内阁

桥本于1996年1月出任社会党、自民党、先驱新党三党联合内阁首相。上任伊始，桥本在136次施政演讲中即重申日美关系对于日本和国际社会的重要性，也是保障亚太地区和国际社会和平稳定的压舱石；日美安保体制是日美友好合作关系的政治基础，对于亚太地区的和平与繁荣不可或缺。如（56）和（57），桥本分别运用"かなめ"构成的物体隐喻、"基軸"构成的机械隐喻、"根幹"构成的植物隐喻将日美关系喻为扇子的枢轴、机械的中轴和树木的根茎；又使用"きずな"构成的链式隐喻意在表达紧密不可分的日美关系；再运用"基盤"构成的建筑隐喻将日美安保体制喻为建筑的地基。

（56）日米関係は、我が国にとっても世界にとっても最も重要な二国間関係であり、アジア太平洋地域、そして世界の平和と安定の<u>かなめ</u>であることを再認識し、クリントン大統領の訪日の機会もとらえ、幅広い協力関係を一層強化していく決意であります。特に日米安保体制は、日米協力関係の政治的<u>基盤</u>をなし、アジア太平洋地域の平和と繁栄にとって不可欠の役割を果たしており、これを堅持してまいります。沖縄の米軍施設・区域の問題については、日米の信頼の<u>きずな</u>を一層深いものとするためにも、また、長年にわたる沖縄の方々の苦しみ、悲しみに最

---

① 平成8年度以降に係る防衛計画の大綱について，防衛省，http：//www.kantei.go.jp/jp/singi/ampobouei/sankou/951128taikou.html，2021年1月30日。

第五章　日本历届政府施政报告中的深层架构分析（1947—2020）

大限心を配った解決を得るためにも（略）。①

（57）私は、この課題にこたえるために、我が国外交の**基軸**である日米関係、そしてその**根幹**である日米安全保障体制の信頼性を高めたいと考え、昨年四月、クリントン大統領と日米防衛協力のための指針を見直すことに合意し、今般、新たな指針が取りまとめられました。②

1996年4月，桥本与美国总统克林顿在东京发表"日美安全保障联合宣言"，重新定义了日美安保内涵。宣言指出，日美关系是历史上最成功的双边关系之一，自建立以来为世界和平和地区稳定及繁荣做出了深远且积极的贡献，值得祝贺和自豪；日美两国间坚固的同盟关系在冷战期间确保了亚太地区的和平与安全。因此，日美同盟关系应该继续作为维护亚太地区经济发展与稳定繁荣的基础。③ 日美安保的重新定义标志桥本内阁进一步强化日美安保体制的鲜明意图。如（56），基于1996年4月的日美安保联合宣言达成的共识，1997年9月，桥本内阁制定了新的防卫指导性大纲，提出日美防卫合作主要包括三项：1）日常行动；2）日本受到武力攻击时的对应措施行动等；3）日本周边地区出现影响日本和平稳定时的行动。④ 旧大纲的核心部分是第2项，而新大纲则转到第3项，第3项列出的具体活动内容有40项之多。

---

① 橋本内閣総理大臣第136回（常会）施政方針演説，官報（号外），東京：大蔵省印刷局，1996/1/22，第6頁。
② 橋本内閣総理大臣第141回（臨時会）所信表明演説，官報（号外），東京：大蔵省印刷局，1997/9/29，第3—4頁。
③ クリントン来日と日米安全保障共同宣言，細谷千博ほか編，*日米関係資料集：1945-97*，東京：東京大学出版会，1999，第1345—1360頁。原文：本日、総理大臣と大統領は、歴史上最も成功している二国間関係の一つである日米関係を祝した。両首脳は、この関係が世界の平和と地域の安定並びに繁栄に深甚かつ積極的な貢献を行ってきたことを誇りとした。日本と米国との間の堅固な同盟関係は、冷戦の期間中、アジア太平洋地域の平和と安全の確保に役立った。我々の同盟関係は、この地域の力強い経済成長の土台であり続ける。両首脳は、日米両国の将来の安全と繁栄がアジア太平洋地域の将来と密接に結びついていることで意見が一致した。
④ 日米防衛協力のための指針の見直し，細谷千博ほか編，*日米関係資料集：1945-97*，東京：東京大学出版会，1999，第1369頁。原文：平素から行う協力；日本に対する武力攻撃に際しての対処行動等；日本周辺地域における事態で日本の平和と安全に重要な影響を与える場合（「周辺事態」）の協力。

23. 小渊内阁

如（58）和（59），小渊沿用"基轴"构成的机械隐喻、"築く"构成的建筑隐喻、"良好にして強固な、同盟関係"构成的拟人类隐喻体现了新内阁延续历届内阁的外交方针，构建以日美关系为核心的外交框架，以安保体制为中轴的日美同盟关系。同时，针对冲绳美军基地的问题，小渊表示会尽早完成基地设施·区域的规划、整合及缩小规模。

（58）日米関係は引き続き我が国外交の<u>基軸</u>であり、安全保障、経済等広範な分野で<u>良好にして強固な</u>二国間関係を<u>築く</u>とともに国際社会の諸問題に協力して取り組んでいくことが重要であります。①

（59）外交面では、日米安保体制を<u>基軸</u>とした<u>同盟関係</u>にあります米国はもとより、ロシア、中国、韓国、欧州諸国などを精力的に訪問し、あるいは諸外国の首脳を我が国にお招きし、首脳間の確固たる信頼関係の上に各国との揺るぎない協調関係を築くとともに、北朝鮮をめぐる諸問題の解決に向け引き続き最大限の努力を傾注してまいります。②

24. 森内阁

由于小渊突患脑溢血无法履职，森喜朗于2000年4月接任日本首相。他沿袭历届内阁重视日美关系的外交理念，并完成了小渊的未竟之业。一是2000年7月21—23日在冲绳名护市的万国津梁馆举办了第26次八国集团峰会；二是围绕冲绳美军基地问题继续与美国展开磋商交流，最终驻日美军答应负担部分经费。森喜朗认为，为了日本的国家核心利益，主张以坚固的日美关系为轴心开展积极主动和创新型的外交施策理念，维护稳定的亚太地区外交框架。他在任职期间的第147次、第149次、第150次、第151次施政报告中继续沿用机械隐喻、拟人类隐喻、建筑隐喻，如（60）中的"基軸""確固たる信頼関係、信頼性を向上させていく""枠

---

① 小渕内閣総理大臣第143回（臨時会）所信表明演説，官報（号外），東京：大蔵省印刷局，1998/8/7，第5頁。

② 小渕内閣総理大臣第146回（臨時会）所信表明演説，官報（号外），東京：大蔵省印刷局，1999/10/29，第4頁。

組み、構築"；森喜朗第一次使用"戦略対話"构成的战争隐喻进一步强调日美关系中的大局观意识及放眼长远的重要性，表示将构建新的经济关系框架以实现日美两国共享繁荣红利。

（60）二十一世紀前半のアジア太平洋地域における日本外交の基本<u>戦略</u>は日米同盟関係を<u>基軸</u>として隣国韓国と堅固な友好のきずなを強化し、中国及びロシアとの間に信頼に基づく協調関係を構築することによって、アジア太平洋地域における安定の<u>枠組み</u>を堅持することにあります。（略）同盟国たる米国との関係についてはブッシュ新政権との間で早期に確固<u>たる信頼関係を構築</u>してまいります。そのためにも日米間の<u>戦略対話を強化</u>し、日米安保体制の信頼性を<u>向上させていく</u>とともに日米両国がともに繁栄を享受し得るような新しい経済関係の<u>枠組み</u>を探求していきたいと考えます。①

但是，2001年2月在夏威夷日本水产高中渔业实习船"爱媛丸"号与美海军核潜艇相撞，导致9名高中生死亡。在处理这次事件时，一直重视日美关系的乔治·沃克·布什②政府迅疾道歉，反观森喜朗当局在事件发生之初应对迟缓，这也使森喜朗内阁始终低迷的支持率雪上加霜。同年3月森喜朗访美期间与乔治·沃克·布什发表联合声明，再次重申日美关系的稳固性及维护亚太地区和平安定的必要性。双方一致认为，日美关系建立在友情、相互信任和民主主义之上，这一共通价值观也是解决"爱媛丸"号事件的重要纽带。③

---

① 森内閣総理大臣第151回（常会）施政方針演説，官報（号外），東京：大蔵省印刷局，2001/1/31，第8頁。
② 乔治·沃克·布什：（1946— ），美国第43任总统，一般被称为小布什。
③ 森喜朗総理大臣とジョージ・W・ブッシュ大統領による共同声明，外務省編，外交青書（45号），東京：外務省，2002，第284頁。原文：本日森総理大臣とブッシュ大統領は、日米二国間関係の強さを再確認した。両首脳は日米関係は友情、相互信頼及び民主主義という共通の価値観に基づくものであるとの確信を表明した。両首脳はまた、このような強固な絆の存在が日米両国が遺憾なえひめ丸の事故のような問題に取り組むことを可能にしているとの見解を共有する。両首脳は、日米同盟関係はアジア太平洋地域の平和と安定の礎であることに留意した。両首脳は、米国のプレゼンスが地域の安全にとって引き続き不可欠であることにつき意見の一致を見、同盟関係の一層の強化に共に取り組むことを約束した。

25. 小泉内阁

小泉接替森喜朗出任首相，上任伊始支持率达到 80% 以上，成为史上最高。小泉内阁继承自民党传统的以日美同盟为核心的"对米協調"外交方针，正如他 2001 年 6 月访美时与乔治·沃克·布什会谈中所说"日米関係が良ければ良いほど、他の国との関係も良くなる"——日本外交是否能够顺利取决于日美关系的发展，① 同年 9 月的"9·11"恐袭事件发生后，日本当局迅速作出回应，明确表示支持美国行动，并于事件发生仅一周左右就出台了包括信息情报收集、派遣自卫队承担美军医疗和运输补给等七项援美措施。2001 年 10 月 7 日，美英联军发动阿富汗战争，日本当局又是快速表示支持乔治·沃克·布什政府，而且仅用 62 小时通过国会审议，仅用 29 天制定了《反恐怖特别措施法》，由此，日本海上自卫队于 11 月 9 日开始向印度洋派遣舰艇为美军舰船等输送燃料，美军所用燃料的 40% 都是由自卫队提供。之后，日本应美国的要求，还派遣了防空能力优良的宙斯盾舰。2003 年 3 月 20 日，美英联军又发动伊拉克战争，但由于其军事行动缺乏正当性，包括美国欧洲同盟国在内，世界各地掀起了反战反美浪潮，日本国内也出现了谴责美国的声音。然而，小泉坚持日美关系是日本外交轴心的方针，再次明确表示支持美军行动，但日本不会参加武力行动，只参与战争结束后的重建援助。小泉快速、大胆、积极的态度对于当时深陷国际孤立境地的乔治·沃克·布什政府弥足珍贵，日美同盟的政治信赖度陡然上升，日美关系也进入了"黄金时代"。②

小泉任内的 11 篇施政报告中继续沿用机械隐喻、建筑隐喻、物体隐喻、拟人及战争隐喻五类架构阐释日美关系及日美安保体制在日本外交施策中的特殊位置，如（61）—（67）中的"基軸"、"上、基礎、基本、礎、揺るぎない、築いてまいります""かなめ""対話や協力、緊密、協調と連帯の精神に基づいて建設的な対話、パートナーシップを通じた建設的な対話、協力してリーダーシップを発揮していく"、"戦略対話"分别构成的机械隐喻、建筑隐喻、物体隐喻、拟人及战争隐喻。与历任首相

---

① 吉次公介，*日米安保体制史*，東京：岩波書店，2018，第 168—169 頁。
② 五百旗頭真，*日米関係史*（第 9 刷），東京：有斐閣ブックス，2015，第 311—320 頁。

不同的是小泉在使用机械架构时运用了"有効に機能してきた、より有効に機能する"表达方式，意指日美关系及日美安保体制在日本外交整体框架中发挥了有效功能。

（61）日本の繁栄は、有効に機能してきた日米関係の上に成り立っております。日米同盟関係を基礎にして、中国、韓国、ロシア等の近隣諸国との友好関係を維持発展させていくことが大切であります。（略）日米関係については、日米安保体制がより有効に機能するよう努めます。さらに、経済・貿易分野での対話を強化するための新たな方策を見出し、政治・安全保障問題等に関する対話や協力も強化してまいります。①

（62）同盟国たる米国との関係は、我が国外交の基軸です。②

（63）日米関係は、ますます緊密になっています。今月には、訪日されるブッシュ大統領と会談します。昨年六月の首脳会談において一致した戦略対話の強化に引き続き努め、日米安保体制の信頼性を向上させるとともに、両国の持続可能な経済成長を図るため、成長のための日米経済パートナーシップを通じた建設的な対話を行ってまいります。③

（64）今後も、米国を初めとする各国との揺るぎない協調関係を築いてまいります。④

（65）同盟国である米国との関係は、今後も我が国の平和と繁栄の基礎であり、日米安保体制の信頼性の向上に努めるとともに、政治、経済を初め多岐にわたる分野において緊密な連携や対話を続け、強固な日米関係を構築してまいります。⑤

---

① 小泉内閣総理大臣第 151 回（常会）所信表明演説，官報（号外），東京：大蔵省印刷局，2001/5/7，第 2—3 頁。

② 小泉内閣総理大臣第 153 回（臨時会）所信表明演説，官報（号外），東京：大蔵省印刷局，2001/9/27，第 4 頁。

③ 小泉内閣総理大臣第 154 回（常会）施政方針演説，官報（号外），2002/2/4，東京：大蔵省印刷局，第 4 頁。

④ 小泉内閣総理大臣第 155 回（臨時会）所信表明演説，官報（号外），東京：財務省印刷局，2002/10/18，第 3 頁。

⑤ 小泉内閣総理大臣第 156 回（常会）施政方針演説，官報（号外），東京：財務省印刷局，2003/1/31，第 4 頁。

(66) 日米関係は日本外交のかなめであり、国際社会の諸課題に日米両国が協力してリーダーシップを発揮していくことは我が国にとって極めて重要であります。①

(67) 我が国の安全と繁栄には、世界の平和と安定が不可欠であります。日米同盟と国際協調を外交の基本として、国際的課題に対して積極的に貢献してまいります。②

2006年6月小泉访美并与乔治·沃克·布什发表联合声明"二十一世紀の新しい日米同盟（21世纪新的日美同盟）"，宣布日美关系已是历史上最成熟的双边关系之一，共通的价值观和利益观形成了地区和国际社会中牢固的日美合作基础，因此双方会继续推进全球视野下新的同盟关系，在21世纪展开更多领域的广泛合作。也可以说，此次联合声明也是继桥本内阁后，对日美安保体制的再一次重新定义，开始日美两国的"价值观同盟"关系阶段。③④ 虽然小泉执政前期利用反恐和战争危机强化了日美同盟，但是执政后期却没能及时有效处理日美两国间的问题。2006年9月，随着小泉的卸任，自民党政权进入首相频繁更迭时期，再加之，乔治·沃克·布什在同年11月的美国中期大选中失败导致其改变了既定的外交路线，日美两国国内形势的变化也使日美间在对外政策方面出现了偏离，首脑间也很难建立信任关系，由此日美的"黄金时代"也逐渐走向了"令人视觉模糊"的黄昏时段。⑤

26. 安倍内阁（第一次执政）

安倍认为，日本应该顺应时代发展，寻求更为独立自主的外交路线，提出"世界とアジアのための日米同盟（国际与亚洲中的日美同盟）"和

---

① 小泉内閣総理大臣第159回（常会）施政方針演説，官報（号外），東京：国立印刷局，2004/1/19，第5頁。
② 小泉内閣総理大臣第161回（臨時会）所信表明演説，官報（号外），東京：国立印刷局，2004/10/12，第4頁。
③ 外務省編，外交青書（50号），東京：外務省，2007，第58—59頁。
④ 加藤朗，共同声明、首脳会談記録等に見る冷戦後の日米同盟の変遷—価値観と世界認識の視点から—，国際学県研究，2014（5），第17—38頁。
⑤ 五百旗頭真，日米関係史（第9刷），東京：有斐閣ブックス，2015，第320頁。原文：「黄金時代」と呼ばれたのも束の間、日米両国政府はぞれぞれに苦境を抱え、日米関係は視界不良に陥っている。

"主张する外交（自主外交）"，他将日美同盟置于世界和亚洲视野之下，奉行积极强化亚洲各国间密切关系的外交理念。① 安倍出任首相后，为激活小泉执政期间近乎停滞的亚洲外交，上任之初便出访中韩两国，也尝试过构建稳定的日美中三国关系。如（68），安倍在第166次施政演讲中利用"柱"构成的建筑隐喻提出，日本推行"主张する外交"（自主外交），其中包括三大支柱：1）强化与具有相同价值观——"自由、民主主义、基本人权、法治"的国家间合作，2）构建开放、富于创意的亚洲外交框架，3）为世界和平与稳定做出贡献；安倍沿用"要"构成的物体隐喻、"連携して"构成的拟人手法、"強化、システムの早急な整備、基盤を再構築する"构成的建筑隐喻体现了新内阁会遵循自民党对美协调合作的外交传统，维护"世界とアジアのための日米同盟"，更要实现"主張する外交"。

（68）自由、民主主義、基本的人権、法の支配といった基本的価値を共有する国々との連携の強化、オープンでイノベーションに富むアジアの構築、世界の平和と安定への貢献を3本の柱とし、真にアジアと世界の平和に貢献する、「主張する外交」を更に推し進めてまいります。世界とアジアのための日米同盟は、我が国外交のかなめであります。日本をめぐる安全保障の環境は、大量破壊兵器やミサイルの拡散、テロとの闘い、地域紛争の多発など、大きく変化しています。こうした中で、日本の平和と独立、自由と民主主義を守り、そして日本人の命を守るために、日米同盟を一層強化していく必要があります。米国と連携して、弾道ミサイルから我が国を防衛するシステムの早急な整備に努めます。さらに、世界の平和と安定に一層貢献するため、時代に合った安全保障のための法的基盤を再構築する必要があると考えます。②

---

① 安倍内閣総理大臣第165回（臨時会）所信表明演説，官報（号外），東京：国立印刷局，2006/9/29，第3頁。原文：我が国の外交が、新たな思考に基づく、主張する外交へと転換するときがやってきたのです。世界とアジアのための日米同盟をより明確にし、アジアの強固な連帯のために積極的に貢献する外交を進めてまいります。

② 安倍内閣総理大臣第166回（常会）施政方針演説，官報（号外），東京：国立印刷局，2007/1/26，第6頁。

27. 福田（康夫）内阁

如（69），福田沿用"基本、基礎""基軸""信頼関係"分别构成的建筑隐喻、机械隐喻和拟人手法表明新内阁会继承历届内阁以日美关系及日美安保体制为基本政策开展全球视野下的外交路线。

（69）日米同盟と国際協調を基本に、これらの地球規模の課題の解決に積極的に取り組み、世界の平和と発展に貢献する平和協力国家として、国際社会において責任ある役割を果たします。（略）日米同盟は我が国外交の基軸であり、信頼関係を一層強めていくとともに、その基礎となる人的、知的交流を更に進めます。①

福田任内还提出了"共鳴外交"（共鸣外交）理念。"共鸣外交"指日美同盟与亚洲外交路线同时推行，使之相互促进，合力助推亚洲各国实现和平与繁荣。可见，福田在强调日美关系重要性的同时，也将积极开展亚洲外交。②

28. 麻生内阁

麻生在第171次施政演讲中继续沿用"基軸"及"重要な柱"构成的机械隐喻和建筑隐喻表示日美同盟为日本的外交施策核心和占据首位。加强亚太各国间合作、通过联合国等机构解决国际问题仍然是日本外交的重要支柱。

（70）私は、日米同盟を基軸にしながら、アジア太平洋諸国との連携、国連などの場を通じた国際協調を重要な柱として、平和と安定の構築に全力を尽くします。③

29. 鸠山（由纪夫）内阁

鸠山于2009年9月组建由民主党、社会民主党和国民新党三党成立的联合内阁，终结了自民党的长期执政。鸠山主张"友爱政治"。他认为，

---

① 福田内閣総理大臣第169回（常会）施政方針演説，官報（号外），東京：国立印刷局，2008/1/18，第5頁。
② 福田内閣総理大臣第168回（臨時会）所信表明演説，官報（号外），東京：国立印刷局，2007/10/1，第3頁。原文：日米同盟の強化とアジア外交の推進が共鳴し、すべてのアジア諸国において安定と成長が根づくよう、積極的なアジア外交を進めます。
③ 麻生内閣総理大臣第171回（常会）施政方針演説，官報（号外），東京：国立印刷局，2009/1/28，第5頁。

弱势群体和少数人群的看法必须得到尊重。外交方面，鸠山提倡"友爱外交"，他认为，日本在经济、环境、和平、文化和科技等多方面具备了足够的经验和实力，日本须在东方和西方、发达国家和发展中国家多种文明间架起一座桥梁，积极主动参与解决诸如全球温暖化问题、核扩散问题、非洲等地区贫困问题等国际性课题，这才能让全体国民对自己的日本人身份充满希望和自豪，也是获得国际社会信任的第一步。[①] 与自民党"价值观外交""价值观同盟"迥然不同，新内阁的外交理念是寻求不同价值观间的"共存共荣"。日美关系方面，如（71），鸠山使用"基盤、重層的な"、"緊密かつ対等な、連携し、協力し合う、信頼関係"构成的建筑隐喻及拟人手法重申日美同盟为日本外交的基石，新内阁会继续深化相互密切合作且对等的日美同盟，不断增进两国间的多层次交流。鸠山就日美同盟中"对等"解释为日本在维护国际和平稳定中应更主动发挥同盟国的作用和积极参与制定具体行动计划之意。

（71）二度と再び、日本を取り巻く海を争いの海にしてはなりません。友好と連帯の実りの海であり続けるための努力を続けることが大切です。このことは、日本のみならず、アジア太平洋地域、そして世界全体の利益だと考えます。その<u>基盤</u>となるのは、<u>緊密かつ対等な日米同盟</u>であります。ここで言う<u>対等</u>とは、日米両国の同盟関係が世界の平和と安全に果たせる役割や具体的な行動指針を、日本の側からも積極的に提言し、協力していけるような関係であります。私は、日米の二国間関係はもとより、アジア太平洋地域の平和と繁栄、さらには、地球温暖化や核のない世界など、グローバルな課題の克服といった面でも、日本と米

---

① 鸠山内閣総理大臣第173回（臨時会）所信表明演説，官報（号外），東京：国立印刷局，2009/10/26，第3—5頁。原文：政治には弱い立場の人々、少数の人々の視点が尊重されなければならない。そのことだけは、私の友愛政治の原点としてここに宣言させていただきます。（略）日本は、経済だけでなく、環境、平和、文化、科学技術など多くの面で経験と実力を兼ね備える国です。だからこそ、国連総会で申し上げたように、ほかでもない日本が地球温暖化や核拡散問題、アフリカを初めとする貧困の問題など地球規模の課題の克服に向けて立ち上がり、東洋と西洋、先進国と途上国、多様な文明の間の架け橋とならなければなりません。こうした役割を積極的に果たしていくことこそすべての国民が日本人であることに希望と誇りを持てる国になり、そして世界の架け橋として国際社会から信頼される国になる第一歩となるはずであります。

国とが連携し、協力し合う、重層的な日米同盟を深化させてまいります。また、こうした信頼関係の中で、両国間の懸案についても率直に語り合ってまいります。①

（72）揺るぎない日米同盟は、その重要性に変わりがないどころか、東アジア共同体の形成の前提条件として欠くことができないものであります。②

如（72）中的"揺るぎない"隐喻表达，鸠山任内，尽管再三声明日美同盟如一座建筑般不可动摇，但是他提出的倾向亚洲外交的"东亚共同体构想"以及驻日美军普天间基地迁移问题上的连连失策，还是招致了其急于摆脱美国的对外印象，也引起了美国的警觉；加之，因新反恐措施法被废止使海上自卫队为印度洋区域的美军舰艇补给燃料活动也随之画上终止符，这也意味着日本放弃派遣自卫队参与国际行动，继而否定了全球视野下的日美安保体制。鸠山的价值观和世界观与自民党执政时期的历任首相截然不同，执政期间的一系列外交政策使日美两国之间产生了严重的信任危机，日美同盟也再次出现"漂流"现象，日美关系又进入了"混沌"时期。③

30. 菅内阁

菅直人出任首相后极力修复日美关系。首先，执政期间的三次施政演讲中均使用了机械、财产、建筑三类隐喻架构以喻日美同盟在对外政策中的不可替代性，如（73），除了"基轴"一词是对日美同盟在日本外交施策中轴心位置的再次确认之外，"共有财产"构成的财产隐喻则是新内阁对日美同盟在维护亚太地区及世界稳定繁荣中的重新定位——它是保障亚太地区甚至世界各地继续平稳发展的公共财产；而"支える、三本柱、中心"构成的建筑隐喻明示将适应 21 世纪的发展需求，不断深化和扩展日美之间在安保、经济、文化、人才交流方面的合作。其次，菅直人执政期

---

① 鳩山内閣総理大臣第173回（臨時会）所信表明演説，官報（号外），東京：国立印刷局，2009/10/26，第6頁。

② 鳩山内閣総理大臣第174回（常会）施政方針演説，官報（号外），東京：国立印刷局，2010/1/29，第5頁。

③ 加藤朗，共同声明、首脳会談記録等にみる冷戦後の日米同盟の変遷—価値観と世界認識の視点から—，国際学界研究，2014（5），第17—38頁。

间制定的新防卫计划大纲（2010版）也再次明确了日美安保体制的重要性，如（74）中"中核"构成的物体隐喻表明日美同盟关系基于两国相同的价值观，并以日美安保体制为核心，今后会继续维护两国的同盟关系。大纲中提出，今后日本要致力于建设既具备应对迅疾性、机动性、柔和性、持续性、多功能性特点，又具备军事技术先端性，也就是兼具技术能力和信息收集能力的动态防卫能力。① 2011年3月11日发生的东日本大地震成为处于"漂流"中的日美关系逐渐好转的契机。大地震发生后，美国实施"トモダチ作戦"（Operation Tomodachi，友好行动）参与救援活动，美军派兵24500名、飞机189架、舰船24艘。② "トモダチ作戦"也成为日后每次论及日美关系坚如磐石时的一个力证。

（73）日米同盟は、我が国の外交・安全保障の<u>基軸</u>であり、アジア太平洋地域のみならず、世界にとっても安定と繁栄のための<u>共有財産</u>です。既に、オバマ大統領とは、安全保障、経済、そして文化・人材交流の<u>三本柱</u>を中心に日米同盟を深化させることで一致しています。③

（74）我が国は、これまで、基本的な価値を共有する超大国である米国と日米安全保障体制を<u>中核</u>とする同盟関係を維持しており、我が国の平和と安全を確保するためには、今後とも日米同盟は必要不可欠である。④

31. 野田内阁

野田延续前任首相菅直人的日美外交路线——专注修复两国关系。他

---

① 平成23年度以降に係る防衛計画の大綱について，防衛省，https://www.mod.go.jp/j/approach/agenda/guideline/2011/taikou.html2020/12/19。原文：今後の防衛力については、防衛力の存在自体による抑止効果を重視した、従来の「基盤的防衛力構想」によることなく、各種事態に対し、より実効的な抑止と対処を可能とし、アジア太平洋地域の安全保障環境の一層の安定化とグローバルな安全保障環境の改善のための活動を能動的に行い得る動的なものとしていくことが必要である。このため、即応性、機動性、柔軟性、持続性及び多目的性を備え、軍事技術水準の動向を踏まえた高度な技術力と情報能力に支えられた動的防衛力を構築する。
② 外務省編，外交青書（55号），東京：外務省，2012，第88頁。
③ 菅内閣総理大臣第177回（常会）所信表明演説，官報（号外），東京：国立印刷局，2011/1/24，第5頁。
④ 平成23年度以降に係る防衛計画の大綱について，防衛省，https://www.mod.go.jp/j/approach/agenda/guideline/2011/taikou.html2020/12/19。

于 2011 年 9 月上任后随即出访美国，与美国时任美国总统奥巴马①举行会谈并表示日美同盟关系仍然是日本外交政策中的中轴；同年 11 月野田再与奥巴马会谈并指出日本愿意与美国共同合作构建亚太地区经济与安保秩序等；2012 年 4 月野田访美，时隔六年日美再次发表联合声明"未来に向けた共通のビジョン（面向未来的共同构想）"，声明开篇指出，日美同盟是亚太地区和平、安保、稳定的基石，之所以六十年来能够保持经济繁荣和社会发展完全有赖于这一伙伴关系；同时，双方一致认为日美两国在民主主义、法治、社会开放、人权、国民安全保障、市场的自由开放等方面价值观相同，这也是当今两国面临全球性课题时的行动指针；双方还表示将以联合声明为基础，进一步深化和发展日美同盟关系，野田还提议，不但要发挥 EAS、APEC 等组织框架的作用，在制定地区秩序和规则方面更要发挥日美的主体作用等。②③

如（75）和（76），野田沿用"基轴"、"公共财"、"基本"构成的机械隐喻、财产隐喻、建筑隐喻意在表示与前任相同，强调日美同盟在日本外交和安保中的轴心地位，以及维护亚太及国际和平与繁荣时必不可少的重要公共财产。同时，野田使用"半世紀を超える、長きにわたり"构成的旅行隐喻表示，日美同盟关系走过 50 年之际，经历东日本大地震的"トモダチ作戦"之后，再一次证明了其存在意义。

（75）日米同盟は、我が国の外交・安全保障の<u>基軸</u>であり、アジア太平洋地域のみならず、世界の安定と繁栄のための<u>公共財</u>であることに変わりはありません。半世紀<u>を超える長きにわたり</u>深められてきた日米

---

① 巴拉克・侯赛因・奥巴马：（1961— ），美国民主党政治家，第 44 任总统，也是第一位非裔美国人总统。
② 外務省編，外交青書（55 号），東京：外務省，2012，第 82—83 頁。
③ 未来に向けた共通のビジョン，外務省，https：//www.mofa.go.jp/mofaj/kaidan/s_noda/usa_120429/2020/12/20. 原文：日米同盟はアジア太平洋地域における平和、安全保障、安定の礎である。地域のダイナミックな成長と繁栄は60年にわたりこのパートナーシップにより支えられてきた。この同盟の力強さは2011年の東日本大震災でも示されたが、両国とその国民の間の緊密な絆に基づいている。我々のパートナーシップはこのような絆によりしっかりつなぎ止められ、支えられていく。日本と米国は民主主義、法の支配、開かれた社会、人権、人間の安全保障、自由で開かれた市場といった価値へのコミットメントを共有している。今日のグローバルな課題に我々が共に取り組むに当たりこれらの価値がその指針となる。

同盟関係は、大震災での「トモダチ作戦」を始め、改めてその意義を確認することができました。①

（76）私は、アジア太平洋地域の安定と繁栄を実現するため、日米同盟を<u>基軸</u>としつつ、幅広い国や地域が参加する枠組みも活用しながら、この地域の秩序とルールづくりに主体的な役割を果たしていくことが我が国の外交の<u>基本</u>であると考えます。②

野田任内，日美关系得以修复，逐步趋于稳定。

32. 安倍内阁（第二次执政）

2012 年 12 月，安倍第二次出任日本首相。外交方面，如（77）与（78），安倍利用"立て直し、基本"构成的建筑隐喻和"戦略的"构成的战争隐喻提出，日本外交不只关注与周边各国的双边关系，而是如俯瞰地球仪一般放眼全世界，新内阁将彻底变革日本外交政策和安保政策，推行以自由、民主主义、人权、法治为基本价值观的战略性外交路线以维护日本国家利益，即"俯瞰地球仪外交""价值观外交""战略外交"、"自主外交"。日美关系方面，安倍沿用"基轴"以表明新内阁会继续坚持日美同盟关系的核心地位，"絆を取り戻さなければならない"和"傷ついた、復活、パートナーを成す"构成的链式隐喻及拟人手法表示将竭力复活紧密、友好的伙伴关系；安倍利用"大切な公共財"构成的财产隐喻将日美安保体制中的"抑止力"（遏制力）喻为重要的公共财产，并表示为提升其效果，日本需要发挥更为积极的作用。

（77）外交、安全保障についても、抜本的な<u>立て直し</u>が急務です。何よりも、その<u>基軸</u>となる日米同盟を一層強化して、日米の<u>絆を取り戻</u>さなければなりません。二月第三週に予定される日米首脳会談において、緊密な日米同盟の<u>復活</u>を内外に示していく決意です。（略）外交は、単に周辺諸国との二国間関係だけを見詰めるのではなく、地球儀を眺めるように世界全体を俯瞰して、自由、民主主義、基本的人権、法の支配

---

① 野田内閣総理大臣第 178 回（常会）所信表明演説，官報（号外），東京：国立印刷局，2011/9/13，第 5 頁。

② 野田内閣総理大臣第 180 回（常会）施政方針演説，官報（号外），東京：国立印刷局，2012/1/24，第 6 頁。

といった基本的価値に立脚し、戦略的な外交を展開していくのが基本であります。①

（78）私の外交には、原則があります。（略）私の外交は、戦略的な外交、普遍的価値を重視する外交、そして、国益を守る、主張する外交が基本です。傷ついた日本外交を立て直し、世界における確固とした立ち位置を明確にしていきます。その基軸となるのは、やはり日米同盟です。開かれた海のもと、世界最大の海洋国家である米国と、アジア最大の海洋民主主義国家である日本とが、パートナーを成すのは理の当然であり、不断の強化が必要です。（略）日米安保体制には、抑止力という大切な公共財があります。これを高めるために、我が国は、更なる役割を果たしてまいります。②

继前任首相野田之后，安倍也一直在尝试进一步改善处于"漂流"中的日美关系。2013年2月，安倍访美，并与奥巴马就TPP协定等经济问题以及美军再编、朝鲜半岛等地区局势、反恐措施等安全问题交换意见，再次确认强化日美同盟关系的重要性。③ 2015年4月，安倍访美并于参众两院发表题为"Toward an Alliance of Hope"（走向希望的日美同盟）的演讲，如（79），他认为，美国一直在给世界以希望，所以提议将日美同盟改为"Alliance of Hope"，希望日美两国为世界和平和繁荣携手合作共同努力。④ 如（80），安倍在第190次国会施政中也有所提及。

---

① 安倍内閣総理大臣第183回（常会）所信表明演説，官報（号外），東京：国立印刷局，2013/1/28，第3—4頁。
② 安倍内閣総理大臣第183回（常会）施政方針演説，官報（号外），東京：国立印刷局，2013/2/28，第4—5頁。
③ 外務省編，外交青書（56号），東京：外務省，2013，第63頁。原文：両首脳は米軍再編などの安全保障の課題、TPP協定などの経済の課題、北朝鮮などの地域情勢、テロ対策などの地球規模の課題といった幅広い分野にわたり率直な議論を行い、日米同盟強化の方向性について意見の一致を見た。この訪米を通じ、日米同盟の強い絆を内外に示すとともに、世界の平和と安定のため、日米が手を携えて協力していくことを鮮明にすることができた。
④ 外務省編，外交青書（59号），東京：外務省，2016，第58頁。原文：安倍総理大臣が日本の総理大臣として初めて行った連邦議会上下両院合同会議での演説ではかつて戦火を交えた日米が、戦後和解を果たして強固な同盟国となり、共に地域と世界の平和と繁栄に貢献してきたことを振り返り、戦後70年間にわたり日米が育んできた絆をアピールするとともに日米同盟を「希望の同盟」とすることを訴えた。

（79）米国が世界に与える最良の資産、それは、昔も、今も、将来も、希望であった、希望である、希望でなくてはなりません。私たちの同盟を、「希望の同盟」と呼びましょう。アメリカと日本、力を合わせ、世界をもっとはるかに良い場所にしていこうではありませんか。①

（80）普遍的な価値で結ばれた日米同盟、世界第一位と第三位の経済大国による日米同盟は、世界の平和と繁栄のため、ともに行動する希望の同盟であります。②

2017年1月，特朗普③就任美国总统后，如（81），安倍在第193次施政演讲中就再次强调日美同盟的中轴地位，并运用"同盟の絆を更に強化する"构成的链式隐喻表达了进一步强化日美关系的迫切感。2017年2月，安倍便与特朗普在华盛顿发表了相关日美同盟和经济关系的联合声明，如（82），声明中由"揺らぐことのない、礎"构成的建筑隐喻将日美同盟喻为一座坚固的大厦，从未发生过动摇，而且它是亚太地区和平、繁荣、自由的基石。2018年9月，安倍与特朗普再次于美国进行会谈并发表联合声明，如（83），双方一致认为，日美同盟关系已经达到历史上最为稳固的状态，今后也将丝毫不会发生动摇。

（81）これまでも、今も、そしてこれからも、日米同盟こそが我が国の外交・安全保障政策の基軸である。これは不変の原則です。できる限り早期に訪米し、トランプ新大統領と同盟の絆をさらに強化する考えであります。④

（82）揺らぐことのない日米同盟はアジア太平洋地域における平和、

---

① 外務省. https://www.mofa.go.jp/mofaj/na/na1/us/page4_001149.html2020/12/20 英文原文：the finest asset the U.S. has to give to the world was hope, is hope, will be, and must always be hope. Distinguished representatives of the citizens of the United States, let us call the U.S.-Japan alliance, an alliance of hope. Let the two of us, America and Japan, join our hands together and do our best to make the world a better, a much better, place to live.
② 安倍内阁总理大臣第190回（常会）施政方针演说，官报（号外），東京：国立印刷局，2016/1/22，第5頁。
③ 唐纳德·特朗普：（1946— ），美国共和党政治家、企业家，美国第45任总统。
④ 安倍内阁总理大臣第193回（常会）施政方针演说，官报（号外），東京：国立印刷局，2017/1/20，第2頁。

繁栄及び自由の礎である。①

（83）日米同盟が史上かつてなく強固であるとの認識を再確認し、揺るぎない日米同盟を今後とも一層強化していくことで一致しました。②

安倍为了巩固日美关系，自 2013 年 12 月起至 2015 年 9 月间连续出台多项与安保相关的法案：2013 年 12 月设置国家安保会议（日本版的 NSC），制定国家安保战略（NSS）、新防卫计划大纲（2013 年版）、特定秘密保护法；2014 年 4 月修改武器出口三原则为防卫装备转移三原则，同年 7 月阁议决定允许行使集体自卫权；2015 年 2 月将 ODA 大纲改为开发合作大纲，同年 4 月"2 + 2"会上达成日美防卫合作新指针（2015 年版），9 月制定国际和平支援法和修改周边事态法、武力攻击事态法、自卫队法、PKO 协助法等系列安保法案。这一系列法案的确强化了安保体制及其"抑止力"。

综上所述，安倍执政期间极力强化日美同盟关系，推行"俯瞰地球仪外交""积极和平主义""价值观外交""自由开放的印度太平洋战略"，但安倍的最终目标其实是修改和平宪法，早日摆脱战后体制，实现日美间真正的关系对等。

小　结

本节分析了战后日本历届政府施政报告中相关日美关系方面的深层架构，运用跨学科研究法解读了其中的政治道德模式。基于梳理及分析的结果，在涉及日美关系方面的施政中，历任首相主要突显拟人隐喻、建筑隐喻、旅行隐喻、机械隐喻四类架构。拟人隐喻将两国视为"基本价值观和战略利益相同的同盟国"；建筑隐喻和机器隐喻将日美同盟关系分别视为"日本外交的支柱或基轴"，又将日美安全保障体制视为日美同盟关系的"中心或核心"；旅行隐喻将战后日美关系喻为日本外交征途中一条最佳和最优的方针路线。

---

① 共同声明 2017 年 2 月 10 日，外务省 https：//www. mofa. go. jp/mofaj/files/000227766. pdf2020/12/20。

② 日米首脳会談，外务省 https：//www. mofa. go. jp/mofaj/na/na1/us/page4_ 005309. html2020/12/20。

本章小结

本章对历届内阁施政报告中相关经济（农业政策方面）、行政机构改革、教育、日美关系内容的深层架构进行了分别解读，归纳了日本历届政府内政与外交的执政理念与抱负、相关情势发展及随之改变的各类概念隐喻的构成和使用。

通过对经济施政的深层架构分析后发现，建筑、旅行、拟人、比赛、战争五类隐喻架构使用频繁。面对"二战"后的经济困局，历任内阁在施政中都将经济复兴视为废墟上重建一幢"大厦"，一次艰险但充满斗志的"旅程"，一位期盼独立的"人"，一场自由公平的"赛事"，更是一场系统性的、准备充足的"战争"。

从行政机构改革方面的深层架构分析结果看，建筑、拟人、旅行、清洁、植物、比赛、生产投资、战争、物体、自然、机械和就医十二类隐喻架构几乎在所有施政文本中出现过。历届内阁分别从不同角度强调简约、透明、高效的行政机构在国家运行中的重要性。其中清洁和就医两类隐喻使用生动形象，意图鲜明。清洁隐喻指整饬机构组织和机构运行中的庞杂和效率低下乱象；就医隐喻将"改革"视为根除行政机构中冗繁低效等弊端。

分别分析教育方面的深层架构后发现，战后日本教育施政中运用最多的隐喻为建筑、旅行、拟人和生产投资四类架构。战后日本将教育看作"百年大计""立国之本""对未来的先期投资"，大力发展教育，持续推进教育变革，始终推行自由独立和自主创新的教育理念。

在涉及日美关系方面的施政中，历届内阁主要突显拟人、建筑、旅行、机械四类架构。拟人将日美两国喻为基本价值观和战略利益相同的"同盟国"；建筑隐喻和机器隐喻将日美同盟分别喻为日本外交的"支柱"和"基轴"，又将日美安保体制看作日美同盟的"核心"；旅行隐喻则将战后日美关系发展视为日本外交的最优路线。

第六章

隐喻在政府施政报告中的
意识形态功能分析

　　隐喻的修饰性让语言表达生动俊秀；隐喻的认知性促进了听者与说者之间的亲和关系；隐喻的使用不仅仅是词藻的堆砌，更是说者根据语境各要素所采取的手段，体现了一定的目的——说服听者。隐喻的修辞性是语篇的表达层面，隐喻的认知性是这种表达的思维基础，隐喻的语用性则指示着隐喻的话语功能，反映了语言的表达与社会环境的关联。[①]

　　布莱克认为，隐喻用于劝导时表达了作者的评价，因而是文本意识形态的一部分。意识形态是对现实系统而有序的表述。作为一种社会现象，意识形态表现在直接或间接为政治路线辩护的言语行为中，而在这种表述中，隐喻起着至关重要的作用。隐喻有激起情感的潜势，可以说隐喻是一种言语行为，对人们认识现实有着直接影响。[②]

　　本章从认知语言学视角运用隐喻架构理论，结合语法隐喻及批评隐喻分析经济、行政机构改革、教育、日美关系方面语篇中隐喻架构背后的动机和意图——意识形态进行了多角度考察分析和多方位梳理解读，隐喻发挥了"架构""凸显""评价与认同""推理与暗示""国家形象建构"五个方面的功能。

---

　　① 朱炜、贺宁杉：《隐喻与政治语篇的建构》，《南昌大学学报》（社会科学版）2011年第3期。
　　② 纪玉华、陈燕：《批评话语分析的新方法：批评隐喻分析》，《厦门大学学报》（社会科学版）2007年第6期。

第一节　架构功能分析

莱考夫提出，我们的行动目标、制订计划、行动方式、对行动结果的评价都受到架构的左右和控制，换言之，架构深度影响和塑造着我们看待世界的心理结构。政治方面，架构塑造了社会政策和各项制度。若改变架构就意味着改变所有；重塑架构则等同于变革社会。我们通过语言认识架构，所有字词的定义均与概念架构相关。① 架构就是让语言吻合你的世界观。它不仅仅是语言，首要的是观念，语言则承载、唤起这些观念。他们用词把你扯进了他们的世界观，这就是架构的作用。②

战后日本多位首相多次使用"海上航行"架构比喻国家、经济、行政机构的现状及未来走向。如片山、芦田、三木、福田（赳夫）、大平、细川、羽田、桥本、小泉、安倍（第一次执政）、福田（康夫）、麻生、安倍（第二次执政）等将日本当时的现状喻为航行在大海中的一艘"船"，一艘因暴风雨受损的"難破船"，一艘海浪中摇摆的"日本丸号"——"日本丸という同じボート"，全体日本国民同乘这只"船"；然大海并非风平浪静，而是"激しい嵐""狂瀾怒濤""激流にさお差す""荒波の真っただ中""荒波にさらされ"——狂风大作、惊涛骇浪；作为内阁元首的首相担任的是"舵取り役"——"指挥角色"，理应履行"舵取りを司る"——指挥使命；应该做到"誤りなくかじをとる""針路を誤らない""消極退嬰の姿勢を投げ捨て""激しい時代の潮流を国民の皆様方とともに乗り越え""金融危機の津波から国民生活を守る""荒波に耐えうる新たな国家像を描いていく"——准确把握航向、恪尽职守、履职尽责、积极应对和克服各种困难、保护全体国民免遭各种危机侵袭、安危与共；面对重大转折节点或生命攸关时刻，更是要"世界を覆う大競争の荒波にためらうことなく漕ぎ出していく""航路を切り開き""世界の潮流を先取りする""強いリーダーシ

---

① ［美］乔治·莱考夫：《别想那只大象》，闫佳译，浙江人民出版社2013年版，第1—2页。
② ［美］乔治·莱考夫：《别想那只大象》，闫佳译，浙江人民出版社2013年版，第11页。

ップを発揮し得る"——果敢不犹豫、力争上游、发挥领袖风采；此外，船上的船员和乘客命运与共，为保障大家的安全，不论激流有多凶猛，都要做到"その力に応じて船の安全のために協力する""向かうべき方向について声上げ"——风雨同舟、团结互助、和衷共济。①②③④⑤⑥⑦⑧⑨⑩⑪⑫⑬⑭⑮ 海上航行架构将国家命运视为一次充满考验和挑战的海上旅程，细川于128次国会施政演讲中曾引用德国人伯尔纳⑯

---

① 芦田内閣総理大臣第2回（常会）施政方針演説，官報（号外），東京：国立印刷局，1948/3/21，第185—188頁。

② 三木内閣総理大臣第74回（臨時会）所信表明演説，官報（号外），東京：大蔵省印刷局，1974/12/14，第19—21頁。

③ 三木内閣総理大臣第75回（常会）施政方針演説，官報（号外），東京：国立印刷局，1975/1/24，第11—14頁。

④ 福田内閣総理大臣第80回（常会）施政方針演説，官報（号外），東京：大蔵省印刷局，1977/1/31，第8—11頁。

⑤ 福田内閣総理大臣第82回（臨時会）所信表明演説，官報（号外），東京：大蔵省印刷局，1977/10/3，第15—17頁。

⑥ 安倍内閣総理大臣第166回（常会）施政方針演説，官報（号外），東京：大蔵省印刷局，2007/1/26，第3—7頁。

⑦ 福田内閣総理大臣第168回（臨時会）所信表明演説，官報（号外），東京：大蔵省印刷局，2007/10/1，第1—3頁。

⑧ 安倍内閣総理大臣第183回（常会）所信表明演説，官報（号外），東京：国立印刷局，2013/1/28，第2—4頁。

⑨ 小泉内閣総理大臣第153回（臨時会）所信表明演説，官報（号外），東京：大蔵省印刷局，2001/9/27，第2—5頁。

⑩ 橋本内閣総理大臣第140回（常会）施政方針演説，官報（号外），東京：大蔵省印刷局，1997/1/20，第2—5頁。

⑪ 麻生内閣総理大臣第171回（常会）施政方針演説，官報（号外），東京：大蔵省印刷局，2009/1/28，第2—5頁。

⑫ 麻生内閣総理大臣第171回（常会）施政方針演説，官報（号外），東京：大蔵省印刷局，2009/1/28，第2—5頁。

⑬ 安倍内閣総理大臣第183回（常会）所信表明演説，官報（号外），東京：国立印刷局，2013/1/28，第2—4頁。

⑭ 羽田内閣総理大臣第129回（常会）所信表明演説，官報（号外），東京：大蔵省印刷局，1994/5/10，第1—3頁。

⑮ 橋本内閣総理大臣第140回（常会）施政方針演説，官報（号外），東京：大蔵省印刷局，1997/1/20，第2—5頁。

⑯ 卡尔·路德维希·伯尔纳：(1786—1837)，德国政治作家，文艺评论家。

的名言——时代是"大海",国家是"船",政府是"帆",国民则是"风"。①

再以片山在任期间隐喻架构的使用分布为例。片山在执政期间的两次施政报告中均将战后全面崩溃的日本经济——"食糧の欠乏、インフレの進行、産業の不振、失業の増大、やみの横行"——粮食短缺、通货膨胀、产业不振、失业扩大、黑市泛滥等比喻为袭向国民的一场"恐るべき危機"——令人恐怖的危机,如临大敌。意在呼吁全国上下齐心合力排除万难,共同面对和突破经济上的重重危机。②片山又将振兴日本经济和发展农业经济看做重新建设和维护修缮一座大厦;③之后,石桥等多位首相也把国家看做"大厦",而教育是这座大厦的"支柱"部分,彰显教育的"顶梁柱"作用。④另外,片山把通货膨胀引起的经济乱局喻为人体内出现的一种"悪循環",它使"经济"这个人的身体受到影响和威胁——越发使企业经营陷入困境,威胁劳动者的生活,妨碍社会生产,助长投机和黑市买卖,进一步刺激下一轮的通货膨胀。⑤

佐藤把行政机构改革视为进行一次"画期的な体質改善"——重大的体质改善活动,并设立"行政診断機関"以实现机构简约化和高效化。⑥鸠山(由纪夫)等多位首相认为,行政机构改革是一场"大扫除",旨在整顿庞大、臃肿、低效的行政组织,志在刷新、净化、精简行政机构后以提高其运行效能。⑦

---

① 細川内閣総理大臣第128回(臨時会)所信表明演説,官報(号外),東京:大蔵省印刷局,1993/9/21,第2—5頁。
② 片山内閣総理大臣第1回(特別会)施政方針演説,官報(号外),東京:国立印刷局,1947/7/2,第40—45頁。
③ 片山内閣総理大臣第1回(特別会)施政方針演説,官報(号外),東京:国立印刷局,1947/7/2,第40—45頁。
④ 石橋内閣総理大臣第26回(常会)施政方針演説,官報(号外),東京:大蔵省印刷局,1957/2/4,第19—21頁。
⑤ 片山内閣総理大臣第1回(特別会)施政方針演説,官報(号外),東京:国立印刷局,1947/7/2,第40—45頁。
⑥ 佐藤内閣総理大臣第51回(常会)施政方針演説,官報(号外),東京:大蔵省印刷局,1966/1/28,第159—162頁。
⑦ 鳩山内閣総理大臣第174回(常会)施政方針演説,官報(号外),東京:大蔵省印刷局,2010/1/29,第1—7頁。

吉田和岸信介使用旅行架构介绍日本经济发展规划和日美关系。吉田认为，只有按照麦克阿瑟交付给他的九条原则和道奇路线这条路线前行，日本经济才能实现振兴。① 岸信介认为，日美友好关系开始步入旅程中的一个全新阶段。②

鸠山一郎论及外交施策时则使用的是音乐架构。他将坚持独立自主的外交方针和维护日美协调关系喻为一首乐曲中的主基调。③ 外交文本中拟人类的朋友架构也很常见，如池田使用共同体隐喻唤起与美国等所谓自由诸国间相互依存的关系意象；如前所述，三木将国际社会喻为同乘一条船的一群人，日本国民也是"日本丸"号船上相依为命的一群人。④⑤

教育施政文本中生产投资隐喻使用较多，如岸信介的"教育振兴"架构、池田的"百年大计"架构和羽田的"先期投资"架构等。⑥⑦⑧ 安倍等在谈起教育改革时，除了多用清洁架构外，重生架构也是较为多见。小泉和安倍在谈及青少年教育中时唤起的是戏剧架构，强调青少年才是教育的"主角"。⑨⑩

---

① 吉田内閣総理大臣第5回（特別会）施政方針演説，官報（号外），東京：国立印刷局，1949/4/4，第101—105頁。

② 岸内閣総理大臣第34回（常会）施政方針演説，官報（号外），東京：大蔵省印刷局，1960/2/1，第21—24頁。

③ 鳩山内閣総理大臣第22回（特別会）施政方針演説，官報（号外），東京：国立印刷局，1955/4/25，第81—83頁。

④ 池田内閣総理大臣第37回（特別会）所信表明演説，官報（号外），東京：大蔵省印刷局，1960/12/12，第21—22頁。

⑤ 三木内閣総理大臣第75回（常会）施政方針演説，官報（号外），東京：国立印刷局，1975/1/24，第11—14頁。

⑥ 岸内閣総理大臣第34回（常会）施政方針演説，官報（号外），東京：大蔵省印刷局，1960/2/1，第21—24頁。

⑦ 池田内閣総理大臣第44回（臨時会）所信表明演説，官報（号外），東京：国立印刷局，1963/10/18，第18—21頁。

⑧ 羽田内閣総理大臣第129回（常会）所信表明演説，官報（号外），東京：大蔵省印刷局，1994/5/10，第1—3頁。

⑨ 安倍内閣総理大臣第183回（常会）施政方針演説，官報（号外），東京：国立印刷局，2013/2/28，第1—6頁。

⑩ 小泉内閣総理大臣第156回（常会）施政方針演説，官報（号外），東京：大蔵省印刷局，2003/1/31，第1—4頁。

三木之后，机械架构几乎覆盖了所有首相的外交施政文本，都是将日美关系喻为日本外交这一机械的"基轴"或"中轴"；① 而教育施政文本中，佐藤等几位首相将教育和人材视为提升国家综合实力这一机器的"动力源"。②③

第二节 凸显功能分析

莱考夫和约翰逊认为，隐喻之间的蕴涵关系显示概念隐喻具有协调一致的连贯系统，彼此之间相互吻合，共同构成一个和谐的体系。④ 我们谈论隐喻构建概念时指的是概念由隐喻进行部分建构，概念仅限某一个方面获得扩展，我们可以借助其他概念理解当前概念的一个方面，也一定会隐藏当前概念的其他方面；将我们的关注点聚焦在某个概念的某个方面时，会导致我们忽略与其不相符的其他方面，也会阻止我们注意或使我们忽略概念中与该隐喻不一致的其他方面。也就是说，概念隐喻的系统性具有"突显"和"隐藏"的功能和特点，具体分析如下各例。

1. "旅行"隐喻的不同侧面

池田于第 38 次国会施政演讲中将实现"国民所得倍增计划构想"比喻为一段旅程，而其突出的是旅程的指导方针和到达的理想目标。⑤ 三木也将日本经济比喻为一段旅行，但凸显的是旅途中的复杂困境，强调日本

---

① 三木内閣総理大臣第77回（常会）施政方針演説，官報（号外），東京：大蔵省印刷局，1976/1/23，第15—19頁。
② 佐藤内閣総理大臣第66回（臨時会）所信表明演説，官報（号外），東京：大蔵省印刷局，1971/7/17，第27—28頁。
③ 小泉内閣総理大臣第157回（臨時会）所信表明演説，官報（号外），東京：国立印刷局，2003/9/26，第2—4頁。
④ G・レイコフ，M・ジョンソン，レトリックと人生，渡部昇一、楠瀬淳三、その他訳，東京：大修館書店，2019，第11頁。
⑤ 池田内閣総理大臣第38回（常会）施政方針演説，官報（号外），東京：国立印刷局，1961/1/30，第12—15頁。

经济的发展之路急需调整方向。① 小泉、安倍（第一次执政）和野田认为，日本的行政改革尚处于旅途之中，任重道远，稍一松懈便回到原点，必须举全国之力将变革进行到底。②③④

2．"建筑"隐喻的不同侧面

以日美关系文本中的建筑隐喻为例，石桥等几位首相将日美两国关系看作日本外交这座大厦的地基部分，即便同为"地基"比喻，其内涵也不同。

石桥的"地基"所指是"民主主義国との協調を積極的に実現すること"；⑤ 岸信介是"日米平等の立場に立った強固にして恒久的な協力関係"；⑥ 田中是"米国とのゆるぎない相互信頼関係"；⑦ 铃木是"揺るぎない友情と信頼"和"一層成熟した日米関係"；⑧ 中曽根是"友好協力関係の維持強化"；⑨ 小泉是"日米同盟と国際協調"；⑩ 鸠山由纪夫是"緊密かつ対等な日米同盟"；⑪ 安倍（第二次执政）是"戦略的な外交、

---

① 三木内閣総理大臣第76回（臨時会）所信表明演説，官報（号外），東京：大蔵省印刷局，1975/9/16，第19—21頁。
② 野田内閣総理大臣第178回（常会）所信表明演説，官報（号外），東京：国立印刷局，2011/9/13，第3—6頁。
③ 安倍内閣総理大臣第187回（臨時会）所信表明，官報（号外），東京：国立印刷局，2014/9/29，第2—4頁。
④ 小泉内閣総理大臣第156回（常会）施政方針演説，官報（号外），東京：大蔵省印刷局，2003/1/31，第1—4頁。
⑤ 石橋内閣総理大臣第26回（常会）施政方針演説，官報（号外），東京：大蔵省印刷局，1957/2/4，第19—21頁。
⑥ 岸内閣総理大臣第27回（臨時会）施政方針演説，官報（号外），東京：国立印刷局，1957/11/1，第2—4頁。
⑦ 田中内閣総理大臣第72回（常会）施政方針演説，官報（号外），東京：国立印刷局，1974/1/21，第175—179頁。
⑧ 鈴木内閣総理大臣第94回（常会）施政方針演説，官報（号外），東京：大蔵省印刷局，1981/1/26，第19—22頁。
⑨ 中曽根内閣総理大臣第102回（常会）施政方針演説，官報（号外），東京：大蔵省印刷局，1985/1/25，第247—250頁。
⑩ 小泉内閣総理大臣第161回（臨時会）所信表明演説，官報（号外），東京：財務省印刷局，2004/10/12，第2—5頁。
⑪ 鳩山内閣総理大臣第173回（臨時会）所信表明演説，官報（号外），東京：大蔵省印刷局，2009/10/26，第2—7頁。

普遍的価値を重視する外交、そして国益を守る主張する外交"。①

其次，池田和三木及安倍（第一次执政）等施政文本中将其视为大厦中的"支柱"部分，但其显白之处亦有不同，池田的"支柱"指的是"北米、西欧並びにわが国（日本）"为自由阵营这座大厦的三根"顶梁柱"；② 三木将"善隣友好（主要指美、中、苏三国）"、③ 安倍将"自由、民主主義、基本的人権、法の支配といった基本的価値を共有する国々との連携の強化（主要指美国等）、オープンでイノベーションに富むアジアの構築、世界の平和と安定への貢献"视为日本外交的三大支柱。④ 另外，佐藤和竹下等将日美关系视作日本外交大厦的中心或核心部分。⑤⑥

3. "健康"隐喻的不同侧面

福田和竹下在农业施政文本中均使用了健康隐喻，福田将农业喻为一个人，会积极增强其体质——"体質の強化"，以提高粮食自给能力；⑦ 竹下则致力于确立充满活力——"足腰の強い""活性化"的农业经济。⑧ 而大平和小渊及安倍在相关行政机构改革文本中突出的则是美体方面，大平和安倍侧重避免肥胖多赘肉——"肥大化"和"贅肉"，小渊和安倍追求苗条和肌肉发达——"スリム化"与"筋肉質"，旨在实现行政机构

---

① 共同声明 2017 年 2 月 10 日，外務省，https：//www.mofa.go.jp/mofaj/files/000227766.pdf2020/12/20。原文：揺らぐことのない日米同盟はアジア太平洋地域における平和、繁栄及び自由の礎である。

② 池田内閣総理大臣第 42 回（臨時会）所信表明演説，官報（号外），東京：大蔵省印刷局，1962/12/10，第 16—18 頁。

③ 三木内閣総理大臣第 75 回（常会）施政方針演説，官報（号外），東京：国立印刷局，1975/1/24，第 11—14 頁。

④ 安倍内閣総理大臣第 166 回（常会）施政方針演説，官報（号外），東京：大蔵省印刷局，2007/1/26，第 3—7 頁。

⑤ 佐藤内閣総理大臣第 47 回（臨時会）所信表明演説，官報（号外），東京：大蔵省印刷局，1964/11/21，第 25—26 頁。

⑥ 竹下内閣総理大臣第 114 回（常会）施政方針演説，官報（号外），東京：大蔵省印刷局，1989/2/10，第 21—25 頁。

⑦ 福田内閣総理大臣第 80 回（常会）施政方針演説，官報（号外），東京：大蔵省印刷局，1977/1/31，第 8—11 頁。

⑧ 竹下内閣総理大臣第 112 回（常会）施政方針演説，官報（号外），東京：大蔵省印刷局，1988/1/25，第 11—14 頁。

"简约化"和运行"高效化"。①②③④

4. "机械"隐喻的不同侧面

机械架构使用中分别凸显了功能、核心、驱动三个侧面。细川认为，日本的农林水产业这台机器具有诸如"国民生活に欠かせない食糧の安定供給、伝統と地域文化に裏づけられたゆとりある生活空間の提供"——粮食供给、开辟新的生活空间等多种功能，在国家建设中发挥着不可替代的作用。⑤福田康夫等几乎所有的首相都将日美关系定位为日本外交这台机器的"基軸"和"中軸"——基轴或中轴，起到稳定其运行的核心作用。⑥菅直人在教育文本中将人材视为国家建设的"原動力"——"动力源"，驱动日本的未来发展。⑦

5. "比赛"隐喻的不同侧面

再如比赛架构，小渊在147次国会演讲中谈及内政与外交时将"創造、安心、新生、平和、地球"五个方面的施政喻为"挑戦"，突出体育竞赛中争当上游的运动精神；⑧而麻生针对行政机构改革中的官僚作风，其态度是"信賞必罰"——坚持赏罚分明，强调竞技比赛中的公平性。⑨

---

① 大平内閣総理大臣第90回（臨時会）所信表明演説，*官報（号外）*，東京：大蔵省印刷局，1979/11/27，第19—20頁。

② 小渕内閣総理大臣第143回（臨時会）所信表明演説，*官報（号外）*，東京：大蔵省印刷局，1998/8/7，第3—5頁。

③ 安倍内閣総理大臣第165回（臨時会）所信表明演説，*官報（号外）*，東京：国立印刷局，2006/9/29，第1—4頁。

④ 安倍内閣総理大臣第166回（常会）施政方針演説，*官報（号外）*，東京：国立印刷局，2007/1/26，第3—7頁。

⑤ 細川内閣総理大臣第129回（常会）施政方針演説，*官報（号外）*，東京：大蔵省印刷局，1994/3/4，第1—8頁。

⑥ 福田内閣総理大臣第169回（常会）施政方針演説，*官報（号外）*，東京：国立印刷局，2008/1/18，第2—6頁。

⑦ 菅内閣総理大臣第177回（常会）施政方針演説，*官報（号外）*，東京：国立印刷局，2011/1/24，第2—6頁。

⑧ 小渕内閣総理大臣第147回（常会）施政方針演説，*官報（号外）*，東京：大蔵省印刷局，2000/1/28，第1—3頁。

⑨ 麻生内閣総理大臣第170回（臨時会）所信表明演説，*官報（号外）*，東京：国立印刷局，2008/9/29，第2—4頁。

第三节　评价与认同功能分析

莱考夫指出，隐喻能够操控我们的大脑，隐喻也是恐怖和致命的。因为我们的大脑运动前皮层都有镜像神经元，当我们做动作或看到相同动作时，这一神经元就会被激活。大脑的这一部分与我们的情感中心相连接，科学家认为，这种神经回路是共情的基础。作为认知科学的基本结论之一，人们会从架构和隐喻的角度去思考，架构在人们大脑的突触里，以神经回路的形式真实地存在。如果事实跟架构不吻合不一致，一般留下的是架构，而事实则被抛弃。[①]

布莱克认为，应把隐喻分析作为批评话语分析的首要组成部分，因为隐喻用于劝导时表达了作者的评价，因而是文本意识形态的一部分。意识形态是对现实系统而有序的表述。"作为一种社会现象，意识形态表现在直接或间接为政治路线辩护的言语行为中"而在这种表述中，隐喻起着至关重要的作用。隐喻有激起情感的潜势，可以说隐喻是一种言语行为，对人们认识现实有着直接影响。[②]

锅岛弘治朗（2016）通过对政治语篇中隐喻使用的分析，认为「現代社会の中で、メタファーとは、政治、商業、軍事と実社会と多面的に接している。メタファーが私たちの思考の欠かせない一部であることを考えれば当然である。また、抽象的な課題に対し、自ら経験した最も慣れ親しんだ身体図式と思考様式を援用するメタファーは、人の心を扇動し、支配し、その素性を暴き、無意識の思考を露呈させる危ないレトリックでもある」[③]，隐喻对现实社会的影响广泛，涉及政治、商业、军事等多个方面，隐喻也可能起到蛊惑人心、引发野蛮行为、左右政策判断与实施等作用，隐喻也是一种危险的修辞技法。

---

① ［美］乔治·莱考夫：《别想那只大象》，闫佳译，浙江人民出版社2013年版，第81—114页。
② 纪玉华、陈燕：《批评话语分析的新方法：批评隐喻分析》，《厦门大学学报》（社会科学版）2007年第6期。
③ 鍋島弘治朗，メタファーと身体性，東京：ひつじ書房，2016，第353—379頁。

勒庞（1895，董强译：2019）从群体心理学角度也曾经解释过，巧妙的词语和口号一经艺术性的操纵使用，会唤起人们的意象，政治家利用一些新词去装扮过去的大部分制度，把一些人们的想象中能唤起极其糟糕的意象的词，用其他一些词去替代，这些词语足够新，可以不引起类似想象。政治家的主要职能之一就是要为在以前的名字之下被群体憎恨的事物，用受欢迎的或者至少是中性的词来重新命名。词语的力量是如此之大，只需要一些选择得当的词语就可以让人接受最可恶的事情。① 种族的灵魂完全主导群体的灵魂，它是一种强大的基质，可以防止过大的变化。种族的灵魂越强大，群体的特征就越不明显。这是一个根本性的法则。② 一个民族的所有个体，因环境和遗传而拥有的共同特征的总和，构成这个民族的灵魂。③ 种族也意味着思想、信仰、制度、需求、情感、艺术、文明等所有因素的祖先传承。④

萨丕尔（1884，陆卓元译：2011）认为，语言有一个底座，说一种语言的人是属于一个种族的，属于身体上具有某些特征而不同于别的群的一个群。语言也不脱离文化而存在，不脱离社会流传下来的那些决定我们生活面貌的风俗和信仰的总体。⑤

从战后历届政府施政报告中隐喻架构的使用可管窥日本民族的感知方式与思维方式。历任首相为了将那些抽象复杂的政治现象或施政理念明白易懂地传递给民众百姓，同时也为增强民族认同感以获得有力支持，会选择适切得当的隐喻使"政治"具体化或概念化。例如，历届政府施政报告都出现了"国家即人"隐喻，这是一套精致的隐喻系统的一环。伴随"国家即人"隐喻而来的是"国家利益"的概念：正如一个人健康、阳光、强壮就是好的；一个国家在内政外交方面运行合理，综合国力强大；防卫能

---

① ［法］古斯塔夫·勒庞：《乌合之众：群体心理学》，董强译，浙江文艺出版社 2019 年版，第 93—99 页。
② ［法］古斯塔夫·勒庞：《乌合之众：群体心理学》，董强译，浙江文艺出版社 2019 年版，第 150 页。
③ ［法］古斯塔夫·勒庞：《乌合之众：群体心理学》，董强译，浙江文艺出版社 2019 年版，第 11 页。
④ ［法］古斯塔夫·勒庞：《乌合之众：群体心理学》，董强译，浙江文艺出版社 2019 年版，第 72—73 页。
⑤ ［美］爱德华·萨丕尔：《语言论——言语研究导论》，陆卓元译，陆志韦校订，商务印书馆 2011 年版，第 191 页。

力足够保家卫国，那么这个国家就是好的，就是健康的，这就是"国家利益"的意思。在外交话语叙事中，国家也常被视为"人"，国际社会的相互关系便是人物间构成的各种"关系"。它是国际社会隐喻的组成部分：有友好国家、敌对国家、无赖国家，等等。国际关系社会为"国家即人"隐喻增加了所谓"理性行动者模型"的隐喻。这个概念认为不理性的行为不符合你的利益，所以，国家会像理性行为者那样采取行动——努力使自己的所得和资产最大化，使自己的成本和损失最小化。①

「隠喩は人を殺すことができる。湾岸地域で戦闘に突入すべきかどうかを巡って繰り返される発言は、メタファーのパノラマである。ベーカー国務長官は、サダムが我々の経済の「生命線」の上に座り込んでいるとみなしている。ブッシュ大統領は彼が我々の経済の「首根っこを反則技で締め上げている」と考えている。シュワルツコフ将軍は、クウェートの占領をまさに「レイプ」が犯されている状態だと特徴づけている。大統領は、合衆国が湾岸地域に展開しているのは、自由を防衛し、我々の将来を守り、「罪のない」人々を保護するためであり、我々は、サダム・フセインを「追い返さなければ」ならないと主張する。」②

莱考夫以海湾战争为例，认为"隐喻是会杀人的"。乔治·布什政府在一系列相关美国是否应该介入海湾地区事务的发言就是一幅隐喻的"panorama（全景画卷）"。国务卿次克说，萨达姆正坐在美国经济的"生命线"上；总统乔治·布什说萨达姆利用犯规掐住了美国经济的"脖颈"；陆军上将施瓦茨科普夫说伊拉克正在强暴科威特。总统乔治·布什宣称，美国进入海湾地区是为了保卫自由，护卫我们的未来，保护那些"没有罪"的人，我们必须要将萨达姆逐出科威特。

如（1），日本时任首相海部在120次国会演讲中关于海湾局势也使用了相同的隐喻概念，认为伊拉克以武力入侵科威特是"暴举""不法な支

---

① ［美］乔治·莱考夫：《别想那只大象》，闫佳译，浙江人民出版社2013年版，第108—109页。
② G·レイコフ，隠喩と戦争—湾岸戦争を正当化するために使われた隠喩の体系—，高頭直樹訳，東京：（思想としての湾岸戦争＜特集＞）現代思想19（5），1991，第1—18页。

配""平和的解決に向けた国際社会の努力を踏みにじった"——野蛮和违法行为，践踏了国际社会为和平所作出的努力，日本表示坚决反对，会与国际社会一道积极应对海湾局势发展。

（1）このような歴史的なときに、イラクは、クウェート侵略という暴挙に出たのであります。この力による不法な支配に対して（略）。また、国連が示した一月十五日の期限まで、事態の平和的解決に向けて、我が国を含めあらゆる国際的努力が行われました。しかるに、イラクのフセイン大統領はこれらを無視して、平和的解決に向けた国際社会の努力を踏みにじったことはまことに遺憾であり、今後の国際連合を中心とする国際秩序の維持の上からも、断じてこれを許すことはできません。①

"国家即人"隐喻是最常见于"正义之战"的修辞手法，正义之战的基本概念就是使用了"国家即人"隐喻和经典童话故事的叙事结构"自卫和救助"。② 如前节③所述，不同的隐喻架构凸显不同的信息侧面，激发不同的情感心境，呈现不同的价值取向，蕴含不同的意识形态。基于意识形态构建的隐喻也在为意识形态服务，隐喻具有评价、认同、劝导和合法化的作用。

安倍第二次当选首相后，如（2），在首次施政演讲中他连用四个"危機"架构——"経済""東日本大震災からの復興""外交・安全保障""教育"以喻四个领域已经到了危急边缘——经济上深陷通货紧缩和日元升值之泥潭，民众无论怎么拼命工作，生活却不见改善；东日本地震后，灾区32万人失去家园，流离在外迟迟不能回；外交主轴已失去平衡，固有领土、领海、领空和主权持续受到威胁；教育方面，肩负国家未来的青少年却不断出现欺凌事件，丧失了对民族历史与传统的自豪感，综合能力日渐下降。

（2）国家国民のために再び我が身をささげんとする私の決意の源は、深き憂国の念にあります。危機的な状況にある我が国の現状を正していくために、なさなければならない使命があると信じるからです。デフレと円

---

① 海部内閣総理大臣第120回（常会）施政方針演説，官報（号外），東京：大蔵省印刷局，1991/1/25，第3頁。
② ［美］乔治·莱考夫：《别想那只大象》，闫佳译，浙江人民出版社2013年版，第110頁。
③ 注：指：前一节．凸显功能分析。

高の泥沼から抜け出せず、五十兆円とも言われる莫大な国民の所得と産業の競争力が失われ、どれだけ真面目に働いても暮らしが良くならない、<u>日本経済の危機</u>。三十二万人近くにも及ぶ方々が住みなれたふるさとに戻れないまま、遅々として進んでいない、<u>東日本大震災からの復興の危機</u>。外交政策の基軸が揺らぎ、その足元を見透かすかのように、我が国固有の領土・領海・領空や主権に対する挑発が続く、<u>外交、安全保障の危機</u>。そして、国の未来を担う子供たちの中で陰湿ないじめが相次ぎ、この国の歴史や伝統への誇りを失い、世界に伍していくべき学力の低下が危惧される、<u>教育の危機</u>。このまま手をこまねいているわけにはいきません。①

　　危机隐喻传递了三个信息：一是日本当时的国情——民主党治下的日本境况不容乐观，刻不容缓；二是对民主党执政期间的负面评价和不认同，等同于"指责"；三是危机涉及经济、外交及教育领域，这些与百姓的日常生活息息相关，极易激发民众情感，以期获取共鸣。而安倍对自己却使用了"国家国民のために再び我が身を捧げんとする""憂国の念""使命がある""手をこまねいているわけにはいかない"等词语，表示自己之所以决定为国为民再次挺身而出就任首相源于深深的忧国之念，面对危机重重的国家，自己不应该袖手旁观，竭力扭转当前危机是自己义不容辞的责任和使命。换言之，自己的复出是为消除前任内阁造成的"危机"，是为拯救危难中的国家和民众，是童话叙事结构中救助他人的"英雄"。

　　安倍连续使用名词"危機"结句，表达简练客观，却包含大量信息；而且又将具体现象加以抽象化，使真实发生的事件变成了一种不可逆的既成事实，显得正式又严谨。名词化结构是产生语法隐喻的最强有力的资源。②③ 在日本首相施政报告中比较常见，如（3）—（5）中"こと"的

---

① 安倍内閣総理大臣第183回（常会）所信表明演説，官報（号外），東京：国立印刷局，2013/1/28，第2頁。
② M. A. K. ハリデー，機能文法概説—ハリデー理論への誘い—，山口登，筧壽雄訳，東京：岩波書店，2001，第555頁。
③ ［英］M. A. K. Halliday：《功能语法导论》，彭宣维、赵秀凤、张征等译，外语教学与研究出版社2017年版，第404—405页。

（3）わが國の現状は、あらしの中にただよう難破船のように、これを救う唯一の途は、船客も乗組員もその力に應じて船の安全のために協力する<u>こと</u>が急務であると存じます。①

　　（4）日本経済の潜在的な活力を高めていくためには、長期的視野に立って経済構造の変革を図り、民間の活力がより自由に発揮されるための環境を整備していく<u>こと</u>が重要であると考えております。②

　　（5）我が国経済を本格的な回復軌道に乗せ、将来の発展の芽を育んでいくためには、民間の新たな挑戦や将来への投資を鼓舞していく<u>こと</u>が重要であります。③

　　（6）この国の経済を覆う不透明感を払拭し、将来に向けた明るい展望を開くためには、二十一世紀までに残された五年間を三段階に分け、第一段階において本格的な景気回復の実現、第二段階において抜本的な経済構造改革、第三段階として創造的な二十一世紀型経済社会の基盤の整備を行う<u>こと</u>が重要であります。④

　　再看（2）例，安倍唤起民众的"危機"架构后，又运用"反复"手法，不断重复自己的"危機"论调，不但增强了演讲的效果，也是将其成功渗透入百姓脑海的有效修辞手段。重复自己的政治理念或论断是历任首相擅用的修辞手法，如（7）—（9）中"戰略""なければなりません""大掃除"的使用。

　　（7）私は、次の三つの柱から成る経済成長<u>戦略</u>を経済財政諮問会議において具体化し、直ちに実行します。（略）まず第一に、他国の

---

　　①　芦田内閣総理大臣第2回（常会）施政方針演説，官報（号外），東京：大蔵省印刷局，1948/3/21，第185頁。
　　②　細川内閣総理大臣第127回（特別会）所信表明演説，官報（号外），東京：大蔵省印刷局，1993/8/23，第2頁。
　　③　羽田内閣総理大臣第129回（常会）所信表明演説，官報（号外），東京：大蔵省印刷局，1994/5/10，第2頁。
　　④　橋本内閣総理大臣第136回（常会）施政方針演説，官報（号外），東京：大蔵省印刷局，1996/1/22，第2—3頁。

追随を許さない技術を持ち続けることを目指す、革新的技術創造戦略を展開します。（略）第二は、日本を世界により開かれた国とし、アジア、世界との間の人、物、金、情報の流れを拡大するグローバル戦略の展開であります。（略）第三は、雇用拡大と生産性向上を同時に実現し、すべての人が成長を実感できるようにする全員参加の経済戦略の展開です。①

（8）日本は、強くあらねばなりません。強い日本とは、難局に臨んで動じず、むしろこれを好機として一層の飛躍を成し遂げる国であります。また、日本は明るくなければなりません。幕末、我が国を訪れた外国人という外国人が驚嘆とともに書きつけた記録の数々を通じて、私ども日本人とは、決して豊かでないにもかかわらず、実によく笑い、微笑む国民だったことを知っています。この性質は今に脈々受け継がれているはずであります。よみがえらせなくてはなりません。②

（9）この新たな体制のもと、まず行うべきは戦後行政の大掃除です。特に二つの点で、大きな変革を断行させなければなりません。一つ目は、組織や事業の大掃除です。（略）行政の奥深くまで入り込んだしがらみや既得権益を一掃してまいります。（略）もう一つの大掃除は、税金の使い道と予算の編成のあり方を徹底的に見直すことであります。③

福田使用"战争"架构提出经济发展"戦略"理念时连用革新技术创造"戦略"、全球化"戦略"、全体国民参加的经济"戦略"；麻生谈到日本国家建设时连用表示义务意义的句法——"ねばなりません""なければなりません""なくてはなりません"，强调日本"必须"强大、日本人"必须"友好阳光、日本"必须"复苏；鸠山谈到行政机构改革时连用三个"大掃除"架构——战后行政机构"大掃除"、组织和事业"大掃除"、税金

---

① 福田内閣総理大臣第169回（常会）施政方針演説，官報（号外），東京：国立印刷局，2008/1/18，第4頁。
② 麻生内閣総理大臣第170回（臨時会）所信表明演説，官報（号外），東京：国立印刷局，2008/9/29，第2頁。
③ 鳩山内閣総理大臣第173回（臨時会）所信表明演説，官報（号外），東京：国立印刷局，2009/10/26，第2頁。

使用和预算规划方面的"大扫除"。

又如下例（10）—（11）中句法"～う／ようではありませんか"的使用。

（10）日本の先人は幾たびか今日以上の試練に耐え抜いて、今日の日本を築き上げました。われわれには潜在能力があります。われわれが互いに協力し合えば、この難局を切り抜け、世界の新しいモデルになるような新しい日本の建設が可能であるとの強い自信と希望を持<u>とうではありませんか</u>。①

（11）お互いに勇気を持って日本丸の航路を切り開き、二十一世紀に連なる希望に満ちた社会の実現に向かって前進<u>しようではございませんか</u>。②

根据刘桂萍等（2014）的统计，如图6-1，自三木后多位首相施政演讲中反复运用句法「～う／ようではありませんか」。『日本語の文型辞典』解释其意为"自分の意志を強く表明したり，相手に一緒に行動するよう誘いかけるのに用いる"③，即话语主体向对方/听众清楚表达自己的意愿，意在呼吁或说服对方与自己一起行动。

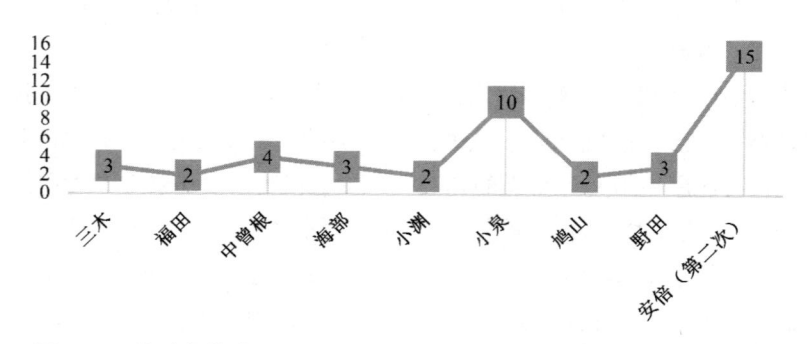

图6-1 施政报告中「～う／ようではありませんか」的使用分布统计

---

① 三木内閣総理大臣第75回（常会）施政方針演説，官報（号外），東京：国立印刷局，1975/1/24，第14頁。

② 福田内閣総理大臣第80回（常会）施政方針演説，官報（号外），東京：大蔵省印刷局，1977/1/31，第11頁。

③ グループ・ジャマシイ編著，日本語の文型辞典，東京：くろしお出版，1998，第612頁。

再以句法"～なくして～ない/なし"的使用为例，如（10）—（11），小泉在任期间开始频繁利用"～なくして～ない/なし"提出"改革なくして成長なし"执政理念——若想重振日本经济，"变革"是唯一处方，"没有改革就没有发展"。

（10）日本経済再生の処方せんに関しては、これまでさまざまな議論、提言が行われてきました。（略）私がかねてから主張してきた、<u>構造改革なくして景気回復はない</u>という考えと軌を一にするものであります。①

（11）経済情勢が厳しさを増しつつあり、多くの方々が困難に直面している中にあって、小泉内閣の掲げる<u>改革なくして成長なし</u>との方針は、多数の国民の支持を得ています。②

（12）これら多方面にわたる課題に一つ一つ着実に取り組んでいます。<u>改革なくして成長なし</u>との路線を推進してまいります。③

（13）<u>改革なくして成長なし</u>、民間にできることは民間に、地方にできることは地方にとの方針のもと、自由民主党及び公明党による連立政権の安定した基盤に立って、引き続き構造改革を断行する覚悟であります。④

如（14）—（22），安倍两次执政期间于9篇施政演讲中12次沿用了小泉开创的这一表达。不同之处是小泉使用句法"～なくして～ない/なし"强调"改革"对于日本发展的必要性，安倍将之用在了更广泛的场合："地方发展没有活力，国家也不会有活力"；"政策不落实，就不会有发展""经济运行不合理，就不会摆脱通货紧缩"；"经济不复苏，财政就无法重建"；"没有强劲的经济和发展成果，就不会延续分享"；"在生产力

---

① 小泉内閣総理大臣第151回（常会）所信表明演説，官報（号外），東京：財務省印刷局，2001/5/7，第1頁。

② 小泉内閣総理大臣第154回（常会）施政方針演説，官報（号外），東京：財務省印刷局，2002/2/4，第1頁。

③ 小泉内閣総理大臣第156回（常会）施政方針演説，官報（号外），東京：財務省印刷局，2003/1/31，第1頁。

④ 小泉内閣総理大臣第163回（特別会）所信表明演説，官報（号外），東京：国立印刷局，2005/9/26，第3頁。

方面不能取得先机，日本经济就没有未来"；"东北不振兴，日本就不可能复苏"；"福岛不复兴，东北也不会振兴"。

（14）地方の活力なくして国の活力はありません。やる気のある地方が自由に独自の施策を展開し、魅力ある地方に生まれ変わるよう、必要となる体制の整備を含め、地方分権を進めます。①

（15）地方の活力なくして国の活力はありません。私は、国が地方のやることを考え、押し付けるという、戦後続いてきたやり方は、もはや捨て去るべきだと考えます。②

（16）実行なくして成長なし。この国会は、成長戦略の実行が問われる国会です。③

（17）経済の好循環なくして、デフレ脱却はありません。（略）経済の再生なくして、財政再建なし。④

（18）経済再生なくして財政再建なし。（略）強い経済、成長の果実なくして、分配を続けることはできません。成長と分配の好循環を創り上げてまいります。⑤

（19）この生産性革命への流れを先取りすることなくして、日本経済の未来はありません。⑥

（20）東北の復興なくして、日本の再生なし。この決意の下に、創造と可能性の地としての東北を創り上げてまいります。⑦

---

① 安倍内閣総理大臣第165回（臨時会）所信表明演説，官報（号外），東京：国立印刷局，2006/9/29，第2頁。

② 安倍内閣総理大臣第166回（常会）施政方針演説，官報（号外），東京：国立印刷局，2007/1/26，第4頁。

③ 安倍内閣総理大臣第185回（臨時会）所信表明演説，官報（号外），東京：国立印刷局，2013/10/15，第4頁。

④ 安倍内閣総理大臣第186回（常会）施政方針演説，官報（号外），東京：国立印刷局，2014/1/24，第2頁。

⑤ 安倍内閣総理大臣第190回（常会）施政方針演説，官報（号外），東京：国立印刷局，2016/1/22，第4頁。

⑥ 安倍内閣総理大臣第196回（常会）施政方針演説，官報（号外），東京：国立印刷局，2018/1/22，第3頁。

⑦ 安倍内閣総理大臣第197回（特別国会）所信表明演説，官報（号外），東京：国立印刷局，2018/10/24，第3頁。

（21）福島の復興なくして東北の復興なし。東北の復興なくして日本の再生なし。①

（22）経済再生なくして財政健全化なし。この基本方針を堅持し、引き続き、二〇二五年度のプライマリーバランス黒字化を目指します。②

"~なくして~ない/なし"句法于安倍施政演说中被宽泛和重复使用，虽略显夸张，但不失为一种容易为听众所接受的话语策略。清晰、简洁、明快、果敢的结论表述方式极具决断力、感染力和说服力，使话语主体推行政治理念和执行具体政策具有了合法化的功能。

隐喻、反复等手法既达到"劝导""说服""合法化"目的，也可以说是话语主体在寻求听众的"理解"与"认同"。博克认为，"哪里有劝说，哪里就有修辞；哪里有意义，哪里就有劝说"，③ 同时，他也完成了用"认同（identification）"取代亚理斯多德的"规劝（persuasion）"作为修辞的中心概念。旧修辞学的关键词"规劝"强调"有意的"设计；新修辞学的关键词"认同"包括部分的"无意识的"因素。④ "认同"挖掘的是更为普遍和更为深层次的东西，人自觉或不自觉地处于一种寻求认同的情景之中。成功进行劝说或说服的条件是话语主体必须赢得听众在性质、思想、人生观等方面的接受和认可，要和听众享有共同的话语规范和价值观念。⑤

---

① 安倍内閣総理大臣第198回（常会）施政方針演説，官報（号外），東京：国立印刷局，2019/1/28，第5頁。

② 安倍内閣総理大臣第201回（常会）施政方針演説，官報（号外），東京：国立印刷局，2020/1/20，第4頁。

③ 邓志勇：《伯克与亚里士多德：差异及"血脉"关联——从修辞学的定义、功能和范畴来看》，《修辞学习》2009年第6期。

④ [美] 肯尼斯·博克等：《当代西方修辞学：演讲与话语批评》，常昌富、顾宝桐译，中国社会科学出版社1998年版，第17页。

⑤ ケネス・バーク，動機の修辞学，森常治訳，東京：晶文社，2009，第438—439頁。原文：アイデンティフィケーション（identification）とはAとBとを互いの本質（少なくとも、その一部）を共有するものとみなす行為である…説得は相手のなかに自分と共有する資質、意図、人生目的などを認める「同一視」を前提として発生するものだ。

第四节　推理与暗示功能分析

叶奕乾（1999）指出，理解言语是一个生动、积极的建造意义的过程，理解语言以正确感知言语为基础，言语接受者头脑中想象言语所描述的情境，通过期待、推理等活动去揭开言语的意义，理解语言依赖于人们已有的知识和经验。①

莱考夫与约翰逊认为，"概念を構成するメタファーは経験間の「相互関係」に基づいているということである。このような経験間の相互関係は二つのタイプに分けられる。即ち、「経験が同時に起るもの」と「類似的経験が起るもの」である"②，建构概念的隐喻基于我们经验的相互关联（correlations）。这一经验相关性包括两种类型，一是如"更多为上（MORE IS UP）"等同时发生的经验（experiential cooccurrence），"更多为上"产生于两种经验的同时出现，即如果增加某物的数量，其高度就会随之攀升；二是如"人生即一场赌博（LIFE IS A GAMBLING GAME）"等相类似的经验（experiential imilarity），"人生即一场赌博"形成于经验上的相似性，即生活如同赌博，并非总是一帆风顺，既有成功也有失意。③

概念隐喻的构建源于经验关联，而隐喻的推理和暗示功能也随之产生。推理是指根据两个或两类对象有部分属性相同，从而推出它们的其他属性也相同的思维过程，从已知的、明确的信息资料中解读和获取新的信息；暗示指受到他人的愿望、观念、情绪、判断和态度的影响。

如（1），片山使用危机架构将"食糧の欠乏""インフレの進行""産業の不振""失業の増大""やみの横行"五大问题视为向日本国民袭来的"令人恐怖的危机"，暗示国内经济危在旦夕，需要政府迅疾采取措

---

① 叶奕乾、何存道、梁宁建主编：《普通心理学》，华东师范大学出版社1999年版，第334页。
② G・レイコフ，M・ジョンソン，レトリックと人生，渡部昇一、楠瀬淳三、その他訳，東京：大修館書店，2019，第225頁。
③ ［美］乔治・莱考夫、马克・约翰逊：《我们赖以生存的隐喻》，何文忠译，浙江大学出版社2016年版，第141页。

施以解除风险和突破困境，希望民众能够积极支持和配合政府推出的"経済緊急対策八項目"。

（1）わが国の経済がまことに恐るべき危機に当面している点を申し述べたいと思うのであります。敗戦によりまする憂慮すべき結果が、まさに現実の問題として、日本国民に襲い来ったのであります。すなわち食糧の欠乏であります。インフレの進行であります。産業の不振であり、失業の増大であり、やみの横行であります。政府は組閣後ただちにこの問題を取上げまして、万難を排して、この危機突破をしなければならないという決意のもとに、経済緊急対策八項目を掲げまして、その実行については、国民諸君の御協力をすでに仰ぎつつある次第であります。①

又如（2），吉田为得到民众理解政府需要遵循九条原则和道奇路线时使用了旅行架构和建筑架构，并辅之以句法"～ずんば、～がたし"，言下之意就是如果不按照这条路线前进，就到达不了目的地；如果不按照这一建筑规划图，就无法重建日本。两类架构和假设句法的使用让推理和暗示功能得以充分发挥。

（2）昨年十二月二十九日、マッカーサー元帥の私にあてた九原則を含む書簡及び最近におけるドッジ氏声明は、すべて右の趣意に出でたものであります。私も、この線によるにあらずんば、わが国の再建はできがたしと衷心より信ずるものであります。今回提出せんとする予算は、この九原則及びドッジ氏の声明を了承いたしまして、政府の責任において——政府の責任においてこれを具体化したものであります。②

再如（3），田中提出日本列岛改造论时，将日本喻为战后废墟上建起的一座大厦，它雄伟且壮观，意指日本经济发达且繁荣，但是在大厦背阴处一直存在着诸如"公害、過密と過疎、物価高、住宅難"等亟待解决的问题，暗示应该对其进行修缮或重新改建，营造了重构日本列岛的氛围。

---

① 片山内閣総理大臣第1回（特別会）施政方針演説，官報（号外），東京：大蔵省印刷局，1947/7/2，第41頁。
② 吉田内閣総理大臣第5回（特別会）施政方針演説，官報（号外），東京：大蔵省印刷局，1949/4/4，第101頁。

(3) われわれは、戦後の荒廃の中からみずからの力によって今日の国力の発展と繁栄を築き上げてまいりました。しかし、こうした繁栄の陰には、公害、過密と過疎、物価高、住宅難など解決を要する数多くの問題が生じております。①

如(4),吉田与美国缔结日美安保条约后,利用拟人类隐喻将日本喻为刚刚恢复独立和自由,国内治安尚能应付,然面对不负责任的侵略主义横行的国际局势却不具备保护自己的能力,必须寻求共同或集体防卫,以暗示与美国建立安保体制的正当性和合法性。

(4) 日米安全保障条約は、平和条約と同日に署名されまして、これによって独立回復後の日本の安全について一応の保障を得るに至ったのであります。国内の治安は自力をもって当たるべきは当然でありますが、外部からの侵略に対して集団的防衛の手段をとることは、今日国際間の通念であります。無責任な侵略主義が跳梁する国際現状において、独立と自由を回復したあかつき、軍備なき日本が他の自由国家とともに集団的保護防衛の方法を講ずるほかなきは当然であります。②

又如(5)—(6),2001年"9·11"恐袭事件后,小泉内阁反应迅速,认为恐怖袭击是"卑劣な攻撃""非道きわまりない行為""非人道的なテロ"——非人道的卑劣行径,表示将"テロとの闘いは終わっていません""毅然たる決意で闘っていかなければならない""テロの防止·根絶"——与之进行坚决彻底地斗争。小泉政府连续推出信息情报收集、派遣自卫队承担美军医疗、运输补给等七项援美措施和制定《反恐怖特别措施法》以及派遣自卫队参与伊拉克救援活动也就看似顺理成章了。

(5) 米国において発生した同時多発テロは、米国のみならず人類に対する卑劣な攻撃です。私は、このたび、米国を訪れ、テロのつめ跡を目の当たりにし、改めて、このような非道きわまりない行為に対し、強い憤りを覚えました。(略)私は、去る二十五日、ブッシュ大統領と会

---

① 田中内閣総理大臣第70回(臨時会)所信表明演説,官報(号外),東京:大蔵省印刷局,1972/10/28,第28頁。
② 吉田内閣総理大臣第12回(臨時会)施政方針演説,官報(号外),東京:大蔵省印刷局,1951/10/13,第13頁。

談し、世界の国々が力を合わせて、このようなテロリズムに対して毅然たる決意で闘っていかなければならないとの考えで一致しました。①

（6）九月十一日の米国同時多発テロから二年が経過しました。テロとの闘いは終わっていません。非人道的なテロに屈することなく、国際社会と協力し、テロの防止・根絶を目指します。継続審査となっているテロ対策特別措置法延長法案の今国会における成立を期します。②

接下来，再以教育问题为例。战后日本之所以能够重新崛起，得益于与时俱进、追求变革、秉持传统文化的教育理念。③ 历任首相为施行教育改革，可谓绞尽脑汁和煞费苦心。如（7）—（12）。

（7）自主独立の達成も、正しい民主政治の確立も、その基はすべて国民の燃え上がる祖国愛と良知良能にあることは言うことを待ちません。その意味で、教育こそ、一切に通ずる大本であります。④

（8）文教の振興は、わが国が世界の進運に伍して将来の繁栄を確保するための根本であります。いわゆるすし詰め学級解消のため、文教諸施策を整備し、教職員定数を充実するとともに、道徳教育を振興し、基礎学力を高める等、教育内容の刷新充実に遺憾なきを期したいと存じます。⑤

（9）これら国づくりの施策と並んで、その根幹となる人つくりは、国家百年の大計であります。祖国愛に目ざめ、高い知性と豊かな情操と強い意思を身につけ、たくましい創造力と開拓者精神にあふれて、国家、社会、人類に奉仕せんとする青少年の育成こそ、人つくりの基本で

---

① 小泉内閣総理大臣第153回（臨時会）所信表明演説，官報（号外），東京：大蔵省印刷局，2001/9/27，第3頁。
② 小泉内閣総理大臣第157回（臨時会）所信表明演説，官報（号外），東京：国立印刷局，2003/9/26，第2頁。
③ 刘桂萍、张富国：《日本国家教育理念中的五个"不变"因素》，《外国教育研究》2013年第12期。
④ 鳩山内閣総理大臣第24回（常会）施政方針演説，官報（号外），東京：大蔵省印刷局，1956/1/30，第22頁。
⑤ 岸内閣総理大臣第34回（常会）施政方針演説，官報（号外），東京：大蔵省印刷局，1960/2/1，第23頁。

あります。①

（10）教育こそ、国民の資質と能力を高め、民族の将来を切り開く<u>原動力</u>であります。②

（11）教育や科学技術を未来への<u>先行投資</u>として位置づけ、多様な個性が重んじられ、新しい文化や経済活動が生み出されるような社会の実現を目指してまいります。③

（12）新しい未来を切り拓くとき、<u>基本</u>となるのは、人を育てる教育であり、人間の可能性を創造する科学です。文化の国、人間のための経済にとって必要なのは、単に数字で評価される人格なき教育や、結果的に人類の生存を脅かすような人間性なき科学ではありません。（略）それこそが、私が申し上げ続けてきた<u>コンクリートから人へ</u>という言葉の意味するところであります。④

鸠山（一郎）、岸信介、池田等首相将教育或青少年教育喻为"基、基本、基盘"和"大本、根本、根干"——大厦的基石和大树之本根；如（10），佐藤又将教育视为"原動力"——机器的动力源；如（9）与（11），池田和羽田等将教育看作经济活动，是"国家百年的大计"和"未来への先行投资"——国家发展的百年大计以及对未来的先期投资；而（8）与（12）中，为突出教育积弊，岸信介用"寿司詰め"比喻学生人数过多现象，鸠山（由纪夫）则直指教育不应该是一块冷冰冰的"混凝土块"，而应该是一个有温度的活生生的"人"，他的教育改革口号是"コンクリートから人へ"——从混凝土转向人。

上述隐喻架构让民众能够类推出教育、青少年教育、教育改革在民族发展和国家建设中的重要压舱石作用，为历任政府实行教育改革新举措赢

---

① 池田内閣総理大臣第44回（臨時会）所信表明演説，官報（号外），東京：国立印刷局，1963/10/18，第19頁。

② 佐藤内閣総理大臣第66回（臨時会）所信表明演説，官報（号外），東京：大蔵省印刷局，1971/7/17，第27頁。

③ 羽田内閣総理大臣第129回（常会）所信表明演説，官報（号外），東京：大蔵省印刷局，1994/5/10，第2頁。

④ 鳩山内閣総理大臣第174回（常会）施政方針演説，官報（号外），東京：国立印刷局，2010/1/29，第2頁。

得了大力支持。战后日本首相在施政报告中高频率强调教育问题，甚至把发展教育作为"立国之本"和对未来的"先期投资"加以定位，足以看出日本朝野尤其日本政府的"教育兴国"战略思想。①

第五节　国家形象建构功能分析

从战后日本政府施政报告中重生架构、成长架构、性格架构、动物架构、建筑架构、家庭架构等隐喻使用来看，历届首相借助生动形象又独具匠心且寓意深刻的表述适时地塑造和构建了日本国家形象，让广大民众对国家过去、现在和未来有了整体认知，也是提振民心和凝聚力量的有效手段，也为顺利推行各自的施政理念及实施具体政策创造了良好氛围。

1. 重生架构

面对百废待兴的战后日本，历届内阁将其喻为人之"再生""新生""更生""創生"，意为战后日本须要复生和重新给予生命。如（1）是片山将日本民族、（2）至（4）为村山和小渕及福田将经济和农业及教育、（5）是竹下将地方建设视为一个人的复活和重生。

（1）われ\/は、今後もさらに努力を続け、昭和二十三年こそは日本民族再生のための意義ある第一年度といたしまして、国民待望の経済再建への道へ雄々しく発足する年といたしたいのであります。②

（2）農業につきましては、ウルグアイ・ラウンド農業合意の実施に伴う新たな国際環境への対応が求められておりますが、これを契機として、我が国農業・農村の自立と持続的な発展を期するとともに、農業に携わる人々が将来に希望を持って働けるよう、今後の我が国の農業再生の抜本的な対策の実施を急がねばなりません。③

---

①　刘桂萍、孙岩帝、张富国：《日本历代首相施政报告中的"教育立国"思想论析》，《东北师大学报》（社会科学版）2013 年第 5 期。
②　片山内閣総理大臣第 2 回（常会）施政方針演説，官報（号外），東京：大蔵省印刷局，1948/1/23，第 21 頁。
③　村山内閣総理大臣第 131 回（臨時会）所信表明演説，官報（号外），東京：大蔵省印刷局，1994/9/30，第 6 頁。

（3）経済再生内閣と銘打ちまして内閣をお預かりしてから一年半が過ぎました。（略）私は本年五つの挑戦と名づけました。創造への挑戦、安心への挑戦、新生への挑戦、平和への挑戦、地球への挑戦の五つであります。①

（4）志を高く持ち、自立してたくましく社会を生き抜く力と、仲間や地域社会と共に生きる心をはぐくむため、学校のみならず、家庭、地域、行政が一体となって教育の再生に取り組んでまいります。②

（5）私は、かねてから「ふるさと創生」を唱えてまいりましたが、これは「こころ」の豊かさを重視しながら、日本人が日本人としてしっかりとした生活と活動の本拠を持つ世の中を築こうとの考えに基づくものであります。③

2. 成长架构

如（6），池田和安倍等多位首相将国家或经济发展视为一个人的成长过程。

（6）国づくりの骨格は、産業間、地域間の格差の是正と、産業の近代化、社会資本の充実、雇用の拡大、消費者物価の安定、社会保障の拡充等に深く留意しつつ、調和のとれた経済成長を推進し、もってすみやかに高度の生活水準を実現することであります。④

（7）何よりも、みずからへの誇りと自信を取り戻そうではありませんか。私たちも、そして日本も、日々、みずからの中に眠っている新しい力を見出して、これからも成長していくことができるはずです。⑤

---

① 小渕内閣総理大臣第147回（常会）施政方針演説，官報（号外），東京：大蔵省印刷局，2000/1/28，第1頁。
② 福田内閣総理大臣第169回（常会）る施政方針演説，官報（号外），東京：国立印刷局，2008/1/18，第6頁。
③ 竹下内閣総理大臣第111回（臨時会）所信表明演説，官報（号外），東京：大蔵省印刷局，1987/11/27，第3頁。
④ 池田内閣総理大臣第43回（常会）施政方針演説，官報（号外），東京：大蔵省印刷局，1963/1/23，第17頁。
⑤ 安倍内閣総理大臣第183回（常会）所信表明演説，官報（号外），東京：国立印刷局，2013/1/28，第4頁。

3. 性格架构

历任政府在打出自己的执政理念时突显的是人的性格架构，如（8），安倍在第 183 次国会施政演讲中动员全体国民共同建设"強い日本"以突破眼前危机。

（8）今ここにある危機を突破し、未来を切り拓いていく覚悟を共に分かち合おうではありませんか。<u>強い</u>日本をつくるのは、ほかの誰でもありません。私たち自身です。①

历任内阁各自彰显的人之性格特征不同：池田强调人的"寛容と忍耐"、佐藤强调"進歩と調和"、三木强调"対話と協調"、福田强调"協調と連帯"、大平强调"信頼と合意"、铃木强调"和"、竹下强调"調和と活力""大胆な発想と実行""誠実な実行"、海部和细川则强调"対話"、宫沢强调"品格ある"、羽田和桥本强调"協調"、村山强调"責任ある"、田中强调"決断と実行"、小泉强调"対話と実行"、麻生强调"安心と活力"、鸠山强调"友愛"。② 从侧重的特点看，一是突出了性格中的宽容、忍耐、友善；二是活力、品位、责任、决断力、执行力；三是相互信任、和谐、交流、合作、共生。

4. 动物架构

安倍基于动物隐喻（飞鸟类）提出"俯瞰地球仪"外交，意为凌驾于地球之上处在空中俯视全球。

（9）外交は、単に周辺諸国との二国間関係だけを見詰めるのではなく、<u>地球儀を眺めるように世界全体を俯瞰して</u>、自由、民主主義、基本的人権、法の支配といった基本的価値に立脚し、戦略的な外交を展開していくのが基本であります。③

5. 建筑架构

战后历任内阁都将国家建设看作重新建造房屋。如（1）—（3）是片

---

① 安倍内閣総理大臣第 183 回（常会）所信表明演説，官報（号外），東京：国立印刷局，2013/1/28，第 4 頁。
② 足立利昭，自民党長期政権の秘密—⑩—歴代内閣キャッチフレーズの系譜，自由民主/自由民主党編（通号 370），1984，第 68—73 頁。
③ 安倍内閣総理大臣第 183 回（常会）所信表明演説，官報（号外），東京：国立印刷局，2013/1/28，第 4 頁。

山将战后日本整体、经济及行政机构的改革视为重建大厦；又如（4）—（6）是池田、宇野、宫泽将教育和教育改革视为国家和民族发展这座大厦的基石，或为国家这棵大树的根干部分；再如（7）是将日本外交喻为大厦，而"善邻友好"原则是其重要支柱。

（1）最後に一言いたします。まことに時局は重大であります。危機は深刻であります。この危機を突破し、来るべき講和会議を迎えて祖国を再建いたすためには、全国民のなみ\/ならぬ努力と忍耐を必要とするのであります。①

（2）われ\/は、今日経済の実体から判断いたしまして、今日こそ、わが国が経済の再建をなし遂げ得る最後の機会であると考えているのであります。②

（3）政府は、次に行政機構の改革を断行して、能率増進の徹底をはかり、政治上における民主化を実現するとともに、一般企業の健全化を促進する手引といたしたい考えであります。しこうして、その目標は、行政機構の簡素合理化と、行政事務の整理再建編成と考えているのであります。③

（4）人つくりは、国づくりの根幹であります。輝かしい歴史を生み出すものは、世界的な視野に立ち、活発な創造力と旺盛な責任感を持った国民であります。国民の持てる資質を最高度に開発し、それを十二分に発揮することは、民族発展の基礎であり、その発展を通じて世界人類に寄与するゆえんでもあるのであります。④

（5）教育改革は、我が国が創造的で活力ある文化国家として発展し、世界に貢献していく基盤を築くものであります。⑤

---

① 片山内閣総理大臣第1回（特別会）施政方針演説，官報（号外），東京：大蔵省印刷局，1947/7/2，第43頁。

② 片山内閣総理大臣第1回（特別会）施政方針演説，官報（号外），東京：大蔵省印刷局，1947/7/2，第41頁。

③ 片山内閣総理大臣第2回（常会）施政方針演説，官報（号外），東京：大蔵省印刷局，1948/1/23，第23頁。

④ 池田内閣総理大臣第43回（常会）施政方針演説，官報（号外），東京：大蔵省印刷局，1963/1/23，第16頁。

⑤ 宇野内閣総理大臣第114回（常会）所信表明演説，官報（号外），東京：大蔵省印刷局，1989/6/5，第568頁。

（6）教育や芸術文化、科学技術は、国家、社会のあらゆる分野の発展基盤です。①

（7）善隣友好がわが国外交の重要な柱であることは申すまでもありません。②

6. 家庭架构

第二章第四节中，莱考夫指出，美国保守派强调自律和责任心，喜欢谈论纪律和坚韧；而自由派喜欢谈论需要和帮助等，这一差异缘于两党来自不同的家庭模式以及家庭模式的不同道德体系。家庭模式的道德体系与政治间的关联源自我们日常所见的比喻——"国家即家庭"。这个普遍的、无意识的、自然而然的隐喻，从严父式道德中产生了当代保守主义，从慈亲式道德中产生的是当代自由主义。③④

以日本民主党（1998—2016）和自民党为例，两党在政治理念方面大不相同。

自民党于1955年成立后长期执政，仅在1993—1994年和2009—2012年失去过政权。自民党是日本第一大党。自民党立足民主政治理念，维护自由经济体制，修改宪法，坚持日美安保体制，增强自主防卫力量。对外政策方面强调以日美同盟为基轴，积极拓展外交布局。

自民党对内主张：

（1）日本らしい日本の確立

（2）自立した個人の義務と創意工夫、自由な選択、他への尊重と寛容、共助の精神からなる自由主義

（3）秩序の中の進歩

---

① 宮澤内閣総理大臣第123回（常会）施政方針演説，官報（号外），東京：大蔵省印刷局，1992/1/24，第7頁。

② 三木内閣総理大臣第75回（常会）施政方針演説，官報（号外），東京：国立印刷局，1975/1/24，第12頁。

③ G.レイコフ，メタファーによるモラルと政治—米国における保守とリベラル—，小林良彰、鍋島弘治朗訳，東京：木鐸社刊，1998，第17—18頁。

④ ［美］乔治·莱考夫：《道德政治：自由派和保守派如何思考》，张淳、胡红伟译，社会科学文献出版社2019年版，第10—12页。

（4）真実を語る
（5）多様な組織との対話
（6）自助自立する個人の尊重
（7）地域社会と家族の絆
（8）家族・地域社会・国への帰属意識
（9）努力するものが報われる社会①

民主党（1998—2016）是1998年由"民主友爱太阳国民联合"（民友联）的民主党、民政党、新党友爱、民主改革联合多个在野党合并而成，2009—2012年获得执政权。民主党主张推行民主稳健的政治路线，建立自由透明公开的社会体系，实现共生社会。在对外关系中，主张在平等互信的基础上发展与世界各国的友好关系，营造和平、自由和公开的国际环境。在双边关系中主张优先考虑与美国的同盟，并努力培养与中国、韩国以及其他亚洲国家的友好互信关系。

民主党（1998—2016）对内主张：

（1）コンクリートから人へ
（2）一人一人がかけがえのない個人として尊重され、多様性を認めつつ互いに支え合い、すべての人に居場所と出番がある、強くてしなやかな共に生きる社会をつくる（＝共生社会）
（3）互いの人権を尊重し、正義と公正を貫く
（4）個人の自立の尊重、同時に弱い立場に置かれた人々とともに歩む
（5）国民とともに歩む②

"严父"家庭道德模式强调自我控制、自我牺牲、自律、向善、尊从权威、遵守规则制度，否则将会被唾弃和惩罚；"慈亲"模式强调相互交

---

① 立党宣言・綱領，自民党，https：//www.jimin.jp/aboutus/declaration/2021/7/13。
② 民主党綱領，民主党，https：//www.dpj.or.jp/about2021/7/13。

流和关爱、保持自由、公正、诚实。由此可以看出，日本自民党政权对内是"严父"模式，对外则为"严父"家庭模式中的一员，缘于日美关系中"对美绝对追随和服从"的道德模式；而民主党政权对内是"慈亲"模式，对外虽侧重日美关系，但略倾向于"慈亲"家庭道德模式。

本章小结

本章从认知语言学视角运用隐喻架构理论，借助语法隐喻分析和批评隐喻分析，对战后日本政府相关经济、行政机构改革、教育、外交方面施政报告中隐喻使用的动机和意图分别从架构功能、凸显功能、评价与认同功能、推理与暗示功能及国家形象构建功能五个方面进行了考察分析和梳理解读。施政报告中的隐喻具有多重属性，不仅反映了演讲主体——首相的情感和认识，而且以凸显、认同、评价、合法化、强迫、抵制、掩饰、暗示等策略帮助首相或政府实现政治语篇的劝导与说服之目的。

# 第七章

结论：日本政治文化模型构建走向的前瞻分析

于根元（2010）指出，语言发展变化和使用是有规律可循的，有规律就可以预测，所以，在语言研究中可以根据所得到的结论进行预测。预测遵循"规律性和重复性"与"连贯性和持续性"两个客观依据，只要存在规律性发展和重复出现的现象，预测就有可能；或者存在持续发展的态势，这种态势就可以用统计的时间系列加以测定或者排列成历史发展趋向，预测也是可能的。预测基于连贯原则和类推原则。①

第二章至第五章利用定量研究与定性研究及比较法对施政报告中隐喻架构的使用进行梳理和统计后发现，隐喻架构的使用既呈现"规律性"和"重复性"，也显白"连贯性和持续性"。基于此，本章将历时考察战后日本在内政与外交方面的政治道德模式和演变规律，探讨日本内外政策的时代性、延续性和稳定性，解析日本历届政府的国家利益及国家战略的界定，并依据连贯和类推原则，运用预测法前瞻日本今后在经济、行政机构改革、教育、日美关系四个方面的价值观和道德模式。

第一节 战后日本经济施策追溯与未来走向的前瞻分析

基辛格（2014，胡利平等译：2015）论及战后日本重振经济时，认为

---

① 于根元：《应用语言学概论》，商务印书馆2010年版，第84—87页。

"二战"后的日本态度与应对1854年马休·佩里①率军凭借船坚炮利迫使日本打开国门时非常类似,凭借不屈不挠的民族精神展现出了顽强与坚韧,历任首相把日本投降表述为对美国优先重视的问题的适应。但是,日本战后发展的第一阶段又使日本的战略导向摆脱了冷战的思维,把重点集中于大力促进经济发展上。日本在法律上加入了发达国家的民主阵营,但它以国家的和平主义导向和世界大同的理想为由,置身于当时的意识形态斗争之外。这一巧妙的战略使日本经济在战后时期得以全面增长,被战争摧毁二十年后,日本重新成为世界级的经济强国。②

战后,GHQ最高司令官麦克阿瑟指示时任首相弊原实施民主化五大制度改革:

(1) 批准女性拥有选举权

(2) 鼓励组织工会

(3) 开设较为自由的学校

(4) 废止秘密警察等制度

(5) 推进经济结构的民主化③

之后,GHQ又向日本政府下达对第5项"经济民主化"实施的具体指令,将农地改革、劳动民主化、解体财阀及禁止垄断作为其三大支柱。日本政府最先着手的是农地改革,即对地主制度的一次大变革。1945年12月,国会通过农地调整法修正法案,开始第一次农地改革。法案主要规定,日本全国各地的地主平均只能持有耕地五公顷,其他耕地将被强制开放,并以低价现金方式出租。1946年10月再制定公布《修正农地调整法》和《创设自耕农特别措施法》,实施第二次农地改革,其结果是实现开放187万公顷的农耕地和24万公顷的牧地。地主阶级迅速没落,而一直饱受沉重实物纳税之苦的农民成了农耕地的所有者。日本的农地改革提高了农

---

① 马休·卡尔布莱斯·佩里:(1794—1858),美国军人。
② [美]亨利·基辛格:《世界秩序》,胡利平、林华、曹爱菊译,中信出版社2015年版,第242—243页。
③ 林茂、辻清明,日本内閣史録(5卷),東京:第一法規出版株式会社,1981,第39頁。原文:(1) 選挙権付与による日本婦人の解放;(2) 労働組合の結成奨励;(3) より自由な教育を行うための学校の開設;(4) 秘密警察などの制度の廃止;(5) 日本の経済機構の民主化。

业收入，激活了国内市场，刺激了农民的生产热情，促进了土地改良和农业投资，可以说战后日本的农业施策取得了巨大成功。①

根据第五章第一节针对日本历届政府经济施政的深层架构解读后发现，建筑、旅行、拟人、比赛、战争五类隐喻架构的使用几乎覆盖了所有经济文本。面对战后满目疮痍的经济困境，历任内阁都将经济恢复与振兴视为于一片废墟之上重建一座"大厦"，一次充满曲折艰险但却要一路斗志昂扬走向目的地的"旅程"，一个渴望重生、苏醒、或迫切希望实现独立的"人"，一轮自由公正且规则严明的"体育竞赛"，更是犹如一场系统性的"战争"，为应对"经济"危机，设立担当总指挥的"司令部"，筹划和制定经济发展的"全局性战略"和"局部性战术"，寻找"突破口"，具体细密地进行"排兵布阵"，如将积极推进农产品出口政策喻为极具"进攻性"的农业措施。

战后日本经济的发展经历了战后复兴期（1945—1955）、高度发展期（1955—1973）、平稳发展期（1973—1985）、泡沫经济形成期（1985—1990）、长期低迷（1990—）五个阶段。内野（1991）将战后三十年日本经济的发展历程喻为一部情节跌宕起伏的"电视剧"，其详情如下：

「血と汗の経済復興の後に技術革新と高度成長と完全雇用が、
　経済自立（米国援助と特需無き均衡達成）の後に貿易と資本の自由化が、
　　完全雇用達成の後に消費者物価上昇や公害多発が、
　　国際収支赤字解消の後に、対外黒字不均衡及び国際通貨調整が、
　　国際通貨調整の後を追っかけて石油危機と物価狂乱が、
　　石油危機の後に長期不況が、

---

① 内野達郎，戦後日本経済史（第17刷），東京：講談社学術文庫，1991，第31—32頁。原文：この農地改革については、山林・原野に手をつけずに終わったことや自作農創設それ自身はいいことだったにしても、農地所有形態を余りにも細分化しすぎて日本の農業生産力向上にあとあとの限界を残したことなどの問題はあったが、戦後に多くの国が実施した農地改革のうちでは類のない成功を収めたものといえよう。この農地改革は農業所得を引き上げ、国内市場を広げ、農家の生産意欲を高め、土地改良の促進と農業投資の増大を実現していくうえに寄与していった。

第七章 结论：日本政治文化模型构建走向的前瞻分析

　　不況の長期化と併行してまたもや対外黒字不均衡と国際貿易の摩擦及び急速なる円高が、
　　という具合に、一つの問題が片つくか片つかないうちに、次の新たな問題が発生しそれらへの対応が迫られる、絶えざる変化の連続過程であった。」①

重创后的日本经济于战后之初在美国援助及军需提振之下得以重建和复兴经济，实现了经济独立，相继出现快速发展阶段，被分别喻为"神武景气"（1954.12—1957.6）、②"岩户景气"（1958.7—1961.12）、③"伊奘诺景气"（1965.11—1970.7）。④ 1968年GDP（国内生产总值）超过当时的西德成为世界第二大经济体。1973年石油危机爆发后，日本经济高速发展终结。1985年Plaza Accord（《广场协议》）⑤签订后，日元急速升值，股价和地价大幅攀升，出现了泡沫经济，一直持续到1990年。1990—2020年的三十年间是日本逐步展开新自由主义经济政策时期，山家（2020）归纳如下：

　　（1）90年から97年まで。バブル破裂後の7年間であり、バブル破裂により長期の景気下降に陥った時期とその後の景気回復期とで

---

① 内野達郎，*戦後日本経済史*，（第17刷），東京：講談社学術文庫，1991，第305—306頁。
② 注：神武景气：1954，12—1957，6持续31个月的经济发展期。
③ 注：岩户景气：1958，7—1961，12持续42个月的经济发展期。
④ 注：伊奘诺景气：1965，11—1970，7持续57个月的经济发展期。
⑤ 注：广场协议：Plaza Accord。1985年9月22日にニューヨークのプラザホテルで開催された先進5ヵ国蔵相・中央銀行総裁会議G5で討議されたドル高是正のための一連の合意事項をいう。当時、アメリカは巨額の財政赤字や高金利を背景にドルの独歩高を通じて膨大な貿易収支の赤字を発生させ、世界的な対外不均衡が問題となっていた。さらにアメリカ国内で台頭してきた保護貿易主義に対抗することもあって、ドルの独歩高の修正を通じて対外不均衡を為替レートの調整で是正しようとするものであった。この合意に基づき各国はドル売りの協調介入に乗出し、円・ドルレートでみれば1ドル＝240円台となっていたが、85年末には1ドル＝200円まで一気に修正された。その後も一貫してドル安が続いたため、今度は過度のドル安がアメリカのインフレ圧力を増すとの懸念が台頭し、87年2月のルーブル合意へといたった。このプラザ合意は、（1）経常収支の赤字国・黒字国が双方の責任として政策協調を行う、（2）変動相場制度を継続するものの、ミスアラインメント（実質レートの均衡価からの乖離）の発生時には協調介入を行うという点で、その後の国際通貨制度を方向づけるものであった。（ブリタニカ国際大百科事典，Plaza Accord，https：//kotobank.jp2022年9月20日。）

ある。景気下降が長期化し、それでも回復へと向かい始めていた時期であるが、人々の意識の面では「日本経済危機論」が台頭し、90年代後半以降の「構造改革の時期」（日本版新自由主義経済の時期）を準備した時期でもある。

（2）97年から2009まで。橋本龍太郎首相主導による「六つの改革」の実施とその挫折の時期、そして、小泉純一郎内閣誕生以降、安倍晋三、福田康夫、麻生太郎各内閣と続いた「構造改革」の時期、いわば日本的新自由主義経済政策全面展開の時期である。

（3）2009年から12年まで。民主党政権の誕生から自壊まで。

（4）13年から19年まで。第二次安倍晋三内閣の発足から現在まで。「アベノミクス」の時期であり、再び新自由主義経済政策が全面展開された時期である。①

1990—1997年七年间分为两个阶段：一是泡沫经济破灭引起的长期经济低迷期；二是经济恢复期。尽管经济长期处于低迷状态，但同时也在逐步走向恢复。不过，大多民众还是持有"日本经济危机论"，于是20世纪90年代后期开始进入"结构性改革时期"，即新自由主义经济政策时期。"结构性改革"可以从四个方面理解：

（1）バブルが破裂した後の景気の悪い状態から日本経済を救い出すために、即ち、本格的に景気を良くするためにという目的（ないしは名目）で探られた政策であるという側面である。

（2）米国のレーガン大統領やイギリスのサッチャー首相が一九八〇年代に実施した政策にならった新自由主義経済政策であるという側面である。

（3）経団連をはじめとする財界（広く言えば経済界）の要望に応える政策であるという側面である。

---

① 山家悠紀夫，*日本経済30年史—バブルからアベノミクスまで—*（第4刷），東京：岩波書店，2020，第7—8頁。

（4）米国からの要請に応える政策であるという側面である。①

一是为摆脱泡沫破灭后的经济停滞以恢复经济元气的尝试性措施；二是效仿美国时任总统里根和英国撒切尔首相于20世纪80年代实施的新自由主义经济政策；三是为回应以经济团体联合会为首的财界的诉求；四是源于美国对日本的要求。

1997—2009年12年间，桥本主导实施行政改革、财政结构改革、社保结构改革、经济结构改革、金融系统改革、教育改革六项改革，之后小泉、安倍（第一次执政）、福田、麻生延续结构性改革执政理念，新自由主义经济政策在日本全面展开。2013—2019年，安倍实现第二次组阁执政并推行"安倍经济学"，即安倍政权的三支"利箭"——大胆的货币政策、机动的财政政策、刺激民间投资为中心的经济产业成长战略，经过民主党执政的2009—2012年日本经济再次全面展开新自由主义经济政策。新自由主义由英国撒切尔和美国里根政府首先倡导实施后推广至其他发达各国。福祉型国家的社会保障政策及其对经济活动的介入导致财政赤字的不断恶化和经济的停滞不前，使新自由主义政策受到关注和推行，其主旨是将"大政府"转向"小政府"，构建"民"为主导、"官"为辅助的经济体制。"安倍经济学"并未收获预期效果，名义增长率3%的目标六年间（2013—2018）仅有2015年完成，六年平均增长率为1.7%；实际增长率2%的目标也仅有2013年达标，平均增长率停留在1%或1%以下；通货紧缩方面，消费者物价上升率2%的目标也是仅有2014年完成，这三项都远未达及安倍上任之初制定的目标。此外，民众的生活愈加严峻，六年间每个家庭可支配收入仅增加了三万日元，增加率7%；消费支出仅增加了1000日元，增加率0.6%；消费支出增长率下降，但每个家庭的储蓄率却在提高，看出安倍的社会保障制度改革对消费的不良影响使民众非常担心未来的生活；食品支出显著上升，增加了2%；2018年低收入家庭的医疗费和教育费两项支出都控制在10%以下。百姓的生活中有了幸福感才标志

---

① 山家悠纪夫，*日本経済30年史—バブルからアベノミクスまで—*（第4刷），東京：岩波書店，2020，第167—168頁。

着日本经济正处于最佳状态。那么，应该如何提升民众生活的质量？如何解决日本经济的困境？首要任务是大幅提高民众的工资待遇和改善工作条件；其次是进一步完善社会保障制度。①

"安倍经济学"缺乏科学性和逻辑性，收效甚微，但其主张的"结构性改革"等新自由主义经济政策将在自民党政权下得以延续，当然其政治策略用意已经远远大于经济效果。

民主党政权没能实现长期执政也是一个力证。民主党于2009年击败自民党实现了政权更迭，但是，2012年因大选失败草草结束执政。尽管三任首相各有下野缘由——鸠山因"最低でも県外"的承诺没能实现而辞职、菅直人因推出"消费税增税"于参议院大选中败北、野田为通过"消费税增税"和"社会保障费抑制"两项法案强行解散国会而在大选中惨败。根据山家（2020）的分析，民主党政权之所以失败，其主要原因是其面前有一道厚厚的墙壁耸立着——美国、财界、官僚，再无法前行。如前所述"结构性改革"是为回应美国和日本财界的诉求而施行的，而民主党执政期间否认"结构性改革"，所以，即便"美国"和"财界"这两堵墙没有直接横亘于民主党政权面前，但作为其代言人的官僚集团也是时刻存在其眼前的。②

但是，2020年新型冠状病毒的大流行引发现代史上空前的全球性危机，经济、社会、地缘政治等多个领域陷入危险和动荡，也让"大"政府再次变得至关重要和强大。新型冠状病毒感染席卷世界时各国政府实施了数万亿美元的经济刺激计划，以帮助个人与企业在疫情中生存下来。2020年4月18日日本政府宣布给每个国民发放10万日元补助金；5月宣布给所有实施临时停课的国公立、私立小、中学和高中发放100—500万日元的补助金，同时向中小企业和个体经营者发放上限为200万日元的补助金。如果没有政府的介入，经济崩溃与社会不安可能已经出现。可以说，政府能否做到良法善治，直接决定人的生与死。新冠病毒让我们重新认识了私营领域与公共领域之间复杂而微妙的平衡关系，也让天平倾向了后者，包

---

① 山家悠紀夫，*日本経済30年史——バブルからアベノミクスまで——*（第4刷），東京：岩波書店，2020，第272—284頁。

② 山家悠紀夫，*日本経済30年史——バブルからアベノミクスまで——*（第4刷），東京：岩波書店，2020，第222—228頁。

括日本在内的各国政府很有可能会改变一部分规则和永久性强化政府的作用，唯有这样，才最符合社会的最大利益。①

第二节 战后日本行政机构改革追溯与未来走向的前瞻分析

从第五章第二节对历任内阁相关行政机构改革方面深层架构的梳理结果看，建筑、拟人、旅行、清洁、植物、比赛、生产投资、战争、物体、自然、机械和就医十二类隐喻架构几乎覆盖所有施政文本，历任首相从不同角度阐述了简约、透明、高效的行政机构在国家运行中的重要性。清洁和就医两类架构使用意图鲜明，清洁为"改革"行政机构之意，指整饬行政机构和运行中的庞杂、重复、浪费、效率低下现象；就医为医学处置之意，文中将"改革"行政机构视为治疗病体、祛疾除疴，指根除行政机构中的冗繁、弊端等"病灶"以恢复健康。清洁和就医两类架构是日本首相为实现行政机构"合理化"而勾勒出的一幅实施图景。

战后，在盟军最高司令官总司令部（略为：GHQ）主导下，日本进行了一场彻底的行政机构改革，推出了系列相关法案。1947年日本宣布实施新宪法后，随即制定《内阁法》和《行政官厅法》，1948年取代暂行一年的《行政官厅法》又相继出台了《国家行政组织法》《各省厅设置法》。《各省厅设置法》包括：《总理府设置法》《外务省设置法》《大藏省设置法》《文部省设置法》《厚生省设置法》。此外，解体和废除了军事行政机构②和特别高等警察部局，③ 整顿和缩减了庞大的行政组织，又增设了诸如战后联络办公室、经济安定本部、物价厅，以及深受美国行政委员会④影响的人事院等

---

① ［德］克劳斯·施瓦布、［法］蒂埃里·马勒雷：《后疫情时代——大重构（COVID-19: The Great Reset）》，世界经济论坛北京代表处译，中信出版集团2020年版，第63—69页。

② 注：军事行政机构：诸如陆军省、海军省、大本营、参谋本部、军令部、军需省等。

③ 注：特别高等警察部局：指内大臣府、内务省等。

④ 原文：合議制の行政機関。一般の行政組織の体系からある程度独立して特定の行政権を行使するが、その分野の規則を制定する準立法権、裁決を行う準司法権をももっている。特にアメリカで発達してきたが、第2次世界大戦後日本でも採用された。公正取引委員会、労働委員会、公安委員会、選挙管理委員会、教育委員会、人事院などがその代表的な例である。委員の任期は2～5年、委員数は3～39と一定していない。（ブリタニカ国際大百科事典，行政委員会，https://kotobank.jp2022年9月20日。）

新的组织机构，又制定了《地方自治法》《国家公务员法》《地方公务员法》。基于新宪法中"国民主权主义、基本的人权主义、和平主义、尊重地方自治"之原则，战后日本通过系列改革实现了民主化和高效化。但是，正如田中（2005）所述，

「現行憲法制定過程においてGHQの示唆によりアメリカ型の要素が多分に移植されたことから、日本の統治機構全般に通じるものでもあるが、行政機構に関するアメリカ型の継受ということは行政機関法定主義、行政委員会制度の導入において顕著である。」[①]

战后日本是在 GHQ 的指导下制定的新宪法，当然也模仿和移植了很多美国式要素，其影响贯穿了日本整个行政机构，其中行政机关法定主义和行政委员会制度的纳入和采用最为明显。

旧金山和平条约签订与实施后，1951 年，吉田向"政令改正咨询委员会"提出行政机构改革申请，他阐明了行政制度改革的基本方针——"建立自主自立的行政机构"和"大力提升行政机构运行效率"，并提出了改革的具体措施：废止经济安定本部和人事院等；将国家地方警察、自治体警察、警察预备队、海上保安厅等整合为保安省；将建设省和林野厅等整合为国土厅；行政委员会只保留权力关系裁定职责，其他一般行政事务处理由相关省厅负责。1952 年机构改革案最终通过决议，出台了《各省厅设置法的部分改正法案》和《自治厅设置法案》。根据这一法案的规定，法务府改为法务省；设置总理府外局——自治厅、经济审议厅、保安厅、日本电信电话公社，但废止人事院提议没有通过。

为进一步推进行政改革，行政管理厅（旧总理府）于 1952 年设置行政审议会，作为内阁总理大臣的咨询机构。

（1）1961—1964 年，池田内阁为开展根本性的行政改革而设立第一次临时行政调查会议（又称第一次临调），宗旨为「政治や政策のあり方に

---

① 田中嘉彦，日本の行政機構改革—中央省庁再編の史的変遷とその文脈—，レファレンス，2015（9），第 53—82 頁。

直接関連する事項には立ち入らない」「行政改革は政策や政治のあり方に踏み込むべきではない」——不介入与政治和政策有直接关系的事项，行政改革不以改变政治或政策为目标；改革内容仅限于行政机构和管理功能两个领域。第一次临调被喻为"行政改革のバイブル"（行政改革之圣经）。① 但是由于各省厅和相关一些官僚的坚决抵抗、公务员工会的消极态度、以及各政党缺乏改革热情，第一次临调的提议报告并没有被执行。

（2）1981—1983 年，铃木内阁和中曾根内阁设立第二次临时行政调查会议（第二次临调），设置目的为「第二次石油ショック後の経済停滞、巨額の財政赤字などに対応するため」——应对第二次石油危机后的经济萧条和巨额财政赤字等，强调进行"増税なき財政再建"——不用增税的财政重建。② 1983 年 3 月前历经 5 次汇报：紧急提案（1981）、许认可提案（1982）、基本提案（1982）、行政改革推进体制提案（1983）、最终提议汇报（1983）。提议的主要内容：

1) 拆分和民营化日本国有铁道、日本电信电话公社、日本专卖公社
2) 整合国土厅、北海道开发厅、冲绳开发厅
3) 整合行政管理厅、总理府人事局、人事院一部分为综合管理厅等

其中 1) 项提案获得通过，三个公社分别被拆分为 JR、③ 日本电信电话、日本烟草产业；2) 项的国土厅与北海带开发厅被归入建设省和运输省，2001 年改为国土交通省；3) 项中的相关部门于 1984 年统称为总务厅，后改为总务省。可见，第二次临调审议事项大幅超越了第一次临调，包括了第一次临调时不可涉及的政策与政治问题，其改革领域覆盖了日本所有的行政和财政制度，给日本的行政制度以巨大的影响。之后，基于第二次临调和汇报提议，中曾根进行了富于国际潮流色彩的"大き

---

① 臨時行政調査会資料，臨時行政調査会 1962—1964 年会議録，東京：臨時行政調査会，2016。
② 臨時行政調査会（第二次）資料，臨時行政調査会 1981—1983 年会議録，東京：臨時行政調査会，2016。
③ 原文：JR：Japan Railwaysの略。日本国有鉄道が1987年に分割・民営化され発足した企業グループの総称。北海道旅客鉄道、東日本旅客鉄道、東海旅客鉄道、西日本旅客鉄道、四国旅客鉄道、九州旅客鉄道の各旅客鉄道会社6社と、日本貨物鉄道1社の計7社からなる。（百科事典マイペディア，ジェーアール，https：//kotobank.jp，2022 年 9 月 21 日。）

な政府"向"小さな政府"转变的新自由主义行政改革。如第一节①所述，新自由主义政策主旨是将"大政府"转向"小政府"，构建"民"为主导、"官"为辅助的经济体制，是进行全方位社会结构改革的一环，但并非只是行政组织的民主化与效率化，而是开创"民间主导的社会经济体制"，意图实现"官"之简素化（瘦身化）和推进"行政的民间化"，同时缓和规制及激活经济；发挥辅助作用的"官"应在民间经营方式中提升工作效率。

第二次临调后的行政改革以桥本六大改革（行政改革、经济结构改革、财政结构改革、社会保障结构改革、金融系统改革、教育改革）为开端，小泉内阁加速了改革步伐，实施以行政市场化和民间化为基轴的各项改革。稳山（2010）指出，

「対外的には国際経済において経済大国になった日本に対して、世界、特にアメリカから輸出主導の経済構造を内需主導型の経済構造に転換することが要請されたことである。対内的には、急速に到来する「少子高齢化社会」の下で、経済の減速化（経済不況）に伴う「財政赤字の増大」に対処し、また社会の変化に対応できないため、制度疲労し弊害が顕在化した「縦割り行政」を改革する必要性や「政官関係」の再調整の必要性があったことである。」②

其背景源于内外两种因素，一是针对日本经济大国地位，国际上特别是美国要求日本将经济结构由出口主导型转向内需主导型；二是急速到来的"少子高龄化社会"导致经济减速，以至于财政赤字不断加大，行政管理方面"縦割り行政"③"政官関係"等弊端逐步显现，需要及时改革和再调整。

---

① 注：指：第七章．一、战后日本经济追溯与未来走向的前瞻分析。
② 稳山守夫，新自由主義的行政改革，千葉商大論叢 47（2），2010，第 185—250 頁。
③ 原文：個々の 行政 事務の処理・遂行にあたり各省庁間の横の連絡・調整がほとんどなく、それぞれが縦のつながりだけで行われている日本の行政のありかたをいう。(百科事典マイペディア，縦割り行政，https：//kotobank.jp，2022 年 9 月 21 日。)

「その「改革の目標」は民間活動優先の観点から行政の事務・事業を「減量化・簡素化」するとともに、行政コストの削減を図るめ「行政の効率化」（最小の費用で行政を行うこと）を推進し、その推進のため「行政内部」に「民間的・経営的手法」（費用・便益評価等）を導入するものであった。（略）このような「80年代以降の行政組織上の行政改革の主たる目的」は、「市場原理主義」に立脚して、「行政の任務・役割の重点化」と「行政の減量化・効率化」（合理化）を図ることである。これらの目的は、「事務・事業の減量化」にとどまらず、「組織・機構の減量化」、「公務員の定員削減」、さらにはそれらに要する「費用の削減」を含むものであり、また「経営の効率化」も含むものである。それは、「行政事務・事業の民間化」（民間移譲・民間委託など）と「独立行政法人化」などにより推進され、行政のうち特に文教・福祉・医療行政が重点的に減量化・効率化された。」①

改革的目标为：从优先考虑民间活动角度进行行政事务和事业方面的"瘦身化"和"简素化"，推进削减行政成本以实现行政的高效化，将在行政内部导入"民间经营式手法"。80年代后的行政机构改革立足"市场原理主义"，重点关注行政任务和功能以及行政的瘦身与效率，其不仅仅停留于业务与事业的减量，包含组织和机构的减量、公务员的编制裁减、甚至涉及削减经费和运行高效化。"运行高效化"通过行政事务・事业的民间化及独立行政法人化获得大幅推进，主要指文教、福祉、医疗行政等领域的瘦身化和高效化。

1955年日本民主党和自民党合并为自由民主党，"五十五年"体制（又称：1955年政治体制）形成。日本的政治行政制度进入了极其稳定的时期。1960年总理府自治厅改为自治省后，日本确立了"1府12省体制"的中央行政机构基本框架，再次重构是在2001年。2001年将中央机构改

---

① 穐山守夫，新自由主義的行政改革，千葉商大論叢47（2），2010，第185—250頁。

为国家公安委员会（警察厅）、防卫厅、总务省、法务省、外务省、财务省、文部科学省、厚生劳动省、农林水产省、经济产业省、国土交通省、环境省。2007年防卫厅又被升格为防卫省。

田中（2005）指出，战后的日本尽管时代与内阁经历多重变迁，但其行政改革的背后逻辑主要呈现为以下三点：

1）行政目的自体の再検討に基づく改革
2）行政機構の民主化を実現し拡大するための改革
3）組織管理上の合理性ないし効率性の確保のための改革①

日本的行政改革之路依然会沿着这一逻辑主线延续下去，一是基于对行政机构自身功能的不断探索性改革；二是实现和扩大行政机构的民主化改革进程；三是确保机构管理上的合理性和高效性。日本历任政府坚持行政机构改革以实现国家行政机构"简约化""合理化""高效化""综合性""灵活性""透明性"。今后日本政府的行政改革施策依旧会是推动规制缓和以处理官方与民间的问题；推动地方分权以合理解决各自治体内部的权力分配；提高透明度以确保信息公开及时；整顿行政机构，防止机构膨胀和业务繁冗，以提升工作效率。②

第三节　战后日本教育施策追溯与未来走向的前瞻分析

如前节③所述，"二战"后，在 GHQ 主导下日本进行了系列彻底的改革，教育改革便是其中一项。币原于第 89 次国会演讲中关于战后教育改革的阐述如下：

---

①　田中嘉彦，日本の行政機構改革—中央省庁再編の史的変遷とその文脈—，レファレンス，2015（9），第53—82页。

②　[日]增岛俊之：《日本的行政改革》，熊达云、张健等译，天津社会科学院出版社1998年版，第13页。

③　注：指：第七章．二、战后日本行政机构改革追溯与未来走向的前瞻分析。

第七章 结论：日本政治文化模型构建走向的前瞻分析

「近代的民主主義傾向を復活強化する根本要件は教育の<u>刷新</u>であります、政府は軍国主義及び極端なる国家主義的教育を<u>拭い去り</u>、教育の<u>目標</u>を以て個性の完成に依る国家社会への奉仕に置くこととし、特に公民教育の劃期的振興を期するものであります、又申すまでもなく民主主義の基盤となるべきものは国民の毅然たる自由独立の精神であります。」①

幣原将教育改革喻为一次大清扫，政府作为一名清洁工要去污除垢——"軍国主義及び極端なる国家主義的教育"，要将污渍洗刷和擦拭掉。可见，战后日本的教育理念发生了根本性的变化，由战前极端的军国主义和民族主义教育思想变为培养被教育者和国民自由独立的个性、为国家和全社会服务的教育理念，以实现公民教育的划时代式复兴。

此后的日本历届政府在表述教育内容时，频繁使用的隐喻架构大都相同或相似，明确体现了国策中的教育定位——教育在国家发展中始终占有重要位置。战后教育施政中运用最多的隐喻架构为建筑、旅行、拟人和生产投资四类架构。战后日本为振兴国家实力，大力发展教育，提倡"教育立国"，将教育视为"百年大计""立国之本""对未来的先期投资"；坚持不懈推进教育变革；大力主张教育要从孩童和青少年抓起，始终贯彻自由独立和自主创新的教育方针理念。不论是日本的过去、还是现在的日本，以及日本在未来的发展中，教育一贯被锁定在极高的位置上，既是各项国策的原动力，又是国力的展现，甚至是日本的立国之本。其中，对青少年的全面培养和教育成为国策的核心和终极目标，坚持从孩童和青少年教育抓起，不断进行教育变革；在培养人才方面，主张自由独立和推行自主创新的方针理念；为了复兴国力，为了实现长期发展的目标，在教育改革方面，全力投入、精心设计教育施政方针。②

---

① 幣原内閣総理大臣第 89 回帝國議会（両院）施政方針演説（1945/11/28），内閣制度百年史編纂委員会編集，*歴代内閣総理大臣演説集*，東京：大蔵省印刷局，1980，第 399—406 頁。
② 刘桂萍：《日本首相施政报告中相关教育内容的主题词分析》，《外国问题研究》2017 年第 4 期。

1945年8月至1952年4月，GHQ驻日期间日本经历了两次教育改革：

一是"教育における終戦処理と旧体制の清算が精力的に進められた段階である"——战后教育问题处理和整饬旧教育体制，

二是"新教育制度の基礎となる重要な法律が相次いで制定・実施された段階である"——制定和施行新教育制度之基础的各项重要法律。①

虽然GHQ指导下的教育改革出现了一些困难和混乱，但不可否认其为日本后来的教育发展奠定了基础。

1945年9月，文部省推出新日本建设教育方针，即"民主的・文化的国家建設のために必要と考えた教育の基本方針"——施行民主・文化国家建设所需要的教育，成为战后教育改革的起点。同年10月至12月，GHQ向日本政府发出四个"指令"，要求尽快妥善处理和整顿战时教育体制：

（1）第一个指令是10月22日的"关于日本教育制度的管理政策"，主要包括教育内容、教职员工、课程与教材的研究与修订等一揽子指示，要求文部省设置专门机构与GHQ进行联络和履行汇报义务。

（2）第二个指令是10月30日的"关于对教员及教育相关官员进行调查、开除、认可事宜"，主要是将军国主义和极端国家主义追随者从教师队伍中清除出去。

（3）第三个指令是12月15日的"关于政府对国家神道、神社神道的保障、支援、保护、监督等事宜"，主要是确保信教自由，解体由极端国家主义和军国主义思想支配的国家神道，以实现国家与宗教分离以及禁止宗教为政治目的所利用。

---

① 文部省，学制百二十年史，東京：株式会社ぎょうせい，1992，第113頁。原文：昭和二十年八月、敗戦に伴い我が国は連合国の占領管理の下に置かれた。この占領は二十七年四月まで継続されたが、この間の教育改革は二つの段階に大別される。第一は教育における終戦処理と旧体制の清算が精力的に進められた段階である。第二は新教育制度の基礎となる重要な法律が相次いで制定・実施された段階である。両時期を通じて占領下の教育改革には懲戒的な措置や我が国の教育的風土に即し難いものも含まれており、また敗戦に伴う荒廃のさなか諸条件の整わないままに実施されたため、困難と混乱を生み出した場合も少なくなかった。しかし近代教育史の系譜に立って見るならば大筋においてその後の発展の基盤を形作ったものと言うことができる。

(4) 第四个指令是 12 月 31 日的 "关于停止修身、日本历史及地理科目事宜"，主要是将军国主义和极端国家主义思想从教学内容中彻底剔除。①

基于此，日本着手编定"新教育指针"并准备次年（1946 年）就向教育界普及战后教育改革理念。1946 年 3 月，GHQ 向本国申请派遣的教育使节团来到日本并指导规划教育改革的基本理念和方策，最终向 GHQ 提交了报告，也获得了认同。美国教育使节团赴日前，GHQ 要求日本成立教育家委员会予以配合工作。之后，以这一委员会为中心，内阁又设立教育刷新（改革）委员会，战后教育改革中一些基本政策均由其制定。CIE（GHQ 的民间信息教育局）要求委员会中不可带有官僚色彩，所以其中并不包括文部省人员，只要委员会决定的事项和方针直接付诸实践。GHQ 在日期间，GHQ 与改革委员会及文部省之间还有联络调整委员会，而且如果没有 CIE 的建议和指导，教育相关法案及其实施办法是无法最终定案的，可以想象文部省在这一期间推行教育政策时所要面对的复杂和困难局面。②

1947 年日本新宪法颁布实施，相关教育权力和义务的条文写入新宪法第 26 条：

(1) すべて国民は、法律の定めるところにより、その能力に応

---

① 文部省，学制百二十年史，東京：株式会社ぎょうせい，1992，第 114—115 頁。原文：第一は、十月二十二日の「日本教育制度ニ対スル管理政策」で、教育内容、教職員、及び教科目・教材の検討・改訂についての包括的な指示と、文部省に総司令部との連絡機関の設置と報告義務とを課したものである。この指令に沿って、十月三十日に第二の指令、「教員及教育関係官ノ調査、除外、認可ニ関スル件」が発せられた。これは、軍国主義的、極端な国家主義思想を持つ者の教職からの排除について具体的に指示したもので、これによりいわゆる「教職追放」が施行されることになった。第三の指令は、十二月十五日に発せられた「国家神道、神社神道ニ対スル政府ノ保証、支援、保全、監督並ニ弘布ノ廃止ニ関スル件」である。これは、信教の自由の確保と、極端な国家主義と軍国主義の思想的基盤をなしたとされる国家神道の解体により、国家と宗教との分離と宗教の政治的目的による利用の禁止という原則を実現させようとしたものである。そして十二月三十一日に第四の指令「修身、日本歴史及ビ地理停止ニ関スル件」が発せられた。これは、軍国主義的及び極端な国家主義的の思想の排除を教育内容において徹底しようとするもので、修身・日本歴史・地理の授業停止とそれらの教科書・教師用参考書の回収とを命じたものである。

② 2005 年度山本ゼミ共同研究報告書：戦後教育の変遷とゆとり教育，東京：慶應義塾大学文学部教育学専攻山本研究会，2005，第 1—119 頁。

じて、ひとしく教育を受ける権利を有する。
　　（2）すべて国民は、法律の定めるところにより、その保護する子女に普通教育を受けさせる義務を負ふ。義務教育は、これを無償とする。①

　　新宪法规定，所有国民依法具有依其能力平等接受教育的权利；所有国民应该依法履行让其子女接受免费普通教育的义务。如何实施教育，战前日本依据的是"教育勅語"，战后依据的是"教育基本法"，教育基本法明确了教育的目标和以实践为基本的教育理念。之后又相继制定了学校教育法、社会教育法、教育委员会法等，构建了战后教育体制的基石部分。

　　战后的教育改革中最引人瞩目和最让人期待的是涵盖小学至大学的学校体系改革，日本开始实施六、三、三、四制。按照 GHQ 的四个指令之第四项对教学内容也做了大幅改造，终止了修身、地理、歷史三个科目，回收所有战时使用的教材；教材使用由"国定制"改为"検定制"；教学内容和计划依据"学习指导要领"进行。1947 年春季"学习指导要领一般编"出台，随后各学科的"学习指导要领"也相继问世。教学评价由仅凭考试评定的形式趋向多样化，开展丰富多彩的教学与学习活动。

　　战后教育内容和教育方法中纳入了"学校保健"，将从 1949 年开始实施学校保健计划。按照此计划，小学阶段将进行全新的健康教育，中学阶段把体育科改为保健体育科。1946 年 12 月，推广并奖励城市小学实行学校给食制度，以应对粮食不足时期帮助孩童能够健康成长；1952 年制定了学校给食实施计划，要求不论城市或村镇都要执行这一计划，并将其列入学习指导中。这是战后开启的一个新的教育施策，也受到众多关注。

　　1946 年 8 月，文部省制定"教育行政刷新（改革）纲领案"，分发至全国九个学区作为区内学校教育和社会教育的指导纲领，又设立学区教育委员会，施行教育分权。日本开始对教育行政进行根本性改革。同年 12 月，教

---

①　憲法，永井憲一ら，新六法，東京：三省堂，2003，第 13 頁。

育刷新委员会以美国教育使节团的报告书提案为基本，明确了教育行政改革的基本方针。1947年又制订"地方教育行政法案"，并总结了教育委员会提出的教育行政方案。1948年各都道府县的的教育委员会、1952年11月全国市町村的教育委员会分别开始工作。虽然实现过程中有过很多问题，实施后在运营和委员选举办法和委员设置名额方面也存在诸多难题，但这种教育行政方式是日本从未有过的制度，是具划时代意义的教育行政改革。

1958年后，日本在社会和经济方面有了巨大发展，随着20世纪70年代日本经济的高速发展和科学技术的不断革新，人才的需求量也越来越多，教育施策的转变也已迫在眉睫。1971年6月，中央教育审议会的提议成为了新一轮教育改革的方策。

实现独立后，日本对学校体系并没有做太大的改造。六·三·三·四制施行起来遇到了一些困难，但还是逐步稳固了下来；九年义务教育使就学率接近百分之百，而且从1956年开始对就学困难的孩童予以国库拨款进行补助，保障每一个孩童都有学习机会；为了振兴偏僻地区的教育以及改善因地域差异产生的教育不平衡现象，1954年推出了"偏僻地区教育振兴法"，通过设立夜校中学的方式解决了一些长期无法按时上学的中学生就学问题，也通过1971年创办的"国立特殊教育综合研究所"奠定了特殊教育的基础。長崎（2014）认为，20世纪六七十年代，日本以"终生教育"为主，而自20世纪80年代后转为"终生学习"；战后义务教育年限由六年延长为九年，中小学教育成为大众教育；高中和大学阶段于二战刚结束时只为培养一部分人，进入20世纪70年代后随着入学率的大幅上升，也成为了大众教育。[①]

战后，在GHQ主导下日本于1947年第一次制定了各学科和综合"学习指導要領"，独立后于1958年开始再次陆续修订小学、中学、高中的

---

① 長崎栄三，日本の戦後教育の変遷と課題，科学技術リテラシーに関する課題研究報告書，東京：科学技術振興機構科学コミュニケーションセンター，2014，第93—120頁。原文：1960年代から70年代にかけて生涯教育として統合され、さらにその後1980年代からは生涯学習と変わってきている。（略）戦後の学校教育は義務教育が6年から9年へと延長され、小中学校教育が大衆教育となった。高等学校と大学は戦後直後は一部の人間を教育するところであったが1970年代以降の進学率の上昇で大衆教育となっているが、未だに量の拡大に質の変化が追い付けない状況となっている。

"学习指导要领"。至今为止,中小学"学习指导要领"共进行了七次修订,分别是在 1958 年、1968 年、1977 年、1989 年、1998 年、2008 年、2017 年;高中"学习指导要领"于 1951 年公布之后经过七次修订,分别是 1960 年、1970 年、1978 年、1989 年、1999 年、2009 年、2018 年。

以高中国语为例,战后七次"学习指导要领"变动内容如下:

(1) 1960 年的主要变化:国语科改为现代国语、古典(甲)、古典(乙1)、古典(乙2)。

(2) 1970 年的主要变化:国语科改为现代国语、古典(Ⅰ甲)、古典(Ⅰ乙)、古典(Ⅱ)。

(3) 1978 年的主要变化:国语科改为国语Ⅰ、国语Ⅱ、国语表达、现代文、古典。

(4) 1989 年的主要变化:国语科改为国语Ⅰ、国语Ⅱ、国语表达、现代文、现代语、古典Ⅰ、古典Ⅱ、古典讲读。

(5) 1999 年的主要变化:国语科改为国语表达Ⅰ、国语表达Ⅱ、国语综合、现代文、古典、古典讲读。

(6) 2009 年的主要变化:国语科改为国语综合、国语表达、现代文A、现代文B、古典A、古典B。

(7) 2018 年国语教学大纲的主要变化:国语课改为"现代国语""语言文化""逻辑国语""文学国语""国语表达""古典探究"。[①]

日本的国语教育主要由语言知识、语言能力、语言文化三部分构成,语言知识作为国语教育的基础部分,包括字、发音、词汇、语法、书写等;语言能力是国语教育的核心部分,包括语言生活和语言行为中的理解能力和表达能力;语言文化是展示民族文化传统及独特性的部分,主要是指古文及汉文等经典,也包括近现代的优秀作品。从上述七部国语教学大纲的主要课程目标来看,日本高中阶段国语教育的重点是如何进一步提高青少年的语言综合运用能力,让语言能够充分表达认知和思考,以及如何进一步培养青少年尊重国语和传承民族语言文化的意识。

---

① 刘桂萍:《日本青少年国语教育新动向——基于 2017 年日本中小学国语教学大纲修订案的研究》,《外国中小学教育》2017 年第 8 期。

再看战后中小学七次"学习指导要领"修订的主要变动内容：

（1）1958 年的主要变化：新设"道德"课；增加国语等基础学科的课节数；为强化科技教育，重视算数中的分数小数乘除法以及理科的观察与实验。

（2）1968 年小学和 1969 年中学的主要变化：提升教育内容的质量；加速算数等学科的现代化进程；改善历史方面的教育。

（3）1977 年的主要变化：创建轻松学习的校园生活；削减各科的课节数；将各学科的教学内容和教学目标压缩至最基础的程度。

（4）1989 年的主要变化：新增生活课；充实实践型的学习方式；尊重文化与民族传统。

（5）1998 年的主要变化：以培养学生的"生存能力"为目标，培养学生独立学习与思考的能力；缩减课节数；新增"综合学习课"；重视社会义工活动。

（6）2008 年的主要变化：增加理科等学科的教学内容和课节数；加强记录、论述、讨论等语言实践活动；小学高年级增加外语实践活动；武道和舞蹈增为中学阶段的必修课。

（7）2017 年的主要变化：推进课堂教学改革，通过讨论和发表等形式，建立具有主体性及交流性的教学方式；英语升格为小学高年级的一门学科；程序设计增为小学阶段的必修课程。[①]

从七次"学习指导要领"修订内容看，日本进入 20 世纪 60 年代后，开始提倡"教育内容的现代化"；70 年代后，日本逐渐开始反思"填鸭式教学"的不利之处，转向"轻松学习"的素质教育；80 年代末后，日本开始主张培养学生适应社会变化的能力，通过减少教学内容来培养学生的生存能力，施行"素质教育"；进入 21 世纪后，因为学生的能力有下降的趋势，日本又开始大幅增加了教学内容；2017 年公布的大纲修订案则主张为了适应新的时代发展，"填鸭式教学"和"素质教育"将不再是非此即彼的对立关系。

---

① 刘桂萍、朴银实：《日本青少年高中阶段国语教育施策的新动向解读——基于 2018 年日本高中国语教学大纲修订案的考察》，《外国问题研究》2020 年第 4 期。

日本能够在 20 世纪初跻身于世界强国行列、战后又重新崛起为世界第二经济大国，"教育变革""重视青少年教育"等成功的教育理念无疑是最重要的支撑。战后日本历任政府施政报告中高频率强调教育问题，甚至把发展教育作为"立国之本"和对未来的"先期投资"加以定位，足以看出日本朝野尤其日本政府对教育的重视程度。①② 从概念隐喻的使用分布及演变规律可以看出，战后七十余年，日本在国家教育方面的价值观并未因执政首相所属政党不同而有所改变，而是随着时代的发展变化，教育方面的价值取向才有了一些不同，既具有高度的稳定性和延续性，也体现着时代的特点。

至 2021 年，自 1949 年汤川秀树首获诺奖至今，日本已经有 28 人获得诺贝尔奖，获奖者集中战后，均匀分布在 20 世纪 40 年代后。如表 7-1，28 名获奖者中，除去获得文学奖的川端康成和大江健三郎，以及获得和平奖的佐藤荣作，其余 25 人均是自然科学奖。虽然中村修二、南部阳一郎、真锅淑郎为美籍，但 3 人获奖成果都源自在日本国内时的研究。28 名诺奖获得者大学及硕士阶段分别是在国立综合大学东京大学、京都大学、名古屋大学、东京工业大学、北海道大学、东北大学、埼玉大学、山梨大学、神户大学、德岛大学、长崎大学、东京理科大学、大阪市立大学、大阪大学接受的教育，博士阶段除了利根川进、小柴昌俊、根岸英一三人分别就读美国的罗切斯特大学、加州大学圣地亚哥分校、宾夕法尼亚大学以外，也都是在日本国内完成的。

表 7-1　　　　　日本诺贝尔奖获得者一览（1947—2021）

年	化学奖	物理学奖	文学奖	生理医学奖	和平奖
2021		真锅淑郎（东京大学）			
2019	吉野彰（京都大学）				

---

① 刘桂萍、孙岩帝、张富国：《日本历代首相施政报告中的"教育立国"思想论析》，《东北师大学报》（社会科学版）2013 年第 5 期。

② 刘桂萍、张富国：《日本国家教育理念中的五个"不变"因素》，《外国教育研究》2013 年第 12 期。

续表

年	化学奖	物理学奖	文学奖	生理医学奖	和平奖
2018				本庶佑（京都大学）	
2016				大隅良典（东京大学）	
2015		梶田隆章（埼玉大学）		大村智（山梨大学）	
2014		赤崎勇（京都大学）；天野浩（名古屋大学）；中村修二（德岛大学）			
2012				山中伸弥（神户大学）	
2010	铃木章（北海道大学）；根岸英一（东京大学）				
2008	下村脩（长崎医科大学）	南部阳一郎（东京大学）；小林诚（名古屋大学）；益川敏英（名古屋大学）			
2002	田中耕一（东北大学）	小柴昌俊（东京大学）			
2001	野依良治（京都大学）				
2000	白川英树（东京工业大学）				
1994			大江健三郎（东京大学）		
1987				利根川进（京都大学）	
1981	福井谦一（京都大学）				
1974					佐藤荣作（东京大学）

续表

年	化学奖	物理学奖	文学奖	生理医学奖	和平奖
1973		江崎玲于奈（东京大学）			
1968			川端康成（东京大学）		
1965		朝永振一郎（京都大学）			
1949		汤川秀树（京都大学）			

注：（　）中为大学毕业学校。

科技领域之所以成就斐然，离不开成功的教育理念和教育施策。由此可以看出，先进的教育理念和稳定的教育制度收到了奇效，获得了成功。自1885年首任首相起至今已近一百四十年，重视教育的施政理念贯穿始终。尤其是"二战"后，历届内阁都将教育问题作为施政要务及国家发展的百年大计予以关注，并将更多目光置于青少年教育和培养方面，特别值得瞩目的是日本的教育政策始终为适应时代潮流而处于不断地变革和修缮中。① 在教育问题上，作为国家教育理念，日本将会始终坚持教育立国、教育改革、重视青少年教育等思想，与时俱进且又秉持传统文化的教育理念。

第四节　战后日美关系发展追溯与未来走向的前瞻分析

关于日美关系，五百旗头真（2015）认为，从广泛意义讲，尽管受到政治变化影响，但"二战"前后的日美关系还是保持着较好状态。从两国关系史看，日美关系呈现倾斜趋势，美国大都是给予的一方，日本则是接

---

① 刘桂萍：《日本首相施政报告中相关教育内容的主题词分析》，《外国问题研究》2017年第4期。

受帮助的一方。如马休·佩里于1854年率领远征军凭借船坚炮利迫使日本签署《日美亲善条约》（或称：《神奈川条约》），自此打开了日本封闭的国门；又如，汤森·哈里斯①于1856年与德川幕府签订《日美修好通商条约》，开启日本近代对外的贸易及文化；再如，幕末至明治期间雇用的大量外国籍顾问，如亨利·戴尼森②等就像一位敬业的家庭教师将日本这名新生带入了仅由西方社会制定标准的国际社会。③

麦克阿瑟（1964，陈宇飞译：2020）描述时任首相铃木等日本统治阶层对战后投降的感触时说，

"参与投降仪式时，身边的人忧心忡忡，而我却感到宁静淡然。有人坚持认为应当谈判，从同盟国方面得到保留日本国家组织结构的保证。然而这样的提议听起来荒唐透顶，我不愿无端生事。我的立场如下：我们战败了。既然承认战败，那就把一切都交给胜利的一方裁决，这样才是有气节的做法。（略）1946年6月，天皇陛下亲口对我说麦克阿瑟将军主导的占领政策公平公正，日本的发展有条不紊成果喜人。"④

吉田认为，铃木的感受和态度是全日本绝大多数不善辞令但内心正直的人都深有同感的。

正如和辻（2002）所讲，日本文化属于多变的季风性格，活泼敏感又易陷疲劳，需要新的刺激调整情绪，因此，常常会在猛烈的反抗和战斗后瞬间出现安静、顺从、忍耐的态度。日本人将这种由"激战"突然转换为

---

① 汤森·哈里斯：（1804—1878），美国外交官，首任驻日本公使。
② 亨利·威拉德·戴尼森：（1846—1914），外交官，法律家。
③ 五百旗頭真，日米関係史，東京：有斐閣ブックス，2008，第323頁。原文：日米関係を教育・社会事業・宗教など民間の文化交流にまで広げて言えば、政治状況に左右されながらも、ほぼ戦前・戦後を通じて良好な関係が存在した。民間交流については、概してアメリカがより多く与える側、日本が受ける側という傾斜のある協力関係であった。経済面についても、戦後の1960年代・70年代に至るまで、アメリカの力量は圧倒的であった。国家間の政治外交的な関係も、当初は同様に傾斜が明らかであり、ペリーは優越を誇示しつつ日本に開国を迫り、ハリスは友情を示しつつ通商条約の締結を説得した。外務省顧問となったデニソンの役割を示されるように、アメリカ人は西洋が基準を設定する国際社会への新人生である日本のために、よき家庭教師を務めた。
④ ［美］道格拉斯·麦克阿瑟：《麦克阿瑟回忆录》，陈宇飞译，上海社会科学出版社2020年版，第279—283页。

"忍从"的"当机立断"与"恬淡忘怀"的精神态度视为美德。①

中村（1962）谈及日本人的思维方式时指出，

「日本人の思惟方法のうち、かなり基本的なものとして目立つのは

---

① 和辻哲郎著，風土—人間学的考察—(第42刷)，東京：岩波書店，2002，第161—166頁。原文：まずモンスーン的な受容性は日本の人間において極めて特殊な形態をとる。第一にそれは熱帯的・寒帯的である。即ち単に熱帯的な、単調な感情の横溢でもなければ、また単に寒帯的な、単調な感情の持久性でもなくして、豊富に流れ出でつつ変化において静かに持久する感情である。四季おりおりの季節の変化が著しいように、日本の人間の受容性は調子の早い移り変わりを要求する。だからそれは大陸的な落ち着きを持たないとともに甚だしく活発であり敏感である。活発敏感であるがゆえに疲れやすく持久性を持たない。しかもその疲労は無刺激的な休養によって癒されるのではなくして、新しい刺激・気分の転換等の感情の変化によって癒される。…第二にそれは季節的・突発的である。変化において密かに持久する感情は絶えず他の感情に変転しつつしかも同じ感情として持久するのであるがゆえに、単に季節的・規則的にのみ変化するのでもなければ、また単に突発的・偶然的に変化するのでもなく、変化の各瞬間に突発性を含みつつ前の感情に規定せられた他の感情に転化するのである。…次にモンスーン的な忍従性もまた日本の人間において特殊な形態を取っている。ここでもそれは第一に熱帯的・寒帯的である。即ち単に熱帯的な、従って非戦闘的な諦めでもなければ、また単に寒帯的な、気の永い辛抱強さでもなくして、諦めでありつつも反抗において変化を通じて気短に辛抱する忍従である。…日本の人間は、自然を征服しようともせず、また自然に敵対しようともしなかったにかかわらず、なお戦闘的・反抗的な気分において、持久的ならぬ諦めに達したのである。…第二にこの忍従性もまた季節的・突発的である。反抗を含む忍従は、それが反抗を含むというその理由によって、単に季節的・規則的に忍従を繰り返すのでもなければ、また単に突発的・偶然的に忍従するのでもなく、繰り返し行く忍従の各瞬間に突発的な忍従を蔵しているのである。忍従に含まれた反抗はしばしば台風的なる猛烈さをもって突発的に燃え上がるが、しかしこの感情の嵐の後には突如として静寂な諦めが現れる。受容性における季節的・突発的な性格は、直ちに忍従性におけるそれと相まつのである。反抗や戦闘は猛烈なほど嘆美せられるが、しかしそれは同時に執拗であってはならない。綺麗に諦めるということは、猛烈な反抗・戦闘を一層嘆美すべきものたらしめるのである。即ち俄然として忍従に転ずること、言い換えれば思い切りのよいこと、淡白に忘れることは、日本人が美徳としたところであり、今なおするところである。桜の花に象徴せられる日本人の気質は、半ばは右の如き、突発的忍従性に基づいている。その最も顕著な現れ方は、淡白に生命を捨てるということである。…反抗や戦闘の根底に存するものは生への執着である。しかも生への執着が大きい・烈しい客観的な姿に現れた時に、その執着の只中において最も目立つものは、生への執着を全然否定する態度であった。日本人の争闘はここにその極致を示している。剣道の極致は剣禅一致である、即ち争闘をば執拗な生への執着から生の超越にまで高めることである。これらを我々は台風的な忍従性と呼ぶことができる。そこで日本の人間の特殊な存在の仕方は、豊かに流露する感情が変化において密かに持久しつつその持久的変化の各瞬間に突発性を含むこと、及びこの活発なる感情が反抗において諦めに沈み、突発的な昂揚の裏に俄然たる諦めの静かさを蔵すること、において規定せられる。それはしめやかな激情、戦闘的な恬淡である。これが日本の国民的性格にほかならない。

生きるために与えられている環境世界ないし客観的諸条件を、そのまま肯定してしまうことである。諸事象の存する現象世界をそのまま絶対者と見なし、現象を離れた境地に絶対者を認めようとする立場を拒否するにいたる傾きがある。このような思惟方法に基づいて、成立した思惟形態は明治以後の哲学者によって、「現象即実在論」と呼ばれ、一時世に喧伝せられたが、その淵源は極めて古いものである。」①

日本人的思维方法中最为基本的和最为显著的特点是：为了生存下去会无条件地接受现实境况和客观条件，会默认大千现象世界为绝对者，不承认脱离现象的一切事物，明治以后的哲学家将这一思维形式称为"现象即实在论"。

片山（2018）指出：

「災害の国が日本人の精神的伝統を創造し発展させている。この精神構造は受動性や消極性とも結びつくが時と場合によっては能動性や積極性に反転する。生へのこだわりがないのだから命懸けのアクションにも大した決断を要しないのだ。命に淡泊なら命懸けに躊躇しない。（略）生きるも死ぬも災害の有無次第。（略）執着もない。日本人の成り行き任せで命知らずでニヒリスティックで淡泊という不思議な性質は、災害と結びついている。日本文化論の根底には災害が作った精神構造がある。」②

灾害多发的自然环境形成了日本人独特的精神传统"刹那主义"，③ 时而显示被动性和消极性，时而显示主动性和积极性；涉及生命抉择时往往不需要太多执着，生与死任凭有无灾害，日本人这一"顺其自然"、不纠结生死、虚无的、淡泊的精神气质与灾害频发的自然环境紧密关联，也是

---

① 中村元，東洋人の思惟方法（第 3 巻），東京：春秋社，1962，第 11 頁。
② 片山杜秀，平成精神史：天皇・災害・ナショナリズム，東京：幻冬舎，2018，第 76—77 頁。
③ 原文：過去、未来を思わず、現在の刹那、瞬間に生きようとする考え方。文学的には、人間本来の欲望、感情、意志を重視、既成の価値観念を無視して刹那に全力を尽くす快楽主義の一種で、霊肉一致を理想とする。いっさいの宗教、道徳を排する世紀末的芸術至上主義に相通じる。一般には、日々の享楽のみを追求する生活態度をいう。（日本大百科全書，刹那主義，https：//kotobank.jp，2022 年 9 月 21 日。）

构成日本民族文化底蕴的部分。

芳贺（2020）认为，日本人讲现实、重实际，不论是个人抑或国家面对利害得失时是不会忘记实际主义的。当日本人被迫面对处于更高发展阶段的不同文化时，甘愿与之调和，以供已用。因为方便运动，就开始穿洋服；因为益于卫生，就开始吃西餐。日本人善于审时度势，不惜抛弃一切旧的事物或理念迅速敏捷地接受新生物事。日本人继承了传统的保守精神，又热衷于应用取长补短之主义。①

五百旗头真将战前和战后日美关系再各自细化为三个阶段。

战前的日美关系三个阶段：

第一个阶段为马休·佩里来航至朴茨茅斯条约签订为日美初期友好阶段；

第二个阶段为朴茨茅斯条约签订至九一八事变为协调与对抗相互交错关系；

第三个阶段为九一八事变后逐步走向破裂。

战后日美关系也经历三个阶段，发展轨迹与战前相似：

第一个阶段是初期友好关系阶段，自1945年9月2日密苏里号战舰上签订无条件投降书至1972年5月15日冲绳回归；

第二个阶段自冲绳回归至世纪末，这个阶段日美两国之间既是同盟关系，又充满了激烈的摩擦争执；第三个阶段则与战前不同，日美两国并没有分道扬镳，而是走向更为成熟。②

GHQ驻日期间实施对日间接统治，废止秘密警察，赦免战前及战时被其逮捕的反战和反独裁势力人士；改革劳动法，颁布劳动基准法等旨在保

---

① ［日］芳贺矢一：《国民性十论》，李冬木等译，生活·读书·新知三联书店2020年版，第74—93页。

② 五百旗頭真，日米関係史，東京：有斐閣ブックス，2008，第338页。原文：戦前の日米関係を大きく区分すれば、（1）ペリー来航からポーツマス講和会議までの初期友好関係；（2）ポーツマスから満州事変までの協調と対抗の交錯する普通の関係；（3）満州事変以降の破局への道、の3段階をもって進んだ。戦後の日米関係も、（1）東京湾のミズーリ号艦上から沖縄返還までの初期友好関係；（2）沖縄返還から世紀末までの、同盟関係の中でも摩擦が厳しかった両義的な関係まで、戦前と同じような歩みを示した。戦前と異なるのは第三段階である。破局ではなく成熟の可能性が、冷戦後の危機を超えて日米関係が強化されているところに見えてきたことが注目される。

护劳动者权利、奖励和促生工会组织的法律法案；改革选举制度，赋予妇女选举权与被选举权；改革教育体制，实施学校教育法、地方教育行政法等；推动经济民主化，解体巨型财团势力和地主土地所有制。此外，GHQ颁布"公职追放"令，剥夺军国主义者、战犯及其家属等人的公职，禁止其在政治与经济部分担任要职。

1952年，《旧金山和约》和《日美安保条约》生效后，日本实现主权独立，随之确立日美安保体制。日美安保体制确立后，日本允许美国的陆军、海军、空军使用日本国内的区域和设施，允许美军继续留在日本。1960年日美两国对其进行修改，将美国有义务对日本实施防卫写入条约中。

　　「日米が「民主主義の諸原則、個人の自由及び法の支配」という価値観を共有し、また「一層緊密な経済的協力を促進」すると謳っている。この点を重視すれば、安保体制は軍事・経済・政治すべての領域にわたる日米の協力体制、と広く定義することができる。」①

日美安保体制宣称共同价值观和促进更为紧密的经济合作是日美两国涉及军事、经济、政治所有领域的合作体制。日美安保体制即为"矛"与"盾"的关系，日本自卫队是"盾"负责防卫，美军为"矛"，担负打击任务。但是，冷战结束后日本自卫队的功能被扩大，已与当初发生了质的变化。②

基于本书的调查和梳理发现，战后七十多年，日本历届政府在表述日美关系时频繁使用的隐喻架构主要有拟人类、旅行类、建筑类、机械类——拟人隐喻将日美两国被喻为朋友，GHQ治下的日本需要向美国展示"協力的态度"，GHQ是"公正寛大"之人；《旧金山和约》签订并实施后，日本虽然实现了"自主独立""主権平等"，但对美国依然坚持"協

---

① 吉次公介，*日米安保体制史*，東京：*岩波書店*，2018，第ⅲ—ⅳ頁。
② 「盾と矛」関係の変質：日米安保改定60年，東京：*中日新聞*，2020/1/19。

調"态度;旅行隐喻将日美关系喻为一场旅行,GHQ是引领者,旅程由GHQ规划和决定行走路线;建筑隐喻将日本外交视为一座大厦,日美关系是大厦的基石或支柱;机械隐喻将日本外交视为一台机器,日美关系是它的基轴或中轴。围绕《日美安保条约》的隐喻架构有机械类、拟人类、建筑类、财产类、植物类——机械隐喻将日美安保条约喻为日美关系这台机器中最为核心的"基轴"部分;拟人隐喻将其喻为一个人,需要日美两国共同努力提升它的可信度;建筑隐喻将日美安保条约视作日美关系这座大厦中的基础部分;财产隐喻将其看作一种具有遏制力的重要公共财产;植物隐喻则将日美安保条约喻为日美关系这棵大树的根干部分。从隐喻架构的使用分布及演变规律可以看出历任政府在两国关系方面的价值观并未改变。尽管每届内阁对日美关系的发展常有诸如"协力""协调""友好""伙伴""对等""同盟"等不同的表达,但日本始终惟美国马首是瞻,以"追随"美国为外交的主基调,可以说,日美两国关系的发展既呈现时代特点也极具稳定性和延续性。

关于日美关系的发展与走向,基辛格对第二次执政的安倍进行分析后认为,日本越来越希望恢复至"正常国家",希望拥有自己的军队和推行积极的结盟政策,并在国际秩序中发挥更广泛的作用。日本在国际秩序中寻找自己的新角色时将再次仔细、冷静、不动声色地评估各国物质和心理力量的对比,审视与美国盟国关系的得失及其在推动双方共同利益中所起的作用。他认为,日本将着眼三个选项:继续依赖与美国的盟国关系;适应中国的崛起;采取更加自主的外交政策。日本最终会选做出怎样的选择,取决于其对全球力量均势的判断,并非美国向它做出的形式上的保证,也取决于其对事态发展的基本趋势的研判。一旦日本觉察到所在地区或世界出现新的力量布局,就会根据自己对现实的评估,而不是传统的同盟关系,想办法加强自己的安全。所以可以说,日本政府如何抉择要看美国的亚洲政策可信度有多高,以及日本对总体力量平衡的评估,还有美国外交政策的长期走向。[①] 日美同盟其实质在于双方结盟将惠至各自国家核

[①] [美] 亨利·基辛格:《世界秩序》,胡利平、林华、曹爱菊译,中信出版社2015年版,第244—245页。

心利益，尤其是当事双方价值观和危机意识一致时，同盟关系将更为紧密坚固。正如基辛格分析，现任首相菅义伟与美国总统拜登①于2021年4月16日发表了"联合声明"——"新たな時代における日米グローバル・パートナーシップ"（新时代日美全球化伙伴关系）②，这是日本政府看到美国的外交政策或亚洲政策后做出的抉择。

本章小结

  基于隐喻架构使用的"规律性"和"重复性"特点，本章历时考察了战后七十余年日本在经济、行政机构改革、教育、日美关系方面的价值观，探考了日本内外政策的时代性、延续性和稳定性，解析了日本历届政府的国家利益及国家战略的界定，并依据连贯和类推原则，运用预测法前瞻日本今后在内政与外交方面的政治道德模式。

  经济方面：战后日本经济的发展历程犹如一部情节跌宕起伏的"电视剧"。③ 重创后的日本经济于战后之初在美国援助及军需提振之下得以重建和复兴，相继出现"神武景气""岩户景气""伊弉诺景气"系列快速发展阶段；1968年GDP超越联邦德国成为世界第二大经济体；1973年的石油危机终结了高速发展；1985年签订《广场协议》后，日元、股价、地价攀升，开始了持续至1990年的泡沫经济；此后的1990—2020年三十年间日本逐步展开新自由主义经济政策时期，其主旨是将"大政府"转向"小政府"，构建"民"为主导、"官"为辅助的经济体制。但2020年新型冠状病毒的大流行引发现代史上空前的全球性危机，经济、社会、地缘政治等多个领域陷入危险和动荡，也让"大"政府再次变得至关重要，包括日本在内的各国政府很有可能会改变一部分规则和永久性强化政府的作用。

  行政机构改革方面：战后的日本内阁经历多重变迁，但其行政机构改革始终坚持——对行政机构自身功能的不断探索性改革，实现和扩大行政

---

  ① 约瑟夫·罗宾内特·拜登：（1942— ），美国第46任总统。
  ② 新たな時代における日米グローバル・パートナーシップ，外務省 https://www.mofa.go.jp/mofaj/files/100177719.pdf，2022年9月20日。
  ③ 内野達郎，戰後日本経済史(第17刷)，東京：講談社学術文庫，1991，第305—306頁。

机构的民主化改革进程，确保机构管理上的合理性和高效性。今后日本政府的行政改革施策依旧会是推动规制缓和以处理官方与民间的问题；推动地方分权以合理解决各自治体内部的权力分配；提高透明度以确保信息公开及时；整顿行政机构，防止机构膨胀和业务繁冗，以提升工作效率。

教育方面：日本能够在20世纪初跻身于世界强国行列、战后又重新崛起为世界第二经济大国，"教育立国""教育变革""重视青少年教育"等成功的教育理念和教育施策无疑是最重要的支撑。战后日本历任政府施政报告中高频率强调教育问题，甚至将教育作为"立国之本""先期投资""百年大计"加以定位，特别值得关注的是日本的教育施策始终为适应时代潮流而处于不断地变革和修缮中。日本今后将会延续教育立国和教育改革政策及与时俱进且又秉持传统文化的教育理念。[①]

日美关系方面：每届内阁对日美关系的发展常有诸如"協力""協調""友好""伙伴""对等""同盟"等不同的表达，但日本始终惟美国马首是瞻，以"追随"美国为外交的主基调。日美关系的未来发展与走向取决于日本对全球力量均势的判断，也取决于日本对国际事态发展的基本趋势的研判。

[①] 刘桂萍、孙岩帝、张富国：《日本历代首相施政报告中的"教育立国"思想论析》，《东北师大学报》（社会科学版）2013年第5期。

档案资料

一　日本新憲法实施前的政府施政报告（注：按时间顺序排列）

伊藤内閣総理大臣（宮中）地方長官に対する訓示（1887/9/28），内閣制度百年史編纂委員会編集，歴代内閣総理大臣演説集，東京：大蔵省印刷局，1985

山縣内閣総理大臣第1回（衆議院）施政方針演説（1890/12/6），歴代内閣総理大臣演説集

山縣内閣総理大臣第1回（衆議院）帝國の國是に就て（1891/02/16），歴代内閣総理大臣演説集

松方内閣総理大臣第2回（衆議院）施政方針演説（1891/11/30），歴代内閣総理大臣演説集

松方内閣総理大臣第3回（衆議院）施政方針演説（1892/5/9），歴代内閣総理大臣演説集

伊藤内閣総理大臣第4回（衆議院）施政方針演説（1892/12/1），歴代内閣総理大臣演説集

伊藤内閣総理大臣第4回（衆議院）施政方針演説（1893/2/15），歴代内閣総理大臣演説集

伊藤内閣総理大臣第5回（衆議院）施政方針演説（1893/12/2），歴代内閣総理大臣演説集

伊藤内閣総理大臣第6回（衆議院）施政方針演説（1894/5/16），歴代内閣総理大臣演説集

伊藤内閣総理大臣第7回（貴族院）日清交戰に就ての演説（1894/10/

19），歴代内閣総理大臣演説集

伊藤内閣総理大臣第 7 回（衆議院）日清交戦に就ての演説（1894/10/20），歴代内閣総理大臣演説集

伊藤内閣総理大臣第 8 回（衆議院）施政方針演説（1895/1/8），歴代内閣総理大臣演説集

伊藤内閣総理大臣第 9 回（衆議院）施政方針演説（1896/1/10），歴代内閣総理大臣演説集

伊藤内閣総理大臣第 9 回（貴族院）施政方針演説（1896/1/11），歴代内閣総理大臣演説集

松方内閣総理大臣第 10 回（衆議院）施政方針演説（1897/1/19），歴代内閣総理大臣演説集

松方内閣総理大臣第 10 回（衆議院）大喪費豫算に就ての演説（1897/1/23），歴代内閣総理大臣演説集

伊藤内閣総理大臣第 12 回（衆議院）施政方針演説（1898/5/25），歴代内閣総理大臣演説集

伊藤内閣総理大臣第 15 回（貴族院）施政方針演説（1901/2/14），歴代内閣総理大臣演説集

黒田内閣総理大臣（鹿鳴館）地方長官に対する訓示（1889/2/12），歴代内閣総理大臣演説集

山縣内閣総理大臣第 13 回（衆議院）施政方針演説（1898/12/8），歴代内閣総理大臣演説集

山縣内閣総理大臣第 13 回（貴族院）施政方針演説（1899/2/24），歴代内閣総理大臣演説集

桂内閣総理大臣第 16 回（衆議院）施政方針演説（1901/12/12），歴代内閣総理大臣演説集

桂内閣総理大臣第 16 回（衆議院）清国償金の件に關する演説（1901/12/26），歴代内閣総理大臣演説集

桂内閣総理大臣第 16 回（貴族院）日英協約に關する演説（1902/2/12），歴代内閣総理大臣演説集

桂内閣総理大臣第 17 回（衆議院）施政方針演説（1902/12/13），歴代内

閣総理大臣演説集

桂内閣総理大臣第 18 回（衆議院）施政方針演説（1903/5/16），歴代内閣総理大臣演説集

桂内閣総理大臣第 20 回（衆議院）施政方針演説（1904/3/23），歴代内閣総理大臣演説集

桂内閣総理大臣第 20 回（貴族院）施政方針演説（1904/3/26），歴代内閣総理大臣演説集

桂内閣総理大臣第 21 回（衆議院）施政方針演説（1904/12/3），歴代内閣総理大臣演説集

桂内閣総理大臣第 21 回（貴族院）予算案並諸法律案等に就ての演説（1904/12/20），歴代内閣総理大臣演説集

桂内閣総理大臣第 25 回（両院）施政方針演説（1909/1/21），歴代内閣総理大臣演説集

桂内閣総理大臣第 26 回（両院）施政方針演説（1910/1/22），歴代内閣総理大臣演説集

桂内閣総理大臣第 27 回（両院）施政方針演説（1911/1/21），歴代内閣総理大臣演説集

桂内閣総理大臣第 30 回（両院）施政方針演説（1913/2/5），歴代内閣総理大臣演説集

西園寺内閣総理大臣第 22 回（両院）施政方針演説（1906/1/25），歴代内閣総理大臣演説集

西園寺内閣総理大臣第 23 回（両院）施政方針演説（1907/1/22），歴代内閣総理大臣演説集

西園寺内閣総理大臣第 24 回（両院）施政方針演説（1908/1/23），歴代内閣総理大臣演説集

西園寺内閣総理大臣第 28 回（両院）施政方針演説（1912/1/23），歴代内閣総理大臣演説集

西園寺内閣総理大臣第 29 回（両院）大喪費豫算に就ての演説（1912/8/24），歴代内閣総理大臣演説集

山本内閣総理大臣第 30 回（両院）施政方針演説（1913/2/27），歴代内

閣総理大臣演説集

山本内閣総理大臣第 31 回（両院）施政方針演説（1914/1/21），歴代内閣総理大臣演説集

山本内閣総理大臣第 47 回（両院）帝都復興計畫豫算案竝法律案等に就ての演説（1923/12/13），歴代内閣総理大臣演説集

大隈内閣総理大臣第 32 回（両院）大喪費豫算案に就ての演説（1914/5/6），歴代内閣総理大臣演説集

大隈内閣総理大臣第 33 回（両院）施政方針演説（1914/6/23），歴代内閣総理大臣演説集

大隈内閣総理大臣第 34 回（両院）日獨交戰に就ての演説（1914/9/5），歴代内閣総理大臣演説集

大隈内閣総理大臣第 35 回（両院）施政方針演説（1914/12/8），歴代内閣総理大臣演説集

大隈内閣総理大臣第 36 回（両院）施政方針演説（1915/5/22），歴代内閣総理大臣演説集

大隈内閣総理大臣第 37 回（両院）施政方針演説（1915/12/7），歴代内閣総理大臣演説集

寺内内閣総理大臣第 38 回（両院）施政方針演説（1917/1/23），歴代内閣総理大臣演説集

寺内内閣総理大臣第 39 回（両院）施政方針演説（1917/6/26），歴代内閣総理大臣演説集

寺内内閣総理大臣第 40 回（両院）施政方針演説（1918/1/22），歴代内閣総理大臣演説集

寺内内閣総理大臣第 40 回（両院）會期終了に付ての演説（1918/3/26），歴代内閣総理大臣演説集

原内閣総理大臣第 41 回（両院）施政方針演説（1919/1/21），歴代内閣総理大臣演説集

原内閣総理大臣第 42 回（両院）施政方針演説（1920/1/22），歴代内閣総理大臣演説集

原内閣総理大臣第 43 回（両院）施政方針演説（1920/7/3），歴代内閣総

理大臣演説集

原内閣総理大臣第44回（両院）施政方針演説（1921/1/22），歴代内閣総理大臣演説集

高橋内閣総理大臣第45回（両院）施政方針演説（1922/1/21），歴代内閣総理大臣演説集

加藤内閣総理大臣第46回（両院）施政方針演説（1923/1/23），歴代内閣総理大臣演説集

清浦内閣総理大臣第48回（貴族院）施政方針演説（1924/1/22），歴代内閣総理大臣演説集

加藤内閣総理大臣第49回（両院）施政方針演説（1924/7/1），歴代内閣総理大臣演説集

加藤内閣総理大臣第50回（両院）施政方針演説（1925/1/22），歴代内閣総理大臣演説集

加藤内閣総理大臣第51回（両院）施政方針演説（1926/1/21），歴代内閣総理大臣演説集

若槻内閣総理大臣第51回（両院）施政方針演説（1926/2/1），歴代内閣総理大臣演説集

若槻内閣総理大臣第52回（両院）施政方針演説（1927/1/18），歴代内閣総理大臣演説集

田中内閣総理大臣第53回（衆議院）施政方針演説（1927/5/5），歴代内閣総理大臣演説集

田中内閣総理大臣第54回（両院）施政方針演説（1928/1/21），歴代内閣総理大臣演説集

田中内閣総理大臣第55回（両院）施政方針演説（1928/4/25），歴代内閣総理大臣演説集

田中内閣総理大臣第55回（両院）施政方針演説（1928/4/26），歴代内閣総理大臣演説集

田中内閣総理大臣第56回（両院）施政方針演説（1929/1/22），歴代内閣総理大臣演説集

濱口内閣総理大臣第57回（両院）施政方針演説（1930/1/21），歴代内

閣総理大臣演説集

濱口内閣総理大臣第 58 回（両院）施政方針演説（1930/4/25），歴代内閣総理大臣演説集

濱口内閣総理大臣第 59 回（両院）施政方針演説（1931/1/22），歴代内閣総理大臣演説集

犬養内閣総理大臣第 60 回（両院）施政方針演説（1932/1/21），歴代内閣総理大臣演説集

犬養内閣総理大臣第 61 回（衆議院）緊急國務に就ての演説（1932/3/22），歴代内閣総理大臣演説集

齋藤内閣総理大臣第 62 回（両院）施政方針演説（1932/6/3），歴代内閣総理大臣演説集

齋藤内閣総理大臣第 63 回（両院）施政方針演説（1932/8/25），歴代内閣総理大臣演説集

齋藤内閣総理大臣第 64 回（両院）施政方針演説（1933/1/21），歴代内閣総理大臣演説集

齋藤内閣総理大臣第 65 回（両院）施政方針演説（1934/1/23），歴代内閣総理大臣演説集

岡田内閣総理大臣第 66 回（両院）災害對策に就ての演説（1934/11/30），歴代内閣総理大臣演説集

岡田内閣総理大臣第 67 回（両院）施政方針演説（1935/1/22），歴代内閣総理大臣演説集

岡田内閣総理大臣第 68 回（両院）施政方針演説（1936/1/21），歴代内閣総理大臣演説集

廣田内閣総理大臣第 69 回（両院）施政方針演説（1936/5/6），歴代内閣総理大臣演説集

廣田内閣総理大臣第 70 回（両院）施政方針演説（1937/1/21），歴代内閣総理大臣演説集

林内閣総理大臣第 70 回（両院）施政方針演説（1937/2/15），歴代内閣総理大臣演説集

近衛内閣総理大臣第 71 回（両院）施政方針演説（1937/7/27），歴代内

閣総理大臣演説集

近衛内閣総理大臣第 72 回（両院）施政方針演説（1937/9/5），歴代内閣総理大臣演説集

近衛内閣総理大臣第 73 回（両院）施政方針演説（1938/1/22），歴代内閣総理大臣演説集

近衛内閣総理大臣第 76 回（両院）施政方針演説（1941/1/21），歴代内閣総理大臣演説集

平沼内閣総理大臣第 74 回（両院）施政方針演説（1939/1/21），歴代内閣総理大臣演説集

米内内閣総理大臣第 75 回（両院）施政方針演説（1940/2/1），歴代内閣総理大臣演説集

東条内閣総理大臣第 77 回（両院）施政方針演説（1941/11/17），歴代内閣総理大臣演説集

東条内閣総理大臣第 78 回（両院）施政方針演説（1941/12/16），歴代内閣総理大臣演説集

東条内閣総理大臣第 79 回（両院）施政方針演説（1942/1/21），歴代内閣総理大臣演説集

東条内閣総理大臣第 79 回（両院）大東亞經綸に關する帝國國策闡明に就ての演説（1942/2/16），歴代内閣総理大臣演説集

東条内閣総理大臣第 79 回（両院）豪洲、印度に對する態度闡明に就ての演説（1942/3/12），歴代内閣総理大臣演説集

東条内閣総理大臣第 80 回（両院）施政方針演説（1942/5/27），歴代内閣総理大臣演説集

東条内閣総理大臣第 81 回（両院）施政方針演説（1943/1/28），歴代内閣総理大臣演説集

東条内閣総理大臣第 82 回（両院）施政方針演説（1943/6/16），歴代内閣総理大臣演説集

東条内閣総理大臣第 83 回（両院）施政方針演説（1943/10/26），歴代内閣総理大臣演説集

東条内閣総理大臣第 84 回（通常会）施政方針演説（1944/1/21），歴代

内閣総理大臣演説集

東条内閣総理大臣第 84 回（衆議院）重大戰局に對處する政府の所信に就ての演説（1944/3/22），歴代内閣総理大臣演説集

小磯内閣総理大臣第 85 回（両院）施政方針演説（1944/9/7），歴代内閣総理大臣演説集

小磯内閣総理大臣第 86 回（両院）施政方針演説（1945/1/21），歴代内閣総理大臣演説集

鈴木内閣総理大臣第 87 回（両院）施政方針演説（1945/6/9），歴代内閣総理大臣演説集

東久邇内閣総理大臣第 88 回（両院）施政方針演説（1945/9/5），歴代内閣総理大臣演説集

幣原内閣総理大臣第 89 回（両院）施政方針演説（1945/11/28），歴代内閣総理大臣演説集

吉田内閣総理大臣第 90 回（両院）施政方針演説（1946/6/21），歴代内閣総理大臣演説集

吉田内閣総理大臣第 91 回（両院）施政方針演説（1946/11/27），歴代内閣総理大臣演説集

吉田内閣総理大臣第 92 回（両院）施政方針演説（1947/2/14），歴代内閣総理大臣演説集

二　日本新宪法实施后的政府施政报告（注：按时间顺序排列）

片山内閣総理大臣第 1 回（特別会）施政方針演説，官報（号外），東京：大蔵省印刷局，1947/7/2

片山内閣総理大臣第 2 回（常会）施政方針演説，官報（号外），東京：大蔵省印刷局，1948/1/23

芦田内閣総理大臣第 2 回（常会）施政方針演説，官報（号外），東京：大蔵省印刷局，1948/3/21

吉田内閣総理大臣第 3 回（臨時会）施政方針演説（1948/11/15），内閣制度百年史編纂委員会編：歴代内閣総理大臣演説集，東京：内閣総理大臣官房，1985

吉田内閣総理大臣第 4 回（常会）施政方針演説，官報（号外），東京：大蔵省印刷局，1948/12/5

吉田内閣総理大臣第 5 回（特別会）施政方針演説，官報（号外），東京：大蔵省印刷局，1949/4/5

吉田内閣総理大臣第 6 回（臨時会）施政方針演説，官報（号外），東京：大蔵省印刷局，1949/11/9

吉田内閣総理大臣第 7 回（常会）施政方針演説，官報（号外），東京：大蔵省印刷局，1950/1/29

吉田内閣総理大臣第 8 回（臨時会）施政方針演説，官報（号外），東京：大蔵省印刷局，1950/7/15

吉田内閣総理大臣第 9 回（臨時会）施政方針演説，官報（号外），東京：大蔵省印刷局，1950/11/25

吉田内閣総理大臣第 10 回（常会）施政方針演説，官報（号外），東京：大蔵省印刷局，1951/1/27

吉田内閣総理大臣第 12 回（臨時会）施政方針演説，官報（号外），東京：大蔵省印刷局，1951/10/13

吉田内閣総理大臣第 13 回（常会）施政方針演説，官報（号外），東京：大蔵省印刷局，1952/1/24

吉田内閣総理大臣第 15 回（特別会）施政方針演説，官報（号外），東京：大蔵省印刷局，1952/11/24

吉田内閣総理大臣第 15 回（特別会）施政方針演説，官報（号外），東京：大蔵省印刷局，1953/1/30

吉田内閣総理大臣第 16 回（特別会）施政方針演説，官報（号外），東京：大蔵省印刷局，1953/6/16

吉田内閣総理大臣第 18 回（臨時会）所信表明演説，官報（号外），東京：大蔵省印刷局，1953/11/30

吉田内閣総理大臣第 19 回（常会）施政方針演説，官報（号外），東京：大蔵省印刷局，1954/1/27

吉田内閣総理大臣第 20 回（臨時会）所信表明演説，官報（号外），東京：大蔵省印刷局，1954/11/30

鳩山内閣総理大臣第 21 回（常会）施政方針演説，官報（号外），東京：大蔵省印刷局，1955/1/22

鳩山内閣総理大臣第 22 回（特別会）施政方針演説，官報（号外），東京：大蔵省印刷局，1955/4/25

鳩山内閣総理大臣第 23 回（臨時会）所信表明演説，官報（号外），東京：大蔵省印刷局，1955/12/2

鳩山内閣総理大臣第 24 回（常会）施政方針演説，官報（号外），東京：大蔵省印刷局，1956/1/30

鳩山内閣総理大臣第 25 回（臨時会）所信表明演説，官報（号外），東京：大蔵省印刷局，1956/11/16

石橋内閣総理大臣第 26 回（常会）施政方針演説，官報（号外），東京：大蔵省印刷局，1957/2/4

岸内閣総理大臣第 26 回（常会）所信表明演説，官報（号外），東京：大蔵省印刷局，1957/2/27

岸内閣総理大臣第 27 回（臨時会）施政方針演説，官報（号外），東京：大蔵省印刷局，1957/11/1

岸内閣総理大臣第 28 回（常会）施政方針演説，官報（号外），東京：大蔵省印刷局，1958/1/29

岸内閣総理大臣第 29 回（特別会）所信表明演説，官報（号外），東京：大蔵省印刷局，1958/6/17

岸内閣総理大臣第 30 回（臨時会）施政方針演説，官報（号外），東京：大蔵省印刷局，1958/9/30

岸内閣総理大臣第 31 回（常会）施政方針演説，官報（号外），東京：大蔵省印刷局，1959/1/27

岸内閣総理大臣第 32 回（臨時会）所信表明演説，官報（号外），東京：大蔵省印刷局，1959/6/25

岸内閣総理大臣第 33 回（臨時会）所信表明演説，官報（号外），東京：大蔵省印刷局，1959/10/28

岸内閣総理大臣第 34 回（常会）施政方針演説，官報（号外），東京：大蔵省印刷局，1960/2/1

池田内閣総理大臣第 36 回（臨時会）施政方針演説，官報（号外），東京：大蔵省印刷局，1960/10/21

池田内閣総理大臣第 37 回（特別会）所信表明演説，官報（号外），東京：大蔵省印刷局，1960/12/12

池田内閣総理大臣第 38 回（常会）施政方針演説，官報（号外），東京：大蔵省印刷局，1961/1/30

池田内閣総理大臣第 39 回（臨時会）施政方針演説，官報（号外），東京：大蔵省印刷局，1961/9/28

池田内閣総理大臣第 40 回（常会）施政方針演説，官報（号外），東京：大蔵省印刷局，1962/1/19

池田内閣総理大臣第 41 回（臨時会）所信表明演説，官報（号外），東京：大蔵省印刷局，1962/8/10

池田内閣総理大臣第 42 回（臨時会）所信表明演説，官報（号外），東京：大蔵省印刷局，1962/12/10

池田内閣総理大臣第 43 回（常会）施政方針演説，官報（号外），東京：大蔵省印刷局，1963/1/23

池田内閣総理大臣第 44 回（臨時会）所信表明演説，官報（号外），東京：大蔵省印刷局，1963/10/18

池田内閣総理大臣第 45 回（特別会）所信表明演説，官報（号外），東京：大蔵省印刷局，1963/12/10

池田内閣総理大臣第 46 回（常会）施政方針演説，官報（号外），東京：大蔵省印刷局，1964/1/21

佐藤内閣総理大臣第 47 回（臨時会）所信表明演説，官報（号外），東京：大蔵省印刷局，1964/11/21

佐藤内閣総理大臣第 48 回（常会）施政方針演説，官報（号外），東京：大蔵省印刷局，1965/1/25

佐藤内閣総理大臣第 49 回（臨時会）所信表明演説，官報（号外），東京：大蔵省印刷局，1965/7/30

佐藤内閣総理大臣第 50 回（臨時会）所信表明演説，官報（号外），東京：大蔵省印刷局，1965/10/13

佐藤内閣総理大臣第 51 回（常会）施政方針演説，官報（号外），東京：大蔵省印刷局，1966/1/28

佐藤内閣総理大臣第 52 回（臨時会）所信表明演説，官報（号外），東京：大蔵省印刷局，1966/7/12

佐藤内閣総理大臣衆議院予算委員会佐藤内閣総理大臣の所信表明（1966/10/20），佐藤栄作述，内閣総理大臣官房編，佐藤内閣総理大臣演説集，東京：内閣総理大臣官房，1970

佐藤内閣総理大臣第 53 回（臨時会）所信表明演説，官報（号外），東京：大蔵省印刷局，1966/12/15

佐藤内閣総理大臣第 55 回（特別会）施政方針演説，官報（号外），東京：大蔵省印刷局，1967/3/14

佐藤内閣総理大臣第 56 回（臨時会）所信表明演説，官報（号外），東京：大蔵省印刷局，1967/7/28

佐藤内閣総理大臣第 57 回（臨時会）所信表明演説，官報（号外），東京：大蔵省印刷局，1967/12/5

佐藤内閣総理大臣第 58 回（常会）施政方針演説，官報（号外），東京：大蔵省印刷局，1968/1/27

佐藤内閣総理大臣第 59 回（臨時会）所信表明演説，官報（号外），東京：大蔵省印刷局，1968/8/3

佐藤内閣総理大臣第 60 回（臨時会）所信表明演説，官報（号外），東京：大蔵省印刷局，1968/12/11

佐藤内閣総理大臣第 61 回（常会）施政方針演説，官報（号外），東京：大蔵省印刷局，1969/1/27

佐藤内閣総理大臣第 62 回（臨時会）所信表明演説，官報（号外），東京：大蔵省印刷局，1969/12/1

佐藤内閣総理大臣第 63 回（特別会）施政方針演説，官報（号外），東京：大蔵省印刷局，1970/2/14

佐藤内閣総理大臣第 64 回（臨時会）所信表明演説，官報（号外），東京：大蔵省印刷局，1970/11/25

佐藤内閣総理大臣第 65 回（常会）施政方針演説，官報（号外），東京：

大蔵省印刷局，1971/1/22

佐藤内閣総理大臣第 66 回（臨時会）所信表明演説，官報（号外），東京：大蔵省印刷局，1971/7/17

佐藤内閣総理大臣第 67 回（臨時会）所信表明演説，官報（号外），東京：大蔵省印刷局，1971/10/19

佐藤内閣総理大臣第 68 回（常会）施政方針演説，官報（号外），東京：大蔵省印刷局，1972/1/29

田中内閣総理大臣第 70 回（臨時会）所信表明演説，官報（号外），東京：大蔵省印刷局，1972/10/28

田中内閣総理大臣第 71 回（特別会）施政方針演説，官報（号外），東京：大蔵省印刷局，1973/1/27

田中内閣総理大臣第 72 回（常会）所信表明演説，官報（号外），東京：大蔵省印刷局，1973/12/1

田中内閣総理大臣第 72 回（常会）施政方針演説，官報（号外），東京：大蔵省印刷局，1974/1/21

三木内閣総理大臣第 74 回（臨時会）所信表明演説，官報（号外），東京：大蔵省印刷局，1974/12/14

三木内閣総理大臣第 75 回（常会）施政方針演説，官報（号外），東京：大蔵省印刷局，1975/1/24

三木内閣総理大臣第 76 回（臨時会）所信表明演説，官報（号外），東京：大蔵省印刷局，1975/9/16

三木内閣総理大臣第 77 回（常会）施政方針演説，官報（号外），東京：大蔵省印刷局，1976/1/23

三木内閣総理大臣第 78 回（臨時会）所信表明演説，官報（号外），東京：大蔵省印刷局，1976/9/24

福田内閣総理大臣第 80 回（常会）施政方針演説，官報（号外），東京：大蔵省印刷局，1977/1/31

福田内閣総理大臣第 81 回（臨時会）所信表明演説，官報（号外），東京：大蔵省印刷局，1977/7/30

福田内閣総理大臣第 82 回（臨時会）所信表明演説，官報（号外），東

京：大蔵省印刷局，1977/10/3

福田内閣総理大臣第 84 回（常会）施政方針演説，官報（号外），東京：大蔵省印刷局，1978/1/21

福田内閣総理大臣第 85 回（臨時会）所信表明演説，官報（号外），東京：大蔵省印刷局，1978/9/20

大平内閣総理大臣第 87 回（常会）施政方針演説，官報（号外），東京：大蔵省印刷局，1979/1/25

大平内閣総理大臣第 88 回（臨時会）所信表明演説，官報（号外），東京：大蔵省印刷局，1979/9/3

大平内閣総理大臣第 90 回（臨時会）所信表明演説，官報（号外），東京：大蔵省印刷局，1979/11/27

大平内閣総理大臣第 91 回（常会）施政方針演説，官報（号外），東京：大蔵省印刷局，1980/1/25

鈴木内閣総理大臣第 93 回（臨時会）所信表明演説，官報（号外），東京：大蔵省印刷局，1980/10/3

鈴木内閣総理大臣第 94 回（常会）施政方針演説，官報（号外），東京：大蔵省印刷局，1981/1/26

鈴木内閣総理大臣第 95 回（臨時会）所信表明演説，官報（号外），東京：大蔵省印刷局，1981/9/28

鈴木内閣総理大臣第 96 回（常会）施政方針演説，官報（号外），東京：大蔵省印刷局，1982/1/25

中曽根内閣総理大臣第 97 回（臨時会）所信表明演説，官報（号外），東京：大蔵省印刷局，1982/12/3

中曽根内閣総理大臣第 98 回（常会）施政方針演説，官報（号外），東京：大蔵省印刷局，1983/1/24

中曽根内閣総理大臣第 100 回（臨時会）所信表明演説，官報（号外），東京：大蔵省印刷局，1983/9/10

中曽根内閣総理大臣第 101 回（特別会）施政方針演説，官報（号外），東京：大蔵省印刷局，1984/2/6

中曽根内閣総理大臣第 102 回（常会）施政方針演説，官報（号外），東

京：大蔵省印刷局，1985/1/25

中曽根内閣総理大臣第103回（臨時会）所信表明演説，官報（号外），東京：大蔵省印刷局，1985/10/14

中曽根内閣総理大臣第104回（常会）施政方針演説，官報（号外），東京：大蔵省印刷局，1986/1/27

中曽根内閣総理大臣第107回（臨時会）所信表明演説，官報（号外），東京：大蔵省印刷局，1986/9/12

中曽根内閣総理大臣第108回（常会）施政方針演説，官報（号外），東京：大蔵省印刷局，1987/1/26

中曽根内閣総理大臣第109回（臨時会）所信表明演説，官報（号外），東京：大蔵省印刷局，1987/7/6

竹下内閣総理大臣第111回（臨時会）所信表明演説，官報（号外），東京：大蔵省印刷局，1987/11/27

竹下内閣総理大臣第112回（常会）施政方針演説，官報（号外），東京：大蔵省印刷局，1988/1/25

竹下内閣総理大臣第113回（臨時会）所信表明演説，官報（号外），東京：大蔵省印刷局，1988/7/29

竹下内閣総理大臣第114回（常会）施政方針演説，官報（号外），東京：大蔵省印刷局，989/2/10

宇野内閣総理大臣第114回（常会）所信表明演説，官報（号外），東京：大蔵省印刷局，1989/6/5

海部内閣総理大臣第116回（臨時会）所信表明演説，官報（号外），東京：大蔵省印刷局，1989/10/2

海部内閣総理大臣第118回（特別会）施政方針演説，官報（号外），東京：大蔵省印刷局，1990/3/2

海部内閣総理大臣第119回（臨時会）所信表明演説，官報（号外），東京：大蔵省印刷局，1990/10/12

海部内閣総理大臣第120回（常会）施政方針演説，官報（号外），東京：大蔵省印刷局，1991/1/25

海部内閣総理大臣第121回（臨時会）所信表明演説，官報（号外），東

京：大蔵省印刷局，1991/8/5

宮澤内閣総理大臣第 122 回（臨時会）所信表明演説，官報（号外），東京：大蔵省印刷局，1991/11/8

宮澤内閣総理大臣第 123 回（常会）施政方針演説，官報（号外），東京：大蔵省印刷局，1992/1/24

宮澤内閣総理大臣第 125 回（臨時会）所信表明演説，官報（号外），東京：大蔵省印刷局，1992/10/30

宮澤内閣総理大臣第 126 回（常会）施政方針演説，官報（号外），東京：大蔵省印刷局，1993/1/22

細川内閣総理大臣第 127 回（特別会）所信表明演説，官報（号外），東京：大蔵省印刷局，1993/8/23

細川内閣総理大臣第 128 回（臨時会）所信表明演説，官報（号外），東京：大蔵省印刷局，1993/9/21

細川内閣総理大臣第 129 回（常会）施政方針演説，官報（号外），東京：大蔵省印刷局，1994/3/4

羽田内閣総理大臣第 129 回（常会）所信表明演説，官報（号外），東京：大蔵省印刷局，1994/5/10

村山内閣総理大臣第 130 回（臨時会）所信表明演説，官報（号外），東京：大蔵省印刷局，1994/7/18

村山内閣総理大臣第 131 回（臨時会）所信表明演説，官報（号外），東京：大蔵省印刷局，1994/9/30

村山内閣総理大臣第 132 回（常会）施政方針演説，官報（号外），東京：大蔵省印刷局，1995/1/20

村山内閣総理大臣第 134 回（臨時会）所信表明演説，官報（号外），東京：大蔵省印刷局，1995/9/29

橋本内閣総理大臣第 136 回（常会）施政方針演説，官報（号外），東京：大蔵省印刷局，1996/1/22

橋本内閣総理大臣第 139 回（臨時会）所信表明演説，官報（号外），東京：大蔵省印刷局，1996/11/29

橋本内閣総理大臣第 140 回（常会）施政方針演説，官報（号外），東京：

大蔵省印刷局，1997/1/20

橋本内閣総理大臣第141回（臨時会）所信表明演説，官報（号外），東京：大蔵省印刷局，1997/9/29

橋本内閣総理大臣第142回（常会）施政方針演説，官報（号外），東京：大蔵省印刷局，1998/2/16

小渕内閣総理大臣第143回（臨時会）所信表明演説，官報（号外），東京：大蔵省印刷局，1998/8/7

小渕内閣総理大臣第144回（臨時会）所信表明演説，官報（号外），東京：大蔵省印刷局，1998/11/27

小渕内閣総理大臣第145回（常会）施政方針演説，官報（号外），東京：大蔵省印刷局，1999/1/19

小渕内閣総理大臣第146回（臨時会）所信表明演説，官報（号外），東京：大蔵省印刷局，1999/10/29

小渕内閣総理大臣第147回（常会）施政方針演説，官報（号外），東京：大蔵省印刷局，2000/1/28

森内閣総理大臣第147回（常会）所信表明演説，官報（号外），東京：大蔵省印刷局，2000/4/7

森内閣総理大臣第149回（臨時会）所信表明演説，官報（号外），東京：大蔵省印刷局，2000/7/28

森内閣総理大臣第150回（臨時会）所信表明演説，官報（号外），東京：大蔵省印刷局，2000/9/21

森内閣総理大臣第151回（常会）施政方針演説，官報（号外），東京：財務省印刷局，2001/1/31

小泉内閣総理大臣第151回（常会）所信表明演説，官報（号外），東京：財務省印刷局，2001/5/7

小泉内閣総理大臣第153回（臨時会）所信表明演説，官報（号外），東京：財務省印刷局，2001/9/27

小泉内閣総理大臣第154回（常会）施政方針演説，官報（号外），東京：財務省印刷局，2002/2/4

小泉内閣総理大臣第155回（臨時会）所信表明演説，官報（号外），東

京：財務省印刷局，2002/10/18

小泉内閣総理大臣第 156 回（常会）施政方針演説，官報（号外），東京：財務省印刷局，2003/1/31

小泉内閣総理大臣第 157 回（臨時会）所信表明演説，官報（号外），東京：国立印刷局，2003/9/26

小泉内閣総理大臣第 159 回（常会）施政方針演説，官報（号外），東京：国立印刷局，2004/1/19

小泉内閣総理大臣第 161 回（臨時会）所信表明演説，官報（号外），東京：国立印刷局，2004/10/12

小泉内閣総理大臣第 162 回（常会）施政方針演説，官報（号外），東京：国立印刷局，2005/1/21

小泉内閣総理大臣第 163 回（特別会）所信表明演説，官報（号外），東京：国立印刷局，2005/9/26

小泉内閣総理大臣第 164 回（常会）施政方針演説，官報（号外），東京：国立印刷局，2006/1/20

安倍内閣総理大臣第 165 回（臨時会）所信表明演説，官報（号外），東京：国立印刷局，2006/9/29

安倍内閣総理大臣第 166 回（常会）施政方針演説，官報（号外），東京：国立印刷局，2007/1/26

安倍内閣総理大臣第 168 回（臨時会）所信表明演説，官報（号外），東京：国立印刷局，2007/9/10

福田内閣総理大臣第 168 回（臨時会）所信表明演説，官報（号外），東京：国立印刷局，2007/10/1

福田内閣総理大臣第 169 回（常会）施政方針演説，官報（号外），東京：国立印刷局，2008/1/18

麻生内閣総理大臣第 170 回（臨時会）所信表明演説，官報（号外），東京：国立印刷局，2008/9/29

麻生内閣総理大臣第 171 回（常会）施政方針演説，官報（号外），東京：国立印刷局，2009/1/28

鳩山内閣総理大臣第 173 回（臨時会）所信表明演説，官報（号外），東

京：国立印刷局，2009/10/26

鳩山内閣総理大臣第 174 回（常会）施政方針演説，官報（号外），東京：国立印刷局，2010/1/29

菅内閣総理大臣第 174 回（常会）所信表明演説，官報（号外），東京：国立印刷局，2010/6/11

菅内閣総理大臣第 176 回（臨時会）所信表明演説，官報（号外），東京：国立印刷局，2010/10/1

菅内閣総理大臣第 177 回（常会）施政方針演説，官報（号外），東京：国立印刷局，2011/1/24

野田内閣総理大臣第 178 回（常会）所信表明演説，官報（号外），東京：国立印刷局，2011/9/13

野田内閣総理大臣第 179 回（常会）所信表明演説，官報（号外），東京：国立印刷局，2011/10/28

野田内閣総理大臣第 180 回（常会）施政方針演説，官報（号外），東京：国立印刷局，2012/1/24

野田内閣総理大臣第 181 回（臨時会）所信表明演説，官報（号外），東京：国立印刷局，2012/10/29

安倍内閣総理大臣第 183 回（常会）所信表明演説，官報（号外），東京：国立印刷局，2013/1/28

安倍内閣総理大臣第 183 回（常会）施政方針演説，官報（号外），東京：国立印刷局，2013/2/28

安倍内閣総理大臣第 185 回（臨時会）所信表明演説，官報（号外），東京：国立印刷局，2013/10/15

安倍内閣総理大臣第 186 回（常会）施政方針演説，官報（号外），東京：国立印刷局，2014/1/24

安倍内閣総理大臣第 187 回（臨時会）所信表明，官報（号外），東京：国立印刷局，2014/9/29

安倍内閣総理大臣第 189 回（常会）施政方針演説，官報（号外），東京：国立印刷局，2015/2/12

安倍内閣総理大臣第 190 回（常会）施政方針演説，官報（号外），東京：

国立印刷局，2016/1/22

安倍内閣総理大臣第192回（臨時会）所信表明演説，官報（号外），東京：国立印刷局，2016/9/26

安倍内閣総理大臣第193回（常会）施政方針演説，官報（号外），東京：国立印刷局，2017/1/20

安倍内閣総理大臣第195回（特別国会）所信表明演説，官報（号外），東京：国立印刷局，2017/11/17

安倍内閣総理大臣第196回（常会）施政方針演説，官報（号外），東京：国立印刷局，2018/1/22

安倍内閣総理大臣第197回（特別国会）所信表明演説，官報（号外），東京：国立印刷局，2018/10/24

安倍内閣総理大臣第198回（常会）施政方針演説，官報（号外），東京：国立印刷局，2019/1/28

安倍内閣総理大臣第200回（臨時会）所信表明，官報（号外），東京：国立印刷局，2019/10/4

安倍内閣総理大臣第201回（常会）施政方針演説，官報（号外），東京：国立印刷局，2020/1/20

菅内閣総理大臣第203回（臨時会）所信表明，http：//www.kantei.go.jp/jp/99_suga/statement/2020/1026shoshinhyomei.html.

菅内閣総理大臣第204回（常会）施政方針演説，http：//www.kantei.go.jp/jp/99_suga/statement/2021/0118shoshinhyomei.html.

岸田内閣総理大臣第205回（臨時会）所信表明演説，https：//www.kantei.go.jp/jp/100_kishida/statement/2021/1008shoshinhyomei.html.

岸田内閣総理大臣第208回（常会）施政方針演説，https：//www.kantei.go.jp/jp/100_kishida/statement/2021/1008shoshinhyomei.html.

三　其他史料　（注：按姓氏拼音或首字母顺序排列）

1. 中文档案资料

步平、［日］北冈伸一：《中日共同历史研究报告（古代史卷）》，社会科

学文献出版社2014年版。

步平、[日] 北冈伸一：《中日共同历史研究报告（近代史卷）》，社会科学文献出版社2014年版。

田恒编：《战后中日关系文献集（1971—1995）》，中国社会科学出版社1997年版。

田恒编：《战后中日关系文献集（1945—1970）》，中国社会科学出版社1997年版。

[日] 大隈重信：《日本開国五十年史》（上/下），上海社会科学院出版社2007年版。

[日] 增岛俊之：《日本的行政改革》，熊达云、张健等译，天津社会科学院出版社1998年版。

[美] 亨利·基辛格：《世界秩序》，胡利平、林华、曹爱菊译，中信出版社2015年版。

[美] 道格拉斯·麦克阿瑟：《麦克阿瑟回忆录》，陈宇飞译，上海社会科学出版社2020年版。

[德] 贝恩德·施特弗尔：《冷战1947—1991：一个极端时代的历史》，孟钟捷译，漓江出版社2015年版。

[德] 列奥·施特劳斯、[美] 约瑟夫·克罗波西主编：《政治哲学史》（上、下册），李洪润等译，法律出版社2020年版。

2. 日文档案资料

安倍晋三（述），安倍内閣総理大臣演説集，東京：内閣官房，2010.

荒垣秀雄编，天声人語2（1950.1—1954.6），東京：朝日新聞社．1981.

荒垣秀雄编，天声人語3（1954.7—1958.6）（第2刷），東京：朝日新聞社，1981.

荒垣秀雄编，天声人語4（1958.7—1963.4），東京：朝日新聞社，1981.

飯尾潤，日本の統治構造—官僚内閣制から議院内閣制—，東京：中央公論新社，2012.

五百旗頭真，日米関係史，東京：有斐閣ブックス，2008.

伊藤和洋著，歴代総理大臣の終焉，東京：政経総研编，1991.

入江徳郎編，天声人語5（1963.5—1966.12），東京：朝日新聞社，1981.

入江徳郎編，天声人語6（1967.1—1970.4），東京：朝日新聞社，1981.

宇野宗佑（述），宇野内閣総理大臣演説集，東京：日本広報協会，1991.

内野達郎，戦後日本経済史（第17刷），東京：講談社学術文庫，1991.

大平正芳（述），内閣総理大臣官房監修，大平内閣総理大臣演説集，東京：日本広報協会，1980.

桶谷秀昭，昭和精神史，東京：文芸春秋，1996.

桶谷秀昭，昭和精神史戦後篇，東京：文芸春秋，2003.

小渕恵三（述），小渕内閣総理大臣演説集（上），東京：日本広報協会，2003.

貝塚茂樹，戦後日本と道徳教育：教科化・教育勅語・愛国心，東京：ミネルヴァ書房，2020.

海部俊樹（述），内閣総理大臣官房監修，海部内閣総理大臣演説集，東京：日本広報協会，1992.

嘉治隆一、荒垣秀雄編，天声人語1（1945.9～1949.12），東京：朝日新聞社，1981.

片山杜秀，平成精神史：天皇・災害・ナショナリズム，東京：幻冬舎，2018.

北岡伸一，自民党—政権党の38年，東京：中央公論新社，2008.

行政管理庁史編集委員会編，行政管理庁史，東京：行政管理庁，1984.

小泉純一郎（述），小泉内閣総理大臣演説集，東京：内閣官房，2009.

国分良成、添谷芳秀、高原明生、川島真，日中関係史，東京：有斐閣アルマ，2013.

国立教育研究所内戦後教育改革資料研究会編集，文部省学習指導要領1，東京：日本図書センター，1980.

佐藤角栄（述），内閣総理大臣官房編，佐藤内閣総理大臣演説集，東京：内閣総理大臣官房，1990.

鈴木善幸（述），内閣総理大臣官房監修，鈴木内閣総理大臣演説集，東京：日本広報協会，1983.

総理府史編纂委員会編，総理府史，東京：内閣総理大臣官房，2000.

竹下登（述），竹下内閣総理大臣演説集，東京：日本広報協会，1990.

竹中治堅，首相支配—日本政治の変貌—，東京：中央公論新社，2006.

田中角栄（述），内閣総理大臣官房監修，田中内閣総理大臣演説集，東京：日本広報協会，1975.

内閣官房編，内閣総理大臣演説集（伊藤博文—佐藤栄作第54回所信），東京：大蔵省印刷局，1965.

内閣制度百年史編纂委員会，歴代総理大臣演説集（伊藤博文—中曽根康弘第103回所信），東京：大蔵省印刷局，1985.

内閣制度百年史編纂委員会，内閣制度百年史：上巻，東京：大蔵省印刷局，1985.

内閣制度百年史編纂委員会，内閣制度百年史：下巻〈資料編〉，東京：大蔵省印刷局，1985.

内閣制度百十周年記念史編集委員会，内閣制度百年史：下巻〈資料編〉追録，東京：大蔵省印刷局，1995.

内閣官房，内閣制度百年史：下巻・追録（1996—2005），東京：大蔵省印刷局，2006.

内閣官房，内閣制度百年史：下巻・追録（2006—2015），東京：大蔵省印刷局，2015.

永井憲一ら，新六法，東京：三省堂，2003.

橋本竜太郎（述），内閣総理大臣官房監修．橋本内閣総理大臣演説集（上），東京：日本広報協会，2001.

浜野洁、井奥成彦、中村宗悦、岸田真、永江雅和、牛島利明，日本経済史：1600—2015，彭曦、刘姝含、韩秋燕、唐帅译，南京：南京大学出版社，2017.

林茂、辻清明編，日本内閣史録（1卷），東京：第一法規出版株式会社，1981.

林茂、辻清明編，日本内閣史録（2卷），東京：第一法規出版株式会社，1981.

林茂、辻清明編，日本内閣史録（3卷），東京：第一法規出版株式会社，1981.

林茂、辻清明編，日本内閣史録（4巻），東京：第一法規出版株式会社，1981.

林茂、辻清明編，日本内閣史録（5巻），東京：第一法規出版株式会社，1981.

林茂、辻清明編，日本内閣史録（6巻），東京：第一法規出版株式会社，1981.

疋田桂一郎編，天声人語7（1970.5—1973.3），東京：朝日新聞社，1981.

深代惇郎編，天声人語8（1973.4—1975.11），東京：朝日新聞社，1981.

福田武夫（述），内閣総理大臣官房監修，福田武夫内閣総理大臣演説集，東京：日本広報協会，1980.

古川哲史編，日本道徳教育史（再版），東京：角川全書，1962.

文化庁，国語施策百年史，東京：ぎょうせい，2005.

細谷千博ほか編，日米関係資料集：1945—1997，東京：東京大学出版会，1999.

三木武夫（述），三木内閣総理大臣演説集，東京：日本広報協会，1977.

宮沢喜一（述），内閣総理大臣官房監修，宮沢内閣総理大臣演説集，東京：日本広報協会，1994.

村山富市（述），内閣総理大臣官房監修，村山内閣総理大臣演説集，東京：日本広報協会，1998.

森喜朗（述），森内閣総理大臣演説集，東京：内閣官房，2005.

文部省編，高等学校学習指導要領解説：国語編（第2版），東京：好学社，1961.

文部省編，学制百年史本編，東京：帝国地方行政学会，1972.

文部省編，学制百年史資料編，東京：帝国地方行政学会，1972.

文部省編，高等学校学習指導要領解説：国語編，東京：ぎょうせい，1979.

文部省，学制百二十年史，東京：株式会社ぎょうせい，1992.

文部省，高等学校学習指導要領解説：国語編，東京：東洋館，1999.

文部科学省，高等学校学習指導要領解説：国語編，東京：教育出版株式

会社，2010.

文部科学省，高等学校学習指導要領（2018年告示）解説：国語編，東京：東洋館，2019.

文部省，高等学校学習指導要領解説：国語編，東京：教育出版株式会社，1989.

山家悠紀夫，日本経済30年史—バブルからアベノミクスまで—（第4刷），東京：岩波書店，2020.

吉次公介，日米安保体制史，東京：岩波書店，2018.

ヴォーゲル，日中関係史—1500年の交流から読むアジアの未来—，益尾知佐子訳，東京：日本経済新聞出版，2019.

四 相关网站等信息（注：按拼音或首字母顺序排列）

1. 中文网站

中华人民共和国中央人民政府 http：//www. gov. cn.

中华人民共和国驻日本国大使馆 https：//www. fmprc. gov. cn.

人民网 http：//politics. people. com. cn.

三联中读APP音频课程。

2. 日文网站

外務省・外交青書 https：//www. mofa. go. jp/mofaj/gaiko/bluebook/index. html.

外務省編．外交青書．東京：外務省．1957—2021

第1号，第2号，第3号，第4号，第5号，第6号，第7号，第8号，第9号，第10号，第11号，第12号，第13号，第14号，第15号，第16号，第17号，第18号，第19号，第20号，第21号，第22号，第23号，第24号，第25号，第26号，第27号，第28号，第29号，第30号，第31号，第32号，第33号，第34号，第35号，第36号，第37号，第38号，第39号，第40号，第41号，第42号，第43号，第44号，第45号，第46号，第47号，第48号，第49号，第50号，

第 51 号，第 52 号，第 53 号，第 53 号，第 55 号，第 56 号，第 57 号，第 58 号，第 59 号，第 60 号，第 61 号，第 62 号，第 63 号，第 64 号。

国立国会図書館 https：//ndlonline.ndl.go.jp.

コトバンク https：//kotobank.jp.

在中国日本大使館·日中関係重要文献集 https：//www.cn.emb-japan.go.jp.

首相官邸 https：//www.kantei.go.jp.

自民党 https：//www.jimin.jp.

データベース「世界と日本」https：//worldjpn.grips.ac.jp.

防衛省 http：//www.kantei.go.jp.

民主党 https：//www.dpj.or.jp.

参考文献

一 中文参考文献（注：按姓氏拼音或首字母顺序排列）

1. 隐喻研究综述方面

彭建武：《国外概念隐喻理论及其应用》，《国外理论动态》2009 年第 8 期。

林书武：《国外隐喻研究综述》，《外语教学与研究》1997 年第 1 期。

林书武：《隐喻研究的基本现状、焦点及趋势》，《外国语》2002 年第 1 期。

薛冰、向明友：《近十年国际语料库隐喻研究的知识图谱分析》，《解放军外国语学院学报》2018 年第 4 期。

章敏、吴世雄：《国外历史/历时隐喻研究述评》，《外语学刊》2019 年第 2 期。

周运会、吴世雄：《国外语料库隐喻研究综述》，《外语学刊》2015 年第 1 期。

钟兰凤、陈希卉：《隐喻识别研究现状述评》，《外语研究》2013 年第 5 期。

石琳：《从修辞到思维，从语言到多模态——隐喻研究的多维视角》，《外语教学》2017 年第 5 期。

束定芳：《隐喻学研究》，上海外语教育出版社 2000 年版。

孙亚、钱玉彬、马婷：《国外隐喻研究现状及发展趋势》，《现代外语》2017 年第 5 期。

严世清：《隐喻研究史探》，《外国语》1995 年第 5 期。

王松鹤：《隐喻的多维研究》，博士学位论文，上海外国语大学，2008 年。

2. 认知语言学方面

马清华：《隐喻意义的取象与文化认知》，《外语教学与研究》2000 年第 4 期。

董方峰：《当代美国政治话语的本质：认知语言学家莱考夫的政治发现》，《中国社会科学报》2011 年 9 月 8 日。

韩涛：《隐喻与思维——汉日英三语中的概念隐喻研究》，外语教学与研究出版社 2017 年版。

蓝纯：《认知语言学与隐喻研究》，外语教学与研究出版社 2005 年版。

李爱华：《解读以自然现象为始源域的情感隐喻》，《日语学习与研究》2015 年第 3 期。

李福印：《认知语言学概论》，北京大学出版社 2008 年版。

李诗平：《隐喻的结构类型与认知功能研究》，《外语教学与研究》2007 年第 5 期。

李远喜：《日语隐喻的认知分析》，《解放军外国语学院学报》2005 年第 4 期。

梁晓波：《国家形象的概念隐喻塑造研究》，《湖北大学学报》（哲学社会科学版）2013 年第 2 期。

林书武：《隐喻和象似性》，《国外语言学》1995 年第 3 期。

刘宇红：《认知语言学的哲学观与马克思主义认识论比较》，《福建外语》2002 年第 3 期。

胡壮麟：《认知隐喻学》，北京大学出版社 2004 年版。

胡壮麟：《语言、认知、隐喻》，《现代外语》1997 年第 4 期。

谢之君：《隐喻认知功能探索》，复旦大学出版社 2007 年版。

谢之君：《隐喻：从修辞格到认知》，《外语与外语教学》2000 年第 3 期。

谢之君：《西方思想家对隐喻认知功能的思考》，《上海大学学报》（社会科学版）2007 年第 1 期。

张平：《隐喻的民族性及其认知阐释》，《东北大学学报》2007 年第 3 期。

张继文：《认知视点的汉日隐喻研究》，《日语学习与研究》2013 年第 1 期。

赵艳芳：《认知语言学概论》，上海外语教育出版社2006年版。

赵彦春：《隐喻的认知因素及隐喻本质——基于隐喻研究史的考察》，《天津外国语大学学报》2013年第2期。

束定芳：《认知语义学》，上海外语教育出版社2008年版。

束定芳：《亚里斯多德与隐喻研究》，《外语研究》1996年第1期。

束定芳：《理查兹的隐喻理论》，《外语研究》1997年第3期。

束定芳：《近10年来国外认知语言学最新进展与发展趋势》，《外语研究》2012年第2期。

束定芳：《从隐喻研究看认知语言学、修辞学和语用学之间的相互关系及启发》，《福建师范大学学报》（哲学社会科学版）2013年第5期。

王寅：《认知语言学探索》，重庆出版社2005年版。

王寅：《认知语言学》，上海外语教育出版社2018年版。

王寅：《体认语言学》，商务印书馆2020年版。

王广成、王秀卿：《隐喻的认知基础与跨文化的相似性》，《外语教学》2000年第1期。

王勤玲：《概念隐喻理论与概念整合理论的对比研究》，《外语学刊》2005年第1期。

王小潞、徐慈华：《影响隐喻认知的主客体因素》，《外语与外语教学》2008年第7期。

汪少华、郑守疆：《从合成空间理论看隐喻的意义建构》，《解放军外国语学院学报》2000年第6期。

汪少华：《隐喻推理机制的认知性透视》，《外语与外语教学》2000年第10期。

汪少华：《合成空间理论对隐喻的阐释力》，《外国语》2001年第3期。

汪少华：《概念合成与隐喻的实时意义建构》，《当代语言学》2002年第2期。

汪少华、徐健：《通感与概念隐喻》，《外语学刊》2002年第3期。

王霜梅：《从修辞到认知—浅析两种不同隐喻观》，《外语与外语教学》2009年第4期。

王彩丽：《修辞隐喻、认知隐喻和语法隐喻的关系探讨》，《广东外语外贸

大学学报》2004年第3期。

王文斌：《隐喻构架与解读的主体自洽》，博士学位论文，上海外国语大学，2005年。

文旭：《认知语言学的研究目标、原则和方法》，《外语教学与研究》2002年第2期。

文旭、叶狂：《概念隐喻的系统性和连贯》，《外语学刊》2003年第3期。

［美］乔治·莱考夫：《别想那只大象》，闾佳译，浙江人民出版社2013年版。

［美］乔治·莱考夫、马克·约翰逊：《我们赖以生存的隐喻》，何文忠译，浙江大学出版社2016年版。

［美］乔治·莱考夫：《女人，火和危险的事物——范畴揭示了思维的什么》（第1、2册），李葆嘉、章婷、邱雪玫译，世界图书出版公司2017年版。

［美］乔治·莱考夫、马克·约翰逊：《肉身哲学：亲身心智及其向西方思想的挑战》（第1、2册），李葆嘉、孙晓霞、司联合、殷红伶、刘林译，世界图书出版公司2018年版。

［美］乔治·莱考夫：《道德政治：自由派和保守派如何思考》，张淳、胡红伟译，社会科学文献出版社2019年版。

［美］兰盖克：《认知语法基础》（第一、二卷），牛保义等译，北京大学出版社2004年版。

［美］埃里克·查尔斯·斯坦哈特：《隐喻的逻辑—可能世界之可类比部分》，兰忠平译，北京商务印书馆2019年版。

3. 系统功能语言学方面

董保华、全冬：《认知识解与语义构建：认知与功能的互补视角》，《外语教学》2015年第1期。

董保华、任大玲、杨炳钧：《系统功能语言学认知转向辩证》，《外国语文》2017年第1期。

田海龙：《英汉语"WE/我们"的人际功能与文化差异》，《天津外国语学院学报》2001年第3期。

韩健：《功能语言学理论框架下的中美《宪法》语篇对比分析及文化阐释》，博士学位论文，上海外国语大学，2013年。

李发根：《元话语功能与韩礼德三大元功能对比分析》，《中国外语》2012年第1期。

刘婷婷、张奕：《概念语法隐喻的认知解读》，《现代外语》2014年第5期。

刘立华：《系统功能语言学与批评话语分析：回顾与前景展望》，《西安外国语大学学报》2007年第3期。

林正军、杨忠：《语法隐喻的语义关系与转级向度研究》，《外语与外语教学》2010年第6期。

林正军、王克非：《跨语言语法隐喻探讨》，《外语学刊》2012年第1期。

林正军、杨忠：《语法隐喻的语用发生理据》，《东北师大学报》（哲学社会科学版）2016年第6期。

林正军、张姝祎：《语法隐喻的语义发生理据》，《外语与外语教学》2018年第5期。

胡壮麟：《韩礼德的语言观》，《外语教学与研究》1984年第1期。

胡壮麟：《韩礼德语言学的六个核心思想》，《外语教学》1990年第6期。

胡壮麟：《语法隐喻》，《外语教学与研究》1996年第1期。

胡壮麟：《评语法隐喻的韩礼德模式》，《外语教学与研究》2000年第2期。

胡壮麟：《系统功能语言学家的超学科研究》，《外语与外语教学》2013年第3期。

胡壮麟：《系统功能语言学的认知观》，《外语学刊》2014年第3期。

黄国文：《韩礼德系统功能语言学40年发展述评》，《外语教学与研究》2000年第1期。

黄国文：《系统功能语言学在中国20年回顾》，《外语与外语教学》2000年第5期。

辛志英、黄国文：《系统功能语言学研究方法论》，《外语研究》2010年第5期。

辛志英、黄国文：《系统功能普通语言学发展五十年回顾》，《外语教学》

2011 年第 4 期。

张春莉：《奥巴马获胜演说的语言特色分析：系统功能视角》，《山东外语教学》2010 年第 3 期。

张德禄、董娟：《语法隐喻理论发展模式研究》，《外语教学与研究》2014 年第 1 期。

张玮：《功能语言学与认知语言学互补性初探》，《四川外语学院学报》2004 年第 5 期。

郑东升、刘晓杰：《政治语篇的人际功能——关于布什话语的个案研究》，《河北师范大学学报》（社会科学版）2010 年第 5 期。

钟丽君：《奥巴马就职演讲的人际意义分析》，《外语学刊》2010 年第 3 期。

朱永生、严世清：《语法隐喻理论的理据和贡献》，《外语教学与研究》2000 年第 2 期。

施光、辛斌：《试析美国宪法中的情态系统》，《外语学刊》2008 年第 2 期。

严世清：《语法隐喻理论的发展及其理论意义》，《外国语》（上海外国语大学学报）2003 年第 3 期。

王和私、尹丕安、王芙蓉：《中英文政治演说的情态对比研究》，《西安外国语大学学报》2011 年第 2 期。

汪少华：《伦理概念的隐喻学分析》，《外语与外语教学》2007 年第 1 期。

汪徽、张辉：《批评认知语言学的研究路径——兼评 van Dijk 的〈话语与语境〉和〈社会与话语〉》，《外语研究》2014 年第 3 期。

杨炳钧：《语法隐喻理论及其应用》，《中国社会科学报》2019 年 7 月 4 日。

杨波：《概念语法隐喻的认知视角》，《外国语》（上海外国语大学学报）2013 年第 5 期。

杨雪燕：《系统功能语言学视角下的话语分析》，《外语教学》2012 年第 2 期。

[英] M. A. K. Halliday：《功能语法导论》，彭宣维、赵秀凤、张征等译，外语教学与研究出版社 2017 年版。

4. 批评语言学方面

田海龙：《认知取向的批评话语分析：两种路径及其特征》，《外语研究》2013 年第 2 期。

田海龙：《话语研究的语言学范式：从批评话语分析到批评话语研究》，《山东外语教学》2016 年第 2 期。

黄国文：《语篇分析与话语分析》，《外语与外语教学》2006 年第 10 期。

纪玉华、陈燕：《批评话语分析的新方法：批评隐喻分析》，《厦门大学学报》（哲学社会科学版）2007 年第 6 期。

夏士周、林正军：《国内批评隐喻研究：现状与展望》，《外语研究》2020 年第 1 期。

辛斌：《语言、权力与意识形态：批评语言学》，《现代外语》1996 年第 1 期。

辛斌：《批评语篇分析的社会和认知取向》，《外语研究》2007 年第 7 期。

辛斌：《批评话语分析中的认知话语分析》，《外语与外语教学》2012 年第 4 期。

辛斌、高小丽：《批评话语分析：目标、方法与动态》，《外语与外语教学》2013 年第 4 期。

徐赳赳：《话语分析二十年》，《外语教学与研究》1995 年第 1 期。

徐鹰、武建国：《批评性话语分析：综述与前瞻》，《华南理工大学学报》（社会科学版）2013 年第 1 期。

詹全旺：《话语分析的哲学基础——建构主义认识论》，《外语学刊》2005 年第 2 期。

张辉、江龙：《试论认知语言学与批评话语分析的融合》，《外语学刊》2008 年第 5 期。

张天伟、郭彬彬：《批评话语分析中的话语策略和识解操作研究》，《外语教学》2016 年第 6 期。

朱永生：《话语分析五十年：回顾与展望》，《外国语》2003 年第 3 期。

沈继荣、辛斌：《两种取向、一种融合——批评话语分析与认知语言学整合研究》，《山东外语教学》2016 年第 2 期。

陈中竺：《批评语言学述评》，《外语教学与研究》1995 年第 1 期。

［英］Black，Corpus Approaches to Critical Metaphor Analysis，Palgrave macmillan，2004.

［英］Fairclough，Language and power，Routledge，1989.

［美］詹姆斯·保罗·吉：《话语分析导论：理论与方法》（第5刷），杨炳钧译，重庆大学出版社2019年版。

［法］福柯：《知识考古学》，谢强、马月译，上海三联书店1998年版。

［法］福柯：《规训与惩罚》，刘北成、杨远缨译，上海三联书店2007年版。

［法］福柯：《福柯说权力与话语》，陈怡含编译，华中科技大学出版社2017年版。

［英］Fowler ed，Language and Control，Routledge & K. Paul，1979.

［英］露丝·沃达克、［英］保罗·奇尔顿主编：《（批评）话语分析的新议程——理论、方法与跨学科研究》，北京大学出版社2016年版。

［英］露丝·沃达克：《话语、政治、日常生活》，黄敏、田海龙等译，浙江大学出版社2019年版。

5. 语用学方面

毛峰林、毛贺力：《日语隐喻、换喻及提喻表达方式的语用探讨——兼与汉语对比》，《日语学习与研究》2009年第6期。

何自然：《语用学概论》，湖南教育出版社1988年版。

姜望琪：《当代语用学》，北京大学出版社2003年版。

徐慈华：《选择与适应——隐喻的语用综观研究》，博士学位论文，浙江大学，2007年。

杨敏：《西方政治语篇分析的语用学视角》，《中国外语》2011年第2期。

于根元：《应用语言学概论》，商务印书馆2010年版。

［德］尤尔根·哈贝马斯：《交往行为理论：第一卷行为合理性与社会合理化》，曹卫东译，上海人民出版社2019年版。

6. 社会语言学方面

戴庆厦：《社会语言学概论》，商务印书馆2003年版。

田海龙:《"我"、"我们"的使用与个人性格》,《语言教学与研究》2001年第4期。

田海龙、张迈曾:《话语权力的不平等关系:语用学与社会学研究》,《外语学刊》2006年第2期。

罗常培:《语言与文化》,语文出版社1989年版。

杨敏:《西方政治语篇研究中的社会语言学视角》,《华东师范大学学报》(社会科学版)2010年第5期。

7. 语料库语言学方面

狄艳华、杨忠:《基于语料库的中国政府工作报告核心主题词研究》,《外语学刊》2010年第6期。

黄昌宁、李涓子:《语料库语言学》,商务印书馆2002年版。

8. 架构理论方面

马伟林:《框架理论与意义识解》,《外语与外语教学》2007年第10期。

李勇忠:《框架转换与意义建构》,《外语学刊》2004年第3期。

梁婧玉、汪少华:《政治语篇隐喻架构之分析——以布什和奥巴马的医保演说为例》,《陕西师范大学学报》2015年第2期。

梁婧玉、汪少华:《布什与奥巴马政治演说的隐喻架构分析——以国情咨文中关于税收的演说为例》,《山西师大学报》(社会科学版)2015年第3期。

梁婧玉、汪少华:《美国两党医保国情咨文(1946—2015)架构隐喻的历时对比研究》,《南京师范大学学报》2018年第1期。

梁婧玉:《美国两党国情咨文1946—2014的隐喻架构分析》,博士学位论文,南京师范大学,2015年。

韩晓玲、陈中华:《框架理论及其在话语分析中的应用》,《外语与外语教学》2003年第9期。

霍颖、刘薇:《美国两党气候变化演讲语篇的隐喻架构分析——以两次关于"巴黎气候协定"的总统演讲为例》,《东北大学学报》(社会科学版)2018年第3期。

张微、毛浩然、汪少华：《突发公共卫生事件官方媒体报道的隐喻架构分析——基于 SARS 和 H7N9 疫情报道语料》，《福建师范大学学报》2015 年第 2 期。

汪少华：《美国政府赖以生存的架构和隐喻》，《山东外语教学》2014 年第 4 期。

汪少华、袁红梅：《政治话语的博弈——美国总统竞选辩论中的框定与重新框定策略的认知解析》，《外国语》2016 年第 4 期。

汪少华、张微：《美国政治话语的隐喻架构模式建构研究——以布什和奥巴马的环保演讲为例》，《中国外语》2017 年第 2 期。

汪少华、张微：《"后真相"时代话语研究的新路径：批评架构分析》，《外语教学》2018 年第 4 期。

汪少华、杨开烨：《从发展演变及应用前景看架构理论》，《中国社会科学报》2020 年 4 月 14 日第 3 版。

袁红梅、汪少华：《美国经济类政治语篇的隐喻架构分析——以 2012 年奥巴马和罗姆尼的总统竞选辩论为例》，《外国语言文学》2016 年第 1 期。

9. 分形理论方面

徐盛桓：《隐喻喻体的建构——分形论视域下隐喻研究之一》，《外语教学》2020 年第 1 期。

10. 政治语篇与隐喻研究方面

凤群：《隐喻和政治神话的实现：美国总统演讲的批评隐喻分析——从里根到奥巴马》，《解放军外国语学院学报》2013 年第 1 期。

田海龙：《政治语言研究：评述与思考》，《外语教学》2002 年第 1 期。

刘桂萍、朴银实：《日本政治语篇的隐喻学分析——以教育类语篇为例》，《中国赴日本国留学生预备学校建校四十周年日语教育研究会论文集（第 9 号）》2021 年第 1 期。

贺梦依：《概念隐喻与政治的关系识解》，《外国语文》2011 年第 3 期。

贺梦依：《政治隐喻中的意识形态》，《当代外语研究》2014 年第 9 期。

项蕴华：《政治语篇中权力不对称性的批评性分析》，《外语学刊》2006 年

第 2 期。

张立新：《外交话语：隐喻认知的叙事研究》，东南大学出版社 2018 年版。

朱炜、贺宁杉：《隐喻与政治语篇的建构》，《南昌大学学报》（社会科学版）2011 年第 3 期。

陈昌文：《政治语言论稿》，《四川大学学报》（哲学社会科学版）1993 年第 3 期。

陈勇、刘肇云：《隐喻政治与政治隐喻：论美国政治家的政治隐喻》，《外语教学》2009 年第 1 期。

陈文革：《隐喻在政治语篇中的作用》，《南华大学学报》（社会科学版）2006 年第 6 期。

曹春春：《隐喻说服在政治语篇中的运用》，《北京科技大学学报》（社会科学版）2013 年第 1 期。

曾蕊蕊：《政治演讲话语中隐喻的说服功能和话语策略——特朗普首次国会演说的批评隐喻分析》，《内蒙古师范大学学报》（哲学社会科学版）2019 年第 1 期。

孙晓珍：《政治语言分析的哲学基础》，《理论观察》2009 年第 4 期。

王晶芝、杨忠：《隐喻在政治新闻语篇中运用的可行性探讨》，《东北师大学报》（哲学社会科学版）2012 年第 3 期。

汪少华：《美国政治语篇的隐喻学分析——以布什和奥巴马的演讲为例》，《外语与外语教学》2011 年第 4 期。

文旭：《政治话语与政治隐喻》，《当代外语研究》2014 年第 3 期。

吴丹苹、庞继贤：《政治语篇中隐喻的说服功能与话语策略—项基于语料库的研究》，《外语与外语教学》2011 年第 4 期。

武建国、龚纯、宋玥：《政治话语的批评隐喻分析——以特朗普演讲为例》，《外国语》（上海外国语大学学报）2020 年第 3 期。

11. 日语语言研究综述方面

潘均：《现代日语语言学前沿》，外语教学与研究出版社 2010 年版。

潘均：《2015 年度国内日语语言研究》，《日语学习与研究》2016 年第 2 期。

彭广陆：《2007 年日语语言学研究现状与动向》，《日语学习与研究》2008 年第 1 期。

毛文伟：《2016 年度中国日语语言研究综述》，《日语学习与研究》2017 年第 1 期。

冷丽敏：《2017 年中国日语教育研究综述》，《日语学习与研究》2018 年第 3 期。

李运博：《2012—2013 年中国的日语语言学研究》，《日语学习与研究》2013 年第 6 期。

许宗华：《2018 年度中国的日语语言研究综述》，《日语学习与研究》2019 年第 5 期。

徐一平：《2008 年日语语言学研究动态》，《日语学习与研究》2009 年第 1 期。

施建军：《2017 年度中国日语语言学研究状况及动向分析》，《日语学习与研究》日语学习与研究》2018 年第 2 期。

曹大峰：《2011 年中国日语研究综述》，《日语学习与研究》2012 年第 1 期。

王忻：《2009—2010 年日语语言研究综述》，《日语学习与研究》2011 年第 2 期。

毋育新：《2014 年中国日语语言学研究综述》，《日语学习与研究》2015 年第 1 期。

12. 日语政治语篇研究方面

刘桂萍：《日本历届政府施政报告多视角研究》，吉林大学出版社 2016 年版。

刘桂萍、孙岩帝、张富国：《日本历代首相施政报告中的"教育立国"思想论析》，《东北师大学报》（社会科学版）2013 年第 5 期。

刘桂萍、张富国：《日本国家教育理念中的五个"不变"因素》，《外国教育研究》2013 年第 12 期。

刘桂萍、张富国、孙岩帝，歴代総理大臣国会演説の結びに於ける言葉遣いの探索的分析，延吉：中朝韩日文化比较研究丛书（3），2013

刘桂萍：《战后日本青少年人格教育的核心理念——基于战后日本首相施政报告的研究》，《外国中小学教育》2014年第6期。

刘桂萍：《战后日本青少年国语教育的核心理念探析——基于战后日本首相施政报告及日本国语教学大纲的研究》，《外国中小学教育》2015年第7期。

刘桂萍：《日本首相施政报告中相关教育内容的主题词分析》，《外国问题研究》2017年第4期。

刘桂萍：《日本青少年国语教育新动向——基于2017年日本中小学国语教学大纲修订案的研究》，《外国中小学教育》2017年第8期。

刘桂萍：《日本中小学道德教育变革新动向——基于2017年日本中小学道德教学大纲修订案的考察》，《外国问题研究》2019年第1期。

刘桂萍：《日本青少年高中阶段国语教育政策的新动向解读——以2018年日本高中国语教学大纲修订案为例》，《外国问题研究》2020年第4期。

刘江永：《日本的国家利益观、对外战略与对华政策》，《外交评论》2012年第3期。

张建立：《战后日本国家自我认知的轨迹及成因》，《日本学刊》2015年第3期。

张建立：《战后日本的国家认同建构特点研究——心理文化学视角的考察》，《东北师范大学学报》（社会科学版）2017年第5期。

13. 修辞学方面

彭增安：《西方隐喻研究管窥》，《修辞学习》2004年第6期。

邓志勇：《伯克与亚里士多德：差异及"血脉"关联——从修辞学的定义、功能和范畴来看》，《修辞学习》2009年第6期。

邓志勇：《试论伯克修辞学与亚里士多德修辞学在运作机理上的关联》，《外国语文》2011年第4期。

李鑫华：《规劝与认同：亚里士多德修辞学与伯克新修辞学比较研究》，《四川外语学院学报》2002年第4期。

刘亚猛：《西方修辞学史》，外语教学与研究出版社2018年版。

[古希腊]亚理斯多德：《诗学/修辞学》，罗念生译，上海人民出版社

2016 年版。

［美］肯尼斯·博克等：《当代西方修辞学：演讲与话语批评》，常昌富、顾宝桐译，中国社会科学出版社 1998 年版。

［古罗马］西塞罗：《论演说家》，王焕生译，中国政法大学出版社 2003 年版。

［美］施特劳斯讲疏，伯格编订：《修辞术与城邦——亚里士多德《修辞术》讲疏》，何博超译，华东师范大学出版社 2016 年版。

14. 符号学方面

吕红周：《符号学视角下的隐喻研究》，博士学位论文，黑龙江大学，2010 年。

15. 语言哲学方面

刘宇红：《隐喻研究的哲学视角》，《外国语》2005 年第 3 期。

陈嘉映：《语言哲学》，北京大学出版社 2008 年版。

陈嘉映：《说隐喻》，《华东师范大学学报》（哲学社会科学版）2002 年第 6 期。

陈四海：《分析哲学视野中的隐喻问题研究》，博士学位论文，南京大学，2013 年。

崔艳辉：《隐喻与认知——乔治·莱考夫语言哲学研究》，博士学位论文，吉林大学，2015 年。

［法］保罗·利科：《活生生的隐喻》，汪家堂译，上海译文出版社 1975 年版。

［法］保罗·利科：《解释的冲突》，莫伟民译，商务印书馆 2017 年版。

［奥］维特根斯坦：《哲学研究》，李步楼译，商务印书馆 2010 年版。

［奥］维特根斯坦：《逻辑哲学论》，贺绍甲译，商务印书馆 2010 年版。

16. 文化哲学方面

刘立华：《隐喻：从语言学到文化哲学》，博士学位论文，黑龙江大学，2017 年。

17. 心理学方面

黄希庭：《心理学导论》，人民教育出版社 1999 年版。

叶奕乾、何存道、梁宁建主编：《普通心理学》，华东师范大学出版社 1999 年版。

［美］库尔特·考夫卡：《格式塔心理学原理》，李维译，北京大学出版社 2020 年版。

［美］库尔特·勒温：《拓扑心理学原理》，高觉敷译，商务印书馆 2017 年版。

［法］古斯塔夫·勒庞：《乌合之众：群体心理学》，董强译，浙江文艺出版社 2019 年版。

［瑞士］皮亚杰：《发生认识论原理》，王宪钿等译、胡世襄等校，商务印书馆 2018 年版。

［瑞士］皮亚杰：《智力心理学》，严和来、姜余译，商务印书馆 2019 年版。

［瑞士］皮亚杰：《结构主义》，倪连生、王琳译，商务印书馆 2020 年版。

18. 文献计量学方面

程凯文、肖雅丹、邓颜蕙：《国内概念隐喻研究的文献计量学分析》，《西南交通大学学报》（社会科学版）2019 年第 1 期。

孙毅：《当代隐喻学在中国（1994—2013）——一项基于 CSSCI 外国语言学来源期刊的文献计量研究》，《西安外国语大学学报 2015 年第 3 期》。

孙毅：《再议当代隐喻学在中国（2014—2018）——基于 CSSCI 期刊的文献计量研究》，《外语学刊》2020 年第 3 期。

19. 其他

梁云祥、杨美娇：《从中日四个政治文件探析两国关系发展轨迹及未来趋势》，《东北亚论坛》2020 年第 3 期。

林连德：《当代中日贸易关系史》，中国对外经济贸易出版社 1990 年版。

韩东育：《从"脱儒入法"到"脱亚入欧"》，《读书》2002 年第 1 期。

韩东育:《"华裔秩序"的东亚构架与自解体内情》,《东北师大学报》(社会科学版) 2008 年第 1 期。

韩东育:《关于前近代东亚体系中的伦理问题》,《历史研究》2010 年第 6 期。

韩东育:《华夷秩序的发生逻辑与早期展开》,《思想史研究(外刊)》2011 年第 2 期。

韩东育:《战后七十年日本历史认识问题解析》,《中国社会科学》2015 年第 9 期。

韩东育:《东亚世界的"落差"与"权力"——从"华夷秩序"到"条约体系"》,《经济社会史评论》2016 年第 2 期。

韩东育:《从"请封"到"自封"对日本"自中心化"过程的立体观察》,《北京师范大学学报》(社会科学版) 2017 年第 4 期。

夏飞、李成智:《前景理论及其对政府决策的启示》,《现代管理学》2005 年第 3 期。

任婷婷:《日本神道教中神与人的转化》,《中国社会科学报》2016 年 3 月 22 日。

曾建敏:《Kahneman & Tversky 的前景理论》,《逻辑与认知》2005 年第 1 期。

[古希腊] 亚里斯多德:《政治学》,陈虹秀译,台海出版社 2019 年版。

[英] 培根:《新工具》,许宝骙译,商务印书馆 2018 年版。

[英] 玛丽·道格拉斯:《洁净与危险——对污染和禁忌观念的分析》,黄剑波等译,商务印书馆 2020 年版。

[美] 科林·弗林特、[英] 皮特·泰勒:《政治地理学—世界·经济·民族—国家与地方》,刘云刚译,商务印书馆 2016 年版。

[英] 雷蒙特·弗思:《人文类型》,费孝通译,商务印书馆 2017 年版。

[法] 福柯:《安全、领土与人口/福柯·法兰西学院课程》,钱翰、陈晓径译,上海人民出版社 2018 年版。

[德] 于尔根·哈贝马斯:《后形而上学思想》,曹卫东、付德根译,译林出版社 2001 年版。

[英] 霍布斯:《利维坦》,黎思复、黎廷弼译,杨昌裕校,商务印书馆

2019 年版。

[德] 康德：《逻辑学讲义》，许景行译、杨一之校，商务印书馆 2018 年版。

[英] 罗素：《西方哲学史（上/下）》，何兆武、李约瑟译，商务印书馆 2018 年版。

[美] 爱德华·萨丕尔：《语言论》，陆卓元译，陆志韦校订，商务印书馆 1985 年版。

[美] 列维·施特劳斯：《图腾制度》，梁敬东译、梅非校．商务印书馆 2018 年版。

[德] 克劳斯·施瓦布、[法] 蒂埃里·马勒雷：《后疫情时代—大重构》，世界经济论坛北京代表处译，中信出版集团 2020 年版。

[德] 马克斯·韦伯：《社会科学方法论》，中国人民大学出版社 2018 年版。

[德] 马克斯·韦伯：《新教伦理与资本主义精神》，刘作宾译，中国人民大学出版社 2018 年版。

[德] 马克斯·韦伯：《学术与政治》，冯克利译，商务印书馆 2019 年版。

[日] 芳贺矢一：《国民性十论》，李冬木等译，三联书店 2020 年版。

二　日本語参考文献（注：按姓氏首字母顺序排列）

1. 言語学研究

(1) メタファー研究

石井康毅，認知言語学の知見に基づく英語学習者への前置詞・句動詞の提示—英和辞典と高校英語検定教科書における実践—，東京：メタファー研究 2 特集：時間のメタファー，2018。

一川誠，時間知覚の不良設定問題と錯覚—Ill-posed problems in time perception and illusion，東京：メタファー研究 2 特集：時間のメタファー，2018。

岩崎真哉，時間メタファーを考える—主体性との関連から—，東京：メタファー研究 2 特集：時間のメタファー，2018。

内海彰，計算論的アプローチによるメタファー研究の最新動向と展望，東京：メタファー研究1，2018。

内田聖二，関連性理論からみたメタファー，東京：メタファー研究1，2018。

大神雄一郎，日本語の時間移動型メタファーの言語的発見と成立基盤，東京：メタファー研究2 特集：時間のメタファー，2018。

大田垣仁，換喩における指示をめぐって—名詞句に生じる換喩の境界線—，東京：メタファー研究2 特集：時間のメタファー，2018。

岡隆之介，楠見孝，比喩表現の伝達目標別の使用頻度と情動知能特性との関連，東京：メタファー研究2 特集：時間のメタファー，2018。

大森文子，人の心と空模様—シェイクスピアのメタファーをめぐって—，東京：メタファー研究1，2018。

笠貫葉子，複合的比喩「メトニミーからのメタファー」の成立基盤と分類について，東京：メタファー研究2 特集：時間のメタファー，2018。

片岡邦好，メタファーと身体表象—発語から談話への展開と変容について—，東京：メタファー研究1，2018。

楠見孝編，メタファー研究の最前線，東京：ひつじ書房，2007。

楠見孝，認知心理学から見た比喩（特集：比喩の世界），東京：日本語学24（6），2005。

楠見孝，愛の概念を支える放射状カテゴリーと概念比喩：実験認知言語学的アプローチ，東京：認知言語学（1），2015。

楠見孝，三島由紀夫『金閣寺』における比喩の認知的分析，東京：メタファー研究1，2018。

黒田航，概念メタファーの体系性、生産性はどの程度か？—被害の発生に関係するメタファーの成立基盤の記述を通じて—（特集：比喩の世界），東京：日本語学24（6），2005。

後藤秀貴，〈感情は液体〉メタファーの成立基盤と制約—概念メタファーの「まだら」をめぐって—，東京：メタファー研究1，2018。

佐藤信夫，レトリック感覚，東京：講談社，1992。

篠原和子，時間メタファーの言語相対性—TIME IS MOTIONの経験基盤モ

デル—，東京：メタファー研究 2 特集：時間のメタファー，2018。

杉本巧，会話分析とメタファー，東京：メタファー研究 1，2018。

瀬戸賢一，空間のレトリック，東京：海鳴社，1995。

瀬戸賢一，日本語のレトリック—文章表現の技法—（第 17 刷），東京：岩波書店，2015。

瀬戸賢一，時間の言語学，東京：筑摩書房，2017。

瀬戸賢一、山添秀剛、小田希望，認知構文論，東京：大修館，2017。

瀬戸賢一、山添秀剛、小田希望，認知言語学の基礎，東京：大修館，2017。

瀬戸賢一、山添秀剛、小田希望，認知意味論，東京：大修館書店，2017。

瀬戸賢一，メタファー思考—意味と認識の仕組み—（第 14 刷），東京：講談社，2019。

瀬戸賢一，日常のメタファー—ふだん着の擬人法—（特集：比喩の世界），東京：日本語学 24（6），2005。

多門靖容，比喩表現論，東京：風間書房，2006。

多門靖容，比喩論，東京：風間書房，2014。

多門靖容，日本語の比喩史（特集：比喩の世界），東京：日本語学 24（6），2005。

辻幸夫監修，中本敬子、李在鎬編集，認知言語学研究の方法—内省・コーパス・実験—，東京：ひつじ書房，2011。

中村明，比喩表現の世界：日本語のイメージを読む，東京：筑摩書房，2013。

鍋島弘治朗，メタファーと身体性，東京：ひつじ書房，2016。

鍋島弘次朗、楠見孝、内海彰編，メタファー研究 1，東京：ひつじ書房，2018。

鍋島弘治朗，日本語のメタファー，東京：くろしお出版，2018。

鍋島弘次朗、楠見孝、内海彰編，メタファー研究 2：特集時間のメタファー，東京：ひつじ書房，2019。

鍋島弘治朗，批判的ディスコース分析と認知言語学の接点—認知メタファー理論のCDAへの応用—，東京：時事英語学研究 NO. XLIV，2005。

鍋島弘治朗、中野阿佐子，MIP—理想のメタファー認定手順を求めて—，東京：英米文學英語學論集，2016。

鍋島弘次郎，脳科学とメタファー—身体性研究がいかにLakoff&Johnson（1980）の予見を実質化したか—，東京：メタファー研究1，2018。

平知宏、楠見孝，比喩研究の動向と展望，東京：心理学研究第82巻（3），2011。

福田一雄，文法的メタファーとは何か—M. A. K. ハリデー1994第10章をめぐって—，新潟：新潟大学英文学会誌（29），2003。

本多啓，時空間メタファーにおける時間概念の多重性について，東京：メタファー研究2特集：時間のメタファー，2018。

籾山洋介，日本語は人間をどう見ているか，東京：研究社，2006。

籾山洋介，日本語研究のための認知言語学，東京：研究社，2014。

籾山洋介，認知言語学入門（第7刷），東京：研究社，2020。

籾山洋介，百科事典的意味と比喩—指示対象の特徴の重要性—，東京：メタファー研究2特集：時間のメタファー，2018。

山梨正明，比喩と理解，東京：東京大学出版会，1988。

山梨正明，認知言語学原理，東京：黒潮出版，2000。

山梨正明，認知構文論，東京：大修館，2009。

山梨正明，認知意味論研究，東京：研究社，2012。

山梨正明，修辞的表現論：認知と言葉の技巧，東京：開拓社，2015。

宮原勇，哲学における時間論の系譜—アリストテレスとアウグスティヌス—，東京：メタファー研究2特集：時間のメタファー，2018。

ディビィッド・リー，実例で学ぶ認知言語学（第1刷），宮浦国江訳，東京：大修館書店，2001。

G・レイコフ，認知意味論—言語から見た人間の心—，池上嘉彦、河上誓作他訳，東京：紀伊國屋書店，1993。

G・レイコフ，M・ターナー，詩と認知，大堀俊夫訳，東京：紀伊國屋書店，1994。

G・レイコフ，M・ジョンソン，肉中の哲学—肉体を具有したマインドが西洋の思考に挑戦する—，計見一雄訳，東京：哲学書房，2004。

G・レイコフ，メタファーによるモラルと政治—米国における保守とリベラル—，小林良彰、鍋島弘治郎訳，東京：木鐸社刊，1997。

G・レイコフ，M・ジョンソン，レトリックと人生（第12刷），渡部昇一、楠瀬淳三、その他訳，東京：大修館書店，2019。

G・レイコフ，隠喩と戦争—湾岸戦争を正当化するために使われた隠喩の体系—，高頭直樹訳，東京：（思想としての湾岸戦争＜特集＞）現代思想19（5），1991。

ケネス・バーク，動機の修辞学，森常治訳，東京：晶文社，2009。

レイモンド・W・ギブズJr，比喩と認知：心とことばの認知科学，辻幸夫、井上逸兵監訳，小野滋、出原健一、八木健太郎訳，東京：研究社．2008。

ノーム・チョムスキー，言語と認知—心的実在としての言語—，加藤泰彦訳，東京：秀英書房，2004。

ポール・リクール，生きた隠喩，久米博訳，東京：岩波書店，1998。

ロナルド・W・ラネカー，認知文法論序説，山梨正明訳，東京：研究社，2011。

シル・フォコニエ，メンタル・スペース—自然言語理解の認知インターフェイス—，坂原茂、水光雅則、田窪行則、三藤博訳，東京：白水社，1996。

シル・フォコニエ，思考と言語におけるマッピング，坂原茂、田窪行則、三藤博訳，東京：岩波書店．2000。

（2）その他

池上義彦，「する」と「なる」の言語学（第13刷），東京：大修館書店，2018。

井波真弓、齋藤兆古、堀井清之，日米首脳の演説比較—離散値系ウェーブレット多重解像度解析—，東京：可視化情報（1），2007。

小泉保，言外の言語学—日本語語用論—，東京：三省堂，1999。

近藤洋逸、好並英司，論理学概論（第11刷），東京：岩波書店，1974。

鈴木崇史、影浦峡，時代による総理大臣演説の文体的変化，東京：情報

処理学会シンポジウム論文集，2006。

鈴木崇史，総理大臣国会演説の計量文体分析：細川・小泉・三木を中心として，東京：日本政治学会大会研究会，2007。

鈴木崇史，総理大臣国会演説にみる対外認識の推移：東西問題・南北問題を中心として，東京：2007年度日本国際政治学会研究大会「理論と方法」分科会，2007。

鈴木崇史、影浦峡，総理大臣演説に於ける語彙多様性の変化，東京：日本行動計量学会大会発表論文抄録集，2007。

鈴木崇史、影浦峡，総理大臣国会演説に於ける基本的文体特徴量の探索的分析，東京：計量国学26（4），2008。

鈴木崇史、影浦峡，名詞の分布特徴量を用いた政治テキスト分析，東京：行動計量学38（1），2011。

外山滋比古，日本語の論理（第9刷），東京：中央公論新社，2004。

中山康雄，言語哲学から形而上学へ—四次元主義哲学の新展開—，東京：勁草書房，2019。

中村秩祥子，内閣総理大臣演説の文体分析—鳩山首相から大平首相について—，東京：龍谷大学国際センター研究年報（13），2004。

中村秩祥子，内閣総理大臣演説の文体分析2—明治時代の伊藤首相から西園寺首相について—，東京：龍谷大学国際センター研究年報（15），2006。

中村秩祥子，内閣総理大臣演説の文体分析3—大正時代の山本首相から加藤首相について—，東京：龍谷大学国際センター研究年報（16），2007。

野村康，社会科学の考え方—認識論、リサーチ・デザイン、手法—，名古屋：名古屋大学研究会，2018。

東照二，歴代首相の言語力を診断する，東京：研究社，2006。

東照二，言語学者が政治家を丸裸にする，東京：文芸春秋，2007。

東照二，選挙演説の言語学，京都：ミネルヴァ書房，2010。

東照二，どじょう宰相の言語力を診断する，東京：中央公論126（12），2011。

D・スペルベル，D・ウイルソン，関連性理論：伝達と認知，内田聖二、中達俊明、宋南先、田中圭子訳，東京：研究社出版，1996。

ハリデー，機能文法概説—ハリデー理論への誘い—，山口登、筧壽雄訳，東京：岩波書店，2001。

J・L・オースティン，言語と行為，坂本百大訳，東京：勁草書房，1978。

マックス・ウェーバー，職業としての政治，西島芳二訳，東京：岩波書店，1952。

マックス・ウェーバー，社会科学方法論（第27刷），恒籐恭検閲、冨永祐治、立野保男共訳，東京：岩波書店，1966。

マックス・ウェーバー，社会学の根本概念，清水幾太郎訳，東京：岩波書店，1972。

マックス・ウェーバー，理解社会学のカテゴリー（第11刷），林道義訳，東京：岩波書店，1977。

ノーマン・フェアクロー，言語とパワー，貫井孝典訳監修，吉村昭市、脇田博文、水野真木子訳，大阪：大阪教育図書，2008。

ルート・ボダック，ミヒャエル・マイヤー編著，批判的談話分析入門，野呂香代子監訳，東京：三元社，2010。

サール，坂本百大、土屋俊訳，言語行為：言語哲学への試論（第12刷），東京：勁草書房，2019。

ウィトゲンシュタイン，論理哲学論考（第13刷），野矢茂樹訳，東京：岩波書店，2008。

2. 日本文化等研究

穐山守夫，新自由主義的行政改革，千葉：千葉商大論叢47（2），2010。

上山春平，照葉樹林文化—日本文化の深層—（第35刷），東京：中央公論社新刊，1999。

大久保喬樹，日本文化論の系譜—『武士道』から『「甘え」の構造』まで—，東京：中央公論新社，2003。

加藤朗，共同声明、首脳会談記録等に見る冷戦後の日米同盟の変遷—価値観と世界認識の視点から—，東京：国際学県研究．2014（5）。

清水さゆり，日中民間貿易と日米外交、1952年—1955年，一橋論叢（第114巻第1号），一橋大学一橋学会一橋論叢編集所編，東京：日本評論社，1995（7）。

田中嘉彦，日本の行政機構改革—中央省庁再編の史的変遷とその文脈—，東京：レファレンス，2015（9）。

土居健郎，『甘え』の構造，東京：弘文堂，2002。

長崎栄三，日本の戦後教育の変遷と課題，科学技術リテラシーに関する課題研究報告書，東京：科学技術振興機構科学コミュニケーションセンター，2014。

中村元，東洋人の思惟方法（3），東京：春秋社，1962。

張啓雄、葉長城、渡辺直士，「政経分離」対「政経一体」の「名実論」的分析：戦後日本の両岸政策の形成と転換（1952—1972），京都：京都大学人文学報，2007（3）。

福島啓之，関係修復の国際政治と戦後日本外交—政策決定者の共時的認識と対象国の選択—，日本政治学会編，年報政治学，東京：木鐸社，2013（1）。

和辻哲郎，風土—人間学的考察—（第42刷），東京：岩波書店，2002。

ルース・ベネディクト，菊と刀：日本文化の型（第17刷），長谷川松治訳，東京：社会思想社，1970。

附 录

日本历任首相及任职时间

任	日本历任首相 中文	日文汉字	日文读法	任职时间
1	伊藤 博文	伊藤 博文	いとう ひろふみ	1885.12.22—1888.4.30
2	黑田 清隆	黒田 清隆	くろだ きよたか	1888.4.30—1889.10.25
3	山县 有朋	山縣 有朋	やまがた ありとも	1889.12.24—1891.5.6
4	松方 正义	松方 正義	まつかた まさよし	1891.5.6—1892.8.8
5	伊藤 博文	伊藤 博文	いとう ひろふみ	1892.8.8—1896.8.31
6	松方 正义	松方 正義	まつかた まさよし	1896.9.18—18981.12
7	伊藤 博文	伊藤 博文	いとう ひろふみ	1898.1.12—1898.6.30
8	大隈 重信	大隈 重信	おおくま しげのぶ	1898.6.30—1898.11.8
9	山县 有朋	山縣 有朋	やまがた ありとも	1898.11.8—1900.10.19
10	伊藤 博文	伊藤 博文	いとう ひろふみ	1900.10.19—1901.5.10
11	桂 太郎	桂 太郎	かつら たろう	1901.6.2—1906.1.7
12	西园寺 公望	西園寺 公望	さいおんじ きんもち	1906.1.7—1908.7.14
13	桂 太郎	桂 太郎	かつら たろう	1908.7.14—1911.8.30
14	西园寺 公望	西園寺 公望	さいおんじ きんもち	1911.8.30—1912.12.21
15	桂 太郎	桂 太郎	かつら たろう	1912.12.21—1913.2.20
16	山本 权兵卫	山本 権兵衛	やまもと ごんべえ	1913.2.20—1914.4.16
17	大隈 重信	大隈 重信	おおくま しげのぶ	1914.4.16—1916.10.9
18	寺内 正毅	寺内 正毅	てらうち まさたけ	1916.10.9—1918.9.29
19	原 敬	原 敬	はら たかし	1918.9.29—1921.11.4
20	高桥 是清	高橋 是清	たかはし これきよ	1921.11.13—1922.6.12

续表

任	日本历任首相			任职时间
	中文	日文		
		日文汉字	日文读法	
21	加藤 友三郎	加藤 友三郎	かとう ともさぶろう	1922.6.12—1923.8.24
22	山本 权兵卫	山本 権兵衛	やまもと ごんべい	1923.9.2—1924.1.7
23	清浦 圭吾	清浦 圭吾	きようら けいご	1924.1.7—1924.6.11
24	加藤 高明	加藤 高明	かとう たかあき	1924.6.11—1926.1.28
25	若槻 礼次郎	若槻 礼次郎	わかつき れいじろう	1926.1.30—1927.4.20
26	田中 义一	田中 義一	たなか ぎいち	1927.4.20—1929.7.2
27	滨口 雄幸	濱口 雄幸	はまぐち おさち	1929.7.2—1931.4.14
28	若槻 礼次郎	若槻 礼次郎	わかつき れいじろう	1931.4.14—1931.12.13
29	犬养 毅	犬養 毅	いぬかい つよし	1931.12.13—1932.5.16
30	斋藤 实	斎藤 實	さいとう まこと	1932.5.26—1934.7.8
31	冈田 启介	岡田 啓介	おかだ けいすけ	1934.7.8—1936.3.9
32	广田 弘毅	廣田 弘毅	ひろた こうき	1936.3.9—1937.2.2
33	林 铣十郎	林 銑十郎	はやし せんじゅうろう	1937.2.2—1937.6.4
34	近卫 文麿	近衛 文麿	このえ ふみまろ	1937.6.4—1939.1.5
35	平沼 骐一郎	平沼 騏一郎	ひらぬま きいちろう	1939.1.5—1939.8.30
36	阿部 信行	阿部 信行	あべ のぶゆき	1939.8.30—1940.1.16
37	米内 光政	米内 光政	よない みつまさ	1940.1.16—1940.7.22
38	近卫 文麿	近衛 文麿	このえ ふみまろ	1940.7.22—1941.7.18
39				1941.7.18—1941.10.18
40	东条 英机	東条 英機	とうじょう ひでき	1941.10.18—1944.7.22
41	小矶 国昭	小磯 国昭	こいそ くにあき	1944.7.22—1945.4.7
42	铃木 贯太郎	鈴木 貫太郎	すずき かんたろう	1945.4.7—1945.8.17
43	东久迩宫 稔彦王	東久邇宮 稔彦王	ひがしくにのみや なるひこおう	1945.8.17—1945.10.9
44	币原 喜重郎	幣原 喜重郎	しではら きじゅうろう	1945.10.9—1946.5.22
45	吉田 茂	吉田 茂	よしだ しげる	1946.5.22—1947.5.24
46	片山 哲	片山 哲	かたやま てつ	1947.5.24—1948.3.10
47	芦田 均	芦田 均	あしだ ひとし	1948.3.10—1948.10.15

续表

任	日本历任首相			任职时间
	中文	日文		
		日文汉字	日文读法	
48	吉田 茂	吉田 茂	よしだ しげる	1948.10.15—1949.2.16
49				1949.2.16—1952.10.30
50				1952.10.30—1953.5.21
51				1953.5.21—1954.12.10
52	鸠山 一郎	鳩山 一郎	はとやま いちろう	1954.12.10—1955.3.19
53				1955.3.19—1955.11.22
54				1955.11.22—1956.12.23
55	石桥 湛山	石橋 湛山	いしばし たんざん	1956.12.23—1957.2.25
56	岸 信介	岸 信介	きし のぶすけ	1957.2.25—1958.6.12
57				1958.6.12—1960.7.19
58	池田 勇人	池田 勇人	いけだ はやと	1960.7.19—1960.12.8
59				1960.12.8—1963.12.9
60				1963.12.9—1964.11.9
61	佐藤 荣作	佐藤 栄作	さとう えいさく	1964.11.9—1967.2.17
62				1967.2.17—1970.1.14
63				1970.1.14—1972.7.7
64	田中 角荣	田中 角栄	たなか かくえい	1972.7.7—1972.12.22
65				1972.12.22—1974.12.9
66	三木 武夫	三木 武夫	みき たけお	1974.12.9—1976.12.24
67	福田 赳夫	福田 赳夫	ふくだ たけお	1976.12.24—1978.12.7
68	大平 正芳	大平 正芳	おおひら まさよし	1978.12.7—1979.11.9
69				1979.11.9—1980.6.12
70	铃木 善幸	鈴木 善幸	すずき ぜんこう	1980.7.17—1982.11.27
71	中曾根 康弘	中曽根 康弘	なかそね やすひろ	1982.11.27—1983.12.27
72				1983.12.27—1986.7.22
73				1986.7.22—1987.11.6
74	竹下 登	竹下 登	たけした のぼる	1987.11.6—1989.6.3
75	宇野 宗佑	宇野 宗佑	うの そうすけ	1989.6.3—1989.8.10

续表

任	日本历任首相			任职时间
	中文	日文		
		日文汉字	日文读法	
76	海部 俊树	海部 俊樹	かいふ としき	1989.8.10—1990.2.28
77				1990.2.28—1991.11.5
78	宫泽 喜一	宮沢 喜一	みやざわ きいち	1991.11.5—1993.8.9
79	细川 护熙	細川 護熙	ほそかわ もりひろ	1993.8.9—1994.4.28
80	羽田 孜	羽田 孜	はた つとむ	1994.4.28—1994.6.30
81	村山 富市	村山 富市	むらやま とみいち	1994.6.30—1996.1.11
82	桥本 龙太郎	橋本 龍太郎	はしもと りゅうたろう	1996.1.11—1996.11.7
83				1996.11.7—1998.7.30
84	小渊 惠三	小渕 恵三	おぶち けいぞう	1998.7.30—2000.4.5
85	森 喜朗	森 喜朗	もり よしろう	2000.4.5—2000.7.4
86				2000.7.4—2001.4.26
87	小泉 纯一郎	小泉 純一郎	こいずみ じゅんいちろう	2001.4.26—2003.11.19
88				2003.11.19—2005.9.21
89				2005.9.21—2006.9.26
90	安倍 晋三	安倍 晋三	あべ しんぞう	2006.9.26—2007.9.26
91	福田 康夫	福田 康夫	ふくだ やすお	2007.9.26—2008.9.24
92	麻生 太郎	麻生 太郎	あそう たろう	2008.9.24—2009.9.16
93	鸠山 由纪夫	鳩山 由紀夫	はとやま ゆきお	2009.9.16—2010.6.8
94	菅 直人	菅 直人	かん なおと	2010.6.8—2011.9.2
95	野田 佳彦	野田 佳彦	のだ よしひこ	2011.9.2—2012.12.26
96	安倍 晋三	安倍 晋三	あべ しんぞう	2012.12.26—2014.12.24
97				2014.12.24—2017.11.1
98				2017.11.1—2020.9.16
99	菅 义伟	菅 義偉	すが よしひで	2020.9.16—2021.10.4
100	岸田文雄	岸田 文雄	きしだ ふみお	2021.10.4—2021.11.10
101				2021.11.10—现在